Rechts Rg
geschichte

Zeitschrift des
Max-Planck-Instituts
für europäische
Rechtsgeschichte

Journal of the
Max Planck Institute
for European
Legal History

Herausgeber
Thomas Duve

Redaktion
Olaf Berg
Nicole Pasakarnis

Rechtsgeschichte
Legal History

Rg **21** 2013

Impressum:

Rechtsgeschichte
Zeitschrift des Max-Planck-Instituts
für europäische Rechtsgeschichte

Copyright:
© Vittorio Klostermann GmbH,
Frankfurt am Main 2013
© Photos S. 31, 66, 74, 128, 160, 172, 192, 211, 228
Christiane Birr, Frankfurt am Main 2013

Die Zeitschrift und alle in ihr enthaltenen
einzelnen Beiträge und Abbildungen sind
urheberrechtlich geschützt. Jede Verwertung
in gedruckter und elektronischer Form bedarf
der Genehmigung des Verlages.

Herausgeber:
Thomas Duve
Redaktion:
Olaf Berg
Nicole Pasakarnis

Anschrift der Redaktion:
Max-Planck-Institut für europäische Rechtsgeschichte
Redaktion Rechtsgeschichte
Hansaallee 41
60323 Frankfurt am Main
Tel. +49-69-78978 200
Fax +49-69-78978-210
www.rg-rechtsgeschichte.de
www.rg.mpg.de

Anregungen und Manuskripte an:
rg@rg.mpg.de

Verlag und Anzeigen:
Vittorio Klostermann GmbH
Frauenlobstraße 22
60487 Frankfurt am Main
www.klostermann.de
Preis pro Band 39 Euro

Graphische Gestaltung:
Elmar Lixenfeld, Frankfurt am Main

Druck und Bindung:
Hubert & Co., Göttingen

Zitiervorschlag: Rg 21 (2013)
ISSN 1619-4993
ISBN 978-3-465-04171-9

Thomas Duve

Editorial

Wie wir die Welt sehen, hängt nicht zuletzt davon ab, *was* wir von der Welt sehen. Das ist banal, aber folgenreich. Im letzten Heft haben wir diese Perspektivengebundenheit anhand von Weltkarten anschaulich machen wollen; die Karten, die von bestimmten *Sehepunkten* gezeichnet waren, rahmten die Beiträge des thematischen Schwerpunkts von Heft 20, dem Erkenntnispotential globaler Perspektiven auf die Rechtsgeschichte.

Dieses Heft 21 der *Rechtsgeschichte – Legal History* wird von Fotos begleitet, die in ganz anderer Weise auf die Kontingenz von Weltsichten hinweisen. Sie zeigen die wichtigsten Wissensspeicher, die wir für unsere Rechtsgeschichten nutzen: Texte und die in Texten beschriebenen Kontexte von Recht. Sie führen vor Augen, wie diese Medien geordnet, aufgereiht, entnommen werden; dass manchmal leere Regale bleiben, vergessene Winkel, dunkle verstaubte Ecken, weil sich niemand mehr interessiert. Nicht nur in der Bibliothek gilt: Wird ein Buch falsch klassifiziert oder verstellt, mag das in ihm enthaltene Wissen sehr lange verloren sein. Mit dem Umzug in einen Neubau am Rande des Campus Westend der Goethe Universität in Frankfurt wechselten auch die über 400.000 Bücher des Max-Planck-Instituts ihren Ort. Christiane Birr hat diese Umordnung, Neuaufstellung, den Transport von Wissen für die *print*-Version unserer Zeitschrift dokumentiert.

Auch die Beiträge im Heft bemühen sich um einen solchen Transport und um eine fruchtbare Umordnung, Neuaufstellung von historischem Wissen. In der *Recherche* versuchen drei Aufsätze – der mit *Rg* 20 begonnenen neuen Konzeption folgend – die Ergebnisse jüngerer rechtshistorischer Forschung zu wichtigen größeren Fragestellungen zusammenfassend darzustellen. Zwei von drei Beiträgen widmen sich auf den ersten Blick zwar sehr preußischen Themen, erzählen aber Geschichten, die weit über diesen Raum hinaus Bedeutung haben. Thorsten Keiser gibt einen Überblick über die Rechtsgeschichte der Arbeit zwischen Früher Neuzeit und Moderne im deutschsprachigen Raum – schreibt damit zugleich über Vertragszwang und Vertragsfreiheit, letztlich über Freiheit und Zwang zur Arbeit und der Rolle des Rechts. Milan Kuhli widmet sich einer Zentralfigur der preußischen Rechtsreformen des späten

18. Jahrhunderts, Carl Gottlieb Svarez, und dessen Bemühungen, den Herrscher des aufgeklärten Absolutismus rechtlichen Bindungen zu unterwerfen. Ignacio de la Rasilla del Moral führt in die Wissenschaftsgeschichte des Völkerrechts im 19. Jahrhundert in der spanischen Welt ein – ein bisher eher wenig beachteter Zugang zur Geschichte des Völkerrechts, der auf die Bedeutung der unterschiedlichen regionalen Traditionen für die Emergenz dieses besonders dynamischen Feldes der Regulierung hinweist.

Für den *Fokus* ›Taufe und Recht‹ sind einige von der rechtshistorischen Forschung eher selten konsultierte Bücher zur Hand genommen und rechtshistorisch gelesen worden: Es geht um die Rechtswirkungen der Taufe. Wie sehr unser Bild selbst klassischer Themen der Rechtsgeschichte wie etwa der historischen Formen der Konstituierung von Rechtsfähigkeit von einem säkularisierenden Blick geprägt ist, erläutert Christoph H. F. Meyer in seinen einführenden Bemerkungen. Diesen folgen zwei Beiträge zur Geschichte der Taufe aus dem Forschungsfeld ›Recht als Zivilisationsfaktor im ersten Jahrtausend‹ am Max-Planck-Institut – sein eigener sowie einer von Wolfram Brandes. Richard Helmholz' Blick auf das klassische kanonische Recht vergleicht Taufe und Ehe in ihrer Rechtswirkung, Christiane Birr und Michael Sievernich widmen sich der Taufe in der Neuen Welt, insbesondere mit einem Bezug auf die Schule von Salamanca. Die Beiträge sind die ausgearbeiteten Fassungen der Vorträge auf einer Sektion auf dem Historikertag 2012 in Mainz.

Auf diesem brachte Wolfram Brandes auch einen Aspekt zur Sprache, den wir als *Marginalie* publizieren: Welche Argumente, vor allem aber auch welche Absichten hinter der Vorstellung der ›Familie der Könige‹ standen, die Franz Dölger 1940 als Institution mit Rechtswirkung bezeichnet und in die mediävistische Forschung eingebracht hatte. Auch die andere *Marginalie* steht in engem Bezug zum Fokus ›Taufe und Recht‹, zum Forschungsfeld ›Recht als Zivilisationsfaktor im ersten Jahrtausend‹ sowie unseren Bemühungen um ein besseres Verständnis der Herausbildung von Rechtsräumen: ein Bericht über die Entdeckung einer Taufpiscina in Ingelheim – und die Folgerungen, die sich an einen solchen Fund knüpfen. Es ist zugleich ein gutes Beispiel für die Bedeutung archäologischer Funde für die Rechtsgeschichte, deren Quellen eben nicht allein in den Büchern liegen!

Für das *Forum* haben wir eine Reihe von Kolleginnen und Kollegen um eine Relektüre von Harold J. Bermans Werk gebeten. Vor inzwischen 30 Jahren, 1983, erschien sein vielleicht wirkungsvollstes Buch *Law and Revolution. The Formation of the Western Legal Tradition*. Es wurde in viele Sprachen übersetzt und ist – ungeachtet mancher Kritik gerade von Seiten der deutschsprachigen Mediävistik und Rechtsgeschichte, aber auch der großen geopolitischen Veränderungen seit seinem ersten Erscheinen – zu einer einflussreichen und breit rezipierten Darstellung der Rechtsgeschichte ›des Westens‹ geworden. Es nimmt vieles auf, was Berman bereits 1974 in *The Interaction of Law and Religion* formuliert hatte und bereitet vor, was er 2003 in *Law and Revolution II: The Impact of the Protestant Reformations on the Western Legal Tradition* zusammenfasste. Wir freuen uns, dass wir eine Reihe von gedankenreichen Auseinandersetzungen mit seinem Werk publizieren können, aus seiner Wirkungsstätte in Atlanta, aus Frankfurt, Warschau oder Bejing.

∎

Thomas Duve

Editorial

How we perceive the world depends not least on *what* we see of it. That may sound banal, but has important consequences. In the last issue of this journal, our aim was to visualise this dependency on perspective with maps of the world. They were drawn from defined points of vision and provided a framework for the articles on the focus theme of Issue 20: the epistemological potential of global perspectives on legal history.

This Issue 21 of *Rechtsgeschichte – Legal History* features photos which illustrate the contingency of world views in a different way. They present the leading knowledge reservoirs we use for our legal histories: texts and the contexts of law described in them. And they show how these media are ordered, assembled and extracted and that empty shelves occasionally remain, or forgotten nooks and dark, dusty corners, because nobody is interested in these texts anymore. A principle applies, and not only in libraries: Once a book is classified wrongly or misplaced, the knowledge it contains can be lost for a very long time. With the relocation into a new building at the edge of Campus Westend of the Goethe University in Frankfurt, the more than 400,000 books held by the Max Planck Institute also moved there. Christiane Birr has documented this reordering, reassembly and transport of knowledge for the *print* version of our journal.

The articles in this issue, too, engage in knowledge transfer and a fruitful reorganisation of historical knowledge. In the *Research* section, three articles attempt – in line with the concept initiated in Issue 20 – to present summaries of the results of recent legal history research on important major themes. At first sight, two of the three contributions appear to be devoted to very Prussian topics, but they relate histories that are important far beyond this region. Thorsten Keiser presents an overview of the legal history of labour between the early modern and modern era in the German-speaking region, investigating compulsory contracts, the freedom to contract, and ultimately freedom and the compulsion to work and the role of law. Milan Kuhli examines a leading personality in the Prussian legal reforms of the late 18th century, Carl Gottlieb Svarez, and his endeavour to subject the ruler of enlightened absolutism to legal

obligations. Ignacio de la Rasilla del Moral presents an introduction to the academic history of international law in the Spanish world of the 19th century – an approach to international legal history which has so far tended to be neglected and points to the importance of the different regional traditions for the emergence of this particularly dynamic field of regulation.

For the *Focus* ›Baptism and Law‹, a number of books rarely consulted in legal history research were taken to hand and read in a legal history perspective: what matters are the legal consequences of baptism. How strongly our view even of classical legal history topics like the historical forms of the constitution of legal capacity are shaped by a secularising perspective is addressed by Christoph H. F. Meyer in his introductory remarks. They are followed by two contributions on the history of baptism from the research field ›Law as a Civilisation Factor in the First Millennium‹ at the Max Planck Institute – his own and one by Wolfram Brandes. Richard Helmholz' investigation of classical canonical law compares baptism and marriage in their legal consequences, while Christiane Birr and Michael Sievernich consider baptism in the New World, especially by reference to the School of Salamanca. These contributions are elaborated versions of lectures presented at a section of the 2012 Conference of German Historians in Mainz.

It was on this ocassion that Wolfram Brandes discussed which arguments and intentions underpinned the concept of the ›Family of Kings‹ which Franz Dölger had described in 1940 as an institution with legal effect and introduced into medievalist research. We publish Wolfram Brandes' remarks as *Marginalia*. The other *Marginalia* is also closely related to the focus theme ›Baptism and Law‹ in the research field ›Law as a Civilisation Factor in the First Millennium‹ and to our efforts to acquire a better understanding of the development of legal spaces. It is an account on the discovery of a baptismal font in Ingelheim – and the conclusions drawn from that discovery. It is, at the same time, a good example of the importance of archaeological findings for legal history whose sources are, after all, not to be found in books alone!

For the *Forum*, we asked a number of colleagues to re-read Harold J. Berman's work. Thirty years ago, in 1983, *Law and Revolution. The Formation of the Western Legal Tradition*, probably his most influential work, was published. It was translated into many languages and – despite some criticism especially from German mediaevalists and legal historians, but also the great geopolitical changes that have occurred since – became an influential and widely read presentation of the legal history of ›the West‹. It takes up many arguments Berman had already formulated in 1974 in *The Interaction of Law and Religion* and prepared those he summarised in 2003 in *Law and Revolution II: The Impact of the Protestant Reformations on the Western Legal Tradition*. We are very pleased to be able to publish a range of thoughtful discussions of his work – from his own university in Atlanta, from Frankfurt, Warsaw, and Beijing.

■

Fokus focus

Taufe und Recht

Kritik critique

Marginalien marginalia

Recherche research

Milan Kuhli*

Power and Law in Enlightened Absolutism – Carl Gottlieb Svarez' Theoretical and Practical Approach

I.   Introduction

The term *Enlightened Absolutism* reflects a certain tension between its two components. This tension is in a way a continuation of the dichotomy between power on one hand and law on the other. The present paper shall provide an analysis of these two concepts from the perspective of Carl Gottlieb Svarez, who, in his position as a high-ranking Prussian civil servant and legal reformist, has had unparalleled influence on the legislative history of the Prussian states towards the end of the 18th century. Working side-by-side with Johann Heinrich Casimir von Carmer, who held the posts of Silesian minister of justice from 1768 to 1779 and Prussian minister of justice from 1779 to 1798, Svarez was able to make use of his talent for reforming and legislating. From 1780 to 1794 he was primarily responsible for the elaboration of the codification of the Prussian private law – the »Allgemeines Landrecht für die Preußischen Staaten« in 1794 (*Allgemeines Landrecht – ALR*) and the corresponding draft entitled »Allgemeines Gesetzbuch für die Preußischen Staaten« (*Allgemeines Gesetzbuch – AGB*) in 1791.

Carl Gottlieb Svarez was an advocate of the new school of natural law and thus convinced of the possibility of every circumstance in life to be governed by rules. At the same time, however, he felt deep loyalty towards the absolute monarch, which was not only due to his position as civil servant. The tension between the law and the ruler's power entailed by these convictions shall be the topic of the present analysis. Svarez' approach to the relation between law and power shall be analysed on two different levels. Firstly, on a theoretical level, the reformist's thoughts and

reflections as laid down in his numerous works, papers and memorandums, shall be discussed (section II). Secondly, on a practical level, the question of the extent to which he implemented his ideas in Prussian legal reality shall be explored (section III).

II.   Svarez' theoretical concept of power and law

Svarez produced a wide range of theoretical material reaching from lectures to letters and memorandums as well as papers directed at the general public. The following analysis of his views on power and law shall be based mainly on the so-called Crown Prince Lectures. These are lectures given by Svarez between 1792 and 1793 as an introduction to state affairs and jurisprudence for the crown prince, later King Frederick William III.[1]

1.   *The monarch's obligations*

The starting point for Svarez' thoughts about power and law is the social contract which he sees as the foundation of the state – a view that was widely shared among his contemporaries. According to him, the regent installed by the social contract has the task of governing his subjects according to the law and for the purpose of the state (*Staatszweck*).[2] The subjects in turn pledge to obey their regent in accordance with the law.[3] Since the actions of the regent are informed by the purpose of the state the idea of the social contract – as seen by Svarez – blends in with the Enlightened Absolutism of the 18th century.[4]

*   Dr. jur. Dr. phil. Milan Kuhli, is a Research Fellow at the Cluster of Excellence »Formation of Normative Orders« at the Goethe University Frankfurt am Main. – This paper is based on a monograph (MILAN KUHLI, Carl Gottlieb Svarez und das Verhältnis von Herrschaft und Recht im aufgeklärten Absolutismus [Studien zur europäischen Rechtsgeschichte 272], Frankfurt am Main: Vittorio Klostermann 2012).

1   KUHLI (2012) 23 et seq.
2   Svarez, Crown Prince Lectures, in: CONRAD / KLEINHEYER (1960) 582.
3   Ibid. 7. – See BOECK (1966) 61–62.
4   See REIBSTEIN (1962) 523 et seq.

Svarez was convinced that the main purpose of the state derives from the juxtaposition of civil society on one hand and the deficits of the state of nature on the other hand. In his opinion, the state is, on one hand, meant to protect each of its members against any violent attack on their person and property perpetrated by a third party, and, on the other hand, to promote collective happiness.[5] This broad concept of the purpose of the state goes beyond Rousseau's idea of the state's primary purpose being to guarantee safety and peace.[6] Interestingly, Svarez does not refer to any moral commitment to do whatever will promote the happiness of fellow citizens as the underlying principle of the extended purpose he sees for the state. He rather deduces that purpose directly from the social contract.[7]

In his Crown Prince Lectures, Svarez asserts that no form of government has as many visible advantages as monarchy.[8] It has in some cases been concluded from this statement that Svarez was a definite advocate of absolute monarchy and a definite opponent to any form of constitutional arrangement.[9] However, this opinion cannot be subscribed to that easily. Instead, it has to be stressed that Svarez' positive opinion on absolute monarchy basically stems from a comparison of this form of government with other possibilities. It is hence possible that Svarez did indeed hold a certain degree of mistrust against absolute monarchy despite the fact that he witnessed the historic experience of the Enlightened Absolutism of Frederick the Great.[10]

Consistent with the political theory of natural law, however, the fact that in absolute monarchy the state authority resides solely with the monarch does not lead Svarez to the conclusion that the monarch may act completely without bounds.[11] Although it is true that Svarez does not call for any restriction of the monarch's power in terms of including representatives of the people, the estates of the country or any other authority in the government,[12] he does point out a number of obligations the monarch shall be subject to. As mentioned above, he shall, for instance, pursue the purpose of the state,[13] and hence his action shall always be aimed at increasing general welfare.[14] Apart from that, the monarch's power shall always be subject to the law[15]– this principle was later enshrined in § 22 of the ALR.

According to Svarez' concept, the rule of law has many different implications. For example, it entails the prohibition of retroactivity so that legal rules must not be applied to cases that took place before the respective rule was established.[16] Even Svarez' remarks on so-called *Machtsprüche* (›dictums‹) can, to a certain extent, be deduced from the principle of the rule of law.[17] A *Machtspruch* consisted of an authoritative decision by the monarch through which he could intervene in ongoing judicial proceedings in civil law matters either by giving a ruling himself or by instructing the court to come to a certain decision.[18] The term *Machtspruch* was used as of the end of the 17th century, however, its first component *Macht* (›power‹) did not refer to any violent act but merely to the claim of exerting sovereign power.[19] Svarez holds that *Machtsprüche* must not be binding.[20] As an explanation he refers to the need of protecting the Prussian subjects' civil liberties.[21] A *Machtspruch* issued by the monarch would endanger those liberties since such a decision could well be wrong in substance. Svarez argues that a monarch can neither be expected nor required to know the details of every single legal rule, and that in addition to that, the monarch would be prevented from fully fulfilling his task as governor if he were required to intervene in the civil justice system.[22]

5   Svarez, Crown Prince Lectures, in: CONRAD / KLEINHEYER (1960) 464. – See STÖLZEL (1885) 286; WOLF (1963) 450–451.

6   ROUSSEAU (2003) 16–17. – See WOLF (1963) 446–447.

7   Svarez, Lecture »Über den Zweck des Staats«, in: CONRAD / KLEINHEYER (1960) 642.

8   Svarez, Crown Prince Lectures, in: CONRAD / KLEINHEYER (1960) 475.

9   HELLMUTH (1998) 75–76.

10 See BIRTSCH (1985) 95 et seq.

11 See LINK (1998) 24–25.

12 CONRAD (1958) 34.

13 See CONRAD (1961) 20; LINK (1998) 24–25.

14 Svarez, Crown Prince Lectures, in: CONRAD / KLEINHEYER (1960) 9.

15 Ibid. 246. – See LINK (1986a) 792.

16 CONRAD (1958) 36 et seq.

17 THIEME (1965/66) 11.

18 See Svarez, Crown Prince Lectures, in: CONRAD / KLEINHEYER (1960) 236.

19 BORNHAK (1903) 252; FINKENAUER (1996) 101–102.

20 Svarez, Crown Prince Lectures, in: CONRAD / KLEINHEYER (1960) 236.

21 Ibid. 236 et seq., 616 et seq.; see FINKENAUER (1996) 87 et seq.

22 Svarez, Crown Prince Lectures, in: CONRAD / KLEINHEYER (1960) 590.

2. No legal obligation on the monarch

The fact that, according to Svarez, the regent is subject to a number of obligations does not necessarily indicate what normative effect such bounds could have. In his works, Svarez repeatedly creates the impression that no earthly authority could implement the monarch's obligations. Such an authority is certainly not meant to be a single judge – Svarez deems a judge competent to judge over the regent only in certain areas such as fiscal matters. [23] Nor are the subjects meant to play the role of an authority charged of supervising the implementation of the monarch's obligations, according to Svarez, and they certainly do not have the right to resist against acts by which the monarch violates his obligations. [24] In the light of such statements it is difficult to understand the reformist's denial of any binding nature to acts through which the monarch violates the obligations that derive from natural law – such as *Machtsprüche*. [25] Affirmations such as the latter seem to justify resistance by the subjects, but Svarez does at no point mention resistance as a valid consequence. The fact that certain acts at the hands of the monarch may not be binding does not entail the subjects' right to resist against that act. Hence, the regent is subject to certain obligations, a violation of which does not necessarily lead to any sanction. [26] Svarez' views on *Machtsprüche* can be referred to once more in order to illustrate the separation between the non-binding nature of certain acts and the (lack of a) right to resist by the subjects. On one hand, the reformist stressed that *Machtsprüche* shall not be legally binding [27] whilst on the other hand he constantly insisted that the judge as well as the party to the proceedings who is affected by the *Machtspruch* are under the obligation to carry it out. [28] Svarez' strict distinction between the non-binding nature of certain

acts and the subjects' duty to obey their regent shows a striking similarity with Christian Wolff's ideas. [29]

For Svarez, the prohibition of resistance is a consequence of the social contract, according to which, in his view, the right to decide whether a certain law is suitable and applicable resides solely with the legislative authority. The subjects in turn have no right to express their subjective view on the validity of a legal rule by refusing to obey the monarch. [30] They do, however, have the right to form and express their own opinion in public as long as in doing so they do not compromise the peace and order of the state. [31] If Svarez' concept does not include an external authority in charge of sanctioning violations of natural law on the part of the regent, the only such authority must be the regent's common sense. [32] The monarch's reasonable actions in accordance with the purpose of the state are what distinguishes Enlightened Absolute Monarchy from despotism. [33] According to Svarez it is thus necessary to call upon the monarch's common sense, and hence it is interesting to consider how he intended to compensate for the fact that the monarch's obligations under natural law were not enforceable. This shall be done in the following section.

3. Compensation for the lack of legal obligation

Svarez was aware of the fact that the monarch's common sense was a feeble guarantee. [34] His mistrust led him to invoke non-legal means of inciting the monarch to act reasonably. For instance, his work contains numerous hints directed at the regent warning him to apply his common sense for the sake of the political survival of his dynasty in power. [35] For although Svarez rejected the idea of the subjects' *right* to resist against acts of royal power, he was well-aware of the *actual* possibility of

23 See ibid. 132 et seq.
24 See THIEME (1937) 378; HELLMUTH (1998) 70.
25 Svarez, Crown Prince Lectures, in: CONRAD / KLEINHEYER (1960) 236.
26 LINK (1998) 24–25.
27 Geheimes Staatsarchiv Preußischer Kulturbesitz (Berlin), Hauptabteilung I, Repositur 84, Abteilung XVI, number 7, vol. 80, folium 2v.
28 Geheimes Staatsarchiv Preußischer Kulturbesitz (Berlin), Hauptabteilung I, Repositur 84, Abteilung XVI, number 7, vol. 9, folium 168r.
29 WOLFF (1968), Pars VIII, Capitulum VI, § 1044–1045 (p. 818–819). – See HELLMUTH (1998) 70; HELLMUTH (1985) 54–55; LINK (1986b) 184; KUHLI (2012) 89–90.
30 Svarez, Crown Prince Lectures, in: CONRAD / KLEINHEYER (1960) 586 et seq.
31 Ibid. 219.
32 Ibid. 458 et seq.
33 CONRAD (1958) 35.
34 See LINK (1998) 26.
35 Svarez, Crown Prince Lectures, in: CONRAD / KLEINHEYER (1960) 220. – See THIEME (1965/66) 11; BIRTSCH (1985) 96.

single acts of resistance or even a collective revolution.[36] He even made use of this prospect when teaching the later King Frederick William III. in order to convince him of the necessity of observing the bounds set to the ruling authority by natural law. It must be stressed though that Svarez merely describes the possibilities of resistance and revolution – he does not deem them legally acceptable nor does he advocate them in any way.

The hints at possible resistance and revolution must have impressed the later King Frederick William III, but he was possibly even more impressed by his teacher's references to posterity forming its own judgement about former monarchs.[37] Such arguments were especially convincing to the crown prince since there were cases at the time in Prussia where decisions made by a former monarch were revised by his successor on the Prussian throne. In 1786, for instance, Frederick William II. gave order to rehabilitate several high-ranking judges who had been punished by Frederick the Great for an alleged false judgement.[38] It is true that in doing so, Frederick William II. did not explicitly accuse his predecessor personally of an incorrect decision – the nephew of Frederick the Great did not call the admissibility of the decision made by his uncle into question but rather claimed that the decision had been based on incorrect reports and thus brought about surreptitiously.[39] However, Frederick William II.'s action was a clear sign that decisions made by a certain regent did not necessarily persist in the eyes of posterity. It was the function of posterity as a judge of former monarchs that Svarez used as a means of warning during the Crown Prince Lectures.

However, Svarez' educational approach was not limited to his personal influence on the future monarch during the Crown Prince Lectures. His efforts are also visible in that he advocated the idea of third persons acting as advisors to the monarch. Although it is true that Svarez was against any model in which third persons would be granted direct political participation in the monarch's exercise of power on one hand, he did on the other hand wish to give third persons the opportunity of assisting the monarch by offering him advice on his work. For example, this is true for the Prussian estates of the country and the *Gesetzkommission* (›law commission‹), the working group in charge of elaborating a new code of laws. In Svarez' view, none of these institutions were meant to obtain the right to participate directly in the Prussian legislative process[40] – for instance through the right of approval – but he repeatedly stresses the importance of the estates of the country and the *Gesetzkommission* as an advisory body to the monarch.[41]

Svarez also believed that the subjects as a whole should fulfil an advisory function. It is true that, just like the estates of the country and the *Gesetzkommission*, they do not have a documented right to participate in the exertion of power.[42] However, Svarez accords them a decisive role in the formation of public opinion, which he believes is not necessarily a top-down process, but should also work in the opposite direction. This explains the reformist's relatively moderate views on the freedom of press.[43] In addition to that, he called for legal rules to be formulated in a clear and coherent way so as to give the individual subjects the possibility of being informed about the current legal situation.[44] From the information laid down so far, however, one cannot conclude that Svarez' theorems were indeed fully implemented in legal reality – especially in the codification of Prussian civil law. The question of the extent to which the reformist's views about the relation of power and law entered the AGB and the ALR shall be discussed in the following section.

III.   Practical implementation of Svarez' reflections

The question about the extent to which Svarez' theoretical views were actually implemented cannot be answered without considering the ALR, in whose creation he played a unique and decisive role. Although it is true that Carmer's staff responsible for the codification of the Prussian laws comprised several people, Svarez was the one who took

---

36 Kuhli (2012) 91. – See Svarez, Crown Prince Lectures, in: Conrad / Kleinheyer (1960) 586.

37 Svarez, Crown Prince Lectures, in: Conrad / Kleinheyer (1960) 238.

38 See Krause (1998) 160–161.

39 Bornhak (1903) 268 et seq.

40 Svarez, Crown Prince Lectures, in: Conrad / Kleinheyer (1960) 16 et seq.

41 Ibid. 479.

42 See Koselleck (1981) 27.

43 For further information on Svarez' views on censorship and the freedom of press see Kuhli (2012) 107 et seq.

44 Svarez, Crown Prince Lectures, in: Conrad / Kleinheyer (1960) 602. – See Thieme (1937) 369.

the lead.[45] He was the one who drafted the first version of the code of laws.[46] He was also the one who assessed the results of the participation of the general public in the legislative procedure in his so-called *revisio monitorum*.[47] The draft was then revised on the basis of his assessment, finally resulting in the AGB. Even during the final review Svarez' contribution was by far the largest.[48]

The following section shall offer an introduction to the history of the creation of the ALR (section 1). Thereafter, the actual question about the extent to which Svarez was able to implement his ideas on power and law in the context of the judicial reform shall be explored (section 2). Here, a distinction must be made between the concept underlying the AGB (section 2.A) and that which was later adopted in the ALR after the final review which had been ordered by Frederick William II. (section 2.B).

1. The creation of the ALR

There are not many pieces of legislation whose creation was as long a process as that of the ALR.[49] Under the influence of natural law, the idea of codifying nearly all areas of the subjects' lives emerged in Prussia as early as the 17th century.[50] What was called for was a comprehensible and clearly structured code of laws that would be written in simple language and be void of any type of academic discussion.[51] Apart from that, the new school of natural law, which developed in Germany from the mid 18th century on,[52] began increasingly drawing on ancient German sources of law.[53] The pursuit of reforms in Prussia was further sustained by the wish to correct certain deficits of the legal system.[54]

Efforts to create a new civil legislation as well as to improve Prussian legal proceedings had already been made under Frederick I. and Frederick William I.[55] However, for several reasons, these basic

approaches were just as fruitless as the attempts made by their successor Frederick the Great together with the Prussian minister of justice Samuel von Cocceji during the early years of the former's reign.[56] Cocceji's successors to the post of Prussian minister of justice, Philipp Joseph von Jariges and Carl Joseph Maximilian von Fürst und Kupferberg, hardly made any effort to revisit Cocceji's reformist ideas. During the Seven Years War from 1756 to 1763, which constituted an existential danger to the Prussian state, such attempts would most likely have failed in any case.[57]

Reform efforts were only resumed in 1780.[58] Frederick the Great had increasingly been faced with complaints about the slow march of the Prussian judiciary, so that the mistrust he had always held in the legal profession turned into outright dissatisfaction.[59] One court case became a catalyst for the revival of efforts to reform the judiciary: A case that entered German legal history as the so-called *Müller-Arnold-Prozess*.[60] By intervening in this case, Frederick the Great caused a legal scandal. The monarch accused the respective judges of having handed down a false judgement – wrongly as it later turned out – to the detriment of a miller and in favour of a nobleman. Frederick II. saw this case as a confirmation of his mistrust of the Prussian judicial system and in late 1779 ordered the dismissal and incarceration of several high-ranking judges as well as the removal of the minister of justice Fürst und Kupferberg[61] who was according to him responsible for the state of the system.[62] On 25 December 1779 Johann Heinrich Casimir von Carmer was named the new minister of justice.[63] Carmer seemed to the king to be suitable for the post. On one hand he had already voiced several ideas for reforming legal proceedings during the preceding years, and on the other hand he was no longer needed in his previous position as Silesian minister of justice since he had already succeeded in regulating legal

45 See Hintze (1915) 397.
46 Hattenhauer (1996) 9; Hinschius (1889) 8.
47 Hinschius (1889) 8 et seq.
48 Schwennicke (1995) 86–87; Stölzel (1885) 394–395.
49 Conrad (1958) 12.
50 Schreiber (1976) 83; see Krause (1988) 21.
51 Conrad (1958) 10–11.

52 Conrad, in: Conrad / Kleinheyer (1960) XI, XII.
53 Karst (2003) 183.
54 See Ogris (1987) 80; Dilthey (1960) 133.
55 Merten (1992) 32 et seq.; Thieme (1937) 361.
56 See Kuhli (2012) 122 et seq.
57 Geus (2002) 114.
58 Schreiber (1976) 86.

59 Hattenhauer (1996) 3. – See Barzen (1999) 17; Schmidt (1926) 23.
60 Köbler (1996) 140; Benthaus (1996) 46.
61 Hattenhauer (1996) 4.
62 Barzen (1999) 18.
63 Pätzold (1938) 353; Barzen (1999) 19.

matters in that province so that his talent for organising and legislating could now be put to use for the whole state of Prussia. [64]

After appointing him, Frederick immediately instructed Carmer to correct the deficits of the legal system. He did not, however, at the time envisage a reform of procedural and substantive law. [65] To him the judicial reform was rather to revolve around changes on the staff level, namely the introduction of new criteria for the appointment of judges and the approval of advocates. [66] For decades, the king had attributed the shortcomings of criminal proceedings to personal failure on the side of the judiciary staff rather than to any deficit of the underlying laws. [67] In the end, it was Carmer who initiated the codification, not the king. [68] Carmer was opposed to the idea of limiting reform to the staff level from the very beginning. [69] Finally, he succeeded in convincing Frederick II. that a general review of procedural and substantive law was necessary. [70] On 14 April 1780 the king issued the cabinet order putting Carmer in charge of implementing a general reform of the legal system. [71]

The first step of the new minister of justice's legislative work was the reform of civil law proceedings. [72] As for the planned reform of substantive law, the cabinet order issued on 14 April 1780 included plans to create codes of provincial law as well as a general code of law for the Prussian states. The latter was to be a subsidiary to the codes of provincial law and hence to be applied only in cases of loopholes in those codes. [73] This measure was meant to harmonise the legislations of the different Prussian states without altogether eliminating state and provincial legislations. [74] Econo-

my of procedure was one of the aims of all those reforms, but in addition to that they were also meant to satisfy the needs of non-jurists in search of legal protection: [75] First of all, the laws were to be written in German and free of any artificial Latin terms, making it easier for the subjects to understand them; secondly, the new simplified language as well as enhanced completeness of the legal rules was meant to diminish the number of disputes and legal proceedings as a whole. [76] The aim was not necessarily to create a new body of laws, but merely to compile and revise existing laws. [77] According to the cabinet order of 14 April 1780, the task consisted in collecting the hitherto existing legal rules, which stemmed mainly from the roman tradition, measuring them against the standards of natural law and adapting them to the characteristics of society at the time. [78]

Svarez, who had accompanied Carmer to Berlin as a member of his staff, co-authored the first draft of the codification of Prussian civil law, [79] which was published during the period from 1784 to 1788. [80] Meanwhile, the Prussian and German educated public were also involved in the legislative process (external experts were asked for advice and an academic contest was held). [81] During the phase of public involvement, Frederick the Great passed away (17 August 1786). [82] He had promised in the cabinet order of 14 April 1780 to protect Carmer and his staff against any possible rejection of their plans. [83] Following the king's death and Frederick William II.'s accession to power, however, their position was less than certain. Carmer and Svarez had enjoyed the late king's trust since Frederick II. had been fully convinced of the philosophy of Enlightenment and the need to

---

64 STÖLZEL (1885) 151.

65 See BARZEN (1999) 19.

66 SCHMIDT (1926) 27.

67 KRAUSE (1998) 149.

68 KARST (2003) 185.

69 BORNHAK (1903) 260.

70 SCHMIDT (1926) 27.

71 Frederick II., cabinet order (14 April 1780), in: HATTENHAUER (1996) 37 et seq. – See HUCKO (1994) 1449–1450; BIRTSCH (1969) 269.

72 SCHMIDT (1926) 27–28; CONRAD (1965) 3; CONRAD (1958) 16; THIEME (1965/66) 5–6.

73 Frederick II., cabinet order (14 April 1780), in: HATTENHAUER (1996)

39–40. – See THIEME (1965/66) 7; BARZEN (1999) 23.

74 Frederick II., cabinet order (14 April 1780), in: HATTENHAUER (1996) 39–40. – See CONRAD (1958) 13–14.

75 See CONRAD (1965) 3.

76 See SCHREIBER (1976) 86; GEUS (2002) 116.

77 See HATTENHAUER (1988) 43.

78 SCHREIBER (1976) 86; HATTENHAUER (1996) 8–9; see HUCKO (1994) 1449–1450; see BENTHAUS (1996) 49.

79 BORNEMANN (1842) 8; HATTENHAUER (1996) 9; MERTEN (1986) 59.

80 SCHWENNICKE (1994) 457. – See BUSSI (1966) 47; BARZEN (1999) 58 et seq.; GOSE (1988) 5.

81 For further information about the reasons for this change of the original plan and for involving the public see KUHLI (2012) 147 et seq.

82 WOLF (1963) 447.

83 Frederick II., cabinet order (14 April 1780), in: HATTENHAUER (1996) 41.

transfer those ideas into legal reality. Frederick William II. can instead be characterised as a monarch who was far less enthusiastic about Enlightenment.[84]

At first, however, the process of codification continued. Starting in the summer of 1787, Carmer's staff began evaluating the results of the public's participation.[85] Svarez delivered his opinion on the reports handed in in his so-called *revisio monitorum*.[86] On the basis of that work, the draft was revised until the spring of 1791.[87] The revised work was called »*Allgemeines Gesetzbuch für die Preußischen Staaten*« and was published after having been patented on 20 March 1791.[88] It was planned to enter into force on 1 June 1792,[89] but history took a different turn. Through a cabinet order issued on 18 April 1792 Frederick William II. imposed the suspension of the code.[90] He justified his decision by referring to objections voiced by the Silesian minister of justice Albrecht Leopold, Carmer's successor in Breslau.[91] On 9 April 1792, Danckelmann had submitted a *promemoria* advising the king to suspend the code for an indeterminate period of time, arguing mainly that the Prussian general public had not had sufficient time to become acquainted with its content.[92]

At the time, the suspension by the king was possibly interpreted as the definite failure of the whole project that had brought about the AGB,[93] however, the king – as well as Danckelmann – did most probably not intend to definitely abrogate the code of laws. The fact that the suspension ordered by Frederick William II. was not limited to a certain period of time only suggests that he was unable to estimate the amount of time it would take to communicate the new laws as well as to apply certain corrective changes to the code which

had even been proposed by the Silesian minister of justice. Moreover, it is important to consider the fact that in the spring of 1792 the king was faced with more urgent problems than putting the code into force:[94] Ever since 1791, Prussia was on the verge of being involved in a war with France – a war which actually broke out only a few days after the cabinet order of 18 April 1792 was issued.[95] Hence, a number of facts indicate that for Frederick William II. the reform of the Prussian judicial system was not a priority in the spring of 1792, which is why he did not object to the idea of postponing the entering into force of the AGB. There is certainly no evidence that the king's aim was to undermine the project of codification as a whole. Nor are there any grounds for the assumption that Frederick William II. might have been acting under the influence of other political forces (such as his companions Johann Rudolf von Bischoffwerder or Johann Christoph Wöllner for example).[96]

The reformists reacted immediately to the order of suspension,[97] but at first Frederick William II. insisted on his decision.[98] The fact that the project was reverted to relatively soon is, among other things, due to the second polish partition, which was agreed between Prussia, Austria and Russia in January 1793.[99] The partition of Poland entailed an expansion of the Prussian dominion,[100] which in turn lead to the Hohenzollern monarchy being in doubt as to which laws the Prussian judges and civil servants were to apply in the newly annexed province of Southern Prussia.[101] When the AGB became a possible alternative in this scenario, Carmer and his staff saw a fresh opportunity to advocate for the application of their work in the whole of Prussia. After a long period of discus-

84 Hattenhauer (1996) 10.
85 Schwennicke (1994) 457.
86 See Bornemann (1842) 9; Krause (1998) 163–164; Hinschius (1889) 8; Willoweit (1998) 92.
87 Finkenauer (1996) 60.
88 Hattenhauer (1996) 10.
89 *Publikationspatent* (20 March 1791), preamble, in: Allgemeines Gesetzbuch für die Preussischen Staaten, Erster Theil, Berlin 1791 (reprint: Frankfurt am Main 1985), p. VI.
90 Hattenhauer (1996) 14.
91 Geheimes Staatsarchiv Preußischer Kulturbesitz (Berlin), Hauptabtei-

lung I, Repositur 84, Abteilung XVI, number 7, vol. 88, folium 10r. – See Stölzel (1885) 354.
92 Geheimes Staatsarchiv Preußischer Kulturbesitz (Berlin), Hauptabteilung I, Repositur 84, Abteilung XVI, number 7, vol. 88, folium 11r.
93 See Hattenhauer (1996) 14; Stölzel (1885) 355–356.
94 See Bringmann (2001) 246; Meier (2007) 129.
95 For further information on the foreign policy constellation at the time see Möller (1994) 542 et seq.
96 See Kuhli (2012) 160 et seq.

97 Voigt (1972) 145.
98 Frederick William II., cabinet order (5 May 1792) (Geheimes Staatsarchiv Preußischer Kulturbesitz [Berlin], Hauptabteilung I, Repositur 84, Abteilung XVI, number 7, vol. 88, folium 15r). – See Barzen (1999) 247.
99 Boeck (1966) 65; Thieme (1965/66) 12; Schwennicke (1994) 457; Benthaus (1996) 92; Hinschius (1889) 9; Kleinheyer (2008) 431.
100 See Hoensch (1998) 167; Davies (2001) 279; Boockmann (1992) 330–331.
101 Hattenhauer (1996) 14–15.

sion,[102] Frederick William II. finally issued a royal cabinet order on 17 November 1793, assigning Carmer with the task of applying certain modifications to the code of law and finding a new title for it.[103] According to the King, once those measures had been taken, the code could enter into force in the whole of Prussia.[104] After the final review, which was mainly carried out by Svarez,[105] was completed on 4 January 1794, the code was patented and promulgated on 5 February 1794 with the title »*Allgemeines Landrecht für die Preußischen Staaten*«.[106] On the basis of this patent, the essential elements of the ALR entered into force on 1 June 1794.[107]

With its 19,000 articles this piece of legislation is one of the most extensive codes of law of modern history.[108] Its authors had had the intention of providing legal rules for every possible circumstance that might become a matter of criminal proceedings in any Prussian court or of a legal dispute between subjects.[109] The ALR did not cover procedural law, since that field was regulated in a separate set of laws. Instead, it covered the fields of mercantile law, company and labour law, inheritance and family law, municipal, industrial and building law, civil service law, feudal law, canon law, and criminal law.

2. The concepts of power and law in the Prussian code of laws

A. The concept of the AGB

The term »*Gesetzbuch*« (›code of law‹) contained in the title of the AGB already suggests that what was to be applied was not *the law* in its definition as the sum of all existing legal norms, but rather the *single laws*, i.e. the legal rules representing the formalised will of the state.[110] Therefore, each field of law – after a period of three years even provincial law[111] – was to be codified in single legal rules. Accordingly, the AGB stipulated the ultimate abrogation of customary law.[112] In a very prominent position, namely in the very beginning of the code, in § 1 of the introduction to the AGB with regard to the rights and duties of the citizens of the state, reference is made only to the rules stated in the AGB or in special codes of law. Moreover, the room for interpretation offered to judges and academics was to be reduced.[113] In cases in which the scope of a certain legal rule was not clear, the only body authorised to determine its applicability was to be the Prussian *Gesetzkommission* (§§ 50, 51 of the introduction to the AGB).[114]

Thus, the concept underlying the AGB included the rejection of traditional law as it had been in force in the Prussian states up to that date as well as an opposition to the authority of the judiciary to interpret the rules in different ways. This conclusion raises the question of whether the AGB did indeed impose certain limits to the monarch himself, for in order to regulate the lives of the subjects there might well have been a need to codify certain rules that regarded the monarch as well. That was the case with § 6 of the introduction to the AGB for example,[115] which has been widely discussed by scholars. It stipulated rules about the effects of *Machtsprüche* spoken by the monarch, and was deleted during the final review. More precisely, it stipulated that *no rights and no duties* arose from *Machtsprüche* that were spoken during an on-going legal proceeding. The rule explicitly referred only to civil law proceedings and hence did not apply to criminal or disciplinary proceedings.[116]

102 See Kuhli (2012) 164 et seq.
103 Stölzel (1885) 380 et seq.
104 Geheimes Staatsarchiv Preußischer Kulturbesitz (Berlin), Hauptabteilung I, Repositur 84, Abteilung XVI, number 7, vol. 88, folium 45r–46r.
105 Schwennicke (1995) 86–87; Stölzel (1885) 394–395; Hattenhauer (1996) 15.
106 Geheimes Staatsarchiv Preußischer Kulturbesitz (Berlin), Hauptabteilung I, Repositur 84, Abteilung XVI, number 7, vol. 88, folium 193r.

107 In the newly annexed province of Southern Prussia, the *Allgemeines Landrecht* even entered into force at an earlier date since there was a lack of existing legal rules in that area at the time (see Köbler [1996] 140).
108 Schwennicke (1994) 456.
109 Lancizolle (1846) 46 et seq.
110 Hattenhauer (1988) 46–47.
111 *Publikationspatent* (20 March 1791), in: Allgemeines Gesetzbuch für die Preussischen Staaten, Erster Theil, Berlin 1791 (reprint: Frankfurt am Main 1985), p. VIII.

112 Hattenhauer (1988) 48, 65.
113 See ibid. 65.
114 See »*Vorläufige Instruction für die zu etablirende Gesetz Commission*« (Geheimes Staatsarchiv Preußischer Kulturbesitz [Berlin], Hauptabteilung I, Repositur 84, Abteilung XVI, number 1, vol. 1, folium 13r–16v); Frederick II., cabinet order (14 April 1780), in: Hattenhauer (1996) 40.
115 See Willoweit (1998) 101–102.
116 Finkenauer (1996) 83, 101 et seq.; Schwennicke (1994) 460; Conrad (1961) 25; Conrad (1965) 16 et seq.

Declaring *Machtsprüche* to be of non-binding nature as § 6 did was a programmatic act against such interventions in on-going legal disputes by the monarch. However, the provision does not equal a *prohibition* of *Machtsprüche*. [117] In this respect, Svarez' views on the duty of the judiciary and the parties involved in a legal proceeding to obey any *Machtspruch*, as laid down in the Crown Prince Lectures, must be referred to. Here, the reformist states clearly that the respective judge or party to the proceedings shall have no right to defy the *Machtspruch*. [118] This idea was to hold true in reality even according to § 6 of the introduction to the AGB, which can be deduced from the fact that the introduction to the AGB does not comprise any provision to be applied in the case of a *Machtspruch* being spoken by the king in violation of § 6.

There is thus evidence that § 6 of the introduction to the AGB was not meant to represent a departure from Svarez' theoretical concept according to which the court was under the obligation of obeying the king's *Machtspruch*. The court did, however, have the possibility of submitting a motion of reconsideration and hence suggesting to the monarch to annul his *Machtspruch*. If the monarch did not decide to do so, the *Machtspruch* remained binding. [119] In that case, the respective party was de facto forced to wait for the Prussian throne to be passed on to the monarch's successor and to resubmit their motion of reconsideration to the new king. [120] Hence, neither the king nor the courts were the actual addressees of § 6 of the introduction to the AGB. [121] It seems as if the provision was meant to advise the litigant against submitting a petition to the monarch in the first place. *Machtsprüche* were undesirable but not ultimately forbidden. [122] What would have been in the spirit of § 6 instead was probably to some extent a voluntary renunciation of *Machtsprüche* on the king's behalf. From this perspective, the provision is certainly in line with Frederick II.'s views expressed in his political testaments written in 1752 and 1768. [123]

The same holds true for § 12 and § 79 of the introduction to the AGB respectively, both of which were deleted from the code during the final review, just as § 6. [124] § 12 stipulated that the *Gesetzkommission* was to participate in the legislative process, and § 79 laid down that all laws had to contribute to the purpose of the state. Just as from § 6, no legal obligation for the king arose from § 12 and § 79. Ultimately, all AGB provisions that might have limited the king's authority merely suggest possible limitations on political or moral grounds. § 6, § 12 and § 79 could only be enforced by the monarch himself, since the AGB did not provide for any external and independent institution with the authority to supervise the king to such an extent. As long as the monarch did not pronounce an opinion on the validity of a certain provision, each act of royal authority would suggest that he deemed the respective provision valid. The king's will still represented the ultimate grounds for the validity of the law. The authority to enact laws remained with the king despite the new code. [125] At the same time, due to its non-binding nature, the AGB cannot be called a constitution in the post-revolutionary sense. [126] Thus, *Conrad's* view, according to which § 6, § 12 and § 79 of the introduction to the AGB can be called a *catalogue of fundamental rights* (»Grundrechtskatalog«), [127] cannot be subscribed to either. A code that could have been annulled by the monarch easily at any time, did not offer any room for fundamental rights directed against the monarch. [128] During the age of Absolutism – even Enlightened Absolutism –, no rules could be de-

---

117 Schwennicke (1993) 137 et seq.

118 Svarez, Crown Prince Lectures, in: Conrad / Kleinheyer (1960) 238.

119 Schwennicke (1993) 158; Stölzel (1885) 309 et seq.

120 Svarez, *extractus monitorum* (Geheimes Staatsarchiv Preußischer Kulturbesitz [Berlin], Hauptabteilung I, Repositur 84, Abteilung XVI, number 7, vol. 72, folium 20r); Stölzel (1885) 309 et seq.

121 See Krause (1998) 189.

122 Finkenauer (1996) 103, 108.

123 See Kuhli (2012) 202 et seq.

124 Ibid. 219 et seq.

125 Hattenhauer (1996) 17.

126 Link (1998) 45; Finkenauer (1996) 128. – Different view: Tocqueville (1998) 317; Philippson (1882) 56; Thieme (1937) 385 et seq.; Thieme (1967) 161; Conrad (1965) 6 et seq.; Merten (1986) 62–63.

127 Conrad (1961) 26.

128 For this reason, Fehrenbach's view is to be rejected. According to her, the AGB and ALR represented a first guarantee of the fundamental rights of civil liberties and equality (Fehrenbach [2001] 55).

veloped which would subject the monarch to any legal duty. Such rules only became accepted in constitutional monarchy.

At the same time, however, the effect of the public promulgation of political duties must not be underestimated.[129] With provisions such as § 6, § 12 and § 79 of the introduction to the AGB, the code constituted a publicly available document of the self-discipline of monarchical power[130] and hence it increased the political pressure to fulfil those duties.[131] After all, the AGB does in its provisions lay out certain guidelines for the king's actions. The provisions reflect the basic principles about right and wrong, which according to Svarez constitute a veritable fortress for the citizens' civil liberties.[132] Even if those principles about right and wrong had no direct legal implications for the current monarch's actions, from the perspective of the Prussian subjects hope remained that one of his successors would put them into effect.

The provisions that publicly documented the monarch's self-discipline, however, were not the only aspect of the AGB that functioned as guidelines for the king's actions. The code also provided for certain institutions to act as advisors to the king in matters of legislation. In his Crown Prince Lectures, for example, Svarez refers to the *Gesetzkommission* as the unpartisan voice of truth.[133] Accordingly, the high-ranking Prussian civil servants were to support the king with their knowledge and skills not only in drawing up the judicial reform itself, i.e. in compiling the new Prussian code of laws. In addition to that, they were also meant to be given the opportunity to advise the king on any future amendment of the AGB (or of the ALR respectively).[134] The estates of the country in turn were not conceded an advisory function comparable to that of the *Gesetzkommission*. Although it is true that in the Crown Prince Lectures Svarez had stressed the advisory function of the estates of the countries towards the king,[135] in political practice they did not have any general consultative right on the legislature concerning the

whole of Prussia even at that time (1792/1793). The AGB merely codified the rights of the estates of the country in that it stipulated their role as local authorities.[136] They were not an official advisory body to the king.

As for the role of the subjects, however, the AGB explicitly stressed their consultative function. It is true that they were not meant to participate actively in the exertion of state power.[137] Furthermore, the 1791 code of laws includes the prohibition of fomenting public unrest by mocking the laws – and a threat of punishment for those who act in violation of this provision (§ 151 of the 20th title of the second part of the AGB).[138] At the same time, however, the AGB provided for the possibility of single subjects either voicing objections to existing legal rules or other royal orders to the king or the leader of a department, or of submitting suggestions for improvement in general (§ 156 of the 20th title of the second part of the AGB). Hence, public participation in assessing and amending the laws was permitted – though certainly to a limited extent – in the name of general welfare. This measure did not, of course, aim at creating a general public discourse. The power of acting as an advisory body was to remain with the public authorities. It must, however, be stressed that the subjects' opinions were indeed taken into account. This can be seen as a continuation of the tendency that had started with the participation of the public in the legislative process that led to the creation of the AGB in the first place.

It can thus be concluded that the AGB does not reflect any intention of legally binding the monarch to fulfil his duties. All of the legal rules that seem at first sight to legally subject the king to any duty – including §§ 6, 12 and 79 of the introduction to the AGB, which were deleted in the course of the final review – are void of any real legal prohibition against him. The function of those provisions is rather the promulgation of the regent's political duties. Nevertheless, uncertainty remained from the perspective of the monarch as

---

129 See Link (1998) 37.

130 See Birtsch (1985) 92–93.

131 See Finkenauer (1996) 135.

132 Svarez, Lecture »Über den Einfluss der Gesetzgebung in die Aufklärung«, in: Conrad / Kleinheyer (1960) 636.

133 Svarez, Crown Prince Lectures, in: Conrad / Kleinheyer (1960) 480.

134 Link (1998) 36–37; see Schwennicke (1993) 287.

135 Svarez, Crown Prince Lectures, in: Conrad / Kleinheyer (1960) 479 et seq.

136 Schwennicke (1998) 122; Bornhak (1903) 275 et seq.

137 Conrad (1965) 26.

138 See Svarez, Lecture »Vorschläge zu Censur Gesetzen« (Staatsbibliothek zu Berlin Preußischer Kulturbesitz, Handschriftenabteilung, Manuscripta borussica, vol. 443, folium 272r–277v).

to whether the provisions might possibly be misinterpreted by third persons. In this context, the final review, which the three articles mentioned above fell prey to, is of interest, and it shall thus be discussed in the following section.

B. The relevance of the final review

As a result of the final review, which had been ordered by Frederick William II., certain significant changes were applied to the Prussian code of laws distinguishing it from the AGB. [139] The most obvious one was the modification of the code's title (»*Allgemeines Landrecht für die Preußischen Staaten*«). The deletion of § 6, § 12 and § 79 of the introduction to the AGB was another important result of the final review. Changes were also applied to certain provisions that were not as fundamental, such as those concerning morganatic marriage or inheritance law for poorhouses in cases in which the deceased was unmarried. [140] The latter modifications were of course of much less political importance than the deletion of § 6, § 12 and § 79 of the introduction to the AGB. However, even the elimination of those three provisions of the introduction did not mean that the general legal concept underlying the Prussian code of laws suffered any fundamental change. This is especially true for the ultimate deletion of § 6, the provision according to which the king would renounce to speaking *Machtsprüche*. It has been explained above that this provision did in no way run counter to Svarez' theoretical concept, according to which the court was obliged to obey any *Machtspruch* spoken by the monarch. According to the AGB, royal *Machtsprüche* would have been undesirable but not forbidden. Hence, Frederick William II. would not have faced any legal impediment to issuing such a dictum.

The same holds true for § 12 and § 79 of the introduction to the AGB, [141] which is why it can be affirmed that the deletion of § 6, § 12 and § 79 would not have been necessary from a legal per-

spective. All of these provisions, however, carried the inherent risk of being interpreted in a much too extensive way or of being altogether misinterpreted by third persons applying them at a later point in time. Since the provisions stipulated the prospect of royal acts *losing their binding nature* as a possible consequence of their violation, they might under certain circumstances have been misinterpreted to the effect that subjects or members of the judiciary were not obliged to obey when the King issued a *Machtspruch* (§ 6), when a law was drawn up without participation of the *Gesetzkommission* (§ 12) or when a provision excessively limited the subjects' rights (§ 79 of the introduction to the AGB). Apart from that, the three provisions bore a certain potential of becoming central to large-scale reform efforts. [142] Therefore, the reasons for the modifications applied in the course of the final review were probably not the *actual content* of the affected provisions but rather their possible *interpretation* by third persons. [143]

In this respect, the events that took place at the time in other European countries must also be taken into consideration. The outbreak of the French revolution for instance gave a clear picture of what Enlightenment could ultimately lead to. [144] Against this background, the Prussian view on many issues must have changed significantly. In 1792, the king did indeed receive a number of official letters from certain estates of the country and regional governments reporting unrest among the peasant population. Peasants had allegedly declared that they were under no obligation to provide any services to their landlords that were not required by the AGB. [145] Given the events and background of the French revolution, the authors of the Prussian code of laws might well have been suspected of importing revolutionary ideas into Prussian society. [146]

When Frederick William's confidants began discussing the final review, there was already a strong indication that the provisions of the AGB which were later deleted could easily have been

139 GEUS (2002) 153–154.

140 MERTEN (1986) 62–63.

141 See KUHLI (2012) 236 et seq.

142 REIBSTEIN (1962) 516–517.

143 KRAUSE (1998) 132; FINKENAUER (1996) 110–111.

144 HUCKO (1994) 1450. – See THIEME (1965/66) 10; KOSELLECK (1981) 30;

ALBRECHT (2005) 64; MERTEN (1986) 61.

145 See for example Geheimes Staatsarchiv Preußischer Kulturbesitz (Berlin), Hauptabteilung I, Repositur 84, Abteilung XVI, number 3, vol. 5, folium 87r–88v. – See DILTHEY (1960) 149–150; KRAUSE (1998) 176–177.

146 SCHWENNICKE (1994) 457; SCHWENNICKE (1993) 51 et seq.; FINKENAUER (1996) 134.

interpreted in a much broader sense than within what was originally intended to be their scope of application. The Bavarian civil servant Johann Georg Schlosser – one of Goethe's brothers-in-law – for instance brought up the painful subject in his paper published in 1789, in which he raised the question of whether the *Machtspruch* provision of the AGB meant that the party affected had the right to resist in cases in which the king acted in violation of that provision. [147] Although it is true that from an objective point of view, according to what has been established above, the answer would have been in the negative, a judge might – just as Schlosser – not have been certain as to how to interpret the respective provision. It was probably due to such examples that the king grew increasingly concerned about the AGB creating incentives for further reforms on a larger scale. Since such a risk was highest with regard to provisions that were given a prominent position within the AGB – namely in the introduction – certain provisions which had a similar content but were not as exposed within the text were kept. For that reason, the *Machtspruch* provision of § 6 of the introduction to the AGB was deleted while § 10 of the 13th title of the second part of the AGB/ALR was kept. The latter provision stipulates that if a criminal offender is pardoned by the king, that does not mean that the victim of the crime loses their right to compensation under civil law. Apparently, the risk of the members of the judiciary disobeying the king was not deemed as high with regard to this provision as with regard to § 6 of the introduction to the AGB.

It is hence apparent that § 6, § 12 and § 79 were deleted because they contained a certain risk of misinterpretation rather than because of their actual legislative content. This does not, however, justify drawing the conclusion that the final revision did not entail any substantial changes to the legal concept underlying the Prussian code of laws. The fact that the deletion of the provisions mentioned above meant that certain substantial political duties of the monarch were no longer laid down publicly plays a decisive role here. As a result of the final review, the need for the king to justify

possible violations of those duties to the public was reduced significantly.

On the other hand, many of the reformists' ideas did indeed persist even after the final review. For instance, the revised version of the Prussian code of laws still stipulated the limited room for interpretation of the laws by the judges. Another concept that was left untouched was the role attributed to civil servants and the subjects. Even under the application of the ALR, the *Gesetzkommission* maintained its role as the institution whose task it was to advise the monarch on issues regarding the legislative process. As far as the Prussian subjects are concerned, Svarez had never aimed at their full participation in the legislative process. He had always insisted in distinguishing between civil and political liberties – he was only interested in achieving the former. [148] The AGB did, however, contain some substantial provisions regarding the freedom of thought that did not fall prey to the final review. [149] One example is the right for each subject to publicly voice possible doubts about or objections to any legal rule (§ 156 of the 20th title of the second part of the ALR). Criticism by the subjects was hence allowed, a fact that certainly had a normative effect, since it could in certain cases mean that the regent was under increased pressure to justify his actions. The right to voice public criticism was certainly not individualised, but it was meant to serve an enlightened exercise of power by the monarch. Furthermore, the fact that Svarez provided for the subjects' right to voice their objections reflects his fundamental concern with regard to the relation between free people and the state. [150] The codification of this principle may well be one of the big achievements of this extraordinary legal reformist.

IV. Conclusion

Did Svarez' ideas prevail then? The answer seems at first sight to be a definite yes. The considerations about the final review not having lead to any fundamental changes of his basic concept in particular seem to confirm the assumption that the

---

147 SCHLOSSER (1789) 175.
148 MÖLLER (1991) 116.
149 KRAUSE (1998) 133.
150 See Svarez, Crown Prince Lectures,
   in: CONRAD / KLEINHEYER (1960) 219.

Prussian reformist achieved his ends. However, there are some objections to be made to this view: If one were to believe that the concerns Frederick William II. and his confidants had about §§ 6, 12 and 79 of the introduction to the AGB – which were deleted in the course of the final review – becoming central to further large-scale reform efforts were indeed justified, one cannot rule out the possibility that Prussian history would have taken a different turn if it had not been for the final review.

However, considerations about the hypothetical effects of events in counterfactual history are usually vague and partly even futile. With regard to Svarez, the speculations described above might even be completely erroneous, since they do in no way reflect the reformist's aims. Svarez was known to be a most dutiful civil servant, loyal not only to his minister of justice, with whom he shared remarkably close bonds all throughout his professional career, but also and especially to the Prussian monarchs. It is hence improbable that he would have designed the Prussian code of laws with the idea in mind of promoting attempts to constitutionalise the Prussian monarchy.

At the same time, however, Svarez' undeniable dutifulness should not be misinterpreted as meaning that the reformist was altogether opposed to any change in the Prussian political system. His loyalty towards the state and its regent must not be mistaken for an uncritical attitude. As he mentioned in one of the Crown Prince Lectures, Svarez did not shy away from voicing *audacious truths* (›dreiste Wahrheiten‹ [151]) as long as he was convinced that they were valid. However, one of these *audacious truths* was certainly the publicly stipulated advice towards the king to renounce to issuing *Machtsprüche*. Without the final review, the Prussian code of laws would have become a publicly available document of the self-discipline of monarchical power and as such it would have made possible violations by the monarch of the duties he was subject to according to natural law visible to all citizens of the Prussian states. As a consequence of the final review, however, Svarcz was denied the opportunity of influencing the monarch's exertion of power. Nevertheless, a number of his efforts to point out the path of natural law to the king were indeed successful. All in all, it may be true that Svarez' work did not exactly make him the one to bring about a new era in Prussian legal history – his great achievement, however, lies in his systematic attempt of bringing about enlightened limitations to what was at that time illimitable.

◼

Bibliography

- ALBRECHT, MATTHIAS (2005), Die Methode der preußischen Richter in der Anwendung des Preußischen Allgemeinen Landrechts von 1794. Eine Studie zum Gesetzesbegriff und zur Rechtsanwendung im späten Naturrecht, Frankfurt am Main
- BARZEN, CAROLA (1999), Die Entstehung des »Entwurf(s) eines allgemeinen Gesetzbuchs für die Preußischen Staaten« von 1780 bis 1788, Konstanz
- BENTHAUS, RAIMUND (1996), Eine »Sudeley«? – Das Allgemeine Landrecht für die Preußischen Staaten von 1794 im Urteil seiner Zeit, Kiel
- BIRTSCH, GÜNTER (1969), Gesetzgebung und Repräsentation im späten Absolutismus. Die Mitwirkung der preußischen Provinzialstände bei der Entstehung des Allgemeinen Landrechts, in: Historische Zeitschrift 208, 265–294
- BIRTSCH, GÜNTER (1985), Carl Gottlieb Svarez. Mitbegründer des preußischen Gesetzesstaates, in: ALTER, PETER et al. (eds.), Geschichte und politisches Handeln. Studien zu europäischen Denkern der Neuzeit. Theodor Schieder zum Gedächtnis, Stuttgart, 85–101
- BIRTSCH, GÜNTER, DIETMAR WILLOWEIT (eds.) (1998), Reformabsolutismus und ständische Gesellschaft. Zweihundert Jahre Preußisches Allgemeines Landrecht, Berlin
- BOECK, DIETER (1966), Die Schlußrevision des Allgemeinen Landrechts für die preußischen Staaten von 1794. Vorgeschichte und Entstehung des Landrechts, privatrechtliche Neuerungen anhand der Schlußrevision, geschichtliche Wirkungen und Würdigungen, Hamburg
- BOOCKMANN, HARTMUT (1992), Ostpreußen und Westpreußen, Berlin

---

151 Ibid. 450.

- Bornemann, W[ilhelm] (1842), Systematische Darstellung des Preußischen Civilrechts mit Benutzung der Materialien des Allgemeinen Landrechts, vol. 1, 2nd ed., Berlin (reprint: Frankfurt am Main 1987)
- Bornhak, Conrad (1903), Preußische Staats- und Rechtsgeschichte, Berlin
- Bringmann, Wilhelm (2001), Preußen unter Friedrich Wilhelm II. (1786–1797), Frankfurt am Main
- Bussi, Emilio (1966), Stato e amministrazione nel pensiero di Carl Gottlieb Svarez precettore di Frederico Guglielmo III di Prussia, Milano
- Conrad, Hermann (1958), Die geistigen Grundlagen des Allgemeinen Landrechts für die preußischen Staaten von 1794, Cologne
- Conrad, Hermann (1961), Rechtsstaatliche Bestrebungen im Absolutismus Preußens und Österreichs am Ende des 18. Jahrhunderts, Cologne
- Conrad, Hermann (1965), Das Allgemeine Landrecht von 1794 als Grundgesetz des friderizianischen Staates. Vortrag gehalten vor der Berliner Juristischen Gesellschaft am 25. Juni 1965, Berlin
- Conrad, Hermann, Gerd Kleinheyer (eds.) (1960), Vorträge über Recht und Staat von Carl Gottlieb Svarez (1746–1798), Cologne
- Davies, Norman (2001), Im Herzen Europas. Geschichte Polens, 2nd ed., Munich
- Dilthey, Wilhelm (1960), Gesammelte Schriften, vol. 12: Zur preußischen Geschichte. Schleiermachers politische Gesinnung und Wirksamkeit. Die Reorganisatoren des preußischen Staates. Das Allgemeine Landrecht, 3rd ed., Stuttgart
- Fehrenbach, Elisabeth (2001), Vom Ancien Regime zum Wiener Kongress, 4th ed., Munich
- Finkenauer, Thomas (1996), Vom Allgemeinen Gesetzbuch zum Allgemeinen Landrecht – preußische Gesetzgebung in der Krise, in: ZRG (GA) 113, 40–216
- Geus, Elmar (2002), Mörder, Diebe, Räuber. Historische Betrachtung des deutschen Strafrechts von der Carolina bis zum Reichsstrafgesetzbuch, Berlin
- Gose, Walther (1988), Entwurf, Gesetzbuch, Landrecht [1], in: Gose, Walther, Peter Krause (eds.), Aufklärung und Gesetzgebung. 200 Jahre Entwurf eines Allgemeinen Gesetzbuchs für die Preußischen Staaten. Eine Dokumentation, Trier, 5
- Hattenhauer, Hans (1988), Preußens Richter und das Gesetz (1786–1814), in: Hattenhauer, Hans, Götz Landwehr (eds.), Das nachfriderizianische Preußen 1786–1806. Rechtshistorisches Kolloquium. 11.–13. Juni 1987. Christian-Albrechts-Universität zu Kiel, Heidelberg, 37–65
- Hattenhauer, Hans (ed.) (1996), Allgemeines Landrecht für die Preußischen Staaten von 1794, 3rd ed., Neuwied
- Hellmuth, Eckhart (1985), Naturrechtsphilosophie und bürokratischer Werthorizont. Studien zur preußischen Geistes- und Sozialgeschichte des 18. Jahrhunderts, Göttingen
- Hellmuth, Eckhart (1998), Noch einmal: Freiheit und Eigentum. Zum politisch-gesellschaftlichen Bewußtsein der Landrechtsautoren Carl Gottlieb Svarez und Ernst Ferdinand Klein, in: Birtsch / Willoweit (1998) 63–89
- Hinschius, Paul (1889), Svarez, der Schöpfer des preussischen Landrechts und der Entwurf eines bürgerlichen Gesetzbuches für das deutsche Reich. Rede bei Uebernahme des Rectorats der Königlichen Friedrich-Wilhelms-Universität zu Berlin, gehalten am 15. October 1889, Berlin
- Hintze, Otto (1915), Die Hohenzollern und ihr Werk 1415–1915, Berlin (reprint: Hamburg 1987)
- Hoensch, Jörg K. (1998), Geschichte Polens, 3rd ed., Stuttgart
- Hucko, Elmar (1994), Zum 200. Geburtstag des Allgemeinen Landrechts für die Preußischen Staaten, in: NJW, 1449–1453
- Karst, Thomas (2003), Der Einfluß von Carl Gottlieb Svarez auf die preußische Gesetzgebung, in: ZRG (GA) 120, 180–199
- Kleinheyer, Gerd (2008), Carl Gottlieb Svarez (1746–1798), in: Kleinheyer, Gerd, Jan Schröder (eds.), Deutsche und Europäische Juristen aus neun Jahrhunderten. Eine biographische Einführung in die Geschichte der Rechtswissenschaft, 5th ed., Heidelberg, 428–433
- Köbler, Gerhard (1996), Deutsche Rechtsgeschichte. Ein systematischer Grundriß der geschichtlichen Grundlagen des deutschen Rechts von den Indogermanen bis zur Gegenwart, 5th ed., Munich
- Koselleck, Reinhart (1981), Preußen zwischen Reform und Revolution. Allgemeines Landrecht, Verwaltung und soziale Bewegung von 1791 bis 1848, 3rd ed., Stuttgart
- Krause, Peter (1988), Naturrecht und Kodifikation, in: Krause, Peter (ed.), Vernunftrecht und Rechtsreform, Hamburg, 7–28
- Krause, Peter (1998), Die Überforderung des aufgeklärten Absolutismus Preußens durch die Gesetzgebung. Zu den Hemmnissen auf dem Weg zum Allgemeinen Landrecht, in: Birtsch / Willoweit (1998) 131–211
- Kuhli, Milan (2012), Carl Gottlieb Svarez und das Verhältnis von Herrschaft und Recht im aufgeklärten Absolutismus, Frankfurt am Main
- Lancizolle, Carl Wilhelm von (1846), Ueber Königthum und Landstände in Preußen, Berlin
- Link, Christoph (1986a), Anfänge des Rechtsstaatsgedankens in der deutschen Staatsrechtslehre des 16. bis 18. Jahrhunderts, in: Schnur, Roman (ed.), Die Rolle der Juristen bei der Entstehung des modernen Staates, Berlin, 775–795
- Link, Christoph (1986b), Die Staatstheorie Christian Wolffs, in: Schneiders, Werner (ed.), Christian Wolff 1679–1754. Interpretationen zu seiner Philosophie und deren Wirkung. Mit einer Biographie der Wolff-Literatur, 2nd ed., Hamburg, 171–192
- Link, Christoph (1998), Aufgeklärtes Naturrecht und Gesetzgebung – vom Systemgedanken zur Kodifikation, in: Birtsch / Willoweit (1998) 21–46
- Meier, Brigitte (2007), Friedrich Wilhelm II. König von Preußen (1744–1797). Ein Leben zwischen Rokoko und Revolution, Regensburg
- Merten, Detlef (1986), Allgemeines Landrecht, in: Treue, Wilhelm (ed.), Preußens großer König. Leben und Werk Friedrichs des Großen, Freiburg i.Br., 56–69
- Merten, Detlef (1992), Die Justiz in den Politischen Testamenten brandenburg-preußischer Souveräne, in: Bracher, Karl Dietrich et al. (eds.), Staat und Parteien. Festschrift für Rudolf Morsey zum 65. Geburtstag, Berlin, 13–46

- MÖLLER, HORST (1991), Preußische Aufklärungsgesellschaften und Revolutionserfahrung, in: BÜSCH, OTTO, MONIKA NEUGEBAUER-WÖLK (eds.), Preußen und die revolutionäre Herausforderung seit 1789, Berlin, 103–117
- MÖLLER, HORST (1994), Fürstenstaat oder Bürgernation. Deutschland 1763–1815, Berlin
- OGRIS, WERNER (1987), Friedrich der Große und das Recht, in: HAUSER, OSWALD (ed.), Friedrich der Große in seiner Zeit, Cologne, 47–92
- PÄTZOLD, ERWIN (1938), Johann Heinrich Casimir von Carmer, in: GÜRTNER, FRANZ (ed.), 200 Jahre Dienst am Recht. Gedenkschrift aus Anlaß des 200jährigen Gründungstages des Preußischen Justizministeriums, 1938, 331–366
- PHILIPPSON, MARTIN (1882), Geschichte des Preußischen Staatswesens vom Tode Friedrichs des Großen bis zu den Freiheitskriegen, vol. 2, Leipzig
- REIBSTEIN, ERNST (1962), Allgemeines Staatsrecht und Völkerrecht bei Carl Gottlieb Svarez. Zur Edition der »Kronprinzen-Vorträge«, in: Zeitschrift für ausländisches öffentliches Recht und Völkerrecht 22, 509–539
- ROUSSEAU, JEAN-JACQUES (2003), Vom Gesellschaftsvertrag Oder Grundsätze des Staatsrechts (HANS BROCKARD [ed.]), Stuttgart
- SCHLOSSER, JOHANN GEORG (1789), Briefe über die Gesetzgebung überhaupt, und den Entwurf des preußischen Gesetzbuchs insbesondere, Frankfurt am Main
- SCHMIDT, EBERHARD (1926), Johann Heinrich Casimir von Carmer, in: ANDREAE, FRIEDRICH et al. (eds.), Schlesier des 18. u. 19. Jahrhunderts, Breslau, 22–29
- SCHREIBER, HANS-LUDWIG (1976), Gesetz und Richter. Zur geschichtlichen Entwicklung des Satzes nullum crimen, nulla poena sine lege, Frankfurt am Main
- SCHWENNICKE, ANDREAS (1993), Die Entstehung der Einleitung des Preußischen Allgemeinen Landrechts von 1794, Frankfurt am Main
- SCHWENNICKE, ANDREAS (1994), Zwischen Tradition und Fortschritt – Zum zweihundertsten Geburtstag des Preußischen Allgemeinen Landrechts von 1794, in: Juristische Schulung, 456–460
- SCHWENNICKE, ANDREAS (1995), Die allgemeinen Strafrechtslehren im Allgemeinen Landrecht für die Preußischen Staaten von 1794 und ihre Entwicklung in der Rechtsprechung bis zum preußischen Strafgesetzbuch von 1851, in: DÖLEMEYER, BARBARA, HEINZ MOHNHAUPT (eds.), 200 Jahre Allgemeines Landrecht für die preußischen Staaten. Wirkungsgeschichte und internationaler Kontext, Frankfurt am Main, 79–104
- SCHWENNICKE, ANDREAS (1998), Der Einfluß der Landstände auf die Regelungen des Preußischen Allgemeinen Landrechts von 1794, in: BIRTSCH / WILLOWEIT (1998) 113–129
- STÖLZEL, ADOLF (1885), Carl Gottlieb Svarez. Ein Zeitbild aus der zweiten Hälfte des achtzehnten Jahrhunderts, Berlin
- THIEME, HANS (1937), Die preußische Kodifikation. Privatrechtsgeschichtliche Studien II, in: ZRG (GA) 57, 355–428
- THIEME, HANS (1965/66), Carl Gottlieb Svarez in Schlesien, Berlin und anderswo. Ein Kapitel aus der schlesischen und preußischen Rechtsgeschichte, in: Juristen-Jahrbuch 6, 1–24
- THIEME, HANS (1967), Carl Gottlieb Svarez aus Schweidnitz (1746–1798). Der »größte preußische Gesetzgeber«, in: SCHULZ, EBERHARD G. (ed.), Leistung und Schicksal. Abhandlungen und Berichte über die Deutschen im Osten, Cologne, 157–163
- TOCQUEVILLE, ALEXIS (1998), L'ancien régime et la révolution, Préface, notes, bibliographie, chronologie par Françoise Mélonio, Paris
- VOIGT, ALFRED (1972), Gesetzgebung und Aufklärung in Preußen. Bemerkungen zum Allgemeinen Landrecht für die Preußischen Staaten, in: SCHOEPS, HANS-JOACHIM (ed.), Zeitgeist der Aufklärung, Paderborn, 139–151
- WILLOWEIT, DIETMAR (1998), Die Revisio Monitorum des Carl Gottlieb Svarez, in: BIRTSCH / WILLOWEIT (1998) 91–112
- WOLF, ERIK (1963), Große Rechtsdenker der deutschen Geistesgeschichte, 4th ed., Tübingen
- WOLFF, CHRISTIAN (1968), Jus Naturae (1740–1748), in: Gesammelte Werke, II. Abteilung: Lateinische Schriften, vol. 24, Hildesheim

Thorsten Keiser

Between Status and Contract?

Coercion in Contractual Labour Relationships in Germany from the 16th to the 20th century

1   Introduction: The freedom of working people between the law of labour before and labour law since 1900

In Germany, the termination of employment contracts is a central and often intensely debated legal issue today. This is not surprising since employment termination entails substantial risks for the person affected and threatens the very foundation of his or her economic existence. This is why both politics and legal dogmatics place the individual engaged in dependent work at the centre of concern as a subject requiring protection. In Germany, labour law (»Arbeitsrecht«) emerged as an independent field of law focusing on the persona of the dependent worker (»Arbeitnehmer«) and its typified normative ascriptions. This process took place in the course of the 20th century, as the concept of the principal requirement that employees be protected against unforeseen or unjustified dismissal became increasingly established, giving rise to very intricate regulations. Social security is a guiding motif of this legislation which regards contract termination primarily as a risk. It is often not considered that this constellation is a very new one. Defined conceptions of the interests of the parties to labour contracts also existed before 1900, but social security was then not a central criterion. At that time, many people perceived the termination of their employment as an opportunity rather than primarily as a risk. Employers, on the other hand, aimed to keep people in their service for as long as possible. In the late 19th century, the enforcement of labour performance by legal means and normative instruments, which no longer plays any role today, was still an important issue.[1] This provides occasion to investigate the freedom of working people from the perspective of the history of law, whereby this article focuses on the history of the German-speaking territories.

Legal history reflections on the freedom of labour relations often focused on the dichotomy of contract labour and slavery. Since most analyses of the issue linked the question of freedom closely to the status of the working individual, the potentials for autonomy within labour contracts voluntarily entered into by people tended to receive little attention.[2] This was the theme of a study undertaken by myself at the University of Frankfurt am Main in 2007–2010 whose results form the basis of the following comments.[3] This analysis of freedom and coercion in the employment of people bound by contract attempted to explore a sphere between the free labour contract and slavery in a manner similar to work on the United States already published.[4] This article argues that the labour relationships of people engaged in physical work were also bonded and unfree in the German-speaking regions before 1919. The analysis focused mainly on the world of craftsmen, servants, day labourers and factory workers which was subdivided into many normative spheres bound to status in the German territories since around 1500 and then also in the states of the German Confederation after 1815 and the German Reich from 1871 to 1919. The decisive criteria for determination of the autonomy potential of working people are their opportunities for repression-free market access and their equality as contract parties. Both were suppressed by authoritarian norms. In the early modern period, comprehensive access of employers to the labour power of their subordinates formed part of the prevailing conception of the common good. Police sanctions and punishment threatened those who failed to comply. These regulations interacted with a restrictive set of norms which sought to suppress the social and physical mobility of those performing physical labour. These conditions are examined here in interaction with the findings of social history

---

1   See the examples in the following section.
2   See, however, the principal study: STEINFELD (1991), and STEINFELD (2006).
3   KEISER (2013).
4   See the comments in STEINFELD (1991).

research. What emerges is a »law of labour« (»Recht der Arbeit«) which remained stable for centuries. The aim is to show that it also remained largely unaffected by the shifts occurring during the period of transition (»Sattelzeit«) around 1800 which saw major conceptual changes in legal thought. The repressive system only began to be overcome by the late 19th century. Unfree labour now began to be viewed as problematic in the field of tension between private and public law. The key question was whether a service contract law was conceivable which would principally recognise freedom and equality for all and be freed of its incorporation into public law. What is presented here is a history of the liberation of service contracts from paternalistic police norms which ends with the (perhaps too) late triumph of an equality-oriented conception of private law in the 20th century.

We can distinguish between two major normative areas defined by different premises which are incisive for investigating the freedom potentials of working people. The law as it existed before 1919 differed in design depending on the specific status and professional environment, but tended to be grounded in paternalistic and police concepts and oriented towards suppressing labour market dynamism. The term »law of labour« appears historically appropriate to this law. It must be demarcated from the now current »labour law« which affirms the free labour market, while seeking to mitigate its risks to the individual employee by social protection norms.

2 Examples: Coercion in industrial and agricultural labour relationships in the late 19th century

As suggested above, the attitude of the legal system to the problem of non-performance is a key criterion for the autonomy of individuals in their contractual labour relationships. What happens if people do not wish to obey the instructions of their employers and perhaps even leave their work to look for a different position? If people are constrained by coercion and punishment to perform their labour and have no opportunity to offer their labour power on the market for alternative employment, they are in a situation of dependency, even if they are free to choose their employer. Freedom of choice, as is well known, is only real freedom if sufficient alternatives are available. If people are also denied opportunities for social advance, for example due to lack of education or mobility, dependence is intensified. We now present a brief description of two areas in which such situations existed.

2.1 Industry

The files of the Prussian Ministry for Trade and Commerce in the Prussian Privy State Archive in Berlin-Dahlem (Geheimes Staatsarchiv Preußischer Kulturbesitz, Berlin-Dahlem) are a highly interesting source of information on labour conflicts in 19th century Germany. The ministry was the highest of the Prussian authorities concerned with the activities of the trade inspectorate (»Gewerbepolizei«). They sent reports on their daily work to the ministry as the superior authority along with inquiries requesting decisions or legal information. The reports offer fascinating insights into the practical problems and conflicts of German industrial workers and craftsmen with their employers. [5]

One case we encounter in these files concerns a factory worker called Rostenstengel. In 1881, he left his previous employer in Düsseldorf and started working in a new factory. [6] The local police authority issued a personal detention order for eight days imprisonment against him because he had broken his contract. Since Rosenstengel disregarded this order and did not return to his previous job, a new order was issued raising the threatened period of detention to 14 days, should the worker not resume his previous employment after the end of his eight-day incarceration. Rosenstengel was arrested and detained for eight days in the district prison, after which he still did not wish to continue working for his previous employer.

5 They are accessible in the repertory by BUCK (1960), (1970).
6 The entire case is presented in: Prussian Privy State Archive I HA Rep. 120 BB VII 1, No. 5 vol. 3, pp. 241–246, see KEISER (2013) 301 ff.

His dilemma was evidently that he had committed himself by contract to two employers and hence fallen into the trap of non-performance. At the time, none of the authorities involved appears to have considered the option of requiring the culprit to pay damages. Instead, they regarded it as their duty to enforce specific performance and issued orders for corresponding restraint. »Specific performance« took priority here. It was a common procedure in Prussia when enforcing a police order for contract breach (so-called »Resolut«) to first order eight days detention and then extend that period to 14 days in the case of continuing non-performance.[7] Accordingly, Rosenstengel was arrested again to undergo the 14-day personal detention. His wife then intervened before the authority and requested that her husband be released, arguing that as he earned no income during his detention, she and her seven small children were more or less breadless for two weeks.[8] The police authority released the worker and postponed enforcement of the arrest until the end of his new labour contract because the new employer declared that he had bound Rosenstengel by contract for another several months. Rosenstengel was granted stay of detention until 24 December. This postponed the family's problem, but did not necessarily solve it because the threat of imprisonment and loss of income remained. The wife presented a further complaint to the Royal Public Prosecutor against the sanction of 14 days detention and Rosenstengel himself submitted an immediate petition (»Immediatgesuch«), i.e. an urgent appeal, to the Ministry of Justice, in which he described the detention as an illegal order and requested its rescission. However, these were always acts of grace beyond the strict regulations of law. No report of the legal arguments has been preserved. The files unfortunately also do not indicate how the case was eventually decided. The ministry declared to the appellant that he could bring about a judicial decision regarding the order and that enforcement would be suspended until such time.

What is interesting here in terms of social history is, first of all: Rosenstengel's problem does not appear to have been unemployment. He has opportunities to offer his labour power, but can evidently not use them as he would like to. Termination is not a danger, but an opportunity. The labour market must have been rather unfavourable for an employer who takes recourse to the police to force an obviously unreliable person like Rosenstengel to return to his job.

In legal history perspective, the question is what the legal foundations for these decisions were. Why were the administrative authorities competent in the matter of contract breaches? After all, these were private matters between an employee and employer – in other words a matter of private law. Yet this was not so under the 19th century legal system. The files of the ministry include a great number of executive orders to resume work such as those issued against Rosenstengel. They are designated there primarily as orders under Section 108 of the Trade Regulation Act (»Gewerbeordnung« – GewO). This was a comprehensive statute which governed the position of craftsmen and industrial workers in the North German Confederation since 1869 and was extended to the German Reich in 1871. It was amended repeatedly. On the resumption of work, however, it included a regulation which remained largely unchanged, i.e. Section 108 GewO:

»Disputes of independent businessmen with their journeymen, sub-operatives or apprentices concerning the commencement, continuation or rescission of the employment contract or

7   Regarding the same approach in a termination conflict involving a metalworker: Prussian Privy State Archive I HA Rep. 120 BB VII 1, No. 5 vol. 2, pp. 16 ff. This case concerned a complaint against the refusal of a district police president to enforce an executive penalty determined in a commercial lawsuit of September 05, 1873. The metalworker Carl Bärker had taken up work at the firm of the factory owner Beiersmann and committed himself in writing to provide service for an advance payment received and thereafter leave the job only subject to a notice period of 14 days. Bärker ceased work without fulfilling this performance obligation and without notice and moved to a different district. An order (»Resolut«) for continuation of service was then issued. As usual, eight days in prison were threatened, should the order not be obeyed. After serving his imprisonment, the metalworker again refused to take up his work. Another 14 days detention had been threatened for that event. The police authority refused to enforce this punishment because Bärker had taken legal recourse in the interim. The dispute concerned the admissibility of enforcement and the suspensive effect of legal recourse against executive penalties (»Exekutivstrafen«). KEISER (2013) 302.

8   Prussian Privy State Archive I HA Rep. 120 BB VII 1, No. 5 vol. 3, top of p. 242.

apprenticeship, the performance mutually due for the duration of the same or the issue or content of the certificates specified in Sections 113 and 124 are, to the extent that special authorities for such matters exist, to be presented for decision to them. To the extent that such special authorities do not exist, the decisions will be taken by the local police authorities.«

This was a norm governing competency, but not a legal regulation defining the material preconditions for police orders enforcing a duty to work. From the point of view of today, it appears like a self-propelled extension of a competency norm into a material empowerment. However, the problem was not perceived as such at the time. It appeared clear that the work obligation came into force by contract as its legal foundation, while the norm mentioned above only described the legal process. What was regarded as problematic at the time was that a contractual duty to work such as Rosenstengel's was founded on private law, whereas public executive institutions were competent to enforce it – not the courts. A principal distinction between private law disputes to be heard before ordinary courts and public law for which other courts and administrative authorities were competent was already known in Germany at the time. This distinction was very important to German law; reflecting the claims of a liberal movement since around 1800 which aimed to demarcate private law as a law of citizens principally exempt from state intrusion from the public law of the state. Freedom of contract and property were the main principles of private law. And under freedom of contract, the civil courts should really be competent. That they were not is confirmed by the peculiar intermediate position of labour relations such as those described which were rooted in a free contract, but whose enforcement was nonetheless governed by the norms of police coercion.

Some police orders, however, did not order workers to continue in a given job as in the case of Rosenstengel, but required journeymen or workers to start working after they had closed a contract. This happened in the case of the brothers Uriankowsky who had contracted as glass painters and factory workers with a factory owner in Nienburg on the Weser, a small town in northern Germany in 1893, but then did not present themselves for work because they had unexpectedly agreed a continuation of employment with their previous employer.[9] The new master was not inclined to accept that and determined to employ the people in his business. He therefore approached the mayor with a complaint for noncommencement of work. The mayor of Nienburg as the competent local police authority then decided as follows:

»The defendant Carl Uriankowsky is obliged to commence work immediately for the plaintiff as a worker, the defendants August and Robert Uriankowsky are obliged to commence work immediately for the plaintiff as glass painters.«[10]

This was, in other words, a police order for commencing a contractually agreed employment relationship. However, it was not enforceable in this form just yet. To enforce it, another organ of the local police ordered that the persons concerned:

»must take up work in the Heyesche Glass Factory within 3 days of delivery of this order under penalty of a fine of 30 Marks or 6 days detention.«[11]

Here, too, it is remarkable that private work obligations were to be enforced by public coercion. The astonishing fact is: private law disputes were not brought to court, but to the mayor who was an executive organ and acted as the police. But did this police coercion really differ substantially from the compulsion exerted in court proceedings? Very similar titles to enforcement could be obtained there. Labour disputes, even if heard by police authorities, were evidently conducted like adversarial proceedings. There was at least the opportunity to hear witnesses and assess evidence, as in a court.

9 See the report of the Lord President (»Oberpräsident«) of the Province of Hanover in: Prussian Privy State Archive I HA Rep. 120 BB VII 1, No. 28 d. Keiser (2013) 295 ff.

10 Ibid., No. 1 f. of the relevant document.

11 Ibid., No. 2 of the relevant document.

If workers in breach of contract did not appear for a hearing, however, they had no hope of reprieve. But the authorities did not act as symbolic representatives of the employers equating their interests with those of the public order, but as litigation adjudicators between two parties. The mere breach of a labour contract was not treated like a breach of interests of state, and the hearings with journeymen and workers appear to have been conducted open-ended. Although lawyers may not necessarily have been present in these hearings, strict legal requirements do appear to have been observed. The intervention of public authorities is, when viewed anachronistically before the background of German law, in and of itself a breach of the principal demarcation between public and private law. But it did not have to entail a grave restriction of freedom for workers in real terms.

This had been different before 1869. Breaches of their contractual duties by workers were then still subject to penal prosecution. Penal sentences and coercive measures were indeed employed. They were not *dead letter law*. A letter of the Berlin Magistrate of 1824 contained in the ministry files reports on measures taken against a silk-making journeyman. [12] He had a real career of contract breaches and was said to be »already notorious in the trade«, as a »slovenly person and disorderly worker«. [13] He had therefore already been sentenced repeatedly for ceasing work, once to three days detention and thereafter to a 14-day prison term for repeated misdemeanour. He had then left the work at his current silk-making master »secretly« because »the work had not been to his liking and he did not wish to do it«. [14] The Berlin Magistrate therefore wanted to sentence him to a jail sentence of four weeks and confiscate his professional qualification certificates until he promised improvement in performing his work duties. [15] The magistrate asked for authorisation by the ministry. As a marginal note on the file shows, this authorisation was granted, [16] which was not surprising. The magistrate's approach, after all, corresponded precisely to Sections 360, 361, Part 2, Tit. 8 of the Prussian General State Law (»Preußisches Allgemeines Landrecht« – ALR), a compre-

hensive statute dating from 1793. The scale of the penalties applied, from three-day detention to imprisonment for repeat offenders also follows the legal stipulations precisely (ALR II 8, Section 359). Why ministerial authorisation of this approach, which was quite evidently covered by the wording of the statute, was requested is unclear. The magistrate evidently aimed at deterrence and wanted to let the silk-maker journeyman concerned feel »the severity of the law«, [17] so that others be warned. According to the wording of the ALR, the journeyman could also not avert the punishment imposed by subsequent performance of his work duty. ALR II 8, Section 359 merely stipulates:

> »Journeymen who avoid work on the days designated for it by state statute are to be punished to imprisonment with water and bread, the first time for three days and, in the case of recurrence, for 14 days.«

So, here we have clear examples of unfree labour contracts. This is the case not only because of the executive competency but also in view of the nature of the sanction against breach of contract. Until 1869, non-performance of labour contracts was a penal offence.

2.2 Agriculture

Let us now look at some examples from the sphere of agriculture, but remaining in the same period. The Prussian manorial estates of the 19th century were complex economic enterprises. The daily routine was characterised by specialisation and a division of labour. Forest wardens, gardeners, barn-maids, coachmen, managers, storekeepers and people in many other roles were employed by the lord of the manor. They lived in the direct vicinity of their employer or even under the same roof. [18] The social microcosm of such estates was described impressively by Max Weber in his farmworker studies. [19] The legal norms were laid down in the Farmworker Law (»Landarbeiterrecht«), a complex of norms which governed the specific

---

12 Prussian Privy State Archive, Ministerium für Handel und Gewerbe, I HA Rep. 120, B V 2 No. 1, vol. 2, pp. 49–50 (manuscript). KEISER (2013) 264 f.

13 Ibid., p. 49.
14 Ibid., p. 49 rs.
15 Ibid.
16 Ibid., p. 49, marginal instruction.
17 Ibid., p. 50.

18 KOCKA (1990) 158. On the legal aspects see KEISER (2013) 337–368.
19 WEBER (1899–1902); WEBER (1892).

conditions on the large, mostly Eastelbian estates and has received little attention to date. One central aim of the Farmworker Law was to secure worker obedience. This had also already been the regulation objective of the Law of Servants (»Gesinderecht«) which found wide application in Germany and applied both to domestic servants and to the farmhands employed during sowing and harvesting. The Farmworker Law partly overlapped with the Law of Servants, but was designed specifically for the labourers in Prussia's larger agricultural estates. In contrast to employees (»Arbeitnehmer«) after World War I, the Prussian farmworkers of the 19th and early 20th century were not regarded as subjects principally requiring protection, but as beings tending to obstruction and hence a threat to farm operations, which had to be constrained by strict rules to perform their duties. One such regulation, for example, was a Prussian law of 24 April 1854. Its central regulation, Section 1, stated:

> »Farmworkers guilty of sustained disobedience or recalcitrance against the orders of their master or the person appointed to oversee them or who refuse or quit service without lawful cause are, at the request of their masters, subject to a fine of up to five Thalers or up to three days detention, regardless of the master's right to either dismiss or retain them.«[20]

If, for example, a farmhand left his workplace temporarily, this was a penal offence. A man who left his workplace on Sunday and only returned Monday evening was punished for »deserting the master«.[21] This event occurred in 1887.

The collections of Prussian penal sentences[22] are full of lawsuits against farmworkers who were taken to court for poor and above all non-performance of their labour contracts. Looking through the court rulings, we encounter a farmhand who wanted to leave his position with a manorial lord

prematurely to look after his infirm parents.[23] This was not recognised as a valid cause for termination, and the farmhand was forced back into service and punished. Whether minors wished to return to their parents[24] or farmworkers desired to quit their service due to poor nourishment – a clearly defined conflict was always at issue: Workers wanted to terminate their employ, while their masters wished to prevent termination. People were compelled by police coercion to continue in service or punished by state institutions in legal proceedings. The legal system provided a detailed set of public-law instruments for this purpose. Private-law damages claims against those bound by service contract were not a major theme before 1900. The people could therefore hardly have been more distant from the later protective »labour law« than they were. Their main problem was not market turbulence, and the elimination of jobs by economic change not their greatest concern. Work appears to have been available, only not on terms regarded as acceptable. Prussian manorial labourers seem to have been presented by market opportunities, rather than market risks. Their muscle power was evidently in demand, but they were not intended to derive much gain from it. To that extent, there are clear parallels to the cases of the industrial workers described above. In both spheres, highly developed norm systems were in place to induce people to perform their work duties. One difference, however, is that punishment played a far greater role for farmworkers, even in the late 19th century, whereas it had been abolished for workers in trade and industry, i. e. factory workers and craftsmen, in 1869. The penal law characteristics of farmworker labour relations (which varied in intensity), were clearly more pronounced.

It was even discussed whether manorial lords were entitled themselves to prevent their workers from quitting service. If breach of contract was to be a penal offence, this notion was not far-fetched. A need for rights of lien will have existed among

---

20 Gesetz-Sammlung für die Königlich Preußischen Staaten, 1854, No. 16, p. 214 ff.

21 Superior Court, Judgement of 19 March 1888, Johow (1889) 185 f. Keiser (2013) 377.

22 For example, in: Goltdammers Archiv für Strafrecht und Strafprozess, General Register (1908); Johow

(1889–1893). For a general assessment see Keiser (2013) 352 ff.

23 Superior Court, Judgement of 25 September 1890, Johow (1892) 258 f.

24 Superior Court, Judgement of 12 Dezember 1889, Johow (1891) 224 f.

employers especially as regards their unbound »free« day labourers and migrant workers. In the 19th and early 20th century, the labour market was influenced by strong migration flows. Lack of contract loyalty was a conduct attributed especially to unbound seasonal workers at the time. The »working class of migrant workers« was described as the »main source of breach of contract as a mass phenomenon«.[25] Here, sections of the legal literature saw an extremely urgent need for the use of coercion by employers to prevent worker abscondence.[26] A danger of departure from service, however, also existed among locally resident workers. In 1883, the Prussian Ministry of the Interior therefore issued a circular to the heads of the administrative authorities (Lord Presidents) of a range of eastern provinces and in Brandenburg and Saxony, which listed the legal measures against non-performance of rural labour contracts.[27] This was a response to an allegedly widespread inclination among workers to quit service prematurely if they planned to emigrate from Germany. Indeed, once aboard an emigration ship headed for America, people no longer had to fear the damages claims and penal sanctions of the German authorities. As a remedy, the Prussian Ministry of the Interior pointed, among other options, to rights of detention which could be enacted by employers or, indeed, by for everyone who could seize a farmworker discovered absconding from service.[28] This is principally possible under German penal law. Anyone considering emigration and ceasing work would therefore have been presented to a custodial judge directly by his employer. Whether such use of rights of self-defence was practiced is difficult to determine, but should have been rather unlikely. At least towards rights of self-defence (against breaches of contract), the judicature had adopted a reserved position. In a judgement of 1892 concerning an absconded maid, the Supreme Court of

the German Reich ruled that the masters were not entitled to retain the maid's property in the house if her departure from service – whether lawful or not – caused no damage, which will often have been the case.[29] This assessment was based on consistent application of the regulations of the Prussian Servant Law (»Gesindeordnung«). Had one wished to apply a criminal procedure right of detention alongside these regulations, the result would have been a contradiction in evaluation: If compulsory violence was only permissible to secure damages claims, but not to secure the main performance claim under the service contract, the use of absolute force, which moreover circumvents the state monopoly of violence, should certainly be precluded in cases of this kind. This argument is likely to have corresponded to the judicature. In 1890, the Supreme Court had already declared the use of personal compulsion by employers against absconded servants or servants considering abscondence inadmissible and advised the employers concerned of the services of the police authorities.[30] It is likely that the same conclusions were drawn as regards farmworkers. Yet, although the judicature restricted personal coercion by employers and, in doing so, defended a constitutional monopoly of violence, punishment and coercion clearly played a major role in dealing with non-performance of work obligations.

2.3 Conclusion

Overall, the above examples show that the departure of workers from service was still a real problem in the late 19th century. When dissatisfied with their working conditions, many people not only made use of the option to protest. Leaving service with the aim of re-entry into the market also played a major role. The termination options available to workers were an expression of free-

25 EHRENBERG (1907) 11 ff. Statistical data also in MANKOWSKI (1909) 694 ff. This work states that, »according to a cursory summary«, there had been 5991 agricultural breaches of contract in Prussia in 1907. According to a survey by the Prussian State Economic Collegiate (Preußisches Landes-Ökonomie-Kollegium), the share of »free foreign agricultural workers« in these contract breaches was especially high and far higher than that of the

day labourers (»Inste«) and other »agricultural workers in fixed employment«. See MANKOWSKI (1909) 695. On the institutional history of the collegiate, see HANSEL (2006) 50–76. KEISER (2013) 351 f.

26 SCHLEGELBERGER (1907) 199.

27 Circular of 16 November 1883, in: Ministerialblatt für die gesamte innere Verwaltung in den Königlich Preußischen Staaten, 1883, pp. 255 f.

28 Circular of 16 November 1883, p. 256.

29 Entscheidungen des Reichsgerichts in Strafsachen, RGSt 23, 356 f.

30 Entscheidung des Reichsgerichts, in: Juristische Wochenschrift 19 (1890) 229.

dom. In 1970, the economist Albert Hirschman designed an abstract economic-sociological model for the reaction to performance decline in enterprises, organisations or states.[31] His theory distinguishes between *voice*, opposition, and *exit* – leaving – as the possible reactions of individuals who find themselves in an exchange relationship with a stable form of organisation due to arbitrary coercion or by birth. Certainly, *exit* could only have been the preferred option if *voice* had failed or was impossible. For the history of employment relations this means that the opportunities of workers to communicate and protest must also be included in the analysis. Strikes tended to be rare among farmworkers. Here, there was less organisation and class-consciousness. Among industrial workers, the history of the sanctions against breach of contract is closely intermeshed with the history of the right to strike, especially since the 1870ies.[32] The option of swift and easy termination could have been less relevant for workers once they had the opportunity to effect improvements in their workplaces by trade union activity. This, too, renders it astonishing that so many cases of labour contract breaches are on the record and employers made such efforts to prevent them. After all, workers could terminate their employment with a notice term of 14 days (Section 122 »Gewerbeordnung«) in any case. Looked at retrospectively, the economic problems caused by premature contract termination do not appear to have been all that considerable. Nonetheless – and this is a general problem in the legal history of human labour power – such normative findings can have very different meanings, depending on the respective economic context. A strict or liberal right of termination has different effects in different economic sectors and supply constellations which depend on many factors. The market opportunities of workers may have changed rapidly and at short intervals, depending on demographic and economic developments. In other periods, people may not have been able to afford disobedience or termination for poor food and accommodation simply for economic reasons, since alternatives were not available. Perhaps workers then even had to call for protection against

dismissal. The economic situation of the Prussian agricultural estates was, indeed, problematic in the second half of the 19th century, at least judging by the commentary from the associations of the big Prussian landowners. Shortage of labour was an issue because large areas had to be cultivated in this region, while migration flows to the emerging industrial regions to the west or into the New World depleted labour supply. At first sight, this appears to be a plausible explanation for the repressive character of farmworker law, all the more so since a work regime as the normative backbone of real labour contract situations can only be analysed as part of a complex web of very diverse economic and social factors. However, if we look at other historical constellations, we do find similar phenomena. Coercion in the case of non-performance by sanctions or police enforcement of labour existed in the early modern Holy Roman Empire, in the states of the German Confederation and in the German Reich until 1919.[33] The day labourers of the early modern era in the Free Imperial City Frankfurt am Main,[34] male and female servants in Bavaria, Prussia or Württemberg,[35] manufacture workers (i. e. factory workers in the pre-industrial period),[36] craftsmen[37] and industrial workers in the 19th century – almost all confronted elaborate regulations protecting their masters against termination, but not to protect workers against unjustified or untimely dismissal. These norms are described in the following chapters to take a closer look at the phenomenon of the »unfree service contract«. It will become clear that it was a central normative instrument for the allocation of labour power as a vital resource for centuries.

3 »Master and Servant Law« in Germany?

Unfree service contracts existed not only under different historical and political conditions. Very similar regulation patterns also occurred in other legal cultures. One study has provided many indications for comparisons with France, whose Code Civil was criticised for providing a socially

---

31 Hirschman (1970).
32 Keiser (2013) 284 ff., 286 ff.
33 In detail: Keiser (2013) 35–192; pp. 241–393.
34 Keiser (2013) 35 ff.
35 Keiser (2013) 63 ff.
36 Keiser (2013) 164 ff.
37 Keiser (2013) 143 ff.

indifferent labour contract design, which in reality was, however, integrated into special regimes of a police and possibly even paternalistic-repressive nature.[38] Coercion in service contracts played a major role, above all in English and US-American labour history. The examples of legislative sources best known to date derive from England. The Statute of Labourers of 1349 contains a kind of archetypal formulation of legally unfree service contracts.[39] Imprisonment for premature termination of service without justification, prohibition of the employment of workers who had breached their contract, the obligation to contract subject to penalty for unemployed servants, penalties against paying more than the going local wage and other characteristic elements scattered among thousands of imperative laws (»Gebotsgesetze«) across the territories of the Holy Roman Empire are already present in these statutes Edwards III.[40] which were a response to population losses and labour shortages caused by the Black Death epidemics which raged from 1347 to 1349.[41] In the Elizabethan period, the normative core of this legislation was taken up and laid down afresh in the Statute of Artificers (1562–1563).[42] These Tudor statutes evolved further by case law and were supplemented by further legislation. A law of labour thereby emerged which was characterised by coercion and control and was summarised in the »Master and Servant« law.[43] In contrast to the German-speaking territories, servants here meant a range of manual labourers, i. e. above all servants, agricultural labourers and craftsmen. The major professional cleavages which separated servants and craftsmen in the Holy Roman Empire of the German Nation were non-existent in the English legislation. The Master and Servant laws nonetheless included the figure of a farmworker bound by contract for one year who had to complete his year of service subject to penal sanction.[44] To that extent, parallels to the German Law of Servants (»Gesinderecht«) are in evidence. In procedural terms, too, there are many shared characteristics between English manual labourers and their colleagues in the German territories. In England too, summary procedures tended to be provided for disputes in service relationships. The »remedies« of the master against non-performing servants were implemented by »borough magistrates« and »county justices of the peace«. As in the Holy Roman Empire, professional jurists were therefore not involved in these cases.[45] In England, the sanctions handed down by such arbitration organs in cases of contract breach are nonetheless likely to have been more stringent than in the Old Empire.

Due to the influence and long history of the Master and Servant legislation, it is not surprising that unfree service contracts played a not inconsiderable role in the historiography of the Common Law. The US legal historian Robert J. Steinfeld displays an acute sensitivity for the conflicts caused by the dissolution of labour contracts in the context of his studies about »Coercion, Contract and Free Labour in the Nineteenth Century«.[46] His comments aim to relativise conventional views about free and unfree labour in England and the United States by complex analyses of the judicature and laws.[47] He criticises generalising assignment of the attributes »free« or »unfree« to certain forms of labour relationships, wage labour, servitude, slavery, contract labour etc. and seeks to describe the normative genotype of these relationships in greater depth. A focus of his work is the analysis of unfreedom in contractual labour relationships. Steinfeld thereby points to an instrument of coercion applied since the Middle Ages and then mitigated and reactivated in different epochs, which – indeed – affected labourers bound by contract: penal sanction in the case of contract breach.[48] Along with the labour contract, breach of contract emerged as an increasingly important legal figure and corrective. »Criminal sanctions« had survived in England until the 19th century, so that one could speak of »unfree wage labour« during this period.[49] Steinfeld also investigated to what extent the delivery of labour performance could be achieved by compulsory enforcement, i. e. whether a contractual work duty could be directly

---

38 Bürge (1991) esp. 4 ff.

39 Text cf. Statutes of the Realm (1810) 307 f.

40 Ibid., see also: Steinfeld (1991) 22 ff.

41 In detail on plague epidemics and the labour market: Schröder (1984) 59 ff.

42 Steinfeld (1991) 22 ff.

43 Hay (2000) 227.

44 Hay (2000) 228, on certain differentiations of the concept »servant«, e. g. covenant servants or husbandry servants.

45 Hay (2000) 229.

46 This is the title of a relevant study by Steinfeld (2001), see also Steinfeld (1991) and (2006).

47 See Steinfeld (2001) 4 ff., 26.

48 Steinfeld (2001) 39 ff.

49 Ibid.

enforced as »specific performance« or converted into a damages claim for non-performance.[50] For Steinfeld, these are decisive criteria for defining »free labour« beyond the conventional categories of slavery, servitude and the like. He shows that the analysis of the freedom potentials of working people must take account of the legal options for enforcing work duties as an indicator. This is a potent instrument for realistic recognition of factual unfreedom in the sphere of contractual labour relationships. Freedom can, indeed, be determined very well on the basis of its limits.[51] A key criterion here is to what extent people can withdraw from labour relationships and, above all, which consequences they must expect if that fails. The English Common Law denotes these consequences with the terms »specific performance« and »criminal sanctions«.

4 Administrative coercion in the early modern law of services in Germany

A comprehensive legal history of unfree service contracts in the German territories confronts far greater difficulties of a technical nature than the study of the Common Law. The latter possesses a large body of case law in which legal practice was conserved and the social background of normative decisions is also presented, albeit only in the form of the »procedural truth« of judicially generated facts. These do, however, possess a special salience. Here, access to the practical application of statutes is therefore not too difficult. In Germany, on the other hand, there are a large number of statutes, but barely any decisions. This raises many questions regarding the application and function of statutes. In addition, the normative material is highly dispersed. In the early modern period, service contracts were not classified legally according to a defined pattern. The Old Reich and its territories were regions of plural, decentralised law making, in which the otherwise often unifying framework of Roman law also played only a minor role. Information about service contracts can therefore

only be obtained in specific contexts, i. e. as regards the service contracts of servants, farmhands, day labourers, manufacture workers, etc. From about 1400, a new strong permeation of such service relationships by administrative norms occurred in the German territories and cities. The state of the early modern period projected its conceptions of the common good onto the service status of dependent workers. The smooth operation of agriculture and production became an important concern for the authorities. Service contracts were therefore not a matter between two parties, but a highly political issue which directly affected superior interests. The consequence was the application of legal coercion to enforce the specific performance of service contract duties. This »administrative coercion« is a key attribute of legally »unfree service contracts« and the equivalent of the 19th century police coercion described by the introductory examples. The presence of administrative coercion shows that even service relationships created by acts of will were subject to multiple restraints. These had naturally already existed in the Middle Ages. In the legal history literature of the 19th century, above all Otto Stobbe,[52] Richard Loening[53] and Gustaf Hertz,[54] a student of Gierke, examined the legal problems of coercion in medieval service contract relationships. Coercion to enforce specific performance of the service contract was a topic in medieval law books, but coercion was usually applied by damages claims.[55] From the point of view of today, it therefore took effect at the level of contract law. More systematic administrative direction and control of the law of labour appears to have begun only in the late mediaeval era on the threshold of the early modern period.

4.1 The »Gesindevertrag« as a prototype of the unfree service contract

The state intervened most severely in servant law (»Gesinderecht«). »Gesinde« is a term designating the professional category of servants from the early modern period until the 20th century. Servants had to perform different duties in the house

---

50 STEINFELD (2001) 51 ff.
51 As a successful example of such a determination of the freedom content of private-law institutions, see HOFER (2001).
52 STOBBE (1855) 34 ff.

53 LOENING (1876).
54 HERTZ (1879).
55 KEISER (2013) 44–55.

or on the fields. [56] Farmhands and maids formed a major part of this class of workers who worked mainly for farmers, craftsmen, burghers, aristocrats or in the catering sector. Their position is regarded by German law as the relationship of servitude par excellence. The relationship to the master was a very close one here, too, since servants had to live in their master's home. This integration into the domestic community was associated with many normative connotations until the early part of the 19th century. The »house« of early modernity was a major projection surface for popular-romantic conceptions of freedom and commitment. [57] A typical service contract was closed for one year. Problems arose if a servant wished to quit service before this term had expired. [58] The start and end of the service year were aligned to ensure that sufficient people were always available during sowing and harvesting, i. e. that no changes were to occur during the times of intensive labour. It therefore suggested itself to punish »Gesinde« for breach of the service contract. In most cases, these were so-called »arbitrary penalties« [59] which had to be defined by officials in the individual case. The direct return of a person to their place of work with the aid of the officials of an authority, on the other hand, such as practised with servants in the 19th century was less significant in the early modern period. This procedure was then mainly applied in the so-called »Gesindezwangsdienst«, i. e. the coercive service duties arising from the status of the children of bondservants which were to be rendered directly to the manorial lord. The relevant laws show, however, that labourers contractually employed by burghers or farmers were not forced into service with absolute coercion by the organs of authority. In the early modern period, masters who did not wish to rely on the deterring effect of administrative punishment, could take recourse against labourers in breach of contract before a forum in common law proceedings. For example, they could obtain judgements ordering direct specific performance of the service duty, whose execution would result in direct return of absconded manual labourers by analogous application of the

rules of Roman slave law. Alongside the thousands of criminal regulations of the police law (»Policeygesetzgebung«), however, these common law instruments probably played only a minor role. Recourse to the courts may have been too time-consuming and expensive for all parties involved. The law of labour was focused instead on swift decisions and swift execution for which the officials of cities and territories appeared as suitable agents. In almost all cases, these were also the people who decided about conflicts in service relationships. The law of dependent manual labour was a police matter with all the associated procedural consequences.

In addition to the penalty for »absconding«, many indirect coercive measures to enforce specific performance of contractual labour existed. Wage fixing in the form of tariff regulations (»Taxordnungen«) was widely used. [60] This was part of a comprehensive economic policy which aimed both to keep wages low and permit people to live on their wages. In addition, obligatory work certificates were an indirect means of coercion in all sectors, except for day labourers. These certificates served less as proof of qualification to facilitate a decision in the market than as a means of police control. They served to confirm that a service relationship had been terminated permissibly. Taking up a new position was to be permissible only upon presentation of such evidence. Certificates therefore also served as legal security for potential new masters, since they were not permitted to employ people bound by other service contracts. If they breached this rule, they themselves were subject to penalty. It was also attempted to ensure specific performance of service contract duties by eliminating refuge areas for absconded persons.

In addition, obligations to contract partly existed in the form of prohibitions of idleness (»Müßiggangverbote«) [61] which obliged people to close service contracts. The independent existence of unmarried people often met with disapproval. It was attempted to coerce them into service by application of penal norms. A latent scarcity of labour in the early modern period can be suspected

---

56 For the extensive social history literature on *Gesinde*, see Sagarra (1995), Rückert (1996) 119 ff. and Schröder (1992) 49 ff.

57 Schröder (1992) 51 ff.

58 In detail: Keiser (2013) 60 ff.

59 See Keiser (2013) 87 ff.

60 Keiser (2013) 113 ff.

61 Keiser (2013) 186 ff.

as the background for all these norms. How serious it really was cannot be said. It can only occasionally be associated with certain economic cycles. Overall, however, there is a clear impression that scarcity of labour, especially of *Gesinde* was a factor during the entire early modern period. The big problem for regulation was not to protect working people against dismissal, but to protect masters against illicit premature contract termination by their workers.

4.2 Unfreedom among day labourers, craftsmen and manufacture workers

Day labourers were also of central importance to agricultural resource allocation.[62] Their far more flexible service relationship – the work obligation generally applied for only one day – offered far less scope for the application of coercive norms. Here, the key means of exerting pressure was the duty to observe the tariff regulations, i.e. the administrative wage prescriptions. Nonetheless, some laws did attempt to take influence on the daily performance of day labourers by threatening sanctions. In contrast to service workers whose responsibilities were less clearly defined, the requirements to be met by day labourers as regards punctuality, precision and speed were defined by the authorities in a number of laws. Clockwork-type work rhythms such as those in modern factories are likely to have already existed on the fields of the early modern era.

As regards the service contracts of craftsmen,[63] a clear distinction must be made between journeymen and apprentices. Journeymen contracts could vary in duration and were principally far more flexible than the contracts of servants, since they were often closed for an indefinite term and could be terminated with two weeks' notice. Although ending a dissatisfying relationship between masters and journeymen was therefore relatively easy, here, too, many penal regulations against non-performance were in place. They were often stipulated by guild laws for the different trades, but often also by administrative laws, some of which placed absconded journeymen on the same level as absconded servants. If only a guild penalty in the form of a fine was applicable, it may have been milder than an administrative penalty. In contrast to the »arbitrary sanctions« of the authorities, it was certainly always clearly defined. But this was due, above all, to the limited discretion of the guild courts which, in contrast to the authorities, were permitted to impose fines up to a certain amount. Banishment as a sanction aimed at ensuring the culprit could no longer ply his trade in a particular region are likely to have had a greater deterring effect. For apprentices, on the other hand, labour contract entitlements of the master were combined with quasi-parental rights. The unfreedom and restriction under parental authority thus continued in the apprenticeship, where the master figured as a substitute father.

For workers, the situation in centralised as well as decentralised manufacturing was very varied.[64] In the factories of the proto-industrial period, these workers were often subject to similar coercive sanctions for non-performance as the guild craftsmen. The applicable norms were found not only in the guild laws, but also in imperative laws (»Gebotsgesetze«) and privileges. The service relationship of manufacture workers was not a reserve of »free service contracts« in an environment of bound private law. They may have enjoyed more freedoms and negotiating power as regards contract contents such as wages, contract term and the like. But they, too, were subject to administrative sanctions in the case of non-performance and to a special extent to the ›house regulations‹ of a factory owner. It should be noted, however, that highly qualified workers were required in manufacturing more than in any other economic sector of the early modern period. It is likely that these workers always had good opportunities to negotiate favourable contract terms; their labour power was probably mobilised primarily by incentives rather than coercion. They occupied a special position among the manual labourers of that time.

4.3 Conclusion

There is therefore no doubt that, according to the conceptualisation presented here, almost every service contract of manual workers in the early

---

62 KEISER (2013) 134 ff.
63 KEISER (2013) 143 ff.
64 KEISER (2013) 164 ff.

modern period was to a certain extent legally and factually unfree. Even in relations of service which were not founded on status like slavery or serfdom, coercion by legal regulations designed to enforce the specific performance of service played a major role. The economic compulsion to make a living was always accompanied by the normative coercion of state authority. The mobilisation of labour power relied on the interaction of both factors, which could also be mutually reinforcing because economic potentials were also governed by administrative norms. Depending on the individual case, the professional character of a particular field of law and the subjective perception of the person affected, the economic or the political-normative factor could have carried more or less weight. Men and women were equally affected by administrative coercion. This impression certainly arises when looking at the surface structure of the law; whether officials used their discretion in individual case decisions, e. g. regarding »arbitrary sanctions«, to different degrees cannot be determined here. Differences between the sexes generally applied only to wages which were lower for women under the tariff regulations if they performed work on the same hierarchy level.

A clear differentiation is evident, however, as regards the age of working people. Stricter compulsion was generally applied to younger, unmarried people than those older and married. This also relates to the residential situation. Single persons who lived in the house of their master as a servant or apprentice tended to be subject to stricter coercive legal regulation – even leaving aside the relations of authority in the master's house. There appears to have been a subliminal relationship between physical proximity and the desire for discipline. This began to take an effect on juridical discourse as an explicit argument in the 19th century.

5 The period around 1800 as a watershed in the law of labour?

A fundamental shift occurred in continental European political and legal thought from app. 1750 to 1850 which was reinforced by the ideas of freedom which spread in the course of the French Revolution. This period of transition (»Sattelzeit«[65]) is characterised to significant extent by the unleashing of economic potentials. Servitude was abolished, and agricultural reforms and land mobilisation began.[66] And although they may not have brought true liberation for all, they were backed by a remarkable principle. Labour productivity was to be increased by the incentive to create personal prosperity rather than by coercion.[67] An awareness of the market as an alternative for efficient allocation of labour power emerged. »Happiness« no longer meant merely the peace of mind engendered by a pattern of life based on uncritical acceptance of one's position, but increasingly also worldly personal prosperity. Such views made the theologically founded ethics of duty, which assigned to people unchanging functions in an order ordained by God, appear as an element of the »gothic monster«[68] to which the Old Empire had, in the eyes of many, already degenerated. In this context, an »unleashing of labour power« has also rightly been diagnosed for the period around 1800.[69] But how did it take place in practice? It could be assumed that unfreedom in labour contracts had been abolished, markets opened and mobility opportunities created for people and that the private-law ideas of freedom and equality such as those of the French Code Civil had found entry into service contract law. But this was not the case. The major shift in the history of ideas around 1800 had only limited effect on the rights of dependent workers. In the laboratory of the emerging bourgeois society, weight was given above all to freedom of commerce. The relationship between freedom and work was perceived mainly as the right to choose a particular career, to free personal development and to benefit from the fruits of one's own work. This resulted in the

---

65 Theoretically pioneering on the »Sattelzeit« from app. 1750 to 1850, in which old words acquired a new »Zukunftshorizont« (future horizon) and »Begriffsgehalt« (conceptual content): KOSELLECK (1972) 14 f.

66 See DIPPER (1980). An up to date presentation of the literature now in: BRAKENSIEK / MALERWEIN (2005).

67 KEISER (2013).

68 On the metaphorics of domination see STOLLBERG RILLINGER (2008) 12.

69 STEINDL (1984).

---

abolishment of the guild strictures and administrative fixing of wages. The abolishment of the tariff regulations, in particular, created an increase in contract freedom for simple craftsmen and servants. This increased contract freedom which was also laid down in servant ordinances and commercial ordinances of the German Confederation with more or less principal status initially did not, however, take influence on the penal sanctions for non-performance of labour duties. Even in this period of liberalised contract closing and contractual contents people continued to be punished if they left their place of work without permission. Corresponding regulations exist in not all, but many commercial ordinances of the German Confederation. An analysis of source material from Prussia has shown that such sanctions were also employed in practice by the competent police organs, as shown in the first chapter.

6 The critique of unfreedom in the law of labour in the second half of the 19th century

The situation described above began to be regarded as problematic in the second half of the 19th century, above all among liberal and social democratic politicians. The Marxist Karl Liebknecht who was murdered in 1919 worked as a lawyer at the end of the 19th century and knew the difficult situation of agricultural workers on the Prussian manorial estates from practical observation.[70] Their capacity for resistance was weaker than among industrial workers. But the attention of politically interested circles was increasingly drawn to the problems of unfree labour contracts and the often harsh patriarchal manorial estate economy by politicians like Liebknecht.

But not only Social Democrats criticised the lack of equality in service contract relationships of manual labourers. It was regarded as especially intolerable that workers could be punished for breach of contract (i. e. abscondence, excessively long breaks, late arrival at work, etc.), whereas employers could not, for example if they were if

default with wage payments. This disparity was criticised in the Reichstag of the North German Confederation since 1867. Delegates from the liberal parties demanded the abolishment of all contract breach sanctions for all service contracts.[71] These initiatives aimed not only at restricting employer claims for private damages in the case of personal contract breaches, but also the legalisation of strikes and coalitions to improve working conditions. Both objectives intertwined in the vehement discussions about breach of contract during the years from 1867 onwards, for which the reform association »Verein für Socialpolitik« – which we would describe as a think-tank for policy consulting today – repeatedly created a platform by organising conferences and studies on the theme. But the radical opponents of sanctions against breach of contract could only prevail in part. The Trade Regulation Act (»Gewerbeordnung«) of the North German Confederation of 1869 finally no longer included penal sanctions against non-performance of service contracts. However, this improvement only affected »commercial« labourers, i. e. journeymen and factory workers. Their contractual relationships were reformulated using the grammar of private law, albeit not by a general codification, but in the Trade Regulation Act. Special laws which still laid down penal sanctions applied to servants and agricultural workers. In Prussia, conservative circles even repeatedly demanded that they be tightened, also and especially in the second half of the 19th century. A revolution was required before the free labour contract, understood as a free contract between equals which covered every professional category and provided principally the same conditions for employers and the employed was established. It was ultimately only the Council of People's Deputies created after the overthrow of the Kaiser at the end of World War I which abolished the last special laws for servants and agricultural labourers.[72] The last remnants of juridically codified status differences between service contract parties were no longer to exist in the democratic Germany of the Weimar Republic.

70 Liebknecht (1983) 114. Further statements by Karl Liebknecht on the law of service in Schröder (1992) 163, footnote 21.
71 Keiser (2013) 276 ff.

72 See Declaration of the Council of People's Deputies, in: Huber (1992) 6–7. Also: Vormbaum (1980) 382 ff.

7 Conclusion – Coercion enforcing contractual work performance in the past and present

What is special about this history? Looking at the world of work in the early modern period and the 19th century opens up a surprising discovery. The labour relationship aimed at the greatest possible security which is generally recognised as desirable today and forms part of the canon of social policy demands, does not appear to have corresponded to the interests of many employees at all times. What they lacked was often not security, but freedom. Even when people were able to close their labour contracts themselves this did not mean that they had full access to freedom of contract. The service relationships established by agreement in the early modern era also combined status and contract. A favourable market situation will often have existed for many workers which they could have used to their advantage had they had greater freedom of contract. But the legal order repeatedly attempted to prevent that by stipulating unequal conditions for employees and employers. This situation changed fundamentally after 1919, however, when mass unemployment became a problem in the troubled Weimar Republic. The history of the service relationship as an originally unequal contract relationship receded into the background. Security now became the central theme, and freedom tended to be viewed as a risk.

»Unfree labour« is a theme that generally triggers associations with the contemporary world. Reports on the exploitation of workers abound, especially as regards women and children in developing and emerging countries. What is lacking there is evidently not the opportunity to work, but the opportunity to work in humane conditions and at adequate wages. Voice, i. e. resistance and exit, the capacity to resist and, associated with it,

the chance to quit service, appear to be lacking – for example among Indian indentured workers in textile manufacturing or Chinese brickyard workers who produce the building materials for China's rapidly growing megacities in conditions that strike us as antediluvian. At first sight, this calls to mind part of the story related here. However, compared to the forms of coercion of the early modern territorial states or the Prussian Trade Regulation Act of the 19th century, the differences are considerable. The coercion to work was generated here in police and legal proceedings, under conditions of inequality, but still with transparent procedural structures and formal options for resistance in the form of legal remedies. Many contemporary coercive systems will tend to be arbitrary systems which are difficult to account for in terms of a history of law and in which coercion is used more or less directly by employers and – which is the big difference – illegally. Coercion is exercised behind the scenes or tolerated by corrupt authorities.

But these distinctions and the identification of the differences between the past of our own life world and a (foreign) present produce valuable new insights. Studying the parallels between our own past and the present of others is an important task for a history of law that needs to confront the challenges and knowledge requirements of the globalised economy. The investigation of norms of freedom and unfreedom in labour relationships in their respective economic environments is thereby an especially important subject since it points to a general core problem of human livelihood which will present itself again and again in different constellations and hence transcends historical epochs.

■

Bibliography

- BRAKENSIEK, STEFAN, GUNTER MALERWEIN (2005), Art. »Agrarreformen«, in: JAEGER, FRIEDRICH (Hg.), Enzyklopädie der Neuzeit, vol. 1, Darmstadt, 122–131
- BUCK, HERIBERT (1960), Zur Geschichte der Produktivkräfte und Produktionsverhältnisse in Preußen 1810–1933, Berlin
- BUCK, HERIBERT (1970), Zur Geschichte der Produktivkräfte und Produktionsverhältnisse in Preußen 1810–1933, Weimar
- BÜRGE, ALFONS (1991), Vom polizeilichen Ordnungsdenken zum Liberalismus. Entwicklungslinien des französischen Arbeitsrechts in der ersten Hälfte des 19. Jahrhunderts, in: Archiv für Sozialgeschichte 31, 1–25
- DIPPER, CHRISTOPH (1980), Die Bauernbefreiung in Deutschland, Stuttgart

- EHRENBERG, RICHARD (1907), Der Kontraktbruch der Landarbeiter als Massen-Erscheinung, in: Landarbeit und Kleinbesitz, Heft 1, Rostock
- Goldammers Archiv für Strafrecht und Strafprozess, General Register (1908) zum ersten bis dreiundfünfzigsten Bande, Berlin
- HANSEL, RÜDIGER (2006), Jurisprudenz und Nationalökonomie. Die Beratungen des BGB im preußischen Landes-Ökonomie-Kollegium 1889, Weimar
- HAY, DOUGLAS (2000), Master and Servant in England. Using the Law in the Eighteenth and Nineteenth Centuries, in: STEINMETZ, WILLIBALD (Hg.), Private Law and Social Inequality in the Industrial Age, Oxford, 227–264
- HERTZ, GUSTAV (1879), Die Rechtsverhältnisse des freien Gesindes nach den Rechtsquellen des Mittelalters, Breslau
- HIRSCHMAN, ALBERT O. (1970), Exit, Voice and Loyalty. Responses to Decline in Firms, Organisations and States, Cambridge MA.
- HOFER, SYBILLE (2001), Freiheit ohne Grenzen? Privatrechtstheoretische Diskussionen im 19. Jahrhundert, Tübingen
- HUBER, ERNST RUDOLF (Hg.) (1992), Dokumente zur Deutschen Verfassungsgeschichte, vol. 4, 3rd edition, Stuttgart
- JOHOW, REINHOLD (Hg.) (1881–1900), Jahrbuch für Entscheidungen des Kammergerichts in Sachen der freiwilligen Gerichtsbarkeit, Kosten-, Stempel- und Strafsachen, Berlin, 8 (1889), 9 (1890), 10 (1891), 11 (1892), 12 (1893)
- KEISER, THORSTEN (2013), Vertragszwang und Vertragsfreiheit im Recht der Arbeit von der Frühen Neuzeit bis in die Moderne, Frankfurt am Main
- KOCKA, JÜRGEN (1990), Arbeitsverhältnisse und Arbeiterexistenzen. Grundlagen der Klassenbildung im 19. Jahrhundert, Bonn
- KOSELLECK, REINHART (1972), Über die Theoriebedürftigkeit der Geschichtswissenschaft, in: CONZE, WERNER (Hg.), Theorie der Geschichtswissenschaft und Praxis des Geschichtsunterrichts, Stuttgart, 10–28
- LIEBKNECHT, KARL (1983), Gesammelte Reden und Schriften, vol. 1, September 1900 bis Februar 1907, ed. by Institut für Marxismus Leninismus beim ZK der SED, Berlin (Ost)
- LOENING, RICHARD (1876), Der Vertragsbruch im deutschen Recht, Straßburg
- MANKOWSKI, H. (1909), Material über den Kontraktbruch landwirtschaftlicher Arbeiter, in: Soziale Reform 29, 692–700
- RÜCKERT, JOACHIM (Hg.) (1996), Beschreibende Bibliographie zur Geschichte des Arbeitsrechts mit Sozialrecht, Sozialpolitik und Sozialgeschichte, Baden-Baden
- SAGARRA, EDA (1995), Quellenbibliographie zur Rechts-, Sozial-, und Literaturgeschichte der Dienstboten (des Gesindes) ca. 1700–1918, in: FRÜHSORGE, GOTTHARD et al. (Hg.), Gesinde im 18. Jahrhundert, Hamburg, 431–457
- SCHLEGELBERGER, FRANZ (1907), Das Landarbeiterrecht, Berlin
- SCHRÖDER, RAINER (1984), Zur Arbeitsverfassung des Spätmittelalters, Berlin
- SCHRÖDER, RAINER (1992), Das Gesinde war immer frech und unverschämt, Franfurt a.M.
- Statutes of the Realm (1810), printed by command of his Majesty King George III, Vol. 1, London (reprint London 1963)
- STEINDL, HARALD (1984), Entfesselung der Arbeitskraft, in: STEINDL, HARALD (Hg.), Wege zur Arbeitsrechtsgeschichte, Frankfurt/M., 29–135
- STEINFELD, ROBERT J. (1991), The invention of free labour. The Employment Relation in English and American Law and Culture, 1350–1870, Chapel Hill, London
- STEINFELD, ROBERT J. (2001), Coercion, Contract and Free Labour in the Nineteenth Century, Cambridge
- STEINFELD, ROBERT J. (2006), Free Wage Labour and the Suffrage in Nineteenth Century England, in: ZRG (GA) 123, 267–283
- STOBBE, OTTO (1855), Zur Geschichte des deutschen Vertragsrechts. Drei Abhandlungen, Leipzig
- STOLLBERG RILLINGER, BARBARA (2008), Des Kaisers alte Kleider. Verfassungsgeschichte und Symbolsprache des Alten Reiches, Munich
- VORMBAUM, THOMAS (1980), Politik und Gesinderecht im 19. Jahrhundert (vornehmlich Preußen 1810–1918), Berlin
- WEBER, MAX (1892), Die Lage der Landarbeiter im ostelbischen Deutschland (Schriften des Vereins für Socialpolitik 55), Leipzig
- WEBER, MAX (Hg.) (1899–1902), Die Landarbeiter in den evangelischen Gebieten Norddeutschlands, Tübingen

Ignacio de la Rasilla del Moral*

El estudio del Derecho internacional en el corto siglo XIX español

I. Introducción

La principal historiografía ius-internacionalista contemporánea considera que la conciencia (y la enseñanza) del Derecho internacional como «disciplina propia en las universidades europeas fue un desarrollo que tuvo lugar en la tercera parte del siglo XIX». Excepción hecha de París donde en 1829 se funda una cátedra de Derecho internacional aunque ésta versara «más sobre historia diplomática que sobre derecho positivo»[1] y del hecho de que «había existido alguna enseñanza sobre la materia previamente en el siglo en Londres»,[2] las primas cátedras del Derecho internacional en Inglaterra fueron las establecidas en las universidades de Oxford (1859) y Cambridge (1866). En Francia, la introducción del «Derecho internacional como una materia obligatoria con exámenes»[3] habría de esperar hasta 1889. En Holanda, una ley de 1876 prescribió la enseñanza del Derecho internacional en universidades estatales; en Bélgica, la Universidad de Bruselas estableció la enseñanza del Derecho internacional en 1884 otorgándosela a Alphonse Riviers, un profesor de Derecho romano.[4] En los Estados Unidos de América, después de los primeros cursos de Derecho internacional impartidos en las Universidades de Yale en 1846, de Harvard en 1863 y de Columbia en 1865 y de que Freeman Snow ofreciese el primer curso de Derecho internacional basado en el *case-method* (o método casuístico) en 1886–1887,[5] la cátedra Bemis de Derecho internacional en Harvard hubo de esperar a ser establecida hasta 1898. Dos años

antes de la creación del moderno Estado italiano, Augusto Pierantoni consagró una larga obra a la historia del Derecho internacional en Italia a fin de potenciar su desarrollo como parte del proyecto de identidad nacional del nuevo Estado.[6] Este emplazamiento tardo decimonónico del desarrollo del Derecho internacional es consecuente, como ha elaborado en gran detalle en su obra Martti Koskenniemi, con que «culturalmente hablando, el moderno Derecho internacional (…) emergió como parte del liberalismo internacional de la década de los 60 y 70 y el giro por parte de las potencias europeas – Gran Bretaña, Francia y, en cierto modo velado, Alemania – al imperio formal, la anexión de las colonias bajo los auspicios de la misión civilizadora».[7] Sin embargo, esta influyente línea ius-historiográfica obvia el examen del desarrollo del estudio del Derecho internacional en España durante el siglo XIX y, al hacerlo, aparta de su reflexiva consideración el hecho de fue España el primer país europeo en el que se establecieron cátedras del Derecho internacional (*qua* Derecho internacional) en el siglo XIX y que la Latino-América inmediatamente post-independentista, fue el primer lugar del mundo en que éstas surgieron. El objeto del sobrevuelo que sobre el estudio del Derecho internacional en la España del corto siglo XIX español a continuación se ofrece es, por tanto, el de incentivar el estudio que dote a la academia ius-internacionalista española de una renovada historiografía intradisciplinar desde inicios del siglo XIX.[8] Esta breve incursión en los orígenes de la disciplina en la España del siglo XIX

* Profesor de Derecho, Facultad de Derecho de la Universidad de Brunel en Londres. Investigador Post-Doctoral Max Weber en Derecho (2011–2012) en el Instituto Universitario Europeo de Florencia. Licenciado en Derecho por la Universidad Complutense de Madrid, Diplomado y Doctor en Relaciones Internacionales con especialización en Derecho Internacional por el Instituto de Altos Estudios Internacionales y de Desarrollo de Ginebra, Máster

(LL.M) en Derecho por la Facultad de Derecho de la Universidad de Harvard. Investigador del Proyecto DER-2010–16350 «El pensamiento ius-internacionalista español en el siglo XX. Historia del Derecho internacional en España, Europa y Latinoamérica, 1914–1953» Ministerio de Ciencia e Innovación de España y Universidad de Zaragoza. Salvo indicación en contrario, todas las traducciones al castellano corresponden al autor.

1 Koskenniemi (2001).
2 Koskenniemi (2001) 71.
3 Koskenniemi (2001).
4 Koskenniemi (2001) 71.
5 Freeman Snow fue también el autor del primer «casebook» sobre Derecho internacional publicado en Estados Unidos. Snow (1893).
6 Pierantoni (1869).
7 Koskenniemi (2001).
8 Vid. e.g. en castellano, De la Rasilla del Moral (2010) 33. Véase, asimismo, De la Rasilla del Moral / Gamarra (2013a).

se orienta a contribuir, en segundo término, al estudio de las «olvidadas» tradiciones nacionales europeas del Derecho internacional así como al desarrollo del Derecho internacional comparado que se nutre de un mejor conocimiento de la Historia comparada del Derecho internacional. [9]

Los últimos despojos de un imperio desnudo tras las independencias de la Republicas latinoamericanas de sus joyas ultra-marinas, largamente olvidadas las glorias del Potosí y los sueños de un Dorado, apenas unas islas ya en el Mar Caribe, otras en el Océano Pacifico, y ciertas cuasi-inexploradas posesiones en el Norte de África no infundieron al campo de los estudios jurídico internacionales de una gran vitalidad en la España de inicios del siglo XIX. La evolución del estudio del Derecho internacional en el primer tercio del siglo XIX se produjo contra el trasfondo de la Guerra de Independencia, pronunciamientos, disensiones y cíclicos vaivenes políticos que atravesarían desde el liberalismo de las Cortes de Cádiz a un retorno al *ancien regime* sólo interrumpido por un trienio liberal que apuntillaría la pérdida del Imperio colonial. La «década ominosa» que sucedió a la invasión de los «Cien mil hijos de San Luis» bajo los auspicios de la Santa Alianza, coronaría el final del reinado absolutista de «El deseado» Fernando VII cuyo fin abocaría a la primera de las guerras carlistas. Será al final de éste enfrentamiento entre el bando cristino, aliado, por mor de la Pragmática Sanción, a un liberalismo pretoriano, contra la alianza del trono y el altar representada por el infante Carlos, cuando emergerá, durante la regencia del Príncipe de Vergara y los primerísimos años del reinado de una niña Isabel II, por vez primera y, con cierto adelanto respecto del resto de Europa y de los Estados Unidos de América, el estudio reglado del Derecho internacional en España.

Las causas inmediatas de este comparativamente temprano despertar del Derecho internacional en España se hallan en el realineamiento exterior de España con el Concierto Europeo y en la gradual renovación de sus lazos diplomáticos con las nuevas republicas latino-americanas desde los años 30. Los primeros brotes de enseñanza reglada del Derecho internacional en España emergieron al albur del establecimiento de cátedras de Derecho internacional en la Latino-América post-independista que asistió al nombramiento de Ignacio de Herrera Vergara como el primer catedrático de la moderna disciplina en 1827. La independencia soberana de los territorios latinoamericanos, tras más de 300 años de dominio español, señaló el comienzo de una nueva fase en la historia del Derecho internacional. Si el Derecho internacional clásico se inició con la conquista de América, el comienzo del afianzamiento del Derecho internacional moderno se produce al albur de la independencia soberana de aquellos mismos territorios. En efecto, como Obregón ha señalado la «apropiación y producción del Derecho con una perspectiva regional eran elementos fundamentales para el proyecto de construir un región autónomo y distintiva» [10] que debía salvaguardar los incipientes procesos de construcción nacional tras la independencia. Este iniciático desarrollo del Derecho internacional en la latino-americana post-independista potencia un paralelo desarrollo de la enseñanza de la nueva disciplina en la antigua metrópolis.

Tras re-visitar la supresión en España de los estudios del Derecho de Gentes a finales del siglo XVIII y apuntar a algunos de sus desarrollos durante el primer tercio del siglo XIX, este trabajo se detiene en el establecimiento en los años 40 del siglo XIX de las primeras cátedras de Derecho internacional en Europa contra el trasfondo de la independencia de las Republicas latinoamericanas y pasa revista a ciertos hitos de la producción ius-internacionalista española durante la primera mitad del siglo XIX. La segunda parte examina el carácter y la evolución de los estudios jurídicos internacionales en España hasta 1883 cuando las cátedras de Derecho internacional público y privado fueron establecidas en siete universidades españolas además de la de Madrid. La tercera parte investiga cómo la producción ius-internacionalista española fue desarrollada por esta reforma profesionalizadora de 1883 y el efecto que el paralelo descubrimiento de la escuela de Salamanca tuvo,

---

9 De acuerdo a P. O'Brien, tras la «restauración de la historia global a la Universidad y a los curricula de las facultades en humanidades y en las ciencias sociales», los historiadores globales son conscientes de que el método comparativo «se halla destinado a dominar el campo de estudios en el futuro». O'Brien (2006) 3, en p. 7 y 6. Vid. e. g. Koskenniemi (2012).

10 Obregon Tarazona (2005) 147–152.

tanto en España, como en Europa, en el último tercio del corto siglo español. El impacto que la recuperación del interés en Francisco de Vitoria tuvo en proporcionar a la academia ius-internacionalista española con una identidad cuasi-nacional conduce a ciertas conclusiones sobre el legado de la misma para el estudio del Derecho internacional en la cuna del primer imperio en la historia en el que no se ponía el sol.

II.   El influjo de las independencias de las nuevas repúblicas latino-americanas en los albores de la época isabelina

Los estudios ius-internacionalistas se hallaban en un precario estado a finalcs del siglo XVIII en España, tras que Carlos IV suprimiera en 1794 por Real Decreto el estudio del Derecho Público, el Derecho Natural y el Derecho de Gentes [11] que había sido, previamente, establecido por Real Decreto en 1770 por Carlos III. La primera cátedra había sido ocupada por Joaquín Marín y Mendoza quien publicó en Madrid en 1776 la que permanece como la primera *Historia del Derecho Natural y del Derecho de Gentes* [12] en la memoria de la disciplina. La razón del supresor Decreto de 1794 debe hallarse en el temor del legislador ante el contagio revolucionario por mor de la asociación del Derecho de Gentes con los supuestos efectos perniciosos de las doctrinas del Derecho natural sobre el intelecto nacional:

«algunos hombres sabios y celosos, eclesiásticos y seculares, han sido y son del parecer que las cátedras de Derecho natural y de gentes establecidas en algunas universidades, en los Estudios Reales de San Isidro y en el Seminario de Nobles son sumamente peligrosas y más en las actuales circunstancias, pues sin embargo de que por el fin a que se dirigen se juzgaron útiles cuando se erigieron, la experiencia ha enseñado que llevan consigo el riesgo casi inevitable de que la juventud imbuida de principios contrarios a nuestra constitución saque consecuencias perniciosas que pueden irse propagando y producir un trastorno en el modo de pensar de la nación». [13]

El estudio del Derecho de Gentes compartió, así, el destino del Derecho natural debido a la amenaza ideológica que la continuación de su estudio planteaba a los pilares del «despotismo ilustrado» español. Esta situación se prolongaría durante los siguientes veinticinco agitados años de la historia de España. Sólo durante el efímero Trienio Liberal (1820–1823), que re-instituyó la Constitución de 1812 y tras un Decreto del Congreso de 6 de agosto de 1820, fue el estudio del Derecho Natural y el Derecho de Gentes brevemente restaurado en España. Este período produjo algunas traducciones de trabajos de autores extranjeros. El trabajo en el que Jeremy Bentham, quién por entonces se hallaba escribiendo *Three Tracts Relative to Spanish and Portuguese Affairs* (1821), acuñó el término de Derecho internacional fue traducido a partir de la traducción francesa en 1802 de E. Dumont y comentado en español por Ramón Salas en 1822. [14] Otras traducciones incluyen la traducción en 1821 de *Le Droit des Gens* de Emeric de Vattel [15] y la traducción española de *Institutions du droit de la nature et des gens* [16] de Rayneval. El trienio liberal, que coincidió con el canto del cisne del Imperio español en Latino-América, llegó a su fin con la invasión de los «Cien mil hijos de San Luis» bajo los auspicios de la Cuádruple Alianza. El siguiente periodo, que la historiografía liberal retrospectivamente calificó como la «década ominosa» (1823–1833) completó la restauración del reinado absolutista de Fernando VII, vio desaparecer de nuevo el estudio del Derecho Natural y del Derecho de Gentes en España. Sólo tras la muerte de Fernando VII en 1833 vería gradualmente la luz un nuevo cultivo ius-internacionalista. Importantes hitos en este desarrollo fueron la gradual adaptación de España durante la regencia de María Cristina a un nuevo marco internacional. En efecto, la firma del Tratado de la Cuádruple Alianza el 22 de abril de 1834 fue rápidamente seguida por el reconocimiento de la independencia de las antiguas colonias y el inicio de la normalización de las relaciones entre España y las nuevas republicas tras la Ley del 4 de diciembre de 1836. [17] La ratificación del Tratado con Méjico el 14 de noviembre de 1837 comenzó un proceso que se extendió a lo largo del siglo dieci-

---

11 Derecho Público, Natural y de Gentes, Véase, Tomás Ortíz de la Torre (1970) 128.

12 Marín y Mendoza (1776).

13 Archivo Historico Nacional, Consejos, 5443–20. Un comentario detallado puede hallarse en Martínez Neira (1998).

14 Bentham (1822).

15 Vattel (1820).

16 Rayneval (1821).

17 Vid. Pereira Castañares (1992).

nueve con la firma de varios tratados con las nuevas republicas. Al albur de estos desarrollos un decreto de reforma universitaria restauró oficialmente el estudio del Derecho Natural y del Derecho de Gentes en 1836 en España. De nuevo, asistimos a una serie de traducciones de obras extranjeras. Así, Joaquín Rodrigo Campuzano prologó la obra de Georg Friedrich von Martens traducida en 1835 [18] *Tratado de diplomática, o estado de relaciones de las potencias de Europa entre sí, y con los demás pueblos del globo.* Continuarían esta senda las traducciones en 1837 de los trabajos de Heinecio bajo el título de *Elementos de Derecho Natural y de Gentes* y, en 1841, de F. B. De Felice *Lecciones de Derecho Natural y de Gentes.* [19] A la altura de 1842, tras la victoria de la regente Cristina en la primera (1833–1840) de las tres guerras carlistas, el estudio del Derecho Natural y del Derecho de Gentes y Relaciones Diplomáticas de España se habrá convertido en una condición para obtener el título de Doctor en Derecho. Los primeros trabajos que portaron el moderno título de *Derecho Internacional* vieron, asimismo, la luz en el período de regencia militar del general Espartero (1840–1843).

Un impulso decisivo para el establecimiento lingüístico del término de *Derecho Internacional* durante los primeros años del dominio liberal conservador del reinado de Isabel II (1843–1868) provino de las recién nacidas republicas latinoamericanas. El propio término cruzó el Atlántico desde las agitadas nuevas republicas donde los trabajos de Jeremy Bentham habían desempeñado un papel intelectual dominante en la formación de la ideología política del liberalismo latinoamericano. En noviembre de 1825, Francisco de Paula Santander había decretado que los catedráticos colombianos enseñasen los Principios de legislación universal siguiendo a J. Bentham y el Derecho público internacional por la obra clásica (de 1758) del suizo Emer de Vattel (1714–1767). En 1827, se establecen las primeras cátedras de Derecho internacional en la Universidad Central de Bogotá siendo asignado a Ignacio de Herrera Ver-

gara la cátedra de ‹Derecho internacional y de gentes› y a Vicente Azuero Plata la de ‹Principios de legislación universal›. Ignacio de Herrera Vergara se convirtió así en el primer catedrático de Derecho internacional [20] (*qua* denominado Derecho internacional) de la historia en una convulsa América Latina post-independentista en el que los usos del mismo eran invocados por unos y otros en la gradual definición, a fuerza de revoluciones y guerras civiles, del nuevo mapa político de las nuevas repúblicas del continente tras más de 300 años de dominio español.

En 1832, adelantándose en 4 años a la obra de Henry Wheaton, [21] aparece la primera obra sobre Derecho internacional publicada en el continente americano. En sus *Principios de Derecho de Gentes,* [22] el humanista y polígrafo, Andrés Bello (1781–1865), define el *Derecho Internacional o de Gentes* como «la colección de las leyes o reglas generales de conducta que las naciones deben observar entre sí para su seguridad y bienestar común». [23] El eclecticismo, por lo que a la dicotomía Derecho natural y Derecho positivo se refiere, aunque con una marcada inclinación a este último, impregna la obra de Bello a través de sus tres ediciones aparecidas en 1832, 1844 y 1864. En su segunda edición corregida y aumentada pasará el título de ésta a adoptar la terminología moderna de *Principios de Derecho internacional.* [24] Bello intentará subsanar las deficiencias del Derecho de Gentes de Vattel consciente del servicio que a la causa de la emancipación e identidad nacional de la América prestaba con ello; en efecto, el propósito, señalado expresamente en su prólogo, es que ésta «fuese de alguna utilidad a la juventud de los nuevos estados americanos en el cultivo de una ciencia, que, si antes pudo desatenderse impunemente, es ahora de la más alta importancia para la defensa y vindicación de nuestros derechos nacionales». [25] En opinión de Bello, la política exterior de las nuevas naciones debía emplear, estratégicamente, los argumentos del Derecho internacional porque éste era del lenguaje que podría garantizar la supervivencia de las nuevas

---

18 Martens (1835).
19 Arenal (1979) 12.
20 El aspecto bibliográfico de este trabajo se ha visto beneficiado de la valiosa labor de recopilación y ordenación realizada por el proyecto de «Filosofía en español» al que puede accederse en www.filosofía.org. Véase, Gaceta de

Colombia, Bogotá, 21 de enero de 1827 – 17 nº 295.
21 Wheaton (1836).
22 Bello (1832), con varias re-impresiones y ediciones revisadas y corregidas como Bello (1837), Bello (1840), Bello (1844a) y Bello (1847a).
23 Bello (1832).

24 Bello (1844b), Bello (1844c), Bello (1847b).
25 Véase Obregón Tarazona (2010) 82.

naciones. [26] Como el propio Bello, otros autores latinoamericanos del siglo XIX, como Carlos Calvo, Carlos Ferreira, Rafael Fernando Seijas, José H. Ramírez [27] se irán, gradualmente, inclinando – aunque sin perder completamente por ello los elementos naturalistas de sus obras – en pro de la tendencia decimonónica genérica que auspicia el gradual auge del positivismo científico en Derecho internacional. Éste se verá auspiciado durante la época del imperialismo que será también el período de afianzamiento de la identidad nacional de numerosas naciones europeas a cuyo proceso de construcción nacional el Derecho internacional pasará, asimismo, a ponerse al servicio. La tendencia positivista se irá, gradualmente, plasmando en un sistema de fuentes del Derecho internacional – tratados internacionales, costumbre internacional, principios generales, doctrina de los publicistas más reconocidos. Esta tendencia se vio auspiciada por el desarrollo de los medios de comunicación y, por consiguiente, del comercio internacional favorecido por la estabilidad relativa del sistema europeo de Estados materializada en la proliferación de tratados internacionales y el desarrollo del arbitraje como medio pacífico de resolución de conflictos internacionales. El desarrollo del recurso a la práctica arbitral internacional y jurisprudencial poseerá una especial incidencia en el modelo ius-internacionalista estadounidense labrado sobre la tradición del *common law* – lo que, a su vez, potenciará el refinamiento gradual del incipiente sistema de fuentes del ordenamiento jurídico internacional que, como es bien sabido, terminará por hallar en 1920 una plasmación en el Artículo 38 del Estatuto del Tribunal Permanente de Justicia Internacional al albur del establecimiento de la Sociedad de Naciones. [28]

Aún en el marco del eclecticismo predominante, otros autores latino-americanos del siglo XIX, como G. Pérez Gomar o J. Silva Santisteban, [29] se mantendrán más próximos al naturalismo; entre ellos se encuentra José María de Pando, autor de la primera obra que porta en su título el término de Derecho internacional en lengua española *Elementos del Derecho Internacional* que, póstumamente, se publicó, tras haber sido objeto de un anuncio dirigido a los suscriptores en 1838, en Madrid en 1843. [30] Su autor, José María de Pando fue un diplomático y Ministro de Estado de España en 1823 durante el trienio liberal y, posteriormente, Ministro de AA.EE del Perú en 4 períodos entre 1826 y 1833 antes de regresar a Madrid como consejero honorario de Estado español. Inmediatas acusaciones de plagio dirigidas a Pando, [31] que Bello trata como poco más que una nueva edición de la propia, se han desarrollado de una larga disputa en torno al primer texto que porta el título de Derecho internacional en lengua castellana entre el campo bellista [32] y los críticos de éste. Dos años después, el Plan General de Estudios (o Plan Pidal) de 17 septiembre 1845, consagra la oficialidad académica [33] del término Derecho internacional. Había transcurrido en torno a medio siglo desde que éste fuera acuñado en lengua inglesa por Jeremy Bentham y veintitrés años desde que la obra de Bentham que lo contenía fuera, a partir de la traducción francesa de E. Dumont de 1802, traducida por Ramón Salas en 1822 en lengua castellana. [34] En el Plan Pidal de 1845, el estudio del Derecho internacional entró, de conformidad con el Art. 32, a formar parte de las asignaturas que debían cursarse para obtener el título de Doctor en Letras para el cual también se precisaba el estudio de la «legislación comparada». Por mor del Plan Pidal el estudio de Derecho internacional también devino materia de estudio durante un año para la obtención del grado de Doctor en Jurisprudencia. El plan establecido por Pedro José Pidal que «sirvió de punto de modernización para la enseñanza jurídica en nuestro país, y específicamente para los estudios de doctorado y la cristalización de una nueva tesis doctoral, más acorde con nuevas exigencias de originalidad investigadora» [35] establecerá, asimismo, la primera cáte-

---

26 Obregón Tarazona (2005).

27 Vid. Jacobini (1954) 39–50.

28 En torno al empleo del término «naciones civilizadas» en el artículo 38 de ese Estatuto después retomado en el vigente Estatuto del Tribunal de Justicia Internacional establecido por la Carta de Naciones Unidas en 1945, puede leerse, en castellano, De la Rasilla (2011) 41.

29 Jacobini (1954) 58–67

30 Gaceta de Madrid, 18 de diciembre de 1843, nº 3382, 4.

31 Andrés Bello, El Araucano, 29 de agosto de 1845.

32 Amunátegui (1882) 358–362.

33 Debida al «Plan de Estudios, Pedro José Pidal, 17 septiembre 1845», Gaceta de Madrid, jueves 25 de septiembre de 1845.

34 Bentham (1822).

35 Miguel Alonso, Raya Rienda (2010) 56.

dra oficial de Derecho internacional en España. Ésta será atribuida al que, ya por entonces, hubiera sido Ministro de Gracia y Justicia (1838–1840 – lo llegaría a ser hasta en seis ocasiones, además de ser, durante apenas mes y medio en 1864, Presidente de Consejo de Ministros de España) el, por entonces, catedrático de Filosofía (y rector) de la Universidad de Valladolid, Lorenzo Arrazola (1795–1873).

Sin embargo, aunque el término Derecho internacional entra en el currículo oficial en Septiembre de 1845, año en el que también se establece la primera cátedra oficial de Derecho internacional, habían existido tres precedentes del estudio del Derecho internacional en España en los años 1842, 1844 y en enero de 1845. En efecto, la primera enseñanza reglada del Derecho internacional había sido establecida por Decreto de 29 de diciembre de 1842 por el Duque de la Victoria, a la sazón Regente de España entre 1840–1843, como parte del currículo de una efímera (1843–1845) Escuela Especial de Administración.[36] Ésta, que se hallaba dividida en dos cursos, fue encargada a dos «catedráticos», José Posada Herrera y Eugenio Moreno López quienes se convirtieron en 1843 en los primeros profesores que debían enseñar oficialmente el «Derecho internacional» en España. En esta condición se les uniría Isaac Núñez de Arenas, asignado como profesor a cargo del primer curso de dicha Escuela en 1844–1845. El segundo precedente lo constituye la primera cátedra «privada» de Derecho internacional que fue establecida en el Ateneo de Madrid en 1844 y originariamente atribuida a José María Ruíz López. Sin embargo, el nombramiento de éste, a inicios de 1845, a un puesto diplomático en Constantinopla atribuyó la posición a Facundo Goñi – jurista, político y diplomático español que llegaría a desempeñarse, brevemente, como embajador español en Washington en 1867–1868. El *Tratado de las Relaciones Exteriores de España*[37] de 1848, recopila las lecciones de Goñi como «catedrático de Derecho internacional» en el Ateneo de Madrid de 1845 a 1847, se presenta como «una exposición razonada y completa de todos los tratados e intereses que determinan las relaciones de España con cada una de las naciones civilizadas de dentro y fuera de Europa».

Este trabajo ha recibido el crédito de haber permitido la introducción del término académico de «Relaciones Internacionales» en España. De acuerdo a Celestino del Arenal, Goñi superó, por vez primera, en lengua castellana, los confines tradicionales de la Historia Diplomática y de la inmediata precursora de ésta en la genealogía de las relaciones internacionales:[38] la historiografía de los tratados internacionales.[39] La visión de la política exterior de España contenida en el trabajo de Goñi es absolutamente euro-céntrica hasta el punto de contener semillas imbuidas de la idea del progreso precursoras de la unidad europea. Goñi se presenta, asimismo, como precursor de una política colonialista española en el Norte de África – un continente que postula (adelantándose, al hacerlo, casi cuatro décadas a la Conferencia de Berlín) «debe ser pronto invadido por la civilización Europea». Por último, en enero de 1845, la Academia Matritense de Jurisprudencia y Legislación[40] proporciona el tercer precedente del estudio reglado del Derecho internacional al establecer, entre sus enseñanzas, la materia de Derecho internacional que encarga, en su curso 1845–1846, a Manuel Leandro Matienzo.[41] El Plan Pidal contribuirá a generalizar esta moda incipiente de la ciencia jurídica internacional entre círculos españoles de la que es, asimismo, exponente la generalización de la inclusión del término Derecho internacional en obras de autores españoles durante la década de los 40.

La introducción de la nueva terminología irá, gradualmente, apuntando hacia un cambio de aproximación al estudio de la esfera internacional mediante una lenta transición hacia una gradual juridificación de la perspectiva que acompañará, como en el resto del continente, a la consolidación domestica del Estado liberal y a los procesos de unificación bajo el manto de éste de nuevas naciones. Jalones de este proceso, durante los años 40 en España, son la producción de obras, cuanto menos, nominalmente, ius-internacionalistas. La recopilación, desde los años 40, de acuerdos y tratados españoles, como el realizado por Alejandro del Cantillo,[42] adquiere pronto el calificativo de Derecho internacional como en la obra de 1846 de

36 Gaceta de Madrid, lunes 2 de enero de 1843, 2–3.

37 Goñi (1848).

38 Del Arenal señala como precedente Manuel de Marliani, Reseña de las relaciones diplomáticas de España desde Carlos I hasta nuestros días, sacada de Marliani (1841): Arenal (1979).

39 Arenal (1981) 849, 858–860.

40 Maluquer y Salvador (1884).

41 Vid. El Heraldo, Madrid, viernes 24 de enero de 1845, 4.

42 Cantillo (1843).

Esteban de Ferrater *Código de Derecho internacional, o sea, Colección metódica de los tratados de paz, amistad y comercio entre España y las demás naciones*. [43] Esta galvanización terminológica evolucionará con la obra *Elementos de Derecho Público Internacional con explicación de todas las reglas que, según los tratados, estipulaciones, leyes vigentes y costumbres constituyen el Derecho internacional español* publicada en 1849 por Antonio Riquelme. [44] La obra de Riquelme quien era, a la sazón, Jefe de Sección del Ministerio de Estado se completa por un *Apéndice al Derecho Internacional de España*. [45] Exponente de un esfuerzo de sistematización y ordenación propio del período y acreedor de lecturas de manuales extranjeros, Riquelme define en ella al Derecho internacional como «el conjunto de las reglas que determinan las relaciones entre las naciones civilizadas regidas por positivo, consuetudinario y natural»; reglas que, a su vez, clasifica de nuevo en Derecho político (sub-dividido en general y marítimo) y Derecho jurisdiccional (sub-dividido en civil y criminal). Colofón de estos desarrollos en los planos de confección del currículo académico, en el establecimiento de cátedras, y en el incipiente desarrollo de una producción ius-internacionalista propia durante el inicio del reinado de Isabel II, la Academia Española de la Lengua incluye escuetamente, en 1852, el término Derecho internacional en el Diccionario de la lengua española como «el Derecho que se refiere a las franquicias o inmunidades recíprocamente establecidas». [46]

III.   De la década de los 50 a la primera generación profesional de 1883

El estudio del Derecho internacional como materia de estudio en España se beneficia de una serie de reformas universitarias centralizadoras que, como hemos visto, pivotan en torno al Plan Pidal de 1845. Estas reformas fluyeron naturalmente en la Ley Moyano de 1957 que devino el frontispicio de la construcción liberal del sistema universitario español. Las novedades para la educación jurídica introducidas por la Ley Moyano fueron la división de las facultades de Derecho en tres secciones – leyes, cánones y administración – con una sección en la nueva ley consagrada a la inclusión de textos seleccionados que el gobierno publicaría cada tres años. Poco después de su entrada en vigor, la década de los 60 sería testigo de una serie de intervenciones militares «de prestigio» de España en Latinoamérica; entre ellas se incluye la colaboración de España con Francia y Gran Bretaña en la expedición a Méjico (1861–1862), la guerra española contra Perú y Chile (1863–1866) y la efímera reincorporación a España de la República Dominicana (1861–1865).

Sin embargo, a pesar del comparativamente temprano establecimiento reglado de los estudios jurídicos ius-internacionales en España, las décadas siguientes contemplaron un período de relativa sequía de trabajos autóctonos en la disciplina. Aunque las escasas obras españolas continuaban adaptando el titulo de sus trabajos al prestigio creciente del término durante las décadas siguientes, las obras aparecidas bajo el título de Derecho internacional incluyen numerosas consideraciones ius-naturalistas y extensiones hacia un examen político-histórico de las relaciones internacionales en las que los intereses estratégicos españoles son el foco fundamental de atención. La publicación en 1856 de *Historia de las relaciones internacionales de España* de Eusebio Alonso Pesquera [47] sigue la estela trazada por el *Tratado de las relaciones exteriores de España* de Facundo Goñi de 1848. La *Historia de los tratados, convenios y declaraciones de Comercio de España y las demás potencias* de Eustaquio Toledano en 1858 muestra un una línea de continuidad con la obra *Historia de los tratados y documentos diplomáticos de España* publicada por Alejandro del Cantillo de 1843. Mostrando una marcada influencia ius-naturalista, *Elementos de Derecho Internacional Público, precedidos de una introducción a su estudio bajo los aspectos de su desarrollo histórico o positivo y de su teoría* fue publicado por Pedro Sánchez López en 1866. [48]

---

43 FERRATER (1846).

44 RIQUELME (1849b).

45 RIQUELME (1849a).

46 Diccionario de la Real Academia de la Lengua (1852).

47 ALONSO Y PESQUERA (1856).

48 López-Sánchez (1866–1877). De este trabajo escribe Del Arenal «si bien se enmarca en el campo del derecho internacional, constituye una historia de las relaciones internacionales y del derecho internacional, basada en el análisis de las fuerzas no sólo estatales, que actúan sobre las relaciones internacionales y contribuyen a configurar la sociedad internacional, además de considerar la historia como conocimiento del futuro de la humanidad»: ARENAL (1981) 863.

Profundamente influido en su estudio del desarrollo histórico-político del Derecho internacional y de las relaciones internacionales por las posiciones católicas de los escritos de Taparelli d'Azeglio,[49] López Sánchez intentó proporcionar una visión del estado de crisis en el que por entonces se encontraba la comunidad internacional como consecuencia de la lucha de clases y el socialismo. Esta fuerte influencia católica se halla equilibrada por la influencia metodológica de *Histoire du droit et des relations internationales* (1851) de François Laurent. Aunque López Sánchez advierte que se hallaba «en absoluto desacuerdo con las apreciaciones del autor sobre el Catolicismo»,[50] la influencia de Laurent[51] es evidente en la valoración segun la cual «para toda ciencia es útil el estudio de la Historia y todas las ciencias deben conocer también la suya propia».[52] López Sánchez afirma a la hora de explicar el título de su trabajo: «Es nuestro propósito en este título manifestar, bajo fundamento científico, que no una mera curiosidad, o auto literario, sino una superior razón de método exige, que antes del estudio de la ciencia del derecho internacional, expongamos la historia de las relaciones diversas de los pueblos, precedida de la significación que tiene en toda ciencia el estudio de la historia»[53] A esta insistencia en el «método científico» subyace, en opinión de «Del Arenal», la percepción de la época de que el «estudio del Derecho Internacional presupone el de las Relaciones internacionales (ya que) el Derecho internacional no es una simple estructura formal, sino una estructura socio-histórica».[54] Sin embargo, la extensión de los estudios ius-internacionalistas españoles y el prestigio de la etiqueta de Derecho internacional también canibalizó, de acuerdo a Del Arenal, a pesar de su temprana emergencia en el trabajo de Goñi, el estudio independiente de las relaciones exteriores de España. El resurgir de la Escuela de Salamanca a partir de los años 60, alcanzado gracias al nuevo prestigio de los trabajos dcl fraile dominico y profesor de Prima de Teología en la Universidad de Salamanca, Francisco de Vitoria (1483–1547), contribuiría a esta tendencia.

En efecto, en paralelo al lento desperezamiento de los estudios ius-internacionalistas en España, a la altura de la década de los 60 del siglo XIX, la figura de Francisco de Vitoria irá ganando terreno internacional en el marco de lo que Peter Haggenmacher ha descrito como el «torneo de los fundadores putativos del Derecho internacional» durante la década de los 60. Francisco de Vitoria había sido tenido «durante la primera mitad del siglo XIX, (…) por lo esencial, como un simple nombre que algunos evocaban de pasada sin tener un verdadero conocimiento de su pensamiento»,[55] pasando, en su lugar, Hugo Grocio por ser «el fundador de la disciplina y, en principio, el fundador único».[56] No será, de acuerdo a Haggenmacher, hasta «1860 que se asiste a una lenta ascensión del prestigio de Vitoria en los medios internacionalistas a la búsqueda de la infancia de su disciplina».[57] Si, en 1862, Francois Eugène Cauchy afirma que España «ha servido de cuna a la ciencia del derecho de gentes»,[58] con el «descubrimiento en 1864 del *De Jure Praedae*, la influencia decisiva de los escolásticos españoles, y especialmente de Vitoria, sobre el pensamiento del juris-consulto holandés se hace evidente».[59] Estos primeros atisbos vitorianos en Europa encontrarán mayor desarrollo y acomodo en la «monarquía de la Restauración», «la estructura política más estable erigida por el liberalismo español del siglo XIX»[60] en la que se consolidará la hegemonía de la etiqueta del Derecho Internacional en la academia española. Anclada en la Constitución de 1876 y en el *turno pacífico* de pártidos considerado por Raymond Carr como un «sustitutivo suficiente de los mecanismos de la rebelión militar»[61] que permanecería en vigor hasta 1923, la Restauración es, asimismo, el marco en el que se produce de la profesionalización de la disciplina ius-internacionalista en España.

La influencia de los paralelos desarrollos del Derecho internacional en Latinoamérica continúa siendo percibida como importante para los desarrollos que se producen en la antigua metrópolis. Aún a la altura de 1877, Rafael María de Labra no duda en afirmar que «si el mundo científico posee

49 Taparelli Azeglio (1840–1843).

50 López Sánchez (1866–1877), vol. II, 1267, nota 1.

51 Vid. el comentario de Arenal (1979) 30.

52 López Sánchez (1866–1877), Vol. I, 1.

53 López Sánchez (1866–1877), Vol. I, 1.

54 Arenal (1979) 30.

55 Haggenmacher (1988) 29.

56 Haggenmacher (1988) 28.

57 Haggenmacher (1988) 30.

58 Cauchy (1862) 33.

59 Haggenmacher (1988) 31.

60 Carr (1970) 336.

61 Carr (1970) 344.

obras de Derecho internacional escritas en España ello es exclusivamente gracias a nuestros amigos latino-americanos».[62] Es, asimismo, este desarrollo de las obras de autores latino-americanos el que contribuyó a convencer a Carl Schmitt en su estudio de la disolución del *Ius Publicum Europaeum* de que, en la primera segunda parte del siglo XIX, Europa y América «se hallaban confundidas en la imagen de una civilización occidental europea».[63] El propio Carlos Calvo, representante de lo que Obregón ha definido como la «conciencia criolla del Derecho internacional» (por la cual las élites de la región asumen ser, como descendientes de Europa y de su cultura, parte del centro metropolitano, mientras desafían al centro con nociones basadas en su propio carácter único en tanto que nativos americanos[64]) tituló en 1868 su obra *Derecho Internacional teórico y práctico de Europa y América*. El ejemplo del Calvo sería, cómo recordase el propio Schmitt, continuado por Paul Pradier-Fodére quién publicó *Traité de droit international public européen et américain* en 1885. La nueva era del imperialismo europeo contribuiría a desarrollar aún más este esfuerzo, que entronca con los tiempos de la independencia de las nuevas repúblicas, de integración internacional por parte de los autores semi-periféricos para así potenciar el engranaje de sus países en un entendimiento distintivamente occidental de la civilización y de sus atributos. En ocasiones, el foco de estudio permanecería centrado en Latino-América en aras de un proyecto político e ideal confederador en obras como *El Derecho Internacional Latinoamericano* (1884) de Rafael Fernando Seijas. Esta obra, como otros tratados del período, aspiraba a recoger las acciones con significación ius-internacionalista de los territorios latinoamericanos y, si fuese posible, de toda latino-América para proporcionar una guía o fuente consultiva para tratar con las naciones Europeas y otras naciones.[65] Este rasgo, denominado por Becker Lorca «universalismo particularista,»[66] encontraría una continuación en Alejandro Álvarez, quien teorizó y promovió el reconoci-

miento de un Derecho internacional distintivamente latinoamericano a inicios del siglo XX.[67]

La conciencia de las problemáticas latinoamericanas y del colonialismo encontraría un cierto desarrollo en la España de la Restauración. En 1876, fue fundada la *Institución Libre de Enseñanza*(ILE) en cuyo seno, la enseñanza de los cursos de Derecho internacional sería asignada a Rafael María de Labra, máximo representante del estudio del colonialismo, y adalid del movimiento anti-esclavista[68] en el último tercio del siglo XIX español. En el momento de la fundación de ILE, tras la «segunda cuestión universitaria» que determinó el abandono de las cátedras universitarias por parte de una generación de pensadores progresistas, la nueva institución canalizó una particular forma de orientación krauso-positivista que llegaría a ser conocida como «institucionismo».[69] Este credo pedagógico influiría positivamente en el desarrollo de los estudios jurídicos internacionales en el final del siglo XIX en España: «El profesor no tiene otro criterio que el de su propia conciencia; el estudio, otro método que el dictado por la razón; la verdad otro sistema que el nacido de la naturaleza; el pensamiento, otra escuela que la de la libre investigación; la vida científica, en suma, más guía, más principio que la indagación ajena a todo espíritu de exclusivismo, a todo estrecho sentido de secta (...)».[70] Por entonces, Labra era el Presidente (1876–1888) de la Sociedad Abolicionista Española fundada en 1865. El activismo de Labra en la Cortes será decisivo para la aprobación de la *Ley de Abolición de la Esclavitud* de 22 de marzo de 1873 que incluía una provisión financiera para compensar los «derechos legítimos» de los dueños de esclavos liberados por esa medida. Sin embargo, a pesar de la consagración legislativa, Labra continúo luchando contra la institución del patronazgo, una nueva institución de servidumbre de los antiguos esclavos en Cuba que fue abolida en 1887. A pesar de ello, las condiciones legislativamente establecidas de semi-esclavitud de los trabajadores contratados chinos introducida por el Real Decreto

---

62 Labra (1877).

63 Schmitt (2012).

64 Obregón Tarazona (2006).

65 Jacobini (1954) 45.

66 Becker Lorca (2010).

67 Alvarez (1910).

68 Entre sus obras, *La abolición de la esclavitud*: Labra (1873).

69 El más representativo de los trabajos del primer krausismo español fue la traducción por parte de Julián Sanz del Río de la obra *El ideal de la humanidad para la vida*: Krause (1860).

70 Memoria de 1877, *Boletín de la Institución Libre de Enseñanza*, número 1, 1877, 21.

de 6 de julio de 1860 [71] continuaron en vigor hasta la guerra hispano-estadounidense de 1898. Precisamente, esta ultima causa coloreará la primera conferencia sobre Derecho internacional impartida, por el propio Labra, en la Institución Libre de Enseñanza el 1 de abril de 1877. En su conferencia sobre «Representación e influencia de los Estados Unidos de América en Derecho Internacional», [72] Labra se lamenta del abandono de los estudios jurídicos internacionales en España, criticando la periferalidad de España y su «permanecer anclada en cosas, instituciones, significado e ideas que se hallan completamente desfasadas con relación al mundo». [73] Labra escribe como un apologista idealista del Derecho internacional destacando como una de las más importantes características del siglo XIX es la contribución del Derecho internacional hacia el progreso y la civilización que identifica con la libertad en el plano domestico y la libertad religiosa. [74] En su conferencia, Labra intenta epitomizar esa imagen a través de una edulcorada imagen de Estados Unidos y de sus principales ius-internacionalistas – citando entre otros a Kent, Lawrence, Lieber, Wheaton o Story – y asociando a EE.UU. con instituciones jurídicas internacionales como la «reforma del régimen colonial, el principio de no intervención, la libertad de los mares, la extensión del círculo de naciones, el desarrollo del arbitraje internacional, la precisión de los deberes de los Estados neutrales, la efectividad del Derecho internacional no escrito (...)». [75] Para Labra, quién presenta, asimismo, una anglófila representación idealista del modelo colonial británico, [76] e incluso defiende la doctrina Monroe [77] contra aquellos que la critican como una forma velada de colonialismo, excusando las intervenciones estadounidense y calmando los miedos de expansionismo estadounidense en Cuba, [78] los Estados Unidos son el «país por excelencia del siglo XIX» [79] y la verdadera «desesperación de reaccionarios y vergüenza de los pesimistas». [80]

Otro pequeño hito del Derecho internacional en la España de la primera Restauración fue la publicación por parte de Concepción del Arenal (1820–1893) una influyente criminalista, socióloga y precursora del feminismo moderno, de su *Ensayo*

del Derecho de Gentes en 1879. Esta obra permanece como uno de los esfuerzos más destacables en pro de la popularización del Derecho internacional entre el público de su época. Las últimas líneas del trabajo constituyen, asimismo, una declaración de fe en los efectos pacificadores del progreso del Derecho internacional en el último tercio del siglo XIX:

«El Derecho de gentes no ha sido, no es, no puede ser coacción, sino armonía: existe en la medida que concurren a él los sentimientos elevados, las ideas exactas, los intereses bien entendidos, no en virtud de su fuerza armada que suele servir para conculcarle. Los hechos sin analizar se arrojan a veces como montañas para sepultar bajo su mole la inteligencia y la esperanza, y de que una cosa no ha sido nunca, se concluye que no será jamás; pero la historia es un maestro, no un tirano; su ley no es la fatalidad, y sus lecciones enseñan que el progreso del derecho, lento en otras épocas, es rápido en la nuestra, y lo será más cada vez, porque cuando la razón ha logrado romper las ligaduras que la aprisionaban, desciende sobre la humanidad, como caen los graves, con movimiento acelerado: confiemos en su triunfo.» [81]

Sin embargo, el impulso institucional definitivo al estudio del Derecho internacional durante el período provendría de la Real Orden de 2 de septiembre de 1883 [82] por la que fueron establecidos los cursos de Derecho Internacional Público y Derecho Internacional Privado (que, hasta ese momento, sólo habían sido impartidos en la Universidad Central de Madrid) en las universidades de Barcelona, Oviedo, Santiago de Compostela, Sevilla, Valencia, Valladolid y Zaragoza.

IV. La primera generación profesional y el regreso de Francisco de Vitoria

Muestra del incipiente papel ganado por los estudios jurídicos internacionales al albur de esta reforma y del desarrollo institucional e influencia

---

71 Mesa Garrido (1965) 380, 408.
72 Labra (1877).
73 Labra (1877) 6.
74 Labra (1877) 9.
75 Labra (1877) 37.

76 Labra (1877) 13.
77 Labra (1877) 28.
78 Labra (1877) 23.
79 Labra (1877) 9.
80 Labra (1877) 38.

81 Arenal (1879).
82 Diccionario de la Administración Española (1883), Apéndice, 416–421.

de similares desarrollos en Europa, como la fundación de la *Revue de droit international et de la législation comparée* (1869) y la creación del *Institut de Droit International* (1873) es el efímero papel que, bajo la influencia de Alejo García Montero, jugó la *Revista de Derecho Internacional, Legislación y Jurisprudencia comparadas*[83] (1887–1888). Ésta se auto-presenta como auspiciada por «la conveniencia y necesidad (que) son evidentes para todo el que haya fijado su atención en el portentoso desarrollo que han alcanzado en estos últimos tiempos las relaciones entre los pueblos, aumentando en la misma proporción el interés y la importancia del Derecho internacional y de todo aquello que facilite el conocimiento de los progresos y del movimiento jurídico que en todos los Estados se van realizando».[84]

El plan del tomo primero de La *Revista de Derecho Internacional, Legislación y Jurisprudencia Comparadas* (RDILJC) se halla dividido en varias secciones cuya glosa permite proporcionar una cierta radiografía del estado de los estudios ius-internacionalistas en España en esa época. La primera sección del tomo primero de la nueva revista es la *Sección doctrinal* que «contendrá artículos de Derecho internacional privado o público y de legislación comparada». Ésta contiene un trabajo de Pasquale Fiore sobre «Efectos internacionales de las sentencias de los tribunales»[85] y otro, escrito por, quien sería juez español en el Tribunal Permanente de Justicia Internacional, Rafael Altamira,[86] titulado «La organización comunal en todos los Estados»[87] en el que se trata de la propiedad colectiva. En opinión de Altamira, que conocía sobradamente los tumultuosos desarrollos de la desamortización en España, esta era una «materia sobre la que los estudios de legislación y costumbres jurídicas comparadas pueden dar resultados más beneficiosos». La segunda sección es la *Crónica político-internacional* destinada a dar cuenta del curso de las grandes cuestiones que, en la actualidad, se hallan planteadas ó que en lo sucesivo puedan surgir entre los diversos Estados. En tercer lugar en la ordenación de la RDILJC, se encuentra la *crónica legislativa* donde se anuncia que se «insertará o cuanto menos se dará a conocer los tratados

internacionales y todas las disposiciones legales que afecten a este carácter y que en lo sucesivo se vayan ratificando o sancionando en los diversos Estados y, especialmente en España, Portugal y naciones americanas». Esta sección alberga, entre otros, el texto de un Tratado de extradición de criminales con la Republica Oriental del Uruguay en 1887, la Ley de 12 de Enero de 1887 sobre protección de cables submarinos o el Convenio de protección literaria firmado con Colombia de 1885. El *Repertorio de Jurisprudencia internacional* «y de la mercantil que pueda afectar este carácter o interesar a los pueblos extranjeros» constituye la cuarta sección. En ella se recogen sentencias sobre la capacidad de una mujer casada estadounidense para personarse en juicio ante tribunales españoles o una sentencia sobre injurias a príncipes extranjeros y algunos extractos jurisprudenciales de Francia, Bélgica, Alemania, Inglaterra, Dinamarca, Egipto, EE.UU, Italia o Países Bajos. En quinto lugar en el orden de distribución de los contenidos, la *Revista de la prensa profesional* se halla dirigida «a dar cuenta, con mayor o menor amplitud, según su importancia para nuestro objeto, de los trabajos más notables que en aquella se publiquen». En la misma se hace referencia – indirecta, lamentando, en la mayoría de los casos, la imposibilidad de acceder a las mismas, de algunas publicaciones extranjeras de la época. El tono encomiástico y voluntarioso que permea toda la publicación se repite, asimismo, en la sección final de *Miscelanea de noticias, bibliografías y anuncios bibliográficos* a cargo de I. Pérez y Oliva.

Alejo García Moreno, el fundador de la primera publicación científica española de Derecho internacional, se distinguirá, como muchos autores de este período, por una extensa labor de traducción de obras de autores extranjeros entre las que se incluyen las de ius-internacionalistas europeos de renombre. Uno de los rasgos más característicos de la producción ius-internacionalista en la década de los 80 es, en efecto, la proliferación de traducciones de trabajos extranjeros sobre Derecho internacional que son publicados dotados de extensas anotaciones originales y apéndices. Entre ellos se encuentran obras como el *Tratado de Derecho Inter-*

---

83 RDILJC (1887) (propiedad del autor).

84 RDILJC (1887) Advertencia Preliminar.

85 RDILJC (1887) 2–26.

86 Vid. sobre Rafael Altamira, el reciente, Gamarra (2012).

87 RDILJC (1887) 27–39.

nacional Público de Fiore,[88] el *Derecho Universal Público* de J. C. Bluntschli o los cuatro volúmenes del *Tratado de Derecho Internacional* de F. de Martens.[89] Esta labor de traducción acompaña al paralelo desarrollo del Derecho internacional en España a través de artículos sobre cuestiones jurídico-internacionales, así como tratados de Derecho internacional. Entre éstos últimos se incluyen trabajos como *Elementos de Derecho Internacional Público* (1890) de M. Torres Campos[90] que conocerá de sucesivas ediciones, *Resumen de Derecho Internacional público* (1894) de Luis Gestoso Acosta así como su *Curso elemental de Derecho internacional público e Historia de los Tratados*, (1897).[91] Otros tratados relevantes son los de Remigio Sánchez Covisa, *Derecho internacional público* (1896)[92] y una serie de cursos de Derecho Internacional privado como el de J. Fernández Prida *Derecho internacional privado* (1896). Entre los autores que contribuyen al desarrollo bibliográfico posterior a la Real Orden de 2 de septiembre de 1883 en lengua española se encuentra el Marqués de Olivart. Ocasional profesor de Derecho internacional en la Universidad de Madrid, cosmopolita y erudito académico liberal conservador, Ramón Dalmau de Olivart (1861–1928), tras orientar inicialmente sus investigaciones al estudio del Derecho Civil,[93] fue un paradigmático ejemplo del jurista internacional de último cuarto del siglo XIX y uno de los primeros ius-internacionalistas españoles en ofrecer un tratamiento general del área de estudios en su *Tratado de Derecho Internacional Público y Privado*[94] en 1886. Entre sus muchos trabajos, se encuentran los cuatro volúmenes de su *Tratado y notas sobre Derecho Internacional Público*[95] publicado en 1887, que conocería de varias ediciones hasta 1903–1904. La ordenación sistemática de este manual influyó en una generación de manuales españoles y completó una laguna en la disciplina española. Las re-ediciones del Tratado de Olivart muestran una constante atención a la evolución de la disciplina. Las diferentes ediciones de su tratado nos permiten trazar algunos de los desarrollos

doctrinales a través de los cuales atravesó la disciplina a lo largo del siglo XIX. Así, en las primeras ediciones de su Tratado, Dalmau limitó expresamente el ámbito de la aplicación del Derecho internacional a los sujetos europeos y cristianos. De hecho, para el Marqués «con aquellos pueblos que no pertenecen a la comunidad jurídica europea y cristiana, sólo es posible aplicar el Derecho natural – además, este es el Derecho internacional universal por definición».[96] En efecto, para el Marqués de Olivart, el Derecho internacional era el «conocimiento del Derecho natural de la sociedad de Estados basada en el imperio de la ley y en su reconocimiento por aquellos Estados en Derecho positivo» y cuando «se entiende subjetivamente» el Derecho internacional se convierte en «esa parte del Derecho público que determina las relaciones entre los Estados; esa es la razón de que pueda ser llamado Derecho Público Externo».[97] Sin embargo, el Marqués dejó de lado el eurocentrismo absoluto de su concepción del Derecho internacional en el Apéndice que cubre el período 1887–1899 en la tercera edición de su Tratado, reemplazándolo por el esquema tripartito de las división de los pueblos en civilizados, bárbaros y salvajes – siendo el último el equivalente a la «humanidad salvaje» de Lorimer.[98] Es interesante observar cómo, en la edición de 1899, Dalmau empieza a integrar ciertos Estados, como Turquía y Japón, en la «comunidad jurídica internacional» de la «humanidad civilizada» que requería « reconocimiento jurídico completo». Pero si Turquía y Japón se habían aupado en la escala de la civilización, encontramos otros como China, Siam y Marruecos que representan la «humanidad bárbara» frente a la cual de acuerdo a Olivart la «observancia del Derecho natural y del Derecho positivo a través de la reciprocidad y de acuerdo a lo que se halla expresado en tratados» era suficiente. Por lo que a la tercera categoría de pueblos[99] – los pueblos salvajes – se refiere, éstos debían conformarse con la «estricta aplicación de los principios de Derecho natural». Las contribuciones al cultivo

88 Vid. e. g. Fiore (1894–1895), vol. I, Fiore (1901) 30–38.

89 Vid e. g. Martens (1882–1883), versión castellana vol. I, 225–227.

90 Torres Campos (1890).

91 Gestoso Acosta (1893), Gestoso Acosta (1897).

92 Sánchez Covisa (1896).

93 A la cual consagró su tesis doctoral con un trabajo sobre la noción de posesión. Vid. Olivart (1884). Esta obra le valdría los elogios de Jhering. Carta firmada de Jhering firmada en Gottingen (28 de noviembre 1884) citada en Blanc Altemir (2000) 107 (ft. 204).

94 Olivart (1886).

95 Olivart (1887).

96 Olivart (1887) 74.

97 Olivart (1887) 71, 72.

98 Lorimer (1883), Vol. 1, 101.

99 Olivart (1899) 349.

ius-internacionalista en la España del siglo XIX del Marqués de Olivart también se extendieron al desarrollo del área de estudios de la política exterior española mediante la recopilación, entre 1890 y 1902, de trece volúmenes de la Colección Española de Tratados, Acuerdos y Documentos. [100] Miembro, desde 1888, del *Institut de Droit International* [101] Dalmau consagraría sus escritos y parte de su fortuna a una pasión bibliófila que encontraría, su primera expresión, aún en el siglo XIX, en su *Catalogo de una Biblioteca de Derecho internacional y ciencias auxiliares* [102] publicado en 1899.

La reforma educativa de 1883 potenció el desarrollo de la primera generación «profesional» de juristas internacionales españoles cuyos trabajos se caracterizan por combinar la perspectiva socio-histórica y una aproximación al derecho positivo de raigambre ius-naturalista. A esta tendencia contribuiría el re-descubrimiento de la Escuela de Salamanca [103] que, además de servir de refugio compensatorio a la escasa producción autóctona, contribuiría a dotar a la doctrina española de unas señas de identidad cuasi-nacionales. Haciéndose eco de ello, en 1884 Torres Campos escribió «el Derecho internacional (que fue iniciado por nuestros antiguos escritores Vitoria, Soto, Suárez y Ayala, quienes se anticiparon a los autores de los tratados europeos) se halla, hoy en día, en casi completo olvido. Es la rama jurídica que ha sido menos estudiada». [104] Este re-descubrimiento de la Escuela Española del *Ius Gentium* se sustentará, en buena medida, en previos desarrollos doctrinales europeos. En efecto, para Haggenmacher es «en el momento de la famosa lección inaugural dada en 1874 por Thomas E. Holland en Oxford sobre Alberico Gentili al que se remonta lo que podríamos llamar la batalla de los fundadores del derecho de gentes.» [105] Un adalid fundamental de la causa vitoriana será Erns Nys, quién el año mismo del tricentenario del nacimiento de Grocio (1883) destacó la importancia de los españoles del siglo

XVI negando que «haya cosa comparable en la historia del Derecho, a las páginas tan cortas que componen la doble disertación de Indis de Francisco de Vitoria». [106] Este repunte de atención al papel de Vitoria en la génesis del derecho de Gentes encontró eco en una España intelectualmente ecléctica de tertulias y debates político-filosóficos en Ateneos y gacetas filosófico-literarias en el marco de cuatro corrientes principales que se irán desarrollando desde el fracaso del sexenio revolucionario. En primer lugar, la de los tradicionalistas, integristas, ultra-montanos católicos y neo-tomistas como el Marqués de Pidal y Mon. En segundo lugar, la de los católicos con insistencia en renacimiento español como Gumersindo Valverde y Menéndez Pelayo. De otra parte, en el ala liberal hallamos a krausistas, influidos por el idealismo hegeliano a través de Sanz del Rio, cuya influencia se difumina, tras el fracaso del Sexenio, en varias orientaciones, incluyendo hacia el krausismo-positivista del institucionismo tras la creación de la Institución Libre de Enseñanza en 1876. También en este ala hallamos la «primera escuela de Madrid», [107] o primeros neo-kantianos como José del Perojo (1850–1908) fundador de Revista Contemporánea en 1875 y primer traductor en 1883 de la Teoría de la Razón Pura de Kant y de Manuel de Revilla, modernistas y europeístas de que subrayan la losa de intolerancia religiosa y despotismo político. La contribución española a la recuperación del pensamiento de Vitoria que se benefició en parte del trabajo de la propia tradición de la orden dominica en España (con la obra de religiosos como Getino, Beltrán de Heredia, Urdánoz, Hernández-Martín y otros autores) [108] tuvo lugar en paralelo a la evolución del proceso de codificación en España (1885, Código de Comercio, 1889, Código Civil) durante el apogeo de la escuela histórica alemana. Precisamente, de interés en este marco son los trabajos de Eduardo de Hinojosa y Naveros (1852–1919) considerado como padre de

---

100 OLIVART (1890–1911).

101 Dalmau se convirtió en miembro asociado del Instituto de Derecho Internacional en 1888. Entre sus trabajos para el Instituto: OLIVART (1912).

102 Vid. DE LA RASILLA (2013b).

103 TORRES CAMPOS (1884): «El Derecho internacional que iniciaron nuestros antiguos escritores, Vitoria, Soto, Suárez y Ayala, anticipándose a los

tratadistas de Europa, se halla hoy en un olvido casi completo. Es la rama jurídica que menos ha sido estudiada».

104 TORRES CAMPOS (1884) 135.

105 HAGGENMACHER (1988) 27, 29.

106 NYS (1883) citado en HAGGENMACHER 29. Ernest Nys continuará trabajando extensamente sobre la materia: NYS (1917) y, anteriormente, NYS (1889),

NYS (1914), (extracto) en HECKE (1988) 57, 66–82.

107 HÉRMIDA DE BLAS.

108 Otros autores incluyen Álvarez de los Corrales, Bravo Murillo, Pérez de Gomar, López Sánchez, Calvo, Fabié, Marqués de Villaurrutia, Ceferino González, Conde y Luque, Hinojosa y Menéndez y Pelayo, Fernández Prida, Abad y Cavia Alonso Getino.

la moderna historiografía española del Derecho [109] y autor, en 1880, de «Historia del Derecho romano según las más recientes investigaciones» y en 1887 del primer volumen de la «La Historia del Derecho español» que alcanzará hasta el periodo visigótico. [110] El discurso de ingreso en la Real Academia de la Historia (1889) de Hinojosa tomó como tema al dominico Fray Francisco de Vitoria.

Cabe destacar dos elementos principales del análisis de Hinojosa Naveros en «*La influencia que tuvieron en el Derecho público de su patria, y singularmente en el Derecho penal, los filósofos y teólogos españoles anteriores a nuestro siglo*». [111] En primer lugar, la voluntad de Hinojosa de destacar la renovación metodológica renacentista que a Vitoria se le debe de la genealogía neo-tomista del pensamiento tradicionalista católico español. Ésta se desarrolla, de acuerdo a Hinojosa, en dos planos. En el primero de ellos, frente a los trabajos vitorianos de autores extranjeros, [112] se insiste el asentamiento de la importancia de Vitoria en la génesis del Derecho de Gentes frente a extranjeros como Grocio o Gentili: «No es, por lo tanto, justo ni exacto afirmar que la constitución del derecho internacional como ciencia autónoma data de las obras de Gentili y de Grocio. Ni uno ni otro se comprenden sin Vitoria, Suárez y Ayala, ni éstos, á su vez, sin la enorme labor acumulada en los siglos anteriores por los teólogos escolásticos, singularmente por Santo Tomás, y por los canonistas y civilistas bajo la influencia del derecho romano» [113] El propio Hinojosa adelanta una agenda de investigación futura «complemento de la presente Memoria, circunscrita á exponer, en armonía con la influencia que tuvieron en el derecho público de su patria y singularmente en el derecho penal los filósofos y teólogos españoles anteriores á nuestro siglo, sería el estudio de la que ejercieron en el desenvolvimiento científico del derecho político é internacional europeo, mediante la recepción de sus doctrinas en las obras de los escritores extranjeros, sobre todo en las de Gentili, Grocio y Conring. La reseña de esta influencia constituirá segu-

ramente uno de los más interesantes capítulos de la historia de la ciencia española. Aún ahora, sin que este trabajo exista». [114] En el segundo plano, y como consecuencia de esta preeminencia linear en la reconstrucción, Hinojosa critica a autores extranjeros como Lorimer para quien «la humanidad en su presente condición se divide en tres zonas o esferas concéntricas: la de la humanidad civilizada, la de la humanidad bárbara y la de la humanidad salvaje» [115] y otros, destacando cómo «el concepto del derecho internacional de Suárez, calificado de grandioso por Heffter, no es sino desarrollo del formulado por Vitoria; filiación en que nadie, que yo sepa, ha parado atención hasta ahora, por hallarse el texto aludido de Vitoria, no en las Relectiones de Indis, consultadas por los escritores de derecho internacional, sino en la De potestate civil». La posición de Vitoria se destaca ante los propios méritos de «De legibus et Deo legislatore» de Suarez al que sus adversarios protestantes calificaran de *Papa Metaphysicorum et Anchora Papistaruni*. La segunda característica reseñable del trabajo de Hinojosa es la medida en que éste revela la conciencia del paralelismo entre «la cuestión del título que autorizó á los Reyes de España para la conquista del Nuevo Mundo» y la temática de inmediato interés para los ius-internacionalistas en el auge del imperialismo, asunto que «ha preocupado también a los autores de Derecho internacional de nuestros días, sin que hayan logrado hasta ahora encontrar una solución definitiva y uniforme». [116] A Hinojosa no se le escapa el motor coetáneo del interés de la cuestión ius-internacionalista en el que se inserta la recuperación de la escuela de Salamanca, que no es otro sino el de investigar leyes que rigen entre las relaciones entre pueblos civilizados y no civilizados en la fase en la que el colonialismo informal de las compañías privadas se halla siendo reemplazado por el imperialismo formal del Estado europeo respaldado por el poder público – y, por tanto, precisado de una nueva legitimidad. Así, señala que «al discurrir sobre si los Estados civilizados pueden emplear la

---

109 Hinojosa y Naveros, en: Boletín de la Real Academia Española, Año VI, Tomo VI, Junio de 1919, Cuaderno XXVIII, 296–306, Perez de Guzman y Gallo (1919).

110 Otras obras de Hinojosa incluyen El Derecho en el poema del Cid; La privación de sepultura a los Deudo-

res; La Payesía de Remensa en Cataluña; Origen del régimen municipal en León y Castilla; El régimen señorial y la cuestión agraria en Cataluña durante la Edad Media.

111 Hinojosa y Naveros (1890) 186.

112 Hinojosa mención a Mackintosh, Pradier Foderé, Holland, De Giorgi,

Gierke, Holtzendorf y escritores alemanes contemporáneo, Hinojosa y Naveros (1890) 195–196.

113 Hinojosa y Naveros (1890) 193.

114 Hinojosa y Naveros (1890) 193.

115 Lorimer (1883), Vol. 1, 101.

116 Hinojosa y Naveros (1890) 188.

fuerza para obligar á los pueblos salvajes á abrir sus fronteras y sus puertos á las relaciones exteriores, mientras unos resuelven la cuestión negativamente, fundándose en que, entre las naciones civilizadas y las bárbaras, no hay vínculo ninguno de comunidad, y no puede haber derechos y deberes mutuos respecto a la comunicación internacional, otros, como nuestros teólogos, la resuelven en sentido afirmativo, recomendando que no se apele á la violencia si no es motivada por la conducta de los salvajes».[117] El discurso de ingreso en la Real Academia de la Historia (1889) de Hinojosa Naveros fue contestado por Marcelino Menéndez Pelayo (1856–1912), quien ya había escrito desde finales de la década de los 70 sobre la materia.[118] Para Marcelino Menéndez Pelayo, quién años después sería elevado a «santo laico de la Falange»,[119] la figura de Vitoria y de la Escuela de Salamanca se hallaba indisociablemente unida a las raíces de una «España, evangelizadora de medio mundo; España, martillo del hereje, luz de Trento, espada del Pontífice, cuna de San Ignacio. Tal es nuestra grandeza y nuestra unidad: no tenemos otra».

V. Conclusión

Martti Koskenniemi ha contextualizado el resurgir de Vitoria en una época histórica en la que «los primeros juristas internacionales eran liberales que apoyaban el giro al imperio formal para proteger a los nativos de la codicia de las compañías coloniales y asegurar el éxito ordenado del progreso de la misión civilizadora».[120] De acuerdo a Koskenniemi, estos ius-internacionalistas «eran imperialistas no independientemente de su liberalismo, sino como consecuencia del mismo: eran imperialistas por la misma razón que apoyaban el libro comercio y abogaban en pro de reformas penales, nuevas regulación laboral y legislación social y, en ocasiones, los derechos de las mujeres y el desarrollo del gobierno representativo en Europa».[121] Aunque

este giro desde el imperialismo informal hacia el imperio formal se sustentase en el contrapunto de «una crítica rigurosa del imperio español»,[122] los ius-internacionalistas liberales congregados en torno al *Institut de Droit International*, entre los que se encuentra Ernest Nys, postularán como representante de aquello a los que podían asociarse, la tradición de la *Seconda Scolastica* de la Universidad de Salamanca. El resurgir vitoriano, que habría de influir, profundamente en la evolución de la disciplina en España, puede, asimismo, enmarcarse en el desarrollo en el plano jurídico-filosófico desde 1870 de la consolidación de una reacción contra el positivismo sociológico marcado por el surgimiento del neo-kantianismo. Frente al auge creciente del positivismo, la tradición católica del Derecho internacional bebió, asimismo, como señala Joseph Kunz de la encíclica *Aeterni Patris* de agosto de 1879 de Leo XIII. La filosofía neo-tomista se desarrolló y su ley natural fue impulsada en el mundo hispánico, en las facultades de derecho católicas de los EEUU, y en las grandes facultades de derecho europeo como las de Paris, Milán, Lovaina, Friburgo.[123] Libre de deliberaciones de orden práctico sobre la forma que el imperialismo liberal podría adoptar en aquella época, sería la segunda faceta del re-descubrimiento vitoriano el que influiría en un poder semi-periférico occidental como España que se hallaba, por entonces, irremisiblemente avanzando hacia la pérdida definitiva de los restos de su imperio en América a manos del emergente imperio estadounidense.[124] Haciendo virtud de la necesidad evidenciada en el pobre desarrollo ius-internacionalista previo, el resurgir vitoriano potenciará una concepción enciclopedista del Derecho internacional en tanto que ciencia de las relaciones internacionales. Esta concepción quedará evidenciada en la obra de autores como Gestoso Acosta[125] quien intentará integrar, en paralelo, el análisis positivista de marcado sesgo ius-naturalista, la filosofía del Derecho internacional, la Historia del Derecho internacional y la Política del Derecho

117 HINOJOSA Y NAVEROS (1890) 188. Se refiere, por ejemplo, a SALOMON (1889) examinando las teorías de Vitoria sobre el particular en un análisis detenido y exacto de las *Relectiones de Indis*.

118 HINOJOSA (1889) 85–89. Véanse la comparación de las teorías de Las Casas, Vitoria, Soto, Córdoba y Acosta en la biografía del primero escrita por

FABIÉ (1879) 245–278, y FABIÉ (1885) 57–61.

119 CARR (1970) 343. Véase también DE LA RASILLA DEL MORAL (2012).

120 KOSKENNIEMI (2011).

121 KOSKENNIEMI (2011) 3.

122 KOSKENNIEMI (2011) 4.

123 KUNZ (1961) 953.

124 Vid. DE LA RASILLA DEL MORAL (2013b).

125 GESTOSO ACOSTA (1897).

de gentes bajo una sola etiqueta disciplinar. Consolidar una ciencia holística del Derecho internacional que los autores españoles concebían como una estructura socio-histórica fue el legado de grandeza y miseria del renacimiento de la Escuela de Salamanca en la cuna del primer Imperio de la Historia en el que el sol siembre brillaba en una u otra parte de sus dominios.

■

Bibliografía

- Alonso y Pesquera, Eusebio (1856), Discurso sobre la historia de las relaciones internacionales de España, Madrid
- Alvarez, Alejandro (1910), Le droit international américain: son fondement, sa nature d'après l'histoire des états du nouveau monde et leur vie politique et économique, Paris
- Amunátegui, Miguel Luis (1882), Vida de don Andrés Bello, Santiago de Chile
- Arenal, Celestino del (1979), La teoría de las relaciones internacionales en España, Madrid
- Arenal, Celestino del (1981), La génesis de las relaciones internacionales como disciplina científica, en: Revista de Estudios Internacionales 4, 849–892
- Arenal, Concepción (1879), Ensayo sobre el Derecho de gentes, Madrid
- Becker Lorca, Arnulf (2010), Universal International Law. Nineteenth-Century Histories of Imposition and Appropriation, en: Harvard International Law Journal 51, 475–552
- Bello, Andrés (1832), Principios de derecho de gentes, Santiago de Chile: Imprenta de la Opinión, 264 págs
- Bello, Andrés (1837), Principios de derecho de gentes, Caracas: Valentín Espinal, viii+272 págs.
- Bello, Andrés (1840), Principios de derecho de Gentes, Santiago de Chile: Imprenta de Bruneau, 452 págs.
- Bello, Andrés (1844a), Principios de derecho de gentes, Nueva edición revista y corregida, Madrid: Librería de la Señora Viuda de Calleja e Hijos, Lima: Casa de Calleja, Ojea y Compañía (Imprenta de Gómez Fuentenebro), 408 págs.
- Bello, Andrés (1844b), Principios de derecho internacional, 2ª ed. corr. y aum., Valparaíso: Imprenta del Mercurio, iv+285 págs.
- Bello, Andrés (1844c), Principios de derecho internacional, 2ª ed. corr. y aum., Lima: Moreno y Ca., iv+284 págs
- Bello, Andrés (1847a), Principios de derecho internacional, París: Bouret & Morel, 452 págs
- Bello, Andrés (1847b), Principios de derecho internacional, segunda edición, aumentada y corregida, Caracas: Almacén de J. M. de Rojas, xi+289 págs
- Bentham, Jeremías (1822), Tratados de Legislación Civil y penal. Obra extractada de los manuscritos del señor Jeremías Bentham, jurisconsulto inglés, por Esteban Dumont, miembro del consejo representativo de Ginebra, y traducida al español con comentario por Ramón Salas, ciudadano español y Doctor de Salamanca con arreglo a la segunda edición revista, corregida y aumentada, Tomo IV, Madrid: Imprenta de Don Fermín Villapando
- Blanc Altemir, Antonio (2000), El Marquès d'Olivart i el dret international (1861–1928). Societat international e aportació científica, Lleida: Institut d'Estudis Ilerdencs
- Cantillo, Alejandro del (1843), Tratados, convenios y declaraciones de paz (1700–1840), Madrid
- Carr, Raymond (1970), España 1808–1936, Barcelona
- Cauchy, Eugène (1862), Le droit maritime international considéré dans ses origines et dans ses rapports avec le progrès de la civilisation, Paris
- De la Rasilla del Moral, Ignacio (2010), A propósito del giro histográfico en Derecho Internacional, en: Gamarra (2010) 33–42
- De la Rasilla del Moral, Ignacio (2011), La alianza entre la civilización y el Derecho internacional entre Escila y Caribdis (o de la brevísima historia de un anacronismo jurídico), en: Gamarra, Y. (coord.), El discurso civilizador en Derecho Internacional. Cinco estudios y tres comentarios, Zaragoza: Institución Fernando el Católico, 41–60
- De la Rasilla del Moral, Ignacio (2012), The Fascist Mimesis of Spanish International Law and Its Vitorian Aftermath, en: The Journal of the History of International Law 14, 207–236
- De la Rasilla del Moral, Ignacio, Gamarra, Y. (2013a), Hacia una historiografía crítica del Derecho internacional en la España en los siglos XIX y XX, en: Gamarra, Y., I. De la Rasilla (eds), Historia del pensamiento iusinternacionalista español del siglo XX, Madrid: Thompson Reuters Aranzadi, 21–36
- De la Rasilla del Moral, Ignacio (2013b), El amanecer ius-internacionalista estadounidense en el crepúsculo imperial de España, 1870–1936, en: Gamarra, Y., I. De la Rasilla, Historia del Derecho Internacional en España (en prensa)
- Diccionario de la Administración Española (1883), Madrid
- Diccionario de la Real Academia de la Lengua (1852), Madrid
- Fabié, Antonio María (1879), Vida y escritos de Fray Bartolomé de las Casas obispo de Chiapa, Madrid
- Fabié, Antonio María (1885), Disertaciones jurídicas sobre el desarrollo histórico del derecho, sobre las bases del Código Civil y sobre la organización de los Tribunales, Madrid
- Ferrater, Esteban de (1846), Código de derecho internacional, o sea, Colección metódica de los tratados de paz, amistad y comercio entre España y las demás naciones, tomo primero, Barcelona: impr. de Ramon Martin Indar
- Fiore, Pasquale (1894–1895), Tratado de Derecho Internacional Público, aumentado con notas y un apéndice con los tratados entre España y las demás naciones, por A. García Moreno, 2.a ed., 4 vols., Madrid: Centro editorial de Góngora
- Fiore, Pasquale (1901), El Derecho internacional codificado, Madrid: Hijos de Reus

- GAMARRA CHOPO, YOLANDA (coord.) (2010), La idea de América en el pensamiento ius internacionalista del siglo XXI, Zaragoza: Institución «Fernando el Católico»
- GAMARRA, YOLANDA (2012), Rafael Altamira Crevea (1866–1951). The International Judge as ‹Gentle Civilizer›, en: The Journal of the History of International Law 14, 1–49 http://dx.doi.org/10.1163/138819912X13333544461399
- GESTOSO ACOSTA, LUIS (1893), Resumen de Derecho internacional público, Valencia
- GESTOSO ACOSTA, LUIS (1897), Curso elemental de Derecho internacional público e Historia de los Tratados, Valencia
- GOÑI, FACUNDO (1848), Tratado de las relaciones exteriores de España. Lecciones pronunciadas en el Ateneo de Madrid, (Biblioteca de Jurisprudencia y Legislación), Madrid: Establecimiento tipográfico de don Ramón Rodríguez de Rivera editor, 265 págs.
- HAGGENMACHER, PETER (1988), La place de Francisco de Vitoria parmi les fondateurs du droit International, en: TRUYOL SERRA, ANTONIO (coord.), Actualité de la pensée juridique de Francisco de Vitoria, Bruxelles
- HECKE, GEORGES VAN (ed.) (1988), L'Espagne et la formation du droit des gens moderne, Lovanii
- HÉRMIDA DE BLAS, FERNANDO, La primera escuela de Madrid. Lecciones del Curso «Cincuenta años de Ortega y Gasset (1955–2005)», Biblioteca virtual Asociación de Hispanismo filosófico (accesible en http://www.ahf-filosofia.es/biblio/docs/cursoortega.htm)
- HINOJOSA Y NAVEROS, EDUARDO DE (1890), De la influencia que tuvieron en el Derecho público de su patria, y singularmente en el Derecho penal, los filósofos y teólogos españoles anteriores a nuestro siglo, Memoria premiada por la Academia de Ciencias morales y políticas en el concurso del año 1889, Madrid: Tipografía de los Huérfanos
- HINOJOSA, EDUARDO DE (1889), Discurso leído ante la Real Academia de la Historia por D. Eduardo de Hinojosa el día 10 de Marzo de 1889, y contestación del Ilmo. Sr. D. Marcelino Menéndez y Pelayo, Madrid
- JACOBINI, H. J. (1954), A Study of the Philosophy of International Law as Seen in Works of Latin American Writers, The Hague http://dx.doi.org/10.1007/978-94-011-8798-5
- KOSKENNIEMI, MARTTI (2001), The Gentle Civilizer of Nations. The Rise and Fall of International Law, 1870–1960, Cambridge http://dx.doi.org/10.1017/CBO9780511494222
- KOSKENNIEMI, MARTTI (2011), Empire and International Law: The Real Spanish Contribution, en: University of Toronto Law Journal 61, 1–36 http://dx.doi.org/10.3138/utlj.61.1.001
- KOSKENNIEMI, MARTTI (2012), The Case for Comparative International Law, en: Finnish Yearbook of International Law 23, 1–8
- KRAUSE, CHRISTIAN FRIEDRICH (1860), El ideal de la humanidad para la vida, Madrid
- KUNZ, JOSEPH (1961), Natural Law-Thinking in the Modern Science of International Law, en: American Journal of International Law 55, 951–958 http://dx.doi.org/10.2307/2196276
- LABRA, RAFAEL MARÍA DE (1873), La abolición de la esclavitud en el orden económico, Madrid: M. Martinez
- LABRA, RAFAEL MARÍA DE (1877), De la representación e influencia de los Estados Unidos de America en el Derecho Internacional
- LÓPEZ-SÁNCHEZ, PEDRO (1866–1877), Elementos de Derecho internacional público precedidos de una introducción a su estudio bajo los aspectos de su desarrollo histórico o positivo y de su teoría, Madrid
- LORIMER, JAMES (1883), The Institutes of the Law of Nations: A Treatise of the Jural Relations of Separate Political Communities, Edinburgh
- MALUQUER Y SALVADOR, JOSÉ (1884), Reseña histórica de la Real Academia matritense de jurisprudencia y legislación, Barcelona
- MARÍN Y MENDOZA, JOAQUÍN (1776), Historia del Derecho Natural y de Gentes, Madrid
- MARLIANI, MANUEL DE (1841), Historia política de la España moderna, Madrid
- MARTENS, FEDERICO DE (1882–1883), Derecho internacional contemporáneo de las naciones civilizadas, 2 vols., San Petersburgo (versión castellana: Tratado de Derecho internacional, prólogo y notas de J. Fernández Prida, 4 vols., Madrid)
- MARTENS, JORGE FEDERICO (1835), Tratado de diplomática, o estado de relaciones de las potencias de Europa entre sí, y con los demás pueblos del globo, Prólogo y traducción de Joaquín Rodrigo Campuzano, Madrid
- MARTÍNEZ NEIRA, MANUEL (1998), ¿Una supresión ficticia? Notas sobre la enseñanza del Derecho en el reinado de Carlos IV, en: Anuario de Historia del Derecho español 68, 523–544
- MESA GARRIDO, ROBERTO (1965) (con la colaboración de JULIO D. GONZÁLEZ CAMPOS Y ENRIQUE PECOURT GARCÍA), Notas para la historia del pensamiento internacionalista español: algunos problemas coloniales del siglo XIX, en: Revista española de derecho internacional 18, 380–414
- MIGUEL ALONSO, AURORA, ALBERTO RAYA RIENDA (2010), La colección de tesis doctorales de Derecho de la Universidad Central, 1869–1883, en: Cuadernos del Instituto Antonio de Nebrija 13, 55–115
- NYS, ERNEST (1883), Review of S. de Freitas, Justification de la domination portugaise en Asie, en: Revue de droit international et de législation comparée 15, 198
- NYS, ERNEST (1889), Les publicistes espagnols du XVIe siècle et les droit des indiens, en: Revue de droit international et de législation comparée 21, 532–560
- NYS, ERNEST (1914), Le droit des gens et les anciens jurisconsultes espagnols, La Haye
- NYS, ERNEST (1917), Introduction, en: Francisco de Vitoria, De Indis et de Iure Belli Relectiones, Classics of International Law, Washington
- O'BRIEN, PATRICK (2006), Historiographical Traditions and Modern Imperatives for the Restoration of Global History, en: Journal of Global History 1, 3–39.
- OBREGÓN TARAZONA, LILIANA (2005), The Colluding Worlds of the Lawyer, the Scholar and the Policymaker: a View of International Law from Latin-America, en: Wisconsin International Law Journal 23, 1, 145–172
- OBREGÓN TARAZONA, LILIANA (2006), Between Civilisation and Barbarism: Creole Interventions in International Law, en: Third World Quarterly 27, 5, 815–832 http://dx.doi.org/10.1080/01436590600780136

- Obregón Tarazona, Liliana (2010), Construyendo la región americana: Andrés Bello y el Derecho internacional, en: Gamarra (2010) 65–86
- Olivart, Ramón Dalmau de (1884), La posesión: apuntes y fragmentos de una nueva teoría posesoria. Noción en el Derecho abstracto. Etimología, carácter abstracto, base de su protección, Barcelona
- Olivart, Marquès de (1886), Manual de Derecho internacional público y privado, Madrid
- Olivart, Marquès de (1887), Tratado y notas de Derecho internacional público, Madrid
- Olivart, Marquès de (1890–1911), Colección de Tratados, convenios y documentos internacionales concluidos y ratificados por nuestros gobiernos con los estados extranjeros desde el reinado de Isabel II hasta nuestros días, Madrid
- Olivart, Marquès de (1899), Tratado y Notas de Derecho internacional público, Madrid
- Olivart, Dalmau de (1912), Bibliographie du Droit international, en: Annuaire de l'Institut de Droit International XXV, 485
- Pereira Castañares, Juan Carlos (1992), España y Latino-América, Un siglo de relaciones (1836–1936), en: Mélanges de la Casa de Velázquez (MCV), XXVIII, 3, 97–127
- Pérez de Guzmán y Gallo, Juan (1919), Excmo. Sr. D. Eduardo de Hinojosa y Naveros, en: Boletín de la Real Academia de la Historia 74 (junio) 531–534
- Pierantoni, Augusto (1869), Storia degli studi del diritto internazionale in Italia, Modena
- Rayneval, Gérard de (1821), Instituciones de Derecho natural y de gentes (trad. M.Antonio López), Madrid
- RDILJC (1887), Revista de Derecho internacional, legislación y jurisprudencia comparadas (fundada y publicada por Don Alejo García Moreno), Tomo primero, Madrid: Imprenta de José Góngora Álvarez (propiedad del autor)
- Riquelme, Antonio (1849a), Apéndice al derecho internacional de España que contiene los tratados, leyes recopiladas, reales cédulas, pragmáticas, reales órdenes y otros documentos que se citan en el tomo primero de esta obra, con ejercicio y Jefe de Sección del Ministerio de Estado, tomo II
- Riquelme, Antonio (1849b), Elementos de Derecho Público Internacional con explicación de todas las reglas que, según los tratados, estipulaciones, leyes vigentes y costumbres, constituyen el derecho internacional español, Madrid
- Salomon, Charles (1889), De l'occupation des territoires sans maître, Paris
- Sánchez Covisa, Remigio (1896), Derecho internacional público, Madrid
- Schmitt, Carl (2012), Le Nomos de la Terre dans le droit des gens du ius publicum europaeum. Presenté par Peter Haggenmacher, Paris
- Snow, Freeman (1893), Cases and Opinions on International Law with Notes and Syllabus, Boston
- Taparelli Azeglio, Luigi (1840–1843), Saggio teorético di diritto naturale appoggiato sui fatto, Palermo
- Tomás Ortíz de la Torre, José Antonio (1970), L'établissement de l'enseignement officiel en Espagne du droit international. Note bicentenaire, en: Annuaire de l'association des auditeurs et anciens auditeurs de l'Académie de droit international de La Haye 40, 122–129
- Torres Campos, Manuel (1884), Nociones de bibliografía y literatura jurídica de España, Madrid
- Torres Campos, Manuel (1890), Elementos de Derecho internacional público, Madrid
- Vattel, Emeric de (1820), El Derecho de gentes, trad. M. Pascual Fernandez, Madrid
- Wheaton, Henry (1836), Elements of International Law, Philadelphia

Fokus focus

Christoph H. F. Meyer

Taufe und Recht.
Einige einführende Bemerkungen

In einer kleinen autobiographischen Skizze veranschaulichte der Mediävist und Rechtshistoriker Walter Ullmann (1910–1983) gegen Ende seines Lebens sein zentrales Anliegen einer »integrierenden Zusammenschau« von Recht und Geschichte im Mittelalter anhand einer ungewöhnlichen Fragestellung, die er mit dem Satz einleitet: »Ein Umstand allerdings wird fast stets vernachlässigt, und sobald man diesen erwähnt, kann man nicht umhin sich zu wundern, wie es möglich war, ihn unberücksichtigt zu lassen: die rechtliche Wirkung der Taufe als Wiedergeburt.«[1] – Der Gedanke, hier bestehe ein rechtshistorisches Forschungsdesiderat, mag zunächst erstaunen. Was sollte die Taufe mit dem Recht zu tun haben?[2] Die historische Forschung hat sich mit diesem Sakrament bislang vor allem unter theologie- und kirchengeschichtlichen Vorzeichen beschäftigt.[3] Von rechtshistorischer Seite existieren nur ganz vereinzelte Untersuchungen zu dem Thema.[4] Noch seltener sind Arbeiten zum Einfluss der Taufe auf das weltliche Recht.[5] Insofern ist Ullmanns Hinweis auch heute noch aktuell und zugleich erklärungsbedürftig.[6]

Ein Blick in die Forschungsgeschichte zeigt, dass es in der weiter entfernten Vergangenheit durchaus Gelehrte gab, die sich der rechtshistorischen Bedeutung der Taufe bewusst waren. So weist etwa Justus Henning Böhmer (1674–1749) auf ihre vielfältigen Wirkungen im Rechtsleben der Vergangenheit und Gegenwart hin.[7] In diesem Zusammenhang erwähnt er neben der Mitgliedschaft in der Kirche u. a. Aspekte des persönlichen Status (geistliche Verwandtschaft, Befreiung von der väterlichen Gewalt), der Handlungsfähigkeit (z. B. Ehen mit Christen einzugehen, sich gege-benenfalls von Nichtchristen scheiden zu lassen) und besondere mit der Taufe verbundene Gnadenerweise (z. B. Erlass von Strafen). Die Aufmerksamkeit des antiquarisch interessierten Juristen und Kirchenrechtlers für dieses Thema kam nicht von ungefähr, war doch der Empfang der Taufe bis in das erste Drittel des 19. Jahrhunderts im deutschsprachigen Raum wie fast überall in Europa Voraussetzung für volle bürgerliche Rechte.[8]

Vor diesem Hintergrund erscheint es umso erstaunlicher, dass das Verhältnis von Taufe und Recht in der Geschichte so wenig Aufmerksamkeit in der jüngeren Forschung gefunden hat. Das hat wohl ganz unterschiedliche Ursachen. Während das Desinteresse vor allem von Seiten der Theologen mit starken antijuridischen Tendenzen, die seit einigen Jahrzehnten in Kirche und Theologie zu beobachten sind, zusammenhängen mag,[9] dürfte sich der Forschungsstand mit Blick auf Juristen und Historiker nicht zuletzt aus der Wahrnehmung des Gegenstandes erklären. Anders als in vormodernen christlichen Gesellschaften, die die Welt und den Menschen aus der Gewissheit des Glaubens definierten, ist die Perspektive des modernen Betrachters durch die Trennung von Staat und Religion, einen säkularen Rechtsbegriff und die Vorstellung, dass Religion Privatsache ist, gekennzeichnet.[10] Solche Wahrnehmungskonventionen machen es schwer, einem Phänomen wie der Taufe und seiner rechtlichen Bedeutung vor dem 17. Jahrhundert gerecht zu werden.

Wer auf die Forschungslücke hinweist, muss sich fragen lassen, worin die rechtshistorische Bedeutung der Taufe liegen könnte. Um sich etwas Gewissheit über Möglichkeiten und Grenzen des

1 Ullmann (1990) 282 f. Zum Forschungsdesiderat vgl. auch Ariès (2003) 55 ff.

2 Zu Taufe und Recht allgemein vgl. Viollet (1905) 495–500; Becker (1998). Zum Verhältnis von Sakrament und Recht aus Sicht der Kanonistik vgl. Besson (2004).

3 Zum Forschungsstand vgl. Alfani / Castagnetti / Gourdon (2009); Markschies (2011).

4 So z. B. Heggelbacher (1953); Schnurr (1980); Helmholz (1996) 200–228. Ferner vgl. Riedel-Spangenberger (2009) 35–51.

5 So z. B. Stadler-Labhart (1965).

6 von Moos (2004b) 23; Markschies (2011) LX f.

7 Boehmerus (1747) 868 f. Vgl. auch Weinhagen (1745).

8 Uihlein (1832) 27. Vgl. Hafner / Loretan / Spenlé (2001) 146.

9 Graulich (2006) 327–334.

10 Repgen (2008) 558.

Themas zu verschaffen, bietet sich zunächst ein kurzer Blick auf den Gegenstand an. Die Taufe, deren lateinische Bezeichnungen *baptismus* bzw. *baptisma* mittelbar auf das griechische Verb βαπτίζειν zurückgehen, besteht im Wesentlichen aus dem Eintauchen, Begießen oder Besprengen des Täuflings mit Wasser in Verbindung mit der (trinitarischen) Taufformel.[11] Diese und weitere liturgische Handlungen bilden zusammen den sakramentalen Ritus christlicher Initiation und führen gemäß dem Neuen Testament zu einer übernatürlichen Wiedergeburt, aus der sich die Bezeichnung *sacramentum regenerationis* erklärt, auf die Ullmann in der eingangs zitierten Bemerkung anspielt.[12]

Der Taufe, die man seit dem 3. Jahrhundert zu den Sakramenten, d. h. sichtbaren Zeichen unsichtbarer göttlicher Gnade, zählt,[13] wurden aus Sicht der Theologie und des Kirchenrechts im Laufe der Zeit ganz unterschiedliche Folgen für den Getauften zugeschrieben.[14] Dazu zählen, wenn man die lange Zeitspanne von der Spätantike bis zur Frühneuzeit überblickt, u. a. die Gnadenwirkung und der Zugang zu den anderen Sakramenten sowie der Erlass von Sünden und die Tilgung bestimmter Folgen der Erbsünde, ferner dass der Seele ein unauslöschliches Merkmal (*character indelebilis*) aufgeprägt wird und schließlich der Umstand, dass der Getaufte nicht nur Christ und Glied der Kirche wird, sondern auch einen dauerhaften Status in ihr erlangt und ihrer Jurisdiktion unterliegt.

Vor diesem facettenreichen Hintergrund ist die rechtshistorische Bedeutung der Taufe zu sehen. Sie betrifft u. a. die Verfassungsgeschichte, wenn man etwa an die Rolle der Taufkirchen für die organisatorische und institutionelle Entwicklung der Kirche denkt.[15] Für die allgemeine Rechtsgeschichte bedeutsam war die Taufe abgesehen von den eingangs angedeuteten Aspekten gerade auch als Form exklusiver und identitätsstiftender Initiation, an die religiöse und weltliche Rechtsfolgen geknüpft waren.[16] Dieses Modell ließ sich zudem auf andere Bereiche übertragen.[17] Erinnert sei hier nur an die Profess der Religiosen als »zweite Taufe«.[18] Zudem sind Einflüsse auf weltliche Formen der Initiation und des Statuswechsels erkennbar. Das gilt etwa für die Königssalbung[19] sowie für den durch Ritterschlag oder Schwertumgürtung erworbenen sog. *character militaris*[20] und reicht bis zu neuzeitlichen Hänselbräuchen etwa der Handwerker oder der Seeleute (Äquatortaufe).[21]

Doch zurück zu der Frage, was die Taufe aus rechtshistorischer Sicht auf einer eher allgemeinen Ebene interessant erscheinen lässt.[22] Der eingangs zitierte Walter Ullmann war besonders von der Vorstellung der Taufe als Wiedergeburt fasziniert.[23] Dieser Gedanke taucht verschiedentlich in seinen Arbeiten auf, ohne dass es jedoch zu einer detaillierten Untersuchung gekommen wäre.[24] Wohl im Anschluss an Ullmann haben andere Autoren auf die (rechts)historische Bedeutung der Taufe vor allem für den Begriff der Person sowie für die Rechte und Pflichten des Individuums verwiesen.[25] Allerdings geben sie nicht an, in welche Richtung man entsprechende konkrete Untersuchungen anstellen könnte. Solche vagen Hinweise fordern eher zur Vergewisserung als zu abschließenden Urteilen über das Erkenntnispotential heraus.

11 STENZEL (1958); SAXER (1988); SPINKS (2009).

12 Joh 3,3–8; Tit 3,5; 1 Petr 1, 3.23. Vgl. WITCZAK (1999) 26 f.

13 NEUNHEUSER (1983) 53–60.

14 Für eine von den Anfängen bis zur Gegenwart reichende Zusammenstellung aus katholischer Sicht einschlägiger Quellen vgl. DENZINGER (2010) 1677 f. (K 3e). Vgl. auch BELLAMY (1932) 286–293.

15 PUZA (1997); RISTOW (2005).

16 DUMÉZIL (2010); AASGAARD (2011). Zu den Rechtsfolgen vgl. WEINHAGEN (1745).

17 TURNER (2012).

18 LECLERCQ (1968); BACHT (1969). Ferner vgl. LUTTERBACH (1995).

19 ANGENENDT (1982); SEMMLER (2003) 119–127.

20 KRÜGER (1984). Vgl. auch LEYSER (1984).

21 MOHRMANN (2012); GERDS (1983).

22 Dabei ist die auf den ersten Blick naheliegende Unterscheidung zwischen kirchlichem und weltlichem Recht vielleicht gar nicht so wichtig.

23 Zu Ullmanns Interesse an der Taufe als Wiedergeburt vgl. NELSON (1986) 51 f., 63 f. Ferner vgl. SCHNEIDER (2001) 161 sowie VON HARNACK (1918).

24 So z. B. ULLMANN (1960); ULLMANN (1966) 7 ff., 12, 101, 123 f., 128 ff.; ULLMANN (1969) 7 ff., 71 ff.; ULLMANN (1977) 1–29. In dem letztgenannten Buch (ebd. S. 14 Anm. 1) kündigt Ullmann einen Aufsatz mit dem Titel »Der Wiedergeburtsgedanke in der Staatslehre des Mittelalters« an, der im dritten Band von »Aufstieg und Niedergang der römischen Welt« erscheinen sollte. Offenbar ist der Artikel jedoch nie erschienen.

25 ULLMANN (1966) 7 f.; LE BRAS (1973) 193; GAUDEMET (1988). Zu Taufe und Individuum in der Frühen Neuzeit vgl. PROSPERI (2001); PROSPERI (2004).

Dessen ungeachtet spricht schon auf einer eher pragmatischen Ebene manches dafür, sich z. B. im Zusammenhang mit der Frage nach dem Verhältnis von Recht und Religion in der Vormoderne näher mit der Taufe zu beschäftigen. Drei entsprechende Überlegungen seien hier kurz angedeutet. – Da ist zunächst die verrechtlichende Wirkung der Taufe als Formalakt, der, je nachdem wie sich das Verhältnis von Mündlichkeit und Schriftlichkeit in einer Kultur darstellt, durch Zeugenaussagen oder Urkunden bzw. Register bewiesen werden konnte, was es wiederum erleichterte, an den Empfang der Taufe Rechtsfolgen im kirchlichen oder weltlichen Bereich zu knüpfen. [26] Bemerkenswert erscheint ferner die vielfältige Einbettung, wenn man etwa an institutionelle, rechtliche, theologische oder liturgische Sachzusammenhänge und Diskurse über die Taufe denkt. Hier liegt zugleich ein forschungsstrategischer Vorteil gegenüber einer rechtshistorischen Wirkungsgeschichte allgemeiner religiöser Begriffe (z. B. der Gotteskindschaft und der Gottesebenbildlichkeit), [27] die sich leicht in einer bloßen Ideen- oder Dogmengeschichte erschöpfen kann. Drittens fällt auf, dass die Rolle der Taufe (z. B. als Instrument der Initiation und der Mission) einerseits in ihren jeweiligen kulturellen Kontexten ganz unterschiedlich ausfallen kann, andererseits jedoch bestimmte Grundfunktionen und rechtlich-soziale Wirkungsmuster wiederkehren. Dies erlaubt einen übergreifenden Vergleich in zeitlicher und räumlicher Hinsicht: Was etwa haben in Hinblick auf die rechtliche Bedeutung der Taufe Spätantike oder Frühmittelalter mit dem Spätmittelalter oder der Frühneuzeit – sei es in der Alten oder in der Neuen Welt – gemeinsam und wo liegen Unterschiede?

Eine Antwort auf solche Fragen erfordert nicht nur eine eingehendere Beschäftigung mit dem Gegenstand, sie setzt auch voraus, dass man sich über Chancen und Probleme des Themas allgemein schon etwas Klarheit verschafft hat. Nicht zuletzt diesem Zweck diente die Sektion »Taufe in Alter und Neuer Welt. Zur Bedeutung eines Sakraments für die Rechte des Individuums zwischen Spätantike und Früher Neuzeit« des Mainzer Historikertages 2012. Die Sektion, die von Harald Siems moderiert wurde, bestand abgesehen von

einer Einführung durch Thomas Duve und einer Zusammenfassung durch Bernhard Jussen aus fünf Vorträgen, die den »Fokus« der vorliegenden »Rechtsgeschichte« bilden. Dabei konnte und kann es weder in den Sektionsbeiträgen noch in den Aufsätzen darum gehen, ein Gesamtbild zu zeichnen. Vielmehr sollen – auch als Ausgangspunkt für weitere Untersuchungen – erstmals in einem interdisziplinären Rahmen historische Studien zu einzelnen Facetten des Themas »Taufe und Recht« präsentiert werden. Die vorliegenden Beiträge schlagen einen großen Bogen, der zeitlich von der Antike bis in die Neuzeit und räumlich von der Alten bis zur Neuen Welt reicht.

Am Anfang der betreffenden fünf Artikel steht der Beitrag von Wolfram Brandes (»Taufe und soziale / politische Inklusion und Exklusion in Byzanz«, 75–88). Der Aufsatz rückt für das oströmische bzw. byzantinische Reich die Taufe als Instrument politischer und rechtlicher Integration in den Blick und behandelt u. a. das Phänomen der Zwangstaufe und den damit einhergehenden Druck auf religiöse Minderheiten (Heiden, Häretiker, Juden). Am Ende des Beitrags geht der Verfasser zudem auf die geistliche Verwandtschaft ein. Dieses Thema steht in enger Verbindung mit einem zweiten Aufsatz von Wolfram Brandes, der aus der Taufsektion erwachsen ist und den wissenschaftsgeschichtlichen Hintergründen der Theorie der »Familie der Könige« gewidmet ist, die im Zuge der nationalsozialistischen Balkanpolitik ihre besondere Ausformung erhielt und deren Wirkungsgeschichte bis in die Byzantinistik und Mediävistik unserer Tage reicht. [28]

In zeitlicher Hinsicht in etwa parallel zur vorangehenden Studie betrachtet Christoph H. F. Meyer (»Taufe und Person im ersten Jahrtausend. Beobachtungen zu den christlichen Wurzeln einer Grundkategorie europäischen Rechtsdenkens«, 89–117) den frühmittelalterlichen Westen. Er fragt zunächst auf einer eher theoretisch-abstrakten Ebene nach der Rolle der Taufe für einen rechtlichen Begriff der Person im christlichen Denken des Mittelalters. Im zweiten Teil seines Beitrags betrachtet er dann nach einem kurzen Blick auf die Spätantike vor allem die Stellung des neugeborenen Kindes im weltlichen Recht des Früh-

---

26 Zur Taufe als Formalakt vgl. KAHL (1978) 50; ANGENENDT (2006) 36. Zu den Taufregistern vgl. UIHLEIN (1832); SÄGMÜLLER (1899).

27 BRUCH (1981); LUTTERBACH (2004).

28 BRANDES (2013).

mittelalters und die Bedeutung der Taufe in diesem Zusammenhang. – Im Gegensatz zu dem vorangehenden eher auf das weltliche Recht gerichteten Beitrag geht es in der Untersuchung von Richard H. Helmholz (»Baptism in Medieval Canon Law«, 118–127) um das Bild der Taufe im klassischen kanonischen Recht des 12. und 13. Jahrhunderts, wie es sich insbesondere im Spiegel des Decretum Gratiani und des Liber Extra sowie der gelehrten Literatur darstellt. Im Mittelpunkt des Artikels steht ein ungewöhnlicher und methodisch interessanter Vergleich von Taufe und Ehe, der grundsätzliche Einsichten zu Funktion und Stellenwert der beiden Sakramente in der kirchlichen Rechtsordnung vermittelt.

Mit dem Beitrag von Christiane Birr (»Titulus ad regnum coelorum: Zur Taufe und ihren Wirkungen in der theologisch-juristischen Argumentation der Schule von Salamanca«, 129–141) verlagert sich das Erkenntnisinteresse vom Mittelalter in die Neuzeit. Die Verfasserin geht in ihrem Artikel für verschiedene Autoren des 16. Jahrhunderts, die traditionell unter dem missverständlichen Begriff der Spanischen Spätscholastik zusammengefasst werden, der Frage nach, welche Rolle sie der Taufe für die Entstehung individueller Rechte beimessen. Entscheidend ist hier die Blickrichtung auf die Erwachsenentaufe, die nicht nur für die Beantwortung der Ausgangsfrage von

Bedeutung ist, sondern auch einen Eindruck von der normativen Bewältigung zeitgenössischer politischer Probleme auf der Iberischen Halbinsel des 16. Jahrhunderts vermittelt.

Der letzte Sektionsbeitrag stammt von Michael Sievernich (»›Baptismus barbarorum‹ oder christliche Initiation in der Neuen Welt Amerika (16. Jahrhundert)«, 142–154) und ist ebenfalls dem 16. Jahrhundert gewidmet. Doch unterscheidet sich der Aufsatz von dem vorangehenden Beitrag durch einen mehrfachen Wechsel der Perspektive: Der Blick schwenkt von Europa nach Lateinamerika und von scholastischer Gelehrsamkeit zur Wechselwirkung von Theorie und Praxis im Rahmen der Mission. Der Verfasser betrachtet vor allem drei Bereiche: die zeitgenössische Taufpraxis und damit im Zusammenhang stehende kanonistisch-theologische Kontroversen, Formen der Taufinstruktion im Kontext der Erwachsenenmission (z. B. anhand von Katechismen) und die Bedeutung der Taufe als Mittel politischer und rechtlicher Inklusion der indigenen Bevölkerung. Der letztgenannte Aspekt schlägt eine Brücke zurück zum Beitrag von Wolfram Brandes und erinnert daran, dass das Thema »Taufe und Recht« gute Möglichkeiten zum historischen Vergleich bietet.

∎

Bibliographie

- AASGAARD, REIDAR (2011), Ambrose and Augustine. Two Bishops on Baptism and Christian Identity, in: HELLHOLM (Hg.) (2011) 1253–1282
- ALFANI, GUIDO, PHILIPPE CASTAGNETTI, VINCENT GOURDON (2009), Introduction, in: ALFANI, GUIDO u. a. (Hg.), Baptiser. Pratique sacramentelle, pratique sociale (XVIe–XXe siècles), Saint-Étienne, 9–35
- ANGENENDT, ARNOLD (1982), Rex et sacerdos. Zur Genese der Königssalbung, in: KAMP, NORBERT, JOACHIM WOLLASCH (Hg.), Tradition als historische Kraft. Interdisziplinäre Forschungen zur Geschichte des früheren Mittelalters, Berlin, 100–118
- ARIÈS, PHILIPPE (2003), Geschichte der Kindheit. Mit einem Vorwort von Hartmut von Hentig, 15. Aufl., München
- BACHT, HEINRICH (1969), Die Mönchsprofeß als zweite Taufe, in: Catholica 23, 240–277
- BECKER, HANS-JÜRGEN (1998), Taufe, in: Handwörterbuch zur deutschen Rechtsgeschichte 5, Berlin, 128–130
- BELLAMY, J. (1932), 1. Baptême VIII. Baptême dans l'Église latine depuis le VIIIe siècle avant et après le Concile de Trente, in: Dictionnaire de théologie catholique 2,1, Paris, 250–296
- BESSON, ÉRIC (2004), La dimension juridique des sacrements, Rom
- BOEHMERUS, IUSTUS HENNINGIUS (1747), Ius ecclesiasticum protestantium, Bd. 3, 4. Aufl., Halle
- BRANDES, WOLFRAM (2013), Die »Familie der Könige« im Mittelalter. Ein Diskussionsbeitrag zur Kritik eines vermeintlichen Erkenntnismodells, in: Rechtsgeschichte. Zeitschrift des Max-Planck-Instituts für europäische Rechtsgeschichte 21, 262–290
- BRUCH, RICHARD (1981), Die Würde des Menschen in der patristischen und scholastischen Tradition, in: GRUBER, WINFRIED u. a. (Hg.), Wissen Glaube Politik. Festschrift für Paul Asveld, Graz, 139–154
- DENZINGER, HEINRICH (2010), Kompendium der Glaubensbekenntnisse und kirchlichen Lehrentscheidungen, 43. Aufl., Freiburg
- DUMÉZIL, BRUNO (2010), Les marqueurs juridiques de la conversion en Occident entre IVe et VIIe siècle, in: INGLEBERT, HERVÉ u. a. (Hg.), Le problème de la christianisation du monde antique, Nanterre, 307–318

- FENSKE, LUTZ, WERNER RÖSENER (Hg.) (1984), Institutionen, Kultur und Gesellschaft im Mittelalter. Festschrift für Josef Fleckenstein zu seinem 65. Geburtstag, Sigmaringen
- GAUDEMET, JEAN (1988), Persona, in: Cristianesimo nella storia 9, 465–492 (ND DERS., La doctrine canonique médiévale, Aldershot 1994, XIV)
- GERDS, PETER (1983), Getauft mit Linienwasser und Sekt. Ein Beitrag zur Geschichte der Taufe am Äquator und in anderen Seegebieten, der Taufe von Schiffen und des damit verbundenen Stapellaufs, Rostock
- GRAULICH, MARKUS (2006), Unterwegs zu einer Theologie des Kirchenrechts. Die Grundlegung des Rechts bei Gottlieb Söhngen (1892–1971) und die Konzepte der neueren Kirchenrechtswissenschaft, Paderborn
- HAFNER, FELIX, ADRIAN LORETAN, CHRISTOPH SPENLÉ (2001), Naturrecht und Menschenrecht: Der Beitrag der Spanischen Spätscholastik zur Entwicklung der Menschenrechte, in: GRUNERT, FRANK, KURT SEELMANN (Hg.), Die Ordnung der Praxis. Neue Studien zur Spanischen Spätscholastik, Tübingen, 123–153 http://dx.doi.org/10.1515/9783110935288.123
- HARNACK, ADOLF VON (1918), Die Terminologie der Wiedergeburt und verwandter Erlebnisse in der ältesten Kirche, in: Texte und Untersuchungen zur Geschichte der altchristlichen Literatur, Reihe III, Bd. 12, Heft 3, Leipzig 1918, 97–143
- HEGGELBACHER, OTHMAR (1953), Die christliche Taufe als Rechtsakt nach dem Zeugnis der frühen Christenheit, Freiburg im Üechtland
- HELLHOLM, DAVID u. a. (Hg.) (2011), Ablution, Initiation, and Baptism / Waschungen, Initiation und Taufe. Late Antiquity, Early Judaism and Early Christianity / Spätantike, Frühes Judentum und Frühes Christentum, Bd. 1, Berlin
- HELMHOLZ, RICHARD HENRY (1996), The Spirit of Classical Canon Law, Athens
- KAHL, HANS-DIETRICH (1978), Die ersten Jahrhunderte des missionsgeschichtlichen Mittelalters. Bausteine für eine Phänomenologie bis ca. 1050, in: SCHÄFERDIEK, KNUT (Hg.), Kirchengeschichte als Missionsgeschichte, Bd. 2: Die Kirchen des frühen Mittelalters, München, 11–76
- KRÜGER, SABINE (1984), Character militaris und character indelebilis. Ein Beitrag zum Verhältnis von miles und clericus im Mittelalter, in: FENSKE, RÖSENER (Hg.) (1984) 567–580
- LE BRAS, GABRIEL (1973), La personne dans le droit classique de l'Église, in: MEYERSON, IGNACE (Hg.), Problèmes de la personne, Paris, 189–201
- LECLERCQ, JEAN (1968), Monastic Profession and the Sacraments, in: Monastic Studies 5, 59–85
- LEYSER, KARL (1984), Early Medieval Canon Law and the Beginnings of Knighthood, in: FENSKE, RÖSENER (Hg.) (1984) 549–566
- LUTTERBACH, HUBERTUS (1995), Monachus factus est. Die Mönchwerdung im frühen Mittelalter. Zugleich ein Beitrag zur Frömmigkeits- und Liturgiegeschichte, Münster
- LUTTERBACH, HUBERTUS (2004), Gotteskindschaft. Zur kultur- und sozialgeschichtlichen Prägekraft einer biblischen Metapher im Abendland, in: Historische Zeitschrift 278, 561–590
- MARKSCHIES, CHRISTOPH (2011), Einführung, in: HELLHOLM (Hg.) (2011) IL–LXIII
- MOHRMANN, RUTH-ELISABETH (2012), Hänseln, in: Handwörterbuch zur deutschen Rechtsgeschichte 2, 2. Aufl., Berlin, 771–772
- MOOS, PETER VON (Hg.) (2004a), Unverwechselbarkeit. Persönliche Identität und Identifikation in der vormodernen Gesellschaft, Köln
- MOOS, PETER VON (2004b), Einleitung. Persönliche Identität und Identifikation vor der Moderne. Zum Wechselspiel von sozialer Zuschreibung und Selbstbeschreibung, in: Moos (Hg.) (2004a) 1–42
- NELSON, JANET L. (1986), On the Limits of the Carolingian Renaissance, in: DIES., Politics and Ritual in Early Medieval Europe, London 1986, 49–67 (ND von: Studies in Church History 14 [1977] 51–67)
- NEUNHEUSER, BURKHARD (1983), Taufe und Firmung (Handbuch der Dogmengeschichte 4,2), 2. Aufl., Freiburg
- PROSPERI, ADRIANO (2001), Science and the Theological Imagination in the Seventeenth Century: Baptism and the Origins of the Individual, in: DICHFIELD, SIMON (Hg.), Christianity and Community in the West. Essays for John Bossy, Aldershot, 206–231
- PROSPERI, ADRIANO (2004), Battesimo e identità tra medio evo e prima età moderna, in: MOOS, PETER VON (Hg.) (2004a) 325–354
- PUZA, RICHARD (1997), Taufkirche, -nverfassung, in: Lexikon des Mittelalters 8, München, 504–505
- REPGEN, TILMANN (2008), Rez. zu: Arnold Angenendt, Toleranz und Gewalt, Münster 2006; ders., Gottesfrevel, in: Isensee, Josef (Hg.), Religionsbeschimpfung. Der rechtliche Schutz des Heiligen, Berlin 2007, 9–29, in: Zeitschrift der Savigny-Stiftung für Rechtsgeschichte, Germanistische Abteilung 125, 558–561
- RIEDEL-SPANGENBERGER, ILONA (2009), Die Sakramente der Initiation in der kirchlichen Rechtsordnung, Paderborn
- RISTOW, SEBASTIAN (2005), Taufkirchen, in: Reallexikon der Germanischen Altertumskunde 30, 2. Aufl., Berlin, 308–310
- SAXER, VICTOR (1988), Les rites de l'initiation chrétienne du IIe au VIe siècle. Esquisse historique et signification d'apres leurs principaux témoins, Spoleto
- SÄGMÜLLER, JOHANN BAPTIST (1899), Die Entstehung und Entwicklung der Kirchenbücher im katholischen Deutschland bis zur Mitte des 18. Jahrhunderts. Dargestellt auf Grund der kirchlichen Gesetze, in: Theologische Quartalschrift 81, 206–258
- SCHNEIDER, REINHARD (2001), Das Frankenreich, 4. Aufl., München http://dx.doi.org/10.1524/9783486701296
- SCHNURR, DENNIS MARION (1980), The Quamprimum of Infant Baptism in the Western Church, Washington
- SEMMLER, JOSEF (2003), Der Dynastiewechsel von 751 und die fränkische Königssalbung, Düsseldorf
- SPINKS, BRYAN D. (2009), Early and Medieval Rituals and Theologies of Baptism. From the New Testament to the Council of Trent, Farnham
- STADLER-LABHART, VERENA (1965), Freilassung und Taufe in ihren Berührungspunkten, in: ELSENER, FERDINAND, WILHELM HEINRICH RUOFF (Hg.), Festschrift Karl Siegfried Bader. Rechtsgeschichte, Rechtssprache, Rechtsarchäologie, rechtliche Volkskunde, Zürich 1965, 455–468

- STENZEL, ALOIS (1958), Die Taufe. Eine genetische Erklärung der Taufliturgie, Innsbruck
- TURNER, BERTRAM (2012), Initiationsriten, in: Handwörterbuch zur deutschen Rechtsgeschichte 2, 2. Aufl., Berlin, 1219–1221
- UIHLEIN, FRANZ (1832), Ueber den Ursprung und die Beweiskraft der Pfarrbücher, in: Archiv für civilistische Praxis 15, 26–50
- ULLMANN, WALTER (1960), Some Observations on the Medieval Evaluation of the Homo Naturalis and the Christianus, in: L'homme et son destin: Actes du Premier Congrès International de Philosophie Médiévale, Louvain, 145–151
- ULLMANN, WALTER (1966), The Individual and Society in the Middle Ages, Baltimore
- ULLMANN, WALTER (1969), The Carolingian Renaissance and the Idea of Kingship. The Birbeck Lectures 1968–1969, London
- ULLMANN, WALTER (1977), Medieval Foundations of Renaissance Humanism, London
- ULLMANN, WALTER (1990), Autobiographie, in: BALTL, HERMANN u. a. (Hg.), Recht und Geschichte. Ein Beitrag zur österreichischen Gesellschafts- und Geistesgeschichte unserer Zeit. Zwanzig Historiker und Juristen berichten aus ihrem Leben, Sigmaringen, 273–290
- VIOLLET, PAUL (1905), Histoire du droit civil français accompagnée de notions de droit canonique et d'indications bibliographiques, 3. Aufl., Paris
- WEINHAGEN, DIETHERICH FRIDERICH LUDOLPH (1745), Dissertatio juridica inauguralis de effectu baptismi juridico, Halle
- WITCZAK, MICHAEL G. (1999), Baptismal Imagery. The Meeting of the Two Worlds, in: Liturgical Ministry 8, 22–30

Wolfram Brandes

Taufe und soziale/politische Inklusion und Exklusion in Byzanz

Nicht die Entwicklung des Sakraments der Taufe während der tausendjährigen byzantinischen Geschichte gilt es hier zu erörtern;[1] der liturgiewissenschaftliche Aspekt wird in diesen Zeilen bestenfalls einen Randaspekt darstellen. Stattdessen werde ich mich auf einige Aspekte konzentrieren (wenn auch in unterschiedlicher Intensität), die dem vorgegebenen Thema – (gesellschaftliche) Inklusion und Exklusion[2] – entsprechen.[3] Es soll also um ausgewählte Aspekte des Themenkomplexes »Taufe« gehen, die Relevanz für die Rechtsgeschichte, aber auch für die Gesellschaftsgeschichte in einem allgemeineren Sinne (inklusive gewisser Bezüge zur politischen Geschichte bzw. zur Missionsgeschichte) aufweisen.

Die Taufrituale bzw. die konkrete Ausgestaltung des Sakraments der Taufe, wie sie in den verschiedenen *Euchologia* festgehalten sind,[4] wandelten sich im Laufe der Jahrhunderte und passten sich in einem kontinuierlichen Prozess den sich wandelnden historischen Verhältnissen an.

Seit dem 5. Jahrhundert wurde der Pädobaptismus die Regel.[5] Die Taufe von Säuglingen und Kindern ist allerdings schon sehr viel früher belegt. Die Synode *In Trullo* (danach Trullanum genannt; bzw. als Quinisextum bezeichnet, da diese Synode sich auf das fünfte [Constantinopolitanum II; 553] und sechste [Constantinopolitanum III; 680/681] ökumenische Konzil bezog. Beide Konzile hatten keine Kanones erlassen, was nun 691/692 nachgeholt wurde) legte im Kanon 84 fest, dass bei Säuglingen und Kleinkindern, die sich nicht artikulie-

ren können und für deren eventuelle Taufe keine Zeugen vorhanden sind, erneut eine Taufe vorzunehmen ist.[6] Dieser Kanon zitiert aber eine Bestimmung einer Synode in Karthago (Kanon 72) im Jahre 419,[7] was zeigt, dass zumindest in Nordafrika die Säuglings- bzw. Kindertaufe schon recht früh verbreitet war.[8] Es gibt Belege dafür, dass bereits ab ca. 200 die Kindertaufe existierte[9] und – zumindest regional – weit verbreitet war. Man kann davon ausgehen, dass die Kindertaufe schon sehr früh in den bereits christianisierten Familien praktiziert wurde. Die Erwachsenentaufe mit vorhergehendem Katechumenat betraf naturgemäß erwachsene Menschen anderer religiöser Zugehörigkeit (was nicht immer »Heidentum« bedeuten musste), die Christen werden wollten (oder sollten). Das immer wieder herangezogene Beispiel Konstantins des Großen, der sich bekanntlich erst auf dem Sterbebett taufen ließ (und das auch noch von einem Häretiker),[10] sollte also nicht flächendeckend verallgemeinert werden. Wie schon gesagt, sind natürlich erhebliche regionale Unterschiede zu beachten, wobei insbesondere Nordafrika und Italien, aber auch bestimmte Regionen des Nahen Ostens bekanntlich schon in relativ starkem Maße christianisiert waren.

Die Taufe erleichterte seit dem 4. Jahrhundert, nach der sog. Konstantinischen Wende,[11] maßgeblich eine zivile oder militärische Karriere. Allerdings muss die Christianisierung des römischen Staates als ein langwieriger Prozess angesehen werden. Zur Staatsreligion wurde das Christentum

1 Siehe etwa Taft, in: ODB, 251; Arranz (1982, 1983, 1984, 1985, 1986, 1987, 1989); Arranz (1978); Arranz (1996); einen Überblick über die Taufriten in Byzanz bieten Beck (1959), bes. 247 und Onasch (1981) 350–355, jeweils mit der älteren Literatur; grundlegend bleibt Wenger (1970) 66–104.

2 Dieser Forschungsansatz orientiert sich an Leppin (2011) 92 ff.

3 Zur Taufe in der Spätantike und Patristik siehe jetzt die bei Wills (2012); Denysenko (2012) und die jeweils

verzeichnete Literatur. Auch heute noch brauchbar zur Erstinformation ist der knappe Überblick bei Milasch (1905) 553–560; Staerk (1903).

4 Siehe bes. Goar (1730); Arranz (1996); Parenti / Velkovska (2000); Dimitrievskij (1901); Mateos (1962/1963) (siehe den Index II, 287). Ein Euchologion ist ein für den Vollzug der Liturgie und die Spendung der Sakramente notwendiges liturgisches Buch, so Onasch (1981) 109 f.

5 Nagel (1980).

6 Ohme (2006) 272 f.

7 Joannou (1962a) 313 f. (*De infantibus, quoties dubitatur utrum fuerint baptizati*); zu dieser Synode siehe Ohme (2012) 74 f.

8 Siehe bes. Nagel (1980) passim.

9 Ohme (2006) 116; Aland (1986); Jeremias (1958).

10 Zur Taufe Konstantins siehe immer noch Dölger (1913).

11 Dazu siehe etwa Mühlenberg (1998), Girardet (2007) und (2010) mit der sehr umfangreichen älteren Literatur.

bekanntlich erst am Ende des 4. Jahrhunderts, unter Theodosios I.[12] Bereits unter Konstantin dem Großen (genauer: ab 319) wurden Gesetze gegen Polytheisten erlassen.[13] Aber erst in CTh 16,10,12 (Theodosios I.) wird das Heidentum erstmals als *crimen* bezeichnet »und juristisch in die Nähe von Majestätsverbrechen gebracht«.[14] CTh 16,5,40 nannte den Manichäismus ein *crimen publicum*. Es kam nun auch (wenn auch vereinzelt) zu den ersten Zwangstaufen.[15] Die nachfolgenden Kaiser verschärften zunehmend die antiheidnischen Rechtsnormen (Theodosios II. – CTh 16,10,21 [der heidnische Kult als *crimen* und *error*]; Leon I. – C. 1,11,8 [a. 472; *pagana superstitio* als *crimen publicum*]). Justinian schließlich (siehe bes. C. 1.11.10 [= B. 1.1.20][16]) ging dann wesentlich weiter und verordnete nötigenfalls Zwangstaufen.[17] Bei »Unaufrichtigkeit« der so zum Christentum Geführten drohten harte Strafen (bis hin zur Todesstrafe). Noch Ungetaufte sollten mit ihrer gesamten Familie zur Kirche kommen und sich taufen lassen – ansonsten drohte ihnen der totale Besitzverlust (C. 1.11.10.1.3).[18] Unmündige Kinder von Heiden sollen jetzt sofort getauft werden, ältere nach vorheriger Unterweisung im Katechumenat (C. 1.11.10.5). Zumindest in der Theorie galt dies die gesamte byzantinische Zeit hindurch.

Die Aufnahme dieser Normen in die *Basiliken*[19] und in den *Nomokanon in XIV Titeln*[20] beweisen zumindest, dass diese Sanktionsmöglichkeiten stets bekannt waren.[21] Ausführlich wurden sie auch in die sog. *Collectio tripartita*,[22] eine Sammlung kirchenrechtlich relevanter Bestimmungen der justinianischen Gesetzgebung aus dem Ende des 6. Jahrhunderts, aufgenommen.[23] Damit im Zusammenhang ist das Auftreten dieser Normen auch in der sog. *Appendix Eclogae* zu sehen.[24]

Über Heidenverfolgungen im 6. Jahrhundert berichten verschiedene Quellen.[25] Johannes von Ephesos rühmte sich in seiner *Kirchengeschichte* (ca. 545/546 datiert) selbst in Konstantinopel Heiden aufgespürt zu haben, was zu entsprechenden Anschuldigungen und rigiden Maßnahmen (inklusive Folter) gegen zahlreiche Patrikioi, Grammatiker, Sophisten, Scholastikoi und Ärzte geführt habe.[26] Selbst der ehemalige *praefectus praetorio per Orientem* und *patricius* Phokas war betroffen. Er beging Selbstmord.[27] Auch in diesem Fall erscheint es allerdings eher wahrscheinlich zu sein, dass es sich eigentlich weniger um Heidenverfolgungen handelte, sondern um die Auseinandersetzung Justinians mit der sog. Senatsaristokratie, deren Angehörige einen Lebensstil praktizierten, der sie angreifbar für antiheidnische Verfolgung

12 Siehe Leppin (2003), bes. 169 ff.

13 Siehe Noethlichs (1971); Noethlichs (1986), bes. 1152 ff.; Fögen (1993); siehe CTh 9,16,1 f. (gegen *haruspices*); antiheidnische Aktivitäten notiert Eus. Vita Const. 2.44,45; 3,26.48.53.55 f. (66 f., 95 f., 104, 106 f., 109 f. Winkelmann).

14 So Noethlichs (1986) 1161; vgl. auch Brox (1986) 281–283; Leppin (2003) 175 f.

15 Ebenda 1165; zur (Zwangs-)Taufe von 300 »Heiden« in Gaza (nach der Zerstörung der Tempel im Jahre 402) siehe Marc. Diac. Vita Porphyr. 26 f., 41, 49–51, 63–74 (132–135, 150–153, 160–163, 174–187 Hübner); vgl. Trombley (1993) 188–244.

16 Bzw. *Nomokanon XIV Tit.*, I.10 (Pitra [1858] 468).

17 Vgl. zuletzt Leppin (2011) 101 mit Anm. 23 auf S. 367 (Literatur); Esders (2008) 13 f.

18 Ähnlich waren die Maßnahmen gegen Juden und Häretiker; siehe etwa C. 1.5.12,4 und N.45. Zur Behandlung der Juden siehe insbesondere

Rabello (2009) und die einzelnen Beiträge in Jews in Byzantium (2012); Leppin (2011) 90 mit Anm. 192 auf S. 366, 97–102; zuletzt mit umfangreichen Literaturangaben Neri (2013).

19 Zu dieser byzantinischen Gesetzessammlung in 60 Büchern aus dem Ende des 9. Jhs. siehe Troianos (2011) 252–263.

20 Zum *Nomokanon in XIV Titeln*, dem gängigen Handbuch des byzantinischen Kirchenrechts (entstanden zu Beginn des 7. Jhs.; revidiert Ende 9. und Ende 11. Jahrhundert), weltliches (*nomos*) wie kanonisches (*kanon*) Recht systematisch geordnet enthaltend, siehe zuletzt Troianos (2012) 138–141; Troianos (2011) 198–202.

21 Siehe insbes. Tit. XI (Περὶ αἱρετικῶν καὶ Ἑλλήνων) des Nomok. XIV Tit. (599–610 Pitra).

22 Siehe insbes. Coll. trip. I,5,1–21 (72–78 van der Wal / Stolte).

23 Siehe Troianos (2011) 194 f.

24 App. Eccl. III,1–20 (101–106 Burgmann / Troianos); vgl. Troianios (2011), bes. 169–179.

25 Siehe Rochow (1976) 120–130; Leppin (2011) 99–102. Besonders zu erwähnen sind die Massenbekehrungen durch Johannes von Ephesos, dazu siehe Harvey / Brakmann, in: RAC 18 (1998) 561–563; Bruns, in: LACL (2002) 390 f.

26 Pseudo-Dionysius Witakowski, 71: »There were found in the capital famous persons, nobles and others – grammatici, sophists, scholastici and physicians, and when they were exposed, on being tortured they denounced each other. They were arrested, scourged and imprisoned. (Then) these patricians and nobles were sent into churches to learn the faith of the Christians, as befitted pagans.«

27 Siehe die PLRE II, 881 f. (Phocas 5). Wurde nach dem Nika-Aufstand 532 Prätorianerpräfekt. Siehe dazu zunächst Brandes (2014).

und Denunziationen (in anderen Fällen für den Vorwurf des Hochverrats) machte. Rigorose Heidenverfolgungen konnten also durchaus nichtreligiöse Hintergründe haben, zumindest partiell.

Nach Justinians Tod setzten sich die Heidenverfolgungen unter den Kaisern Tiberios I. (578–582) und Maurikios (582–602) fort.[28] Ob es in allen Einzelfällen tatsächlich »nur« um die Verfolgung Andersgläubiger (aus der aristokratischen Oberschicht) handelte oder ob die Heidenverfolgung als Mittel der Austragung sozialer und politischer Konflikte benutzt wurde (wie eben bereits für die Zeit Justinians angedeutet), müsste noch eingehend untersucht werden.[29] Danach hörten die Verfolgungen sog. Heiden (im Stil der Spätantike) auf. Gelegentlich auftauchende diesbezügliche Vorwürfe (meist im Zusammenhang mit der Unterstellung, magische Praktiken betrieben zu haben – etwa im Kontext des Bilderstreites –) gehören ins Reich der Polemik bzw. Diffamierung (man denke etwa an Ioannes VII. Grammatikos [842–843][30]). Auf die Integration durch Christianisierung bzw. Taufe von »heidnischen« Slawen soll gleich eingegangen werden.

Ein situativ begründeter Pragmatismus zeichnete allerdings auch das spätrömische Reich und seine Religionspolitik aus. Noch in der Regierungszeit Justinians, der sich in einem erheblichem Maße als christlicher Kaiser stilisierte, der selbst umfangreiche theologische Schriften verfasste und dessen Gesetzgebung mit Nachdruck das Christentum beförderte und konkurrierende Glaubensrichtungen – seien sie christlich oder nichtchristlich – verfolgte,[31] duldete man sog. Heiden in hohen und höchsten Staatsämtern oder setzte sie sogar wegen ihrer Fachkenntnis und Kompetenz bewusst ein. Man denke nur an den berühmten Tribonian, den langjährigen *quaestor* und einen der Hauptverantwortlichen für die Zusammenstellung der Rechtskodifikation Justinians.[32] Auch

unter den Prätorianerpräfekten des 5. und 6. Jahrhunderts finden sich einige Nichtchristen, mehr noch unter den Offizieren föderierter Truppen.[33] Es gab also bestimmte Fälle, in denen das Fehlen einer Taufe nicht zur Exklusion aus den höchsten Schichten der Gesellschaft führte. Im 6. Jahrhundert war das sicher kein Massenphänomen, aber eben dennoch möglich. Das änderte sich erst am Ende dieses Jahrhunderts, als es zu brutalen Verfolgungen von »Heiden«, meist Angehörigen der Oberschicht (Anhängern des philosophischen Neuplatonismus) kam.[34] Auch in dieser Zeit spielten verschiedene politische und soziale Ursachen (zumindest im Hintergrund) eine wesentliche Rolle, werden jedoch durch den explizit religiösen Charakter der relevanten Quellen überdeckt.

Die Durchsetzung der Kindertaufe führte zu einer schwindenden Bedeutung des Katechumenats im herkömmlichen Sinne[35] – wenn man so will, war diese Entwicklung eine Begleiterscheinung und logische Folge der umfassenden Christianisierung des Oströmischen Reiches. Spätestens im 7. Jahrhundert war es keine lebendige Institution mehr in Byzanz.[36] Allerdings wurde dort[37] weiter die Bekehrung von Heiden und Häretikern (insbesondere sog. Manichäer und sog. Montanisten wurden »wie Heiden«, ὡς ἕλληνας, behandelt; hinzu kamen natürlich die Juden) praktiziert. In einem zweistufigen Verfahren (auf das hier nicht weiter eingegangen werden soll)[38] wurden die Betroffenen auf die Taufe vorbereitet. Die im Jahre 741 promulgierte *Ecloga*, das berühmte Rechtsbuch der Kaiser Leon III. und seines Sohns Konstantins V., verfügte allerdings (17.52): »Manichäer und Montanisten sollen mit dem Schwert bestraft werden.«[39] Diese Bestimmung geht auf C. 1.5.16 (und frühere Gesetze) zurück.[40] Es wurde in der wissenschaftlichen Literatur viel gerätselt, was dieses Gesetz für die Geschichte des 8. Jahrhunderts bedeutete bzw. welche »Häretiker« nun, im 8. Jahr-

---

28 Dazu ausführlich Rochow (1976).

29 Dies soll im Rahmen eines Projektes zu den byzantinischen Hochverratsprozessen geschehen.

30 Siehe die PmbZ 3199; Alpers (1988); Brandes (2005) 102 ff.

31 Uthemann (1999).

32 Siehe Honoré (1978).

33 Haehling (1978).

34 Rochow (1978), bes. 229–255; siehe auch die Beiträge in Salamon (1991).

35 Siehe allgemein Taft, in: ODB 390 f.; Arranz (1978), bes. 36–53; Arranz (1983) 284–302; Arranz (1984) 43–64, 372–387; Dujarier (1961).

36 Taft, in: ODB 390; Gavrilyuk (2007) 329 ff.

37 Zur Praxis in Konstantinopel siehe bes. Metzger (2004) 552–555 und die Sp. 570–574 mitgeteilte Literatur.

38 Siehe Metzger (2004), bes. 553 f.

39 Burgmann (1983) 242 f.

40 Siehe zu dieser Problematik Kaden (1953).

hundert, mit den ahistorisch gewordenen Etiketten »Manichäer« bzw. »Montanisten« bezeichnet wurden.[41]

Zwar gab es, wie gesagt, nach dem 6. Jahrhundert keine Polytheisten im klassischen Sinne der Spätantike mehr, doch stellten die historischen Ereignisse der Zeit seit dem 7. Jahrhundert Byzanz und die byzantinische Staatskirche vor neue Aufgaben. Seit dem ausgehenden 6. Jahrhundert hatten slawische Stämme große Teile des Balkan und Griechenlands besetzt. Erst seit dem 8. und 9. Jahrhundert konnte man allmählich diese Bevölkerungsgruppen integrieren – und das hieß zunächst: Taufe. Die Kirche spielte eine hervorragende Rolle bei der Byzantinisierung (bzw. Gräzisierung) dieser slawischen Stämme bzw. bei ihrer Integration in den byzantinischen Staat und in die byzantinische Gesellschaft (nicht zuletzt als Steuerzahler und Rekruten für das Heer).[42] Slawische Sprache und Kultur verschwanden rasch.

Die Entstehung und Expansion des Islam,[43] das Aufkommen des (pseudomanichäischen) Paulikianismus (und dann des Bogomilismus)[44] seit dem 8. Jahrhundert stellte die Kirche vor neue Aufgaben. Bereits seit dem 7. Jahrhundert traten (z. T. sehr große) Gruppen von Arabern zu den Byzantinern – und damit zum Christentum – über, sei es, um der drohenden Islamisierung zu entgehen, sei es, um dem Islam zu entkommen. In den 30er Jahren des 7. Jahrhunderts floh der letzte Ghassanidenkönig Ǧabala b. al-Ayham, um nur ein Beispiel zu nennen, zu den Byzantinern, angeblich mit 30000 Kriegern (und deren Familien!).[45] Sie waren miaphysitische Christen und wurden zweifellos zur Orthodoxie »bekehrt« und in Kleinasien angesiedelt. Erinnert sei z. B. auch an den »Fall« des Theophobos (persischer oder kurdischer Abstammung), der 834 mit einem großen Heer (mit Familien!) zu den Byzantinern übertrat und hier eine erhebliche Karriere machte.[46] Tausende Mohammedaner mussten an den christlichen Glauben herangeführt werden, um schließlich getauft zu werden, was die conditio sine qua non für ihre erfolgreiche Integration in die byzantinische Gesellschaft war. Entsprechende Abschwörungs- bzw. Aufnahmeformeln sind überliefert.[47] Die umfangreiche Umsiedlungspolitik der Byzantiner[48] wie auch die permanente Einwanderung von nichtorthodoxen Armeniern machten es notwenig, individualisierte, den jeweiligen Glaubensspielarten angepasste Wege zur Taufe bereitzustellen.

Man unterschied grundsätzlich zwischen Angehörigen nichtchristlicher Religionen (»Heiden«, Mohammedaner, sog. Manichäer[49]) und christlichen Häretikern verschiedenster Couleur. Letztere konnten mit oder ohne Salbung[50] in die Reichskirche aufgenommen werden.

Bereits am Ende des 6. Jahrhunderts fasste der Presbyter Timotheos (an der Hagia Sophia) die längst existierenden »Ketzerkataloge«[51] (seit Epiphanios u. a.) zusammen und bot so eine Grundlage für die späteren Regelungen für die unterschiedliche Behandlung der Angehörigen diverser »Häresien«.[52] Dieser Text taucht mit großer Regelmäßigkeit in den kanonistischen Handschriften auf (meist im Zusammenhang mit Kanonessammlungen und *Nomokanones*).[53] Hier heißt es: »Drei Funktionen (τάξεις) gibt es für diejenigen, welche sie der heiligen, göttlichen, allgemeinen und apostolischen Kirche zuwenden: Die erste Funktion bezieht sich auf jene, welche die heilige Taufe benötigen, die zweite auf jene, welche nicht der

41 Rochow (1991) 104 listet die verschiedenen Deutungen auf.

42 Siehe den historischen Überblick in TIB I 54–60.

43 Zuletzt Kaegi (2010); siehe schon Kaegi (1992).

44 Siehe grundlegend Lemerle (1973); Garsoïan (1974); ältere Literatur bei Beck (1959) 335 f. mit Anm. 2.

45 Dazu ausführlich Kaegi (1992) 171; Beihammer (2000) 184 f. (Nr. 159).

46 Siehe die PmbZ 8237 mit allen Details; Cheynet (1998).

47 Beneševič (1987) 135–147; vgl. Arranz (1983) 77–79; Arranz (1993); weitere Angaben bei Eleuteri / Rigo (1993) 53 ff.; siehe

auch unten bei den Anm. 65, 78, 90 und 104.

48 Dazu umfassend Ditten (1993).

49 Womit man seit dem 9. Jahrhundert die dualistische Religion der Paulikianer und später der Bogomilen (und verwandte Häresien) bezeichnete.

50 Sog. Myronsalbung, siehe Staerk (1903) 127 ff.; von Rudloff (1938); Welte (1939); Onasch (1981) 274 f.

51 Siehe die Übersicht von Löhr, in: LACL (2002) 310 f.; Brox (1986) 286 f.

52 Beneševič (1906) 707–738 (auch in: PG 86, 12–74); CPG 7016; zuletzt zu

ihm Carcione (1991); Beck (1959) 401 f.; Schmidt, in: LACL (2002) 696.

53 Siehe z. B. folgende Handschriften: RHBR Nrr. 4–5. (Pos. 9, 14), 9 (Pos. 8), 21 (Pos. 64 f.), 29 (Pos. 39 f.), 36 (Pos. 25), 61 (Pos. 54 f.), 83 Pos. 45 f.), 147 (Pos. 8), 150 (Pos. 46 f.), 220 (Pos. 30), 244 (Pos. 91), 286 (Pos. 44 f.), 332 (Pos. 28 f.), 345 (Pos. 42 f.), 346 (Pos. 35), 356 (Pos. 57), 368 (Pos. 55 f.), 377 (Pos. 42), 401 (Pos. 24 f.), 404 (Pos. 77 f.), 422 (Pos. 40).

Taufe sondern der Salbung mit dem Chrisam bedürfen,[54] die dritte endlich gilt für jene, welche weder der Taufe noch der Salbung bedürfen, sondern ihre eigene und jede Sekte verwerfen.«[55] Dies beschreibt kurz und bündig die Praxis, wie sie in den folgenden Jahrhunderten (im Grunde bis heute) in der Ostkirche zu beobachten ist.

Weiter ausgeführt wird das Problem der Aufnahme von »Häretikern« im Kanon 95 der für die Entwicklung des Ostkirchenrechts so wichtigen Synode *in Trullo*.[56] Dieser Kanon handelt »darüber, wie man die von der Häresie Umkehrenden aufnehmen soll«. Wie üblich, nimmt dieser Kanon Bestimmungen älterer Konzilien auf,[57] ist z.T. sogar identisch mit dem sog. Kanon 7 des Constantinopolitanum I (381) (der eigentlich ein Auszug aus einem Brief des Patriarchen Gennadios [† 471] an Martyrios von Antiocheia darstellt[58]). Es werden verschiedene Kategorien von Häretikern aufgelistet, die entsprechend verschieden behandelt werden (sollen). Arianer, Makedonianer und Novatianer[59] z.B. brauchten »nur« die Myronsalbung[60] über sich ergehen zu lassen. Die Paulianisten hingegen (Anhänger des Paulos von Samosata)[61] sollten wiedergetauft werden (ἀναβαπτίζεσθαι). Eunomianer,[62] Montanisten und Sabellianer und die Vertreter »alle(r) anderen Häresien« sollen wie Heiden behandelt werden, d. h. sie mussten das Katechumenat absolvieren und den Exorzismus, um schließlich getauft zu werden. Ebenfalls erneut getauft werden Manichäer, Valentinianer, Markioniten und ähnliche Häresien. Nes-

torianer, Eutychianer, Severianer (also Miaphysiten) müssen jeweils ein schriftliches *Libell* vorlegen, worin die »Gründer« ihrer jeweiligen Häresie (Eutyches, Dioskoros von Alexndreia, Severos von Antiocheia) anathematisiert werden sollen (χρὴ ποιεῖν λιβέλλους).[63] Diese schriftlichen Anathematisierungen, bezogen auf die jeweilige Häresie bzw. auf die Urheber derselben, sind in größerer Anzahl erhalten (s. u.).

Aber auch Juden und Heiden wurden einem ähnlichen Verfahren unterworfen. Ihre Diskriminierung nahm zu. Justinian verfügte in seiner Novelle 146 (a. 553)[64] »Über die Juden« starke Einschränkungen der Kultusübung der Juden. Die orthodoxe Kirche entwickelte eine erhebliche Anzahl von sog. Abschwörungsformeln, die z.T. sehr ausführliche Aspekte des jüdischen Glaubens und der Glaubenspraxis beinhalteten, jedoch auch die Absage an Zauberei, den Satan usw. aufweisen, was deutlich auf die Sicht des Judentums seitens der »orthodoxen« Kirche verweist.[65]

Diese sog. Aufnahmeverfahren[66] tauchen, wie gesagt, häufig in juristischen (besonders natürlich kanonistischen) Handschriften auf, sehr oft in Kombination mit sog. *Nomokanones* (insbes. dem *Nomokanon in IX Titeln*)[67] oder sonstigen Kanonessammlungen. Es gibt derartige Texte für Häretiker im allgemeinen Sinne[68] und für sog. Manichäer (Paulikianer, Bogomilen usw.).[69] Gegen die sog. Phundagiagiten (eine Spielart der Bogomilen im 11. Jahrhundert) schrieb z. B. Euthymios vom Peribleptos-Kloster einen längeren Text, der u. a.

---

54 Zur sog. Myronsalbung siehe Anm. 50.

55 Beneševič (1906) 707,7–17 (= PG 86.1, 13A); vgl. Milasch (1905) 558; Gouillard (1970) 185.

56 Text: Ohme (2006) 282–285; dazu die Einleitung a.a.O. 67–71. Zum Trullanum bzw. Quinisextum siehe zuletzt Ohme (2011) 77–84. Zum 5. und 6. Ökumenischen Konzil siehe zuletzt Hoffmann / Brandes (2013) 274–283, 291–300.

57 Siehe die Nachweise bei Ohme (2006) 282–285; Joannou (1962b) 53 f.

58 Ohme (2012) 50; vgl. Hoffmann / Brandes (2013) 242.

59 Zu diesen und den gleich genannten Häresien siehe die einzelnen Lemmata im LACL (2002) oder im LThK³.

60 Siehe oben Anm. 50.

61 Siehe zu ihnen Hoffmann / Brandes (2013) 225–229.

62 Diese paraktizierten nur die einmalige *immersio* (κατάδυσις).

63 Ohme (2006) 284. Die beiden letzten Paragraphen stammen nicht aus dem sog. Kanon 7 des Constantinopolitanum I, reflektieren also eher die Zustände im ausgehenden 7. Jahrhundert.

64 RKOR Nr. 1388 (S. 333 f.); Lanata (1990).

65 Arranz (1996) 259–261; vgl. u. a. Goar (1730) 282 f.; Beneševič (1987) 153–167; vgl. Arranz (1983) 68–69, 71–72.

66 Siehe bes. Eleuteri / Rigo (1993) (mit der älteren Literatur); Karmiris (1967); Salachas (1981); Oikonomidès (1990).

67 Siehe Troianos (2011) 198

68 Arranz (1983) 53–56 = Arranz (1996) 262–267; Parenti / Velkovska (2000) 151–153.

69 Vgl. CPG 1015.5: Appendix zu den pseudoclementischen Recognitiones (zuerst von Cotelier 1698 ediert): a: Juden (PG 1, 1456–1461; vgl. Cumont 1902; b: Manichäer (PG 1, 1461–1472; vgl. Gouillard 1970, 187–189; Arranz (1983) 61–63, 64–65 = Goar (1730) 275; Parenti / Velkovska (2000) 153–155; Eleuteri / Rigo (1993) 125–157; Adam (1954) 64 f., 97–103 = PG 100, 1321–1324; PG 1, 1461–1472.

auch ihre Aufnahme in die Kirche thematisierte. [70] Im Jahre 812 wurde die Hinrichtung aller Paulikianer und Athinganer (vor allem in Phrygien und Lykaonien) vom Kaiser Michael I. verfügt. Dem ging eine Synode voraus, die dem Kaiser eben diese Maßnahme vorschlug. [71] Der Chronist Theophanes berichtet allerdings auch von Gegnern dieser Maßnahmen (insbesondere den Mönchen des Studiu-Klosters), notiert dann aber zufrieden, dass der fromme Kaiser nicht wenige dieser Häretiker exekutieren ließ. [72] Eine weitere – ebenfalls relativ zeitnahe – Quelle erwähnt in dem Zusammenhang auch Maßnahmen gegen die Juden, doch scheint das nicht zu stimmen. [73] Kurze Zeit später jedenfalls, so erfahren wir, habe der Kaiser den *strategos* des Thema Anatolikon, Leon (der spätere Kaiser Leon V.), beauftragt, die Verbannung der Paulikianer und Athinganer sowie die Konfiskation ihres Eigentums zu organisieren. [74] Viele Paulikianer flohen deshalb in arabisch besetzte Gebiete (namentlich nach Melitene). [75] Das führte zur Verschärfung des (nunmehr verstärkt militärisch ausgetragenen) Konflikts mit dieser dualistischen Sekte.

Schon im ältesten erhaltenen *Euchologion* [76] (im Cod. Barb. gr. 336, noch vor 800 kopiert und wahrscheinlich nach 733 entstanden [77]) sind derartige Aufnahmeverfahren (mit Abschwörungsformeln) enthalten. [78] Bei einer Anzahl von Häresien, die sämtlich im 8. Jahrhundert keine Rolle mehr spielten, [79] brauchen ihre (ehemaligen) Anhänger nur erneut gefirmt zu werden. Andere (Nestorianer und Eutychianer [also Miaphysiten]) müssen schriftlich die »Urheber« ihrer Häresie anathematisieren, wie schon im Kanon 95 des Quinisextum vorgeschrieben worden war. [80] Getauft werden müssen: Eunomianer, Montanisten, Manichäer und Sabellianer. [81]

Allerdings hatte sich spätestens im ersten Drittel des 7. Jahrhunderts das Problem des real existierenden »Manichäismus« im Byzantinischen Reich erledigt. Nach dem großen (und aus oströmischer Sicht endgültigen) Sieg über die Perser im Jahre 628, die ja große Teile der byzantinischen Ostprovinzen (inkl. Syrien und Ägypten) mehr als 10 Jahre lang okkupiert hatten, hatte man wohl noch mit Manichäern zu tun, die aus Persien eingesickert waren. Das legt jedenfalls das Zeugnis des Zeitgenossen Georgios nahe. [82] Er betont in seinem Traktat *De haeresibus ad Epiphanium*, [83] dass »bis heute« (μέχρι νῦν) die Häresie in Persien herrsche. [84] Gelegentliche Erwähnungen von »Manichäern« in den Quellen späterer Jahrhunderte dürften in der Regel keine »wirklichen« Anhänger dieser Religion gemeint haben. [85]

Diese Abschwörungsformeln, die schriftlich niedergelegt waren und die diejenigen, die vom Manichäismus zum Christentum übertreten wollten, vorlesen und beschwören mussten, bieten sehr oft interessante inhaltliche Angaben, die Rückschlüsse auf Kenntnisse der byzantinischen Staatskirche von den jeweiligen anderen Religionen zulassen. Doch ist dies nicht der Ort, um diese Texte näher zu untersuchen. Jedenfalls formulierten sie die Voraussetzungen für eine durch die Taufe erfolgte Integration (oder Reintegration) in die byzantinische (orthodoxe) Gesellschaft und ihre Kirche und stellten mithin ein höchst wichtiges Integrationsinstrument dar.

Die armenische Kirche, die bekanntlich nur die ersten drei ökumenischen Konzilien akzeptiert (Chalkedon wird als »nestorianisch« verworfen), stand stets in unmittelbarer Auseinandersetzung mit der byzantinischen Staatskirche, die in all der Zeit ihrer Existenz auf eine Union hinarbeitete. [86] Entsprechend wurden die Übertritte von Armen-

70 Siehe zu ihm Beck (1959) 532 f.; Darrouzès, in: DHGE 16 (1967) 63 f.; Gouillard (1965); Eleuteri / Rigo (1993) 125–151; Ficker (1908).

71 Grumel / Darrouzès (1989) 40 f. (Nr. 383 und 384).

72 Siehe Theoph. 495.1–10 de Boor.

73 Ignatius, Vita Nicephori 158 f. de Boor.

74 Theoph. 497,4–6 de Boor.

75 Dölger / Müller (2009) Nr. 385a (S. 203) mit den Quellen und Literatur.

76 Siehe die Begriffsbestimmung oben in Anm. 4.

77 Parenti / Velkovska (2000) 19 f.

78 Parenti / Velkovska (2000) 151–155.

79 Namentlich tauchen (Parenti / Velkovska [2000] 151) auf: Arianer, Makedonianer/Pneumatomachen, Sabbatianer, Novatianer/Katharer, Quartodecimaner, Tetraditen und Apoloniaristen.

80 Parenti / Velkovska (2000) 153; siehe auch oben bei Anm. 63.

81 Parenti / Velkovska (2000) 153.

82 Zu ihm siehe Diekamp (1900); Richard (1955) 331–362; Richard (1979).

83 CPG 7820.

84 Richard (1979) 251,4.

85 Brandes (2005) 109 mit Anm. 51 zu angeblichen Manichäern im 7.–9. Jahrhundert.

86 Siehe Garsoïan (1999a, 1999b, 2010, 2012).

iern geregelt.[87] Dies war umso wichtiger, als gerade Armenier eines der wichtigsten demographischen Reservoirs für Byzanz darstellten. Zahllose Armenier traten im Laufe der Jahrhunderte in byzantinische Dienste (insbesondere im Heer) und – natürlich – war der Übertritt zum orthodoxen Glauben die grundlegende Voraussetzung für eine Karriere im byzantinischen Staat.[88] Nicht wenige erreichten gar den Kaiserthron (Leon V., Basileios I., Romanos I. Lekapenos, Ioannes Tzimiskes).[89]

Nicht gänzlich geklärt ist die ethnische Zuordnung und Lehre der sog. Athinganer. Aber auch für die Angehörigen dieser Gruppe existieren Abschwörformeln.[90] Seit der Rückeroberung großer Teile Nordsyriens in der zweiten Hälfte des 10. Jahrhunderts (unter Nikephors II. Phokas und Ioannes Tzimiskes) gerieten zahlreiche sog. Jakobiten (miaphysitische Christen) wieder unter direkte byzantinische Herrschaft.[91] Weitere Formeln sind für die sog. Melchisedikianer und Theodotianer (die oft mit den Athinganern identifiziert wurden) erhalten.[92]

Gelegentlich berichten unsere Quellen über Zwangstaufen. Insbesondere gegenüber Juden wurde dieses radikale Mittel zu bestimmten Zeiten eingesetzt. Allerdings – und hier besteht m.E. ein sehr großer, ja ein entscheidender, Unterschied zu Praktiken im lateinischen Mittelalter – sind deren Anzahl und Umfang in der Spätantike und im östlichen christlichen Mittelalter, also in Byzanz, eher gering, wie es dann in Byzanz auch nie zu Judenverfolgungen *stricto sensu* kam, die mit den Progromen des lateinischen Mittelalters vergleichbar wären. Im 7. Jahrhundert, angesichts der islamischen Expansion, die das oströmische Reich fast vernichtete, kam es in Nordafrika und in Palästina zu Verfolgungen und Zwangstaufen von Juden,[93]

die aber Ausnahmen blieben und der konkreten historischen Situation geschuldet waren. Teile der jüdischen Bevölkerung kollaborierten mit den angreifenden Muslimen, wie sie schon vorher mit den Persern kollaboriert hatten.[94] Die antijüdischen Maßnahmen blieben punktuell und kurzfristig und wurden nie eine langfristig verfolgte Politik, auch wenn im 8. und 9. Jahrhundert gelegentlich Massenzwangstaufen angeordnet wurden – aber auch diese Fälle (die Quellenlage ist meist schlecht) blieben ohne nachhaltige Wirkung, wenn sie denn nicht überhaupt lediglich »Verkündigungspolitik« waren.[95] Einige Gelehrte zweifeln bis heute ihre Historizität an. Die Bemühungen des Kaisers Basileios I. zum Beispiel, die Juden seines Reiches mit Zwang zur Taufe zu bewegen, führten – so seine Biographie, geschrieben im Auftrage Konstantins VII. Porphyrogennetos – nur anfänglich zu Erfolgen. Nach seinem Tode wären die (scheinbar) bekehrten Juden zu ihrem alten Glauben zurückgekehrt.[96]

Nachdem seit dem 11. Jahrhundert sich die Seldschuken in Kleinasien etablierten, wurde das Problem der Renegaten zunehmend wichtig. Unter türkische Herrschaft geratene orthodoxe Byzantiner traten offenbar in großer Zahl zum Islam über, sei es, um unter dem neuen Regime einen besseren sozialen Status zu erwerben (einschließlich der Vermeidung der Sondersteuern für Nichtmuslime), sei es aber auch, dass der Übertritt aus Überzeugung zum Islam erfolgte.[97] Nicht selten begehrten diese sog. Renegaten die Wiederaufnahme in die orthodoxe Kirche. Dafür fand man bald Regularien, wobei man sich auf die Kanones der Alten Kirche stützen konnte: z.B. die Kanones 10, 11, 12 und 14 des Nicaenum I (325), die eine erhebliche Toleranz zeigten (etwa im Unterschied zum Apostelkanon 62 oder zu den Kanones 73 und

87 ARRANZ (1983) 55 f.; GOAR (1730) 275.

88 Siehe die Übersicht und die Literatur bei KAZHDAN, in: ODB 181 f.

89 Informative Übersicht bei TOUMANOFF (1959); siehe auch CHARANIS (1961); DÉDÉYAN (2003).

90 ARRANZ (1983) 65; GOAR (1730) 275; zu den Athinganern siehe ROCHOW/ MATSCHKE (1991); ROCHOW (1983). Siehe auch bei Anm. 71 und gleich bei 92.

91 DIMITRIJEVSKIJ (1901) 423–425; GOAR (1730) 695; PG 1, 864–872 =

PG 132, 1257–1265; vgl. ELEUTERI/ RIGO (1993) 66–69. Zu den religiösen Verhältnissen in den eroberten syrischen Gebieten vgl. TODT (2006).

92 FICKER (1906) 450–452 = STORK (1928) 12–14; BENEŠEVIČ (1987) 130–133; vgl. ARRANZ (1983) 75–76; CASPARI (1882) 307–313.

93 DAGRON/DÉROCHE (1991).

94 LEDER (1987); CAMERON (2002).

95 BONFIL (2012) 79–81 (632; Herakleios), 87 f. (Leon III.), 89 f. (Basileios I.); vgl. CAMERON (2002); zu 632 siehe DEVREESSE (1937); EPIFANOVIČ (1917)

84; STARR (1940); LAGA (1990); DAGRON/DÉROCHE (1991); ROCHOW (1991) 140; DÖLGER/MÜLLER (2009), Nrr. 160, 168, 202g, 286 (S. 57, 62 f., 78 f., 154 f.); OIKONOMIDÈS (1990) 147; ESDERS (2008) 19–21; siehe auch STEMBERGER (1983, 1993), der die historischen Nachrichten zu Zwangstaufen kritisch sieht.

96 Theoph. Cont. 95 (308/310 ŠEVČENKO).

97 Dazu (u. a.) OIKONOMIDÈS (1990).

81 des Basileios von Kaisareia). Es wurde eine zwölfjährige Buße gefordert.[98] Die meisten der älteren Kanones forderten viel schwerere Bußen (z. T. lebenslang) oder verboten die Wiederaufnahme überhaupt.

Eine Wende[99] stellte bereits die *diataxis* des Patriarchen Methodios (843–847) dar.[100] Nachdem insbesondere das byzantinische Kleinasien mehr als ein und ein halbes Jahrhundert von (fast alljährlich durchgeführten[101]) arabischen Raubzügen heimgesucht wurde – tatsächlich ging es in erster Linie um Menschenraub (was in der Regel bedeutete, dass Kinder und junge Menschen entführt wurden [kleine Kinder und Ältere wurden getötet]) –, war es notwendig geworden, insbesondere bezüglich der entführten Kinder und Jugendlichen neue (»humanere«) Regelungen einzuführen, zumal es sehr oft zu Zwangsislamisierungen (insbesondere von Kindern und Heranwachsenden) kam. So wurde die Wiederaufnahme von Kindern und Jugendlichen, die unter Druck oder Unwissenheit das Christentum verleugnet und zum Islam übergetreten waren, nach diversen Bußen und Gebeten nach einigen Wochen gestattet. Allein für die Erwachsenen, die freiwillig zum Islam übergetreten waren, blieben die Regelungen des Heiligen Basileios (Kanon 73, 81) in Kraft: Der Renegat durften zwar wieder aufgenommen werden, war aber bis zum Tode von der Kommunion ausgeschlossen.[102] Dieser Text taucht entsprechend in vielen kanonistischen Handschriften auf, was seine Bedeutung für das praktische Kirchenrecht bezeugt.[103] Allerdings war in diesen Fällen von Apostasie und Rückkehr keine (erneute) Taufe nötig.

Nach dem 7. Jahrhundert tauchen in den relevanten Quellen zwar immer wieder »Heiden« auf, die zu bekehren sind und deren »Aufnahme« in die orthodoxe Kirche reguliert wird. Man adaptierte die Regelungen und Verfahren aus der Zeit vor dem 6. Jahrhundert, bezogen auf die diversen »heidnischen« Völkerschaften, mit denen Byzanz im Laufe der Zeit konfrontiert wurde (Kumanen, Petschenegen, Protobulgaren und besonders Slawen usw.). Gleiches gilt für »Manichäer« oder andere »Häresien«, die seit der Spätantike längst verschwunden waren, nun aber als Paulikianer (seit dem 8. Jahrhundert) und später als Bogomilen scheinbar wieder aufgetaucht waren. Hinzu kamen entsprechende Verfahren (und Abschwörungsformeln) für konvertierende Juden oder Mohammedaner.[104]

Aber Taufe und Christianisierung konnten auch Bestandteil einer aktiven Außenpolitik sein. Hunnenfürsten und Anführer anderer »Barbarenvölker« ließen sich in Konstantinopel taufen (mit dem Kaiser als Taufpaten) und wurden so in das römisch-byzantinische Bündnissystem integriert. Diese Praxis wurde über lange Jahrhunderte geübt (man denke nur an Vladimir den Heiligen und die »Taufe Russlands« oder die Christianisierung des Bulgarenreiches).[105]

Eine zunehmende Bedeutung kam indessen dem Phänomen der »rituellen, auch geistlichen Verwandtschaft, oder rituellen Bruderschaft« in Byzanz zu. Bruderschaft konnte verschienene Ursachen haben: a) eine natürliche, biologische, eine b) durch Adoption, c) durch gemeinsame Paten und schließlich durch den liturgisch vollzogenen und auch rechtlich geregelten Vorgang der *adelphopoiesis*. Zwei (oder auch mehrere) nicht blutsverwandte Männer schließen eine rituelle Bruderschaft. Die Kernbegriffe im byzantinischen Griechisch sind *synteknia* bzw. *adelphopoiesis/adelphopoieia*.[106]

Durch Taufpatenschaft wurde der biologische Sohn des Paten zum »rituellen Bruder« des Täuflings – ähnlich wie bei der Adoption.[107] Die Byzantiner nutzten extensiv die Möglichkeit (spätestens seit dem 7. Jahrhundert nachweisbar) der »rituellen Bruderschaft/Verbrüderung«, um soziale Netzwerke zu konstituieren, die auch politischen, wirtschaftlichen und anderen Zwecken

98 Ausführlicher dazu OIKONOMIDÈS (1990) 148 ff.

99 OIKONOMIDÈS (1990) 151 spricht von einem »changement radical«.

100 GRUMEL / DARROUZÈS (1989) Nr. 430 mit Editionen und Literatur; siehe GOAR (1730) 689–693; DIMITRIEVSKIJ (1901) 190 f., 776, 839 f., 1026 f.; neue Ausgabe mit französischer Übersetzung: ARRANZ (1990).

101 Siehe die Übersicht bei BRANDES (1989) 44–80.

102 Siehe ausführlicher OIKONOMIDÈS (1990) 151 f.

103 Siehe RHBR 47 (Pos. 16), 61 (Pos. 28), 148 (Pos. 39), 244 (Pos. 20), 264 (Pos. 15), 338 (Pos. 14), 352 Pos. 20), 371 (Pos. 81), 401 (Pos. 20), 404 (Pos. 73).

104 PARENTI / VELKOVSKA (2000) 151 ff.; ARRANZ (1996) 262 ff.; BENEŠEVIČ (1987) 130 ff.

105 Siehe FRANKLIN (1983); CHRYSOS (1992); ČIČUROV (1990); SHEPARD (2007, 2008); sowie unten bei Anm. 113 und 117.

106 RAPP (1997, 2004, 2008); MACRIDES (1987); MACRIDES (1990).

107 PITSAKIS (1998); zentral: PITSAKIS (1985).

dienten. Mitunter konnte dies auch eine größere politische Bedeutung haben, etwa als Justinian im Jahre 527/528 als Pate des Herulerkönigs Grepes sowie des Hunnenherrschers Grod auftrat. [108] Hier wird deutlich, dass die Taufe auswärtiger (Barbaren-)Herrscher ein wichtiges Mittel der byzantinischen Außenpolitik geworden war. Die Taufe einzelner Herrscher führte in der Regel zur Taufe des gesamten Volkes, was dieses in den Einflussbereich des christlichen Imperium Romanum brachte. Im Jahre 864 ließ sich der Bulgarenkhan Boris taufen und nahm den Namen des regierenden byzantinischen Kaisers Michael III. an. [109] Das war einer der größten Missionserfolge des Byzantinischen Reiches. Vielleicht noch wichtiger war die »Taufe Russlands« im Jahre 988. [110] Dadurch wurde ein kultureller und auch politischer Vorrang in beiden Staaten konstituiert und durch die »Taufe eine beginnende geistige Verwandtschaft« geschaffen. [111] Bemerkenswert ist ein möglicher eschatologischer Zusammenhang bei der Taufe der Bulgaren und der Kiever Rus'. Im Falle von Khan Boris legen das byzantinische Quellen nahe. [112] Und das Jahr 988 ist »verdächtig« nahe am so gefürchteten Jahr 1000. [113] Dieser Aspekt – Taufe aus »Angst« vor dem Jüngsten Gericht – ist m. W. bisher in der Forschung kaum thematisiert worden. Eine eingehendere Untersuchung der Entwicklung von Taufritus (im allgemeinsten Sinne) und Taufverhalten und Mission könnte interessante Ergebnisse generieren.

In der Sicht der Kirchenväter und zunehmend der Kirche insgesamt gehörte jeder (rechtgläubige) Christ als Bürger zum christlichen Römischen Reich, was nicht unbedingt der *Constitutio Antoniniana* von 212 widersprechen musste. [114] Schon

seit dem 4. Jahrhundert war die Reichszugehörigkeit in der Vorstellung der christlichen Zeitgenossen untrennbar mit dem christlichen Bekenntnis des Einzelnen verbunden (in der Theorie; tatsächlich hat man bis ins ausgehende 6. Jahrhundert mit [allerdings schrumpfenden] heidnischen Bevölkerungsgruppen zu rechnen [115]). Auch wenn die aktive Missionstätigkeit [116] des spätantiken / frühbyzantinischen Kaisertums etwa verglichen mit der Mission unter den slawischen Völkern und Staaten seit dem 9. Jahrhundert [117] eher gering war, betrieb namentlich Justinian (und ebenso seine Gattin Theodora) eine aktive Missionierung (natürlich mit dem Ziel der Taufe). Kompliziert wird die Einschätzung der auf Theodora zurückgehenden Missionsaktivitäten, förderte sie doch bekanntlich miaphysitische Missionare. [118] Die Abchasen und Tzanen am östlichen Schwarzen Meer [119] etwa lebten in einer Region (Kaukasus), die stets eine wichtige Rolle in den persisch-römischen Auseinandersetzungen spielte. Schon vor Grepis und Grod tauchte der König Tzath von Lazika (ebenfalls östliche Schwarzmeerregion) im Jahre 522 in Konstantinopel auf und bat Kaiser Justin I. um die Taufe. [120] Er wurde nicht nur getauft, sondern der Kaiser krönte ihn auch noch zum König von Lazika (regierte 522 – ca. 527). Außerdem erhielt er eine aristokratische Gattin. [121] Auf diese Weise festigte der Kaiser die römischen Positionen in der Kaukasusregion und etablierte befreundete bzw. abhängige Herrschaften.

Ebenfalls eine politische – insbesondere handelspolitische – Bedeutung hatte die Unterstützung der christlichen Äthiopier gegen das (jüdische) südarabische Reich der Himyariten. [122] Aber abgesehen von den Missionsbemühungen außer-

108 PLRE III, 555 (Grepes), 557 f. (Grod); ENGELHARDT (1974) 84–87; SCHÄFERDIECK (1978) 515 f.; LEPPIN (2011) 140; CLAUDE (1989).
109 Siehe zuletzt ZIEMANN (2007) 356 ff.
110 PODSKALKY (1982), bes. 17–36 mit extensiver Bibliographie; siehe schon Anm. 105.
111 PODSKALSKY (1982) 41.
112 Skyl. 91,70–85 THURN und Theoph. Cont. 163,19–164,17 BEKKER; vgl. schon PODSKALKY (1982) 19.
113 Zur byzantinischen Endzeiterwartung um 1000 a. D. siehe BRANDES (2000); ŠEVČENKO (2002) und MAGDALINO (2003).

114 WINKELMANN (1989); so schon TREITINGER (1938) 158 f.
115 Siehe oben bei Anm. 13, 14 und bei 25–30 zum Heidentum.
116 Zur Missionstätigkeit in früh- und mittelbyzantinischer Zeit siehe u. a. ENGELHARDT (1974); HANNICK (1978) 279–359; ODB 1380 f.; IVANOV (2003); ESDERS (2008) 13–18.
117 Siehe oben Anm. 105 und zusätzlich DVORNIK (1970); KONSTANTINOU (1991).
118 Siehe ENGELHARDT (1974) 99–101.
119 ENGELHARDT (1974) 22–25; BRYER (1966/1967); LEPPIN (2011) 137 f.,

253 (mit neuerer Literatur); MAAS (2003).
120 ENGELHARDT (1974) 80–84; LEPPIN (2011) 318; PLRE 1207 (Ztathius).
121 Valeriana (Enkelin des *patricius* und *curopalates* Nomos); siehe die PLRE II, 787 (Nomus 3) und 1141 (Valeriana 2).
122 ENGELHARDT (1974) 27 ff., 104 ff.; BERGER (1995) 73–75.

halb der Grenzen des Reiches in dieser Zeit, ist auf die intensive Binnenmission zu verweisen. Diese ist besonders mit dem Namen des bereits erwähnten Johannes von Ephesos verbunden. [123]

Eine eher »delikate« Angelegenheit war der Umgang mit den arianischen germanischen Völkerschaften. Man brauchte sie als Föderaten und entsprechend schonte man ihre Gefühle. Verfolgungen kamen kaum vor (sieht man von den antigotischen Ausschreitungen in der Mitte des 5. Jahrhunderts ab). [124] Aber natürlich waren die zitierten Aufnahmeformeln für Arianer auch für die meist gotischen arianischen Föderaten gedacht.

Mission – und damit untrennbar verbunden – Taufe spielte also für das oströmische Reich eine zentrale Rolle, in theologischer wie in politischer Hinsicht. »Jede Ausbreitung des Reiches ist potentiell eine Ausbreitung des Christentums und jede Ausweitung des christlichen Raumes potentiell ein Zuwachs zum römischen Reich«, so formulierte zutreffend Hans-Georg Beck. [125]

■

Bibliographie

- ADAM, A. (1954), Texte zum Manichäismus, Berlin
- ALAND, K. (1986), Die Säuglingstaufe im Neuen Testament und in der alten Kirche, München
- ALLEN, P. (2000), The Definition and Enforcement of Orthodoxy, in: The Cambridge Ancient History, XIV: Late Antiquity: Empire and Successors, A. D. 425–600, ed. by A. CAMERON, B. WARD-PERKINS, M. WHITBY, Cambridge, 811–834
- ALPERS, K. (1988), Klassische Philologie in Byzanz, in: Classical Philology 83, 342–360 http://dx.doi.org/10.1086/367126
- ARRANZ, M. (1978), Évolution des rites d'incororation et de réadmission dans l'Église selon l'Eucharologe byzantin, in: Gestes et paroles dans les diverses familles liturgiques, Rom, 31–75
- ARRANZ, M. (1982), Les sacrements de l'ancien Euchologe constantinopolitain (1), in: Orientalia Christiana Periodica 48, 284–335
- ARRANZ, M. (1983), Les sacrements de l'ancien Euchologe constantinopolitain (2), in: Orientalia Christiana Periodica 49, 42–90, 284–302
- ARRANZ, M. (1984), Les sacrements de l'ancien Euchologe constantinopolitain (3), in: Orientalia Christiana Periodica 50, 43–64. 372–397
- ARRANZ, M. (1985), Les sacrements de l'ancien Euchologe constantinopolitain (4), in: Orientalia Christiana Periodica 51, 60–86
- ARRANZ, M. (1986), Les sacrements de l'ancien Euchologe constantinopolitain (5), in: Orientalia Christiana Periodica 52, 145–178
- ARRANZ, M. (1987), Les sacrements de l'ancien Euchologe constantinopolitain (6), in: Orientalia Christiana Periodica 53, 59–106
- ARRANZ, M. (1989), Les sacrements de l'ancien Euchologe constantinopolitain (7), in: Orientalia Christiana Periodica 55, 33–62
- ARRANZ, M. (1990), La »Diataxis« du patriarche Méthode pour la réconciliation des apostates, in: Orientalia Christiana Periodica 56, 283–322
- ARRANZ, M. (1996), L'Eucologio constantinopolitano agli inizi del secolo XI, Rom
- BECK, H.-G. (1959), Kirche und theologische Literatur im Byzantinischen Reich, München
- BECK, H.-G. (1967), Christliche Mission und politische Propaganda im byzantinischen Reich, in: La conversione al cristianesimo nell'Europa dell'alto medioevo, Spoleto
- BEIHAMMER, A. (2000), Nachrichten zum byzantinischen Urkundenwesen in arabischen Quellen (565–811), Bonn
- BENEŠEVIČ, V. N. (1906), Drevneslavjanskaja Kormčaja XIV titulov bez tolkovanij, I, Sanktpeterburg' (Nachdruck Leipzig 1974)
- BENEŠEVIČ, V. N. (1987), Drevneslavjanskaja Kormčaja XIV titulov bez tolkovanij, II, Sofia
- BERGER, A. (1995), Leontios Presbyteros von Rom, Das Leben des Heiligen Gregorios von Agrigent, Berlin
- BONFIL, R. (2012), Continuity and Discontinuity (641–1204), in: Jews in Byzantium, 65–100
- BRANDES, W. (1989), Die Städte Kleinasiens im 7. und 8. Jahrhundert, Berlin
- BRANDES, W. (2000), Liudprand von Cremona (Legatio cap. 39–41) und eine bisher unbeachtete west-östliche Korrespondenz über die Bedeutung des Jahres 1000 a. D., in: Byzantinische Zeitschrift 93, 435–463

123 HARVEY / BRAKMANN, in: RAC 18 (1998) bes. 561–563; ALLEN (2000), 825 f.

124 SCHÄFERDIECK (1978) 511 f. und passim.

125 BECK (1967) 654.

- BRANDES, W. (2005), Pejorative Phantomnamen im 8. Jahrhundert. Ein Beitrag zur Quellenkritik des Theophanes, in: Zwischen Polis, Provinz und Peripherie. Beiträge zur byzantinischen Geschichte und Kultur, hg. von L. M. HOFFMANN, unter Mitarbeit von A. MONCHIZADEH, Wiesbaden, 93–125
- BRANDES, W. (2014), Der Nika-Aufstand, Senatorenfamilien und Justinians Bauprogramm, in: Chlodwigs Welt. Organisation von Herrschaft um 500, hg. von M. MEIER, S. PATZOLD, Stuttgart (im Druck)
- BROX, N. (1986), Häresie, in: RAC 13, 248–297
- BRYER, A. (1966/1967), Some Notes on the Laz and Tzan, in: Bedi Kartlisa 21/22, 174–195; 23/24, 129–136
- BURGMANN, L. (Hg.) (1983), Ecloga. Das Gesetzbuch Leons III. und Konstantinos' V., Frankfurt
- BURGMANN, L., SP. TROIANOS (1979), Appendix Eclogae, in: Fontes Minores III, 24–125
- CAMERON, Av. (2002), Blaming the Jews: The Seventh-Century Invasions of Palestine in Context, in: Travaux et Mémoires 14, 57–78
- CARCIONE, F. (1991), Il »De iis qui ad ecclesiam accedunt« del presbitero constantinopolitano Timoteo. Una nuova proposta di datazione, in: Studi e Ricerche sull'Oriente Cristiano 14, 309–320
- CASPARI, C. P. (1882), Kirkehistoriske Rejsefrugter, I, in: Theologisk Tidsskrift, Ny Raekke 8, 307–337
- CHARANIS, P. (1961), The Armenians in the Byzantine Empire, in: Byzantinoslavica 22, 196–240
- CHEYNET, J.-C. (1998), Théophile, Théophobe et les Perses, in: Η Βυζαντινή Μικρά Ασία, ed. S. LAMPAKIS, Athen, 39–50
- CHRYSOS, E. (1992), Was Old Russia a Vassal State of Byzantium?, in: The Legacy of Saints Cyril and Methodius to Kiev and Moscow, ed. by A.-A. N. TACHIAOS, Thessaloniki, 233–245
- ČIČUROV, I. (1990), Političeskaja ideologija srednevekov'ja Vizantija i Rus', Moskva
- CLAUDE, D. (1989), Zur Begründung familiärer Beziehungen zwischen dem Kaiser barbarischen Herrschern, in: Das Reich und die Barbaren, hg. von E. CHRYSOS, A. SCHWARCZ, Wien, 25–56
- Coll. trip.: Collectio tripartita. Justinian on Religious and Ecclesiastical Affairs, ed. by N. VAN DER WAL, B. H. STOLTE, Groningen 1994
- CPG: GEERARD, M., Clavis patrum Graecorum, I–V, Turnhout 1983/1987; Supplementum, cura et studio M. GEERARD, J. NORET, Turnhout 1998; Addenda vol. III, a J. NORET, Turnhout 2003
- CUMONT, F. (1902), Une formule grecque de renonciation au judaisme, in: Wiener Studien 24, 462–472
- DAGRON, G., V. DÉROCHE (1991), Juifs et chrètiens dans l'Orient du VIIe siècle, in: Travaux et Mémoires 11, 17–273 (17–46: G. DAGRON, Introduction historique. Entre histoire et apocalypse; 47–229: Doctrina Jacobi nuper baptizati, éd. et trad. par V. DÉROCHE; 230–247: G. DAGRON, Commentaire I; 248–273: V. DÉROCHE, Commentaire II)
- DÉDÉYAN, G. (2003), Les Arméniens entre Grecs, Musulmans et Croisés, I–II, Lisbonne
- DENYSENKO, N. E. (2012), The Blessing of Waters and Epiphany. The Eastern Liturgical Tradition, Aldershot
- DEVREESSE, R. (1937), La fin inédite d'une lettre de Saint Maxime: un baptême forcé de Juifs et de Samaritains à Carthage en 632, in: Revue des sciences religieuses 17, 25–35
- DIMITRIEVSKIJ, A. (1895, 1901, 1917), Opisanie liturgičeskich rukopisej, I–III, Kiev (Nachdruck Hildesheim 1965)
- DITTEN, H. (1993), Ethnische Verschiebungen zwischen der Balkanhalbinsel und Kleinasien vom Ende des 6. bis zur zweiten Hälfte des 9. Jahrhunderts, Berlin
- DÖLGER, F. J. (1913), Die Taufe Konstantins und ihre Probleme, in: Konstantin der Große und seine Zeit, hg. von F. J. DÖLGER, Freiburg i.Br., 377–447
- DÖLGER / MÜLLER (2009): Regesten der Kaiserurkunden des oströmischen Reiches von 565–1453, bearbeitet von F. DÖLGER, 1. Teil, 1. Halbband: Regesten 565–867, 2. Aufl., unter Mitarbeit von J. PREISER-KAPELLER und A. RIEHLE besorgt von A. E. MÜLLER, München
- DUJARIER, M. (1961), Le parrainage des adultes aux trois premiers siècles de l'Église. Recherche historique sur l'évolution des garanties et des étapes catéchuménales avant 313, I–II, Paris
- DVORNIK, F. (1970), Byzantine Missions among the Slavs. SS Constantine-Cyril and Methodius, New Brunswick
- ELEUTERI, P., A. RIGO (1993), Eretici, dissidenti, Musulmani ed Ebrei a Bisanzio, Venedig
- ENGELHARDT, I. (1974), Mission und Politik in Byzanz. Ein Beitrag zur Strukturanalyse byzantinischer Mission zur Zeit Justins und Justinians, München
- EPIFANOVIČ, S. L. (1917), Materialy k izušeniju žisni i tvorenij prep. Maksima Ispovednika, Kiev
- ESDERS, ST. (2008), Grenzen und Grenzüberschreitungen. Religion, Ethnizität und politische Integration am Rande des oströmischen Imperium (4.–7. Jh.), in: Gestiftete Zukunft im mittelalterlichen Europa. Festschrift für Michael Borgolte zum 60. Geburtstag, hg. von W. HUSCHNER, F. REXROTH, Berlin, 3–28
- Eus. Vita Const.: Eusebius Werke, I/1 (1991): Über das Leben des Kaisers Konstantin, hg. von F. WINKELMANN, 2. Aufl. Berlin
- FICKER, G. (1906), Eine Sammlung von Abschwörungsformeln, in: Zeitschrift für Kirchengeschichte 27, 443–464
- FICKER, G. (1908), Die Phundagiagiten: ein Beitrag zur Ketzergeschichte des byzantinischen Mittelalters, Leipzig
- FÖGEN, M. TH. (1993), Die Enteignung der Wahrsager, Frankfurt
- FRANKLIN, S. (1983), The Empire of the Rhomaioi as Viewed from Kievan Russia: Aspects of Byzantino-Russian Cultural Relations, in: Byzantion 53, 507–537
- GARSOÏAN, N. G. (1974), The Paulician Heresy, The Hague
- GARSOÏAN, N. G. (1999a), Church and Culture in Early Medieval Armenia, Aldershot
- GARSOÏAN, N. G. (1999b) L'église arménienne et le grand schism d'Orient, Paris
- GARSOÏAN, N. G. (2010), Studies on the Formation of Christian Armenia, Farnham
- GARSOÏAN, N. G. (2012), Introduction to a Study of the Formation of Armenian Identity (ca. 600–750), Louvain
- GAVRILYUK, P. L. (2007), Histoire du catéchuménat dans l'église ancienne, Paris
- GIRADET, K. M. (2007), Die Konstantinische Wende. Voraussetzungen und geistige Grundlagen der Religionspolitik Konstantins des Großen, 2. Aufl. Darmstadt

- GIRADET, K. M. (2010), Der Kaiser und sein Gott. Das Christentum im Denken und in der Religionspolitik Konstantins des Großen, Berlin
- GOAR, J. (1730), Εὐχολόγιον sive Rituale Graecorum, Venedig (Nachdruck Graz 1960)
- GOUILLARD, J. (1965), L'hérésie dans l' empire byzantin des origines au XIIe siècle, in: Travaux et Mémoires 1, 312–322
- GOUILLARD, J. (1970), Les formules d'abjuration, in: Travaux et Mémoires 4, 185–207
- GRUMEL, V., J. DARROUZÈS (1989), Les regestes des actes du Patriarcat de Constantinople, I/2–3; Les regestes de 715 à 1206, Paris
- HAEHLING, R. VON (1978), Die Religionszugehörigkeit der hohen Amtsträger des römischen Reiches seit Constantins I. Alleinherrschaft bis zum Ende der Theodosianischen Dynastie (324–450 bzw. 455 n. Chr.), Bonn
- HANNICK, C. (1978), Die byzantinischen Missionen, in: Kirchengeschichte als Missionsgeschichte, II/1: Die Kirche des frühen Mittelalters, hg. von K. SCHÄFERDIEK, München
- HOFFMANN, L., W. BRANDES (2013), Eine unbekannte Konzilssynopse aus dem Ende des 9. Jahrhunderts, Frankfurt
- HONORÉ, T. (1978), Tribonian, London
- Ignatius, Vita Nicephori: Βίος τοῦ ἐν ἁγίοις πατρὸς ἡμῶν Νικηφόρου …, in: Nicephori archiepiscopi Constantinopolitani opuscula historica, ed. C. DE BOOR, Leipzig 1880, 139–217
- IVANOV, S. A. (2003), Vizantijskoe missionerstvo, Moskva
- JEREMIAS, J. (1958), Die Kindertaufe in den ersten vier Jahrhunderten, Göttingen
- Jews in Byzantium: Jews in Byzantium. Dialectics of Minority and Majority Cultures, edd. by R. BONFIL, O. IRSHAI, G. G. STROUMSA, R. TALGAM, Leiden 2012
- JOANNOU, P.-P. (1962a), Discipline générale antique (IVe – XIe s.), I/1, Grottaferrata
- JOANNOU, P.-P. (1962b), Discipline générale antique (IVe – XIe s.), I/2, Grottaferrata
- KADEN, E.-H. (1953), Die Edikte gegen die Manichäer von Diokletian bis Justinian, in: Festschrift Hans Lewald, hg. von M. GERWIG, Basel, 55–68
- KAEGI, W. E. (1992), Byzantium and the Early Islamic Conquest, Cambridge http://dx.doi.org/10.1017/CBO9780511470615 PMCid:PMC1481291
- KAEGI, W. E. (2010), Muslim Expansion and Byzantine collapse in North Africa, Cambridge
- KARMIRIS, I. (1967), Die Aufnahme Andersgläubiger in die Orthodoxie, in: Kyrios 7, 179–201
- KONSTANTINOU. E. (Hg.) (1991), Leben und Werk des der byzantinischen Slawenapostel Methodios und Kyrillos, Münster-schwarzach
- LACL (2002): Lexikon der antiken christlichen Literatur, hg. von S. DÖPP, W. GEERLINGS, 3. Aufl. Freiburg
- LAGA, C. (1990), Judaism and Jews in Maximus Confessor's Works, in: Byzantinoslavica 51, 177–188
- LANATA, G. (1990), Aliud vates, aliud interpres, in: Novella constitutio. Studies in honour of N. van der Wal, Groningen, 117–130
- LEDER, ST. (1987), The Attitude of the Population, especially the Jews, towards the Arab-Islamic Conquest of Bilād al-Shāhm and the Question of their Role therein, in: Welt des Orients 18, 64–71
- LEMERLE, P. (1973), L'histoire des Pauliciens d'Asie Mineure d'après les sources grecques, in: Travaux et Mémoires 5, 1–113
- LEPPIN, H. (2003), Theodosius der Große, Darmstadt
- LEPPIN, H. (2011), Justinian. Das christliche Experiment, Stuttgart
- LThK³: Lexikon für Theologie und Kirche, 3. Aufl.
- MAAS, M. (2003), 'Delivered from their Ancient Costums.' Christianity and the Question of Cultural Change in Early Byzantine Ethnography, in: Conversion in Late Antiquity and the Early Middle Ages. Seeing and Believing, edd. by K. MILLS, A. GRAFTON, Rochester
- MACRIDES, R. (1987), The Byzantine Godfather, in: Byzantine and Modern Greek Studies 11, 139–162 http://dx.doi.org/10.1179/030701387790203154
- MACRIDES, R. (1990), Kingship by Arrangement: The Case of Adoption, in: Dumbarton Oaks Studies 44, 101–118
- MAGDALINO, P. (2003), The Year 1000 in Byzantium, in: Byzantium in the Year 1000, ed. by P. MAGDALINO, Leiden, 233–270
- Marc. Diac., Vita Porphyr.: Marcus Diaconus, Vita Sancti Porphyrii. Leben des Heiligen Porphyrius, eingeleitet und übersetzt von A. HÜBNER, Freiburg 2013
- MATEOS, J. (1962/1963), Le Typicon de la Grande Église, I–II, Rom
- METZGER, M., H. BRAKMANN (2004), Katechumenat, in: RAC 20, 497–574
- MILASCH, N. (1905), Das Kirchenrecht der morgenländischen Kirche, Mostar
- MÜHLENBERG, E. (Hg.) (1998), Die Konstantinische Wende, Gütersloh
- NAGEL, E. (1980), Kindertaufe und Taufaufschub. Die Praxis vom 3.–5. Jahrhundert in Nordafrika und ihre theologische Einordnung bei Tertullian, Cyprian und Augustinus, Frankfurt am Main
- NERI, V. (2013), L'imperatore e gli ebrei in età tardoantica: le testimonianze della storiografia pagana e cristiana, in: Polidoro. Studi offerti ad Antonio Carile, I, Spoleto, 37–57
- NOETHLICHS, K. L. (1971), Die gesetzgeberischen Maßnahmen der christlichen Kaiser des 4. Jahrhunderts gegen Häretiker, Heiden und Juden, Köln
- NOETHLICHS, K. L. (1986), Heidenverfolgung, in: RAC 13, 1149–1190
- ODB: Oxford Dictionary of Byzantium, ed. by A. KAZHDAN et alii, New York 1991
- OHME, H. (Hg.) (2006), Concilium Quinisextum, Turnhout
- OHME, H. (2012), Sources of the Greek Canon Law to the Quinisext Council (691/1) and Church Fathers, in: The History of Byzantine and Eastern Canon Law to 1500, edd. W. HARTMANN, K. PENNINGTON, Washington D. C., 24–114
- OIKONOMIDÈS, N. (1990), La brebis égarée et retrouvée: l'apostat et son retour, in: Religiöse Devianz, hg. von D. SIMON, Frankfurt am Main, 143–157
- ONASCH, K. (1981), Liturgie und Kunst der Ostkirche in Stichworten unter Berücksichtigung der Alten Kirche, Leipzig

- Parenti, St., E. Velkovska (a cura di) (2000), L'Eucologio Barberini gr. 336, 2. Aufl. Rom
- PG: J.-P. Migne, Patrologiae cursus completus. Series Graeca, I–CLXI, Paris 1857/1866
- Pitra, I. B. (1858), Iuris ecclesiastici Graecorum Historia et Monumenta, II, Rom
- Pitsakis, K. (1985), Το κώλυμα γάμου λόγω συγγενείας εβδόμου βαθμού εξ αίματος στο βυζαντινό δίκαιο, Athen
- Pitsakis, K. (1998), L'adoption dans le droit byzantin, in: Médiévales 35, 19–32 http://dx.doi.org/10.3406/medi.1998.1426
- PLRE II: Martindale, J. R. (1980), The Prosopography of the Later Roman Empire, II, Cambridge
- PLRE III: Martindale, J. R. (1992), The Prosopography of the Later Roman Empire, III, Cambridge
- PmbZ: Prosopographie der mittelbyzantinischen Zeit. Erste Abteilung (641–867), I–VI, nach Vorarbeiten von F. Winkelmann erstellt von R.-J. Lilie, Cl. Ludwig, Th. Pratsch, I. Rochow, unter Mitarbeit von W. Brandes, R. Martindale, B. Zielke, Berlin 1999/2002
- Podskalsky, G. (1982), Christentum und theologische Literatur in der Kiever Rus' (988–1237), München
- Pseudo-Dionysius: Pseudo-Dionysius of Tel-Mahre, Chronicle, Part III. Translated with notes and introduction by W. Witakowski, Liverpool 1996
- Rabello, A. M. (2009), Ebraismo e diritto, I–II, Soveria Mannelli
- RAC: Reallexikon für Antike und Christentum, I ff., Stuttgart 1950 ff.
- Rapp, Cl. (1997), Ritual Brotherhood in Byzantium, in: Traditio 52, 285–326
- Rapp, Cl. (2004), All in the Family: John the Almsgiver, Nicetas and Heraclius, in: Νέα Ῥώμη 1, 121–134
- Rapp, Cl. (2008), Spiritual Guarantors at Penance, Baptism, and Ordination in Late Antique East, in: A New History of Penance, ed. by A. Firey. Leiden, 121–148 http://dx.doi.org/10.1163/ej.9789004122123.i-464.28
- RHBR: Burgmann, L., M.Th. Fögen, A. Schminck, D. Simon, Repertorium der Handschriften des byzantinischen Rechts, Teil I: Die Handschriften des weltlichen Rechts (Nr. 1–327). Frankfurt am Main 1995; Schminck, A., D. Getov, Teil II: Die Handschriften des kirchlichen Rechts I (Nr. 328–427), Frankfurt am Main 2010; Teil III (Nr. 428–527) in Vorbereitung (nur nach Nummern zitiert)
- Richard, M. (1955), Les »Chapitres à Épiphane sur les hérésies« de Georges hiéromoine (VIIe siècle), in: Ἐπετηρὶς τῆς ἑταιρείας Βυζαντινῶν σπουδῶν 25, 331–362
- Richard, M. (1979), Le traité de Georges Hiérmoine sur les hérésies, in: Revue des études byzantines 28, 239–269
- RKOR: Regesten der Kaiserurkunden des Oströmischen Reiches von 476 bis 565, bearbeitet von T. C. Lounghis, B. Blysidou, St. Lampakes, Nikosia 2005
- Rochow, I. (1976), Die Heidenprozesse unter den Kaisern Tiberios II. Konstantinos und Maurikios, in: Studien zum 7. Jahrhundert in Byzanz, hg. von H. Köpstein, F. Winkelmann, Berlin, 120–130
- Rochow, I. (1978), Zu einigen oppositionellen religiösen Strömungen, in: F. Winkelmann, H. Köpstein, H. Ditten, I. Rochow, Byzanz im 7. Jahrhundert, Berlin
- Rochow, I. (1983), Die Häresie der Athinganer im 8. und 9. Jahrhundert und die Frage ihres Fortlebens, in: Studien zum 8. und 9. Jahrhundert in Byzanz, hg. von H. Köpstein, F. Winkelmann, Berlin, 163–178
- Rochow, I. (1991), Byzanz im 8. Jahrhundert in der Sicht des Theophanes, Berlin
- Rochow, I., K.-P. Matschke (1991), Neues zu den Zigeunern im Byzantinischen Reich um die Wende vom 13. zum 14. Jahrhundert, in: Jahrbuch der Österreichischen Byzantinistik 41, 241–254
- Rudloff, L. von (1938), Taufe und Firmung im byzantinischen Ritus, Paderborn
- Salachas, D. (1981), La legislazione della Chiese antica a proposito delle diverse categorie di eretici, in: Nicolaus 9, 315–347
- Salamon, M. (Hg.) (1991), Paganism in the Later Roman Empire and in Byzantium, Krakau
- Schäferdiek, K. (1978), Germanenmission, in: RAC 10, 492–548
- Ševčenko, I. (2002), Unpublished Byzantine Texts on the End of the World about the Year 1000 AD, in: Travaux et Mémoires 14, 561–578
- Shepard, J. (ed.) (2007), The Extension of Orthodox Europe. Byzantium, the Balkans and Russia, Aldershot
- Shepard, J. (ed.) (2008), The Cambridge history of the Byzantine empire, c. 500 – 1492, Cambridge
- Skyl.: Ioannes Scylitzae Synopsis historiarum, rec. I. Thurn. Berlin 1972
- Staerk, A. (1903), Der Taufritus in der griechisch-russischen Kirche. Sein apostolischer Ursprung und seine Entwicklung, Freiburg i.Br.
- Starr, J. (1940), St. Maximus and Forced Baptism at Carthage in 632, in: Byzantinisch-Neugriechische Jahrbücher, 192–196
- Stemberger, G. (1983), Die römische Herrschaft im Urteil der Juden. Darmstadt
- Stemberger, G. (1993), Zwangstaufen von Juden im 4. bis 7. Jahrhundert. Mythos oder Wirklichkeit?, in: Judentum – Ausblick und Einsichten. Festgabe für Kurt Schubert zum siebzigsten Geburtstag, hg. von C. Thoma, G. Stemberger, J. Maier, Frankfurt a. M.
- Stork, H. (1928), Historische Studien zum Hebräerbrief, II: Die sogenannten Melchisedekianer, Leipzig
- Theoph. (de Boor) Theophanis Chronographia, rec. C. de Boor, I, Leipzig 1883
- Theoph. Cont. (Bekker): Theophanes Continuatus, Ioannes Cameniata, Symeon Magister, Georgius Monachus, ex rec. I. Bekkeri, Bonn 1838
- Theoph. Cont. (Ševčenko): Chronographiae quae Theophanis Continuati nomine fertur Liber quo Vita Basilii imperatoris amplectitur, ed. I. Ševčenko, Berlin 2011 http://dx.doi.org/10.1515/9783110227390
- TIB I: J. Koder, F. Hild (1976), Hellas und Thessalien (Tabula Imperii Byzantini, 1), Wien
- Todt, K.-P. (2006), Griechisch-orthodoxe (melkitische) Christen im zentralen und südlichen Syrien, in: Le Muséon 119, 33–88 http://dx.doi.org/10.2143/MUS.119.1.2011769
- Toumanoff, C. (1959), Introduction to Christian Caucasian History. The Formative Centuries (IVth – VIIIth), in: Traditio 15, 1–106
- Treitinger, O. (1938), Die oströmische Kaiser- und Reichsidee nach ihrer Gestaltung im höfischen Zeremoniell, Jena

- Troianos, Sp. (2011), Οι πηγές του Βυζαντινύ δικαίου, 3. Aufl. Athen
- Troianos, Sp. (2012), Byzantine Canon Law, in: The History of Byzantine and Eastern Canon Law to 1500, edd. W. Hartmann, K. Pennington. Washington D. C., 115–214
- Trombley, F. (1993/1995), Hellenic Religion and Christianization, c. 370–529, I–II, Leiden
- Uthemann, K.-H. (1999), Kaiser Justinian als Kirchenpolitiker und Theologe, in: Augustinianum 39, 5–83
- Welte, B. (1939), Die postbaptismale Salbung. Freiburg i.Br.
- Wenger, A. (1970), Jean Chrysostome, Huit catéchèses baptismales inédites. Introduction, texte critique, traduction et notes, Paris
- Wills, G. (2012), Font of Life. Ambrose, Augustine, and the Mystery of Baptism, Oxford
- Winkelmann, F. (1989), Die Bewertung der Barbaren in den Werken der oströmischen Kirchenhistoriker, in: Das Reich und die Barbaren, hg. von E. Chrysos, A. Schwarcz, Wien, 221–235
- Ziemann, D. (2007), Vom Wandervolk zur Großmacht. Die Entstehung Bulgariens im frühen Mittelalter (7.–9. Jh.), Köln

Christoph H. F. Meyer

Taufe und Person im ersten Jahrtausend

Beobachtungen zu den christlichen Wurzeln einer Grundkategorie europäischen Rechtsdenkens*

»Darum aber haben unsere Vorfahren und Richter eine so langwierige Buße angeordnet, seit die Religion des Christentums in der Welt eingewurzelt ist, weil auch die Seele, nachdem sie einmal Fleisch angenommen, gleichwohl aber zum Lichte der Geburt nicht gelangen konnte, eine langwierige Strafe dulden muß, da sie ohne das Sakrament der Wiedergeburt (*sacramentum regenerationis*) durch Abtreibung der Hölle überliefert worden ist.«[1] Dieses Kapitel der (Lex Baiuvariorum VIII,21), die 756 der Synode von Aschheim bereits vorlag, liefert eine Begründung für die ihm vorangehende Bestimmung (VIII,20), wonach bei Abort eine über sieben Generationen jährlich zu zahlende Buße von zwölf Solidi fällig ist.[2]

Lex Baiuvariorum VIII,21 wird im Zusammenhang mit der Geschichte des Abtreibungsverbots gelegentlich in der Literatur zitiert.[3] Folgt man seiner Argumentation, dann ist für die Abortbuße nicht die durch die Abtreibung verhinderte Geburt ausschlaggebend, sondern dass die Seele nicht zur Wiedergeburt in der Taufe gelangt. Damit ist die Bedeutung der Stelle aber nur zum Teil erfasst. Ihre ganze Tragweite zeigt sich, wenn man berücksichtigt, dass an der Buße ablesbar ist, wie der Gesetzgeber vitale Bedürfnisse bewertet. Spätestens beim Vergleich mit dem Betrag, mit dem die Tötung eines freien Menschen zu büßen ist, wird klar, dass das Leben nach dem Tode ungleich höher veranschlagt wird als das davor.[4] So gesehen geht es in der betreffenden Regelung nicht nur um das Delikt der Abtreibung, sondern auch um zentrale

Fragen zur Natur des Menschen im Spiegel einer frühmittelalterlichen Rechtsordnung.

Dem heutigen Leser erschließt sich der Gedankengang des bayerischen Gesetzgebers nicht ohne Weiteres. Er steht ihm womöglich verständnislos gegenüber und lässt die Kontinuitätslinien, die von dieser Stelle in die Gegenwart führen, unbeachtet.[5] Das gilt nicht zuletzt für eine Sicht des Menschen als Individuum und Person, die innerhalb der europäischen Rechtstradition bis heute eine zentrale Rolle spielt. Die vorliegende Quelle lässt nicht nur einen Ursprung dieses Bildes erkennen, sie verweist auch auf die Bedeutung, die der Taufe zukam, jenem Initiationssakrament, dessen formalen Kern das Eintauchen, Begießen oder Besprengen des Täuflings mit Wasser in Verbindung mit der (trinitarischen) Taufformel bildet und das bewirkt, dass der Getaufte nicht nur Christ, sondern auch Glied der Kirche wird.[6]

Wenn das *sacramentum regenerationis* bei der Beschäftigung mit Lex Baiuvariorum VIII,21 bislang nicht weiter berücksichtigt worden ist, muss das angesichts des Forschungsstandes zum Verhältnis von Taufe und Recht im frühen Mittelalter nicht verwundern.[7] Walter Ullmann, der einzige Mediävist, der im 20. Jahrhundert auf dieses Thema mit Nachdruck hingewiesen hat, ist selbst kaum über allgemeine Überlegungen und visionäre Deutungen hinausgekommen.[8] Zwar hat die Einsicht, dass die Taufe im mittelalterlichen Kirchenrecht eine wichtige Rolle spielte, in einzelnen Lehrbüchern der letzten Jahrzehnte Niederschlag gefun-

---

* Harald Siems zum 70. Geburtstag.

1 Lex Baiuvariorum (BEYERLE) VIII,21, S. 100. Vgl. Lex Baiwariorum (VON SCHWIND) VIII,21, S. 364. Zu möglichen kirchlichen Quellen der Bestimmung vgl. Leges Baiuwariorum (MERKEL) VIII,21, S. 302 Anm. 51. Zur Lex Baiuvariorum allgemein vgl. SIEMS (2001); SIEMS (2006).

2 Lex Baiwariorum (VON SCHWIND) VIII,20, S. 363 f. Zu den unterschiedlichen Stufen- und Einheitstheorien über die Entstehung der Lex, die eine

Aufzeichnung im Laufe des 6.–8. Jahrhunderts oder in den 740er Jahren als möglich erscheinen lassen, vgl. SIEMS (2006) 32 ff. Zum Begründungscharakter vgl. KÖBLER (1982); SIEMS (2001) 311.

3 So z. B. EHINGER / KIMMIG (1910) 55; MORSAK (1977) 200 f., 204 Anm. 25; ELSAKKERS (2010) 342–346. Allgemein vgl. JEROUSCHEK (2002).

4 Lex Baiwariorum (VON SCHWIND) IV,29–30, S. 334 f. (160 Solidi für die Tötung eines freien Mannes, das

Doppelte für die Tötung einer freien Frau).

5 DAHN (1905) 275 (»eine wüste Ausgeburt christlicher Wahnvorstellungen«).

6 Zur Taufe im ersten Jahrtausend vgl. u. a.: STENZEL (1958); NEUNHEUSER (1983); SAXER (1988); CRAMER (2009).

7 Dazu allgemein vgl. MEYER (2013).

8 So z. B. ULLMANN (1966) 7 ff., 12, 101, 123 f., 128 ff. Zu Ullmann vgl. MEYER (2013) 68 f.

den.[9] Doch ist es wohl kein Zufall, dass die entsprechenden Beobachtungen zumeist auf den überschaubaren Textmagazinen des klassischen kanonischen Rechts des 12.–14. Jahrhunderts fußen. Für das frühmittelalterliche Kirchenrecht sind solche Würdigungen selten.[10] Während die älteren kirchenrechtlichen Lehrbücher nur ausnahmsweise das vorgratianische Material aufarbeiten,[11] bleibt die rechtliche Seite des Phänomens, wenn man vom Themenkreis »Patenschaft und geistliche Verwandtschaft« absieht,[12] in der neueren historisch-theologischen Forschung zur Taufe oft unberücksichtigt. Das gilt noch viel mehr für das weltliche Rechtsleben des ersten Jahrtausends, wie auch umgekehrt der Einfluss gerade des römischen Rechts (z. B. der *stipulatio*) nur selten untersucht worden ist.[13]

Wenn im Folgenden die Bedeutung der Taufe für das Recht zwischen Spätantike und Hochmittelalter betrachtet werden soll, dann hätte es angesichts der Weite des Feldes und des Standes der Forschung wenig Sinn, einen umfassenden Überblick liefern zu wollen. Vielmehr kann es hier nur um einen ersten Sondierungsversuch gehen. Sein Ausgangspunkt liegt in der Vorstellung, dass der Mensch als Person Träger von Rechten und Pflichten ist. Ein Gedanke, der seinerseits in enger Verbindung mit dem modernen Begriff der Rechtsfähigkeit steht. Während jedoch in der Rechtskultur der Moderne dieses Konzept als gegeben und selbstverständlich vorausgesetzt wird, soll hier ein kleines Stück des langen und wechselhaften Weges dorthin betrachtet werden. In diesem Zusammenhang richtet sich der Blick auf die Taufe im frühen Mittelalter, durch die die meisten Menschen im lateinischen Westen den Regelfall, dass ihre Stellung im weltlichen Recht von physischen, materiellen oder sozialen Voraussetzungen abhängig war, durchbrechen konnten, insofern sie als Christen fast von Geburt an unabhängig von ihren

äußeren Existenzbedingungen als ein Jemand rechtlich definiert waren.

Die Untersuchung, die sich auf einige Facetten des so umrissenen Gegenstandes beschränken muss, zerfällt in fünf Teile. In einem ersten und zweiten Schritt soll zunächst auf einer eher theoretischen Ebene danach gefragt werden, inwiefern im (früh)mittelalterlichen christlichen Denken Ausgangspunkte für einen rechtlichen Begriff der menschlichen Person erkennbar sind, die mit der Taufe in Verbindung stehen. Dem so umrissenen Potential sollen dann in den beiden folgenden Abschnitten konkrete Befunde, welche die Bedeutung des *sacramentum regenerationis* vor allem im weltlichen Rechtsleben des ersten Jahrtausends beleuchten, gegenübergestellt werden. Dazu gilt es zunächst, einen Blick auf die Spätantike zu werfen, um dann der Stellung des neugeborenen Kindes im Spiegel frühmittelalterlicher Rechtsquellen etwas genauer nachzugehen. Der Aufsatz schließt mit einer kurzen Gegenüberstellung theoretischer und historisch-empirischer Befunde.

I. Was macht den Menschen zur natürlichen Person? Ein Blick von der Moderne ins Mittelalter

Am Anfang des gerade umrissenen Arbeitsprogramms steht die Einsicht, dass die modernen Begriffe der Rechtsperson und der Rechtsfähigkeit zu Beginn des 19. Jahrhunderts aufkamen und die ihnen zugrunde liegende Vorstellung, wonach jeder Mensch rechtlich in der Lage ist, Träger von Rechten und Pflichten zu sein, für die Zeit davor nicht ohne Weiteres vorausgesetzt werden können.[14] Folgt man der Literatur, dann liegt die Vorgeschichte der Rechtsfähigkeit im aufgeklärten Natur- bzw. Vernunftrecht des 17. und 18. Jahrhunderts.[15] Als Wendepunkte zum modernen

---

9   So z. B. Le Bras (1959) 125–132; Gaudemet (1994) 61 ff., 259 ff.; 550 ff.; Helmholz (1996) 200–228. Materialreich, aber unkritisch: Corblet (1881–1882).

10 Plöchl (1960) 386 ff.; Imbert (1994) 49–57.

11 Hinschius (1888) 23–55.

12 Angenendt (1984) 97–116; Lynch (1986); Lynch (1998); Gorbatykh (2008). Zur geistlichen Verwandt-

schaft vgl. ferner Jussen (1991); Mitterauer (2009).

13 Zum Einfluss auf die Taufe vgl. Ehrhardt (1955); Harrill (2001).

14 Zur Rechtsfähigkeit vgl. J. Schröder (1990); Schild (1989); Duve (2003); C. Hattenhauer (2011).

15 Conrad (1956); Lipp (1982/83); Coing (1985) 167–171.

Begriffsverständnis erscheinen insbesondere Christian Wolff (1679–1754), der die menschliche *persona moralis* als Subjekt von Rechten und Pflichten definiert,[16] und Immanuel Kant (1724–1804), der die überkommene Lehre von den unterschiedlichen *status*, in denen jeder Mensch am Rechtsleben teilnimmt, hinter sich lässt und die Person als vernünftiges zurechnungsfähiges Subjekt versteht, das nach selbst bestimmten moralischen Regeln lebt.[17]

Angesichts dieser Entwicklungslinie liegt es nahe, dass sich dogmengeschichtliche Arbeiten zur Rechtsfähigkeit auf das 17.–19. Jahrhundert konzentrieren. Allerdings erstreckt sich das historische Gesamtphänomen der natürlichen Person im Recht über einen ungleich größeren Zeitraum.[18] Damit rückt zunächst das 16. Jahrhundert (z. B. die Schule von Salamanca) in den Blick.[19] Darüber hinaus wäre zu fragen, wieviel von der frühneuzeitlichen Vorgeschichte der modernen Rechtsfähigkeit auf mittelalterlichen Grundlagen beruht. So ist etwa seit Längerem bekannt, dass sich wesentliche Bestandteile des Wolffschen Personenbegriffs schon bei Aegidius Romanus (um 1245–1316), einem Schüler des Thomas von Aquin (um 1224–1274), finden, der über die Folgen des Kirchenbanns reflektierte, durch den der Exkommunizierte aus der Gemeinschaft der Kirche ausgeschlossen wurde und damit aus Sicht moderner Begrifflichkeit seine aktive (kirchliche) Rechtsfähigkeit verlor.[20]

Dies ist in doppelter Hinsicht bemerkenswert. Zum einen zeigt sich hier, wenngleich Aegidius Romanus vorrangig als Theologe und Philosoph anzusprechen ist, auf sachlicher Ebene eine Bedeutung der Kanonistik für die Entfaltung des Personenbegriffs, die über den allgemeinen Einfluss des Christentums oder der Theologie (z. B. des Gedankens der Trinität)[21] hinausgeht und sich durch ihre rechtlich-institutionelle Komponente auszeichnet.[22] Zum anderen verweist die Exkommunikation auf einen wichtigen Aspekt des Themas »Person und Recht«, der leicht übersehen werden kann, und zwar auf den Umstand, dass die rechtliche Stellung des Einzelnen immer auch in Verbindung mit seiner Stellung in der Gemeinschaft zu sehen ist.[23]

Dass aus diesem Blickwinkel betrachtet Moderne und Frühmittelalter nahe beieinander liegen können, veranschaulicht die Wissenschaftsgeschichte des 20. Jahrhunderts. 1937 erschienen in der Zeitschrift »Deutsche Rechtswissenschaft« zwei Aufsätze von Karl August Eckhardt (»Stufen der Handlungsfähigkeit«) und Karl Michaelis (»Die Überwindung der Begriffe Rechtsfähigkeit und Parteifähigkeit«).[24] Der zweite Artikel ist ein besonders deutlicher Beleg für juristische Bemühungen während des Nationalsozialismus, die Unterscheidung zwischen Rechtsfähigkeit und Geschäftsfähigkeit, d. h. der Fähigkeit zum wirksamen Abschluss von Rechtsgeschäften, aufzulösen.[25] An die Stelle des abstrakten Begriffs der Rechtsperson sollten neue »konkrete« Begriffe (z. B. des Rechts- und des Volksgenossen) treten. Dabei verfolgten Autoren wie Michaelis die Vorstellung einer gestuften Rechtsfähigkeit, durch die

16 DE WOLFF (1761), Pars I, cap. III, § 96, S. 33: »Homo persona moralis est, quatenus spectatur tamquam subjectum certarum obligationum atque jurium certorum. Atque hinc status ejus moralis dicitur, qui per obligationes et jura determinatur; […]« Ferner vgl. Allgemeines Landrecht für die Preußischen Staaten von 1794, Teil I, Titel I, §. 1, S. 61: »Der Mensch wird, in so fern er gewisse Rechte in der bürgerlichen Gesellschaft genießt, eine Person genannt.«

17 KANT (1914) 223: »Person ist dasjenige Subject, dessen Handlungen einer Zurechnung fähig sind. Die moralische Persönlichkeit ist also nichts anders, als die Freiheit eines vernünftigen Wesens unter moralischen Gesetzen […], woraus dann folgt, daß eine Person keinen anderen Gesetzen als denen, die sie […] sich selbst gibt, unterworfen ist.« Vgl. auch MOHR (2011).

18 LIERMANN (1962); H. HATTENHAUER (1982); H. HATTENHAUER (2000) 1–23; C. HATTENHAUER (2011).

19 LUTZ-BACHMANN (2011) 114–117.

20 Zu Aegidius Romanus vgl. MERZBACHER (1954/55) 93; HOMANN (2004) 138–142; KRÜGER (2007) 375 f. Zur Wirkung der Exkommunikation vgl. HINSCHIUS (1895) 494; SCHRÖDER / VON KÜNSSBERG (1932) 834; PLÖCHL (1962) 392.

21 WALD (2005); MEUNIER (2006).

22 Zur Rolle des Christentums allgemein vgl. z. B. COING (1962) 63;

HUBMANN (1967) 23–31; H. HATTENHAUER (2009).

23 WESTERMANN (1957) 40 f. (Diskussionsbeitrag von Hermann Conrad); SCHEYHING (1959/1960) 508.

24 ECKHARDT (1937b); MICHAELIS (1937).

25 SCHWERDTNER (1983); RÜTHERS (1997) 323–336. Ferner vgl. THIER (2012).

sich die Rechtsstellung von Menschen, die nicht zur Volksgemeinschaft gezählt wurden, einschränken ließ. [26]

Ein ähnlich funktionaler Ansatz, die Stellung des Einzelnen von übergeordneten Gemeinschaftszwecken abhängig zu machen, kennzeichnet den Artikel von Eckhardt, der durch einen Dreischritt von der Rechtsgeschichte über das geltende Recht zur lex ferenda bestimmt ist. [27]

Betrachtet man die rechtshistorischen Ausführungen in diesem Aufsatz, dann zeigt sich, dass der größte Teil der Belege aus mittelalterlichen Quellen stammt und Eckhardt ihnen keine große Gewalt antun muss, um sie in seinem Sinne zum Sprechen zu bringen. Natürlich besteht zwischen der Ideologie des Nationalsozialismus und diesen Texten kein direkter Zusammenhang. Doch fällt gerade für weltliche Rechtsaufzeichnungen des frühen Mittelalters, die einen vergleichsweise schwachen christlichen Einfluss erkennen lassen, ins Auge, wie stark die rechtliche Stellung des Einzelnen von seinen Fähigkeiten und damit zusammenhängend von seiner Rolle in der Gemeinschaft (z. B. des Hauses) abhängig ist. In einer solchen funktionalen Wahrnehmung des einzelnen Menschen als Mittel im Sinne übergeordneter Zwecke bestehen tatsächlich gewisse Parallelen zwischen Rechtsvorstellungen des Frühmittelalters und der Moderne.

Die Vermutung liegt nahe, dass es sich im einen Falle um ein vor-, im anderen um ein nachchristliches Rechtsverständnis handelt und gegenläufige Positionen ihre Wurzeln nicht zuletzt in christlichen Denktraditionen haben dürften. Eine solche Gegenposition, die zum Begriff der Rechtsfähigkeit führt, hat Kant formuliert, der als ein zentrales Merkmal von Personen ihre Eigenschaft als vernünftige Wesen benennt, »weil ihre Natur sie schon als Zwecke an sich selbst, d.i. als etwas, das nicht bloß als Mittel gebraucht werden darf, auszeichnet, mithin so fern alle Willkür einschränkt

(und ein Gegenstand der Achtung ist)«. [28] Warum also nicht den »Status des Selbstzwecks« (Robert Spaemann) [29] als positives Wesensmerkmal nehmen und mit Hilfe dieses Kriteriums das mittelalterliche Recht auf die Rolle der menschlichen Person hin untersuchen? Eine derart abstrakte und moderne Ausgangsfrage ließe sich aufgrund der Quellen kaum beantworten. Anstelle eines allgemeinen und auf alle Menschen anwendbaren Begriffs der Person tritt dem Betrachter in den mittelalterlichen Rechtsquellen eine Vielzahl von Status-Verhältnissen entgegen, in denen sich ein Mensch befinden konnte und die seine rechtliche Stellung bestimmten. [30]

Angesichts dieser Ausgangslage liegt es nahe, für das Mittelalter nach Vorstellungen von Person zu fragen, die auf möglichst viele Menschen Anwendung fanden und dem »Status des Selbstzwecks« relativ nahe kommen. Die entsprechenden Denk- und Rechtstraditionen wären ein wichtiger Bestandteil der Vorgeschichte moderner Rechtspersönlichkeit. Ein Bereich, in dem man innerhalb dieses weiten Feldes fündig werden könnte und der im Folgenden etwas genauer betrachtet werden soll, ist der rechtliche Status des Christen, der im Mittelalter auch im weltlichen Recht von Bedeutung war. Auf der Suche nach einem konkreten Ansatzpunkt bietet es sich an, noch einmal auf die Exkommunikation zurückzukommen. [31] Diese Sanktion zeigt nicht nur, dass sich die rechtliche Stellung des Einzelnen erst mit Blick auf die (kirchliche) Gemeinschaft, aus der jemand ausgeschlossen werden konnte, vollends erschließt, sondern führt zugleich die Grenzen ihrer Gewalt vor Augen. Diese werden für die ausgehende Antike und das frühe Mittelalter darin sichtbar, dass selbst der Gebannte, dem die Ausübung seiner Rechte verwehrt war, nicht völlig von der Kirche getrennt und aus seinen Pflichten entlassen war. [32] Wenn aber auch der Exkommunizierte insofern weiterhin zur kirchlichen Rechtsgemeinschaft gehörte,

26 Duve (2003) 180 f. (Rn. 15).

27 Er zieht am Ende des Aufsatzes folgendes Fazit: »Germanischer Überlieferung entspricht es, wenn die Stufen der Handlungsfähigkeit nicht an ein zufälliges, rein privates Datum, sondern an die entscheidenden Tage der fortschreitenden Eingliederung in die Volksgemeinschaft geknüpft werden.« Vgl. Eckhardt (1937b) 300. Zur Person vgl. Frassek (2008).

28 Kant (1911) 428.

29 Spaemann (2012) 31.

30 Hübner (1930) 50–123; Burdese / Maffei (1960); Conrad (1962) 152 f., 395–399; Albanese / Campitelli (1983); Mayer-Maly (1984).

31 Zur Exkommunikation allgemein vgl. May (1980); Reynolds (1987) 405; Gaudemet (1995); Birr (2008). Ferner vgl. Hahn (2008).

32 Feine (1972) 219 f.; May (1980) 172 f. Zu älteren antiken Traditionen vgl. Doskocil (1969).

dann setzte das eine grundsätzliche und dauerhafte Fähigkeit des Christen voraus, Träger von Rechten und Pflichten zu sein. [33]

So gesehen verweist die Wirkung der Exkommunikation zugleich auf eine Alternative zu der Frage nach einem umfassenden Wesensmerkmal der Person. Anstatt nach einer abstrakten Eigenschaft zu suchen, gelangt man zumindest für das kirchliche Rechtsverständnis leichter ans Ziel, wenn man ausgehend vom Kirchenbann zunächst nach den Gründen dafür fragt, dass der Gemeinschaft überhaupt Grenzen in Hinblick auf den Einzelnen gesetzt waren: Was ließ den rechtlichen Status eines Menschen insofern unzerstörbar oder unverlierbar werden? Eine Antwort auf diese Frage könnte auf eine weitergehende Entwicklungslinie hindeuten, die durch die Kriterien der Einzigartigkeit und der Identität, d. h. Kontinuität, gekennzeichnet ist, die Gabriel Le Bras als zentrale Merkmale der Person in der klassischen Kanonistik benannt hat. [34] Das 12.–14. Jahrhundert wäre dann allerdings nur eine, wenn auch entscheidende Etappe in Richtung auf einen neuzeitlichen Rechtsbegriff der menschlichen Person, dessen Ursprünge bereits im ersten Jahrtausend lägen. [35]

II. Taufe – *character indelebilis* – Seele: Antike und mittelalterliche Ausgangspunkte christlichen Denkens auf dem Weg zu einem rechtlichen Begriff der Person

Tatsächlich ergeben sich aus der Wirkungsweise der Exkommunikation wertvolle Einsichten, die nicht nur die gerade angedeuteten Fragen und Überlegungen, sondern auch die Rolle der Taufe als Etappe auf dem Weg zu einer rechtlichen »Personifizierung des Menschen« betreffen. [36] Wenn man den Grund, weshalb selbst der Exkommunizierte Christ blieb, sein Status sich also durch Dauerhaftigkeit auszeichnete, auf einen begriffli-

chen Punkt im Sinne spätantiker oder mittelalterlicher Theologie bringen will, dann kommt dafür insbesondere der seit der Scholastik sogenannte *character indelebilis* in Frage. [37] Die Ursprünge des Begriffs führen weit zurück in die Patristik. Die Vorstellung, wonach derjenige, der gültig getauft worden ist, eine Prägung durch ein bleibendes Merkmal (*character*) erfährt, geht maßgeblich auf Augustinus (354–430) zurück, der seinerseits ältere Traditionen (z. B. den Begriff der Sphragis) verarbeitete. [38]

Wenngleich diese Lehre im frühen Mittelalter in ihrer ganzen Komplexität selten erfasst wurde und sich erst allmählich durchsetzte, [39] lassen sich anhand des sog. Taufcharakters doch einige, wenn auch nicht exklusive Einsichten und Antworten auf die zuvor angedeuteten Fragen gewinnen. Darauf, dass der *character* (*indelebilis*) von allgemeinerem historischem Interesse ist, hat schon Max Weber im Zusammenhang mit dem Weihesakrament hingewiesen. [40] Bemerkenswert ist zum einen der Gedanke der Unverlierbarkeit einer Eigenschaft, zum anderen die Möglichkeit einer Übertragung dieser Gedankenfigur vom sakramentalen in den weltlichen Bereich. Belege dafür finden sich etwa im späten Mittelalter und in der frühen Neuzeit im Zusammenhang mit der Vorstellung, wonach Ritter- oder Königswürde unverlierbar waren, [41] – und gelegentlich auch noch in der juristischen Literatur des 20. Jahrhunderts. [42]

Was nun konkret den Zugang zum Begriff der Person über den Taufcharakter betrifft, so ist dieser Weg zunächst durch das moderne kanonistische Verständnis der Taufwirkungen teilweise versperrt. Wie leicht es hier zu Missverständnissen kommen kann, zeigt das Buch »Das Individuum im europäischen Mittelalter« von Aaron Gurjewitsch, der seine These, wonach die Taufe eine wichtige Etappe in der Entwicklung des Individuums zur Persönlichkeit bildete, mit einem »Text aus dem Jahre 1234« belegt, der sich bei genauerem Hinsehen als

33 Siehe oben Anm. 20.

34 Le Bras (1973) 194 f.

35 Dagegen vgl. H. Hattenhauer (2004) 241–245 (»Entdeckung der Person« als ein wesentlicher Aspekt des 11.–13. Jahrhunderts).

36 Damm (2002) 871. Zum Folgenden vgl. auch Minges (1902).

37 Brommer (1908); Gillmann (1910); Gillmann (1912) (460); Gillmann

(1913); Dassmann (1986–1994); Sattler (1994).

38 Haring (1952); Häring (1955); Amata (1998). Zu älteren Traditionen vgl. Dölger (1911); Heggelbacher (1953) 99–105.

39 Angenendt (1984) 45–48. Ob das frühmittelalterliche Verständnis der Taufe mit Stichworten wie »Ritualismus« (ebd. 45) und »Unfähigkeit zu theologischer Reflexion« (46) histo-

risch angemessen erfasst ist, mag dahingestellt bleiben.

40 Weber (2005) 530 f., 594. Vgl. von Schulte (1901); Vogel (1976).

41 Chrimes (1936) 7; Kern (1962) 102 f.; Carlen (1984) 9; McCoy (1989) 13. Ferner vgl. Krüger (1984).

42 So z. B. Nipperdey (1954) 3. Vgl. Schambeck (1967) 221.

Christoph H. F. Meyer 93

Zitat aus dem Codex Iuris Canonici von 1917 entpuppt. [43] Der betreffenden Bestimmung CIC/1917 can. 87 zufolge wird der Mensch durch die Taufe zur Person in der Kirche Christi mit allen Rechten und Pflichten. [44] Im Begriff der *persona in ecclesia Christi* sind zwei Wirkungen des Sakraments zusammengefasst, welche die Nachfolgebestimmung CIC/1983 can. 96 zwar klarer voneinander trennt, [45] die aber in beiden Gesetzbüchern in einem kausalen Verhältnis erscheinen: Durch die Taufe wird ein Mensch zunächst Glied der *Ecclesia Christi*, und daraus ergibt sich, dass er in einem rechtlichen Sinne Person in dieser Kirche ist.

Blickt man vor diesem Hintergrund wieder auf das erste Jahrtausend, dann ist zunächst klar, dass man es sich nicht so einfach machen kann wie der Kanonist Othmar Heggelbacher, der sich in verschiedenen, durchaus verdienstvollen Arbeiten zur antiken Kirchenrechtsgeschichte mit der rechtlichen Bedeutung der Taufe beschäftigt hat [46] – und einfach voraussetzt, dass diese schon in Antike ein »rechtserheblicher sakramentaler Akt« war und »Rechtsfähigkeit« begründete. [47] Eine solche Annahme ist anachronistisch. [48] Denn der Begriff der kirchlichen Rechtspersönlichkeit ist ein Gegenstück zur Rechtsfähigkeit im weltlichen Recht und reicht nicht vor das 19. Jahrhundert zurück. [49] Weiterhin scheint es ratsam, die in CIC/1917 can. 87 und CIC/1983 can. 96 eng verbundenen Begriffe der Kirchengliedschaft und Rechtspersönlichkeit getrennt voneinander zu betrachten. So können einige Fragen hinsichtlich der Taufwirkungen, deren moderne kanonistische

Lösung aus historischer Sicht nicht durchgängig zu überzeugen vermag, offen bleiben. [50]

Wendet man sich nun noch einmal dem *character* zu und betrachtet die ursprüngliche Vorstellung, die Augustins Begriffsgebrauch zugrunde liegt, dann zeigt sich, dass sie auf den *regius character* oder *character imperatoris*, d. h. auf die Tätowierung der Soldaten verweist. [51] Eine solche Kennzeichnung ermöglichte genauso wie entsprechende Markierung von Sklaven oder Haustieren eine Zuordnung zu dem jeweiligen Herrn, d. h. im Fall des Getauften zu Gott. Dieses Zuordnungsverhältnis, auf dem der Taufcharakter beruht, bildet genauso wie der Gedanke der Kirchengliedschaft, auf den hier nicht näher eingegangen werden kann, einen wichtigen Baustein des Personenbegriffs im kirchlichen Rechtsdenken. Nicht zuletzt auf dem *character* bzw. seiner Unverbrüchlichkeit beruht zum einen das von Le Bras herausgearbeitete Personenmerkmal der Identität im Sinne von Kontinuität. Zum anderen ergibt sich aus dem Taufcharakter aber auch die Einzigartigkeit der Person, d. h. das zweite zentrale Kriterium nach Le Bras, und zwar im Sinne einer Prägung durch die Taufe.

Betrachtet man das Objekt dieses Vorgangs etwas genauer, dann wird klar, weshalb die Taufe im großen Normenkosmos der christlichen Vormoderne einen so wichtigen Platz einnahm. Ihre Kraftquelle lag nicht zuletzt in dem Gedanken, dass jeder Mensch eine Seele hat und für das Heil seiner Seele insbesondere mit Blick auf das Leben nach dem Tode sorgen muss. [52] Vor diesem Hintergrund wird aus Sicht des Mittelalters nicht nur die

43 GURJEWITSCH (1994) 117. Vgl. DREWS (2005) 74 Anm. 30.

44 Codex Iuris Canonici / 1917 can. 87: »Baptismate homo constituitur in Ecclesia Christi persona cum omnibus christianorum iuribus et officiis, [...]« Vgl. MICHIELS (1955) 3–28; LOMBARDIA (1989) 57–70.

45 Codex Iuris Canonici / 1983 can. 96: »Baptismo homo Ecclesiae Christi incorporatur et in eadem constituitur persona, cum officiis et iuribus quae christianis, attenta quidem eorum condicione, sunt propria, [...]« Vgl. DURAND (2010).

46 HEGGELBACHER (1953); HEGGELBACHER (1954); HEGGELBACHER (1959) 103–112;

HEGGELBACHER (1969); HEGGELBACHER (1974) 152–164.

47 HEGGELBACHER (1953) 1, 22 ff., 160, 183. Dagegen vgl. ebd. 105 (vorsichtiger). Für eine grundsätzliche andere Antwort auf die Frage nach der rechtlichen Natur der Taufe vgl. DOMBOIS (1961) 301–310.

48 HOFMANN (1954).

49 SCHULTE (1856) 567 ff.; GAUDEMET (1988) 471; DUVE (2002).

50 Das betrifft etwa die Frage, ob Taufe und Taufcharakter allein oder erst in Verbindung mit anderen Elementen (z. B. Glaube und Gehorsam) eine Kirchenmitgliedschaft begründeten und was genau die Gründe für die Unzerstörbarkeit des Taufcharakters sind, die erst seit Thomas von Aquin

aus der Eingliederung in die Kirche erklärt wird. Vgl. GOMMENGINGER (1951), insbesondere 14 ff.; HEGGELBACHER (1953) 5 f.; BREITENBACH (1998) 56–60.

51 DÖLGER (1930) 277. Ferner vgl. SCHÄFER (1991).

52 Tertullianus, Adversus Marcionem, Lib. II cap. XXVII,1, S. 505 Z. 28 (*nihil tam dignum deo quam salus hominis*); Maximus Taurinensis, Sermones collectionis, Sermo XXXII, cap. 2, S. 126 Z. 47–48 (*omni necessitate maior necessitas est salutis*). Ferner vgl. HASENFRATZ (1986); MARKSCHIES (1998); HASENFRATZ / SCHÖPFLIN / STEMBERGER / DAUTZENBERG / SEIDL (1999); BREMMER (2009).

Rolle der Sakramente als heilswirksamer sichtbarer Zeichen unsichtbarer göttlicher Gnade verständlich, sondern auch der Stellenwert der Taufe, die als *ianua sacramentorum* der Schlüssel zum christlichen Seelenheil war. Die rechtshistorische Bedeutung dieses Vitalbedürfnisses der Vormoderne lässt sich gegenwärtig noch nicht überblicken. [53] Die eingangs zitierte Passage aus der Lex Baiuvariorum zeigt jedoch, dass Begriffe wie Taufe und Seele auch im weltlichen Recht eine Rolle spielten. [54] Die betreffende Quelle führt zudem die rechtlichen Konsequenzen eines christlichen Menschenbildes vor Augen, das sich von dem der Moderne deutlich unterscheidet. [55] Während für den Spätaufklärer Kant die Vernunftbegabung den Menschen zum Selbstzweck und damit zur Person werden ließ, würde man für die Zeit seit der Spätantike das anthropologische Pendant wohl in dem Gedanken zu sehen haben, dass der Mensch eine auf Gott hingeordnete Seele hat, die ihm eine besondere Dignität verleiht. [56]

Auf das Verhältnis von Seelenheil und Taufe wird noch zurückzukommen sein. [57] An dieser Stelle ist mit Blick auf den Taufcharakter vor allem von Interesse, dass die Seele genauso wie der *character* in dem größeren, schon von Augustinus gesehenen Zusammenhang eines Zuordnungsverhältnisses steht, das die irdische Gemeinschaft transzendiert und zu verstehen hilft, weshalb dieser in Hinblick auf den Einzelnen Grenzen gesetzt waren. Denn die Heilsbedürftigkeit des Menschen weist ungeachtet des alten Satzes *extra ecclesiam nulla salus* [58] über die Kirche hinaus auf sein Verhältnis zu Gott als der Quelle der durch die Taufe vermittelten Gnade und als Richter der Seelen am Tage des Jüngsten Gerichts.

Mit den gerade skizzierten Beobachtungen ist der theoretische Beitrag, den die Taufe zur Entwicklung eines rechtlichen Begriffs der Person im Mittelalter leistete, keineswegs erschöpft. Hier kann jedoch nur noch auf zwei Aspekte kurz hingewiesen werden, die sich dem Bereich der Wertvorstellungen oder Leitideen zuordnen lassen und das Verhältnis des Getauften zu anderen Menschen betreffen. Je nachdem ob es sich um Christen oder Nichtchristen handelte, ergibt sich ein ganz unterschiedliches Bild. Mit Blick auf den ersten Fall ist auf die Vorstellung einer grundsätzlichen Gleichheit aller Christen in der Taufe hinzuweisen, deren Wurzeln weit in das erste Jahrhundert n. Chr. zurückreichen. [59] Ihr entspricht der bereits aus dem Alten Testament geläufige Gedanke, wonach Gott kein Ansehen der Person kennt, d. h. auch unparteiisch urteilt. [60] Die Wirkungsgeschichte dieser Vorstellung, aus der sich über das Verbot der *acceptio personarum* ein zentraler Grundsatz des Prozessrechts entwickelte, [61] spricht genauso für die Bedeutung des Gleichheitsgedankens wie der universalistische Zug im kirchlichen Denken des Frühmittelalters, in dem der Einheit der christlichen Welt und der Gemeinsamkeit aller Getauften ein zentraler Stellenwert zukam. [62]

Abgesehen von dieser inklusiven Seite der Taufe in Bezug auf die anderen Christen ist für den Personenbegriff aber auch das Verhältnis der Getauften in Hinblick auf die Nichtgetauften von Interesse. Es erscheint ambivalent. Einerseits standen die Nichtchristen außerhalb der kirchlichen Gemeinschaft und unterlagen daher von alters her nicht der kirchlichen Jurisdiktion. [63] Andererseits bezog sich der Missionsbefehl Jesu (Mt 28,19) nun einmal auf die noch nicht Bekehrten. [64] Wenn nun

53 Zur Rolle der Seele im rechtlichen Kontext vgl. u. a. CARLEN (1990) 81 ff.; BATTENBERG (2007); HERZOG/HOLLBERG (2007); SCHEMPF (2008).
54 Siehe oben S. 89.
55 Zum Bild des Menschen im Recht allgemein vgl. STEINAUER (1990); SCHMIDT (2006); SPENGLER (2011).
56 Vgl. auch MITTEIS (1957) 621 f.
57 Siehe unten S. 97 f.
58 BEUMER (1959).
59 Gal 3,27–28: »quicumque enim in Christo baptizati estis Christum induistis non est Iudaeus neque Graecus non est servus neque liber non est

masculus neque femina omnes enim vos unum estis in Christo Iesu«. Vgl. 1 Cor 12,12; Eph 4,4–5; Phlm 16 sowie THRAEDE (1981); DASSMANN (2011a) 105–111. – Anders verhielt es sich für die Sondergruppen der Katechumenen und Neophyten.
60 NÖRR (1996); DASSMANN (2011b); H. HATTENHAUER (2009); FORSTER (2013).
61 Das ist umso bemerkenswerter, als die betreffende Vorstellung der weltlichen Rechtskultur des frühen Mittelalters, in welcher der sozialen Stellung von Konfliktbeteiligten und

damit der Gemeinschaft zentrale Bedeutung zukam, ursprünglich wohl fremd war. Vgl. ALTHOFF (2002).
62 Zum Universalismus des Christentums im frühen Mittelalter vgl. VON PADBERG (1997); ANGENENDT (2009) 190–204. Ferner vgl. KAHL (1957) 27 f.
63 1 Cor 5,12–13: »quid enim mihi de his qui foris sunt iudicare […] nam eos qui foris sunt Deus iudicabit […]« Vgl. BRAND-PIERACH (2004).
64 Vgl. auch Mc 16,15.

der gute Hirte auch jene Schafe, die noch nicht in seinem Stall waren, auf seine Schultern nahm (Io 10,16),[65] konnte sich leicht ein Spannungsverhältnis zu dem Grundsatz, dass bei Bekehrungen kein Zwang angewendet werden sollte, ergeben.[66]

III. Kirchlicher und weltlicher Status in der Spätantike: Taufe und Bürgerrecht

Die gerade angedeuteten allgemeinen Zusammenhänge legen die Frage nahe, ob und inwiefern die betreffenden Denkstrukturen, Normen und Werte im ersten Jahrtausend zum Tragen kommen konnten. Dabei ist allerdings zu berücksichtigen, dass am Anfang der vorangegangenen Skizze die moderne Frage der Rechtsfähigkeit stand. Wenn nun zunächst die Rolle der Taufe in der Spätantike betrachtet werden soll, dann geschieht dies gerade nicht mit Blick auf etwaige Parallelen oder Entsprechungen zu den soeben angestellten theoretisch-abstrakten Beobachtungen, sondern im Gegenteil eher als Kontrastprogramm, im Zuge dessen nach historischen Voraussetzungen und Formen einer rechtlichen Wirksamkeit der Taufe zu fragen ist. Dass der Taufe im rechtlich-institutionellen Leben der antiken Kirche ein zentraler Platz zukam, hat vor allem Heggelbacher gezeigt.[67] Weniger klar ist das Bild für das weltliche Rechtsleben des römischen Reiches. Hier interessiert vor allem, in welchem Verhältnis der kirchliche und der weltliche Status des freien Menschen zueinander standen.[68]

Einen wertvollen Hinweis dazu gibt der sog. Ambrosiaster, der während des Pontifikats Damasus I. (366–384) einen Kommentar zum Epheserbrief verfasste.[69] Darin setzt der Autor die indivi-duelle Heilsbedeutung der Taufe in Parallele zu einer zentralen Institution des weltlichen Rechtslebens: So wie die Angehörigen jedes Volkes, das Frieden mit den Römern suchte und sich ihnen unterwarf, römische Bürger wurden, so werden alle, die sich zum christlichen Glauben bekennen, Mitbürger der Heiligen (*cives sanctorum*) und Hausgenossen Gottes (*domestici dei*).[70] Der Verfasser hat hier, wie die Termini *civis sanctorum* und *domesticus dei* zeigen, den lateinischen Wortlaut der auszulegenden Stelle des Epheserbriefs (Eph 2,19) verarbeitet, in der Paulus den Begriff des (Mit)Bürgers auf die Heiden als Bausteine der von Christus begründeten Kirche anwendet.[71] Ambrosiaster greift diese spirituelle Analogie auf, verwendet den Terminus *civis* jedoch, wie sein Hinweis auf das römische Bürgerrecht des Paulus zeigt,[72] eher in seiner ursprünglichen Bedeutung und bezieht so die Parallele »Bürger – Christ« auf Staat und Kirche als Institutionen. Dieser Rückgriff, der mit der Vorstellung von der Kirche als *civitas dei* in Verbindung steht und zum Teil eine Entsprechung in Augustins Gegenüberstellung von *cives terrenae civitatis* und *cives caelestis civitatis* findet,[73] verweist auf ein allgemeineres und für die Zeit aktuelles Korrespondenzverhältnis: Was das Bürgerrecht für den römischen Staat ist, das ist die Taufe für die Kirche.

Unter thematischen Vorzeichen mag diese Parallele nahe gelegen haben. Wie die Taufe, durch der *homo animalis* als *homo spiritualis* und Glied der Kirche wiedergeboren wird,[74] so beinhaltet auch das römische Bürgerrecht die Vorstellung einer zweiten, jenseits der Physis liegenden Existenz des Menschen, die mit einer Institution, in diesem Falle der römischen *res publica* (bzw. dem *populus Romanus*), in Verbindung steht. Zudem war auf-

65 Dazu vgl. PHILLIPS (1857) 395 f.

66 NOETHLICHS (1986); VON PADBERG (2007); ANGENENDT (2009) 378–387. Zum Westgotenreich vgl. SALINERO (2000).

67 Siehe oben Anm. 46. Ferner vgl. GAUDEMET (1989) 55–69.

68 Auf den besonderen Fall des Sklaven, der nach römischem Recht kein Mensch, sondern eine Sache war, kann hier nicht näher eingegangen werden. Die Rolle der Taufe für die »Humanisierung« des Sklavenrechts würde eine eigene Untersuchung erfordern. Dazu vgl. auch Anm. 81.

69 Zu Person und Werk vgl. LUNN-ROCKLIFFE (2007).

70 Ambrosiastri qui dicitur commentarius in epistulas Paulinas, Ad Efesios 2, 19, S. 85: »sicut enim quaecumque gens Romanorum pacem sequi desideravit oblatis donis suscepta est, ut essent cives Romani, quemadmodum Tharsocilicienses – unde apostolus civem Romanum se dicit –, ita et quicumque fidei Christianae se sociaverit, fit civis sanctorum et domesticus dei.« Vgl. HEGGELBACHER (1959) 110. Zur Rezeption dieser Stelle bei Dante vgl. AVERSANO (1988) 171.

71 SCHINKEL (2007) 144–147.

72 Act 16,37; 22,28.

73 Augustinus, De civitate Dei, Lib XV, cap. 2, S. 455 Z. 41–44; THRAEDE (1983); LEPELLEY (1986–1994); GARNSEY (2004) 150–155.

74 1 Cor 2,14–15. Vgl. 1 Cor 3,2–3; Gal 5,24 sowie ULLMANN (1966) 7 f.

grund der Constitutio Antoniana von 212 fast allen Freien im Imperium Romanum die *civitas Romanorum* verliehen worden, die so zu einer universalen Größe und damit auch für kirchliche Autoren zu einem Bezugspunkt geworden war. [75] Doch legt Ambrosiasters Hinweis die Vermutung nahe, dass die beiden zentralen Statusgrößen in Staat und Kirche seit dem späten 4. Jahrhundert nicht bloß *per accidens*, sondern durchaus komplementär verschiedene Seiten menschlichen Daseins abdeckten, und zwar einen äußeren der *pax Romanorum* und einen inneren der *fides Christiana*, sodass der Freie als Christ gewissermaßen über ein doppeltes Bürgerrecht verfügte. [76]

Das war nicht immer so. In welchem Verhältnis die beiden Größen zueinander standen, war nicht zuletzt von äußeren Faktoren abhängig. Wenn das römische Bürgerrecht und der durch die Taufe vermittelte Status bis zum Aufstieg des Christentums zur offiziellen Religion des Imperium Romanum nebeneinander und unabhängig voneinander existierten, dann liegen die Gründe dafür vor allem in den allgemeinen rechtlichen und politischen Rahmenbedingungen. Davon abgesehen erklärt sich diese Parallelexistenz aber auch aus dem Alter des Täuflings. Wenn man die *civitas Romanorum* nach 212 normalerweise durch Geburt erwarb, markierte, solange vor allem Erwachsene getauft wurden, die Taufe als *secunda nativitas* (Tertullian) [77] auch in zeitlicher Hinsicht den Beginn eines zweiten religiösen Lebens. Erste und zweite Geburt lagen so weit auseinander und konnten, wenn sich mit der *secunda nativitas* neue christliche Lebenszusammenhänge eröffneten, leicht in Konkurrenz treten. Jedenfalls wurden für den Getauften frühere soziale und rechtliche Beziehungen (z. B. die Ehe mit einem Nichtchristen) zum Teil auflösbar. [78]

So konstruktiv diese Wirkung der Taufe, die ihrer Funktion als Missionsinstrument entsprach,

unter religiösen Vorzeichen erscheint, so destruktiv mutet sie aus Sicht profaner Lebens- und Rechtsverhältnisse an. In der Spätantike sollte sich dieses Spannungsverhältnis insofern allmählich entkrampfen, als einige mit der Taufe in Verbindung stehende Rechtsfolgen oder -institute Eingang in das römische Recht fanden. [79] Das gilt etwa für die aus der Patenschaft resultierende geistliche Verwandtschaft [80] und für die *manumissio in ecclesia*. [81] Die Gründe für die Veränderungen liegen vor allem in einer Verchristlichung aller Lebensbereiche und in der zunehmenden Bedeutung der Kirche für den und gegenüber dem Staat. [82] Davon abgesehen dürfte auch der Übergang von der Erwachsenen- zur Kindertaufe eine Rolle gespielt haben. [83] Indem sich geistliche *regeneratio* und physische Geburt als natürlicher Eintritt des freien Menschen in das Rechtsleben zeitlich annäherten, begannen sich der Status des Christen und derjenige des Bürgers immer stärker zu überschneiden.

Diese Entwicklung steht in enger Verbindung mit der sich seit dem letzten Drittel des 4. Jahrhunderts herausbildenden Vorstellung einer Einheit oder zumindest Harmonie von kirchlicher und weltlicher Rechtsordnung. Nur als Christ war man Teil von Gesellschaft und Staat, die gar nicht (mehr) anders als christlich gedacht werden konnten. [84] Die Bedeutung, die der Taufe so im Rahmen des christlichen Gemeinwesens zuwuchs, wird umso verständlicher, wenn man sie im größeren Zusammenhang einer neuen christlichen Sicht des Einzelnen sieht, den die Sorge um sein Seelenheil zum Individuum machte. Diese Sorge war nicht nur ein zentraler Wertungsgesichtspunkt des Kirchenrechts. [85] Schon in weltlichen Rechtstexten der Spätantike und des Frühmittelalters findet sich mitunter der Ausdruck *periculum animae*, auch wenn die Bedeutung von *anima* noch zwischen »Leben« und »Seele« oszilliert. [86]

75 Mathisen (2006); Mathisen (2012). Zu der bereits bei Orosius anzutreffenden Vorstellung, Christus sei römischer Bürger gewesen, vgl. Beck (1968) 394 ff.

76 Wenger (1954); Clevenot (1988).

77 Tertullianus, De anima, Cap. XLI,1, S. 844 Z. 21.

78 Heggelbacher (1953) 118 ff.; Conde Cid (2012).

79 Zum christlichen Einfluss auf das römische Recht der Person vgl. Biondi (1952) 327–342.

80 Codex Iustinianus V,4,26,2. Vgl. Ubl (2008) 69 f., 236. Vgl. auch oben Anm. 12.

81 Stadler-Labhart (1965); Herrmann (1980) 142 f.; Bellen (2001) 25–29.

82 Biondi (1952) 161 f.; MacCormack (1997) 654–659; Piepenbrink (2005) 63–94.

83 Schnurr (1980) 1–58; Kleijwegt (2004) 917–920. Ferner vgl. Nagel (1980).

84 Baccari (1996); Lo Negro (2001).

85 Le Bras (1955) 23–26; Nörr (1992) 189 f. Vgl. auch Le Bras (1964) 265 Anm. 1; Drigani (2008) sowie Erdö (2002) (zum 20. Jahrhundert).

86 Tamassia (1964); Vismara (1967) 414 Anm. 32. Ferner vgl. Lefebvre (1952).

Christoph H. F. Meyer   97

Die Diktion verweist auf tiefere Veränderungen im weltlichen Recht. Christliche Kaiser wie Justinian I. (527–565) sahen es als ihre Aufgabe an, die Seelen ihrer Untertanen zu retten,[87] und gingen ihrerseits davon aus, dass jedermann um sein allen materiellen Belangen vorangehendes Seelenheil besorgt war.[88] Dieser *timor salutis*[89] der Gesetzgeber wie auch der Normadressaten schlug sich seit der Spätantike auf vielfältige Weise im Recht nieder, wenn man etwa an die Vorschriften über fromme Stiftungen und Schenkungen *pro anima* denkt.[90] Vor diesem Hintergrund verwundert es nicht, dass christliche Kaiser Fragen der Taufspendung zum Gegenstand von Gesetzen machten.[91] Ein entsprechendes Regelungsinteresse ergab sich schon aus dem Gegensatz von Getauften und Ungetauften, d. h. Heiden und Juden, deren Stellung im weltlichen Recht sich seit der Wende vom 4. zum 5. Jahrhundert merklich verschlechterte.[92]

IV. Das Frühmittelalter als Schnittstelle unterschiedlicher Menschenbilder im Recht: Das neugeborene Kind im Spannungsfeld gentiler und christlicher Traditionen

1. *Gentile Ausgangspunkte*

Das gerade angedeutete Verhältnis von Taufe und Bürgerrecht setzte einen vergleichsweise starken spätantiken Staat voraus, der einerseits bestimmte kanonische Folgen der Taufe in die eigene Rechtsordnung überführen, andererseits aber auch dem Einfluss kirchlicher Institutionen und Doktrinen auf das zivile Leben Grenzen setzen konnte. Mit Blick auf die Folgezeit ist aber noch etwas anderes hervorzuheben: Dass es überhaupt einen (römischen) Staat gab und dieser, was auch in der Antike keine Selbstverständlichkeit war, die Stellung des Menschen im Recht definierte und institutionell garantierte.[93]

Im lateinischen Westen war dieser zentralen Voraussetzung eines doppelten weltlichen und geistlichen Bürgerrechts mit dem Ende des Imperium Romanum die Grundlage entzogen. Im Zuge einer seit dem frühen 5. Jahrhundert immer schneller voranschreitenden Erosion von Staatlichkeit, des Untergangs des weströmischen Reiches (476) und der Gründung von Nachfolgereichen nichtrömischer Gentes kam es zu einer Aufsplitterung der vergleichsweise einheitlichen spätantiken Rechtskultur und der Herausbildung zum Teil gentil geprägter Rechtsräume. Die neuen frühmittelalterlichen Rechtsverhältnisse zeichneten sich nicht zuletzt durch eine Tendenz zum Kleinteiligen und Partikularen aus.[94] Ein augenfälliger Beleg dafür sind die sog. Volksrechte oder Leges barbarorum, d. h. die zwischen dem späten 5. und dem frühen 9. Jahrhundert aufgezeichneten Rechte nichtrömischer Gentes.[95]

Wenngleich die neuere Forschung die Sichtweise vieler deutscher Rechtshistoriker des 19. und frühen 20. Jahrhunderts, die dem römischen Recht ein gemeingermanisches aus den Volksrechten synthetisiertes Recht gegenüberstellten, nicht mehr teilt, ist unbestreitbar, dass die Leges barbarorum, wenn auch in unterschiedlicher Weise, Vorstellungen und Lebenswelten erkennen lassen, die sich von denen des spätantiken römischen Rechts deutlich unterscheiden. Das gilt nicht zuletzt für die rechtliche Stellung des freien Menschen. So sucht man etwa in den Volksrechten ein Gegenstück zum römischen Bürgerrecht, das nach dem Untergang des Imperium Romanum schnell an Bedeutung verlor, vergebens.[96] Dieser Befund muss insofern nicht verwundern, als dem überkommenen gentilen Recht nicht nur ein Denken in abstrakten Rechtsbegriffen, sondern auch das Phänomen des Staates – zumindest wie er sich aus

87 Codex Iustinianus I,5,18 pr. Zum Folgenden vgl. BIONDI (1952) 138 ff.

88 Codex Iustinianus IX,27,6,1, (a. 439), S. 385: »Et licet neminem [...] arbitramur immemorem, ut saluti propriae ullum commodum anteponat [...]«; Codex Iustinianus, I,2,21,2 (a. 529), S. 16: »non absurdum est animas hominum quibuscumque causis vel vestimentis praeferri: [...]«; Novellae Iustiniani LXV praef. 2.

89 Codex Iustinianus IX,27,6,1 (ca. 439).

90 SCHULZE (1928); SCHULZE (1930); BRUCK (1956); MURGA (1968); WACKE (1998); OGRIS (2008) (mit weiterer Literatur).

91 Codex Theodosianus XVI,6; Codex Iustinianus I,6.

92 VOLTERRA (1980) 92.

93 LIERMANN (1962) 23. Ferner vgl. ULLMANN (1967).

94 VACCARI (1936); ARCARI (1968) 240–259.

95 Zum ersten Überblick vgl. BUCHNER (1953); SCHOTT (1991); SCHMIDT-WIEGAND (2001a); SIEMS (2009).

96 MATHISEN (2006) 1037–1040. Ferner vgl. KÖBLER (1965); GASPARRI (2008).

Sicht der Spätantike und der Neuzeit darstellt – fremd war. [97]

Den meisten Leges barbarorum liegt über weite Strecken eine nur mittelbar aus den Quellen zu erschließende naturalistische Sicht des Menschen zugrunde, die in dem größeren Zusammenhang bäuerlich-kriegerisch geprägter Gesellschaften, ihrer Gemeinschaftsformen und Werte steht. Die rechtliche Stellung des Einzelnen und sein im Zuge von Initiationsvorgängen zurückzulegender Weg in das Recht [98] hingen ganz entscheidend vom körperlichen Vermögen ab. [99] Das zeigt sich etwa bei der Bemessung von Wundbußen und Wergeld anhand von Kampfkraft und Gebärfähigkeit, in der Einschränkung rechtlicher Handlungsfähigkeit aufgrund von Alter oder Krankheit (z. B. im Erbrecht) und nicht zuletzt im Zweikampf vor Gericht. Diese allgemeine Tendenz kommt mitunter auch in Regelungen zum Tragen, die mit dem Anfang des Lebens in Verbindung stehen, wenn der Mensch noch nichts vermag. Im Folgenden soll vor diesem Hintergrund die Stellung des neugeborenen Kindes in ausgewählten Rechtsquellen des Frühmittelalters etwas genauer betrachtet werden. [100]

Hier richtet sich der Blick zunächst auf Bestimmungen, die noch keinen christlichen Hintergrund erkennen lassen. Dabei ist vorab zu berücksichtigen, dass das Kind oder gar seine Rechtsstellung in den Leges barbarorum nicht per se Regelungsgegenstand sind, sondern nur im Zusammenhang mit anderen Themen (z. B. dem ehelichen Güterrecht) behandelt werden. [101] Der allgemeinen Natur der Volksrechte entsprechend sind hier vor allem Bußvorschriften über Unrechtstaten von Interesse. So findet sich etwa in den älteren Hand-

schriftenklassen der Lex Salica und in der von ihr abhängigen Lex Ribuaria folgende Bestimmung: Wenn jemand ein Kind im Mutterleib oder ein Kind, das noch keinen Namen erhalten hat, tötet, muss er 100 Solidi zahlen. [102] Dagegen sehen beide Leges vor, dass die Tötung eines erwachsenen Mannes mit 200 Solidi zu büßen ist. [103] Die Relation der Bußen muss an dieser Stelle nicht weiter interessieren, zumal sie sich mit einer dritten Vorschrift der Lex Salica, wonach die Tötung eines Knaben im Alter von bis zu zwölf Jahren mit 600 Solidi zu büßen ist, [104] nicht ohne Weiteres in Einklang bringen lässt. Entscheidend ist mit Blick auf die erstgenannte Vorschrift der Lex Salica und der Lex Ribuaria hingegen zweierlei: Der Hinweis auf die Namensgebung und die Gleichstellung des Kindes, das noch keinen Namen erhalten hat, mit dem ungeborenen Kind. Abgesehen von diesen beiden fällt aus Sicht der Handschriftenüberlieferung noch ein dritter Punkt ins Auge, und zwar dass einzelne jüngere Handschriften der Lex Salica in der Vorschrift über die Tötung eines Kindes nach den Worten *ante quod nomen habeat* den Zusatz *infra nouem noctibus*, d. h. neun Nächte nach der Geburt, aufweisen. [105]

Es lohnt sich, diese drei Elemente etwas genauer zu betrachten. Besonders ins Auge fällt der Hinweis auf den Namen. Gedacht ist hier nicht an eine Namensgebung im Rahmen der Taufe, vielmehr geht es um die erste Etappe auf einem vorchristlichen Weg in das Leben und das Recht. [106] An die Stelle der Namensgebung konnten auch andere Formalakte treten wie z. B. der vor allem in Skandinavien nachweisbare Lustrationsritus der sog. Wasserweihe [107] oder das förmliche Aufheben des Kindes. [108] Wie diese Riten, über deren genaue

97 Zu der kontroversen Frage nach dem Staat im frühen Mittelalter vgl. MEYER (2010).

98 MAIER / MEIER (2000); KANNOWSKI (2008); TURNER (2012).

99 BÄTSCHI (1887) 72–95; OGRIS (1978); SCHUMANN (2008); LÜCK (2013). Ferner vgl. FEHR (1938). Wie im Falle von K.A. Eckhardt so ist auch bei Fehr ein Bemühen erkennbar, die betreffenden Tendenzen des frühmittelalterlichen Rechts mit Blick auf die Gegenwart der 1930er Jahre zu kultivieren. Vgl. MEISSEL (1990) 423 f.; MOHNHAUPT (1995) 160 f. Ferner siehe oben S. 91 f.

100 Zum Folgenden vgl. COULIN (1910); METZ (1976); WÄCHTERSHÄUSER (1978); SCHWARZ (1993); LUTTERBACH (2003); SCHRATZ (2003); LOHRKE (2004) 27–37; SCHWAB (2012). Ferner vgl. GODEFROY (1927); KANNOWSKI (2008).

101 BRUNNER (1895).

102 Pactus legis Salicae 24,6, S. 91; Lex Ribvaria 40 (36),10, S. 94. Vgl. BEYERLE (1935) 62. Die Bestimmung fehlt in späteren Rezensionen der Lex Salica. Vgl. NIEDERHELLMANN (1983) 124 f.; SCHWARZ (1993) 62; SEEBOLD (2011). Zu Lex Salica und Lex Ribuaria vgl. SCHMIDT-WIEGAND (2001c); SCHMIDTWIEGAND (2001d).

103 Pactus legis Salicae 15,1, S. 70; Lex Ribuaria 7, S. 77.

104 Pactus legis Salicae 24,1, S. 89.

105 Pactus legis Salicae 24,6, S. 91.

106 ECKHARDT (1937a) 74–94; SCHMIDT-WIEGAND (1984); JARNUT (1997) 56; JOCH (1999) 145–148.

107 MAURER (1881); GROSCH (1910); ERLER (1998); HULTGÅRD (2006). Zur christlichen Namensgebung im frühen Mittelalter vgl. LEFEBVRE-TEILLARD (1990) 11–20.

108 OLECHOWSKI (2008a).

Bedeutung die Leges keine Auskunft geben, ist auch die Frist von neun Nächten, d. h. nach römischer Zählweise von neun Tagen, nach der Geburt Teil des Wegs ins (Rechts)Leben.[109] Die Frist findet sich nicht nur in der Antike, sondern begegnet auch in anderen Leges.[110] So etwa im alemannischen Recht. Dem Pactus Alamannorum zufolge muss derjenige, der eine schwangere Frau schlägt, sodass sie einen Abort erleidet oder ein Kind zur Welt bringt, das nicht länger als neun Nächte lebt, eine Buße von 40 Solidi zahlen.[111] Die Lex Alamannorum bringt die gleiche Vorschrift, lässt jedoch in Teilen der Handschriftenüberlieferung eine Verkürzung auf acht Tage erkennen.[112] Leicht verändert taucht die Frist schließlich auch im westgotischen Recht auf.[113]

Wie lassen sich nun die neun Nächte bzw. Tage und die Namensgebung oder andere ihr entsprechende Formalakte erklären? Man könnte sie zum einen im Sinne vorchristlicher religiöser Vorstellungen deuten, wie dies Karl August Eckhardt versucht hat: »Bis zur Namengebung wird es [das neugeborene Kind, C.M.] weiter als Leibesfrucht (nasciturus) behandelt. Vom Augenblick der Namengebung an gilt es als Mensch. Denn jetzt erst hat es nach germanischer Auffassung eine Seele.«[114] Dass die Leibesfrucht und das namenlose Neugeborene gleichgestellt werden, steht außer Zweifel.[115] Der Rest bleibt Spekulation, für die Eckhardt bei aller Liebe zum germanischen Heidentum keine Belege oder auch nur Indizien zu liefern vermag.[116]

Abgesehen von diesem religionsgeschichtlichen Erklärungsansatz ließe sich der Vorgang aber auch vor dem Hintergrund des gentilen Rechtslebens deuten. Aus Sicht der klassischen Germanistik bestand der Sinn ritueller Handlungen wie der

vorchristlichen Namensgebung vor allem darin, dass ein neugeborenes Kind, um den Schutz der Hausgemeinschaft oder des Muntwalts der Mutter zu genießen, mittels bestimmter Formalakte innerhalb einer bestimmten Frist angenommen worden sein musste.[117] So würde auch eine Bemerkung des Tacitus erklärlich, wonach die Germanen in der Kindstötung eine Schandtat (*flagitium*) sahen.[118] Die Aussage bezieht sich demnach nur auf das Kind, das schon in die Familie aufgenommen worden ist.[119]

Unabhängig von der Frage, inwieweit dieser Harmonisierungsversuch zu überzeugen vermag, lenkt der Gedanke, dass innerhalb einer bestimmten Frist zu entscheiden war, ob das Kind angenommen werden sollte oder nicht, den Blick auf die Frage, wem eine solche Entscheidung hätte zustehen können und worin die Alternative bestand.[120] Die ältere Literatur tut sich schwer, hierauf eine klare Antwort zu geben. Das liegt nicht zuletzt daran, dass die wenigen außerrechtlichen Quellen, denen sich nähere Aufschlüsse hierzu entnehmen lassen, keine eindeutige personelle Eingrenzung erlauben.[121]

Unklar ist aber auch, worin die Grundlage einer solchen Entscheidungsbefugnis bestehen sollte. Was diese betrifft, so bietet sich als Erklärung die Lehre von der Munt an.[122] Die germanische Munt wird in der älteren rechtshistorischen Literatur als Gegenstück zu der römischen *manus* und *patria potestas* gesehen und als Gewalt gedeutet, die sich auf die dem Hausherrn Unterworfenen, d. h. Frauen, Kinder (zumindest die Töchter) und Un- bzw. Minderfreie, erstreckte, nach außen als Schutz und Haftung, nach innen dagegen als Herrschaft wirksam wurde und im Extremfall auch das Recht, das Mündel zu töten, umfasste.[123] Diese im

109 Zur Neunzahl vgl. Weinhold (1897) 1–61; Meyer / Suntrup (1987) 581–590. Zur Zählweise vgl. Schrader (1878) 44 ff. (324 ff.); Grimm (1899), Bd. 2, 506.
110 Für Belege im zweiten Jahrtausend vgl. Brunner (1906) 52.
111 Pactus Alamannorum II,30, S. 22. Zu den alemannischen Rechtsaufzeichnungen vgl. Schmidt-Wiegand (2001b).
112 Lex Alamannorum LXX (A-Fassung), S. 137.
113 Lex Visigothorum IV,2,18 (Chindaswinth), S. 185–188. Dazu siehe unten S. 104 f.

114 Eckhardt (1937a) 89.
115 So schon Coulin (1910) 133 f.
116 Zu Eckhardts weltanschaulichen Hintergründen siehe oben S. 92.
117 Brunner (1906) 101 f.; Schröder / von Künssberg (1932) 71 f. (jeweils mit älterer Literatur).
118 Tacitus, Germania, cap. 19,3, S. 98: »Numerum liberorum finire aut quemquam ex agnatis necare flagitium habetur, plusque ibi boni mores valent quam alibi bonae leges.«
119 Schröder / von Künssberg (1932) 72 Anm. 43.

120 Zum Folgenden vgl. Wilda (1842) 724–728; Wächtershäuser (1978) 737 f.
121 Dazu siehe unten S. 101.
122 Zu der umfangreichen und zum Teil kontroversen Literatur zur Munt vgl. Ogris (1984); Saar (2006) (jeweils mit weiterführenden Angaben).
123 Grimm (1899), Bd. 1, 617 ff.; Bluhme (1873); Brunner (1906) 92 ff.; Schupfer (1907) 96–100.

19. und frühen 20. Jahrhundert entwickelte Lehre ist in mancherlei Hinsicht angreifbar. Allerdings ist es den Kritikern bislang nicht gelungen, an ihre Stelle eine alternative Erklärung des *mundium* zu liefern, die in den letzten Jahrzehnten Anklang oder auch nur größere Resonanz gefunden hätte. [124] Geht man einmal davon aus, dass in den gentilen Kulturen des frühen Mittelalters Ausformungen der Hausgewalt existierten, die dem gerade angedeuteten Verständnis der Munt zumindest grosso modo entsprachen, dann bereitet die Muntgewalt als Erklärung für die Entscheidungsbefugnis über das neugeborene Kind insofern Probleme, als das Kind durch die betreffenden Formalakte überhaupt erst in die Hausgemeinschaft und damit in die Munt aufgenommen wurde. Demnach kann die Entscheidungsgrundlage logischerweise nicht in der Muntgewalt bestehen. Doch ist das für das Frühmittelalter vielleicht etwas zu dogmatisch gedacht. Jedenfalls erscheint es schwer vorstellbar, dass jemand ohne Zustimmung des Muntwalts, d. h. des Ehemanns oder eines männlichen Verwandten der Frau, eine so schwerwiegende Entscheidung über die Zukunft des Kindes treffen konnte. [125]

Lässt man dieses Problem einmal beiseite, dann liegt vor allem eine Frage nahe: Was geschah, wenn das neugeborene Kind nicht einer Initiation in das (Rechts)Leben teilhaftig wurde? Einige wenige Belege lassen vermuten, dass im frühen Mittelaler mancherorts neugeborene Kinder von ihren Angehörigen getötet oder ausgesetzt werden durften, wenn sie z. B. aufgrund schlechter körperlicher Verfassung oder ihres Geschlechts nicht den Anforderungen oder Erwartungen entsprachen. [126] Jedenfalls kann man der 802/3 aufgezeichneten Lex Frisionum entnehmen, dass eine Mutter ihr gerade geborenes Kind bußlos töten darf. [127] Einen ähnlichen Eindruck vermittelt ebenfalls für den friesischen Raum eine Passage aus der um 839–849 verfassten Vita Liudgeri des Altfrid (gest. 874), der

zufolge Liafburg, die Mutter des Heiligen auf Geheiß ihrer Großmutter väterlicherseits getötet werden sollte, weil diese keine weitere Enkelin wollte. [128] Der Gedanke, dass in der Heiligenvita bloß ein christliches Zerrbild heidnischer Praktiken gezeichnet wird, [129] vermag angesichts der Lex Frisionum nicht zu überzeugen, die im Übrigen ein bereits stark eingeschränktes Tötungsrecht vermuten lässt. [130] Davon abgesehen findet sich auch im Paenitentiale Oxoniense II, einem fränkischen Bußbuch des 8. Jahrhunderts, für den Fall, dass eine Mutter ihr Kind getötet hat, noch die vorchristliche Unterscheidung, ob sie den Säugling bereits angenommen bzw. ihm die Brust gegeben hat oder dies noch nicht geschehen ist. [131]

2. Die Taufe in den Leges barbarorum

Soweit zum Fall des neugeborenen Kindes, wie er sich aus der wenn auch nur ansatzweise erkennbaren Perspektive eines vorchristlichen gentilen Rechtsverständnisses darstellt. Angesichts des gerade erwähnten Paenitentiale Oxoniense II stellt sich die Frage, welches Bild sich demgegenüber aus Sicht christlicher Gerechtigkeitsvorstellungen ergibt. Immerhin setzen alle weltlichen Rechtsquellen des Frühmittelalters das Christentum als offizielle Religion voraus und weisen, wenn auch in unterschiedlichem Maße, christliche Einflüsse auf. [132] Die Vermutung liegt nahe, dass die Situation des Kindes, bis es getauft war, ebenso prekär gewesen sein könnte wie im vorchristlichen Recht. Für diese Annahme spricht nicht nur die Tatsache, dass das Neugeborene (noch) kein Christ war und sich in einem Zustand »diesseitiger und jenseitiger Ambiguität« (Peter von Moos) befand, [133] sondern auch der Umstand, dass die Taufe allmählich die vorchristliche Kindesaufnahme und verwandte Rituale verdrängte. [134]

Einige Hintergründe dieser Entwicklung sind durchaus erkennbar. So handelte es sich bei der

124 CORTESE (1955–1956). Dazu vgl. PARTSCH (1958). – Ähnliche Vorstellungen wie CORTESE vertritt seine Schülerin Guerra Medici. Vgl. DIES. (1986) 70 ff. Ferner vgl. KROESCHELL (1968) 37–40.
125 Vgl. Anm. 102.
126 MAURER (1881) 221–224; OLESCHOWSKI (2008b). Ferner vgl. CRAWFORD (2010) 62 f.; WICKER (2012).

127 Lex Frisionum V,1, S. 46. Vgl. SIEMS (1980) 334–338.
128 Altfrid, Vita Liudgeri, Lib. I cap. 6–7, S. 10–12. Vgl. VAN UYTFANGHE (2009) 155. Siehe unten S. 102. Zur heiligen Odilia (Ottilie), deren Vater sie töten wollte, weil sie blind war, vgl. GOETZ (1995) 136 f.
129 BOSWELL (1990) 211 f.
130 Lex Frisionum V,2, S. 46.

131 Paenitentiale Oxoniense II, cap. 32–33, S. 196. Vgl. SIEVERS (1984); KÖRNTGEN (1993) 186–189; MEENS (1994) 57 f.
132 WÜRDINGER (1935); IMBERT (1967); VISMARA (1967); NEHLSEN (2006).
133 VON MOOS (2004) 23.
134 BADER/DILCHER (1999) 97. Für Skandinavien vgl. PERKOW (1972) 36–46.

Taufe genauso wie bei den gerade erwähnten Riten um einen Formalakt, der in der von Schriftlosigkeit geprägten Welt des frühen Mittelalters den großen Vorzug hatte, dass er, wenn vor Zeugen durchgeführt, leicht zu beweisen war. [135] Abgesehen von dieser funktionalen Gemeinsamkeit bestanden auch formale Parallelen. Eine solche findet sich in der bereits erwähnten Vita Liudgeri, in der Altfrid im Zusammenhang mit Liudgers Mutter Liafburg nicht nur vom Recht der Heiden, ein neugeborenes Kind zu töten, berichtet, sondern auch erklärt, wie die Mutter des Heiligen diesem Schicksal entging: Eine Frau gab ihr Honig zu essen und deshalb, d. h. nach der ersten Nahrungsaufnahme, durfte sie nicht mehr getötet werden. [136] Hier zeigt sich eine bemerkenswerte Parallele zur antiken Liturgie, insofern den Neugetauften, die im Sinne einer *secunda nativitas* kleine Kinder waren, Milch und Honig gereicht wurde. [137] Nicht auszuschließen ist, dass über solche Schnittpunkte der Übergang von der vorchristlichen Kindesaufnahme zur Taufe erfolgt sein könnte. [138]

Blickt man von der Vita Liudgeri auf Sachsen, das spätere Wirkungsfeld des heiligen Liudger, dann findet sich in einer der Bußnormen der *Capitulatio de partibus Saxoniae* (782) Karls d. Gr. (768/800–814) ein Hinweis, dass der Weg zur Taufe mitunter durch die lex scripta geebnet wurde: Wenn der Vater sein Kinder nicht binnen Jahresfrist nach der Geburt taufen lässt, muss er je nach Stand eine Buße zwischen 20 und 30 Solidi zahlen. [139] Es wird also auf die Angehörigen Druck ausgeübt, neugeborene Kinder möglichst bald taufen zu lassen. Für die *Capitulatio*, die sich als Instrument fränkischer Zwangsmission darstellt, mag dies nicht weiter erstaunen, wo doch dem erwachsenen Sachsen, der sich nicht taufen lassen will, sogar die Todesstrafe drohte. [140]

Ähnliche Bußnormen finden sich im Zusammenhang mit der Taufe jedoch schon früher, und zwar im angelsächsischen Recht. König Ine (688–726) droht in seinem zwischen 688 und 695 aufgezeichneten Gesetzbuch dem Vormunt mit einer Buße von 30 Schillingen für den Fall, dass das seiner Gewalt unterworfene Kind nicht binnen 30 Tagen getauft wird. [141] Auffällig ist zunächst die im Vergleich zur *Capitulatio* deutlich kürzere Frist, die erkennen lässt, dass der Angelsachsenkönig tatsächlich das neugeborene Kind im Auge hat. [142] Bemerkenswert ist zudem die Stellung des Kapitels. Es ist das zweite des Gesetzbuchs und das erste, das konkrete Bestimmungen enthält. Diese Vorschrift hat ein Gegenstück in Gestalt des letzten Kapitels, das ebenfalls im Zusammenhang mit der Taufe steht, allerdings einen profanen Gegenstand behandelt. Die beiden Bestimmungen erscheinen insofern als A und O der Rechtsaufzeichnung. Das Schlusskapitel sieht vor, dass bei Tötung des Patensohns oder des Taufpaten eine Totschlagsbuße in Höhe des Wergelds an den Paten bzw. den Patensohn zu zahlen ist. [143] Die geistliche Verwandtschaft als eine Folge der Taufe wird also hinsichtlich bestimmter Unrechtstaten der Blutsverwandtschaft gleichstellt.

Vergleicht man die bis jetzt betrachteten von Karl d. Gr. und Ine getroffenen Regelungen mit der zuvor umrissenen gentilen Rechtspraxis, dann zeichnen sich erste Neuansätze ab. Dass christliche Gesetzgeber den Angehörigen nicht das Recht über Leben und Tod des Kindes zugestanden, ist nicht weiter erstaunlich, auch wenn in der Praxis zumindest das Aussetzen ungetaufter wie auch getaufter Kinder bis in das 19. Jahrhundert weit verbreitet war. [144] Interessanter ist dagegen die in Ines Vorschrift über das Wergeld von Pate und Patensohn ablesbare Entwicklung, dass die Taufe durch die mit ihr einhergehende geistliche Ver-

---

135 Zur Taufe als Formalakt vgl. Kahl (1978) 50; Angenendt (2006) 36. Zur Taufe im frühen Mittelalter allgemein vgl. Cramer (2003) 130–220.

136 Zur Quelle siehe Anm. 128. Ferner vgl. Eckstein (1931–1932) 293 f.; Dölger (1936); Sievers (1984) 831 f.

137 Grimm (1899), Bd. 1, 630 Anm. * (zur Vita Liudgeri vgl. ebd. 631). Zur Sache vgl. Böttcher (1994) 466 ff.

138 Eckhardt (1937a) 83 f. Dagegen vgl. Olechowski (2008b) 383. Zu einem

solchen Übergang in Skandinavien vgl. Mejsholm (2008) 47–50.

139 Capitulatio de partibus Saxoniae, cap. 19, S. 40. Vgl. von Padberg (2008).

140 Capitulatio de partibus Saxoniae, cap. 8, S. 38 f. Vgl. auch Chélini (1990) 62–67.

141 Die Gesetze der Angelsachsen, Bd. 1, Ine 2,1, S. 90 f.

142 Zu den Fristen vgl. Gy (1990).

143 Die Gesetze der Angelsachsen, Bd. 1, Ine 76,1, S. 122. Bei Firmpatenschaft

beträgt die Buße nur die Hälfte (Ine 76,3, ed. S. 122 f.). Vgl. Angenendt (1984) 116; Hudson (2012) 242 f. Für eine Entstehung der Vorschrift in späterer angelsächsischer Zeit hat sich – wenig überzeugend – Lynch ausgesprochen. Vgl. Lynch (1998) 196–199.

144 Zum Hoch und Spätmittelalter vgl. Boswell (1990) 267–427; Walter (2006).

wandtschaft den Täufling in neue soziale und rechtliche Lebenszusammenhänge einordnet. Hinzu kommt ausweislich der Bußnormen über die Tauftermine aber noch etwas anderes: Ein Dritter, der Gesetzgeber, sorgt sich um das geistliche Wohl des Kindes und entzieht deshalb die Entscheidung über die Taufe des Neugeborenen den Angehörigen (z. B. dem Muntwalt). Ähnliche religiös motivierte Vorstöße gegen die überkommene Hausgemeinschaft und Hausgewalt lassen sich auch in anderen Bereichen der frühmittelalterlichen Rechtsgeschichte beobachten. [145]

Aus einer ähnlichen Motivation erklärt sich auch noch eine weitere Besonderheit der christlichen Normgebung. Anders als man vielleicht vermuten könnte, [146] sind Ine und Karl d. Gr. eher an den ungetauften als an den getauften Kindern interessiert. Eine andere Bestimmung aus Ines Gesetzbuch lässt die Hintergründe zumindest für das angelsächsische Recht etwas klarer erkennen: Wenn ein Kind ungetauft stirbt, d. h. wohl nachdem die vom König gesetzte Frist von 30 Tagen verstrichen ist, muss der Vormunt mit seinem gesamten Vermögen büßen. [147] Der Hauptgrund für diese Regelung dürfte darin liegen, dass der Vormunt seiner Pflicht, das Kind zur Taufe zu bringen, nicht nachgekommen ist. [148] Allerdings erstaunt die Höhe der Buße. Zudem stellt sich die Frage, worin genau der Schaden besteht, der eine so schwerwiegende Sanktion nach sich zieht, die unter Umständen das Wergeld für die Tötung eines getauften Kindes deutlich übersteigen kann.

Ines Regelung steht, soweit es die relativ hohe Buße für das ungetauft verstorbene Kind betrifft, nicht allein. Auch die frühmittelalterlichen Bußbücher setzen vergleichsweise harte Kirchenbußen für die Tötung eines ungetauften Kindes fest. [149] Einen Schritt weiter geht noch eine Regelung des Mainzer Konzils von 852, wonach die Mutter, die ihr Kind getötet hat, eine mildere Kirchenbuße trifft, wenn das Kind bereits getauft ist. [150] Auf der gleichen Linie liegt, wie bereits zu sehen war, die eingangs zitierte Vorschrift der Lex Baiuvariorum. [151] Ähnliche Regelungen finden sich, wenngleich nicht durchgängig, auch im hoch- bzw. spätmittelalterlichen skandinavischen Recht. [152] Ein mittelbarer Hinweis zu den Hintergründen solcher Bestimmungen findet sich im Prolog zu Ines Gesetzbuch, in dem der König hervorhebt, er habe sich im Vorfeld der Rechtsaufzeichnung mit den weltlichen und geistlichen Großen »über das Heil unserer Seelen und den Zustand unseres Reiches« beraten. [153] Noch deutlicher wird der Verfasser des Paenitentiale Oxoniense II, der hervorhebt, dass die Tötung eines ungetauften Kindes dieses der Hoffnung auf ein Leben nach dem Tode beraubt. [154]

Diese besondere Sorge um das Seelenheil führt noch einmal zurück in die Spätantike. Nach einer von Augustinus besonders wirkungsmächtig vertretenen Auffassung war dem Kind, das ungetauft verstarb, der Weg in den Himmel verschlossen. [155] Zwar konnte ein kleines Kind keine Sünden begehen. Da es jedoch nicht die Taufe empfangen hatte, blieben die Folgen der Erbsünde ungetilgt. Dieser aus theologischer Sicht schwierige Fall, der den Ausgangspunkt für die scholastische Lehre vom sog. Limbus puerorum bildete, [156] stellte sich dem frühen Mittelalter vor allem als ein praktisches Problem dar. So berichtet etwa Gregor von Tours (gest. 594) mit Blick auf das Frankenreich des ausgehenden 6. Jahrhunderts von den Bemühungen der Angehörigen, ihren sterbenden Kleinkindern noch die rettende Taufe zuteilwerden zu lassen. [157] Denn, so lässt Gregor Königin Chrodechild (um 474–544) auf Vorwürfe ihres damals noch heidnischen Gemahls Chlodwig I. (466–511) antworten, wer im weißen Taufkleid von dieser

145 So z. B. Schultze (1934).

146 Siehe oben S. 101.

147 Die Gesetze der Angelsachsen, Bd. 1, Ine 2,2, S. 90 f. Vgl. Liebermann (1906) 677 f.

148 Zu weiteren möglichen Hintergründen vgl. Lee (2008) 33.

149 Schwarz (1993) 27 f.; Lutterbach (2003) 17. Vgl. Schöpf (1958) 124–142.

150 Concilia aevi Karolini DCCCXLIII–DCCCLIX, Mainz a. 852, cap. 9, S. 247. Vgl. Schmitz (1982) 364 f., 372 ff.; Hartmann (1982) 141.

151 Siehe oben S. 89.

152 Wilda (1842) 727 f.; His (1928) 122 f. Zur Rolle der Taufe im skandinavischen Recht vgl. Maurer (1908) 377–469.

153 Die Gesetze der Angelsachsen, Bd. 1, Ine, Prolog, S. 88 f.

154 Paenitentiale Oxoniense II, cap. 27, S. 195 f. Vgl. Körntgen (1993) 186 Anm. 651.

155 Carpin (2005); Carpin (2006); Dumézil (2010) 315 f.

156 Laarmann (1991); Lett (1997a).

157 Gregor von Tours, Libri I–IV de virtutibus sancti Martini episcopi, II,43, S. 174; Gregor von Tours, Liber vitae patrum, II,4, S. 221. Vgl. Nolte (1995) 136–151, insbesondere 139 f.

Welt gerufenen worden ist, der wird im Angesicht Gottes leben.[158] War das Kind doch ungetauft verstorben, ließ es sich durch ein Wunder für einen Augenblick vielleicht noch einmal zum Leben erwecken – um sogleich getauft zu werden und dann ein christliches Begräbnis zu erhalten. Ein Gedanke, der sich um 700 genauso findet wie noch um 1700.[159]

Die Sorge um das Seelenheil, die aus den betreffenden Quellen spricht, erklärt zu einem Gutteil die Attraktivität der Taufe. Dabei ist allerdings zu berücksichtigen, dass sich das Interesse der Eltern an der Taufe ihrer Kinder nicht auf christlich-religiöse Motive in einem engeren Sinne reduzieren lässt. Durch den Sakramentenempfang suchte man womöglich auch sicherzustellen, dass ein krankes Kind geheilt wurde[160] oder, falls es doch starb, die Angehörigen nicht von ihm als Untoten heimgesucht wurden.[161] Das zweite Motiv erscheint nur auf den ersten Blick bizarr. Tatsächlich erwähnt noch Burchard von Worms (um 965–1025) die Praxis, ungetauft verstorbene Kinder mit Stangen zu durchbohren, um so die Lebenden vor dem Toten als Wiedergänger zu schützen.[162] Ähnliche Vorstellungen finden sich auch andernorts.[163] Was hieran vorchristlich ist und was auf christlichen Volksglauben zurückgeht, lässt sich nur schwer entscheiden.

Es ist vielleicht kein Zufall, dass sich die Vorstellung, das Initiationssakrament könne vor Untoten schützen, ebenso nördlich der Alpen findet wie die gerade betrachteten Rechtstexte, in denen die Taufe in Bußnormen auftaucht, die nach dem Normstil des Si quis – wenn jemand die Unrechtstat X begeht, muss er die Summe Y zahlen – gestrickt sind. Zwar lassen die betreffenden Quel-

len durchaus Neuansätze erkennen, doch sucht man einen Kontrapunkt zur gentilen Rechtstradition vergeblich. Dazu bedurfte es nicht nur einer engeren Verbindung von rechtlichem Status und Taufe, sondern auch einer allgemeineren begrifflichen Vorstellung, wie sich dieses Verhältnis gerade in Hinblick auf das weltliche Recht darstellt. Angesichts des allgemeinen kulturellen Gefälles im frühen Mittelalter wird man einen entsprechenden Ansatz wohl eher in den mediterranen Regna als im Norden Europas erwarten dürfen.

Man muss nicht lange suchen, um diesbezüglich im westgotischen Recht fündig zu werden.[164] Dank der in ihrer Breite einzigartigen Überlieferung der Leges Visigothorum sind die historischen Ausgangspunkte der hier interessierenden Entwicklungen noch vergleichsweise gut erkennbar. Sie reichen zum Teil bis in die vorchristliche Rechtstradition zurück. Das gilt etwa für die Praxis der Kindestötung. Auf sie nimmt eine Bestimmung des dritten Konzils von Toledo (589) Bezug, in der der erste katholische Westgotenkönig Rekkared I. (586–601) seinen *iudices* und *sacerdotes* aufträgt, für die Abstellung dieses *horrendum facinus* Sorge zu tragen.[165] Wahrscheinlich war allerdings schon in arianischer Zeit die Tötung neugeborener Kinder verboten, wie eine Bestimmung der sog. Antiqua vermuten lässt.[166] Mit Blick auf die rechtliche Stellung des neugeborenen Kindes ging demgegenüber König Chindaswinth (gest. 653) einen wichtigen Schritt weiter. Er erließ ein Gesetz, wonach nur dasjenige neugeborene Kind erben kann, das mindestens 10 Tage gelebt hat und getauft worden ist.[167] Die Erbfähigkeit des Kindes, wenn nicht gar seine Rechtsstellung insgesamt hängt demnach am Sakramentenempfang.[168] His-

---

158 Gregor von Tours, Libri historiarum X, II, 29, S. 75 Z. 7–8: »[…] quia scio, in albis ab hoc mundo vocatus Dei obtutibus nutriendus«.

159 Agnellus Ravennas, Liber Pontificalis ecclesiae ravennatis, cap. 125 (De sancto Damiano), S. 299 f.; Cavazza (1994); Labouvie (2008). Ferner vgl. Lett (1997b) 193–218.

160 Corblet (1881) 437–440; Angenendt (1984) 57 f.

161 Crawford (1999).

162 Burchard von Worms, Decretorum libri XX, Lib. XIX, cap. 5, fol. 200rb; Corrector Burchardi, cap. CLXVI, S. 662. Vgl. Brunner (1905) 263; Vogel (1974) 756.

163 Corblet (1881) 441; Cavazza (1994) 22 ff.

164 Zum Westgotenrecht vgl. Nehlsen (1978); Kimmelmann (2010) 39–54. Nicht zugänglich war dem Verfasser die Monographie von Calabrús Lara (1991).

165 Concilios visigóticos e hispanoromanos, Concilium Toletanum III c. 17, S. 24.

166 Lex Visigothorum, IV,4,1 (Antiqua), S. 193 f. Vgl. Melicher (1930) 18 ff.

167 Lex Visigothorum, IV,2,18 (Chindaswinth), S. 185–188. König Erwig fügte an der entscheidenden Stelle der Chindaswinth-Konstitution (»si filius filiave decem diebus vivens et

baptizatus ab hac vita discesserit«; ebd. S. 185 (linke Spalte) Z. 19–21) zwischen *decem* und *diebus* die Worte *sive amplius vel infra* ein (ebd. S. 185 (rechte Spalte) Z. 19–20) und relativierte so die praktische Bedeutung der Frist gegenüber dem Erfordernis der Taufe. Vgl. Zeumer (1901) 124–133; MacCormack (1997) 657 ff.

168 Maldonado y Fernández del Torco (1946) 77 ff.; García-Gallo (1988); Lefebvre-Teillard (1994) 507 ff.

torisch bedeutete dies gegenüber der alten gentilen wie auch der römischen Rechtstradition einen Paradigmenwechsel: Der Status des Getauften, d. h. des *civis caelestis civitatis*, wurde zur Voraussetzung für den Erwerb profaner Rechte des *civis terrenae civitatis*.[169]

Einen Hinweis, auf welchem Wege Chindaswinth zu dieser Regelung gelangt sein könnte, gibt die Zehntagesfrist. Man darf vermuten, dass ihr die Frist der neun Nächte bzw. Tage, wie sie etwa im alemannischen Recht begegnet, zugrunde lag.[170] Allerdings hat sie ihren alten Sitz im Leben, den Formalakt der Aufnahme ins (Rechts)Leben, verlassen und ist in den Umkreis erbrechtlicher Fragen abgewandert, die vor allem um ein Problem kreisen: Kann ein neugeborenes Kind, das selbst nur kurze Zeit lebt, einen Elternteil beerben und dann seinerseits von dem überlebenden Elternteil beerbt werden? Anders als etwa das alemannische Recht, das abgesehen von einer bestimmten Lebensdauer als Vitalitätsbeweis den Blickkontakt des Kindes mit seiner Umwelt fordert,[171] hat sich der westgotische Gesetzgeber für die Taufe als Voraussetzung entschieden, die vermutlich an die Stelle eines älteren vorchristlichen Aufnahmeritus getreten ist.

Offenbar war dieses Gesetz umstritten und gab Anlass zu Kontroversen. Jedenfalls lieferte Chindaswinths Nachfolger Rekkeswinth (gest. 672) eine eigene philosophisch-theologische Begründung dieser Regelung.[172] Ihr zufolge kann sich ein neugeborenes Kind, das vielleicht schon kurz nach der Geburt wieder stirbt, eigentlich keine irdischen Güter aneignen. Der Natur gemäß muss es zunächst Gebrauch von seinen Sinnen machen können, bevor es etwas erbt. Denn, so die Begründung, wer kann schon Besitz von einer Erbschaft ergreifen, wenn er kaum das erste Lebenslicht wahrgenommen hat? Um gleichsam in Umkehrung der *origo naturae* schon vorher Erbe und

Erblasser sein zu können, muss das Kind durch die Taufe eines *salutare conmercium* teilhaftig werden, aufgrund dessen es nicht nur Erbe des Himmelreiches, sondern auch irdischer Erbe wird.

Die Konstitution lohnt entgegen Karl Zeumers sarkastischer Kritik eine etwas genauere Betrachtung.[173] Ihren Ausgangspunkt bildet die Frage, wie derjenige, der dem Tode näher ist als dem Leben, in die Rechte der Lebenden eintreten, d. h. überhaupt etwas besitzen kann. Das sich aus dieser Überlegung ergebende fast schon naturrechtliche Argument gegen eine Erbfähigkeit des Neugeborenen wird mehrmals variiert und als rhetorische Frage neu formuliert. Am Ende der entsprechenden Argumentationskette steht ein Vergleich: Das neugeborene Kind ist wie ein Schiffbrüchiger, der kaum dass er aus den Engen des Mutterschoßes in das Licht des Lebens getreten ist, schon wieder in die Dunkelheit des Todes zurückfallen kann.[174] Das einprägsame Bild lässt außergewöhnliche Bildungshintergründe vermuten. Jedenfalls findet sich in Lukrez' Lehrgedicht *De rerum natura* eine sehr ähnliche Metaphorik: Der Säugling wird mit einem Schiffer verglichen, der von der Natur aus dem Mutterschoß an den lichten Strand des Lebens geworfen worden ist.[175] Die Verwendung dieses Bildes in einem westgotischen Kontext erstaunt umso mehr, als man die Lukrezstelle in größerem Umfang erst in der Neuzeit im Gefolge von Michel de Montaigne (1533–1592) zitiert findet.[176]

Interessanter jedoch als solche Bildungshintergründe ist für die Deutung der Taufe die im zweiten Teil des Kapitels gebotene Lösung. An deren Schluss verweist der Gesetzgeber noch einmal auf den Zweck der Regelung. Durch das Instrument des irdischen Rechts soll sichergestellt werden, dass das Kind, auch wenn es früh stirbt, dank der Taufe zumindest einen Vorteil im Himmelreich hat. Doch wie kann diese der Grund dafür sein, dass

169 MacCormack (1997) 659. Vgl. Anm. 73.

170 Brunner (1906) 101 Anm. 52.

171 Lex Alamannorum, LXXXIX,1 (A-Fassung), S. 151. Ähnliche Regelungen finden sich noch im hoch- und spätmittelalterlichen Recht in Gestalt des sog. Beschreiens der Wände. Vgl. Brunner (1895) 64 ff.; Ebert (2008).

172 Lex Visigothorum, IV,2,17 (Recceswinth), S. 184 f. Vgl. Dahn (1874) 319; MacCormack (1997) 658 f.

173 Zeumer (1901) 124.

174 Lex Visigothorum, IV,2,17, S. 184 Z. 25 – S. 185 Z. 1: »Sicque naufragus in medio lucis angustias mox genitales exiit, mox fatales relapsus est in tenebras.«

175 Lucretius, De rerum natura, hg. von H. Diels, Lib. V v. 222–227, S. 254: »tum porro puer, ut saeuis proiectus ab undis / nauita, nudus humi iacet, infans, indigus omni / uitali auxilio, cum primum in luminis oras / nixibus

ex aluo matris natura profudit, / uagituque locum lugubri complet, ut aecumst / cui tantum in uita restet transire malorum.« Vgl. Schlegelmilch (2009) 20 f.

176 Michelet (1837) 9; Cramer (2003) 114 f.

jemand auf Erden erben kann? Die Lösung liegt in dem Begriff des *salutare commercium*, den schon Papst Leo d. Gr. (440–461) im Zusammenhang mit dem Kreuzesopfer des guten »Kaufmanns« Jesus Christus verwendet, der sterbliche Menschennatur annahm, damit die Menschen des ewigen Lebens teilhaftig werden können.[177] Doch hat der Terminus *commercium* auch im römischen Recht eine spezifische Bedeutung, und zwar im Sinne einer Nichtbürgern verliehenen Fähigkeit, an bestimmten Veräußerungsgeschäften (nach römischem Recht) teilzunehmen.[178] Zieht man die theologische und die rechtliche Bedeutungsebene zusammen, ergibt sich die argumentative Pointe: Durch die Taufe wird das neugeborene Kind dank Christi *salutare commercium* Bürger des Himmelreiches. Dadurch erwirbt er jedoch zugleich das irdische *commercium*, denn die Taufe transzendiert die Natur und ermöglicht es dem getauften Kind, Handlungen im Recht vorzunehmen (z. B. Besitz von einer Erbschaft zu ergreifen), zu denen es aufgrund der *origo naturae* nicht in der Lage wäre.

Chindaswinths Konstitution und ihre theoretische Begründung durch Rekkeswinth lassen gleichermaßen Kontinuitäten und Neuanfänge erkennen: Der westgotische Gesetzgeber sorgte sich wie vor ihm manche spätrömischen Kaiser um das Seelenheil seiner Untertanen und wollte deshalb sicherstellen, dass sie möglichst früh getauft wurden. Dazu knüpfte er an den Empfang des Initiationssakraments gewichtige Rechtsfolgen im weltlichen Bereich. An die Stelle der alten Vitalitätskriterien, die noch in Rekkeswinths Hinweis auf den Sinnesgebrauch anklingen, trat so das *sacramentum regenerationis*. Die von Chindaswinth getroffene Regelung findet sich in späterer Zeit in ganz unterschiedlichen europäischen Gesellschaften des Mittelalters und der Neuzeit.[179] Die entsprechende Tradition kommt u. a. in der Sen-

tenz zum Ausdruck: »Ist das Kind nicht getauft, so erbt es nicht.«[180] Keine Zukunft war dagegen Rekkeswinths Begründung beschieden. Schon die Redaktoren König Erwigs (680–687) nahmen an ihr Anstoß und entfernten sie im Zuge der von diesem König angeordneten Bearbeitung des Liber Iudiciorum aus dem westgotischen Gesetzbuch.

V. Schluss

Am Ende dieser Untersuchung steht weder ein abschließendes Ergebnis noch eine umfassende Entwicklung, die vom ersten in das zweite Jahrtausend führt. Das war auch nicht beabsichtigt. Angesichts vielfacher Brüche und komplexer Transformationsprozesse liegt der besondere Reiz der frühmittelalterlichen Rechtsgeschichte vielleicht gerade in der Vielfalt der Möglichkeiten und in den verschlungenen Wegen. Das zeigt sich auch mit Blick auf den Beitrag, den die Taufe im frühen Mittelalter zum rechtlichen Begriff der Person leistete, wenn man theoretische Potentiale und historische Befunde, wie sie in den Abschnitten II–III bzw. III–IV skizziert worden sind, einander gegenüberstellt.

Das Frühmittelalter kannte weder einen Staat im Sinne der Spätantike oder der Neuzeit noch verfügte es über große von Juristen gepflegte Gebäude rechtlicher Begrifflichkeit, wie sie bis zum 6. und dann wieder seit der Wende vom 11. zum 12. Jahrhundert selbstverständlich waren. Sein Rechtsverständnis in Hinblick auf den einzelnen Menschen war, zumindest soweit es die sog. Volksrechte der nichtrömischen Gentes betrifft, nicht zuletzt von der Vorstellung bestimmt, dass die Rechtsstellung des Einzelnen ganz wesentlich von seinem physischen (und materiellen) Vermögen und seiner Funktion innerhalb der Gemein-

---

177 Lex Visigothorum, IV,2,17, S. 185 Z. 10–11: »Sicque salutari conmercio, dum hereditat ille celum, hereditet iste solum; […]« Vgl. Leo Magnus, Tractatus, LIV,4, S. 320 Z. 79–85. Zu den theologiegeschichtlichen Hintergründen des *salutare commercium* vgl. HERZ (1958) 79–104; POQUE (1960); ANGENENDT / BRAUCKS / BUSCH / LENTES / LUTTERBACH (1995) 5 f.; NEGEL (2005) 140 f.

178 LEONHARD (1900); MAYER-MALY (2003).

179 BRUNNER (1895) 65 f.; Enciclopedia jurídica española, Bd. 4, v. Bautismo, S. 298; VIOLLET (1905) 495 f.; FOCKEMA ANDREAE (1906) 128; KAHL (1957) 29–33; CARLSSON (1972) 163–185, 219–234, 255–258, 264–267.

180 GRAF / DIETHERR (1864) 210 Nr. 190 (vgl. ebd. 212); SCHMIDT-WIEGAND (1996) 317. Ein anderes Rechtssprichwort zieht aus diesem Grundsatz die Konsequenz im Sinne einer auch vom Kirchenrecht urgierten

möglichst frühen Taufe: »Man sagt das Kind besser zum Christentum und Erbe als davon.« Vgl. ebd. 66. Inwieweit dieser Grundsatz Anwendung fand, ob er nur für eheliche Kinder galt und ob vor allem ungetaufte Kinder weiterhin straflos ausgesetzt werden durften, wie die ältere Rechtsgeschichte vermutete, bedürfte genauerer Untersuchung. Vgl. GRIMM (1899), Bd. 1, 630; VON SCHWERIN (1915) 137.

schaft abhängig war. In einer solchen Welt wäre der moderne Gedanke, jeder Mensch könne als Person Träger von Rechten und Pflichten sein, schwer vorstellbar. Andererseits erscheint gerade vor diesem Hintergrund die Möglichkeit, dass zumindest jeder Christ aufgrund einer besonderen Taufprägung (*character*) über einen dauerhaften und unverlierbaren Status verfügte, der ihn zum Subjekt von Rechten und Pflichten machte, als grundsätzlicher Neuanfang. Die Bedeutung dieser Vorstellung lässt sich erst dann wirklich erfassen, wenn man die Tragweite eines anderen Gedankens in Rechnung stellt: dass jeder Mensch eine Seele hat, für deren Heil er vor Gott verantwortlich ist, und dass die Taufe der Schlüssel zu einem so verstandenen christlichen Seelenheil ist.

Dieses theoretische und normative Potential der Taufe, das auch ein Erbe der Patristik (z. B. des Augustinus) war, scheint zumindest auf den ersten Blick keine entsprechende Umsetzung in der Normgebung christlicher Gesetzgeber des frühen Mittelalters gefunden zu haben. Die Rechtsstellung des neugeborenen Kindes im Spiegel der Leges barbarorum zeigt jedoch, dass die Taufe seit dem 7. Jahrhundert ältere vorchristlichen Formalakte (z. B. die Namensgebung), durch die das Neugeborene in die Hausgewalt aufgenommen wurde und damit vor Tötung oder Aussetzung geschützt war, verdrängte und ersetzte. Dabei sind grundsätzlich neue Akzente erkennbar. Während die betreffenden Formalakte in der vorchristlichen gentilen Rechtskultur wohl vor allem dem Beweis dienten, geht die Bedeutung der Taufe über diese Funktion hinaus. Schon einzelne Regelungen des Angelsachsen Ine und Karls des Gr. lassen erkennen, dass Druck auf die Angehörigen ausgeübt werden sollte, ihre Kinder taufen zu lassen. Dies konnte mittelbar dazu führen, dass dem Neugeborenen ungetauften Kind ein besonderer Schutz zu Teil wurde.

Noch einen Schritt weiter ging der Westgotenkönig Chindaswinth in einer Konstitution, der zufolge abgesehen von einer bestimmten Lebensdauer der Empfang der Taufe Voraussetzung dafür ist, dass ein Kind seinen Vater oder seine Mutter beerben kann. Der religiöse Status als Christ wurde so conditio sine qua non zumindest für die Erbfähigkeit im weltlichen Recht. Der gentile Gesetzgeber nahm damit eine Entwicklung des zweiten Jahrtausends (»Ist das Kind nicht getauft, so erbt es nicht.«) vorweg. Die von Chindaswinths Nachfolger vorgelegte Begründung der betreffenden Regelung lässt zudem bemerkenswerte Reflexionen (z. B. zum *salutare conmercium*) erkennen, welche die gedankliche Tragweite dieser Neuerungen erahnen lassen. Um eine möglichst frühe Taufe sicherzustellen, werden nicht (wie von Ine und Karl d. Gr.) Bußen angedroht, sondern weltliche Rechtsfolgen vom Empfang des Initiationssakraments abhängig gemacht. Die Taufe, d. h. der Status des Christen, wird so zur Begründung und zur Grundlage der weltlichen Rechtsstellung. Hier werden Berührungspunkte zwischen der westgotischen Normgebung und der Bedeutung des *character* (*indelebilis*) sowie des Seelenheils als Ausgangspunkten für eine »Personifizierung des Menschen« erkennbar.

Allerdings zeigen gerade die betreffenden Bestimmungen des Westgotenrechts, dass vom Frühmittelalter kein gerader Weg in das Hoch- und Spätmittelalter oder gar in die Neuzeit führt. Insofern fordert das hier skizzierte theoretische Potential der Taufe stets aufs Neue zu einer historischen Vergewisserung heraus. In diesem Spannungsverhältnis von Möglichkeit und rekonstruierbarer geschichtlicher Wirklichkeit liegt zugleich ein Ansatzpunkt für künftige Untersuchungen zu Taufe und Person – nicht nur im ersten Jahrtausend.

Christoph H. F. Meyer   107

Bibliographie

Quellen

- Agnellus Ravennas, Liber Pontificalis ecclesiae ravennatis, hg. von Deborah Mauskopf Deliyannis (Corpus Christianorum Continuatio Mediaevalis 199), Turnhout 2006
- Allgemeines Landrecht für die Preußischen Staaten von 1794, hg. von Hans Hattenhauer, 3. Auflage, Neuwied 1996
- Altfrid, Vita Liudgeri, in: Diekamp, Wilhelm (Hg.), Die Vitae sancti Liudgeri (Die Geschichtsquellen des Bisthums Münster 4), Münster 1881, 3–53
- [Ambrosiaster] Ambrosiastri qui dicitur commentarius in epistulas Paulinas, Pars III (Corpus Scriptorum Ecclesiasticorum Latinorum 81,3), hg. von Heinrich Joseph Vogels, Wien 1969
- Aurelius Augustinus, De civitate Dei, Libri XI–XXII, hg. von Bernhard Dombart und Alfons Kalb (Corpus Christianorum, Series Latina 48), Turnhout 1955
- [Burchard von Worms] Corrector Burchardi, in: Friedrich Wilhelm Wasserschleben (Hg.), Die Bußordnungen der abendländischen Kirche, Halle 1851 (ND Graz 1958), 624–682
- Burchard von Worms, Decretorum libri XX. Ergänzter Neudruck der Editio princeps Köln 1548, hg. von Gérard Fransen und Theo Kölzer, Aalen 1992
- Capitulatio de partibus Saxoniae, in: von Schwerin, Claudius (Hg.), Leges Saxonum und Lex Thuringorum (Monumenta Germaniae Historica Fontes iuris Germanici antiqui in usum scholarum separatim editi 4), Hannover, Leipzig 1918, 37–44
- Codex Iuris Canonici Pii X Pontificis Maximi iussu digestus Benedicti Papae XV auctoritate promulgatus, praefatione, fontium annotatione et indice analytico-alphabetico eminentissimo Petro Card. Gasparri auctus, New York 1918
- Codex Iuris Canonici auctoritate Ioannis Pauli PP. II promulgatus, fontium annotatione et indice analytico-alphabetico auctus, Città del Vaticano 1989
- [Codex Theodosianus] Theodosiani libri XVI cum constitutionibus Sirmondianis, hg. von Theodor Mommsen und Paul Martin Meyer, Bd. 1, Berlin 1904 (ND Hildesheim 2011)
- Concilia aevi Karolini DCCCXLIII–DCCCLIX, hg. von Wilfried Hartmann, Hannover 1984
- Concilios visigóticos e hispano-romanos, hg. von José Vives (España Cristiana 1), Barcelona 1963
- Corpus iuris civilis, 2: Codex Iustinianus, hg. von Paul Krüger, 14. Aufl., Dublin, Zürich 1967; 3: Novellae, hg. von Rudolf Schoell und Wilhelm Kroll, 9. Aufl. Dublin, Zürich 1968
- Die Gesetze der Angelsachsen, hg. von Felix Liebermann, Bd. 1–3, Halle a. S. 1903–1916 (ND Aalen 1960)
- Gregor von Tours, Libri historiarum X, hg. von Bruno Krusch und Wilhelm Levison (MGH SS rer. Merov. 1,1), 2. Auflage, Hannover 1951
- Gregor von Tours, Libri I–IV de virtutibus sancti Martini episcopi, hg. von Bruno Krusch (Monumenta Germaniae Historica SS rer. Mer. 1,2), Hannover 1885 (ND Hannover 1969), 134–211
- Gregor von Tours, Liber vitae patrum, hg. von Bruno Krusch (Monumenta Germaniae Historica SS rer. Mer. 1,2), Hannover 1885 (ND 1969), 211–294
- Leges Baiuwariorum, hg. von Johannes Merkel, in: Monumenta Germaniae Historica, Leges in folio, Bd. 3, Hannover 1863, 183–496
- Leges Visigothorum, hg. von Karl Zeumer (Monumenta Germaniae Historica LL nat. Germ. 1), Hannover, Leipzig 1902
- [Leo Magnus] Sancti Leonis Magni romani pontificis tractatus septem et nonaginta, hg. von Antoine Chavasse (Corpus Christianorum, Series Latina 138 A), Turnhout 1973
- Lex Alamannorum, hg. von Karl Lehmann (Monumenta Germaniae Historica LL nat. Germ. 5,1), 2. Aufl., hg. von Karl August Eckhardt, Hannover 1966
- Lex Baiuvariorum. Lichtdruckwiedergabe der Ingolstädter Handschrift des bayerischen Volksrechts mit Transkription, Textnoten, Übersetzung, Einführung, Literaturübersicht und Glossar, hg. von Konrad Beyerle, München 1926
- Lex Baiwariorum, hg. von Ernst von Schwind (Monumenta Germaniae Historica, Leges nat. Germ. 5,2), Hannover 1926 (ND Hannover 1997)
- Lex Frisionum, hg. und übers. von Karl August Eckhardt und Albrecht Eckhardt (Monumenta Germaniae Historica Fontes iuris Germanici antiqui in usum scholarum separatim editi 12), Hannover 1982
- Lex Ribvaria, hg. von Franz Beyerle und Rudolf Buchner (Monumenta Germaniae Historica LL nat. Germ. 3,2), Hannover 1954
- [Lucretius] T. Lucretius Carus, De rerum natura. Libri sex, hg. von Hermann Diels, Bd. 1, Berlin 1924
- Maximus episcopus Taurinensis, Sermones collectionis, hg. von Almut Mutzenbecher (Corpus Christianorum, Series Latina 23), Turnhout 1962
- Pactus Alamannorum, hg. von Karl Lehmann (Monumenta Germaniae Historica LL nat. Germ. 5,1), Hannover 1888
- Pactus legis Salicae, hg. von Karl August Eckhardt (MGH LL nat. Germ. 4,1), Hannover 1962
- Paenitentiale Oxoniense II, in: Kottje, Raymund (Hg.), Paenitentialia minora Franciae et Italiae saeculi VIII–IX (Corpus Christianorum, Series latina 156), Turnhout 1994, 179–205
- Tacitus, Germania, hg. von Gerhard Perl (Schriften und Quellen der Alten Welt 37,2), Berlin 1990
- [Tertullianus] Quintus Septimus Florens Tertullianus, Adversus Marcionem, hg. von Emil Kroymann, in: Ders., Opera, Pars I (Corpus Christianorum, Series Latina 1), Turnhout 1954, 437–726
- [Tertullianus] Quintus Septimus Florens Tertullianus, De anima, hg. von Jan Hendrik Waszink, in: Ders., Opera, Pars II: Opera montanistica (Corpus Christianorum, Series Latina 2), Turnhout 1954, 779–869

Literatur

- ALBANESE, BERNARDO, ADRIANA CAMPITELLI (1983), Persona. II. Persona (storia), in: Enciclopedia del diritto 33, Varese 1983, 169–193
- ALTHOFF, GERD (2002), Recht nach Ansehen der Person. Zum Verhältnis rechtlicher und außerrechtlicher Verfahren der Konfliktbeilegung im Mittelalter, in: CORDES, ALBRECHT u. a. (Hg.), Rechtsbegriffe im Mittelalter, Frankfurt am Main, 79–92
- AMATA, BIAGIO (1998), Il ›carattere‹ sacramentale: dottrina patristica?, in: Rivista liturgica 85, 487–522
- ANGENENDT, ARNOLD (1984), Kaiserherrschaft und Königstaufe. Kaiser, Könige und Päpste als geistliche Patrone in der abendländischen Missionsgeschichte, Berlin
- ANGENENDT, ARNOLD (2006), Taufe im Mittelalter, in: SEYDERHELM, BETTINA (Hg.), Tausend Jahre Taufe in Mitteldeutschland […], Regensburg, 35–42
- ANGENENDT, ARNOLD (2009), Toleranz und Gewalt. Das Christentum zwischen Bibel und Schwert, 5. Auflage, Münster
- ANGENENDT, ARNOLD, THOMAS BRAUCKS, ROLF BUSCH, THOMAS LENTES, HUBERTUS LUTTERBACH (1995), Gezählte Frömmigkeit, in: Frühmittelalterliche Studien 29, 1–71
- ARCARI, PAOLA MARIA (1968), Idee e sentimenti politici dell'Alto Medioevo, Mailand
- AVERSANO, MARIO (1988), La quinta ruota. Studi sulla Commedia, Turin
- BACCARI, MARIA PIA (1996), Cittadini popoli e comunione nella legislazione dei secoli IV–VI, Turin
- BADER, KARL S., GERHARD DILCHER (1999), Deutsche Rechtsgeschichte. Land und Stadt – Bürger und Bauer im Alten Europa, Heidelberg
- BATTENBERG, FRIEDRICH (2007), Gewalt, Buße und Seelenheil. Zur religiösen Dimension und rechtshistorischen Entwicklung der Totschlagsühne in der Vormoderne, in: BUCHHOLZ, STEPHAN, HEINER LÜCK (Hg.), Worte des Rechts – Wörter zur Rechtsgeschichte. Festschrift für Dieter Werkmüller zum 70. Geburtstag, Berlin, 27–55
- BÄTSCHI, JOOS (1887), Ueber das Requisit der Vitalität für den Beginn der Persönlichkeit, Zürich
- BECK, MARCEL (1968), Christus als civis romanus, in: Schweizerische Zeitschrift für Geschichte 18, 389–400
- BELLEN, HEINZ (2001), Vom halben zum ganzen Menschen. Der Übergang aus der Sklaverei in die Freiheit im Spiegel des antiken und frühchristlichen Freilassungsbrauchtums, in: BELLEN, HEINZ, HEINZ HEINEN (Hg.), Fünfzig Jahre Forschungen zur antiken Sklaverei an der Mainzer Akademie 1950–2000. Miscellanea zum Jubiläum, Stuttgart, 13–29
- BEUMER, JOHANNES (1959), Extra Ecclesiam nulla salus, in: Lexikon für Theologie und Kirche 3, 2. Auflage, Freiburg, 1320–1321
- BEYERLE, FRANZ (1935), Das Gesetzbuch Ribvariens. Volksrechtliche Studien III., in: Zeitschrift der Savigny-Stiftung für Rechtsgeschichte, Germanistische Abteilung 55, 1–80
- BIONDI, BIONDO (1952), Il dritto romano cristiano, 2 Bde, Mailand
- BIRR, CHRISTIANE (2008), Bann, kirchlicher, in: Handwörterbuch zur deutschen Rechtsgeschichte 1, 2. Auflage, Berlin, 429–432
- BLUHME, FRIEDRICH (1873), Die Mundschaft nach Langobardenrecht, in: Zeitschrift für Rechtsgeschichte 11, 375–401
- BOSWELL, JOHN (1990), The Kindness of Strangers. The abandonment of children in Western Europe from late Antiquity to the Renaissance, New York
- BÖTTCHER, OTTO (1994), Honig, C. Christlich, in: Reallexikon für Antike und Christentum 16, Stuttgart 1994, 462–473
- BRAND-PIERACH, SANDRA (2004), Ungläubige im Kirchenrecht. Die kanonistische Behandlung der Nichtchristen als symbolische Manifestation politischen Machtwillens, Konstanz http://kops.ub.uni-konstanz.de/bitstream/handle/urn:nbn:de:bsz:352-opus-13005/Brand-Pierach.pdf?sequence=1
- BREITENBACH, UDO (1998), Die Vollmacht der Kirche Jesu Christi über die Ehen der Getauften. Zur Gesetzesunterworfenheit der Ehen nichtkatholischer Christen, Rom
- BREMMER, JAN N. (2009), Die Karriere der Seele: Vom antiken Griechenland ins moderne Europa, in: KIPPENBERG, HANS G. u. a. (Hg.), Europäische Religionsgeschichte. Ein mehrfacher Pluralismus, Bd. 2, Göttingen, 497–524
- BROMMER, FERDINAND (1908), Die Lehre vom sakramentalen Charakter in der Scholastik bis Thomas von Aquin inklusive. Nach gedruckten und ungedruckten Quellen, Paderborn
- BRUCH, RICHARD (1981), Die Würde des Menschen in der patristischen und scholastischen Tradition, in: GRUBER, WILFRIED (Hg.), Wissen, Glaube, Politik. Festschrift für Paul Asveld, Graz, 139–154
- BRUCK, EBERHARD F. (1956), Kirchenväter und soziales Erbrecht. Wanderungen religiöser Ideen durch die Rechte der östlichen und westlichen Welt, Berlin
- BRUNNER, HEINRICH (1895), Die Geburt eines lebenden Kindes und das eheliche Vermögensrecht, in: Zeitschrift der Savigny-Stiftung für Rechtsgeschichte, Germanistische Abteilung 29, 63–108
- BRUNNER, HEINRICH (1906), Deutsche Rechtsgeschichte, 2. Auflage, Bd. 1, Leipzig
- BRUNNER, HEINRICH (1905), Über die Strafe des Pfählens im älteren deutschen Rechte, in: Zeitschrift der Savigny-Stiftung für Rechtsgeschichte, Germanistische Abteilung 26, 258–267
- BUCHNER, RUDOLF (1953), Die Rechtsquellen. Beiheft zu: WATTENBACH – LEVISON, Deutschlands Geschichtsquellen im Mittelalter, Weimar
- BURDESE, ALBERTO, DOMENICO MAFFEI (1960), Capacità. I. Premessa storica, in: Enciclopedia del diritto 6, Varese, 1–8
- CALABRÚS LARA, JOSÉ (1991), Las relaciones paterno-filiales en la legislación visigoda, Granada
- CARLEN, LOUIS (1984), Der Ritterschlag am Heiligen Grab zu Jerusalem, in: Forschungen zur Rechtsarchäologie und Rechtlichen Volkskunde 6, 5–26
- CARLEN, LOUIS (1990), Der Mensch in bildlichen Darstellungen von Recht und Gerechtigkeit, in: STEINAUER (1990) 68–91
- CARLSSON, LIZZIE (1972), ›Jag giver dig min dotter‹. Trolovning och äktenskap i den svenska kvinnans äldre historia, Bd. 2, Stockholm
- CARPIN, ATTILO (2005), Agostino e il problema dei bambini morti senza il battesimo, Bologna
- CARPIN, ATTILO (2006), Il limbo nella teologia medievale, Bologna

- CAVAZZA, SILVANO (1994), Double Death. Resurrection and Baptism in a Seventeenth Century Rite, in: MUIR, EDWARD, GUIDO RUGGIERO (Hg.), History from Crime, Baltimore, 1–31
- CHÉLINI, JÉAN (1990), L'aube du moyen âge. Naissance de la chrétienté occidentale. La vie religieuse des laïcs dans l'Europe carolingienne (750–900), Paris
- CHRIMES, STANLEY BERTRAM (1936), English Constitutional Ideas in the Fifteenth Century, Cambridge
- CLEVENOT, MICHEL (1988), La double citoyenneté. Situation des chrétiens dans l'Empire romain, in: MACTOUX, MARIE-MADELEINE, EVELYNE GENY (Hg.), Mélanges Pierre Lévêque, Bd. 1, Paris, 107–115
- COING, HELMUT (1962), Zur Geschichte des Privatrechtsystems, Frankfurt am Main
- COING, HELMUT (1985), Europäisches Privatrecht, Bd. 1: Älteres Gemeines Recht (1500 bis 1800), München
- CONDE CID, JUAN CARLOS (2012), Privilegio Paulino, in: Diccionario general de derecho canónico 6, Cizur Menor, 483–487
- CONRAD, HERMANN (1956), Individuum und Gemeinschaft in der Privatrechtsordnung des 18. und beginnenden 19. Jahrhunderts, Karlsruhe
- CONRAD, HERMANN (1962), Deutsche Rechtsgeschichte, Bd. 1, 2. Auflage, Karlsruhe
- CORBLET, JULES (1881–1882), Histoire dogmatique, liturgique et archéologique du sacrement de baptême, 2 Bde, Paris
- CORTESE, ENNIO (1955–1956), Per la storia del mundio in Italia, in: Rivista Italiana per le scienze giuridiche 91, 323–474
- COULIN, ALEXANDER (1910), Der nasciturus. Ein Beitrag zur Lehre vom Rechtssubjekt im fränkischen Recht, in: Zeitschrift der Savigny-Stiftung für Rechtsgeschichte, Germanistische Abteilung 31, 131–137
- CRAMER, PETER (2003), Baptism and Change in the Early Middle Ages, c. 200 – c. 1150, Cambridge
- CRAWFORD, SALLY (1999), Children, Death and the Afterlife in Anglo-Saxon England, in: KARKOV, CATHERINE E. (Hg.), The Archaeology of Anglo-Saxon England: Basic Readings, New York, 339–358
- CRAWFORD, SALLY (2010), Infanticide, Abandonment and Abortion in the Graeco-Roman and Early Medieval World: Archaeological Perspectives, in: BROCKLISS, LAURENCE, HEATHER MONTGOMERY (Hg.), Childhood and Violence in the Western Tradition, Oxford, 59–67
- DAHN, FELIX (1874), Westgothische Studien. Entstehungsgeschichte, Privatrecht, Strafrecht, Civil- und Straf-Proceß und Gesammtkritik der Lex Visigothorum, Würzburg
- DAHN, FELIX (1905), Die Könige der Germanen. Das Wesen des ältesten Königtums der germanischen Stämme und seine Geschichte bis zur Auflösung des Karolingischen Reiches, Bd. 9,2: Die Baiern, Leipzig (ND Hildesheim 1977)
- DAMM, REINHARD (2002), Personenrecht: Klassik und Moderne der Rechtsperson, in: Archiv für civilistische Praxis 202, 841–879
- DASSMANN, ERNST (1986–1994), Character, in: Augustinus-Lexikon 1, Basel, 835–840
- DASSMANN, ERNST (2011a), Menschenrechte und Menschenwürde in frühchristlicher Zeit, in: DASSMANN, ERNST, Ausgewählte kleine Schriften zur Patrologie, Kirchengeschichte und christlichen Archäologie, Münster, 103–124
- DASSMANN, ERNST (2011b), ›Ohne Ansehen der Person‹. Zur Frage der Gleichheit aller Menschen in frühchristlicher Theologie und Praxis, in: DASSMANN, ERNST, Ausgewählte kleine Schriften zur Patrologie, Kirchengeschichte und christlichen Archäologie, Münster, 62–74
- DÖLGER, FRANZ JOSEPH (1911), Sphragis. Eine altchristliche Taufbezeichnung in ihrer Beziehung zur profanen und religiösen Kultur des Altertums, Paderborn (ND New York 1967)
- DÖLGER, FRANZ JOSEPH (1930), Sacramentum militiae. Das Kennmal der Soldaten, Waffenschmiede und Wasserwächter nach Texten frühchristlicher Literatur, in: Antike und Christentum 2, 268–280
- DÖLGER, FRANZ JOSEPH (1936), Die erste Nahrungsaufnahme des Kleinkindes als Begründung seines Lebensrechtes nach Brauch und Satzung der alten Germanen und nach der Volksmeinung der Antike, in: Antike und Christentum 5, 225–231
- DOMBOIS, HANS (1961), Das Recht der Gnade. Ökumenisches Kirchenrecht, Witten
- DOSKOCIL, WALTER (1969), Exkommunikation, in: Reallexikon für Antike und Christentum 7, Stuttgart 1969, 1–22
- DREWS, WOLFRAM (2005), Propaganda durch Dialog. Ein asymmetrisches ›Selbstgespräch‹ als Apologie und berufliche Werbestrategie in der Frühscholastik, in: Francia 32,1, 67–90
- DRIGANI, ANDREA (2008), Cura animarum e salus animarum, in: Vivens Homo 19, 335–341
- DUMÉZIL, BRUNO (2010), Les marqueurs juridiques de la conversion en Occident entre IVe et VIIe siècle, in: INGLEBERT, HERVÉ u. a. (Hg.), Le problème de la christianisation du monde antique, Nanterre 2010, 307–318
- DURAND, JEAN-PAUL (2010), Le baptême comme source des droits et des devoirs du fidèle, in: ARRIETA, JUAN IGNACIO (Hg.), Il Ius divinum nella vita della Chiesa, Venedig, 697–752
- DUVE, THOMAS (2002), Zur Rechtsfähigkeit im Kirchenrecht, in: Archiv für katholisches Kirchenrecht 171, 400–419
- DUVE, THOMAS (2003), Kommentierung zu §§ 1–14 BGB, in: SCHMOECKEL, MATHIAS u. a. (Hg.), Historisch-Kritischer Kommentar zum BGB, Bd. 1, Tübingen 2003, 167–232
- EBERT, INA (2005), Beschreien der Wände, in: Handwörterbuch zur deutschen Rechtsgeschichte 2, 2. Auflage, Berlin 2008, 544–545
- ECKHARDT, KARL AUGUST (1937a), Irdische Unsterblichkeit. Germanischer Glaube an die Wiederverkörperung in der Sippe, Weimar
- ECKHARDT, KARL AUGUST (1937b), Stufen der Handlungsfähigkeit, in: Deutsche Rechtswissenschaft 2, 289–300
- ECKSTEIN, FRIEDRICH (1931–1932), Honig, in: Handwörterbuch des Deutschen Aberglaubens 4, Berlin 1931–1932, 289–310
- EHINGER, OTTO, WOLFRAM KIMMIG (1910), Ursprung und Entwicklungsgeschichte der Bestrafung der Fruchtabtreibung und deren gegenwärtiger Stand in der Gesetzgebung der Völker. Motivenforschung, Teil I: EHINGER, OTTO, Bis zur Rezeption des Fremdrechts in Deutschland, München
- EHRHARDT, ARNOLD (1955), Christian Baptism and Roman Law, in: BADER, KARL S. u. a. (Hg.), Festschrift Guido Kisch. Rechtshistorische Forschungen, Stuttgart, 147–166

- ELSAKKERS, JACQUELINE (2010), Reading between the lines: Old Germanic and early Christian views on abortion, Amsterdam http://dare.uva.nl/document/171155
- Enciclopedia jurídica española 4 (1910), v. Bautismo, Barcelona, 292–306
- ERDÖ, PETER (2002), Die Funktion der Verweise auf das ›Heil der Seelen‹ in den zwei Gesetzbüchern der katholischen Kirche, in: Österreichisches Archiv für Recht & Religion 49, 279–292
- ERLER, ADALBERT (1998), Wasserweihe, in: Handwörterbuch zur deutschen Rechtsgeschichte 5, Berlin, 1166–1167
- FEHR, HANS (1938), Kraft und Recht, in: FREISLER, ROLAND u. a. (Hg.), Festschrift Justus Wilhelm Hedemann zum sechzigsten Geburtstag am 24. April 1938, Jena, 3–12
- FEINE, HANS ERICH (1972), Kirchliche Rechtsgeschichte. Die katholische Kirche, 5. Auflage, Köln
- FOCKEMA ANDREAE, SYBRANDUS JOHANNES (1906), Het oud-nederlandsch burgerlijk recht, Bd. 1, Haarlem
- FOOT, SARAH (1992), ›By water in the spirit‹: the administration of baptism in early Anglo-Saxon England, in: BLAIR, JOHN, RICHARD SHARPE (Hg.), Pastoral Care before the Parish, Leicester, 171–192
- FORSTER, WOLFGANG (2013), Die Person und ihr Ansehen – acceptio personae bei Domingo de Soto, in: KIEHNLE, ARNDT u. a. (Hg.), Festschrift für Jan Schröder zum 70. Geburtstag am 28. Mai 2013, Tübingen 2013, 335–349
- FRASSEK, RALF (2008), Eckhardt, Karl August (1901–1979), in: Handwörterbuch zur deutschen Rechtsgeschichte 1, 2. Auflage, Berlin, 1179–1180
- GARCÍA-GALLO, ALFONSO (1988), El bautismo y la capacidad jurídica en la epoca Visigoda, in: PELÁEZ, MANUEL J. (Hg.), Orlandis 70: Estudios de derecho privado y penal romano, feudal y burgues, Barcelona, 83–89
- GARNSEY, PETER (2004), Roman Citizenship and Roman Law in the Late Empire, in: SWAIN, SIMON, MARK EDWARDS (Hg.), Approaching Late Antiquity. The Transformation from Early to Late Empire, Oxford, 133–155
- GASPARRI, STEFANO (2008), Identità etnica e identità politica nei regni barbarici postromani: il problema delle fonti, in: TRISTANO, CATERINA, SIMONE ALLEGRIA (Hg.), Civis / Civitas. Cittadinanza politico-istituzionale e identità socio-culturale da Roma alla prima età moderna, Montepulciano, 193–204
- GAUDEMET, JEAN (1988), Persona, in: Cristianesimo nella storia. Ricerche storiche, esegetiche, teologiche 9, Bologna, 465–492 (ND DERS., La doctrine canonique médiévale, Aldershot 1994, XIV)
- GAUDEMET, JEAN (1989), L'Église dans l'empire romain (IVe – Ve siècles), 2. Auflage, Paris
- GAUDEMET, JEAN (1994), Église et cité. Histoire du droit canonique, Paris
- GAUDEMET, JEAN (1995), Note sur l'excommunication, in: Cristianesimo nella storia 16, 285–306
- GILLMANN, FRANZ (1910), Der ›sakramentale Charakter‹ bei den Glossatoren Rufinus, Johannes Faventinus, Sikard von Cremona, Huguccio und in der Glossa ordinaria des Dekrets, in: Der Katholik 90, 300–313
- GILLMANN, FRANZ (1912), Die Siebenzahl der Sakramente und der ›sakramentale Charakter‹ in der Summa Coloniensis, in: Der Katholik 92, 453–458 (460)
- GILLMANN, FRANZ (1913), Der ›sakramentale Charakter‹ bei Petrus von Poitiers und bei Stephan Langton, in: Der Katholik 93, 74–76
- GODEFROY, L. (1927), Infanticide, in: Dictionnaire de théologie catholique 7,2, Paris, 1717–1726
- GOETZ, HANS-WERNER (1995), Frauen im frühen Mittelalter. Frauenbild und Frauenleben im Frankenreich, Weimar
- GOMMENGINGER, ALFONS (1951), Bedeutet die Exkommunikation Verlust der Kirchengliedschaft? Eine dogmatisch-kanonistische Untersuchung, in: Zeitschrift für Katholische Theologie 73, 1–71
- GORBATYKH, VITALIY (2008), L'impedimento della parentela spirituale nella chiesa latina e nelle chiese orientali. Studio storico-canonico, Rom
- GRAF, EDUARD, MATHIAS DIETHERR (1864), Deutsche Rechtssprichwörter, gesammelt und erklärt von DENS., Nördlingen
- GRIMM, JACOB (1899), Deutsche Rechtsalterthümer, 4. Auflage, 2 Bde, Leipzig
- GROSCH, G. (1910), Die Wasserweihe als Rechtsinstitution, in: Zeitschrift für vergleichende Rechtswissenschaft 23, 420–456
- GUERRA MEDICI, MARIA TERESA (1986), I diritti delle donne nella società altomedievale, Neapel
- GURJEWITSCH, AARON J. (1994), Das Individuum im europäischen Mittelalter, München
- GY, PIERRE-MARIE (1990), Du baptême Pascal des petits enfants au baptême Quamprimum, in: SOT, MICHEL (Hg.), Haut moyen-âge. Culture, éducation et société. Études offertes à Pierre Riché, La Garenne, 353–365
- HAHN, ALOIS (2003), Exklusion und die Konstruktion personaler Identitäten, in: UERLINGS, HERBERT, LUTZ RAPHAEL (Hg.), Zwischen Ausschluss und Solidarität. Modi der Inklusion / Exklusion von Fremden und Armen in Europa seit der Spätantike, Frankfurt am Main, 65–96
- HARING, NICHOLAS M. (1952), St. Augustine's Use of the Word Character, in: Mediaeval Studies 14, 79–97
- HÄRING, NIKOLAUS (1955), Character, Signum und Signaculum. Die Entwicklung bis nach der karolingischen Renaissance, in: Scholastik 30, 481–512
- HARRILL, J. ALBERT (2001), The Influence of Roman Contract Law on Early Baptismal Formulae (Tertullian, Ad martyras 3), in: Studia Patristica 36, 275–282
- HARTMANN, WILFRIED (1982), Die Mainzer Synoden des Hrabanus Maurus, in: KOTTJE, RAYMUND, HARALD ZIMMERMANN (Hg.), Hrabanus Maurus. Lehrer, Abt und Bischof, Mainz 1982, 130–144
- HASENFRATZ, HANS-PETER (1986), Seelenvorstellungen bei den Germanen und ihre Übernahme und Umformung durch die christliche Mission, in: Zeitschrift für Religions- und Geistesgeschichte 38, 19–31
- HASENFRATZ, HANS-PETER, KARIN SCHÖPFLIN, GÜNTER STEMBERGER, GERHARD DAUTZENBERG, HORST SEIDL (1999), Seele I–V, in: Theologische Realenzyklopädie 30, Berlin, 733–759
- HATTENHAUER, CHRISTIAN (2011), ›Der Mensch als solcher rechtsfähig‹. Von der Person zur Rechtsperson, in: KLEIN / MENKE (2011) 39–66
- HATTENHAUER, HANS (1982), ›Person‹ – Zur Geschichte eines Begriffs, in: Juristische Schulung 22, 405–411
- HATTENHAUER, HANS (2000), Grundbegriffe des bürgerlichen Rechts. Historisch-dogmatische Einführung, 2. Auflage, München

- HATTENHAUER, HANS (2004), Europäische Rechtsgeschichte, 4. Auflage, Heidelberg
- HATTENHAUER, HANS (2009), Persona und personae acceptio. Christlicher Beitrag zur römischen Personenlehre, in: AVENARIUS, MARTIN u. a. (Hg.), Ars iuris. Festschrift für Okko Behrends zum 70. Geburtstag, Göttingen 2009, 193–215
- HEGGELBACHER, OTHMAR (1953), Die christliche Taufe als Rechtsakt nach dem Zeugnis der frühen Christenheit, Freiburg im Üechtland
- HEGGELBACHER, OTHMAR (1954), Die Begründung der frühchristlichen Liebestätigkeit im kirchlichen Taufrecht, in: Caritas 55, 189–194
- HEGGELBACHER, OTHMAR (1959), Vom römischen zum christlichen Recht. Iuristische Elemente in den Schriften des sog. Ambrosiaster, Freiburg im Üechtland
- HEGGELBACHER, OTHMAR (1969), Die Taufe als rechtserheblicher, sakramentaler Akt in der christlichen Frühzeit, in: Österreichisches Archiv für Kirchenrecht 20, 257–269
- HEGGELBACHER, OTHMAR (1974), Geschichte des frühchristlichen Kirchenrechts bis zum Konzil von Nizäa 325, Freiburg im Üechtland
- HELMHOLZ, RICHARD HENRY (1996), The Spirit of Classical Canon Law, Athens
- HERRMANN, ELISABETH (1980), Ecclesia in Re Publica. Die Entwicklung der Kirche von pseudostaatlicher zu staatlich inkorporierter Existenz, Frankfurt am Main
- HERZ, MARTIN (1958), Sacrum Commercium. Eine begriffsgeschichtliche Studie zur Theologie der römischen Liturgiesprache, München
- HERZOG, MARKWART, CECILIE HOLLBERG (Hg.) (2007), Seelenheil und irdischer Besitz. Testamente als Quellen für den Umgang mit den ›letzten Dingen‹, Konstanz
- HINSCHIUS, PAUL (1888), Das Kirchenrecht der Katholiken und Protestanten in Deutschland, Bd. 4, Berlin
- HINSCHIUS, PAUL (1895), Das Kirchenrecht der Katholiken und Protestanten in Deutschland, Bd. 5,2, Berlin
- HIS, RUDOLF (1928), Geschichte des deutschen Strafrechts bis zur Karolina, München
- HOFMANN, LINUS (1954), Rez. zu: Heggelbacher, Othmar, Die christliche Taufe als Rechtsakt nach dem Zeugnis der frühen Christenheit, in: Trierer Theologische Zeitschrift 63, 188–189
- HOMANN, ECKHARD (2004), Totum posse, quod est in ecclesia, reservatur in summo pontifice. Studien zur politischen Theorie des Aegidius Romanus, Würzburg
- HUBMANN, HEINRICH (1967), Das Persönlichkeitsrecht, 2. Auflage, Köln
- HUDSON, JOHN (2012), The Oxford History of the Laws of England, Bd. 2: 871–1216, Oxford
- HULTGÅRD, ANDERS (2006), Wasserweihe, in: Reallexikon der germanischen Altertumskunde 33, 2. Auflage, Berlin 2006, 309–312
- HÜBNER, RUDOLF (1930), Grundzüge des deutschen Privatrechts, 5. Auflage, Leipzig
- IMBERT, JEAN (1967), L'influence du christianisme sur la législation des peuples francs et germains, in: La conversione al cristianesimo nell'Europa dell'alto medioevo, Spoleto 1967, 365–396
- IMBERT, JEAN (1994), Les temps carolingiens (741–891). L'Église: les institutions, Paris
- JARNUT, JÖRG (1997), Selbstverständnis von Personen und Personengruppen im Lichte frühmittelalterlicher Personennamen, in: HÄRTEL, REINHARD (Hg.), Personennamen und Identität. Namengebung und Namengebrauch als Anzeiger individueller Bestimmung und gruppenbezogener Zuordnung. Akten der Akademie Friesach ›Stadt und Kultur im Mittelalter‹ Friesach (Kärnten), 25. bis 29. September 1995, Graz 1997, 47–66
- JEROUSCHEK, GÜNTER (2002), Lebensschutz und Lebensbeginn. Die Geschichte des Abtreibungsverbots, 2. Auflage, Tübingen
- JOCH, WALTRAUD (1999), Legitimität und Integration. Untersuchungen zu den Anfängen Karl Martells, Husum
- JUSSEN, BERNHARD (1991), Patenschaft und Adoption im frühen Mittelalter, Göttingen
- KAHL, HANS-DIETRICH (1957), Das altschonische Recht als Quelle zur Missionsgeschichte des dänisch-schwedischen Raums, in: Die Welt als Geschichte 17, 26–48
- KAHL, HANS-DIETRICH (1978), Die ersten Jahrhunderte des missionsgeschichtlichen Mittelalters. Bausteine für eine Phänomenologie bis ca. 1050, in: SCHÄFERDIEK, KNUT (Hg.), Kirchengeschichte als Missionsgeschichte, Bd. 2,1: Die Kirchen des früheren Mittelalters, München, 11–76
- KANNOWSKI, BERND (2008), Altersstufen, in: Handwörterbuch zur deutschen Rechtsgeschichte 1, 2. Auflage, Berlin 2008, 194–196
- KANT, IMMANUEL (1911), Grundlegung zur Metaphysik der Sitten, in: Königlich Preußische Akademie der Wissenschaften (Hg.), Kant's gesammelte Schriften, erste Abtheilung: Werke, Bd. 4, Berlin, 385–463
- KANT, IMMANUEL (1914), Die Metaphysik der Sitten, in: Königlich Preußische Akademie der Wissenschaften (Hg.), Kant's gesammelte Schriften, erste Abtheilung: Werke, Bd. 6, Berlin, 203–493
- KERN, FRITZ (1962), Gottesgnadentum und Widerstandsrecht im früheren Mittelalter. Zur Entwicklungsgeschichte der Monarchie, 3. Auflage, Darmstadt
- KIMMELMANN, ANDREAS (2010), Die Folter im Beweisverfahren der Leges Visigothorum. Chindasvinths Gesetzgebung im Spiegel der westgotischen Rechtsentwicklung, Frankfurt am Main
- KLEIJWEGT, MARC (2004), Kind, A–C, in: Reallexikon für Antike und Christentum 20, Stuttgart, 865–931
- KLEIN, ECKART, CHRISTOPH MENKE (Hg.) (2011), Der Mensch als Person und Rechtsperson. Grundlage der Freiheit, Berlin
- KÖBLER, GERHARD (1982), Die Begründungen der Lex Baiwariorum, in: LANDWEHR, GÖTZ (Hg.), Studien zu den germanischen Volksrechten. Gedächtnisschrift für Wilhelm Ebel, Frankfurt am Main, 69–85
- KÖBLER, GERHARD (1965), Civis und ius civile im deutschen Frühmittelalter, Göttingen
- KÖRNTGEN, LUDGER (1993), Studien zu den Quellen der frühmittelalterlichen Bußbücher, Sigmaringen
- KROESCHELL, KARL (1968), Haus und Herrschaft im frühen deutschen Recht. Ein methodischer Versuch, Göttingen

- Krüger, Elmar (2007), Der Traktat ›De ecclesiastica potestate‹ des Aegidius Romanus. Eine spätmittelalterliche Herrschaftskonzeption des päpstlichen Universalismus, Köln
- Krüger, Sabine (1984), Character militaris und character indelebilis. Ein Beitrag zum Verhältnis von miles und clericus im Mittelalter, in: Fenske, Lutz, Werner Rösener (Hg.), Institutionen, Kultur und Gesellschaft im Mittelalter. Festschrift für Josef Fleckenstein zu seinem 65. Geburtstag, Sigmaringen, 567–580
- Laarmann, Matthias (1991), Limbus patrum / L. puerorum, in: Lexikon des Mittelalters 5, München, 1990–1991
- Labouvie, Eva (2008), ›Sanctuaires à répit‹. Zur Wiedererweckung toter Neugeborener, zur Erinnerungskultur und zur Jenseitsvorstellung im katholischen Milieu, in: Kobelt-Groch, Marion, Cornelia Niekus Moore (Hg.), Tod und Jenseits in der Schriftkultur der Frühen Neuzeit, Wiesbaden, 79–96
- Landau, Peter (2010), Der Begriff der Kirche aus juristischer Sicht auf dem Weg zur Ökumene, in: Ders., Grundlagen und Geschichte des evangelischen Kirchenrechts und des Staatskirchenrechts, Tübingen 2010, 33–44 (ND von: Valeat aequitas. Festschrift Remigiusz Sobanski, Kattowitz 2000, 253–264)
- Le Bras, Gabriel (1955), Prolégomènes, Paris
- Le Bras, Gabriel (1959), Institutions ecclésiastiques de la Chrétienté médiévale. Préliminaires, Bd. 1, Paris
- Le Bras, Gabriel (1964), L'originalité du droit canon, in: Études juridiques offertes à Léon Julliot de la Morandière, Paris, 265–275
- Le Bras, Gabriel (1973), La personne dans le droit classique de l'Église, in: Meyerson, Ignace (Hg.), Problèmes de la personne, Paris, 189–201
- Lee, Christina (2008), Forever Young: Child Burial in Anglo-Saxon England, in: Lewis-Simpson, Shannon (Hg.), Youth and Age in the Medieval North, Leiden 2008, 17–36 http://dx.doi.org/10.1163/ej.9789004170735.i-310.11
- Lefebvre, Charles (1952), ›Aequitas canonica‹ et ›periculum animae‹ dans la doctrine de l'Hostiensis, in: Ephemerides iuris canonici 8, 305–321
- Lefebvre-Teillard, Anne (1990), Le nom. Droit et histoire, Paris
- Lefebvre-Teillard, Anne (1994), Infans conceptus. Existence physique et existence juridique, in: Revue d'histoire de droit français et étranger 72, 499–525
- Leonhard, R. (1900), Commercium, in: Paulys Realencyclopädie der classischen Altertumswissenschaften 4,1, Stuttgart, 768–769
- Lepelley, Claude (1986–1994), Civis, civitas, in: Augustinus-Lexikon 1, Basel, 942–957
- Lett, Didier (1997a), De l'errance au deuil. Les enfants morts sans baptême et la naissance du Limbue puerorum aux XIIe–XIIIe siècles, in: Fossiers, Robert (Hg.), La petite enfance dans l'Europe médiévale et moderne, Toulouse, 77–92
- Lett, Didier (1997b), L'enfant des miracles. Enfance et société au Moyen Âge (XIIe – XIIIe siècle), Paris
- Liebermann, Felix (1906), Wörterbuch, in: Die Gesetze der Angelsachsen, Bd. 2,1, Halle an der Saale (ND Aalen 1960), s.v. Taufe
- Liermann, Hans (1962), Person und Persönlichkeit in der Rechtsgeschichte, in: Heckel, Theodor (Hg.), Person und Recht. Vorträge gehalten auf der Tagung evangelischer Juristen 1962, München, 19–39
- Lipp, Martin (1982–1983), ›Persona moralis‹, ›juristische Person‹ und ›Personenrecht‹ – Eine Studie zur Dogmengeschichte der ›juristischen Person‹ im Naturrecht und frühen 19. Jahrhundert, in: Quaderni Fiorentini 11/12, 217–262
- Lohrke, Brigitte (2004), Kinder in der Merowingerzeit. Gräber von Mädchen und Jungen in der Alemannia, Rahden (Westf.)
- Lombardia, Petro (1989), Contribución a la teoria de la persona fisica en el ordenamiento canonico, in: Ius Canonicum 29, 11–106
- Lo Negro, Carolina (2001), Christiana Dignitas: New Christian Criteria for Citizenship in the Late Roman Empire, in: Medieval Encounters 7,2, 146–164 http://dx.doi.org/10.1163/157006701X00021
- Lunn-Rockliffe, Sophie (2007), Ambrosiaster's Political Theology, Oxford http://dx.doi.org/10.1093/acprof:oso/9780199230204.001.0001
- Lutterbach, Hubertus (2003), Der zivilisationsgeschichtliche Beitrag der frühmittelalterlichen Bußbücher zum christlichen Kinderschutz, in: Historisches Jahrbuch 123, 3–25
- Lutz-Bachmann, Matthias (2011), Der Mensch als Person. Überlegungen zur Geschichte des Begriffs der ›moralischen Person‹ und der Rechtsperson, in: Klein / Menke (2011) 109–120
- Lück, Heiner (2013), Körperkraft, in: Handwörterbuch zur deutschen Rechtsgeschichte 3, 17. Lieferung, 2. Auflage, Berlin, 181–186
- Lynch, Joseph H. (1998), Christianizing Kinship. Ritual Sponsorship in Anglo-Saxon England, Ithaca
- Lynch, Joseph H. (1986), Godparents and Kinship in Early Medieval Europe, Princeton
- MacCormack, Sabine (1997), Sin, Citizenship and the Salvation of Souls: The impact of christian priorities on Late-Roman and Post-Roman society, in: Comparative Studies in Society and History 39,4, 644–673 http://dx.doi.org/10.1017/S0010417500020843
- Maier, B., M. Meier (2000), Initiation und Initiationsriten, in: Reallexikon der Germanischen Altertumskunde 15, 2. Auflage, Berlin, 439–443
- Maldonado y Fernández del Torco, José (1946), La condición juridica del ›nasciturus‹ en el derecho español, Madrid
- Markschies, Christoph (1998), Innerer Mensch, in: Reallexikon für Antike und Christentum 18, Stuttgart, 266–312
- Mathisen, Ralph W. (2006), Peregrini, Barbari and Cives Romani. Concepts of Citizenship and the Legal Identity of Barbarians in the Later Roman Empire, in: The American Historical Review 111, 1011–1040
- Mathisen, Ralph W. (2012), Concepts of Citizenship, in: Johnson, Scott Fitzgerald (Hg.), The Oxford Handbook of Late Antiquity, Oxford, 744–763
- Maurer, Konrad (1881), Ueber die Wasserweihe des germanischen Heidenthumes, in: Abhandlungen der philosophisch-philologischen Classe der Königlich Bayerischen Akademie der Wissenschaften 15,3, München, 173–253

- Maurer, Konrad (1908), Über Altnordische Kirchenverfassung und Eherecht, Leipzig
- May, Georg (1980), Bann IV. Alte Kirche und Mittelalter, in: Theologische Realenzyklopädie 5, Berlin 1980, 170–182
- Mayer-Maly, Theo (1984), Personenrecht, in: Handwörterbuch zur deutschen Rechtsgeschichte 3, Berlin, 1623–1626
- Mayer-Maly, Theo (2003), Commercium, in: Tijdschrift voor rechtsgeschiedenis 71, 1–6
- McCoy, Richard C. (1989), The Rites of Knighthood. The literature and politics of Elizabethan chivalry, Berkeley
- Meens, Rob (1994), Children and Confession in the Early Middle Ages, in: Wood, Diana (Hg.), The Church and Childhood, Oxford, 53–65
- Meissel, Franz-Stefan (1990), Deutsche Rechtsgeschichte im nationalsozialistischen Staat, in: Davy, Ulrike u. a. (Hg.), Nationalsozialismus und Recht. Rechtssetzung und Rechtswissenschaft in Österreich unter der Herrschaft des Nationalsozialismus, Wien, 412–426
- Mejsholm, Lotta (2008), Constructions of Early Childhood at the Syncretic Cemetry of Fjälkinge – A Case Study, in: Lewis-Simpson, Shannon (Hg.), Youth and Age in the Medieval North, Leiden, 37–56 http://dx.doi.org/10.1163/ej.9789004170735.i-310.18
- Melicher, Theophil (1930), Der Kampf zwischen Gesetzes- und Gewohnheitsrecht im Westgotenreiche, Weimar
- Merzbacher, Friedrich (1954–1955), Die Rechts-, Staats- und Kirchenauffassung des Aegidius Romanus, in: Archiv für Rechts- und Sozialphilosophie 41, 88–97
- Metz, René (1976), L'enfant dans le droit canonique médiéval. Orientations de recherche, in: Recueils de la Société Jean Bodin, Bd. 36: L'enfant, Teil II: Europe médiévale et moderne, Brüssel, 9–96
- Meunier, Bernard (Hg.) (2006), La personne et le christianisme ancien, Paris
- Meyer, Christoph H. F. (2010), Zum Streit um den Staat im frühen Mittelalter, in: Rechtsgeschichte. Zeitschrift des Max-Planck-Instituts für europäische Rechtsgeschichte 17, 164–175
- Meyer, Christoph H. F. (2013), Taufe und Recht. Einige einführende Bemerkungen, in: Rechtsgeschichte. Zeitschrift des Max-Planck-Instituts für europäische Rechtsgeschichte 21, 68–73
- Meyer, Heinz, Rudolf Suntrup (1987), Lexikon der mittelalterlichen Zahlenbedeutungen, München
- Michaelis, Karl (1937), Die Überwindung der Begriffe Rechtsfähigkeit und Parteifähigkeit, in: Deutsche Rechtswissenschaft 2, 301–325
- Michelet, Jules (1837), Origines du droit français cherchées dans les symboles et formules du droit universel, Paris
- Michiels, Gommarus (1955), Prinicipia generalia de personis in ecclesia. Commentarius libri II Codicis Juris Canonici, canones praeliminares 87–106, 2. Auflage, Paris
- Minges, Parthenius (1902), Gehören Exkommunizierte und Häretiker noch zur katholischen Kirche?, in: Theologisch-praktische Monatsschrift 12, 339–347
- Mitteis, Heinrich (1957), Der Rechtsschutz Minderjähriger im Mittelalter, in: Ders., Die Rechtsidee in der Geschichte. Gesammelte Abhandlungen und Vorträge, Weimar 1957, 621–636
- Mitterauer, Michael (2009), Geistliche Verwandtschaft im Kontext mittelalterlicher Verwandtschaftssysteme, in: Spiess, Karl-Heinz (Hg.), Die Familie in der Gesellschaft des Mittelalters, Ostfildern, 171–194
- Mohnhaupt, Heinz (1995), Rechtsgeschichte und Recht in Festschriften für Rechtshistoriker und Juristen zwischen 1930–1961, in: Rückert, Joachim, Dietmar Willoweit (Hg.), Die Deutsche Rechtsgeschichte in der NS-Zeit: ihre Vorgeschichte und ihre Nachwirkungen, Tübingen, 139–176
- Mohr, Georg (2011), Person, Recht und Menschenrecht bei Kant, in: Klein / Menke (2011) 17–37
- Moos, Peter von (2004), Einleitung, in: Ders. (Hg.), Unverwechselbarkeit. Persönliche Identität und Identifikation in der vormodernen Gesellschaft, Köln, 1–42
- Morsak, Louis (1977), Zum Tatbestand der Abtreibung in der Lex Baiuvariorum, in: Carlen, Louis, Friedrich Ebel (Hg.), Festschrift für Ferdinand Elsener zum 65. Geburtstag, Sigmaringen, 199–206
- Murga, José Luis (1968), Donaciones y testamentos ›in bonum animae‹ en el derecho romano tardio, Pamplona
- Nagel, Eduard (1980), Kindertaufe und Taufaufschub. Die Praxis vom 3.–5. Jahrhundert in Nordafrika und ihre theologische Einordnung bei Tertullian, Cyprian und Augustinus, Frankfurt am Main
- Negel, Joachim (2005), Ambivalentes Opfer. Studien zur Symbolik, Dialektik und Aporetik eines theologischen Fundamentalbegriffs, Paderborn
- Nehlsen, Hermann (1978), Lex Visigothorum, in: Handwörterbuch zur deutschen Rechtsgeschichte 2, Berlin, 1966–1979
- Nehlsen, Hermann (2006), Der Einfluss des Alten und Neuen Testaments auf die Rechtsentwicklung in der Spätantike und im frühen Mittelalter bei den germanischen Stämmen, in: Dilcher, Gerhard, Eva-Marie Distler (Hg.), Leges – Gentes – Regna. Zur Rolle von germanischen Rechtsgewohnheiten und lateinischer Schrifttradition bei der Ausbildung der frühmittelalterlichen Rechtskultur, Berlin, 203–218
- Neunheuser, Burkhard (1983), Taufe und Firmung, Freiburg
- Niederhellmann, Annette (1983), Arzt und Heilkunde in den frühmittelalterlichen Leges. Eine wort- und sachkundliche Untersuchung, Berlin
- Nipperdey, Hans Carl (1954), Die Würde des Menschen, in: Neumann, Franz L. u. a. (Hg.), Die Grundrechte. Handbuch der Theorie und Praxis der Grundrechte, Bd. 2, Berlin (2. unveränderte Aufl. 1968), 1–50
- Noethlichs, Karl Leo (1986), Heidenverfolgung, in: Reallexikon für Antike und Christentum 13, Stuttgart, 1149–1190
- Nolte, Cordula (1995), Conversio und Christianitas. Frauen in der Christianisierung vom 5. bis 8. Jahrhundert, Stuttgart
- Nörr, Knut Wolfgang (1992), Prozeßzweck und Prozeßtypus: der kirchliche Prozeß des Mittelalters im Spannungsfeld zwischen objektiver Ordnung und subjektivem Interesse, in: Zeitschrift der Savigny-Stiftung für Rechtsgeschichte, Kanonistische Abteilung 78, 183–209
- Nörr, Knut Wolfgang (1996), Ohne Ansehung der Person. Eine Exegese der 12. regula iuris im Liber Sextus und der Glossa ordinaria des Johannes Andreae hierzu, in: Studia Gratiana 27, 443–464

- OGRIS, WERNER (1978), Lebensfähigkeit, in: Handwörterbuch zur deutschen Rechtsgeschichte 2, Berlin, 1657–1658
- OGRIS, WERNER (1984), Munt, Muntgewalt, in: Handwörterbuch zur deutschen Rechtsgeschichte 3, Berlin, 750–761
- OGRIS, WERNER (2008), Freiteil, in: Handwörterbuch zur deutschen Rechtsgeschichte 1, 2. Auflage, Berlin, 1782–1784
- OLECHOWSKI, THOMAS (2008a), Aufnehmen eines Kindes, in: Handwörterbuch zur deutschen Rechtsgeschichte 1, 2. Auflage, Berlin, 341–342
- OLECHOWSKI, THOMAS (2008b), Aussetzen eines Kindes, in: Handwörterbuch zur deutschen Rechtsgeschichte 1, 2. Auflage, Berlin, 382–383
- PADBERG, LUTZ E. VON (1997), Unus populus ex diversis gentibus. Gentilismus und Einheit im früheren Mittelalter, in: LÜTH, CHRISTOPH u. a. (Hg.), Der Umgang mit dem Fremden in der Vormoderne. Studien zur Akkulturation in bildungshistorischer Sicht, Köln, 155–193
- PADBERG, LUTZ E. VON (2007), Zwangsbekehrung, in: Reallexikon der Germanischen Altertumskunde 34, 2. Auflage, Berlin, 586–589
- PADBERG, LUTZ E. VON (2008), Capitulatio de partibus Saxoniae, in: Handwörterbuch zur deutschen Rechtsgeschichte 1, 2. Auflage, Berlin, 813–815
- PARTSCH, GOTTFRIED (1958), Rez. zu: Ennio Cortese, Per la storia del mundio in Italia. Rivista per le scienze giuridiche XCI (1955–1956), 323–474, in: Zeitschrift der Savigny-Stiftung für Rechtsgeschichte, Germanistische Abteilung 75, 421–425
- PERKOW, URSULA (1972), Wasserweihe, Taufe und Patenschaft bei den Nordgermanen, Hamburg
- PHILLIPS, GEORG (1857), Kirchenrecht, Bd. 2, 3. Auflage, Regensburg
- PIEPENBRINK, KAREN (2005), Christliche Identität und Assimilation in der Spätantike. Probleme des Christseins in der Reflexion der Zeitgenossen, Frankfurt am Main
- PLÖCHL, WILLIBALD M. (1960), Geschichte des Kirchenrechts, 1. Bd., 2. Auflage, Wien
- PLÖCHL, WILLIBALD M. (1962), Geschichte des Kirchenrechts, 2. Bd., 2. Auflage, Wien
- POQUE, SUZANNE (1960), Christus mercator. Notes augustiniennes, in: Recherches de science religieuse 48, 564–577
- REYNOLDS, ROGER E. (1987), Rites of Separation and Reconciliation in the Early Middle Ages, in: Segni e riti nella chiesa altomedievale occidentale, Bd. 1, Spoleto, 405–433 (ND Ders., Law and Liturgy in the Latin Church, 5th – 12th Centuries, Aldershot 1994, X)
- RÜTHERS, BERND (1997), Die unbegrenzte Auslegung. Zum Wandel der Privatrechtsordnung im Nationalsozialismus, 5. Auflage, Heidelberg
- SAAR, STEFAN CHR. (2006), Vormundschaft, in: Reallexikon der Germanischen Altertumskunde 32, Berlin, 2. Auflage, 615–620
- SALINERO, RAÚL GONZÁLEZ (2000), Las conversiones forzosas de los judíos en el reino visigodo, Rom
- SATTLER, DOROTHEA (1994), Charakter, sakramentaler, in: Lexikon für Theologie und Kirche 2, 3. Auflage, Freiburg, 1009–1013
- SAXER, VICTOR (1988), Les rites de l'initiation chrétienne du IIe au VIe siècle. Esquisse historique et signification d'apres leurs principaux témoins, Spoleto
- SCHAMBECK, HERBERT (1967), Bild und Recht des Menschen in der europäischen Sozialcharta, in: MAYER-MALY, THEO u. a. (Hg.), Festschrift für Hans Schmitz zum 70. Geburtstag, Bd. 2, Wien 1967, 216–238
- SCHÄFER, CHRISTOPH (1991), Zur σφραγίς von Sklaven in der Lex portorii provinciae Asiae, in: Zeitschrift für Papyrologie und Epigraphik 86, 193–198
- SCHEMPF, HERBERT (2008), Fortleben nach dem Tode, in: Handwörterbuch zur deutschen Rechtsgeschichte 1, 2. Auflage, Berlin, 1639–1641
- SCHEYHING, ROBERT (1959–1960), Zur Geschichte des Persönlichkeitsrechts im 19. Jahrhundert, in: Archiv für civilistische Praxis 158, 503–525
- SCHILD, WOLFGANG (1989), Person, IV. Recht. – Rechts-P.; Rechtspersönlichkeit, in: Historisches Wörterbuch der Philosophie 7, Darmstadt, 322–335
- SCHINKEL, DIRK (2007), Die himmlische Bürgerschaft. Untersuchungen zu einem urchristlichen Sprachmotiv im Spannungsfeld von religiöser Integration und Abgrenzung im 1. und 2. Jahrhundert, Göttingen
- SCHLEGELMILCH, SABINE (2009), Bürger, Gott und Götterschützling. Kinderbilder der hellenistischen Kunst und Literatur, Berlin
- SCHMIDT, BURGHART (Hg.) (2006), Menschenrechte und Menschenbilder von der Antike bis zur Gegenwart, Hamburg
- SCHMIDT-WIEGAND, RUTH (1984), Namengebung, in: Handwörterbuch zur deutschen Rechtsgeschichte 3, Berlin, 832–836
- SCHMIDT-WIEGAND, RUTH (Hg.) (1996), Deutsche Rechtsregeln und Rechtssprichwörter. Ein Lexikon, München
- SCHMIDT-WIEGAND, RUTH (2001a), Leges, in: Reallexikon der germanischen Altertumskunde 18, 2. Auflage, Berlin, 195–201
- SCHMIDT-WIEGAND, RUTH (2001b), Leges Alamannorum, in: Reallexikon der germanischen Altertumskunde 18, 2. Auflage, Berlin, 201–205
- SCHMIDT-WIEGAND, RUTH (2001c), Lex Ribuaria, in: Reallexikon der germanischen Altertumskunde 18, 2. Auflage, Berlin, 320–322
- SCHMIDT-WIEGAND, RUTH (2001d), Lex Salica, in: Reallexikon der germanischen Altertumskunde 18, 2. Auflage, Berlin, 326–332
- SCHMITZ, GERHARD (1982), Schuld und Strafe. Eine unbekannte Stellungnahme des Rathramnus von Corbie zur Kindestötung, in: Deutsches Archiv für Erforschung des Mittelalters 38, 363–387
- SCHNURR, DENNIS MARION (1980), The Quamprimum of Infant Baptism in the Western Church, Washington
- SCHOTT, CLAUSDIETER (1991), Leges, in: Lexikon des Mittelalters 5, München, 1802–1803
- SCHÖPF, BERNHARD (1958), Das Tötungsrecht bei den frühchristlichen Schriftstellern, Regensburg
- SCHRADER, O. (1878), Die älteste Zeittheilung des indogermanischen Volkes, Berlin
- SCHRATZ, SABINE (2003), ›... dass Ihr nicht einen von diesen Kleinen verachtet‹ (Mt 18,10). Kinderschutz als Ausdruck des christlichen Ethos in frühmittelalterlichen Rechtsordnungen, in: Rottenburger Jahrbuch für Kirchengeschichte 22, 255–282

- SCHRÖDER, JAN (1990), Rechtsfähigkeit, in: Handwörterbuch zur deutschen Rechtsgeschichte 4, Berlin, 288–293
- SCHRÖDER, RICHARD, EBERHARD FRHR.VON KÜNSSBERG (1932), Lehrbuch der deutschen Rechtsgeschichte, 7. Auflage, Berlin
- SCHULTE, JOHANN FRIEDRICH (1856), Das katholische Kirchenrecht, Teil II: System des allgemeinen katholischen Kirchenrechts, Gießen
- SCHULTE, JOHANN FRIEDRICH VON (1901), Die geschichtliche Entwicklung des rechtlichen ›Character indebilis‹ als Folge der Ordination, in: Revue internationale de Théologie 9, 17–49
- SCHULTZE, ALFRED (1934), Der Einfluss der kirchlichen Ideen und des römischen Rechts auf die germanische Hausgemeinschaft, in: Atti del Congresso internazionale di diritto romano, Bd. 1, Pavia, 197–223
- SCHULZE, ALFRED (1928), Augustin und der Seelteil des germanischen Erbrechts. Studien zur Entstehungsgeschichte des Freiteilsrechtes, Leipzig
- SCHULZE, ALFRED (1930), Nachträge zu ›Augustin und der Seelteil‹, in: Zeitschrift der Savigny-Stiftung für Rechtsgeschichte, Germanistische Abteilung 50, 376–385
- SCHUMANN, EVA (2008), Geburt, in: Handwörterbuch zur deutschen Rechtsgeschichte 1, 2. Auflage, Berlin, 1976–1979
- SCHUPFER, FRANCESCO (1907), Il diritto privato dei popoli germanici con speciale riguardo all'Italia, Bd. 2: Possessi e dominii, Città di Castello
- SCHWAB, DIETER (2012), Kind, in: Handwörterbuch zur deutschen Rechtsgeschichte, Bd. 2, 2. Auflage, Berlin, 1736–1746
- SCHWARZ, HEINZ WILHELM (1993), Der Schutz des Kindes im Recht des frühen Mittelalters. Eine Untersuchung über Tötung, Mißbrauch, Körperverletzung, Freiheitsbeeinträchtigung, Gefährdung und Eigentumsverletzung anhand von Rechtsquellen des 5. bis 9. Jahrhunderts, Siegburg
- SCHWERDTNER, PETER (1983), Personen – Persönlichkeitsschutz und Rechtsfähigkeit im Nationalsozialismus, in: ROTTLEUTNER, HUBERT (Hg.), Recht, Rechtsphilosophie und Nationalsozialismus, Wiesbaden, 82–91
- SCHWERIN, CLAUDIUS FRHR. VON SCHWERIN (1915), Deutsche Rechtsgeschichte (mir Ausschluß der Verfassungsgeschichte), 2. Auflage, Leipzig
- SEEBOLD, ELMAR (2011), Der Schutz unmündiger Kinder in der ›Lex Salica‹, in: Beiträge zur Geschichte der deutschen Sprache und Literatur 133, 413–420
- SIEMS, HARALD (1980), Studien zur Lex Frisionum, Ebelsbach
- SIEMS, HARALD (2001), Lex Baiuvariorum, in: Reallexikon der Germanischen Altertumskunde 18, 2. Auflage, Berlin 2001, 305–315
- SIEMS, HARALD (2006), Das Lebensbild der Lex Baiuvariorum, in: HECKER, HANS-JOACHIM u. a. (Hg.), Rechtssetzung und Rechtswirklichkeit in der bayerischen Geschichte, München, 29–73
- SIEMS, HARALD (2009), Die Entwicklung von Rechtsquellen zwischen Spätantike und Mittelalter, in: KÖLZER, THEO, RUDOLF SCHIEFFER (Hg.), Von der Spätantike zum frühen Mittelalter: Kontinuitäten und Brüche, Konzeptionen und Befunde, Ostfildern, 245–285
- SIEVERS, KAI D. (1984), Nahrung (erste eines Kindes), in: Handwörterbuch zur deutschen Rechtsgeschichte 3, Berlin 1984, 831–832
- SPAEMANN, ROBERT (2012), Was macht Personen zu Personen?, in: THOMAS, HANS, JOHANNES HATTLER (Hg.), Personen. Zum Miteinander einmaliger Freiheitswesen, Heusenstamm 2012, 29–44 http://dx.doi.org/10.1515/9783110330236.29
- SPENGLER, HANS-DIETER (2011), Zum Menschenbild der römischen Juristen, in: Juristenzeitung 66, 1021–1030
- STADLER-LABHART, VERENA (1965), Freilassung und Taufe in ihren Berührungspunkten, in: ELSENER, FERDINAND, WILHELM HEINRICH RUOFF (Hg.), Festschrift Karl Siegfried Bader. Rechtsgeschichte, Rechtssprache, Rechtsarchäologie, rechtliche Volkskunde, Zürich, 455–468
- STEINAUER, PAUL-HENRI (Hg.) (1990), L'image de l'homme en droit / Das Menschenbild im Recht, Freiburg im Üechtland
- STENZEL, ALOIS (1958), Die Taufe. Eine genetische Erklärung der Taufliturgie, Innsbruck
- TAMASSIA, GIOVANNI (NINO) (1964), Animae periculum. Nota, in: DERS., Scritti di storia giuridica, Bd. 1, Padua, 545–549
- THIER, ANDREAS (2012), Geschäftsfähigkeit, in: Handwörterbuch zur deutschen Rechtsgeschichte 2, 2. Auflage, Berlin, 270–273
- THRAEDE, KLAUS (1981), Gleichheit, in: Reallexikon für Antike und Christentum 11, Stuttgart 1981, 122–164
- THRAEDE, KLAUS (1983), Gottesstaat (Civitas Dei), in: Reallexikon für Antike und Christentum 12, Stuttgart, 58–81
- TURNER, BERTRAM (2012), Initiationsriten, in: Handwörterbuch zur deutschen Rechtsgeschichte 2, 2. Auflage, Berlin, 1219–1221
- UBL, KARL (2008), Inzestverbot und Gesetzgebung. Die Konstruktion eines Verbrechens (300–1100), Berlin
- ULLMANN, WALTER (1966), The Individual and Society in the Middle Ages, Baltimore
- ULLMANN, WALTER (1967), The Rebirth of the Citizen on the Eve of the Renaissance Period, in: LEWIS, ARCHIBALD R. (Hg.), Aspects of the Renaissance. A Symposium, Austin, 5–25
- UYTFANGHE, MARC VAN (2009), Altfrids Vita Ludgeri als hagiographischer und historischer Text, in: SCHÜTZ, RUDOLF LUDGER (Hg.), Heiliger Liudger Zeuge des Glaubens 742–809. Gedenkschrift zum 1200. Todestag, Bochum, 143–159
- VACCARI, PIETRO (1936), Dall'unità romana al particolarismo giuridico del medio evo (Italia, Francia, Germania), Pavia
- VIOLLET, PAUL (1905), Histoire du droit civil français accompagnée de notions de droit canonique et d'indications bibliographiques, 3. Auflage, Paris
- VISMARA, GIULIO (1967), Cristianesimo e legislazioni germaniche. Leggi longobarde, alamanne e bavare, in: La conversione al cristianesimo nell'Europa dell'alto medioevo, Spoleto 1967, 397–467 (ND DERS., Scritti di storia giuridica, Bd. 1, Mailand 1987, 451–511)
- VOGEL, CYRILLE (1974), Pratiques superstitieuses au début du XIᵉ siècle d'apres le ›Corrector sive medicus‹ de Burchard, évêque de Worms (965–1025), in: Études de civilisation médiévale (XIᵉ – XIIᵉ siècles). Mélanges offerts à Edmond-René Labande, Poitiers, 751–761
- VOGEL, CYRILLE (1976), Le ›caractère inamissible‹ de l'ordre d'après le Décret de Gratien, in: Studia Gratiana 20, 437–451

- VOLTERRA, EDOARDO (1980), Istituzioni di diritto romano privato, Rom
- WACKE, ANDREAS (1998), ›Ein Sohnesteil für Jesus Christus‹: Zum Einfluß des Christentums auf das (spätantike) Erbrecht, in: Orbis iuris romani 4, 99–115
- WALD, BERTHOLD (2005), Substantialität und Person. Philosophie der Person in Antike und Mittelalter, Paderborn
- WALTER, INGEBORG (2006), Aussetzung und Kindestötung in den Gründungslegenden einiger italienischer Spitäler, in: HELAS, PHILINE, GERHARD WOLF (Hg.), Armut und Armenfürsorge in der italienischen Stadtkultur zwischen 13. und 16. Jahrhundert. Bilder, Texte und soziale Praktiken, Frankfurt am Main, 163–174
- WÄCHTERSHÄUSER, WILHELM (1978), Kindestötung, in: Handwörterbuch zur deutschen Rechtsgeschichte 2, Berlin, 736–741
- WEBER, MAX (2005), Wirtschaft und Gesellschaft. Die Wirtschaft und die gesellschaftlichen Ordnungen und Mächte, Bd. 4, Tübingen
- WEINHOLD, KARL (1897), Die mystische Neunzahl bei den Deutschen, Berlin
- WENGER, LEOPOLD (1954), Bürgerrecht, in: Reallexikon für Antike und Christentum 2, Stuttgart, 778–786
- WESTERMANN, HARRY (1957), Person und Persönlichkeit als Wert im Zivilrecht, Köln http://dx.doi.org/10.1007/978-3-663-02816-1
- WICKER, NANCY L. (2012), Christianization, Female Infanticide, and the Abundance of Female Burials at Viking Age Birka in Sweden, in: Journal of the History of Sexuality 21,2, 245–262
- WILDA, WILHELM EDUARD (1842), Das Strafrecht der Germanen, Halle an der Saale (ND Aalen 1960)
- WOLFF, CHRISTIANUS L. B. DE (1761), Institutiones juris naturae et gentium, Venedig
- WÜRDINGER, HANS (1935), Einwirkungen des Christentums auf das angelsächsische Recht, in: Zeitschrift der Savigny-Stiftung für Rechtsgeschichte, Germanistische Abteilung 55, 105–130
- ZEUMER, KARL (1901), Geschichte der westgothischen Gesetzgebung IV, in: Neues Archiv 26, 91–149

Richard Helmholz

Baptism in the Medieval Canon Law

I. Introduction

It seems incongruous to present an essay based upon the canon law in a symposium devoted to the history of Christian baptism. Indeed, discovering that the classical law of the church dealt with the topic at all is surprising at first sight. Baptism is a theological subject, and it is common ground among historians that from the twelfth century forwards the canon law consciously separated itself from theology. It dealt with the regulation of human conduct and the governance of the church, not with theological doctrine. However, it is a fact that the canon law dealt with the sacrament of baptism, and it is equally true that it did so for good reasons. Uncovering the canonical treatment of baptism also has a relevance to understanding the inner nature of the classical canon law. It is my hope to make this clear by drawing a comparison between the canon law of baptism and its law of marriage and divorce.

1. Baptism's Place in the Canon Law

Several reasons impelled the authors of the law of the medieval church to deal with baptism. One was jurisdictional. With few exceptions, only those men and women who had been baptized were subject to the jurisdiction of the courts of the church. Although this seems rarely to have been the subject of litigation, baptism was a prerequisite for the exercise of control over the affairs of the laity, and this meant that there had to be a way to determine whether baptism had occurred in fact. Without it, legal proceedings were a nullity for lack of jurisdiction over the person. Another was purposeful. Although it is quite true that the courts of the church concerned themselves with human conduct rather than belief, that limitation did not eliminate the need to treat baptism. Baptism was both – a matter of conduct as well as of belief.

Determining how the sacrament should be conducted and deciding who should play each part in the rite came easily within the scope of the law of the church. For much the same reason, another title in the Gregorian Decretals dealt with the rules for celebration of the Mass (X 3.41.1–14). A regime of law was necessary to guide the clergy in both areas, and even to instruct the laity. A third justification was consequential. Baptism had effects on other aspects of human life. It created ties of kinship between families that were supposed to matter and sometimes did.[1] It also had defined legal consequences. One was the establishment a spiritual relationship between the person baptized and the sponsors, a relationship that barred subsequent marriage between them (X 4.11.1–8). Another was the effect of the sacrament on the status of antecedent crimes and debts of the person baptized. Did they survive baptism's cleansing from sin?[2] It turned out that some did and that some did not. It was therefore necessary to know whether a valid baptism had taken place. The canon law gave an answer to the question.

2. Baptism in the Canonical Texts

The topic of baptism is found in many places in the *Corpus iuris canonici*. It was also regularly discussed by the medieval and early modern commentators on the canon law. Gratian's *Decretum* (ca. 1140) devoted a long *Distinctio* to problems arising from baptism (De cons. Dist. 4 cc. 1–156). The subject also occupied two separate titles in the third book of the Gregorian Decretals (X 3.42.1–6; X 3.43.1–3) and also one in the Clementines (Clem. 3.15.1), although not in the *Liber sextus* or the other books in the second half of the *Corpus iuris canonici*. Baptism was also treated in local ecclesiastical legislation, being included in many diocesan and provincial statutes.[3] It never became a favorite subject of the jurists; fewer monographs

1 Bossy (1973) 129–143.
2 Tuschus (1605–1670) Lit. B, concl. 23: Chiericato (1688) Mens Aprilis, quaest. 2.
3 E. g., García y García (1984) Synods of Leon III, c. 26 (1303) 270–272;

Avril (2011) Synodal Statutes of Carcassonne (ca. 1270), tit. III, 417–20; Powicke / Cheney (1964) Statutes of Exeter II (1287) 2: 987–988; Trexler (1971) 66–68.

about it were written than was true for most titles of the Decretals, but baptism did figure in most treatises on the law and also in the many *Summae* that were compiled for practical use by the clergy.[4]

What did these sources contain? Gratian's primary concern seems to have been to define the meaning of baptism and to establish its centrality for the Christian religion. This concern led him to deal with a great many, though not quite all, the subjects that would occupy later canonists. His treatment emphasized the necessity of baptism for salvation, made a connection between it and circumcision in the Old Testament, prescribed the proper times and persons for performance of the sacrament, stated the ancient prohibition against re-baptism, dealt with mistakes in recitation of the baptismal formula, and justified the baptism of infants who themselves had no knowledge of the Christian faith. Gratian's was a strong collection of texts, though a somewhat confused one, since the presentation was not organized along any discernible lines. His *Distinctio* on the subject contained 156 canons, but the same points were made repeatedly, and there was no logical progression or order apparent in their presentation – perhaps this was no more than a sign of the gradual accretion of texts added to the primitive text of the *Decretum* as it had left Gratian's hands.[5]

By contrast, the treatment of baptism in the later books of the *Corpus iuris canonici* was quite brief. The Gregorian Decretals' principal title on baptism contained only six chapters, and most of them were targeted at special problems. For instance, a decretal of Pope Innocent III clarified that the use of water was a requirement for baptism's validity. Even a severe drought was not reason enough to substitute some other liquid. Overall however, the Decretals and the later jurists accepted virtually all the principles found in Gratian's *Decretum*. Notably absent from this title in the Decretals, as in the *Decretum* itself, was any special concern for the problems raised by coerced baptism. At another place, the principle that no unwilling person was to be compelled to accept the Christian faith was stated clearly (X 3.42.5). But that is almost all, and some aspects of the

subject were left for local legislation, regional custom, judicial discretion, and learned commentators on the church's law.

II.   The Laws of Baptism and Marriage Compared

This essay's aim is to come to grips with the basic nature of the canon law of baptism, as it was understood and developed by the medieval canonists. To do this, it compares the canon law's texts and general approach to baptism with its law on marriage and divorce. The comparison is a legitimate one. Both marriage and baptism were sacraments. Both were voluntary in the sense that the consent of the persons involved was required for entry into them. Both required an outward expression of that consent. There were differences, however, and they are useful in bringing to the fore the most salient features of the law of baptism. They also call attention to fundamental characteristics of the medieval canon law. The most obvious point of difference was that marriage was a universal institution, whereas baptism was not. Baptism was reserved to Christians. However, for understanding its basic place in the law of the medieval church that particular difference mattered very little, since the canon law dealt almost exclusively with Christian marriage. The medieval church recognized seven sacraments. For reasons of symmetry, the essay also treats seven aspects of the law, picking among those in which both differences and similarities existed. All of them are meant to be topics that shed light on the character of the church's law.

1.   *The Requirement of Words*

With only minor exceptions,[6] both marriage and baptism required the use of words, virtually always spoken words. In the case of marriage, the normal focus was placed upon what was said by the man and women themselves; the effective words were »I take thee, etc.« With baptism it was placed upon the words used by the officiating priest. No formal document was required in either

---

4 E. g., Sylvester de Priero (1584) v. *Baptismus* I–VI.

5 See Winroth (2000).

6 Such as *matrimonium presumptum*; see Esmein (1891) 2: 210–212.

case. Spoken words sufficed and seem to have been the norm in practice, most obviously in baptism. However, an intent to marry or to baptize that was not put into words was ineffective. Particularly for marriage, this rule rested upon the need for proof in the external forum. Without it, a passing wish or an internal sentiment, if shared by a man and a woman, might be enough to effect a basic change in their status. That would have been an impossible system to administer.[7] Whatever the reason, this was the rule. As was true in many areas of the canon law, it was not without exception, though not enough of an exception to upset it. Those who by nature could not speak, as the deaf and dumb, could contract marriage by signs if they had been taught the meaning of what they were doing (X 4.1.23). This, however, was simply a concession to the reality of their condition, not an invitation to further exceptions.

In baptism, the exceptional case was that of the repentant thief on the cross (Luke 23:42–43), to whom Jesus himself had promised salvation. Perhaps canonists might have taken this example as an invitation to open a door to further expansion. One thinks of the hard case of stillborn infants. However, except in the most extreme situations, as where the intensity of desire to accept the Christian faith was matched by the impossibility of actual baptism (X 3.43.1), little expansion occurred. An infant had no strong desire to be baptized, as did the repentant thief. In practice, therefore, the canonical maxim, *De occultis non judicat ecclesia*, was applied in the administration of both sacraments.

If the two sacraments were alike in requiring the use of words, they were quite unlike in defining what those words had to be. In the case of baptism, specific words had to be used and they had to be spoken aloud. This was a requirement based upon biblical texts. Jesus had commanded his disciples to baptize »in the name of the Father, and of the Son, and of the Holy Spirit« (Matt. 28:19). The canonists took him at his word. They understood this command literally, though they did have some difficulty with the equally biblical report stating that the apostles had sometimes baptized simply in the

name of Jesus (Acts 19:5). It was agreed that the words might be said in any language, but the settled rule was that use of the Trinitarian formula was essential, and the strictness of this requirement inevitably gave rise to difficulties. What if the celebrant made a slight mistake in pronouncing the verbal formula, or what if he added additional words to it? An example would be adding the name of the Virgin Mary to the Trinity or erring in referring to the Holy Spirit as feminine (i. e. *Spirita sancta*). I will not enter this confusing and fascinating field of distinctions today, but the tendency among the canonists was to decide against baptism unless the mistake or addition was a distinctly minor one.[8] In most instances, as with the Roman law's *stipulatio*, the verbal formula had to be followed.

With the canon law of marriage, however, the reverse was true. No part of the Bible (or the Roman law) required the use of any specific words to constitute marriage. Neither did the classical canon law. As long as the intent of the parties was discernible from their words and external actions, a valid marriage would have been contracted. If the words as generally understood in the area adequately signaled that they intended to contract marriage, that was sufficient. The couple's behavior – as in giving each other presents, joining hands, or kissing and drinking together – counted too. These were the common actions of a man and women who intended to enter into a marital relationship. Courts might treat them as evidence of that intent.[9] In other words, the sacrament of marriage set a looser verbal standard for entry than did baptism, although except in a few special situations, both did require an external manifestation of intention.

2.　Coercion and the Sacraments

The sacraments of baptism and marriage both required the free consent of the parties who entered into them and who would be bound by their consequences. In principle, entry into the Christian religion was to be a free choice. That no unwilling person was to be compelled to follow

---

7 See SANCHEZ (1739) Lib. II, disp. 30, nos. 1–2.

8 See, e. g., PANORMITANUS (1615) ad X 3.42.1, no 7.

9 E. g., *gl. ord.* ad X 4.2.14, v. *subarrata*; MASCARDUS (1593) Lib. II, concl. 1023–1026.

the Christian faith was stated clearly in the Decretals (X 5.6.9). Not only was the church committed to a regime of peace, the canonists recognized that feigned belief would be of no utility before God, who knows the secrets of human hearts. God sought only volunteers in his army.[10] Similarly, marriage required the free consent of the parties. Both Roman law (Cod. 8.39.2) and canon law (X 4.1.17) held that matrimony was a matter of free choice. Of course, once chosen, marriage bound both parties till their death, but they were free to make the initial choice as they desired. The law of the church would respect and perhaps even guarantee that freedom of choice.

In the world as it was, both coerced marriages and coerced baptisms did occur. Canonists were not blind to this fact. And when coercion came into the picture, the law regulating the two sacraments diverged quite fundamentally. Both recognized that what had been done unwillingly might come in the course of time to please the person involved. They therefore left room for this posssibility. But with baptism, the canon law came close to creating a non-rebuttable presumption that it would occur. The resolution of the question of the validity of a coerced baptism in the end depended upon the nature of the coercion used. If the force was absolute, no real baptism had occurred. Thus a person who was baptized while he slept or after he had been tied up and lowered into the baptismal waters would not have received the sacrament. However, the person who was baptized because he had been told that he would lose his patrimony or perhaps even his freedom if he refused would have been validly baptized. He would not be free to renounce the Christian religion. Baptism was a fact. »Forced consent is still consent« (Dig. 23.2.22). Here was a particularly telling example of the force of that ancient legal maxim. It was an objective test and was intended to be so.

The law of force and fear as applied to marriage was more open ended and subjective in character. Fear of serious bodily or financial harm might be enough to invalidate a marriage, at least if it had been sufficient to move a »constant man« – or

perhaps somewhat less in the case of a »constant woman«.[11] The canonists understood the danger that this impediment might become a convenient escape route for men and women who had second thoughts about their marriage. They sought to distinguish between acting unwillingly under coercion and acting foolishly under persuasion.[12] Only the first opened the door to divorce. They held to the »constant person« test nonetheless, even expanding its scope over the course of time. The party coerced had the right to invalidate the marriage. Today this right has become a settled part of the more subjective regime of the modern Catholic church's matrimonial law. »Reverential fear« of one's parents may be sufficient to secure an annulment. The medieval jurists found this a very difficult subject; mostly they rejected it.[13] Many among them might have been happier if their law had endorsed the same objective regime used with coerced baptisms. But it did not.

3. The Sacraments and Children

Some of the same problems raised by coerced baptism and coerced marriage arose in a special way in dealing with the status of children, though the results were not identical. Both sacraments could be entered into by children, who almost by definition had less than full understanding of what they were doing. This was particularly true of baptism, of course. Infants were commonly baptized during the Middle Ages, as they are today, and it was held that the faith of their sponsors provided a sufficient substitute for the infant's own volition. The sacrament cleansed the person from original sin, also incurred without the person's knowledge, so that a point of symmetry existed between cause and effect (X 3.42.3). This approach was, although in a lesser sense, also applied to marriage. At least if a child was older than seven, he or she could enter into a valid marriage contract. The child might fully intend to fulfill it but have less than full comprehension of what it might entail and no ability to consummate the marriage by sexual union. The child's parents might even control the situation. In fact, a decretal recognized

---

10 Tuschus (1605–1670) Lit. C, concl. 25, no. 1.

11 *Gl. ord.* ad X 4.1.14, v. *metus.*

12 See, e. g., Sanchez (1739) Lib. IV, disp. 1, no. 3.

13 Sanchez (1739) Lib. IV, disp. 6.

and in a measure approved the father's choice for the child (X 4.2.1). In that sense, the two sacraments were on all fours. Children could enter into both, despite their deficiency in comprehension.

However, when this did happen, the consequences were quite different. No child baptized as an infant enjoyed a right to change his mind. He could not say, »I myself did not consent.« And if he did, the law would pay no heed to the protest. The canonists must have recognized that this amounted in substance to the textbook case of being baptized while one slept, because they raised the problem. However, they distinguished. In their eyes, the two were simply not the same. They stated that in baptism a different regime was to be applied to children than to adults. [14] The law, then and now, often distinguishes between the rights of children and the rights of adults, giving greater room for the latter. So the canon law did here. Baptism imprinted an indelible mark on the child.

Marriage, by contrast, did not. In the law of marriage and divorce, a different regime obtained. The canon law afforded the child who had married as a child the chance to repent upon reaching puberty. The same decretal that recognized the father's right to enter into a marriage on behalf of a child, went on to state that once the child had reached majority, he was to be urged, but not compelled, to fulfill the matrimonial vows. [15] This meant that if the child to such a marriage then wished to withdraw, he had the right to reclaim against it and then to marry someone else. The earlier marriage did not prevent this reclamation, even if it had been done when the child had earlier been a willing participant, for the child's actions were not taken in law to be the product of true and full consent. [16] True individual consent was thus necessary in marriage, but not in baptism. There were procedural requirements attached to the exercise of this right, but its substance was clear and it was not unknown in medieval practice. The same privilege was not accorded to children who had been baptized as infants. They could not reclaim at any age.

4. The Sacraments and Reaching Maturity

Both marriage and baptism involved continuing obligations as well as continuing benefits, and for the person who changed his mind over the course of his life, the obligations would have come to seem greater than the benefits. That situation certainly happened, but the canon law took little account of it. Once validly entered into, neither could be revoked. Marriage was indissoluble. So was baptism. The modern practice of declaring oneself free from religion – which I understand is now a constitutional right in Germany as it certainly is in the USA – would have seemed quite illogical and wicked to the medieval canonists. Equally alarming was the possibility of easy or collusive divorce. The canonists sought earnestly to prevent it. Marriage and baptism were sacraments that depended upon individual choice, but once that choice had been made, the freedom to choose was at an end. The baptized Christian who converted to Islam was an apostate; the married man who left his spouse to marry another was a bigamist. Neither had made a choice the law would recognize as valid. A text in Gratian's *Decretum*, taken from St. Augustine, equated the two: even if the faith (or the affection) had disappeared from the lives of the baptized (or the spouse) as a matter of fact, the effects of the sacrament itself had not (C. 32 q.7 c.28).

Into this stern regime, only a few exceptions were admitted and they came in the law of marriage. One was that if both parties to a marriage were willing, either could forsake the marriage in favour of entry into a religious order. A lengthy title of the Gregorian Decretals was devoted to the subject (X 3.32.1–20). A higher calling, as it seemed, monastic life could still be chosen despite the prior choice of marriage, at least if the other partner consented and was willing to live a chaste life. A second was the so-called Pauline Privilege. Roughly speaking, in any marriage between two unbaptized persons, if one subsequently became a Christian but the other did not, the convert could remarry. The first marriage did not prevent this. A decretal of Pope Innocent III allowed it, citing

---

14 Gail (1595) Lib. I, obs. 93, nos. 4–6.

15 *Gl. ord.* ad X 4.2.1, v. *debet.*

16 See, e. g., Riccio (1621) Resol. 411, no. 2.

Scripture (1 Cor. 7:15) and distinguishing between a merely valid marriage and a Christian marriage (X 4.19.7). The first – available to all – left more room for manoeuvre than the second. A third was the ability to end the effects of marriage (though not the marriage itself) in cases of cruelty or matrimonial misconduct. This was the divorce *a mensa et thoro*.[17] It did not require mutual consent, though often enough agreement, or at least acquiescence, did exist in fact. Nor did it allow either party to remarry. It did, howver, end the mundane and daily obligations that marriage entails. The spouses could live apart. They were not bound by the marital debt. Nothing of the sort existed for baptism. No one was excused from the daily obligations of a Christian by anything resembling a divorce *a mensa et thoro*. Only death ended its worldly consequences.

5. *Freedom of Choice and Parental control*

A difficult question running through the canon law was the extent to which parents should control the »life choices« of their children. It was never treated as a special subject in the canon law, but it arose (though in slightly different ways) in both baptism and marriage. Specifically, could parents determine whether their children were to be baptized or not, and could they decide whether and with whom their children were to be married? The starting point, based upon the law of nature itself, was that parents had a duty to care for their children (Inst. 1.2.1). This was in some sense a reciprocal obligation, for the children were also under an obligation towards their parents, and this was regarded as including a duty to follow parental commands, at least their reasonable commands. A contemporary definition of justice – that meant it giving to each person what was due – included the obligation of obedience which children owed to their parents.[18] The medieval canon law did not endorse the regime of *patria potestas*. That was one part of the civil law peculiar to the Romans.[19] But

it did not reject all the legal consequences that accompanied it.

Given this starting point, it is somewhat surprising to find that decisions about marriage were left to the children themselves. The maxims *libera debent esse matrimonia* and *consensus facit nuptias* were carried that far, at least where the marriage's validity was concerned (X 4.1.29; Dig. 35.1.15).[20] Marriage was contracted by the couple's consent alone, any local custom to the contrary notwithstanding (X 4.1.1). The more limited freedom endorsed in Gratian's *Decretum* was swept away in favour of this strong rule. Many secular statutes later sought to make inroads into this regime, and the realities of life made inroads into its effectiveness in fact,[21] but it remained the canonical rule, at least until the Council of Trent. The marriage in Shakespeare's *Romeo and Juliet* illustrates its potential. Headstrong children, marrying for love alone, may not have been favorites of the jurists, but they were acting within their legal rights. The marriage the contracted was binding upon them and their parents.

With baptism, the legal situation was different. For Christian parents, baptism of their children was both a privilege and a duty. They could not experiment. But what about the children of Jewish or Moslem parents? The starting point was that the parents could decide. Except in rare circumstances, the canon law held that children of Jewish parents were not to be forced into baptism.[22] However, where one of the parents had become a Christian, things changed. In that situation the canon law took what might be described as an instrumental approach.[23] If the father had been converted, but the mother had not, the father's will controlled. But if it was the mother who had been converted and the father had not, then it was the mother's will that controlled (X 3.33.2).[24] This was an exception to the normal rule that the father's will took precedence. It enabled the converted mother to have her child baptized, no matter what the father wished.[25] It was a decision »in favour of the

---

17 English examples appear in HELMHOLZ (1974) 100–107; French in KARRAS (2012) 165–208; German in DEUTSCH (2005) 266–288; Italian in CRISTELLON (2006) 101–22.

18 See Vocabularium utriusque iuris, v. *iustiti*a.

19 *Gl. ord.* ad Dist. 1 c. 12, v. *nulli*.

20 The reasons for this policy have been disputed; see, e. g., DONAHUE (1976) 251–281.

21 See, e. g., SCHMUGGE (2006) 289–298.

22 TUSCHUS (1605–70) Lit. B, concl. 25.

23 CAFFIERO (2012) 44–60; ROWAN (1975) 3–25.

24 See also SANCHEZ (1739) Lib. VII, disp. 73, no. 16.

25 See also NAZ (1937) 2: 139–141; KISCH (1949) 200–204.

faith«. Putting a brave face on it, one might claim that it showed a preference for the interests of the child over those of the parent.

6. The Role of the Clergy

Because both baptism and marriage were Christian sacraments, one might expect that both should have called for active administration by the clergy and passive involvement by the laity. Only priests could celebrate the Mass or give absolution to penitents. Should not the same rule have applied in the other two sacraments?

In fact it was not. At least it was not as to questions of validity. The ministers of the sacrament of marriage were the couple themselves. Before the Council of Trent, no ordained person was required to officiate or even to be present when a man and women entered into a marriage. Witnesses were required if the marriage was to be enforced in a public court, but that was only the awkward result of the law of proof. Even without witnesses the marriage was binding in conscience upon the parties. The more difficult question was sexual consummation, but even there the dominant view was that it was not essential; only the present consent of the couple counted. Likewise, baptism's validity did not depend on its being administered by a priest. The canonists said repeatedly that even laymen, women, hermaphrodites, Jews, pagans, or heretics could validly baptize as long as they used the correct baptismal formula and intended to baptize.[26] Some drew the line at baptism conferred by demons who had assumed human form,[27] but that was an exercise in scholasticism. The only exception that might occasionally have mattered was that no person could validly baptize himself.[28] Jesus himself had been baptized by John, and he had directed the apostles to baptize others, not to encourage others to immerse themselves.

The matter stood differently on questions of full compliance with the law. As it did in several other areas, the canon law separated what was licit from what was valid. The canonists endorsed punishing those who had acted illicitly, but they did not declare their unlawful actions ineffective. This was so with both sacraments, although with somewhat different results. The matrimonial law prohibited clandestine marriages, but it never determined exactly what was meant by clandestinity. Various definitions were possible. It might be one without witnesses, one without banns, or one without due solemnization.[29] Since priests were specifically enjoined not to be present at a clandestine marriage (X 4.3.3), it was at least clear that the presence of a priest was not in itself enough to make the difference. The principal concern of the canonists was placed on substance rather than form. Prevention of secret unions between a man and woman who were actually married to others or who were related within the prohibited degrees of affinity and consanguinity was the paramount goal. The presence of priestly formalities was simply a reliable way of accomplishing it. That was also the basic reason for *Tametsi*, the Council of Trent's decree requiring the presence of the parish priest for a marriage's validity.

The canon law's treatment of baptism also drew a distinction between what was licit and what was invalid, but with much greater determination to secure adherence to preventing evasion of the rule. The rule was simple. Except where the person baptized was close to death, only a priest could lawfully administer the rite of baptism.[30] The canonists insisted on this. Laymen who baptized outside those circumstances were required to do penance.[31] Clergy who did so incurred canonical *irregularitas* (X 5.28.1). According to one opinion, a deacon, even if he were a Cardinal Deacon of the Roman church, could not lawfully confer the sacrament.[32] Something like the same concern to

---

26 E. g., Hostiensis (1574) Lib. III, tit. *De baptismo*, no. 7.

27 Sylvester de Priero (1584) tit. *Baptismus* III, no. 3.

28 Panormitanus (1615) ad X 3.42.4, no. 1.

29 Lyndwood (1679) 276, v. *clandestine*.

30 Panormitanus (1615) ad X 3.42.1, no. 3.

31 *Gl. ord.* ad C. 30 q. 1 c. 7, v. *cogente*.

32 Sylvester de Priero (1584) v. *Baptismus*, III, no. 1.

ensure that the correct formula would be used probably lay behind this approach to baptism, but the urgency of ensuring its application was quite different than in the law of marriage.

7.   *The Problem of Legal Uncertainty*

The two sacraments raised problems of legal uncertainty – i. e. uncertainty as to whether a man and woman were validly married and uncertainty as to whether an individual had been validly baptized. The law of proof must deal with questions like this in every age and in almost every area of the law. Allocation of the burden of proof, acceptance of legal presumptions, and development of rules of evidence are commonly used to deal with them. Often these means fall short of establishing the truth; they do no more than bring an end to litigation. The medieval *ius commune* had only these imperfect tools at its disposal. That marriage and baptism were sacraments did not make the problems easier.

In the law of baptism, uncertainty arose in two common situations.[33] One happened when godparents and other witnesses had died or disappeared. This might easily occur when a person baptized as a child moved to a new location; he would not remember accurately whether or not he had been baptized, and he certainly could not prove it one way or the other. No parochial registers were compiled before the late sixteenth century. This source of information could not have come to the rescue. The other situation arose when there was uncertainty about the proper use of the baptismal formula. Had the Trinity been rightly invoked? Had the celebrant used the words »I baptize thee«? No one might be sure. In baptism, the canon law made an exception to its normal requirement of two witnesses to prove a fact; one was sufficient.[34] But even if one or more witnesses had been available, their memories about details would not always have been reliable. Baptism could not be repeated; that had been decided in the earliest days of the church's existence (C. 1 q. 1 c. 57). Nor could it be presumed to have occurred. There had to be proof.[35] So it was a real problem.

To this problem, the medieval canon law also had a solution: conditional baptism. It was authorized and described in a decretal letter of Pope Alexander III (X 3.42.2). In cases of doubt, the priest was instructed to say »If you are baptized, I do not baptize you etc.«, adding »But if you are not baptized, I do baptize you, etc.« Thus was the problem solved by a verbal distinction. Conditional baptism has lived on into the modern world to become a source of hard feelings and theological controversy.[36]

No such solution was hit upon in the canon law of marriage, where the problems of uncertainty were, if anything, greater than they were in the law of baptism. Most of the difficulties were caused, not by the limitations inherent in infancy, but by the law itself. It left much uncertain in defining what made a marriage. Or so it seems today. Over the years, historians have criticized the canon law's indeterminacy on this score in quite strident tones. F. W. Maitland, for instance, dismissed the law's distinction between the use of *verba de praesenti* and *verba de futuro* in contracting marriage as »no masterpiece of human wisdom«.[37] He went on to describe the law of marriage as »a maze of flighty fancies and misapplied logic«.[38] A more recent historian summed up the deficiencies of the church's law with a rhetorical question: »Were [a man and woman] really married? Who could tell?«[39] His sad conclusion was that, too often, no living person could be certain.

It would be idle to add to these strictures, but a reminder of the main sources of uncertainty about the formation of marriage remains useful. There were at least five: one, a marriage could be contracted without ceremony or formality, in theory even without witnesses; two, no workable definition of what words were sufficient to create a binding marriage was ever given and the difference between statements of mere intention, words of actual present or future consent could be paper thin; three, there was very limited acceptance of the rule of *res judicata* in matrimonial litigation, with the result that no court's decision was ever final; four, no records were kept, no license required, and no formal registration required as part

33 Panormitanus (1615) ad X 3.42.2, no. 3.
34 Mascardus (1593) Lib. I, concl. 163, nos. 2, 4.
35 Id. Lib. I, concl. 163, no. 6.

36 See Stehfen (1908).
37 Pollock and Maitland (1968) 2: 368–369.
38 Id. 389.
39 Tierney (1988) 68.

of a valid marriage, although some were encouraged; and five, the initiative for enforcing marriage contracts was largely left to the initiative of the parties themselves; no »Defender of the Bond« existed. These features did not render the canon law of marriage unworkable. Most of them in fact could be used to describe the modern law of contracts. However, they did create practical problems that were not solved in the medieval law. This lack of solution contrasts markedly with the canon law of baptism. There, conditional baptism filled the gap.

III.   Conclusion

It sometimes seems to historians that the law consists of miscellaneous and trivial rules and distinctions. In this instance, I hope this is not so. The examples and comparisons made in this essay lead to a fairly clear conclusion. For both marriage and baptism, the canon law adopted an objective approach. It was Augustinian in character. It did not depend upon the interior desires of individuals. Still less did it seek to satisfy them. It depended upon objectively verifiable actions. Only in the law of marriage did the canon law's texts leave an opening for a more subjective – one might almost say a more individualistic – approach. I have given some examples of this. It is true to say that the formal law on both subjects contained the seeds from which a concern for individual rights could grow. The difference was that in the canon law of baptism these seeds did not sprout. In the law of marriage, a few did.

Explaining the policies that supported this difference in outcome was not something in which the medieval canonists excelled. They preferred an approach tied to the texts of the canon and Roman laws. They did not favor speculation arising from subjective preferences or even from social policy. However, they did leave a few hints. Explaining why a relatively relaxed standard of coercion was enough to allow a divorce but not enough to invalidate a baptism, for example, the canonists wrote that »forced marriages commonly lead to unhappy outcomes.«[40] Such outcomes were to be avoided, if a way could be found under existing law. They were willing to tolerate some loose results in the law of marriage, because the alternative was worse.[41]

However, they wrote nothing of the sort in describing the results of coerced baptism. And they could not have. From their perspective, it was inconceivable to think that the results of being baptized would have been unhappy. Baptism was the one thing every person should desire. It was the highest good. Marriage was not. Indeed, in some ways marriage more of a danger than an aid to advancement of the *salus animarum*. Sometimes, they concluded, it was simply a remedy against the vice of fornication.

In my understanding, this was an additional reason the canon law took an interest in baptism, a seemingly theological subject. Although it did not purport to penetrate the secret of men's hearts, the canon law's purpose was not simply to keep order in society. It was to lead men and women to the good. »The purpose of the canon law,« repeated a much used medieval handbook, »is felicity of the soul.«[42] With particular clarity, the canon law of baptism illustrates that purpose. It led to results that are quite incompatible with a law founded upon the recognition of individual rights. Comparing baptism with the law of marriage is only one way of demonstrating that feature of its inner nature.

■

---

40 See *gl. ord.* ad X 4.1.17, v. *Requisivit.*
41 *Gl. ord.* ad X 4.1.2, v. *tolerari.*
42 Clavasio (1520) v. *consuetudo*, no. 2.

Bibliography

- Avril, Joseph (ed.) (2011), Les Statuts synodaux français du XIIIe siècle, Paris
- Bossy, John (1973), Blood and Baptism: Kinship, Community and Christianity in Western Europe from the fourteenth to the seventeenth centuries, in: Baker, D. (ed.), Sanctity and Secularity: the Church and the World, Oxford, pp. 129–43
- Caffiero, Marina (2012), Forced Baptisms: Histories of Jews, Christians, and Converts in Papal Rome, Berkeley, CA
- Chiericato, G. M. (1688), Decisiones cleri Patavini de sacramentis baptismi et confirmationis, Poitiers
- Clavasio, Angelus Clarletus de (1520), Summa angelica, Lyon
- Cristellon, Cecilia (2006), I processi matrimoniali veneziani (1420–1545), in: Seidel Menchi, Silvana, Diego Quaglioni (eds.), I tribunali del matrimonio (secoli XV–XVIII), Bologna
- Deutsch, Christina (2005), Ehegerichtsbarkeit im Bistum Regensburg (1480–1538), Cologne
- Donahue, Charles (1976), The Policy of Alexander the Third's Consent Theory of Marriage, in: Kuttner, Stephan (ed.), Proceedings of the Fourth International Congress of Medieval Canon Law, Vatican City
- Esmein, A. (1891), Le mariage en droit canonique, Paris
- Gail, Andreas (1595), Practicarum observationum, Turin
- García y García, A. (ed.) (1984), Synodicon Hispanum III: Asturga, Leon y Oviedo, Madrid
- Helmholz, R. H. (1974), Marriage Litigation in Medieval England, Cambridge
- Hostiensis (Henricus de Segusio) (1574), Summa aurea, Venice
- Karras, Ruth Mazo (2012), Unmarriage: Women, Men, and Sexual Unions in the Middle Ages, Philadelphia, PA
- Kisch, Guido (1949) The Jews in Medieval Germany: A Study of their Legal and Social Status, Chicago, IL
- Lyndwood, William (1679), Provinciale (seu Constitutiones Angliae), Oxford
- Mascardus, Josephus (1593), Conclusiones probationum omnium quae in utroque foro quotidie versantur, Frankfurt
- Naz, R. (ed.) (1937), Dictionnaire de droit canonique, Paris
- Panormitanus (Nicolaus de Tudeschis) (1615), Commentaria in libros decretalium, Venice
- Pollock, F., F. W. Maitland (1968), History of English Law before the Time of Edward I (2d ed. reissued), Cambridge
- Powicke, F. M., C. R. Cheney (eds.) (1964), Councils & Synods with other Documents relating to the English Church, Oxford
- Riccio, Giovanni Luigi (1621), Praxis aurea et quotidiana rerum fori ecclesiastici, Cologne
- Rowan, Steven (1975), Ulrich Zasius and the Baptism of Jewish Children, in: Sixteenth Century 6 (1975) 2–25
- Sanchez, Tomas (1739), De sancto matrimonii sacramento, Lyon
- Schmugge, Ludwig (2006), Barbara Zymermanin's Two Husbands, in: Müller, W. P., Mary Sommar (eds.), Medieval Church Law and the Origins of the Western Legal Tradition: A Tribute to Kenneth Pennington, Washington, DC, 289–98
- Stehfen, Rudolf (1908), Die Wiedertaufe in Theorie und Praxis der römisch-katholischen Kirche seit dem tridentinischen Konzil, Marburg
- Sylvester de Priero (1584), Summa Sylvestrina, Venice
- Tierney, Brian (1988), Canon Law and Church Institutions in the late Middle Ages, in: Linehan, Peter (ed.), Proceedings of the Seventh International Congress of Medieval Canon Law, Vatican City, 49–69
- Trexler, Richard (1971), Synodal Law in Florence and Fiesole, 1306–1518, Vatican City
- Tuschus, Dominicus (1605–1670), Practicarum conclusionum iuris in omni foro frequentiorum, Rome
- Vocabularium utriusque iuris (1598), Venice
- Winroth, Anders (2000), The Making of Gratian's Decretum, Cambridge (http://dx.doi.org/10.1017/CBO9780511496639)

Christiane Birr

Titulus ad regnum coelorum: Zur Taufe und ihren Wirkungen in der theologisch-juristischen Argumentation der Schule von Salamanca*

1   Einführung

In Spanien blickte man, wie wohl in keinem anderen Land Europas, auf reiche Erfahrungen mit der Inkorporation großer Gruppen Fremdgläubiger, auf massenhafte und nicht immer von äußerem Zwang freie Erwachsenentaufen zurück. Im 15. Jahrhundert hatten die Taufen von Juden, im 16. Jahrhundert die von Muslimen zu zahlreichen politischen, rechtlichen und theologischen Problemen geführt. Weitere Dimensionen erhielten die Fragen nach Taufe, Orthodoxie und Kirchenangehörigkeit durch die Reformation in Europa einerseits und die Mission in Lateinamerika andererseits.

Der vorliegende Beitrag soll einen Überblick über einige Diskussionsthemen spätscholastischer Autoren zur Erwachsenentaufe geben. Im Hinblick auf die Kindertaufe führte man in Salamanca die mittelalterlichen Überlegungen fort, ob man Kinder nichtchristlicher Eltern auch gegen deren Willen taufen dürfe; angesichts der religiösen Assimilierung von Juden und Mauren hatte diese Frage für die spanischen Theologen praktische Relevanz. Für Francisco de Vitoria ging es vor allem darum, ein *scandalum* und die spätere Apostasie der so getauften Kinder zu vermeiden. In Fällen, in denen ein solches Resultat absehbar war, wollte er von derartigen Kindertaufen eher absehen.[1] Allerdings folgten auch die Salmantiner Theologen der Tradi-

tion, welche eine solche Praxis zwar nicht guthieß, aber zu Gunsten des Glaubens auf solche Weise zustande gekommene Taufen für wirksam erklärte[2] – eine Position, die sich noch im aktuellen Codex Iuris Canonici widerspiegelt.[3]

2   Probleme der Erwachsenentaufe

Eine wirksam vollzogene Taufe prägt die Seele des Getauften mit einem unauslöschlichen Zeichen (*character indelebilis*) und macht ihn zum Glied der Kirche, zugleich kann sie die Vergebung der Erbsünde und aller zuvor begangenen Sünden bewirken. Damit diese theologischen Wirkungen im vollen Umfang eintreten können, braucht es allerdings mehr als ein einwandfrei durchgeführtes Taufritual. Entscheidend ist auch die innere Haltung des erwachsenen Taufkandidaten.

In der mittelalterlichen Theologie lag das Augenmerk in erster Linie auf der Erörterung des Taufritus[4] und der Idoneität des Taufenden. Diese Frage erhielt nach der Reformation eine weitere Bedeutung für die katholischen Theologen,[5] aber keine grundlegend neue inhaltliche Antwort: Die Person, die die Taufe spendet, braucht weder Glauben noch besondere Idoneität und muss nicht einmal selbst Christ sein. Sofern nur der wesentliche Ritus eingehalten wird, ist die Taufe wirksam gespendet.[6] Darüber hinaus aber wurden für die

---

* Harald Siems zum 70. Geburtstag.
1 »Si ergo in casu potest doceri puer invitis parentibus quando non esset scandalum, nescio, quare non posset baptizari. Semper intelligo ubi non esset periculum de apostasia nec sequeretur aliquod majus malum«: zitiert nach Borobio García (1988) 39 Anm. 11.
2 Ein Beispiel für die praktische Anwendung dieses Grundsatzes aus seiner eigenen Praxis berichtet Lugo (1596) lib. 1 dub. 4 (S. 6 f.: Taufe

eines etwa sechsjährigen jüdischen Mädchens in Rom).
3 Codex Iuris Canonici 1983, can. 868 § 2: »Infans parentum catholicorum, immo et non catholicorum, in periculo mortis licite baptizatur, etiam invitis parentibus.« – »In Todesgefahr wird ein Kind katholischer, ja sogar auch nichtkatholischer Eltern auch gegen den Willen der Eltern getauft.«
4 Exemplarisch für die auch in der Frühen Neuzeit erörterten Einzel-

fragen: Lugo (1596), lib. 1 dub. 3 (S. 4–6: Wirksamkeit der volkssprachlichen Taufformel in Dalmatien, Diskussion der Übersetzung des Terminus *baptizare*).
5 Vgl. beispielsweise Lugo (1596), lib. 1 dub. 2 (S. 3 f.: *An baptizandus sit iterum sub conditione, qui a Ministro Calvinista baptizatus fuit?*).
6 Für viele: Lugo (1596), lib. 1 dub. 2 (S. 3 f.).

spätscholastischen Autoren der erwachsene Taufkandidat selbst und seine psychologische Disponiertheit zum Gegenstand der Erörterung.[7] Im Idealfall sollten in seiner Person vorliegen:

• das Wissen um den Vorgang und die Bedeutung der Taufe, außerdem die Kenntnis der grundlegenden Glaubensinhalte (kognitives Element),
• der Wille, sich taufen zu lassen (*voluntas*) bzw. das Verlangen nach der Taufe (voluntatives Element),
• Glaube (*fides*) und Zerknirschung (*attritio*)[8] über die bisher im Zustand des Heidentums begangenen Sünden (spirituelles Element).

In allen drei Bereichen konnte es Defizite geben, und diese Fälle diskutierte und bewertete man in jeweils konkreten Problemkonstellationen: Die Folie für die Frage nach den Konsequenzen kognitiver Defizite gaben Massentaufen in der Neuen Welt und die unter Theologen umstrittene Frage nach Dauer und Umfang des Katechumenats ab.[9] Voluntative Mängel wurden unter dem Schlagwort »Zwangstaufe« mit Blick auf gewaltsam erzwungene Taufen von Juden, insbesondere aber von Muslimen auf der iberischen Halbinsel behandelt.[10] Spirituelle Mängel schließlich erörterten die spanischen Theologen vor dem Hintergrund der Reformation unter anderem anhand der Frage, ob Häretiker und Apostaten überhaupt Mitglieder der (katholischen) Kirche sein könnten.[11]

2.1 Sufficienter instructi, non solum in fide, sed etiam in moribus christianis: *Zur Notwendigkeit präbaptismaler Unterweisung*

Die Frage nach Dauer, Umfang und Inhalt der der Taufe vorangehenden Phase der Instruktion, des Katechumenats, war ein wiederkehrendes Thema, das im Missionskontext der Neuen Welt erheblich an Gewicht gewann. Vor allem Franziskaner nahmen Massentaufen mit vereinfachtem Ritus und ohne vorherige Unterweisung vor, während Dominikaner und Augustiner diese Praxis für unerlaubt hielten und auf individueller Taufe nach eingehender Instruktion der indigenen Katechumenen bestanden.[12] In diesem Streit verlangte Karl V. von der theologischen Fakultät der Universität Salamanca Ende Januar 1539 ein Gutachten über die Taufpraxis in der Neuen Welt.[13] Zweieinhalb Jahre später lag die Stellungnahme vor, unterzeichnet u. a. von Francisco de Vitoria und Domingo de Soto.[14] Die Salmantiner Theologen betonten zunächst die Wichtigkeit einer einheitlichen Praxis: Bei aller erlaubten Meinungsvielfalt in Glaubensdingen sei gerade im Blick auf die grundlegende Bedeutung der Taufe als »Tor zur christlichen Religion« (*janua christiane religionis*) Einigkeit geboten und Streit unstatthaft. Ganz besonders aber müsse man vermeiden, durch doktrinale Differenzen für ein *scandalum* bei der indigenen Bevölkerung zu sorgen.[15]

7 Noch HADRIAN VI. (1503), *De Sacramento Baptismi* widmet keine eigene *quaestio* seiner Abhandlung über die Taufe dem Thema der Erwachsenentaufe und ihren Problemen: q. 1 (fol. 2r ff.: *Vtrum solus baptismus sit paruulo necessarius ad salutem*), q. 2 (fol. 20v ff.: *Secundo videndum est quae forma necessario requiritur ad baptisma*), q. 3 (fol. 25v ff.: *Tertio videndum est a quo huiusmodi sacramentum rite ministratur, & licite suscipitur*), q. 4 (fol. 37r ff.: *Quarto videndum est quae requiratur ministrantis intentio*), q. 5 (fol. 38v ff.: *Quinto & ultimo quaerendum est, An baptismus tam iustificatis quam paruulis sit ad necessitatem necessarius*).

8 Dazu LEDESMA (1555), prima (pars) q. 9 art. 6 (S. 142): »Ante baptismum in adultis peccatoribus requiritur, quod sua peccata recolant: & eis doleant. Vbi nota quod [S. Thomas]

non dicit de eis conterantur, sed doleant: quia ad baptismum sufficit attritio.« Die in der Beichte verlangte *contritio* ist für die Taufe nicht notwendig, denn erst nachdem der Täufling dieses »Tor zu den Sakramenten« (*ianua sacramentorum*) durchschritten hat, können die Regeln für die Beichte auf ihn Anwendung finden.

9 Dazu unten 2.1.

10 Dazu unten 2.2.

11 Dazu unten 2.3.

12 Vgl. dazu auch den Beitrag von SIEVERNICH (2013), im vorliegenden Band.

13 Elf Monate vor seinem berühmten »Maulkorb« für Francisco de Vitoria – im Schreiben an den Prior des Klosters San Esteban in Salamanca vom 10.11.1539: gedruckt in VITORIA (1967) 152 f. – wandte sich Karl V. an den Theologen, um bei ihm eine

Stellungnahme über die missionarische Taufpraxis in Auftrag zu geben: Schreiben vom 31. Januar 1539 (ebda., 154 f.).

14 Das Gutachten ist auf den 1. Juli 1541 datiert: PARECER (1865) 552; auch: VITORIA (1967) 156–164 (mit spanischer Übersetzung). Dazu u. a. BROWN SCOTT (1934) 86, allerdings mit unzutreffender Chronologie (ebda., 84 f.).

15 PARECER (1865) 554: »Et certe quamvis, salve pietate, possint esse nonnullis questionibus inter catholicos varie sentenie, sed tamen in traditione sacramentorum et maxime circa baptismum, qui janua est christiane religionis, vitari debent omnes contentiones, et maxime apud nationes illas barbaras, inter quas, sine scandalo, hujusmodi controversie contingere non possunt.«

Die reduzierte, massenhafte Taufpraxis der Franziskaner lehnte man in Salamanca ab: Es sei ungenügend, allein voll guten Willens und Glaubenseifers an die Bekehrung heidnischer Völker heranzugehen. Stattdessen müsse man den eigenen Eifer in geordnete Bahnen lenken und die Mission nach den *canones* und Regeln des kirchlichen Rechts, der Heiligen Schrift und der Tradition durchführen. Andernfalls gehöre man zu denjenigen, von denen der Apostel Paulus im Römerbrief schrieb, sie seien eifrig, aber ohne Verstand.[16] Glaubenseifer, *amor fidei et religionis*, schütze nicht vor Fehlern, und auch der eifrigste Missionar bleibe immer Mensch und damit Irrtümern unterworfen.[17] Die reduzierte Taufpraxis der Franziskaner ohne nennenswerte Instruktion und Katechumenat war demzufolge abzulehnen.

Damit stellten sich die Salmantiner Theologen in ihrem Gutachten auf die Seite ihrer dominikanischen Ordensbrüder: Eine Taufe sollte nicht erfolgen, bevor die Taufkandidaten zur Genüge im Glauben und in den christlichen Sitten unterrichtet seien. Denn vorher sei unwahrscheinlich, dass sie verstünden, was sie eigentlich mit der Taufe empfingen.[18] Auch Martin de Ledesma in Coimbra geißelte eine Taufpraxis ohne vorherige ausreichende Unterweisung als *ridiculum* und gefährlich für den Glauben, weil die übereilt Getauften dadurch lernten, die Taufe und den taufenden Missionar zu verabscheuen.[19]

Die notwendige Verkündung des Evangeliums musste daher mehr als nur die grundlegenden Glaubensartikel beinhalten: Gelehrt werden sollten auch die *mores christianorum*,[20] die an die Stelle der bisher gelebten *mores infidelitatis* treten müssten, damit aus dem Getauften ein neuer Mensch werden könne.[21] Gerade die in Spanien gesammelten Erfahrungen mit jüdischen und muslimischen *conversos* hätten den Theologen gezeigt, dass ohne gründliche Glaubensunterweisung erteilte Taufen nicht die Zahl der gläubigen Christen erhöhten, sondern die Zahl der Exkommunizierten.[22] Auch wenn die Taufpraxis dadurch verlangsamt wurde: Die Gefahr, durch übereilte und unwillkommene Taufen aus Heiden nicht Christen, sondern Apostaten zu machen, hielt man in Salamanca für das größere Übel.[23]

---

16 Röm. 10,2.

17 Parecer (1865) 544 f.: »Dicimus quod in causis fidei et religionis non sufficit habere bonum zelum et pium studium ad augendam et promovendam religionem, sed oportet zelum diregere et ordinare, non ex anime impetu, sed secundum canones et regulas scripturarum, Eclesie et Sanctorum, ne simus de numero illorum de quibus Paulus, ad Rom. 10.2 ›testimonium enim perhibeo illis, quod emulationem quidem Dei habent, sed non secundum scientiam‹. Atque ita, qui priorem controversie sententiam tuentur, laudandi quidem sunt de pio studio et amore fidei et religionis, sicut in simili laudatur Princeps Sisebutus a concilio Toletano, in cap. De Iudeis 45, distin. [Dist. 45 c. 5], nihilominus errare possunt, cum sint homines.«

18 Parecer (1865) 545: »Barbari illi infideles non antea sunt baptizandi, quam sint sufficienter instructi, non solum in fide, sed etiam in moribus christianis, saltem quantum necesarium est ad salutem. nec priusquam sit verisimile eos intelligere quid recipiant, aut respectent, et profiteantur in baptismo, et velint vivere et persevare in fide et religione christiana.«

19 Ledesma (1555), prima (pars) q. 9 art. 8 (S. 144): »Sequeretur, quod si christianus ad infideles perueniens, qui de Christo nihil penitus audierunt, baptizet eos clam & ignorantes, antequam fidem praedicet (apponendo s. materiam et formem) quod omnes tales essent baptizati: quia habebant se negatiue, quod quidem ridiculum est. Et maxime si sic affecti essent, vt si eis prius innotesceret: non solum baptizari nolent, sed & baptismum & baptizantem detestarentu«). Die Neue Welt nennt Ledesma nicht ausdrücklich, aber wo sonst sollten sich nach dem Weltbild des 16. Jahrhunderts *infideles* finden, die von Christus noch nie zuvor gehört hatten?

20 Parecer (1865) 549: »Ex quo patet quid prius praedicandum est evangelium, quam baptismum conferendum. Predicare autem evangelium non est solum artículos fidei, sed etiam mores christianos, qui utique continentur in evangelio, docere.«

21 Parecer (1865) 550: »… arguit Augustinus quod, cum per baptismum fiat novus homo, commode fieri non potest, nisi baptizandi prius exuant veterem hominem, non solum relinquentes infidelitatem et impietatem, sed etiam mores infidelitatis.« Zu dieser Gleichsetzung von *cultura hispánica* und Christentum vgl. auch Borobio García (1988) 23.

22 Parecer (1865) 552: »… est illud quod in Hispania videmus, ut multi qui ad baptismum recepti sunt, excludantur et repellantur ab omnibus eclesiasticis sacramentis, qui tamen, ut dictum est, statim post baptismum eucharistie sacramento comunicari debuissent, si antiquam eclesie traditionem retineremus. Atque ita fit ut, dum quam plurimos festinamus habere baptizatos, paucos habeamus vere christianos, non solum quo ad mores, sed etiam quo ad fidem.«

23 Vgl. Francisco de Vitoria, zitiert nach Borobio García (1988) 39 Anm. 11: »Semper intelligo ubi non esset periculum de apostasia nec sequeretur aliquod majus malum.«

2.3   Voluntas libera, mixta oder coacta:
Zur Freiwilligkeit der Taufe

Der Tradition mittelalterlicher Kanonistik[24] folgend betonten die spanischen Theologen der frühen Neuzeit nachdrücklich den Grundsatz der Freiwilligkeit: ohne *voluntas* keine wirksame Taufe.[25] Dabei sollte nicht nur eine gegen den Willen des Betroffenen erzwungene Taufe unwirksam sein,[26] sondern auch eine ohne seinen Willen heimlich erteilte Taufe.[27] Diesen zweiten Fall erklärte Martin de Ledesma seinen Studenten in Coimbra am Beispiel eines schlafenden Sarazenen, der im Leben noch nie daran gedacht hatte, Christ zu werden. Sollte dieser Sarazene wirklich als Muslim einschlafen und als Christ aufwachen, weil man ihn im Schlaf bei geflüsterter Taufformel heimlich mit Wasser besprengt hatte? Konnte eine wirksame Taufe auf solche betrügerische Weise zustande kommen? Ledesma verneinte das vehement und erklärte, er zweifle nicht, dass auch Christus es ablehne, die Zahl der Getauften auf so hinterlistige Weise zu erhöhen.[28]

Wesentlich schwieriger zu beantworten war die Frage nach der Wirksamkeit einer Taufe, die jemand unter Zwang, von Waffen bedroht, aus Furcht vor Gewalt oder Vertreibung über sich ergehen ließ. Das Problem der Zwangstaufe wurde in den theologischen Diskussionen während des 16. Jahrhunderts immer wieder von politischen Ereignissen präsent gehalten, so in den 1520er Jahren durch die *Germanías*-Aufstände in Valencia:

1520/21 hatten die in Zünften zusammengeschlossenen Handwerker Valencias mit Waffengewalt und großer Brutalität die örtlichen Mauren zum Empfang der Taufe gezwungen.[29] Nach der Niederwerfung des Aufstandes setzte Karl V. im Februar 1524 auf Vorschlag des Generalinquisitors Alonso Manrique eine Theologenkommission ein, welche die genauen Umstände der Zwangstaufen ermitteln und über ihre Wirksamkeit befinden sollte.[30] Die anschließenden Beratungen verliefen außerordentlich kontrovers. Einige Kommissionsmitglieder wollten die Taufen als nichtig ansehen: erteilt ohne jede Vorbereitung und Instruktion, angenommen allein, um das eigene Leben zu retten.[31] Dennoch einigte man sich nach dreiwöchigem Ringen Anfang 1525 auf eine einstimmige Stellungnahme zugunsten der Wirksamkeit der Taufen: Die Mauren von Valencia seien zwar unter an sich unerlaubtem Zwang, aber dennoch nicht ohne ihren Willen getauft worden. Angesichts der Alternative »Taufe oder Tod«, der sie sich ausgesetzt gesehen hatten, hätten sie sich für die Taufe entschieden und sie aufgrund dieser Entscheidung willentlich empfangen.[32]

Mit ihrer Stellungnahme folgten die Kommissionsmitglieder einer Argumentationslinie, deren Ankerpunkte im klassischen kanonischen Recht Dist. 45 c. 5[33] und X 3.42.3[34] waren. Das 4. Konzil von Toledo hatte im Jahr 633 unter dem Vorsitz Isidors von Sevilla über die Voraussetzungen der Taufe von Juden beraten und dabei ihre Freiwilligkeit betont: Nicht die Unwilligen solle man durch

24 Einen knappen Abriss der seit den Kirchenvätern geführten Diskussion über die Rolle, die Zwang bei der Mission bzw. der Taufe spielen darf, gibt Castañeda Delgado (1990) XVIII–XXIV.

25 Exemplarisch: Ledesma (1555), prima (pars) q. 9 art. 7 (S. 143).

26 Dazu für viele Francisco de Vitoria, zitiert nach Borobio García (1988) 38: »Absolute ergo et simpliciter loquendo respondendum est quod non possunt compelli ad fidem tales infideles, quia humanitus et ut in plurimum non potest coerceri scandalum quod posset sequi quin vergat in deteriorem excitum.«

27 X 3.42.3: »… Dormientes autem et amentes, si, priusquam amentiam incurrerent aut dormirent, in contradictione persisterent, quia in eis in-

telligitur contradictionis propositum perdurare, etsi fuerint sic immersi, characterem non suscipiunt sacramenti. …«

28 Der fiktive Sarazene dient Ledesma (1555), prima (pars) q. 9 art. 7 (S. 144) erkennbar dazu, die aus X 3.42.3 (vgl. Anm. 27) entnommene Regel anschaulich an die Lebenswelt seiner Zuhörer anzupassen: »Accipiamus ergo aliquem sarracenum qui nunquam de baptismo cogitauit. Si istum talem dormientem alius baptizet, iam esset christianus: quod tamen mirabile est. Certe si a Christo redemptore quaereremus, an esset verus baptismus fraudulenter collatus: non est dubium quin responderet quod non.«

29 Dazu und zu den ökonomischen Hintergründen der Zwangstaufen

Halperin Donghi (2008); Goñi Gaztambide (2007) 210; Parma (2005).

30 Der Fragenkatalog, den die Kommission abzuarbeiten hatte, ist gedruckt bei Goñi Gaztambide (2007) 211; ebda, 212 auch die Liste der Kommissionsmitglieder.

31 Goñi Gaztambide (2007) 212.

32 Dazu schreibt ausführlich Loazes (1525), col. 15 Rn. 2 (fol. 6v). Vgl. auch Goñi Gaztambide (2007) 212 f.

33 Dist. 45 c. 5 (4. Konzil von Toledo, c. 56): »Sicut non sunt Iudei ad fidem cogendi, ita nec conuersis ab ea recedere permittitur.«

34 X 3.42.3 (Innozenz III.) ›Maiores ecclesiae causas‹.

die Taufe retten, sondern die Willigen: *Ergo non ui, sed libera arbitrii facultate ut conuertantur suadendi sunt, non potius inpellendi,* Ungläubige dürfe man nicht gewaltsam zwingen, sondern müsse sie mit Überzeugungskraft zum Glauben bekehren. Taufen, die bereits unter Zwang erfolgt waren, wurden missbilligt, aber für wirksam erklärt: *Qui autem iampridem ad Christianitatem coacti sunt, … ut fidem, quam ui uel necessitate susceperint, tenere cogantur,* wer gewaltsam oder unfreiwillig die Taufe einmal empfangen habe, sei unwiderruflich Christ und könne zur Einhaltung der Glaubensvorschriften gezwungen werden.[35]

Innozenz III. erweiterte diese Vorstellungen von Freiwilligkeit und Zwang, von Bekehrung und Gewalt:[36] Wer durch Drohungen dazu gebracht wird, sich der Taufe zu unterziehen, um das angedrohte Übel zu vermeiden, werde wirksam getauft. Selbst wenn er innerlich die Taufe stets abgelehnt habe, sei er nach ihrem äußeren Empfang unwiderruflich Christ geworden, daher zur Einhaltung der Glaubensregeln verpflichtet und notfalls zu zwingen.[37] Wenn der erwachsene Täufling dagegen

niemals in die Taufe eingewilligt und ihren Ritus nur durch äußeren Zwang und unter ausdrücklichem Protest über sich ergehen lassen habe, sei die Taufe unwirksam.[38]

Die Glosse zum Liber Extra abstrahiert die bei Innozenz vorgezeichnete Distinktion: Eine *coactio conditionalis,* also ein Zwang, der nicht mit unüberwindbarer Gewalt ausgeübt wird, hindert nicht den wirksamen Empfang des Taufsakraments.[39] Auf den Punkt gebracht wird dieses differenzierte Verhältnis von Willensbildung und Zwang in der Parömie *voluntas coacta tamen voluntas est,* ein unter Zwang gebildeter Wille ist dennoch Wille.[40]

Für die sich anschließende Reflexion über das Verhältnis von Willensbildung und Zwang greifen die Kanonisten auf Augustinus zurück:[41] Sein Beispiel ist jemand, der mittels einer Todesdrohung zu einem Meineid (also einer Sünde) gezwungen wird. Obschon er nicht falsch schwören will, tut er es doch, weil er sonst den sicheren Tod vor Augen hat. Damit aber umfasse, so Augustinus, sein Wille auch den Meineid: *Vult ergo facere, quia vult vivere.* Nicht um des Meineids selbst willen wolle er falsch

---

35 Dist. 45 c. 5 (4. Konzil von Toledo, c. 56): »De Iudeis autem precepit sancta sinodus, nemini deinceps uim ad credendum inferre. Cui enim uult Deus miseretur, et quem uult indurat. Non enim tales inuiti saluandi sunt, sed uolentes, ut integra sit forma iusticiae. Sicut enim homo propria arbitrii uoluntate serpenti obediens periit, sic uocante se gratia Dei propriae mentis conuersione quisque credendo saluatur. Ergo non ui, sed libera arbitrii facultate ut conuertantur suadendi sunt, non potius inpellendi. Qui autem iampridem ad Christianitatem coacti sunt, (sicut factum est temporibus religiosissimi principis Sisebuti) quia iam constat eos sacramentis diuinis associatos, et baptismi gratiam suscepisse, et crismate unctos esse, et corporis Domini extitisse participes, oportet, ut fidem, quam ui uel necessitate susceperint, tenere cogantur, ne nomen Domini blasphemetur, et fides, quam susceperunt, uilis ac contemptibilis, habeatur.«

36 X 3.42.3: »… Propter quod inter invitum et invitum, coactum et coactum alii non absurde distinguunt, …«

37 X 3.42.3: »… is, qui terroribus atque suppliciis violenter attrahitur, et, ne

detrimentum incurrat, baptismi suscipit sacramentum, talis, … characterem suscipit Christianitatis impressum, et ipse, tanquam conditionaliter volens, licet absolute non velit, cogendus est ad observantiam fidei Christianae. …«

38 X 3.42.3: »… Ille vero, qui nunquam consentit, sed penitus contradicit, nec rem, nec characterem suscipit sacramenti, quia plus est expresse contradicere quam minime consentire …«

39 Gl. *Conditionaliter volens* ad X 3.42.3: »… et ita coactio conditionalis non impedit sacramentum baptismi, ut hic patet«.

40 Gl. *Conditionaliter volens* ad X 3.42.3: »Et sic coacta voluntas voluntas est. 15. q. 1 merito quaeritur. …«

41 C. 15 q. 1 c. 1 (AUGUSTINUS, Questionum in Heptateuchum libri septem [PL 34], lib. 4, q. 24 [*Quae sint peccata nolentium*]): »Quod praecipitur quomodo expientur peccata quae non sponte committuntur, merito quaeritur quae sint ipsa peccata nolentium: utrum quae a nescientibus committuntur; an etiam possit recte dici peccatum esse nolentis, quod facere compellitur: nam et hoc contra voluntatem facere dici solet. Sed utique vult propter quod facit, tam-

quam si periurare nolit, et facit cum vult vivere, si quisquam, nisi fecerit, mortem minetur. Vult ergo facere, quia vult vivere: et ideo non per seipsum appetendo ut falsum iuret, sed ut falsum iurando vivat. Quod si ita est, nescio utrum possint dici ista peccata nolentium, qualia hic dicuntur expianda. Nam si diligenter consideretur, forte ipsum peccare nemo velit, sed propter aliud fit, quod vult qui peccat. Omnes quippe homines qui scientes faciunt quod non licet, vellent licere: usque adeo ipsum peccare nemo appetit propter hoc ipsum, sed propter illud ex quo ex consequitur. Haec si ita se habent, non sunt peccata nolentium, nisi nescientium; quae discernuntur a peccatis volentium.«

schwören, sondern als Mittel, um sein Leben zu retten. Aber wenn man nur genau genug hinsehe, begehe niemand eine Sünde um ihrer selbst willen, sondern immer nur, um ein anderes Ziel durch sie zu erreichen.

Ausgehend von dieser Überlegung des Kirchenvaters erweiterten die Kanonisten ihren Begriffsfundus: Zwischen freiem Willen (*voluntas libera*) und fehlendem Willen (*involuntaria*) etablierten sie die Kategorie des sogenannten gemischten Willens (*voluntas mixta*), der unter äußerem Druck gebildet wird. Obschon nicht frei, handelt es sich bei der *voluntas mixta* jedenfalls um einen Willen, so dass dem Erfordernis einer willentlichen Taufe Genüge getan war. [42]

In der Praxis waren subtile Differenzierungen innerer Tatbestände schwierig zu treffen. So behalf man sich damit, die Unterscheidung zwischen einer durch äußeren Zwang herbeigeführten *voluntas mixta* oder echter Unfreiwilligkeit am äußeren Verhalten der Person ablesen zu wollen. Martin de Ledesma erklärte: Wer die Taufhandlungen lediglich passiv über sich ergehen lasse, bringe damit seine Zustimmung zum Ausdruck, *quia exterius permittere est velle*. [43] Unfreiwilligkeit setzte demnach eine gewaltsame Überwältigung voraus, welche die Juristen als willensausschließende *vis praecisa seu absoluta* kategorisierten. Ihre Unterscheidung von der willensbeeinflussenden *vis conditionalis* wurde Allgemeingut weltlicher und kirchlicher Juristen und fand Anwendung in einer Vielzahl rechtlicher Szenarien. [44]

Entsprechend dieser Vorstellung hatten auch die Mitglieder der königlichen Kommission in Valencia besonderen Wert auf die Ermittlung der tatsächlichen Umstände der Mauren-Taufen gelegt. Gefragt wurde nach dem Vorkommen absoluter Gewalt [45] ebenso wie nach den Drohungen für Leib und Leben, [46] denen die Mauren ausgesetzt waren. Die endgültige Entscheidung der Kommission zugunsten der Wirksamkeit der Taufen basierte denn auch ausdrücklich auf dem Ergebnis der Ermittlungen, die Mauren seien nicht mit *fuerça ni violencia precisa ni absoluta* zur Taufe gezwungen worden, hätten sie damit willentlich empfangen, seien daher auch künftig zu einem christlichen Leben anzuhalten und notfalls mit den Mitteln kirchlicher Disziplin zu zwingen. [47] Im Einzelfall sollte zwar der Nachweis willensausschließender *vis absoluta* möglich bleiben. [48] Allerdings stellte Fernando de Loazes in seinem 1525 erschienenen Kommentar zur Entscheidung in Valencia klar, unter welchen Umständen man nur bereit gewesen wäre, eine Unwirksamkeit der Taufe wegen *vis absoluta* anzuerkennen: An Händen und Füßen gefesselt hätte der Kandidat zur Taufe geschleppt worden sein müssen, ohne dabei aufzuhören, lauthals gegen den Empfang des Sakraments zu protestieren. [49] Und selbst wenn es einzelnen Mauren hätte gelingen können, eine solche *vis absoluta* und damit die kanonische Unwirksamkeit ihrer Taufe nachzuweisen, wollten ihnen die Theologen der königlichen Kommission den Weg aus der Kirche nicht leicht machen: Zuerst sollte man sie überreden, sich nicht auf die Unwirksamkeit ihrer Taufe zu berufen und bei dem aufgezwungenen Glauben zu bleiben; falls sie das ablehnten, sollte man sie verhaften und nach einiger Zeit im Gefängnis

---

42 Covarruvias y Leyva (1556), p. 1 cap. 4 Rdnr. 12 (S. 10 f.).

43 Ledesma (1555), prima (pars) q. 9 art. 7 a.E. (S. 144).

44 Bspw. im Eherecht, Weiherecht usw.; exemplarisch dazu: Covarruvias y Leyva (1556), p. 1 cap. 4 Rdnr. 11 (S. 10).

45 »Item, si se les fue hecha alguna fuerza y qué fuerza fue y quién la hizo, lo cual se inquira con mucha diligencia para que enteramente se sepa la verdad si hubo fuerza y qué tal fue«: Goñi Gaztambide (2007) 211.

46 »Item, si fueron amenazados por personas poderosas que les causasen justo temor para que se convertiesen a nuestra sancta fe católica«: Goñi Gaztambide (2007) 211.

47 Goñi Gaztambide (2007) 213.

48 »… y que si alguno o algunos de los nuevamente convertidos pareciese dixese y allegase que en su conversión intervino tal violencia que le escuse para no ser compelido a guardar el baptismo, …«: Goñi Gaztambide (2007) 213.

49 Loazes (1525), col. 14 Rn. 1 (fol. 6r): »Vis enim prescissa siue absoluta est illa: quando vim inferentis intentio est talis quod nihil in arbitrium seu voluntatem vim passi relinquere intendit: immo prescisse et absolute suam voluntatem adimplere desiderat: et vim passi intentio est totaliter contradicere et contradicit. exemplum in eo q. ligatis pedibus et manibus ipso semper contradicente ad baptismi duceretur: quo casu: cum voluntas deliberata vim inferentis sit illum baptizare vellit nolit: et voluntas vim passi sit absolute non baptizari: merito talis vis prescissa & absoluta reputatur: & taliter violenter baptizatur nec sacramentum nec sacramenti rem recipere indubitatum est.«

erneut zu ihrem Entschluss vernehmen, um dann »nach Recht« zu verfahren.[50]

So fand man zu keiner bruchlosen Position. Zwischen dem Ideal der Freiheit in Glaubensdingen einerseits und der Heilsnotwendigkeit der Taufe, deren individuelle, gesellschaftliche und eschatologische Bedeutung nicht hoch genug einzuschätzen war, entstand eine Spannung, die zu Lasten der Freiheit aufgelöst wurde. Taufe und Nicht-Taufe waren keine gleichwertigen Optionen und konnten es aus Sicht der spanischen Alt-Christen auch nicht sein. Dass Zwangstaufen nicht erstrebenswert waren, stand außer Frage. Andererseits aber unterlag, wer einmal wirksam getauft war – und sei es, dass er in Todesangst in die Taufe eingewilligt hatte –, unwiderruflich dem religiösen Regelwerk der Kirche, konnte und musste zu dessen Einhaltung gezwungen werden.[51]

2.4 Utrum haeretici sint de ecclesiae: *Zur Stellung von Häretikern und Apostaten*

Der dritte Fragenkomplex beschäftigte sich mit den Folgen spiritueller Defizite des Getauften: mit dem Fehlen des Glaubens während der Taufe bzw. mit dem Abweichen von der katholischen Rechtgläubigkeit nach der Taufe.

Fehlender Glaube des Täuflings vor und während der Taufe schien am wenigsten Anlass zu rechtlichen Überlegungen zu bieten. Eine ohne Glauben oder Zerknirschung (*attritio*) empfangene Taufe war in jedem Fall wirksam und machte den Getauften zum Mitglied der Kirche und Teil des mystischen Leibes Christi.[52] Ob und inwieweit die im Idealfall mit der Taufe verknüpften theologi-schen Wirkungen wie der Vergebung aller zuvor begangenen Sünden eintraten, war für die Frage ihrer Wirksamkeit unerheblich.

Die wirksame Taufe verlieh dem Täufling einen neuen Status mit Rechten und Pflichten. Diese Konsequenzen beschränkten sich nicht auf das Kirchenrecht, sondern griffen ins weltliche Recht aus: Voller Bürgerstatus mit allen bürgerlichen Rechten und Pflichten, Ausübung eines zunftgebundenen Handwerks, Studium an einer Universität und vieles mehr war Christen vorbehalten. Die Taufe war damit ein erster Schritt in die rechtliche Gemeinschaft der *respublica*.[53] Der Getaufte hatte künftig im christlichen Glauben zu bleiben und sein Leben an den *mores Christianorum*[54] auszurichten. Als Angehöriger der Kirche unterlag er der Zuständigkeit kirchlicher Gerichte und Instanzen, die ihn bei der Einhaltung dieser Regeln kontrollieren und nötigenfalls auch zu ihrer Befolgung zwingen konnten.

In Spanien diente nicht zuletzt die Inquisition als Instrument, um Rechtgläubigkeit und adäquates Verhalten der *conversos* oder *cristianos nuevos* sicherzustellen. Allerdings fehlte es bereits an grundlegenden Unterweisungen der maurischen Neophyten im christlichen Glauben und Leben.[55] Den ehemaligen Juden und Muslimen begegnete man mit Misstrauen und unterwarf sie weitergehenden Verpflichtungen als spanische *cristianos viejos*. So verfolgte die Inquisition Granadas in den 1560er Jahren eine Politik der offenen Türen, derzufolge die Morisken vor allem an Freitagen, Wochenenden und Feiertagen ihre Häuser nicht verschließen durften. Auf diese Weise sollten bischöfliche Beamte ungehindert die

---

50 »… que en tal caso sea persuadido a que no se ponga en aquello y siga nuestra fe, y cuando no quisiere, debrá ser oído teniéndole en la cárcel o fuera della, como pareciese a los deputados y se procediese conforme a derecho«: Goñi Gaztambide (2007) 213.

51 Ledesma (1555), prima (pars) q. 9 art. 7 (S. 144): »Ille qui baptizatus est quomodocunque baptizatus sit ad Christianam religionem debet compelli (prout ab ecclesia determinatur) sicut qui etiam metu mortis baptizatus est.«

52 Dazu auch Sievernich (2013).

53 Auf die sich an die Taufe von Juden und Muslime in Spanien anschlie-ßende soziale Differenzierung nach *cristianos viejos y nuevos* sowie auf den rechtliche Sonderstatus der getauften Indigenen in der Neuen Welt als Neophyten kann an dieser Stelle nur hingewiesen werden: dazu grundlegend Espalza (1994) 87–100; Duve (2008); Duve (2010).

54 Vgl. oben bei Anm. 20.

55 Espalza (1994) 90 f. zu den praktischen Schwierigkeiten, die *moriscos conversos* des 16. Jahrhunderts in den *mores cristianos* zu instruieren (sei es als Katechumenen vor oder als Neophyten nach der Taufe) – eine der Hauptschwierigkeiten bestand bereits im Fehlen arabischer Katechismen.

Einhaltung christlicher Vorschriften und Gebräuche (Sonntagsruhe, Feiertagsbräuche, Speisevorschriften usw.) kontrollieren können. [56]

Die Taufe vermittelte aber nicht nur besondere Pflichten an die *conversos nuevos*; auch im Hinblick auf die mit ihr erworbenen Rechte gab es keinen homogenen Status, der für alle Getauften gegolten hätte. Dazu ein Beispiel: Zu den allein Christen vorbehaltenen Rechten zählte man seit dem späten Mittelalter das sogenannte *privilegium Christianorum*, das als partielles Völkerrecht der christlichen Nationen galt: Diego de Covarruvias y Leyva erklärte, nach allgemeiner Auffassung bestehe unter Christen der Brauch, sich nicht gegenseitig zu Sklaven zu nehmen, auch nicht die in einem gerechten Krieg gemachten Gefangenen. Damit ehre man die Freiheit, die Christus für alle Christen bewirkt habe. [57] Nach dem Aufstand der Morisken, also der getauften Mauren, von Granada 1568/69 entspann sich eine bis ins 17. Jahrhundert anhaltende Diskussion darüber, wer genau zu den Christen im Sinne dieses *privilegium Christianorum* gehören sollte, denn die aufständischen Morisken waren ausnahmslos in der zweiten oder dritten Generation Christen und bereits im Kindesalter getauft worden. Sollte aber nicht jeder Getaufte Christ im Sinne des *privilegium Christianorum* sein?

Die Antwort, welche die Mehrzahl von Theologen wie Domingo Báñez, Luis de Molina und Pedro de Ledesma gaben, lautete: Allein die Taufe genügte nicht, um in den Genuss dieses Privilegs zu kommen. Es bedurfte darüber hinaus der Rechtgläubigkeit und des christlichen Lebenswandels. Die erwachsenen Morisken von Granada aber sah man als Apostaten, die längst zum Islam zurückgekehrt seien: Trotz erlangter Taufe galten sie nicht

mehr als Christen im Sinne des Privilegs. [58] Dasselbe sollte (trotz erheblicher Begründungsschwierigkeiten) für die unmündigen Kinder der Morisken gelten, die wegen ihres zarten Alters nicht selbst hatten zu Apostaten werden können. [59] Eine individuelle Betrachtung der Person schlug unter den an der Diskussion beteiligten Theologen allein Domingo Báñez vor, ohne sich damit durchsetzen zu können. [60] Die Übrigen betrachteten die Morisken von Granada als homogenes Kollektiv, für welches sie die Anwendbarkeit des *privilegium Christianorum* verneinten. [61] Die politische Motivation, die diesen Entscheidungen zugrunde lag, ist unverkennbar. Dennoch diskutierte und begründete man das von Politik und Türkenfurcht diktierte Ergebnis auf einer streng theologischen Ebene. Eine Idee der rechtlichen Gleichheit aller Getauften wurde nicht erwogen.

Das muss nicht verwundern, denn selbst die fundamentale Folge der Taufe, die Zugehörigkeit zur Kirche, erschien den Salmantiner Theologen Mitte des 16. Jahrhunderts nicht mehr unproblematisch gegeben. Sie diskutierten die Frage, ob wirklich alle Getauften unter allen Umständen zur Kirche, zum mystischen Leib Christi, gehörten. [62]

Diese Frage nach einer Definition der Kirche war nicht neu, sondern wurde zu allen Zeiten von Theologen diskutiert: Umfasste sie alle Getauften, so dass sich die Zugehörigkeit zum mystischen Leib Christi nach einem äußeren Merkmal, dem Empfang der Taufe, bestimmte? Oder gehörten zur Kirche nur die wahren Gläubigen, die auch innerlich den Geboten Gottes entsprachen, aber die eben auch Gott allein erkennen konnte? *Baptismus* oder *fides*, welches dieser beiden Merkmale war ausschlaggebend für die Zugehörigkeit zur Kirche? Die von Augustinus formulierte Lehre vom *charac-*

---

56 Vgl. dazu den Bericht bei Bermudez de Pedraza (1638), pars 4, cap. 82 (fol. 238r); zu den Beschlüssen der Synode von Guadix (1554): Mimura (2006) 173; zu dem Verhältnis von Inquisition und Morisken in Granada: Kamen (1997) 224; zu dem Aufstand der Morisken von Granada (1568–1570) in der juristisch-theologischen Diskussion der Schule von Salamanca: Birr (2013).

57 Exemplarisch: Covarruvias y Leyva (1724), pars 2 § 11 Rn. 6 (S. 649); Báñez (1587), quaest. 40 art. 1 dub. 12 (Sp. 1945); Suárez (1858), sectio 7 § 13 (S. 755); Rebellus

(1610), lib. 1 q. 9 Rn. 4 (S. 67); Molina (1732), tract. 2 disput. 33 Rn. 2 (S. 87); Solórzano Pereira (1648), lib. 2 cap. 1 (S. 66).

58 Ledesma (1637), cap. 3, concl. 6, dub. 8 (S. 362), dub. 10 (S. 363); Rebellus (1610), lib. 1 q. 9 Rn. 6 (S. 67); Molina (1732), tract. 2 disput. 33, Rn. 6 (S. 88); für die am Aufstand beteiligten Morisken: Báñez (1587), quaest. 40 art. 1 dub. 12 (Sp. 1948).

59 Rebellus (1610), lib. 1 q. 9 Rn. 6 (S. 67); Ledesma (1637), cap. 3 concl. 6, dub. 10 (S. 363).

60 Báñez (1587), quaest. 40 art. 1 dub. 12 (Sp. 1947 f.).

61 Detaillierter zu den rechtlichen Folgen des Aufstandes und der theologischen Diskussion um das *privilegium Christianorum*: Birr (2013) m.w.N.

62 Viel Material aus den Vorlesungsmanuskripten der Salmantiner Theologen liefert Jérico Bermejo (1995).

ter indelebilis, dem unauslöschlichen Siegel, welches die Taufe der Seele des Getauften aufprägte, schien die Frage beantwortet zu haben. Allerdings stellte die Reformation diese Balance zwischen Taufe und Rechtgläubigkeit in Frage: Gehörte wirklich jeder Getaufte unter allen Umständen zur Kirche? Musste nicht zur einmal empfangenen Taufe die fortdauernde *fides*, die gelebte Rechtgläubigkeit, hinzutreten? Blieben Häretiker wirklich unaufhebbar *membra ecclesiae*?

Thomas de Vio hatte die Frage bereits zu Beginn des 16. Jahrhunderts nach eingehender Diskussion mit Verweis auf den *character indelebilis* bejaht. [63] Tatsächlich schien dieses Ergebnis unvermeidbar zu sein. Dennoch tat man sich an der Universität Salamanca schwer mit diesem Gedanken. 1532 hatte Francisco de Vitoria in seiner ersten Vorlesung über die Gewalt der Kirche [64] seine Zweifel an der Kirchenzugehörigkeit von Ketzern thematisiert. Anscheinend gehörten sie zur Kirche: Sie sind wirksam getauft, sie sind an die Gebote der Kirche gebunden und sie unterliegen der kirchlichen Zensur und Gerichtsbarkeit (mit Hinweis auf 1 Kor 5,12: »Was soll ich denn über die, die draußen sind, urteilen?«). [65] Andererseits trügen Ketzer ihre Abtrennung von der Kirche ja bereits im Namen –

haeresis, Ketzerei, bedeute schließlich nichts anderes als »Auswahl, Sekte oder Teilung«, und Häretiker hießen Häretiker, weil sie von der Kirche Abgeteilte und Abgeschnittene seien, was auch das Herrenwort in Mt 18,17 unterstreiche: »Hört er aber auch auf die Gemeinde (*ecclesia*) nicht, dann sei er für dich wie ein Heide und Zöllner.« Was die Einheit der Kirche ausmache, habe bereits der Apostel Paulus auf die Formel »ein Gott, ein Glaube, eine Taufe« gebracht (Eph 4,5). Zu dieser Gemeinschaft der Kirche gehörten die Ketzer »der Sache nach« nicht, »so wie Überläufer nicht zu dem Heere gehören, das sie verließen«. [66] Vitoria wies allerdings darauf hin, dass ihre Zugehörigkeit zur Kirche in rechtlicher Hinsicht anders beurteilt werden könnte; diese Frage ließ er in der *relectio* ausdrücklich offen. [67]

Der Argumentation Vitorias folgte Diego de Simancas, der in Salamanca Zivilrecht studierte und seine 1552 erschienenen *Institutiones Catholicae* ausdrücklich mit dem Ziel verfasst hatte, Häresien im Entstehen zu verhindern und auszumerzen. [68] Die Kirche definierte er als Gemeinwesen (*respublica*) oder Gemeinschaft (*communitas*) der Gläubigen, angelegt auf ein übernatürliches Ziel. [69] Wer sich von der katholischen Orthodoxie

63 Vio (1512), cap. 22.

64 Vitoria (1557), relectio 1, S. 11–107; Vitoria (1995) 162–277 (*De Potestate Ecclesiae I / Erste Vorlesung über die Gewalt der Kirche*).

65 Vitoria (1995) 166 (deutsche Übersetzung: 167); Vitoria (1557), relectio 1, pr., Rn. 6 (S. 14): »Sed hoc modo loquendo de ecclesia dubitari potest, an haeretici sint de ecclesia. Et quidem eos esse de ecclesia videtur, quia ecclesia iudicat de illis, ut patet cum excommunicet, & ad iudicium pertrahat, & tamen nihil ad ecclesiam de iis, qui foris sunt. 1. Corint. 5. Quid enim mihi de iis qui foris sunt iudicare? Item tenentur praeceptis ecclesiae. Item baptismus est sacramentum ecclesiae, & haeretici sunt vere baptizati. ...«

66 Deutsche Übersetzung: Vitoria (1995) 167 Rn. 7.

67 Vitoria (1995) 166; Vitoria (1557), relectio 1, pr., Rn. 7 (S. 14 f.): »Haeresis sane electionem, aut sectam, vel divisionem signare videtur, ut Isidorus dicit lib. Etym. ergo haeretici ideo videntur dicti, quod ab ecclesia divisi,

& secti sunt. Item Matth. 18 dictum est Petro, quod qui ecclesiam non audierit, sit quasi ethnicus, & publicanus. ergo non plus haeretici annumerari in ecclesia debent, quam ethnici, & publicani. Item ad Eph. 4. Apostolus, Unus Deus, una fides, unum baptisma. Videtur quod haec tria contineant unitatem ecclesiae. Item de summa trinitate & fide catholica, Una est fidelis ecclesia, extra quam nullus omnino salvatur. Ergo infideles non sunt de ista ecclesia. Cyprianus ad Rogatianum, Haec sunt initia haereticorum & ortus, atque conatus schismaticorum, si de ecclesia egreditur, si altare profanum foris collocatur. August. super Ioan. Propter hanc fidei communitatem omnes unum sumus, iuxta illud, Omnes unum vos estis in Christo Iesu. Glo. id est, in fide Iesu Christi. Et demum Ecclesia nihil aliud videtur significare, quam Christianam rempublicam, seu communitatem, & religionem. Partem autem refert, an haeretici aliquo iure aut ratione spectent ad ecclesiam: certe re & operibus in

ecclesia non continentur: sicut transfugae non pertinent ad exercitum, a quo transfugerunt. Nos itaque in hac Relectione de Ecclesia, hoc nomine solum utimur ac loquimur, ut idem sit, quod fidelium communitas, sive respublica.«

68 Simancas (1552).

69 Simancas (1552), cap. 23 (*De Ecclesia*), pr. (fol. 76v): »Ecclesia, graeca vox est, latine multitudinem, coetum, aut conventum significat. Multitudinem inquam, non qualemcunque, sed convenientem, & conciliatam in unam aliquam societatem. Et quamvis variae sint formae humanarum societatum, & varia nomina illarum: ubi tamen interse conveniunt homines, ad finem supernaturalem assequendum in fide cultuque dei, ac religione, & spe salutis inde adipiscendae, eiusmodi hominum societas in scripturis, & ecclesiasticis scriptoribus, ecclesia solet appellari. Et ut brevius & apertius loquar, ecclesia idem esse videtur, quod fidelium respublica, sive communitas, ordinata ad finem supernaturalem.«

entferne, verlasse auch die Kirche, sei ein Fremder, profaniert und ein Feind. [70] Von außen betrachtet, könne es den Anschein haben, dass auch Häretiker zur Kirche gehörten: Die Kirche richte über sie, exkommuniziere und bestrafe sie, dabei habe sie über diejenigen, die außerhalb ihrer stehen, keine Gerichtsgewalt (1 Kor 5,12). Außerdem gölten für die Häretiker (bei denen Simancas erkennbar an Protestanten denkt) die Vorschriften der Kirche, sie bedienten sich derselben Sakramente, seien wirksam getauft, könnten selbst wirksam taufen und behielten eine einmal erteilte Priesterweihe bei. [71]

Dennoch trüge der Schein: Obschon die genannten bedenkenswerten Gründe für die Zugehörigkeit der Häretiker zur Kirche sprächen, gehörten sie in Wahrheit doch nicht zu ihr. Häresis nämlich bedeute Trennung, und eben deshalb nenne man diejenigen, die sich der Orthodoxie verweigerten, Häretiker, weil sie sich von der Kirche losgesagt und abgeschnitten hätten. [72] Auch Simancas verwies auf Eph 4,5 und Mt 18,17; [73]

ebenso wie Heiden könnten auch Häretiker nicht Teil der Kirche sein. Wie sich seine Schlussfolgerung, Häretiker, Apostaten und Schismatiker gehörten nicht zur Kirche (*In summa haeretici, apostatae, & schismatici, in ecclesia non sunt*) [74] mit der Jurisdiktionsgewalt der Kirche über diese Personengruppen in Einklang bringen lässt, thematisierte er nicht mehr; der Widerspruch zu 1 Kor. 5,12 blieb auch bei Simancas unaufgelöst.

Damit war die Argumentationslinie, die von den Salmantiner Theologen in den folgenden Jahren verfolgt wurde, im Wesentlichen vorgezeichnet: Häretiker betrachtete man als abgetrennte Glieder der Kirche, die nur noch *aliquo modo* zur Kirche gehörten, wie Juan de la Peña lehrte. [75] Ihr Verhältnis zur Kirche – abgetrennt, aber ihr dennoch weiterhin unterworfen – suchte man in Bilder zu fassen: Vitoria sprach von desertierten Soldaten, [76] Mancio de Corpus Christi von amputierten Gliedmaßen, die man, sofern sie nicht wieder angefügt werden könnten, beerdigen müs-

---

70 SIMANCAS (1552), cap. 23 (*De Ecclesia*), 5 (fol. 77v): »Haec est illa universalis fidelium ecclesia, extra quam nullus omnino salvatur. c. quoniam vets. & sep. 24. quaestio 1. capi. 1. de summa trinitate. Ideo Cyprianus, vere ac eleganter ait, Quisquis ab ecclesia segregatur, adulterae iungitur, a promissis ecclesiae separatur, nec pertinet ad Christi praemia. Qui relinquit ecclesiam Christi, alienus est, prophanus est, hostis est. Habere iam non potest deum patrem, qui ecclesiam non habet matrem. Si potuit evadere, qui extra arcam Noë fuit, & qui extra ecclesiam foris fuerit, evadet. haec ille. Credere itaque firmissime debemus, quicquid credit & docet catholica Christi ecclesia …«

71 SIMANCAS (1552), cap. 23 (*De Ecclesia*), 29 (fol. 83r f.): »Postremo tractari potest, utrum haeretici sint de ecclesia? Quod magis videtur, quia ecclesia de illis iudicat, eos excommunicat, & punit: & tamen nil ad ecclesiam attinet de his, quae foris sunt, iudicare. ut inquit Paulus prioris epistolae ad Corinth. c. 5. Praeterea haeretici tenentur praeceptis ecclesiae, & quibusdam sacramentis utuntur: nam vere baptizati sunt, & vere baptizant, & sacramentum ordinis retinent. …«

72 SIMANCAS (1552), cap. 23 (*De Ecclesia*), 29 (fol. 83r f.): »… Sed quamvis quibusdam ex causis pertinere vi-

deantur ad ecclesiam; proprie tamen de ecclesia non sunt. haeresis enim divisionem significat, & ideo dicuntur haeretici, quod ab ecclesia divisi & secti sunt.«

73 Matt. 18,17: »… sit tibi sicut ethnicus et publicanus« (»… so halt ihn als einen Zöllner oder Heiden«).

74 SIMANCAS (1552), cap. 23 (*De Ecclesia*), 30 (fol. 83v): »Quod probatur evidenter Matthaei 18. Sit tibi tanquam ethnicus. ergo sicut ethnici non sunt de ecclesia; sic nec haeretici. Et Paulus ad Ephesios cap. 4. inquit, Unus deus, una fides, unum baptisma. Ergo qui non manet in unitate fidei, non est de ecclesia dei. Hoc asserit Cyprianus ad Rogatianum scribens, ubi ait, Haec initia haereticorum, & ortus atque conatus schismaticorum, sic de ecclesia egreditur, sic altare pro foris collocatur. Et Augustinus inquit, lib. 21. de civitate dei. cap. 25. Haeretici & schismatici, & eiecti a praelatis, ab unitate corporis Christi sunt separati. ut & Hermas docet lib. 6. de instauranda religione. cap. ult. Demum, cum ecc[l]esia proprie non sit, nisi fidelium respublica seu religio: haeretici re & nomine ab ecclesia divisi, non magis ad eam pertinent, quam transfugae ad exercitum, a quo transfugerunt. Ideo de haereticis loquens Augustinus, capite supradicto, inquit, Peior est desertor

fidei, & ex desertore oppugnator eius effectus; quam ille, qui non deseruit, quam nunquam tenuit. Recte itaque diffinierunt patres in quarto concilio Carthaginensi cap. 71. dicentes, Haereticorum coetus, non ecclesia, sed conciliabulum est. In summa haeretici, apostatae, & schismatici, in ecclesia non sunt, reliqui vero peccatores in ecclesia numerantur.«

75 JÉRICO BERMEJO (1995) 534 Anm. 9 zitiert aus der Vorlesung von JUAN DE LA PEÑA (Cátedra de Vísperas 1559–60) über die *Secunda Secundae*: »Ab ista congregatione [ecclesiae] separantur haeretici, quia sunt membra ecclesiae, sed praecisa, eo quod tantum retinent characterem. Et praeciduntur, quia non habent fidem que deberent uniri corpori ecclesiae. Per fidem quidem informem aliquo modo, per formatam vero perfecte« (vgl. auch ebda. 536 Anm. 13: *pertinere ad ecclesiam aliquo modo*). Das Bild greift auch JUAN GALLO, zitiert nach JÉRICO BERMEJO (1995) 547 Anm. 46 in seiner Erörterung des Themas auf.

76 VITORIA (1995) 166; VITORIA (1557), relectio 1, pr., Rn. 7 (S. 14 f.), vgl. oben Anm. 67.

se,[77] und Juan Gallo verglich in seiner 1572 gehaltenen Vorlesung[78] Ketzer mit abgehauenen Ästen, die vom lebendigen Baum getrennt seien, aber immer noch als seine Teile »bezeichnet« werden könnten.[79]

So waren sich die Salmantiner Theologen einig, dass Häretiker, weil es ihnen an *fides* mangele, weder mit Christus noch mit der Kirche verbunden seien. Allein die Jurisdiktion und Strafgewalt, welche die Kirche über sie behalte, zwinge angesichts 1 Kor 5,12 zu dem Schluss, dass sie doch nicht völlig außerhalb der Kirche stünden.[80] Mit diesem Argument setzte sich Juan de Guevara, der Doyen der Salmantiner Theologen in der zweiten Hälfte des 16. Jahrhunderts, der über 36 Jahre die *cátedra de Vísperas* in Salamanca innehatte,[81] in seiner Vorlesung zur *Secunda Secundae*[82] kritisch auseinander: Nach seiner Auffassung richtete die Kirche über Häretiker nicht, weil sie sich trotz ihres Abfalls vom rechten Glauben immer noch *aliquo modo* innerhalb der Kirche befänden. Vielmehr habe die Kirche ihre Jurisdiktion über jene aufgrund der Taufe erworben und behalte dieses

Recht so lange, bis sie selbst auf es verzichte. Erst durch eine öffentlich verkündete Strafe würden die Ketzer endgültig von der Kirche abgetrennt.[83] In 1 Kor 5,12 spreche der Apostel, so Guevara, nur von Heiden, die sich vollkommen außerhalb der Kirche befänden und über die sie niemals Jurisdiktion erworben habe. Häretiker dagegen hätten sich nach einer ursprünglichen Zugehörigkeit aus eigenem Antrieb abgesondert, daher behalte die Kirche das einmal erworbene Recht, über sie zu richten.[84]

Ähnlich wie Guevara argumentierte schließlich auch Juan Gallo:[85] Die Zugehörigkeit der Ketzer zur Kirche hänge weder von ihrem Willen noch von ihrem Handeln ab. Der *character indelebilis* und ihr in der Taufe abgelegtes Versprechen, für immer Christ zu bleiben, hinderten sie daran, durch eigenes Zutun aus dem »kirchlichen Heer« auszutreten. Diese beiden Faktoren berechtigten die Kirche, über sie zu richten und sie zu bestrafen.[86] Häretiker hätten nicht durch Christus am Leben teil, sie seien kein Teil der *ecclesia* als des mystischen Leibs Christi. Aber sie befänden sich schlicht innerhalb des Zirkels, der von der Kirche

77 Jérico Bermejo (1995) 537 f. mit Anm. 19: »Sicut quando abscinditur membrum alicui, suae interest iungere sibi membrum vel sepelire, ita etiam ecclesiae interest iungere haereticos ad ecclesiam et, si non illos sepelire.«

78 Jérico Bermejo (1995) 545 mit Anm. 41.

79 Juan Gallo, zitiert nach Jérico Bermejo (1995) 547 Anm. 45: »Ultimo ratione, nam haereticus separat se ab ecclesia et erigit altarem contra altare et ecclesiam contra unam ecclesiam, cuius non magis est membrum quam ramus ab arbore abscissus. Membrum arboris appellatur.«

80 Exemplarisch: Mancio de Corpus Christi (Catédra de Prima 1564–65), zitiert bei Jérico Bermejo (1995) 537 Anm. 18: »Haeretici non sunt partes ecclesiae, licet quodammodo pertineat ad ecclesiam. Probatur quia sunt omnino abscisi, nullam conexionem habent cum ecclesia nec cum capite eius, scilicet Christo. Probatur quia unio prima fit per fidem. Ante fidem nulla unio, sed haeretici non habent fidem. Ergo. Dixi quod aliquo modo pertinent ad ecclesiam, quia ecclesia directe habet dominium super illos.

Probatur quia punit illos et excommunicat et aliquo modo punit ecclesia poena capitali et iuridice punit (non contra ius). Ergo habet in illos iurisdictionem. Quia si non potestatem haberet, merito ecclesiae diceretur illud Pauli 1ae ad Cor.: Cur tu de his qui foris sunt iudicas.«

81 Obwohl der Augustiner Juan de Guevara (1504–1600) von seinen Kollegen außerordentlich geschätzt wurde, ist nichts von ihm zu Lebzeiten gedruckt worden. Manuskripte seiner Vorlesungen sind im Universitätsarchiv Salamanca und in den Vatikanischen Archiven erhalten: Merlin (1925), Sp. 1962.

82 Näheres bei Jérico Bermejo (1995) 540 Anm. 27 m.w.N.

83 Juan de Guevara, zitiert nach Jérico Bermejo (1995) 543 Anm. 33: »Ad argumenta. Respondetur ad 1um. ecclesiam quidem iudicare haereticos non quia intra ipsam ecclesiam contineantur, sed ratione iurisdictionis, quam acquisivit in illos ex eo quod fuerunt baptizati. Per quod fuerunt fidei ecclesiae affecti, quod ius ecclesia semper detinet quousque haec illi cedat: Per publicam sententiam separentur.«

84 Juan de Guevara, zitiert nach Jérico Bermejo (1995) 543 Anm. 34: »Et ad Paulum dicentem: Quid ad nos de his qui foris sunt, respondetur solum fuisse locutum de gentilibus et paganis, qui sic sunt foris et extra ecclesiam, ut unquam ecclesia inter illos iurisdictionis acquisierit, non autem haereticis. Qui, quamvis sint extra ecclesiam, cum propria voluntate ab illo se praecidendo ab illa, adhuc ecclesia tenet ius retinendi in illos.«

85 Der Dominikaner hielt 1572 die Vorlesung über die *Secunda Secundae* in Salamanca: Jérico Bermejo (1995) 545 mit Anm. 41.

86 Juan Gallo, zitiert nach Jérico Bermejo (1995) 547 Anm. 46: »Ad argumentis 4i. crroris dicendum est non esse negandum quin haeretici aliquo modo ad ecclesiam pertineant. Non quidem voluntate et opere. Sicut transfugae non pertinent ad exercitum, sed pertinent, velint nolint, ratione characteris indelebilis, quem in baptismo susceperunt et ratione professionis, qua professi sunt semper futuros esse Christianos. Propter quod ecclesia eos punire potest«.

gebildet wird. Damit stünden sie der Kirche zur Verfügung, etwa um am Exempel ihrer Bestrafung andere Sünder zur Reue zu bewegen.[87]

3 Schluss

Die Taufe als *ianua ecclesiae vel sacramentorum*, als Tor zur Kirche wie zu den Sakramenten, durfte aus Sicht der Salmantiner Autoren nicht in eine Sackgasse führen. Eine Taufe ohne ausreichendes Katechumenat, ohne echte *voluntas* oder ohne rechten Glauben drohte, nicht der Beginn eines neuen christlichen Lebens zu sein, sondern nur eine weitere Etappe in der heillosen Existenz eines Ungläubigen.

Die wirksame Taufe prägte das Individuum mit einem unauslöschlichen Zeichen und verlieh einen unverlierbaren Status: eine Zugehörigkeit zur Kirche im Sinne des Unterworfenseins unter christliche Sitten und kirchliche Jurisdiktion. Individuelle Rechte entstanden dagegen erst aus einem Zusammenspiel von Kirchenzugehörigkeit und *mores Christianorum*, einem Leben in Übereinstim-mung mit den kirchlichen Werten und Vorschrif-ten. Je nach der Entfernung von diesem Ideal staffelte sich der Grad der Teilhabe: So galt für Häretiker, die sich von der katholischen Orthodo-xie entfernt hatten, sich aber weiterhin als Christen begriffen (z.B. Lutheraner), noch das *privilegium Christianorum*. Es galt aber nicht mehr für Aposta-ten, als die man (zwangs-)getaufte Muslime und Juden, die zu ihrer ursprünglichen Religion zu-rückkehrten, betrachtete – auch wenn diese auf-grund ihrer Taufe immer noch *aliquo modo* zur Kirche gehörten, ihren Gerichten und ihren Dis-ziplinierungsmaßnahmen unterlagen und sich auch vor weltlichen Gerichten mit christlichen Maßstäben messen lassen mussten. Die Taufe selbst eröffnete die Möglichkeit, an den Sakramenten, den kirchlichen Rechten und schließlich am Heil teilzuhaben; auf dem Weg zu dieser vollen Teil-habe war sie nicht mehr und nicht weniger als ein notwendiger erster Schritt.

■

Bibliographie

- Augustinus Triumphus (1584), Summa De potestate Ecclesiastica, Rom
- Báñez, Domingo (1587), Scholastica Commentaria in Secundam Secundae Angelici Doctoris D. Thomae, quibus, quae ad Fidem, Spem, & Charitatem spectant, clarissime explicantur, Venedig
- Bermudez de Pedraza, Francisco (1638), Historia Eclesiastica de Granada, Granada
- Birr, Christiane (2013), Rebellische Väter, versklavte Kinder: Der Aufstand der Morisken von Granada (1568–1570), in: Revolten und politische Verbrechen zwischen dem 12. und 19. Jahrhundert: Reaktionen der Rechtssysteme und juristisch-politische Diskurse, hg. von Angela de Benedictis und Karl Härter, Frankfurt, 281–317
- Borobio García, Dionisio (1988), Teologos salmantinos e iniciación en la evangelización de América durante el siglo XVI, in: Evangelización en América, ed. por Dionisio Borobio García, Federico R. Aznar Gil, Antonio García y García, Salamanca, 7–165
- Castañeda Delgado, Paulino (1990), Las doctrinas sobre la coacción y el »idearium« de Las Casas, in: Bartolomé de las Casas, Obras completas. Vol. 2: De unico vocationis modo, Edición de Paulino Castañeda Delgado y Antonio García del Moral, Madrid, XVII–XLII
- Covarruvias y Leyva, Diego de (1556), In librum quartum Decretalium Epitome, Salamanca
- Covarruvias y Leyva, Diego de (1724), Regulae Peccatum, de Regulis Juris, Libro Sexto, Relectio, in: Opera omnia iam post verias editiones correctiora, & cum veteribus ac melioris notae exemplaribus de novo vollata, & ab innumeris mendis serio repurgata, Genf, 587–658
- Davis, Natalie Zemon (2008), Leo Africanus. Ein Reisender zwischen Orient und Okzident, Berlin

[87] Juan Gallo, zitiert nach Jérico Bermejo (1995) 547 Anm. 48: »Veri-tas est quod haeretici aliquo modo sunt membra ecclesiae, non quod de Christo recipiunt vitam neque ali-quem influxum vitalem internum, sed continentur in toto, unumquod-que in loco suo, donec separantur ab ecclesia. Habentque operationem quandam exteriorem, veluti si quod membrum aridum utitur ad motum localem vel ad alterum poeniten-dum.«

- Duve, Thomas (2008), Sonderrecht in der Frühen Neuzeit. Das frühneuzeitliche ius singulare, untersucht anhand der privilegia miserabilium personarum, senum und indorum in Alter und Neuer Welt, Frankfurt am Main
- Duve, Thomas (2010), Derecho canónico y la alteridad indígena: los indios como neófitos, in: Esplendores y miserias de la evangelización de América. Antecedentes europeos y alteridad indígena, hg. von Wulf Oesterreicher, Roland Schmidt-Riese, Berlin, New York, 73–94
- Epalza, Míkel de (1994), Los Moriscos antes y después de la Expulsión, Madrid
- Goñi Gaztambide, José (2007), La polémica sobre el bautismo de los moriscos a principios del siglo XVI, in: Anuario de historia de la Iglesia 16, 209–215
- Hadrian VI. (1503), Quaestiones in quartum Sententiarum Vbi sacramentorum materia exactissime tractatur, Paris
- Haliczer, Stephen (1990), Inquisition and Society in the Kingdom of Valencia, 1478–1834, Berkeley, Los Angeles, Oxford
- Halperin Donghi, Tulio (2008), Un conflicto nacional: Moriscos y cristianos viejos en Valencia, Valencia
- Horst, Ulrich (1995), Leben und Werke Francisco de Vitorias, in: Vitoria (1995) 13–99
- Jérico Bermejo, Ignacio (1995), Pertenecer a la Iglesia y ser miembro de ella. La importancia de la fe y del bautismo según la Escuela de Salamanca (1559–1584), in: Ciencia tomista 122, 531–575
- Kamen, Henry (1997), The Spanish Inquisition, A Historical Revision, New Haven, London
- Ledesma, Martin de (1555), Primus Thomus, qui et Prima 4. nuncupatur, Coimbra
- Ledesma, Pedro de (1637), Theologia Moralis, Ex Hispanico in Latinum traducta per Raymundum de Ladesov, Tournai
- Loazes, Fernando de (1525), Perutilis et singularis quaestio seu tratactus super noua paganorum regni Valentie conuersione, Valencia
- Lugo, Juan de (1596), Responsorum Moralium Libri Sex, Lyon
- Merlin, Nicolas (1925), Guevara, Jean, in: Dictionnaire de Théologie Catholique VI.2, Paris, Sp. 1962
- Mimura, Tomoko (2006), La causa morisca en Guerras civiles de Granada: un estudio comparativo entre la primera y segunda parte, in: Anales del Seminario de Historia de la Filosofia 23, 165–180
- Molina, Luis de (1732), De Justitia et Jure, Tomus Primus, Genf
- Parecer (1865), De los teólogos de la Universidad de Salamanca sobre el bautismo de los Indios, in: Colección de Documentos Inéditos relativos al descubrimiento, conquista y colonización de las posesiones españolas en América y Oceanía, Tomo 3, Madrid (ND: Vaduz 1964), 543–553
- Parma, Mariana (2005), Almas al Cielo y Dinero a las Bolsas, Bautismos y Ejecuciones en la Naciente Modernidad Valenciana, in: Cuadernos de historia de España (Buenos Aires) 79, versión Online ISSN 1850–2717 (Permalink: http://ref.scielo.org/vv8fhn)
- Prierias, Silvester (1518), Summa Summarum quae Sylvestrina dicitur, Augsburg
- Rebellus, Fernandus (1610), De Obligationibus Ivstitiae, Religiones, et Charitatis, Venedig
- Scott, James Brown (1934), The Spanish Origin of International Law. Francisco de Vitoria and his Law of Nations, Oxford (ND: Union, New Jersey 2000)
- Sievernich, Michael (2013), Baptismus barbarorum. Christliche Initiation in der Neuen Welt, in: Rg 21, ???–???
- Simancas, Diego de (1552), Institutiones Catholicae, Valladolid
- Solórzano Pereira, Juan de (1648), Política Indiana, Madrid
- Suárez, Francisco (1858), De triplice virtute theologica, tract. III: De charitate, Disputatio XIII et ultima de bello, in: Opera omnia, Editio nova, a Carolo Berton, Band 12, Paris, 737–763
- Torquemada, Juan de (1561), Summa de Ecclesia, Venedig
- Vio (Cayetan), Thomas de (1512), Tractatus de comparatione auctoritatis Pape et Concilii seu Ecclesie vniuersalis, Köln
- Vitoria, Francisco de (1557), Relectiones Theologicae XII, Tomus Primus, Lyon
- Vitoria, Francisco de (1967), Relectio de Indis o Libertad de los Indios, Edición crítica bilingüe por V. Beltran de Heredía, R. Agostino Iannarone, T. Urdanoz, A. Truyol y L. Pereña, Corpus Hispanorum de Pace 5, Madrid
- Vitoria, Francisco de (1995), Vorlesungen I (Relectiones), Völkerrecht – Politik – Kirche, hg. von Ulrich Horst, Heinz-Gerhard Justenhoven, Joachim Stüben, Stuttgart, Berlin, Köln

Michael Sievernich

»Baptismus barbarorum« oder christliche Initiation in der Neuen Welt Amerika (16. Jahrhundert)

Das humanistisch geprägte Werk *Rhetorica Christiana* (Rom 1579) des mexikanischen Mestizen und Franziskaners Diego Valadés (1533–1582) [1] verknüpft die Alte und die Neue Welt, indem es die klassische Rhetorik in den Kontext der indianischen Kultur stellt und besonderen Wert auf die Erinnerung (memoria) und die Visualisierung legt. Unter den Abbildungen des voluminösen Bandes findet sich ein Stich, der das franziskanische Missionsunternehmen in der Neuen Welt in visueller Kommunikation veranschaulicht. [2] Er stellt ein stilisiertes Atrium mit vier offenen Kapellen dar, das an die wehrhaften mexikanischen Konvente der frühen Neuzeit erinnert. Wie die Überschrift ausweist, werden in einzelnen Szenen die typischen missionarischen Aktivitäten der Minderbrüder in der Neuen Welt dargestellt, mit Verweis auf die Landverheißung an Abraham (Gen 13,14).

Im Zentrum der Abbildung befindet sich eine Gruppe von zwölf Franziskanern, die bewusst als »doce apóstoles« auftreten, die zur Gründung der Urkirche in der Neuen Welt aufbrechen; bis heute ist diese Zwölfergruppe auf einem Wandfresko im Franziskanerkonvent von Huejotzingo (Puebla) zu besichtigen. Der Stich zeigt, wie diese Zwölf unter Führung des hl. Franziskus und der Leitung des Superiors Martín de Valencia als Nachhut auf ihren Schultern eine portable Kirche in die Neue Welt tragen. In dieser tragbaren Kirche erscheint in Gestalt einer Taube der Heilige Geist, der auf die geistliche Inspiration des gesamten Unternehmens und der einzelnen missionarischen Tätigkeiten verweist. Über der Kirche erscheint in einer Wolke die Trinität. Unterhalb der portablen Kirche befindet sich mittig an privilegierter Stelle eine Taufszene um einen Taufbrunnen herum; die Taufe (baptismus) wird flankiert von Szenen einer Eheschließung (matrimonium) und des Beichtunterrichts (discunt confiteri). Die Taufe erscheint als zentrales sakramentales Ritual, doch ist sie eingebettet in

andere sakramentale Rituale wie die Beichte (confessiones), die am unteren linken Bildrand in drei Szenen (Männer, Frauen, Kinder) dargestellt ist, während die drei Szenen von Kommunion (comunio), Messe (missa) und Letzter Ölung (estrema unctio) am unteren rechten Bildrand zu sehen sind; dazwischen erscheint eine forensische Szene mit Richterstuhl, die als »iustitia« bezeichnet wird. Der untere Bereich des Stiches ist also der sakramentalen Grundlage gewidmet. Weitere sechs Szenen im oberen Bildteil bilden vor allem Lernvorgänge ab: Dazu zählen piktographisches Lernen und Alphabetisierung (Schreiben), allgemeine Bildung (Welterschaffung, Musik) und religiöse Unterweisung (christliche Lehre, Buß- und Ehesakrament). Diese Tätigkeiten sind eingerahmt von einer baumbestandenen Allee, in der sich weitere Szenen caritativer Tätigkeiten abspielen, nämlich die Sorge für die Kranken und die Verstorbenen. Die vier Eckkapellen, in denen jeweils gepredigt wird, sind den Adressaten zugeordnet: den Mädchen (puellae) und Jungen (pueri), den Frauen (mulieres) und Männern (homines).

Der Stich hebt also die Zentralität der Taufe hervor, aber auch ihre Einbettung in andere sakramentale Rituale und weitere verkündende, diakonische und pädagogische Aktivitäten, die insgesamt einen ganzheitlichen und subjektbezogenen Ansatz der Mission zeigen. Damals war der Neologismus »Mission« allerdings noch nicht gebräuchlich; man sprach vielmehr in pluraler Terminologie von *promulgatio Evangelii, praedicatio gentium, propagatio fidei, conversio infidelium, novella plantatio ecclesiae.*

Theologisch ist das Ritual der christlichen Taufe, die mit natürlichem Wasser und unter Anrufung des dreifaltigen Gottes gespendet wird, das erste und grundlegende der drei Initiationssakramente, das in die Heilsgemeinschaft der Kirche inkorporiert. [3] Die Taufe vergegenwärtigt für den Einzel-

---

1 Abbott (1996) 41–59.
2 Valadés (1989) 207 (Abbildung).
3 Zu den lehrhaften normativen Quellen vgl. Denzinger (1991) 1606–1608.

Die Welt aus Mexico, christliche Kosmologie aus chiliastischer Perspektive, Valadés, Diego,
Retorica Cristiana, 1579
© Forschungsbibliothek Gotha (Th 8° 03320)

nen die Teilhabe am Geschick Jesu Christi (Tod
und Auferstehung) und umfasst als wesentliche
Sinngehalte die geistige Wiedergeburt, die Sündenvergebung, den Geistempfang und die Heili-
gung, die Gabe der Gotteskindschaft, die Eingliederung in den mystischen Leib Christi und in die
Kirche; sie ist nicht wiederholbar und verleiht eine
unaufhebbare Prägung (character indelebilis). Die
Taufe, die biblisch in den Bildern der »Wiedergeburt« (regeneratio) (Tit 3,5) und »Erleuchtung«
(inluminati) (Hebr 6,4) vorgestellt wird, wurzelt
historisch in der Taufpraxis der nachösterlichen
Gemeinde[4] und der nachösterlichen Sendung
der Jünger Jesu, die im Fall des sogenannten
»Missionsbefehls« (Mt 28,18 ff.) ausdrücklich mit
dem Auftrag zur Taufe verbunden wird (vgl. auch
Mk 16,15; Lk 24, 47 f.; Joh 20, 21).[5] Bei den
Kirchvätern hat die Taufe zahllose allegorische
Deutungen erfahren. In der langen liturgischen
Tradition der Taufpraxis haben sich um das Kernritual zahlreiche ausdeutende Riten oder Zeremo-
nien herausgebildet, darunter Namensgebung,
Bezeichnung mit dem Kreuz (signatio), Exorzismus, Bekenntnis, Anhauchung (exsufflatio), Salz-
übergabe, Salbung, Handauflegung, Öffnung der
Sinne mit Speichel, Taufwasserweihe, weißes Kleid,
brennende Kerze, Gebet und Segen. Taufe ist in
jedem Lebensalter möglich, ordentliche Spender
sind geweihte Amtsträger, im Notfall aber jeder,
der Form und Intention der Kirche folgt; beteiligt
sind weiterhin Paten und die Gemeinde.[6]

In der gesamten Missionsgeschichte wie auch
im Zuge der Christianisierung der Neuen Welt
spielte die Taufe als Initiationsritual daher eine
bedeutende Rolle.[7] Sie wird im Folgenden in
den Perspektiven der rituellen Inklusion, der kognitiven Instruktion und der multiplen Partizipation reflektiert, wobei narrative, normative und
argumentative Quellen der formativen Missionsgeschichte Hispanoamerikas im 16. Jahrhundert
im Vordergrund stehen.

1   Inklusion durch Taufe

Unter den »zwölf« Franziskanern auf dem Stich
von Valadés, die 1524 zur Missionsarbeit in Mexiko
eintrafen, befand sich auch Toribio de Benavente
(1482?–1569?), der den bekannteren indigenen
Beinamen »Motolinía« trug. Er berichtet in seiner
Historia de los Indios de la Nueva España von dem
ersten Jahrzehnt, das auf die Ankunft der Franziskaner folgte und von Eifer und Improvisation
geprägt war. Von einem enormen Andrang der
Indios an allen Wochentagen ist dort die Rede
und von Massentaufen, deren Zahl Motolinía für
den Zeitraum von fünfzehn Jahren (1521 bis 1536)
insgesamt auf nicht weniger als fünf Millionen
schätzt, was selbst moderne Historiker für kaum
übertrieben halten.[8]

Entsprechend rudimentär fiel die Taufe aus, da
außer dem Kernritual nicht alle weiteren und sonst
in der Kirche üblichen Riten ausgeführt werden
konnten. Motolinía beschreibt die reduzierten
Taufakte, die täglich stattfanden, folgendermaßen:
»Zum Zeitpunkt der Taufe stellten sie [die Priester]
alle, die getauft werden sollten, gemeinsam auf, die
Kinder vorne, und machten über alle den Tauf-
dienst [oficio del bautismo = Exorzismus] und über
einige wenige die Riten von Kreuz, Anhauchung,
Salz, Speichel, weißem Kleid; danach tauften sie
jedes einzelne der Kinder in Weihwasser, und
soweit ich weiß, folgte man immer dieser Ordnung. […] Nachdem zuerst die Kinder getauft
waren, predigten sie wieder den geprüften Erwachsenen, was sie zu glauben und zu verabscheuen
und in der Ehe zu tun hätten; und dann tauften sie
jeden Einzelnen für sich (bautizaban a cada uno
por sí).«[9] Bei aller Reduzierung des Rituals auf das
Wesentliche gilt bei Kindern und Erwachsenen der
eigentliche Taufakt der einzelnen Person, deren
Individualität auch durch den verliehenen Taufnamen, der meist dem Tagesheiligen entsprach,
herausgehoben wird.

---

4 Labahn (2011).
5 Vgl. Sievernich (2009) 17–23.
6 Zu den kanonistischen Vorgaben vgl.
   die einschlägigen Bestimmungen
   (can. 849–878) des Codex Iuris Canonici (1983).
7 Baumgartner (1971) 144–221.
8 Ricard (1986) 175.
9 Motolinía (1970) 255 f. [Historia II,
   4]; vgl. Delgado (1991) 186.

Für diese reduzierte Taufpraxis gab es verschiedene pragmatische Gründe wie den Mangel an Taufspendern und den Andrang der Taufwilligen, den Mangel an liturgischer Materie (Chrisam, Öl) und mangelnder Zeit, wenn fünftausend Indios pro Tag getauft werden sollten. Doch überdies gab es ein weiteres Moment, das zu möglichst vielen und schnellen Taufen drängte. Es war die chiliastische Prägung der ersten Franziskaner in Mexiko, die in der »elften Stunde« (Mt 20, 6) der Weltzeit eine neue, indianische Urkirche im Entstehen sahen. [10] Überdies vertraten sie eine Art Kompensationstheorie, wonach diese neue Urkirche in der Neuen Welt der Kirche zurückerstatte, was ihr der Dämon durch die Reformation in Deutschland geraubt habe. [11]

Die auf das kanonistisch Nötigste beschränkte Taufpraxis führte auch zu heftigen Disputen über die Angemessenheit und Erlaubtheit, da nicht nur der Enthusiasmus und Eifer der Missionare auf dem Spiel stand, sondern auch die rechtlichen und pastoralen Normen der Kirche. Insbesondere die konkurrierenden Orden der Dominikaner und Augustiner [12] forderten in diesem Taufstreit einerseits, dass die Taufen mit allen Riten, in aller Feierlichkeit und an den traditionell vorgesehenen Tagen der Vigil vor Ostern und Pfingsten abzuhalten seien; andererseits forderten sie ein längeres Katechumenat, also eine Zeit der katechetischen Unterweisung und sittlich-religiösen Vorbereitung der Taufbewerber, vorzusehen. Bisweilen bestritt man sogar die Gültigkeit der in der kurzen Form vorgenommenen Taufen. Die pastoralen und rechtlichen Probleme waren so gravierend, dass selbst die Versammlungen der Ortsbischöfe nicht weiterhalfen und der Papst und die Salmantiner Theologen zur Klärung angerufen wurden. [13]

Aufgrund der mexikanischen Streitfragen erließ Papst Paul III. am 1. Juni 1537 die Bulle *Altitudo divini consilii* zur Klärung des Taufstreits. Zum einen erklärt er darin die Gültigkeit der abgekürzten Taufen, indem er feststellt, dass diejenigen, die auf den Namen der Dreifaltigkeit getauft, aber nicht alle von der Kirche vorgesehenen Riten und Feierlichkeiten angewandt haben, »nicht gesündigt« hätten (non pecasse). Des weiteren erklärt

er diese Abweichung von der üblichen Taufpraxis mit dem hermeneutischen Prinzip, dass Neophyten »nicht alles«, was die Kirche schon weltweit beobachte, auferlegt werden müsse (ut non omnia, que per orbem Ecclesia jam firmata custodit, illis custodienda mandemus). In Zukunft aber seien, außer in dringenden Notfällen, vier Dinge zu beachten: »Erstens die Weihe des Taufwassers; zweitens der einzeln anzuwendende Katechismus und Exorzismus; drittens werde Salz, Speichel, Gewand und Kerze nur zwei oder drei Täuflingen beiderlei Geschlechts für alle aufgebracht; viertens werde mit Chrisam auf der Stirn gesalbt und mit Katechumenenöl über dem Herzen des erwachsenen Mannes, der Knaben und der Mädchen, bei erwachsenen Frauen aber an jenem Körperteil, den die Sittsamkeit zulässt.« [14] Über die bisherige Praxis hinaus waren also katechetische Unterweisung und Exorzierung ebenso einzeln und persönlich vorzunehmen wie die beiden Salbungen, während Salzgabe, Sinnesöffnung durch Speichel, weißes Taufkleid und Kerze pars pro toto angewandt werden können. Doch mit der Durchführung der disziplinären und liturgischen Bestimmungen drang die Junta der Ortsbischöfe nicht durch, so dass man angesichts des anhaltenden Andrangs nach kurzer Zeit wieder zur alten Praxis überging. [15]

Wenige Jahre später forderte Kaiser Karl V. auf Drängen von Bartolomé de Las Casas den dominikanischen Theologen Francisco de Vitoria auf, ein Gutachten zur Frage der Taufpraxis der Indios in der Neuen Welt zu verfassen. Dabei ging es insbesondere um die alte Frage, ob für die »Taufe der Barbaren« (baptismus barbarorum) eine kurze und knappe Vorbereitung genüge oder eine ausführliche und längere Unterweisung in Glauben und Sitten erforderlich sei. Die Antwort, welche die Salmantiner Theologen am 1. Juli 1541 vorlegten, ist eindeutig. Mit Hinweis auf Autoritäten wie den Sentenzenkommentar des Petrus Lombardus und Schriften von Thomas von Aquin oder Augustinus plädieren sie eindeutig für eine ausführliche, Glaube und Moral einbeziehende präbaptismale Vorbereitung in Form eines Katechumenats. »Jene ungläubigen Barbaren sind nicht zu taufen, bevor

10 Zum Chiliasmus vgl. Delgado (1992).
11 Zu den geschichtstheologischen Interpretationen vgl. Sievernich (1992).
12 Zu den Orden als Träger der Mission in Lateinamerika vgl. Meier (1992).
13 Vgl. Borobio García (1988).
14 Metzler, America Pontificia (1991) 361–364.
15 Motolinía (1970) 257; [Historia II, 4].

sie nicht hinreichend unterwiesen sind, nicht nur im Glauben, sondern auch in christlichen Sitten, wenigstens soweit es zum Heil notwendig ist, und nicht bevor es wahrscheinlich ist, dass sie verstehen, was sie empfangen oder wem sie entgegensehen, und nicht bevor sie sich öffentlich zur Taufe bekennen und im Glauben und in der christlichen Religion leben und verharren wollen.« (Barbari illi infideles non antea sunt baptizandi, quam, sint sufficienter instructi, non solum in fide, sed etiam in moribus christianis, saltem quantum necessarium est ad salutem, nec priusquam sit verisimile, eos intelligere quid recipiant, aut respectent, et profiteantur in baptismo, et velint vivere et perseverare in fide et religione christiana.) [16] Damit gelten als drei wesentliche Grundsätze: hinreichende Instruktion, Verstehen des Taufvorgangs und Willen zur Übernahme des Glaubens. Doch konnte das Gutachten trotz seiner theologischen Autorität und seiner bischöflichen Bekräftigung die Kontroverse um die Spendung der Taufe nicht lösen, so dass man angesichts des anhaltenden Andrangs schnell wieder zur alten Praxis der einfachen und schnellen Taufe überging, in den Augen des Historikers ein Zeichen »einfacher Klugheit und grandioser Kühnheit«. [17]

Insgesamt erfolgte in Mexiko und anderswo eine schnelle Inklusion der Indios durch das Ritual der Taufe, auch wenn die Anforderungen und die pastorale Praxis je nach Region und Stil der beteiligten Orden unterschiedlich ausfielen. Dagegen herrschte Konsens und Übereinstimmung mit der kirchlichen Tradition in der Frage der Freiwilligkeit. Da die Inklusion durch Taufe grundsätzlich freiwillig erfolgen musste, lautete die rechtsverbindliche Bestimmung des Ersten Limenser Konzils (1551/52), dass niemand zum Glauben gezwungen werden dürfe, sondern durch Wahrheit und Freiheit überzeugt und angezogen werden solle (ninguno ha de ser compelido a recibir nuestra santa fée católica, sino persuadido y atraído con la verdad y libertad della), wie es in den Bestimmungen für die »naturales« heißt. [18]

Diese Bestimmung folgt einerseits der mittelalterlichen Kanonistik, insofern etwa der Kanonist Sinibaldo Fieschi als Papst Innozenz IV. († 1254) in seinem Dekretalenkommentar feststellte, dass die Ungläubigen nicht zum Glauben gezwungen werden (non debeant infideles cogi ad fidem), da sie über einen freien Willen verfügten. [19] Andererseits folgt sie der zeitgenössischen missionstheologischen Auffassung, dass Wahrheit und Freiheit persuasiv und attraktiv auf die Einzelnen wirken sollten.

Wenn es nun keinen Zwang zum Glauben geben darf, folgt logisch, dass auch die Taufe nicht aufgezwungen werden darf, was das Zweite Limenser Konzil (1567/68) im Teil über die Indios in aller Deutlichkeit festhält: »Dieses Sakrament darf keinem Erwachsenen gespendet werden, wenn dieser es nicht freiwillig empfangen will« (Hoc vero sacramentum [baptismus] nulli adultorum conferendum est nisi sponte velit ipsum recipere), wie es auch den Kindern ungläubiger Eltern nicht gegen deren Willen gespendet werden darf. [20] Das Recht der Person auf Selbstbestimmung in religiösen Angelegenheiten sowie das Elternrecht werden hier also besonders geschützt. Die Bedeutung des Individuums spricht auch aus der Tatsache, dass es einen Taufnamen erhält und dass der Name sowie Ort und Zeit der Taufe in den Kirchenbüchern festzuhalten sind.

Allerdings sind auch die Widerstände zu beachten, denen die Inklusion durch Taufe ausgesetzt war, sei es der Widerstand auf indigener Seite oder seien es Widerstände auf spanischer Seite gegenüber der indianischen Welt. Letztere äußerten sich im Zweifel am Menschsein der Indios und der Fähigkeit (capacidad) und Geeignetheit (idoneidad) zum Glauben und zur Zivilisation. Nach dem Prinzip des Ethnozentrismus in seiner eurozentrischen Spielart gab es untergründig oder explizit eine dreifache Diskriminierung der Alterität auf den Ebenen der Kultur, der Moral und Religion: Danach wurde den Indios die Inferiorität der »Barbaren«, die Immoralität der »Sünder« und die Idolatrie der »Heiden« vorgeworfen, woraus auch die Beschneidung der Rechte der Anderen (Freiheit, Eigentum) und Steigerung eigener Rechte (Strafe, Krieg) abgeleitet wurden. Die Rechte der Anderen hingen freilich nicht an der Taufe, sondern kamen den Indios als Menschen zu, wie umgekehrt die Bestrafung von Andersheit angemaßte »Rechte« waren, die von Theologen wie

16 Parecer de los teólogos (1865).

17 RICARD (1986) 179.

18 VARGAS UGARTE (1951) 11; [Limense I, const. 7].

19 INNOZENZ IV. (1570) f. 430 [In III Decret., tit. 34 de voto, Quod super].

20 VARGAS UGARTE (1951) 173; [Limense II, const. 27].

Francisco de Vitoria[21] oder Bartolomé de Las Casas strikt und argumentativ abgelehnt wurden.

Allerdings konnten die mit der Taufe verliehenen Rechte sich auch positiv auf die Rechte als Menschen auswirken, wenn nicht selten der Argwohn aufkam, dass Glaube und Moral der getauften Indios (noch) nicht den Anforderungen entsprachen: Daher kam es zu Vorbehalten, Einschränkungen oder Verboten temporaler, nicht prinzipieller Art, zum Beispiel bei der Frage der Zulassung zu den Weihen von Indios, Mestizen, Mulatten und Kreolen.[22]

2 Instruktion durch Schrift

Da die Taufe an die freiwillige Zustimmung der Person gebunden ist und ein Grundverständnis des Rituals und der Glaubenslehre voraussetzt, bedurfte es einer sowohl prä- als auch postbaptismalen Unterweisung. Diese wiederum setzte eine sprachliche Verständigung und Übersetzungsleistungen aus den europäischen Sprachen voraus. Daher unternahmen die Missionare erhebliche linguistische Anstrengungen, um Grammatik (arte) und Wortschatz (vocabulario) der nicht verschrifteten indianischen Sprachen zu erfassen, woraus eine breite Missionslinguistik erwuchs.[23]

Die kirchliche Sprachenpolitik setzte nicht auf Hispanisierung der Indios, sondern auf die linguistische Indigenisierung der Missionare und ihrer kommunikativen Fähigkeiten. Diese sprachlichen Kenntnisse wurden in der Praxis, aber auch an Lehrstühlen erworben, die an Universitäten in Mexiko und Peru errichtet wurden. So hält das Erste Konzil von Lima in einem Beschluss fest, dass die zu taufenden Erwachsenen in »ihrer eigenen Sprache« (en su propia lengua) unterwiesen werden, denn sie sollten wissen und verstehen, worum es geht: »Es ist nur recht, dass sie verstehen, was sie in der Taufe empfangen und wissen, was man sie im Katechismus fragt.« (es justo entiendan lo que en el bautismo reciban y sepan lo que en el catecismo se les pregunta.) Taufe verbindet sich also mit den kognitiven Fähigkeiten von »Wissen« und »Verstehen«.[24] Doch über das religiöse Wissen

hinaus ergab sich dadurch das Erfordernis von allgemeiner Bildung, Schulen für Indios (escuelas de muchachos) und Erwerb der Kulturtechniken von Lesen und Schreiben,[25] wie sie auch auf dem Stich von Valadés dargestellt werden, der dort auch den Namen seines Lehrers Pedro de Gante nennt. Der Religionswechsel der Taufe brachte also auch den Wechsel vom illiteraten zum literaten Status mit sich, gewiss nicht flächendeckend, aber zumindest anfanghaft.

Zur Vorbereitung auf die Taufe von Erwachsenen existierte in der Alten Kirche ein langes anspruchsvolles Katechumenat, die liminale Phase im Initiationsprozess, die nicht nur dem Unterricht, sondern auch der Bewährung und Prüfung des Lebenswandels diente.[26] Doch mit der dominant werdenden Form der Kindertaufe verschwand diese Institution im Mittelalter, so dass bürgerliche (Geburt) und religiöse Eingliederung (Taufe) zeitlich zueinander rückten und das Moment der freien Glaubensentscheidung an Stellvertreter wie Paten delegiert wurde. Da man in der Neuen Welt aber zunächst vornehmlich mit Erwachsenen zu tun hatte, erinnerte man sich auch wieder des Katechumenats. Allerdings kam es in der frühen Neuzeit nur rudimentär zum Zuge, zum Beispiel durch Elemente wie Arkandisziplin oder wenigstens einmonatige Unterweisung.

Über die präbaptismale Unterweisung berichtet Motolinía, dass viele Indios an Sonn- und Festtagen kommen, um das Wort Gottes zu hören. »Zuerst war es notwendig, ihnen zu sagen und zu verstehen zu geben, wer der eine und allmächtige Gott sei, ohne Anfang und Ende, Schöpfer aller Dinge, von grenzlosem Wissen, höchste Güte, der alle sichtbaren und unsichtbaren Dinge schuf und sie erhält und ihnen Leben gibt.« Weitere Themen, die angemessen schienen, waren Maria und Marienbilder, die Unsterblichkeit der Seele und die Bosheit des Teufels; letztere habe die Indios so in Furcht und Schrecken versetzt, dass sie zu zittern anfingen »und begannen, zur Taufe zu kommen und das Reich Gottes zu suchen und unter Tränen und Seufzern danach verlangten«.[27] Weniger narrativ als Motolinía, sondern mehr systematisch geht der Kanonist Juan Focher vor,

21 Vgl. Sievernich (1996).
22 Vgl. Duve (2010).
23 Vgl. Suárez Roca (1992) sowie Oesterreicher/Schmidt-Riese (1999).

24 Vargas Ugarte (1951) 10; [Limense I, Const. 6].
25 Vargas Ugarte (1951) 340 f. [Limense III, cap. 43].
26 Fürst (2008) 104–123.

27 Motolinía (1970) 210 f; [Historia I, 4].

wenn er in seinem Missionshandbuch *Itinerarium catholicum* (1574) folgende Anweisung zur Taufvorbereitung gibt, die sich auf die drei Bereiche von Glaube, Sünde und Gebot bezieht. Erstens solle man die Erwachsenen gemäß der Tradition vor allem über die Glaubensartikel belehren, das Credo in Latein und die Erklärung in der einheimischen Sprache, und über die Gebete des Pater noster und des Ave Maria. Wiederholt solle man dabei drei Wahrheiten vorlegen: über Gott als Schöpfer aller Dinge, über Gottes Menschwerdung und über Gott, der ewiges Leben schenke. Zweitens solle man über die sieben Kapitalsünden instruieren, insbesondere über die Idolatrie, die Lüge, die Unzucht und die Trunkenheit. Drittens solle man die Gebote Gottes unterweisen und erklärcn.

Die Instruktion blieb nicht bei der Unterweisung vor der Taufe stehen, sondern setzte sich fort in der postbaptismalen Unterweisung der Neophyten, die zum einen in den regulären Predigten oder Katechesen erfolgte oder in spezifischem Unterricht. Überdies warnt Juan Focher vor Wandertäufern, die herumreisen und nur auf große und schnelle Zahlen von Taufen aus seien, die Neugetauften dann aber allein zurückließen. Demgegenüber urgiert er die evangelische Norm, »dass sie zuerst die zu Taufenden instruieren und danach die Getauften lehren« (ut baptizandos prius instruerent, baptizatosque postea docerent), wie es im *Itinerarium* heißt, wobei diese Unterweisung sich nach den klassischen katechetischen Stücken der »credenda, speranda, amanda, fugienda et agenda« richtet. [28] Auch die mystagogischen Katechesen des Dominikaners Pedro de Córdoba, der einen der ältesten Katechismen der Neuen Welt verfasste, sind postbaptismale Unterweisungen und betonen die Schöpfungs- und Heilsgeschichte, aber auch den Kampf gegen die Dämonen, für den er als geistliche Waffe das Kreuz als apotropäisches Zeichen empfiehlt. [29]

Das Dämonenthema spielte in den zeitgenössischen katechetischen Texten eine herausragende Rolle, weil unter diesem Stichwort die Abgrenzung von und die Auseinandersetzung mit den fremden Religionen der Neuen Welt geführt wurde. Nach der dämonologischen Interpretation der Fremdgötter, die schon in der Patristik anhebt, wurden die Götter als Dämonen begriffen, deren Bilder zerstört werden mussten; an ihrer Stelle sollten möglichst christliche Bilder, Kreuze, Kapellen oder Kirchen errichtet werden. Überdies thematisiert das Taufritual die Absage an das Böse und den Bösen (Renuntiation).

Schon die paulinische Theologie des Neuen Testaments verstand die Taufe als Herrschaftswechsel, als Übereignung aus der Macht der Sünde zum Machtbereich Christi; die auf Christus Getauften bleiben durch dessen Tod und Auferstehung nicht mehr »Sklaven der Sünde«, sondern stellen sich in den »Dienst Gottes«. [30] Von einem solchen Herrschaftswechsel durch die Taufe war im Zusammenhang der Mission vielfach die Rede, allerdings in differenzierter Weise. Da im mexikanischen Kontext die Bezeichnungen »Teufel« und »Dämonen« auf bestimmte aztekische Götter wie den Regengott Tlaloc bezogen wurden, nicht aber auf die Namen des Göttlichen, konnte man die Herrschaft der Götter abstreifen und sich dem Gott der Christen unterstellen, der gleichzeitig aztekische Namen des Göttlichen wie »ipalnemoani« (durch den alles lebt) annehmen konnte. [31]

Ein entscheidendes Medium der Instruktion war der Katechismus, der in der frühen Neuzeit zeitgleich in Europa und Amerika die religiöse Unterweisung prägte, in Europa in konfessioneller Gestalt, in Amerika in kontextueller Gestalt. Zwar übernahmen die frühen amerikanischen Katechismen die klassischen katechetischen Stücke wie Glaubensbekenntnis, Pater noster, Dekalog, Kapitalsünden etc., doch entwickelten sie zugleich eine kontextuelle Gestalt, die mit den piktographischen Katechismen beginnt. Sie setzt sich fort in der Übersetzung und Zweisprachigkeit von Katechismen, die in Mexiko und Lima gedruckt wurden und kontextuelle Fragestellungen wie die Fremdreligionen oder die indigenen Sitten aufgreifen. Schon der erste in Amerika gedruckte Katechismus des Franziskanerbischofs Juan de Zumárraga war zweisprachig: *Breve y más Compendiosa Doctrina Christiana en Lengua Mexicana y Castellana* (1539).

---

28 FOCHER (1960) 326 und 320.
29 DURÁN (1984) 277.
30 Vgl. die Tauftheologie Röm 6, 1–14.
31 So in den Coloquios des Bernardino de Sahagún; vgl. SIEVERNICH (1987).

Der Katechismus hieß in der Regel »Doctrina Cristiana« und gehörte der Gattung pastoraler und katechetischer Texte an (Katechismus, Beichtbücher), die durch Bücher für den liturgischen Gebrauch (Lektionare, Evangelistare, Predigtbücher) ergänzt wurden und in großer Zahl erschienen. Die meistgebrauchten Sprachen waren Náhuatl, die *lingua franca* des mexikanischen Raums, und Quechua, eine Hauptsprache im andinen Raum. Dort erschien auf Beschluss des Dritten Provinzialkonzils von Lima (1584/85) unter dem Titel *Doctrina Christiana y Catecismo para instrucción de los Indios* ein dreisprachiger Katechismus in Spanisch, Quechua und Aymara, der sich an den Vorgaben des Konzils von Trient orientierte.

Befragt man exemplarisch Katechismen auf ihre Aussagen zur Taufe, so sind diese, wie nicht anders zu erwarten, einander sehr ähnlich, doch mit eigenen Akzenten. Der in Lima gedruckte dreisprachige Katechismus (1584) im Frage-Antwort-Schema gibt als Ziel der Taufe an, dass der Mensch Christ und Kind Gottes werde und Sündenvergebung erlange: »¿Para qué se ordenó el bautismo? – Para que el hombre se haga cristiano e hijo de Dios, alcanzando entero perdón de todos sus culpas.« Die Wirkung gilt für Kinder und für Erwachsene gleichermaßen, bei Reue über die Sünden. Des Weiteren wird die Heilsnotwendigkeit der Taufe betont: »Nadie puede ser salvo sin recibir el santo bautizo por obra«, die auch im Wunsch (Begierdetaufe) und im Martyrium (Bluttaufe) bestehen kann.[32] Der mexikanische Katechismus des Dominikaners Pedro de Córdoba *Doctrina cristiana para instrucción e información de los indios por manera de historia* (1544) erläutert das erste der Sakramente mit dem Ziel der Sündenvergebung, der Gotteskindschaft und der Erlangung des Himmels. Auch hier wird die Heilsnotwendigkeit der Taufe betont, »denn ohne das Sakrament kann sich keiner retten und vom Teufel befreien« (Y sin este sacramento nadie se puede salvar y librar del demonio). Doch stärker noch wird die Heilsmöglichkeit durch den bloßen Taufwunsch (Begierdetaufe) betont sowie die Verpflichtungen aus der Taufe, wie etwa Glaube, Einhaltung der Gebote, Reue über die Sünden, keine Rückkehr zu den alten Idolen.[33]

3 Partizipation durch Rechte

Die Inklusion der Indios der Neuen Welt in die universale Kirche durch das Initiationssakrament der Taufe, metaphorisch als »Tür« (ianua) bezeichnet, führt zur Instruktion über diesen Vorgang, die wiederum die Verschriftung der indianischen Sprachen, die Übertragung der christlichen Lehre in diese Sprachen und allgemeine Bildung erfordert. Inklusion setzt den individuellen Vorgang einer Konversion voraus, mithin eines Religionswechsels, der im Idealfall hinreichende Unterweisung, rechtes Verstehen und orthodoxe Praxis mit sich führt. Aus diesem religiösen Wechsel durch die Taufe folgte ein neuer Status mit Rechten und Pflichten, der Abkehr von den bestimmten alten Riten, Überzeugungen und Lebenspraktiken erforderte und Eingliederung in die neue Gemeinschaft mit ihren Rechten und Partizipationsformen bedeutete. Dabei konnte es auch zu hybriden Formen kommen, wenn man etwa an das anhaltende Nebeneinander alter und neuer Praktiken denkt.

Das Moment der Abkehr implizierte zum Beispiel die Abwehr äußerlich ähnlicher Initiationsriten in der Náhuakultur, welche die »figura del bautismo« zu haben schienen und von den Getauften zu bekämpfen waren.[34] Exorzismen spielten eine besondere Rolle, was nicht nur daher rührte, dass sie im Taufritual ohnehin vorgesehen waren, sondern auch daher, dass die Abkehr von den Gottheiten der Fremdreligion hier dramatische Form auf offener Bühne annahm. Von einem öffentlichen Exorzismus an einem Sohn des Moctezuma berichtet Motolína: Der konversionswillige kranke Adelige sei zur Taufe auf einem Sessel aus seinem Palast getragen worden, und als der Priester mit den Worten *recede ab hoc* den Exorzismus gesprochen habe, habe nicht nur der Kranke, sondern auch der Sessel so gebebt, dass allen schien, dass der Teufel aus ihm ausgefahren sei.[35] Da es sich um den Sohn des letzten Aztekenkaisers handelte und spanische Beamte den Vorgang gleichsam notariell beglaubigten, hatte eine solche Exorzierung der alten Götter über das individuelle Moment hinaus auch eine starke politische Bedeutung.

---

32 Durán (1982) 398 f.

33 Durán (1984) 263 f.

34 Motolinía (1970) 254; [Historia II, 3].

35 Motolinía (1970) 253; [Historia II, 3].

Für das Moment der Eingliederung in die neue religiöse Gemeinschaft griffen die Missionare meist auf personale Kategorien zurück. So spielt bei der Bestimmung der Taufe die theologische Kategorie der »Gotteskindschaft« eine zentrale Rolle, wie etwa in den oben erwähnten Katechismen. Der Begriff ist biblischen Ursprungs und bezeichnet im Prolog des Johannesevangeliums diejenigen, die den göttlichen Logos angenommen haben und daher fähig sind, »Kinder Gottes« (filii Dei) zu werden, da sie »aus Gott geboren« sind (Joh 1, 12 f.). Da diese geistliche Geburt, in der der neue Mensch »aus Wasser und Geist geboren« wird (Joh 3,5), sich bei physisch schon geborenen Menschen vollzieht, konnte Gotteskindschaft zur tragenden Kategorie des Taufgeschehens werden. Die Taufe, die in Bibel und theologischer Tradition als »Wiedergeburt« (regeneratio) verstanden wird, führt also zur »Gotteskindschaft« und beschreibt in Analogie zur »Gottessohnschaft« Jesu eine personale Verbundenheit mit Gott, der deshalb auch von den geistlichen »Kindern Gottes« zärtlich als »Abba« (Röm 8,15 f.) angerufen werden kann. [36]

Ebenfalls bedeutsam ist die anthropologische Kategorie der »Freundschaft«, die im erwähnten Katechismus des Pedro von Córdoba eine leitmotivische Rolle spielt und damit Gleichheit und Augenhöhe von Indios und Spaniern betont. Juan de Focher empfiehlt in seinem Missionshandbuch, die Taufbewerber mit größter Güte und der Anrede »amigo« willkommen zu heißen. Erstrebe er doch eine großartige Sache, denn Christ zu sein bedeute Gott anzubeten und sein Diener zu sein, »und mehr noch Freund und Kind Gottes« (immo amicum, immo filium Dei). [37]

Über diese geistliche Verbundenheit hinaus stiftete das Taufritual durch das seit altkirchlichen Zeiten bekannte Institut der »Patenschaft« (compadrazgo) ebenfalls eine geistliche Verwandtschaft, welche die familiäre Ebene übersteigt. Sie bezieht Verwandte oder Freunde der Kindeseltern als Begleiter und Bürgen in die materielle und geistliche Verantwortung für die Neophyten ein und begründet damit ein neues und weiteres soziales Netz. Allerdings bedurfte es bald einer Regelung dieser geistlichen Verwandtschaftsverhältnisse

(cognatio spiritualis), die nicht zu weit ausgedehnt werden durften, da sie Ehehindernisse darstellen; daher legten die Synoden bisweilen nur einen einzigen Paten pro Dorf fest und insistierten auf Kirchenbüchern, welche die Taufpaten verzeichneten. [38] Insgesamt ist dem Urteil über die Bedeutung der Taufe für die Neue Welt zuzustimmen: »Baptism was called to play a significant role in the complex reality that grew out of the first contacts between Europeans and Mexicans, as well as in the interpretations of that reality that were soon put into writing, because its ritual packed with rich, powerful, yet malleable symbolism, was able to effect manifold transformations at both the individual and social levels.« [39]

Die durch Taufe gegebenen Pflichten waren von der kirchlichen Tradition weitgehend vorgegeben und wurden durch partikulares Kirchenrecht der Provinzialkonzilien, durch Katechismen oder Predigten eingeschärft und kontextuell modifiziert. Dazu gehörten an erster Stelle die religiösen Pflichten wie Besuch der Gottesdienste (oir misa) an Sonn- und gebotenen Feiertagen und die Einhaltung der Fastenzeiten. [40] Bezüglich der Taufe werden die christlichen Eltern unter den Indios angehalten, ihre Kinder zur Taufe zu bringen und ihnen christliche Namen zu geben. Dazu kommen die sittlichen Pflichten, die sich tendenziell auf Vergehen wie Trunkenheit, Verehrung der alten Götter, Polygamie und Ehebruch bezogen. Normativer Maßstab dafür waren an erster Stelle die Katechismen, deren Schemata die orthodoxe Glaubenslehre, die traditionellen Gebete, die Liturgie und sittliches Verhalten regulierten.

Eine besondere Betonung auf die Übertretungen der sittlichen Gebote und kirchlichen Gesetze legten die oft zweisprachigen Beichthandbücher (confesionarios), die dem Dekalog oder dem Schema der sieben Hauptlaster folgten und diese kontextuell auslegten. So fragt das im Auftrag des Dritten Limenser Konzils erstellte *Confesionario para los curas de indios* (1584), dem Dekalog folgend, besonders intensiv im Bereich des ersten Gebots, die Gottesliebe betreffend, nach der Praxis der alten Religion: Ob man huacas, die Flüsse oder die Sonne angebetet habe; Coca oder Cuy (Meer-

---

36 Zur kulturgeschichtlichen Wirkungsgeschichte der Gotteskindschaft, leider ohne Berücksichtigung der Mission, vgl. LUTTERBACH (2003).

37 FOCHER (1960) 108.

38 Vgl. zum Beispiel VARGAS UGARTE (1951) 13; [Limense I, const. 11].

39 PARDO (2004) 25.

40 Zum Beispiel VARGAS UGARTE (1951) 18 f.; [Limense I, const. 21].

schweinchen) geopfert oder bei einem Zauberer gebeichtet habe. Ausführlich wird auch nach dem sechsten Gebot, Unzucht und Inzucht betreffend, gefragt, aber auch nach Zauberpraktiken, um die Liebe von Frauen zu erlangen. Doch die meisten Fragen befassen sich mit sozialen Fragen der Gerechtigkeit bei den politisch verantwortlichen Kaziken und den curacas, fiscales, alguaciles und alcaldes; dabei geht es etwa um gerechte Bezahlung, Übervorteilung oder öffentliche Trinkgelage.[41]

Auch die Rechte der Getauften auf Partizipation waren weitgehend durch das kanonische Recht normiert, wurden aber durch die regionale konziliare Gesetzgebung modifiziert, meist abgeschwächt oder eingeschränkt. Exemplarisch steht hierfür das Recht der Getauften auf Sakramentenempfang, das für Spanier und Indios unterschiedlich geregelt war, obgleich beide getauft waren und damit als solche über gleiche Rechte verfügten. So legte das Erste Konzil von Lima (1551/52) fest, dass die neugläubigen Indios »im Augenblick« (por el presente), also temporal, nur drei Sakramente empfangen durften, nämlich Taufe, Buße und Ehe (solamente se les administren los sacramentos del bautismo, penitencia y matrimonio) und zwar »bis sie mehr unterwiesen und im Glauben verwurzelt besser die Mysterien und Sakramente kennten«. Das Sakrament der Firmung konnte gespendet werden, wenn es dem Bischof angebracht schien, das Sakrament der Eucharistie jedoch nur mit seiner ausdrücklichen Erlaubnis (con sola su licencia).[42]

Damit war nicht nur die Einheit der drei Initiationssakramente (Taufe, Firmung, Eucharistie) empfindlich gestört, sondern auch ein »prejuicio inicial«[43] in die Gesetzgebung eingeflochten, das nur schwer zu korrigieren war. Denn auf diese Weise unterlag das Recht, das Sakrament der Eucharistie zu empfangen, nicht mehr dem allgemeinen Kirchenrecht, sondern war partikularrechtlich von der jeweiligen Erlaubnis der kirchlichen Obrigkeit abhängig. Diese Position sollte im andinen Raum über längere Zeit Geltung behalten, denn noch das Dritte Limense (1582/83) unter

Toribio de Mogrovejo behält die Restriktionen bei und bindet den Empfang der Kommunion an das Urteil bzw. die schriftliche Erlaubnis des Pfarrers; als Grund für den erschwerten Zugang verweist es auf die »Kleinheit des Glaubens und Verderbtheit der Sitten« sowie auf Trinkgelage, Aberglauben, Idolatrie und Laster in diesen Gegenden.[44] Noch zu Beginn des 17. Jahrhunderts hält der in Europa und der Neuen Welt erfahrene Jurist Juan de Solórzano y Pereyra in seiner Systematisierung des amerikanischen Rechts, der *Política Indiana* (1647), fest, dass man in den Provinzen der Neuen Welt den Neugetauften nicht die Eucharistie zu geben pflege, weil die Bischöfe und Pfarrer die Indios dafür »nicht für fähig hielten« (no los tenían por capaces dél).[45]

Allerdings waren die Zulassungsbeschränkungen im kirchlichen Recht Amerikas keineswegs einheitlich; so stellten die Juntas von Mexiko und wenige Jahre später das Erste Konzil von Mexiko (1555) die Kommunionfähigkeit der Indianer ausdrücklich fest und urgierten die entsprechende Praxis.[46] Doch auch im andinen Raum wuchsen Stimmen, welche die Beschneidung der Rechte der getauften Indios kritisierten und den ungehinderten Zugang forderten. Dazu gehörte der Jesuit José de Acosta, der das Dritte Konzil von Lima theologisch geprägt hat und die Frage in seinem Missionshandbuch *De procuranda indorum salute* (1588) aufgriff. Er geht auf die Exklusion der Indios von der Eucharistie ein und hält demgegenüber fest, dass sie göttlichem und kirchlichem Recht widerspreche. Denn es sei »ein Gebot göttlichen Rechts, dass alle getauften Erwachsenen bisweilen kommunizieren« (est iuris divini praeceptum, ut omnes adulti iam baptizati aliquando communicent).[47] Daher plädiert er, ohne frühere Regelungen in Zweifel zu ziehen, unter Anrufung vieler Autoritäten vehement dafür, diese schädliche Praxis in der neuen westlichen Kirche zu ändern und den Indios das volle Recht der Teilnahme am Sakrament der Eucharistie zu gewährleisten.[48]

Ein weiterer zeitgenössischer Streitpunkt um die volle sakramentale Partizipation war die Frage der Priesterweihe der Indios, die auch ein Acosta

41 Durán (1982) 427–439.

42 Vargas Ugarte (1951) 14 f.; [Limense I, const. 14].

43 Tineo (1990) 123.

44 Vargas Ugarte (1951) 331; [Limense III, actio secunda, cap. 20].

45 Solórzano y Pereyra [1930] 433; [Política Indiana II, 29, 7].

46 Vgl. Henkel (1984) 71.

47 Acosta (1987) 388 f. [De procuranda VI, 7, 3]; zu Leben und Werk von José de Acosta vgl. Burgaleta (1999).

48 Acosta (1987) 398–411 [De procuranda VI, 9].

negativ beantwortete, weil Neophyten für diese Aufgabe noch nicht geeignet seien. Hier entschied die zweite Synode von Lima, dass die neu zum Glauben Konvertierten »derzeit« nicht zu irgendeiner Weihe zugelassen werden sollen (hoc tempore non debere aliquo ordine initiari) und nicht einmal bei feierlichen Gottesdiensten in liturgischen Gewändern die Lesung öffentlich vortragen dürften; erlaubt waren nur Akolythendienste in der entsprechenden Kleidung. [49] Auch die Provinzialkonzilien von Mexiko sprachen sich gegen die Weihe von Indios, Mestizen, Mulatten und »moros« aus, wobei allerdings der Heilige Stuhl das Verbot auf eine sorgfältige Einzelfallprüfung abmilderte. [50] Über die Gesetzgebung hinaus sprachen sich auch franziskanische Theologen wie Gerónimo de Mendicta gegen die Zulassung zu Weihe und Orden bis in die vierte Generation nach der Bekehrung aus, weil die Indios sich nicht zum Befehlen und Regieren eigneten, sondern zum Gehorchen und Regiertwerden (que no son buenos para mandar y regir, sino para ser mandados y regidos); sie eigneten sich als Schüler und Untertanen, nicht als Lehrer und Prälaten. [51] Heute geht man davon aus, dass diese prohibitiven Gesetze als eine Ausweitung der Vorschriften der »Reinheit des Blutes« (limpieza de sangre) zu verstehen sind; damit wurde auf die Neuchristen in Amerika angewandt, was in Spanien seit dem 14. Jahrhundert für die Neuchristen jüdischer oder maurischer Abstammung galt, denen der Zugang zu Weihen und höheren Ämtern in Staat und Kirche verweigert wurde. [52]

Andererseits wurden die Rechte der Indios und Afrikaner durch konziliare Bestimmungen geschützt, wobei offen bleibt, ob sie getauft waren oder nicht. Dadurch werden die Rechte gewissermaßen ausgeweitet, jedenfalls nicht auf die Getauften beschränkt. So stellte das Zweite Konzil von Lima unter Strafe, wenn Spanier ihren indianischen oder »äthiopischen« (afrikanischen) Hausbediensteten die Freiheit zur Eheschließung verwehrten und so das Recht auf Freiheit verletzten (violatores), und verhängte keine geringere Strafe als die Exkommunikation (excommunicatione

subjicit). Auch erinnert das Konzil an soziale Verpflichtungen wie den Schutz vor Zwangsarbeit in den Minen, die humane Behandlung der Indios oder die Auszahlung eines gerechten Lohns. [53]

Das alte kirchliche Recht, dass im Notfall, wenn kein Priester erreichbar ist, auch Laien die Taufe spenden dürfen, findet im partikularen amerikanischen Kirchenrecht modifizierte Anwendung, was die Personen angeht. Das Zweite Limense legt fest, dass in jedem Ort ein dazu ausgebildeter und geprüfter Laie, der zu taufen weiß, in Abwesenheit des Priesters taufen kann; in einer indianischen Ansiedlung zuerst ein Spanier, falls keiner vorhanden, ein Mestize; Indios aber werden nicht erwähnt. [54]

Doch in der Praxis war diese Laienbeteiligung bei der Taufe gegeben, wenn man eine im andinen Raum entstandene ikonisch-narrative Quelle heranzieht. Die zu Beginn des 17. Jahrhunderts verfasste Bilderchronik der *Nueva Crónica y buen gobierno* des Felipe Guaman Poma de Ayala bietet eine interkulturelle Synthese und Kommunikation in Wort und Bild. Dort finden sich zwei Zeichnungen einer Taufspendung, eine feierliche und eine Nottaufe. Die offizielle Taufe zeigt den Priester in liturgischen Gewändern; er tauft über einem Taufstein ein Kind, das von einem Indio in Händen gehalten wird, während ein indianischer Akolyth mit Buch und Taufkerze assistiert. Auf der Abbildung einer Nottaufe (bei Abwesenheit eines Priesters) spendet ein Indio dem vom Paten frei (ohne Taufstein) gehaltenen Kind die Taufe; der Begleittext betont, dass Indios und muchachos das Taufen und die Taufformel lernen sollen. Hier wird also beiden kanonischen Möglichkeiten Rechnung getragen, der feierlichen offiziellen Taufe durch den Amtsträger und der bei rechter Intention möglichen Nottaufe durch einen Laien, einen Indio, dessen Recht auf Partizipation so offenkundig wird. [55]

Der multiperspektivische Blick auf die frühneuzeitliche Theorie und Praxis der Taufe in der Neuen Welt zeigt ein außerordentlich komplexes Geschehen auf ritueller, kognitiver und partizipativer Ebene, das auf eine grundsätzliche und rechtsför-

---

49 Vargas Ugarte (1951) 192 f.; [Limense II, const. 74].
50 Vgl. Henkel (1984) 66 und 107.
51 Mendieta (1973) 69.
52 Zum Überblick vgl. de la Rosa (1992) 281–283.

53 Vargas Ugarte (1951) 110 und 154; [Limense II, cap. 19 und 123].
54 Vargas Ugarte (1951) 180 f.; [Limense II, const. 45].
55 Poma de Ayala (1987) 659 und 907.

613

838

659

907

mige Anerkennung des Individuums zielt, auch wenn um die Form der Taufe, den rechtlichen Status und die aus der Taufe fließenden Gliedschaftsrechte gerungen werden musste, wenn sie restriktiv gehandhabt wurden. Allgemein aber dürfte Taufe und begleitende Bildung bei den Ein-

zelnen zur Individualisierung ebenso beigetragen haben wie zur Ausbildung gleicher Rechte, die erhebliche soziale, kommunitäre und kulturelle Folgen hatten.

■

Bibliographie

- ABBOTT, DON PAUL (1996), Rhetoric in the New World. Rhetorical Theory and Practice in Colonial Spanish America, Columbia, South Carolina
- ACOSTA, JOSÉ DE (1984), De procuranda Indorum salute, Bd. 2: Educación y evangelización. Edición por Luciano Pereña y otros. Madrid (= Corpus Hispanorum de Pace XXIII)
- BAUMGARTNER, JAKOB (1971), Mission und Liturgie in Mexiko. Bd. 1: Der Gottesdienst in der jungen Kirche Neuspaniens. Immensee
- BOROBIO GARCÍA, DIONISIO (1988), Teologos salmantinos e iniciación en la evangelización de América durante el siglo XVI, in: BOROBIO GARCÍA, DIONISIO, FEDERICO R. AZNAR GIL, ANTONIO GARCÍA Y GARCÍA, Evangelización en América, Salamanca, 7–165
- BURGALETA, CLAUDIO M. (1999), José de Acosta, S.J. (1540–1600). His life and thought, Chicago
- Codex Iuris Canonici (1983), Codex des kanonischen Recht, Lateinisch-deutsche Ausgabe, Kevelaer
- DE LA ROSA, RONALDO V. (1992), »Reinheit des Blutes«. Der verwehrte Zugang zu Priesteramt und Ordensstand, in: SIEVERNICH, MICHAEL, ARNULF CAMPS, ANDREAS MÜLLER, WALTER SENNER (Hg.), Conquista und Evangelisation. 500 Jahre Orden in Lateinamerika, Mainz, 271–291
- DELGADO, MARIANO (Hg.) (1991), Gott in Lateinamerika. Texte aus fünf Jahrhunderten. Ein Lesebuch zur Geschichte, Düsseldorf
- DELGADO, MARIANO (1992), Die Franziskanisierung der Indios Neu-Spaniens im 16. Jahrhundert, in: Stimmen der Zeit 117 (1992) 363–372

- DENZINGER, HEINRICH (1991), Enchiridion symbolorum, definitionum et declarationum de rebus fidei et morum / Kompendium der Glaubensbekenntnisse und kirchlichen Lehrentscheidungen, hg. von PETER HÜNERMANN, 37. Aufl., Freiburg im Breisgau
- DURÁN, JUAN GUILLERMO (1982), El catecismo del III concilio de Lima y sus complementos pastorales (1584–1585). Estudio preliminar, textos, notas, Buenos Aires
- DURÁN, JUAN GUILLERMO (1984), Monumenta Catechetica Hispanoamericana (Siglos XVI–XVIII), vol. 1 (Siglo XVI), Buenos Aires
- DUVE, THOMAS (2010), Das Konzil als Autorisierungsinstanz. Die Priesterweihe von Mestizen vor dem Dritten Limenser Konzil (1582/83) und die Kommunikation über Recht in der spanischen Monarchie, in: Rechtsgeschichte 16 (2010) 132–153 (http://dx.doi.org/10.12946/rg16/132-153)
- FOCHER, JUAN (1960), Itinerario del misionero en América. Texto latino con versión castellana, introducción y notas del P. ANTONIO EGUÍLUZ, Madrid
- FÜRST, ALFONS (2008), Die Liturgie der Alten Kirche. Geschichte und Theologie, Münster
- HENKEL, WILLI (1984), Die Konzilien in Lateinamerika. Teil 1: Mexiko 1555–1897, mit einer Einführung von Horst Pietschmann, Paderborn
- HENKEL, WILLI, JOSEP-IGNASI SARANYANA (2010), Die Konzilien in Lateinamerika. Teil 2: Lima 1551–1927, Paderborn
- INNOZENZ IV. (1570), Commentaria Innocentii Quarti Pont. Maximi super libros quinque decretalium, Francofurti ad Moenum
- LABAHN, MICHAEL (2011), Kreative Erinnerung als nachösterliche Nachschöpfung. Der Ursprung der christlichen Taufe, in: HELLHOLM, DAVID et alii (ed.), Ablution, initiation, and baptism. Late antiquity, early Judaism, and early Christianity / Waschungen, Initiation und Taufe. Spätantike, frühes Judentum und frühes Christentum, Bd. 1, Berlin 2011, 337–376
- LUTTERBACH, HUBERTUS (2003), Gotteskindschaft. Kultur- und Sozialgeschichte eines christlichen Ideals, Freiburg im Br.
- MEIER, JOHANNES (1992), Die Orden in Lateinamerika, in: SIEVERNICH, MICHAEL u.a. (Hg.), Conquista und Evangelisation. 500 Jahren Orden in Lateinamerika, Mainz, 13–33
- MENDIETA, GEÓNIMO DE (1973), Historia eclesiástica indiana, Bd. 2, estudio preliminar y edición de Francisco SOLANO Y PÉREZ-LIMA, Madrid
- METZLER, JOSEPH (ed.) (1991), America Pontificia primi saeculi Evangelizationis 1493–1592. Documenta pontificia ex registris et minutis praesertim in Archivo Secreto Vaticano existentibus, Bd. 1, Città del Vaticano
- MOTOLINÍA, TORIBIO (1970), Memoriales e Historia de los Indios de la Nueva España, estudio preliminar por FIDEL DE LEJARZA, Madrid
- OESTERREICHER, WULF, ROLAND SCHMIDT-RIESE (1999), Amerikanische Sprachenvielfalt und europäische Grammatiktradition. Missionarslinguistik im Epochenumbruch der Frühen Neuzeit, in: Zeitschrift für Literaturwissenschaft und Linguistik 116 (1999) 62–100
- PARDO, OSVALDO F. (2004), The Origins of Mexican Catholicism. Nahua Rituals and Christian Sacraments in Sixteenth-Century Mexico, Ann Arbor
- Parecer de los teólogos de la Universidad de Salamanca sobre el bautismo de los Indios, in: Colección de documentos inéditos relativos al descubrimiento, conquista y colonización de las posesiones españoles en América y Oceanía, tomo III, Madrid 1865, 543–553
- POMA DE AYALA, FELIPE GUAMAN (1987), Nueva Crónica y buen gobierno, edición de JOHN V. MURRA, ROLENA ADORNO y JORGE L. URIOSTE, Madrid
- REINBOLD, WOLFGANG (1998), Propaganda und Mission im ältesten Christentum. Eine Untersuchung zu Modalitäten der Ausbreitung der frühen Kirche, Göttingen
- RICARD, ROBERT (1986), La conquista espiritual de México. Ensayo sobre el apostolado y los métodos misioneros de las órdenes mendicantes en la Nueva España de 1523/1524 a 1572, México
- SIEVERNICH, MICHAEL (1987), Inkulturation und Begegnung der Religionen im 16. Jahrhundert. Bernardino de Sahagúns Beitrag in Mexiko, in: Zeitschrift für Missionswissenschaft und Religionswissenschaft 71 (1987) 181–199
- SIEVERNICH, MICHAEL (1992), Providenz und Befreiung. Zur Theologie der Geschichte Amerikas und Europas, in: ALTERMATT, URS, ADRIAN HOLDEREGGER, PEDRO RAMÍREZ (Hg.), Zur Wieder-Entdeckung der gemeinsamen Geschichte. 500 Jahre Lateinamerika und Europa, Freiburg (Schweiz), 143–164
- SIEVERNICH, MICHAEL (1996), Sünde als Kriegsgrund in der frühen Neuzeit. Francisco de Vitoria († 1546) zum 450. Todestag, in: Theologie und Philosophie 71 (1996) 547–565
- SIEVERNICH, MICHAEL (2009), Die christliche Mission. Geschichte und Gegenwart, Darmstadt
- SOLÓRZANO PEREYRA, JUAN DE [1930], Política indiana, tom. 1., Madrid / Buenos Aires o.J.
- SUÁREZ ROCA, JOSÉ LUIS (1992), Lingüística misionera española, Oviedo
- TINEO, PRIMITIVO (1990), Los Concilios Limenses en la evangelización latinoamericana. Labor organizativa y pastoral del tercer concilio Limense, Pamplona
- VARGAS UGARTE, RUBÉN (1951), Concilios Limenses (1551–1772), tomo 1, Lima
- VALADÉS, DIEGO (1989), Retórica Cristiana, Introducción de Esteban J. Palomera, advertencia de Alfonso Castro Pallares, preámbulo de Tarsicio Herrera Zapién. (= Reprint der lat. Ausgabe Rhetorica Christiana ad concionandi et orandi usum accomodata […], Rom 1579, mit spanischer Übersetzung)

Forum forum

Thomas Duve

Law and Revolution – revisited

Thirty years ago, in 1983, Harold Berman's Law and Revolution: The Formation of the Western Legal Tradition *was first published. His work had an enormous impact on legal scholarship all over the world. Many aspects of his central thesis – that there was something akin to a »papal revolution« in eleventh century Europe; that this ›revolution‹ set a pattern for future epochs of transformation; that the special relation between Religion and Law was a distinct feature of the »Western Legal Tradition« – were largely discussed by legal historians, historians and social scientists. Others, like his »Social Theory of Law«, received less attention. Although there had been strong criticism by scholars, especially medievalists, on some aspects of Berman's work, it has become a standard reference in scholarly writings, not least outside of Europe. Since its appearance in 1983,* Law and Revolution *has been translated into German, French, Chinese, Japanese, Russian, Polish, Portuguese, Spanish, Italian, and Lithuanian. Twenty years later, in 2003, with his project entitled* Law and Revolution II: The Impact of the Protestant Reformations on the Western Legal Tradition, *Berman presented the second volume of what was thought to be a trilogy. Twenty years had gone by, the political world order had changed, but Berman's main point, the importance of analyzing the role of Religion and Law, and the specific constellation of these two modes of normative thought, had gained new currency. In 2007, Harold J. Berman passed away, but not without having opened his historical and legal thought to the challenges of a globalized world.*

Berman's work, thus, has not only become part of our discipline's history, raising questions, for example, about the historical context of his construction of a »Western Legal Tradition« in the 1970s and 1980s, or his way of interrelating religion and law. It has also shaped the image of the »Western Legal Tradition«, inside and outside of Europe, inciting us to re-read his works, and to enter into a dialogue on a global scale, especially with those reading Berman from a different cultural perspective, such as Asian colleagues, who are highly interested in many of Berman's texts. Thirty years might provide us with sufficient distance to undertake such readings, and to take into account his impact on different fields and areas, often linked with the translation into different languages. This distance might also make it more possible to sum up new

perspectives opened by his work, explore different interpretations and applications of the picture Berman drew, and to look back on the results of the scholarly debates that followed. Do we see things the way he did, thirty years later?

This was the invitation we sent out to a number of colleagues from different disciplines and areas, asking them to participate in this issue's *Forum*. It was also posted on our website. Most of those we asked answered positively. Some of those who previously had criticized Berman for having neglected many results of German scholarship on medieval legal history, for example, did not participate, mainly because they saw no reason for a renewal of the criticism they had raised when the book or its German translation were published. Others, on the contrary, were so enthusiastic that they exceeded the established word limit for contributions. We tolerated this, despite the injustice done to those contributors who made the effort of cutting down their texts to what they thought was the maximum space. The result is this collection of quite different perspectives on Harold Berman's work, its reception and the challenges it comprises for legal (historical) scholarship today. Obviously, not everything written corresponds to our or my own view; however, in the *Debate* or in the *Forum* of this Journal there is a peer review but no censorship. I am deeply grateful to all who have participated in this endeavor, sharing their views with us, and giving a panoramic view of why and how Berman's work is being praised or criticized today, may that be in Atlanta, Beijing, Warsaw or Zurich!

The *Forum* starts with two contributions that analyze the conceptual foundations of Berman's work. At the beginning, Michael Welker focuses on Berman's early years: The still unpublished 284-page college thesis at Dartmouth College, New Hampshire, dating from 1938, entitled ›Public Opinion‹, where young Harold Berman acknowledges his deep indebtedness to his teacher Eugen Rosenstock-Huessy. Welker demonstrates how substantial characteristics of Berman's later thought can be found in this early period. Gerhard Dilcher continues this analysis of the foundations of Berman's historical thought and shows that *Law and Revolution* can only be adequately understood in the light of Rosenstock-Huessy's ›Geschichtsdeutung‹. For Dilcher, Berman transformed Rosenstock-Huessy's ultimately philosophical approach into an analytical historiography which has been confirmed, in its general outline, through historical scholarship of subsequent decades. In a way, these two contributions, with their emphasis on Rosenstock-Huessy's impact on Berman, but also Berman's intense reflection on Weber, show how Berman's *Law and Revolution* spans nearly a century of historical thought, encompassing two world wars, the cold war and leading to the present augmented awareness for global perspectives on legal history.

Thus, for other contributors, Berman's conceptual framework still seems inspiring, but ultimately insufficient for legal scholarship or legal historical research today. After reviewing some of the critique on *Law and Revolution*, especially from scholars of the history of canon law, Andreas Thier points out the big potential that lies in Berman's attention to ›revolutions‹, raising the question of how to conceptualize legal history as an evolutionary process that shows periods of accelerated legal change and others of greater stability. For Thomas Vesting, neither the term ›Revolution‹, nor Berman's use of ›Christendom‹ and ›Constitution‹ offer the conceptual complexity necessary to grasp or even explain, the specific legal evolution that Berman observed in the West, especially in view of the transformation in late eighteenth and early nineteenth century. According to Vesting, it was not so much the productive and complex antagonism between law and justice ultimately underlying Berman's dualistic perspective, but the potential for developing techniques of a management of uncertainty which constitute a prevailing challenge for modernity's law, an aspect Berman overlooks.

Some contributions focus less on conceptual issues, but on different features of Berman's historical account. Again, both appraisal and criticism are closely intertwined. Concentrating on Berman's vision on the fundamental interconnectedness of belief systems and business, Wim Decock concludes that Berman's historical account of medieval law merchant might need to be updated in some respects, »but his insight into the fundamental interplay between commerce, law and belief systems remains accurate today«. Pierre Monnet underlines the importance of Berman's insistence on the significance of the High Middle Ages for the founding of political and juridical concepts of European history, showing lines of continuity to modernity, often underestimated by the separation of history in medieval and (early) modern period. He reads Berman, who has been translated into French with a certain delay but introduced into the debates previously, as a still valid invitation for historians to reconsider the significance of law in their historiographical work, and for a refreshed dialogue between historians and legal historians. In a similar way, Diego Quaglioni emphasizes Berman's merit of having worked out, through the two parts of his *Law and Revolution* and his other works, like *Faith and Order*, the particular continuity of western legal tradition that comprises its dialectic transformations through ›revolutions‹. For him, one of the central merits of Berman's work consists of making us see the religious dimension of law and the legal dimension of religion. Tomasz Giaro also draws attention to the importance Berman gave to canon law as a main factor of western legal tradition and the consequences for some established views on European legal history. Giaro acknowledges that Berman not only counterbalances the still nearly hegemonic narrative of a Roman-Germanic European legal history, written from a private law perspective, but also succeeds in showing how what might be called ›public law‹ emerging from canon law thought, helped to bridge the supposed gap between civil and common law parts of Europe, integrating both into a common legal tradition. In spite of this, and notwithstanding Berman's higher sensitivity to Eastern European contributions to western legal tradition, for Giaro, Berman's central thesis of the ›unity of western legal tradition‹ is, in light of a more differentiated analysis of legal history in the early modern and modern period, »unfortunately [...] unacceptable«.

Some authors dedicate their texts to analyzing the significance and impact Harold Berman's work on *Law and Revolution* had – and still has – in different fields of knowledge or academic communities. Alessandro Somma shows how the very concept of a Western legal tradition can be seen as an attempt to establish or maintain a discursive superiority of civil and common law traditions united in a common western legal tradition-paradigm. For him, this image was created by western scholars, and used especially by comparative law scholarship that served modernizing ideologies, advocating for the primacy of western legal traditions by appealing to an allegedly scientific neutrality and a dissociation between law and society, like in the ›legal transplants‹-debate. From a Chinese perspective, Wang Jing – representing one of the legal cultures deeply concerned with the legal transplant-theories just mentioned – integrates the translations of Berman's books into Chinese into a larger vision of how China has tended to search for modernizing its law by looking at European or ›Western‹ experiences. In this account we can recognize some traces of what Somma mentioned about the construction of hierarchies by creating a distinct feature of Western legal tradition, but also some remarkable differences. Following Wang, for many Chinese scholars, Berman not only offered a comprehensive introduction to Western legal history, but did so by combining this historiography with theoretical considerations about the profound relation of law and society, in a constant and critical dialogue not least with Marx and Weber. Moreover, there is quite a pragmatic interest in the way Berman seems to have been read, and a self-confident one: Berman gives a comprehensive picture of what for China are ›the others‹. For Wang, Berman's success might also be due to the fact that he addressed a problem that has turned out to be crucial for modernization efforts in China since the 1990s: the problem of how to enhance the ›belief‹ in law as a regulatory force. However, taking into account how western societies worked out their solution, by intertwining religion and law, does not equate with accepting this model for the ›Chinese way‹.

The big impact that Berman's work had on Nordic legal historians is described by Heikki Pihlajamäki. Despite earlier works in the German tradition, like those of Coing, or Wieacker, it was Berman's book – a work of an American dedicated to the Papal revolution – that brought ›European Legal History‹ to the Nordic countries, enhancing studies on the relation between Law and Religion in a Protestant world. Pihlajamäki also underlines the function of Berman as a treasure of secondary literature in English on key issues of European legal history, dominated by German authors. The contribution by Kristjan Oad is a vivid example of this stimulating effect of Berman until today in areas dominated for a long time by national perspectives on legal history, and less attentive to canon law traditions, as has been the case in Estonia, formerly part of the Soviet Union. Berman

simply succeeded in being read, even though much of what he synthesizes in his writing had been stated before, but enshrouded in expert's discourse inaccessible to larger parts of academic communities locked up in their respective traditions.

The *Forum* is concluded by two contributions written by close companions of Harold J. Berman: Charles J. Reid and John Witte, Jr. Reid gives a vivid example of how Berman's notion of tradition (»It provides continuity in disruptive times, but it is not itself constraining«) can be used in the Catholic church's discourse, with its particular necessity of integrating change into an enduring and uninterrupted tradition. Berman's academic successor in Atlanta, and literary executor, John Witte Jr., emphasizes the visionary personality and work of Harold Berman.

Witte has recently edited another book of Berman, unpublished until now, drawing on a manuscript started in the sixties, giving a larger introduction into Berman's work. The concluding chapter of this book *Law and Language* is entitled »Can communication build one world?« Having raised this question at this early stage might again confirm what has been mentioned in many contributions of this *Forum*: that despite the many criticisms, the broad perspective and independent world view of Berman is outstanding. Born in a Cold War world, his first book on *Law and Revolution* added a distinct, highly suggestive, and forceful narrative to the traditional, civil law-centered views on legal history of Europe and the west. It also shed important light on the religious dimension of law, in a climate of common belief in secularization. Today, a growing global academic community, searching to understand their legal systems in a post-national world, more sensitive towards the force of religious thought and its impact on law, and tempted to build up identities by constructing distinct historical features of their own tradition, is taking up many aspects of this grand narrative, written in today's *lingua franca* of global legal and historical scholarship.

One might say that the enduring significance of Berman's view on western legal tradition tells us more about those using Berman, or about the bottle-neck-effect of big historical synthesis written in English – than about the quality of the book itself. But do, then, Berman's *Law and Revolution* and his subsequent works not signify an even bigger challenge, thirty years after the first publication of what is probably his most influential book? – I believe they do. If this *Forum* motivates scholars to accept this challenge, inviting all of us to some re-readings of Berman, and to a transregional dialogue about the way we are constructing and delimitating the images of those legal cultures we want to ascribe ourselves to, it has achieved its aim.

■

Michael Welker

The Early Harold Berman On »Public Opinion«

Among exemplary thinkers of high intellectual standing and a broad and continuing academic and cultural outreach, few reveal their genius as early as age twenty. The twenty-year-old Friedrich Schleiermacher, the greatest Protestant theologian of the nineteenth century, wrote a short commentary on the ethics of Aristotle, in which – in a ground-breaking fashion – he connected ethical and theological thinking with basic thoughts on a theory of feeling and a theory of communication, thereby providing an alternative to Aristotelian and Kantian modes of thought. He generated a new way of thinking – even ten years before his famous »Reden über Religion« – which inspired twentieth-century hermeneutical thought from Dilthey to Gadamer and beyond.[1] At age twenty, Dietrich Bonhoeffer, probably the German theologian with the greatest radiance worldwide in the twentieth century, wrote a doctoral dissertation titled »Sanctorum Communio: A Theological Study of the Sociology of the Church,« which is still one of most stimulating texts in ecclesiology.[2] In May 1938, the twenty-year-old Harold Berman handed in a 284-page college thesis at Dartmouth College, Hanover, New Hampshire, entitled »Public Opinion,« a work that clearly displays all the signs of a young genius.[3]

Berman acknowledges his deep indebtedness to his teacher »for the past two years« (V), Eugen Rosenstock-Huessy, a brilliant historian and social philosopher. His teaching and his work »The Multiformity of Man«[4] as well as Edmund Burke's »Reflections on the French Revolution,«[5] Alexis de Tocqueville's »Democracy in America,«[6] and Waldo David Frank's books »Our America«[7] and »Rediscovery of America«[8] decisively formed Berman's thought. »The impact of these writings gave me my vocabulary, and shaped the viewpoint through which the books of the other men to whom I am indebted were filtered. The spirit of these four men is in all four chapters of the thesis« (279).

The thesis starts with the diagnosis of a deep crisis of public opinion, revealed by its overt vulnerability to ideologies after the World War. It contrasts opinion, conviction and spirit (»a word that has almost gone out of use since the advent of the Age of Reason … a deep-seated feeling that animates or inspires the individual or the group – as opposed to an opinion, which the individual forms and can change at any time«) (7). The thesis sets out to contrast »Public Spirit and Public Opinion« in history and in contemporary America (31 ff.). Its brilliance becomes obvious in chapters II and III, when the young author turns to a complex analysis of the role of the media and the press (II) and the »public spirit and the judiciary« (III).

In part II he reconstructs the development of the »modern newspaper« since the seventeenth century in England (first for military purposes) and characterizes »three Eras of Journalism in America«: the party press, the personal press, and the corporate press. He describes the moral and political loadedness of what is regarded as »the news« and the »praise and blame« strategies involved (105 ff.). In his day he sees the emergence of a »group press,« connected already with the challenges of global resonance and keeping the reader's interest and loyalty. Part III starts with a view on the dangerous developments in Germany and Italy in his days and the prophetic vision: »When law becomes arbitrary … government becomes despotic, and you can be sure there will be revolution«

---

1 SCHLEIERMACHER (1788); it only became accessible in print as late as 1984 in SCHLEIERMACHER (1984); see the first pages for the decisive arguments; cf. WELKER (1999).
2 BONHOEFFER (2009); cf. »Bonhoeffers wegweisende frühe Ekklesiologie,« in WELKER (2009) 83–102.
3 The text is not published, but is part of *The Collected Writings of Harold J. Berman: Essays, Articles, and Unpublished Manuscripts (1938–2008), Volume 1 (1938–1948)*, Harold J. Berman Library, Center for the Study of Law and Religion, Emory University. The original title in 1938 may have been *The Place of Public Opinion in the New Society*. For a summary of the perspectives of the later Harold Berman on the issues already present in his thesis, see BERMAN (2003b), especially the chapter »Toward an Integrative Jurisprudence: Politics, Morality, and History in the Concept of Law,« reprinted in WELKER / ETZELMÜLLER (eds.) (2013). See also the Symposium, »In Praise of a Legal Polymath« (2008); especially ALEXANDER (2008).
4 1936, ROSENSTOCK-HUESSY (2000).
5 BURKE (2009).
6 TOCQUEVILLE (2002).
7 1923, FRANK (2012).
8 1929, FRANK (2006).

(143). A healthy constitution should learn from English Common Law and the French »Rights of Natural Man.« Common Law, which for him »symbolizes the Public Spirit of a nation« (152), is broadly reflected in its contemporary American version and illustrated with respect to several specific cases. He clearly states: »*All* the law is judge-made law« (191). Therefore, the endangerment by all sorts of distortions and corruptions can lead to the »Collapse of Public Spirit« (206, cf. 206 ff.). Berman asks for »The Future of the Common Law,« which on a global level is meant to work on taming the spirit of nationalism, which »today involves war and destruction only« (213). But it also has to develop an alternative to »the spirit of individualism.«

In the last chapter, which makes frequent use of the term »revolution,« Berman comes close to developing a theory of a global »civil society.« As a basic reference point he uses the multitude of »social groups« in each society. This multitude of social groups needs what one might term »moral markets,« a moral texture and a moral fluidity, but it also needs trust in the shaping power of the law. »Each group must have an ideology, a rationale, a Public Opinion. It must have a newspaper. It must face problems from its own particular standpoint. Yet its ideology must be short-lived: its faith, its morale, its Public Spirit must be strong enough to enable it to change its principles with changing conditions. It must have complete confidence in its judiciary and its growing Common Law« (258 f.).

The burning question is: How can the stability and fluidity of group morale be balanced and reconciled? On the one hand Berman envisions the cultivation of a normative Public Spirit, which is, in an almost naïve-Hegelian perspective, an »expression of the Public Spirit of the world as a whole« (260). On the other hand, he sees the need to strengthen the individual persons in the obligations that they have to belong to many groups in their lifetimes and to integrate many social expectations, professional duties and lifestyles. He brilliantly asks for a differentiation between problematic individualism and badly needed concepts of privacy and personality. He asks for the organiza-

tion of societies into groups that can protect the »functional and spiritual personality« (261). And he constantly warns against the danger of a totalitarian state. This leads him to search for the protection of society by elites governed by common law (cf. 264 and often).

The young Berman writes at a time that has not yet seen the full extent of demonic Fascist dictatorship. He thus concludes with a partly brilliant and partly dangerous vision: A future society with a stable and fruitful Public Spirit »must allow for the continuity of tradition inherent in hereditary monarchy, the common spiritual values fostered by constitutional aristocracy, the freedom to expand and conquer offered by democratic individualism, the central power and efficiency obtained under totalitarian dictatorship« (265). Convinced that »the masses cry out to be organized« (271), he asks for *an alliance of elites governed by faith and by common law.* He refers to Harold J. Laski,[9] »who is perhaps the most famous political scientists of the day.« Laski had set out »to build a world order and an elite on the basis of rationalism and individualism« (266). But now his affirmation of individualism and pluralism has been absorbed and is moving into communism, into the belief »in national socialization of industry« (266). Over against this trust in the united forces of politics and economy, the young Berman appeals already to the mutually critical combined powers of faith and the common law, both cultivated by responsible elites.

To support his belief in the fruitful combination of the spiritual powers of law and religion, he finally draws on imaginations of the poet Walt Whitman and on Waldo Frank's conclusion in »Our America«: »We must begin to generate within ourselves the energy which is love of life. For that energy, to whatever form the mind consign it, is religious. Its act is creation. And in the dying world, creation is revolution« (277).[10] It is here already that we can listen to a cantus firmus in the scholarly work of Berman's life.

∎

---

9   1935, Laski (2008).
10 For Harold Berman's mature view in this area see Berman (1974), but also his main works Berman (1983) and

Berman (2003); cf. also Witte (2006), Introduction, especially 4 ff.

Bibliography

- ALEXANDER, FRANK S. (2008), The Conviction of Things Not Seen: A Tribute to Hal Berman, in: In Praise of a Legal Polymath, 1393–1398
- BERMAN, HAROLD (1974), Interaction of Law and Religion, London: SCM Press
- BERMAN, HAROLD (1983), Law and Revolution: The Formation of Western Legal Traditions, Cambridge: Harvard University Press
- BERMAN, HAROLD (2003a), Law and Revolution II: The Impact of the Protestant Reformations on the Western Legal Tradition, Cambridge: Harvard University Press
- BERMAN, HAROLD (2003b), Faith and Order: The Reconciliation of Law and Religion, Grand Rapids: Eerdmans
- BONHOEFFER, DIETRICH (2009), Sanctorum Communio: A Theological Study of the Sociology of the Church (Dietrich Bonhoeffer Works, Vol. 1), ed. CLIFFORD J. GREEN, JOACHIM VON SOOSTEN and REINHARD KRAUS, Minneapolis: Augsburg Fortress Press
- BURKE, EDMUND (2009), Reflections on the Revolution in France, Oxford World's Classics, Oxford: Oxford University Press
- FRANK, WALDO DAVID (2006), The Rediscovery of America: An Introduction to the Philosophy of American Life, digital
- FRANK, WALDO DAVID (2012), Our America, Charleston: Nabu Press
- In Praise of a Legal Polymath (2008): A Special Issue Dedicated to the Memory of Harold J. Berman (1918–2007), Emory Law Journal 57, 1393–1464
- LASKI, HAROLD J. (2008), The State in Theory and Practice (1935), Piscataway: Transaction Publishers
- ROSENSTOCK-HUESSY, EUGEN (2000), The Multiformity of Man, Essex: Argo Books
- SCHLEIERMACHER, FRIEDRICH DANIEL ERNST (1788), Commentary on the Nicomachean Ethics 8–9, in: SCHLEIERMACHER, FRIEDRICH DANIEL ERNST, Jugendschriften 1787–1796. Kritische Gesamtausgabe, Erste Abteilung, Schriften und Entwürfe, ed. GÜNTER MECKENSTOCK, vol. 1, Berlin, New York: de Gruyter, 3–41
- TOCQUEVILLE, ALEXIS DE (2002), Democracy in America, Chicago: University of Chicago Press
- WELKER, MICHAEL (1999), »We Live Deeper Than We Think«: The Genius of Schleiermacher's Earliest Ethics, in: Theology Today 56, 169–179 http://dx.doi.org/10.1177/004057369905600204
- WELKER, MICHAEL (2009), Theologische Profile. Schleiermacher – Barth – Bonhoeffer – Moltmann, Frankfurt: Edition Chrismon, Hansisches Druck- und Verlagshaus
- WELKER, M., G. ETZELMÜLLER (eds.) (2013), Concepts of Law in Science, Legal Studies, and Theology, Tübingen: Mohr Siebeck
- WITTE, JOHN (2006), God's Joust, God's Justice: Law and Religion in the Western Tradition, Grand Rapids: Eerdmans

Gerhard Dilcher

Bermans »Law and Revolution« – eine rechtshistorische Revolution?

Eine erstaunliche Tatsache: Ein amerikanischer Rechtswissenschaftler, im Denken des common law geschult, dann hervorgetreten vor allem mit Studien zur Rechtsvergleichung und zum Recht der Sowjetunion, schreibt in vorgerückten Jahren ein umfassendes Werk über die mittelalterlichen Ursprünge der Rechtstradition des Westens. Diese verankert er in jenem politisch-religiösen Konflikt, den wir einmal unter dem Begriff »Investiturstreit« kennen gelernt haben. Inzwischen wird er als Vorspiel der »Renaissance des 12. Jahrhunderts« gesehen. Für Berman handelt es sich jedoch um die »päpstliche Revolution«, the *Papal Revolution*. Diesem Band »Law and Revolution« von 1983 [1] hatte Berman im hohen Alter 2003 noch einen zweiten mit dem gleichen Titel folgen lassen, dessen Gegenstand ebenfalls im Untertitel genauer umschrieben wird: »The impact of the protestant reformations on the Western legal tradition«. [2]

Der hier zu behandelnde erste Band fand, allein schon durch die vielen Übersetzungen dokumentiert, weltweites, meist positives, teils enthusiastisches Echo. Gerade von Seiten deutscher Wissenschaftler gab es aber auch, bei einer gewissen Anerkennung der Grundthese, scharfe fachliche Kritik. [3] Die dritte Form einer Reaktion war die Nichtbeachtung: In zwei in deutscher Sprache vorliegenden Darstellungen einer Rechtsgeschichte aus europäischer Perspektive – also aus einer ähnlichen, übernationalen Sicht wie der der westlichen Rechtstradition – fehlen sowohl ein Hinweis auf das Werk von Berman wie der Schlüsselbegriff einer päpstlichen Revolution. [4]

Angesichts dieser so unterschiedlichen Reaktionsweisen auf ein schon vom Titel her anspruchsvolles Werk liegt die Frage nahe: Als was verstand Berman selber dieses Werk, was bezweckte er mit seiner späten, aber intensiven Hinwendung zu diesen rechthistorischen Themen?

Berman selbst gibt dazu im Vorwort und vor allem der Einleitung seines »Law and Revolution« von 1983 deutliche Hinweise. [5] Er vertieft dies noch einmal nachdrücklich in Vorwort und Einleitung seines zweiten Bandes von 2003. [6] Im Vorwort von 1983 geht er von einem gewissen Ende unserer westlichen Zivilisation aus in Hinblick auf jenen Prozess, den wir heute Globalisierung nennen; er zitiert dabei sehr poetisch ein Gedicht, das das Ende einer Welt kommen sieht, wenn ihre Metapher nicht mehr lebt: *A world ends when its metaphor has died* (Archibald MacLeish). Es geht also um eine Gesamtheit kultureller Prägungen. Berman sieht in der Phase des Endens die Chance, unsere eigenen Ursprünge zu erkennen und damit Wege für die Zukunft zu finden – was er am Schluss des Bandes mit einem Zitat von Octavio Paz bestärkt.

Die Ursprünge unserer westlichen Gesellschaften und der sie prägenden Rechtskultur erkennt Berman eben in der päpstlichen Revolution des 11. Jahrhunderts, die mit dem Begriff der gregorianischen Reform unzureichend beschrieben sei. Unsere Zivilisation und die sie tragende Rechtstradition – die er zu Beginn in zehn Punkten analytisch genau umschreibt, [7] sei allerdings insgesamt durch die Abfolge von sechs Revolutionen geformt worden: nach der Päpstlichen nämlich die der Deutschen Reformation, der Englischen ebenfalls protestantisch geprägten Revolution, den gleichzeitigen Amerikanischen und Französischen Revolutionen und schließlich der Russischen Revolution. Dabei ist wichtig: Diese Revolutio-

---

1 BERMAN (1983) mit dem Untertitel: The Formation of the Western Legal Tradition. Im Folgenden wird nach der deutschen Ausgabe BERMAN (1991) zitiert.
2 BERMAN (2003).
3 Kritisch sind vor allem die Rezensionen LANDAU (1984) in Bezug auf die zugrunde liegenden Forschungser-

gebnisse und SCHIEFFER (1998) in Bezug auf den Kernbegriff der Revolution. Schieffer verweist jedoch auf Rosenstock-Huessy. Entschieden zustimmend dagegen WESEL (1991).
4 HATTENHAUER (2004), GROSSI (2010).
5 BERMAN (1991), in: Danksagung 14, Einleitung 15–82 mit ausführlicher Grundlegung und mehrfacher Be-

zugnahme auf Rosenstock-Huessys englisches Werk *Out of Revolution*.
6 BERMAN (2003), IX–XII und Introduction 1–28, Verweis auf ROSENSTOCK-HUESSY 21.
7 BERMAN (1991) 24–30.

nen verändern und erweitern die Rechtstradition des Westens, sprengen aber nicht ihren Rahmen. – Dieses Gesamtkonzept trägt sowohl den ersten wie den zweiten Band Bermans. Im ersten Band führt er dies in Voraussetzungen, Verlauf und Folgen für das Mittelalter, im zweiten für die frühe Neuzeit durch. Zu diesem Zwecke definiert er Revolution ebenfalls analytisch genau als einen grundlegenden, schnellen, gewaltsamen, dann aber andauernd wirkenden Wandel des politischen und sozialen Systems einer Gesellschaft. [8] Allerdings beruht ihm ein solcher Wandel vor allem auf einer Änderung des – vorrangig religiös begründeten – Welt- und Wertebildes dieser Gesellschaft. Die sozialen, wirtschaftlichen und politischen Veränderungen sind ihm dann mehr Folge denn Ursache eines solchen grundlegenden Wandels.

Das Werk Bermans – in seinen beiden Bänden – will also eine Geschichtsdeutung bieten, keine Einzelforschungen oder deren Zusammenfassungen. Allerdings fügt er seinen Gedankengang in eine sehr klar aufgebaute Gliederung und belegt seine Folgerungen umfangreich aus Quellen und Literatur. Die Geschichtserzählung geschieht mithin in der Perspektive der scharfen Periodisierung durch die besagten Revolutionen.

Daraus ergibt sich die Frage: Woher nimmt Berman diese grundlegende, von Anfang an feststehende Konzeption? Die Auseinandersetzungen mit dem Werk Bermans, und gerade die kritischen Rezensionen, stellen eigenartigerweise diese Frage kaum. Dabei legt Berman das selbst sehr klar offen: Es handelt sich um die Konzeption seines Lehrers Eugen Rosenstock-Huessy, also eines deutschen Rechtshistorikers, der aber auch in einem weiten Sinne Soziologe, Philosoph, Erzieher und Sozialreformer war. [9] Rosenstock, der als Deutscher aus jüdischer Familie zu einem sehr bewussten protestantischen Christentum gefunden hatte, verließ 1933 Deutschland und wirkte nun in dem weiten Feld seiner Interessen in den Vereinigten Staaten und nach dem Krieg als Gast auch wieder in Deutschland. Aufgrund seiner Verbindungen aus der Breslauer Zeit und ihres Weiterwirkens gilt er

als »Erzvater des Kreisauer Kreises«, also eines Widerstandszentrums gegen Hitler.

Eugen Rosenstock-Huessy hatte neben seinen bis heute zitierten rechtshistorischen Schriften [10] im Jahr 1931 ein großes, aus dem Weltkriegserlebnis hervorgegangenes Werk geschrieben: »Die europäischen Revolutionen und der Charakter der Nationen«. [11] Für die amerikanische Leserschaft schrieb er es ein zweites Mal in umgekehrter Perspektive, aus der Gegenwart gleichsam hinein in die Geschichte; es ist unter dem Titel »Out of Revolution« zuerst 1938 erschienen. [12] Im Deutschen lautet der Schlüsselbegriff bei ihm übrigens richtiger und wuchtiger: »Papstrevolution«, erst im Englischen heißt es bei ihm *papal revolution* – leider hat der Übersetzer Bermans nicht auf die ursprüngliche deutsche Formulierung zurückgegriffen. – Obwohl beide Werke neue Auflagen erlebt haben, war ihnen nicht die erhoffte große Wirkung beschieden. Das gilt vor allem für das deutsche Werk. Es gehörte der Zwischenkriegszeit an, in einem teils erratischen, expressionistischen Stil und betont gegen die Enge jeder Fachwissenschaft geschrieben, mit dem Jahr 1933 verfemt. Ich stimme mit der Einordnung Faulenbachs überein, [13] dass man es in diesem Sinne als eine (allerdings weniger kulturpessimistische) Parallele zu Oswald Spenglers »Untergang des Abendlandes« sehen kann.

Harold Berman nun hat diesen, wenn man so will weltgeschichtlichen Erklärungsansatz seines Lehrers Eugen Rosenstock-Huessy in den beiden großen Einzelstudien umgesetzt und damit vor dem Vergessen und der Wirkungslosigkeit bewahrt: Dieses muss der Kern der Beurteilung seines »Law and Revolution« sein. Um die Bedeutung und Erklärungskraft dieses Ansatzes muss es also gehen, nicht darum, inwieweit Einzelergebnisse mediävistischer, kanonistischer, romanistischer oder germanistischer Forschungen, auf die er sich stützt und die er verbinden und überwinden will, heute oder schon zu seiner Zeit bei Veröffentlichung des Werkes überholt sind oder waren – dies ist nämlich, wie vor allem die Rezen-

---

8 Berman (1991) 42–43.

9 Eine umfassende Würdigung bei Faulenbach (1982). Aus rechtshistorischer Sicht Thieme 1989. Eugen Rosenstock fügte den Namen seiner Schweizer Ehefrau Huessy erst in Amerika seinem Namen zu.

10 Vor allem Rosenstock (1912) und Rosenstock (1914).

11 Rosenstock-Huessy (1951).

12 Zu den weiteren Auflagen Rosenstock-Huessy (1993).

13 Faulenbach (1982) 108. Nach Faulenbach 118 hat Rosenstock-

Huessy sich dadurch »in die kleine Schar ernsthafter Universalhistoriker des frühen 20. Jahrhunderts eingereiht«.

sion von Peter Landau ausführt, in vielen Punkten der Fall. [14] Berman war vor allem in der englischsprachigen Literatur auf dem Laufenden, zieht für die deutsche Rechtsgeschichte vorzugsweise deren klassischen Stand der Zeit Rosenstock-Huessys, nur wenig neuere Forschungen heran und hat zudem nur teilweise die neuesten Entwicklungen der Kanonistik und auch der Wissenschaft des gemeinen Rechts, die oft auf Italienisch und Spanisch publiziert sind, verfolgt. Aus diesen Bereichen, vor allem der Kanonistik, kommt denn auch die intensivste Kritik. [15] Doch ist gerade die Überwindung der rechtshistorischen fachlichen Engführung das Ziel von Berman, hinzu kommt die distanziertere Sicht aus der common law-Tradition (stark gestützt auf Maitland); sie befreit von mancher deutschen oder kontinentalen Verquertheit und Verkrampfung, auch im Umgang mit der älteren historischen Forschung. So sei hier die Behauptung gewagt, dass durch die innovative, aber bestimmungsgemäß sich ständig selbst überholende Einzelforschung das von Rosenstock / Berman gezeichnete Bild nicht seine auf andere Weise innovative Wirkung verloren hat und verliert.

Zweifellos hat diese Einzelforschung gerade auf Gebieten, die die These von der päpstlichen Revolution mit tragen sollen, in den letzten Jahrzehnten eine Fülle neuer Ergebnisse erbracht – etwa zum Verlauf und den Voraussetzungen des Ereignisses vom Canossa, der vorgratianischen Kanonistik und der Entstehung des Decretum Gratiani, der Wirkungen des Wormser Konkordats, der Anfänge der Rechtsschule des Irnerius und deren Weiterentwicklung in Bologna und anderswo, in Italien, der Provence und in Köln, während die Frage, welchen unmittelbaren Zweck und welche Bekanntheit der für Berman zentrale Dictatus Papae von 1075 seiner Zeit besaß, noch immer nicht klar zu beantworten ist. Dies zeigt den steten Fluss der Forschung. Zeigt es auch, dass der Erklärungsansatz von Rosenstock / Berman überholt ist?

Ich meine: nein. Ungeachtet der genauen historischen Hintergründe und der Einbettungen in Kontinuitätslinien behalten die gesetzten histori-

schen Markierungen ihre wuchtige Bedeutung: die große heilig-teuflische Gestalt von Hildebrand / Gregor; die herausfordernden und schroffen Formulierungen des Dictatus Papae, die sich nicht einfach in vorhandene Kontinuitäten seit den Kirchenvätern und Gelasius fügen; die Vorstellung, die die Chronisten von jenem demütigen königlichen Bußgang von Canossa vermitteln (wie immer die Realität gewesen sein mag!); die kontrafaktische Radikalität des Angebots auf Regalienverzicht von Sutri 1111; der erreichte Kompromiss von Worms 1122 (mit den entsprechenden europäischen Parallelen vom normannischen England bis zum normannischen Sizilien); die grundsätzliche Unterscheidung von *temporalia / regalia* und *spiritualia*, welche die Verfassungsverhältnisse nicht nur zwischen Königsherrschaft und Kirche, sondern bis hin zum Lehnrecht [16] und zur Bildung der städtischen Kommune [17] neu geprägt hat. Die angeführten Kriterien einer Revolution, nämlich grundlegend, schnell, von dauernder Wirkung zu sein, wird man so als erfüllt ansehen können, und auch an Gewaltsamkeit fehlt es nicht (man denke nur an die Pataria in den oberitalienischen Städten), wenn es auch schwer ist, in einer Welt dauernder Gewaltsamkeit die spezifische, der »Revolution« zuzuordnende Gewalt zu isolieren. [18]

Als zentral aber muss wohl jene intellektuelle »Revolution« gesehen werden, welche die Scheidung von Geistlichem und Weltlichem trägt und deren Durchführung im Verfassungsleben ermöglichte: nämlich die Erhebung der Dialektik zur wissenschaftlichen Methode schlechthin in der sogenannten Scholastik, der Dialektik, die zuvor nicht mehr als einen Teil der antiken Rhetorik innerhalb des Unterrichts der *artes liberales* darstellte. Ihr widmet Berman eigene Kapitel innerhalb der Ausführungen zum Ursprung der westlichen Rechtswissenschaft in den europäischen Universitäten. [19] Mit Abaelard in der Theologie, mit Gratian und der Bologneser Schule des Irnerius in der neuen Rechtswissenschaft, ermöglichte erst sie die Bewältigung, die Harmonisierung und Systematisierung der überlieferten Textmassen der

---

14 Landau (1984).

15 Die Kritiken von Landau (1984) und Schieffer (1998) kommen vor allem aus kanonistischer bzw. kirchenhistorischer Sicht; aus derselben Sicht ablehnend Szuromi (2006), während Cushing (1998) in Bezug auf das ka-

nonistische Werk desselben Anselm von Lucca schon im Titel betont an Bermans Revolutionsthese anknüpft.

16 Das weist meine Studie zu den Libri Feudorum, Dilcher (2013), vielfach nach.

17 Dazu Dilcher (1964).

18 Schieffer (1998) bezieht zwar den Ansatz Rosenstock-Huessys mit ein, verkennt aber den weit gefassten Revolutionsbegriff, der gerade die Unvollendetheit und die Langfristigkeit der Wirkung mit umfasst.

19 Berman (1991) 199–271.

Theologie, des kirchlichen und des weltlichen Rechts. Diese können nunmehr auf die eine Wahrheit (*Christus veritas!*) rückbezogen werden, von der aus sie auf die Vielheit der Erscheinungen (*consuetudo!*) zu entfalten sind. [20] Auf diese Weise ermöglicht diese Methode die Anwendung antiker Texte auf die veränderten Verhältnisse der mittelalterlichen Gesellschaft im Wege immer mehr verfeinerter begrifflicher Unterscheidungen, von *divisio* und *subdivisio*, sowie deren synthetisch-begriffliche Zusammenfassungen. Ihre überragende Kraft verlor diese Methode wohl erst mit der nächsten Revolution im Sinne Rosenstocks und Bermans, in der Öffnung zu neuen Ursprüngen der Wahrheit in Humanismus und Reformation.

In dem von Rosenstock und Berman entwickelten Modell des typischen weiteren Verlaufs der Revolution folgt der Zeit grundlegender Wandlungen eine Festigungsperiode von etwa drei Generationen. Von daher lässt sich nun gut verstehen, wie eine neue Phase der Rechtsentwicklung nach der Wende zum 13. Jahrhundert ansetzt. Hier beginnt nämlich jene »Welle der Gesetzgebung«, die uns am deutlichsten Sten Gagnèr, auch er von kanonistischen Wurzeln ausgehend, vorgeführt hat. [21] Der erste Einsatz ist der kirchliche Liber Extra, gleichzeitig im weltlichen Bereich Kaiser Friedrichs sizilischer Liber Augustalis. Dem schließt sich ein Reigen weiterer großer Gesetzbücher von Spanien bis Skandinavien an. [22] Der Anstoß dieser »Woge der Gesetzgebung« aus dem Bereich der Papstkirche wird heute nicht mehr bezweifelt. Die Aufnahme des gesetzgeberischen Impulses durch die weltlichen Herrschaftsträger lässt sich als dialektische Antwort verstehen. Der erste Schritt ist die Bezugnahme iustinianischer Theorieelemente auf den mittelalterlichen Kaiser, wie er in den Gesetzen des Reichstags von Roncaglia 1158 und vor allem in der begleitenden Chronistik auftaucht. [23] Wie deutlich gemacht

worden ist, schließt sich dem die Verbreitung des Begriffs des »positiven Rechts« an. [24]

Auch das großartige und tragische Scheitern der hochfahrenden Herrschaftskonzeption Friedrichs II. lässt sich daraus erklären, dass die päpstliche Revolution nunmehr Europa schon weitgehend umgeformt hatte. Friedrich, der »dritte Sturm aus Schwaben« (Dante, Par. III v.118), aufgewachsen jedoch weit im Süden im normannisch-arabischen Sizilien, nach Rosenstock-Huessy »der Napoleon der Papstrevolution«, [25] knüpfte nicht an die späten, klugen politischen Kompromisse an, die sein Großvater im Zentrum des Konfliktes in den Frieden von Venedig und Konstanz mit Papsttum und lombardischem Städtebund geschlossen hatte. [26] Ihm schwebte wohl ein konstantinisch-justinianischer, eher ostkirchlich-byzantinischer Herrschaftsanspruch über Reich und Kirche vor; dies hat er vor allem im Liber Augustalis und in den Darstellungen des Tores von Capua formuliert. [27] Damit aber stellte er sich nicht nur gegen das Ergebnis der großen Wende um 1100, die päpstliche Revolution also und die gedanklich-rechtliche Trennung und wechselseitige Bezugnahme der geistlichen und weltlichen Sphäre, sondern auch gegen die Kräfte, die sich als sekundäre, aber logische Folgen dieser Trennung etabliert hatten: gegen die neuen Predigerorden und ihren Einfluss auf das Volk, den sie militant im Sinne des Papsttums auszuüben bereit waren; gegen die Stadtkommunen Oberitaliens, in denen es nun »Volk« im Sinne eines Massenphänomens gab, bürgerliche Kommunen, die ihre Autonomie seit den Auseinandersetzungen der Barbarossa-Zeit besser bei der päpstlich-guelfischen denn bei der kaiserlich-ghibellinischen Partei aufgehoben wussten. [28] Der Papst selbst hatte auch damals nicht genügend Truppen, um einen Kaiser, der von Sizilien bis zur Nordsee gebot, in die Knie zu zwingen: Aber den mit dem Zeitgeist der päpstlichen Revolution und

---

20 Die zentrale Stellung der Unterscheidung veritas/consuetudo in der gregorianischen Reform und im Dekretum Gratiani für die Auseinandersetzung mit der überlieferten Rechtsgewohnheit in DILCHER (1992). CALASSO (1954) 367 ff. – bes. 371 f. – legt die Bedeutung des universalistischen Konzepts und der dadurch möglichen *reductio ad unum* für Philosophie, Theologie und Rechtswissenschaft dar.

21 GAGNÉR (1960). Gagnér greift über seinen Bezugspunkt Papst Bonifaz VII. mit dem Liber Sextus immer wieder auf die Reformphase um 1100 zurück.

22 GAGNÉR (1960), WOLF (1996).

23 DILCHER/QUAGLIONI (2007).

24 LANDAU (2013) verteidigt hier die Argumentation von Gagnér.

25 ROSENSTOCK-HUESSY (1951) 179.

26 DILCHER (2003).

27 DILCHER (2009).

28 ROSENSTOCK-HUESSY (1951) 181–186 beleuchtet die Verbindung vom Papsttum, neuen Mönchsorden, Volk und guelfischem Städtewesen.

ihren genannten Trägern wirkenden Kräften war auch dieser Kaiser, der im geistigen Leben, in Gesetzgebung und Staatsverwaltung damals durchaus mit Tendenzen der Moderne im Einklang stand, nicht gewachsen. Die Stunde für einen Cäsaropapismus wie für eine Hierokratie war im Westen sowohl für den Kaiser wie, und das sollte sich wenig später zeigen, für den Papst vorüber.

Man kann das Scheitern Friedrichs II. und mit ihm des Staufergeschlechtes sicher aus vielen parallel geführten Einzelanalysen überzeugend begründen, aber es lässt sich auch kaum leugnen, dass maßgebend dafür die neue kirchliche Gesinnung und ihre Träger, Papsttum, Kirchenrecht und Predigerorden wie auch politisch und militärisch die oberitalienischen Stadtkommunen waren; diesen Stadtkommunen hatte schon Rosenstock-Huessy die Rolle fast eines Teilhabers an der päpstlichen als einer national-italienischen Revolution zugeschrieben. [29] Insofern geht seine und Bermans Rechnung auch an dieser Stelle auf.

Die allgemeinhistorische, verfassungsgeschichtliche, kirchengeschichtliche und rechtshistorische Forschung hat also seither parallel zur Rosenstock-Berman-Konzeption die Bedeutsamkeit der Wende um 1100, über die Fokussierung auf Canossa und das Investiturproblem hinaus, herausgehoben und betont. Eine solche Betonung muss aber auch die historische Periodisierung berühren. Sie fordert eine Absage an die übliche deutsche Unterscheidung von Früh-, Hoch- und Spätmittelalter, ihr entspricht eher die italienische in Alto und Basso Medioevo, also ein Erstes und ein Zweites Mittelalter. [30] Wenn aber die von der Rechtskultur geformte Entwicklung des Westens (oder mit Max Weber des Okzidents) durch die Papstrevolution begründet worden ist – und dies ist auch durch die neuere Forschung zumindest sehr plausibel geworden –, so steht eine noch größere Frage an, die auch von Rosenstock-Huessy und Berman gestellt worden ist: Ist nicht das Periodisierungsschema eines zwischen Antike und Moderne stehenden (und

damit mehr oder minder »finsteren«) Mittelalters als eine Konstruktion des Humanismus aufzugeben? Ist nicht, wie es ein größeres europäisches Forschungsprojekt vorschlägt, statt des Beginns eines »Mittelalters« von einer langen »Transformation of the Roman World« auszugehen? [31] In sie müsste dann aber auch maßgeblich die »Barbarisierung« Europas durch die Neuen Völker als ein wichtiger, auch positiv zu sehender kulturgeschichtlicher Prozess integriert werden, [32] ein Prozess, der die volle Einbeziehung der Neuen Völker und ihrer Volkstraditionen in das entstehende christliche Abendland, den Westen, zum Inhalt hat, während der Raum der orthodoxen Kirche und des Islam als die weiteren Teilhaber des antiken Kulturerbes andere Wege gehen. Erst in dieser Perspektive müssen die Folgen der Papstrevolution nicht nur als »Renaissance des 12. Jahrhunderts«, mithin als ein schwächeres Vorspiel der eigentlichen Renaissance, gelten, sondern als Überwinder einer stark von archaischen Denk- und Sozialstrukturen geprägten Gesellschaft und als Ansatz der Moderne im Herzen der bisher als Mittelalter verstandenen Epoche. So sah es Rosenstock-Huessy, so sieht es mit ihm Berman. An dieser Konzeption könnte man nun auch Max Webers Prozess der Rationalisierung »im Okzident und nur im Okzident« anbinden und historisch breiter einbetten. Diesem Konzept folgt im Grunde übrigens schon Franz Wieackers Privatrechtsgeschichte der Neuzeit. [33] Welche zentrale Funktion aber der Begriff des Mittelalters sowohl als Ursprungsmythos wie als Abgrenzung der Moderne bis heute innehat, zeigt gerade wieder die »Gegenwart des Mittelalters«. [34]

Periodisierung beruht auf Geschichtsdeutung, und ohne diese ist keine Geschichtsschreibung, jedenfalls nicht als größeres Narrativ, möglich. Innerhalb einer solchen Periodisierung kann das Gewebe der Geschichte als ein dauerndes Geflecht von Beharrung und Wandel aufgefasst werden; in einem solchen Bild wird Kontinuität mit nur lang-

---

29 Rosenstock-Huessy (1951) 185 f.: Die italienische Stadtstaatsidee; in der amerikanischen Fassung 1993 auf S. 562 ff.

30 Dafür votierte ich schon in Dilcher (1999).

31 Goetz u. a. (2003).

32 So unter Einbeziehung der germanischen und slawischen Völker

Modzelewski (2011). Aus rechtshistorischer Sicht Dilcher / Distler (2006).

33 Wieacker (1967) geht von der überwiegend volksrechtlichen Struktur des frühmittelalterlichen Rechts aus und schildert dann im Anschluss an die Schule von Bologna den Vorgang der Verwissenschaftlichung. Dazu

und zu der Beziehung zu Webers Rationalisierungskonzept Dilcher 2010.

34 Dazu jetzt die intensive Studie Oexle (2013), mit Nachweis einer Fülle von Publikationen zum Thema aus letzter Zeit.

samen Veränderungen eine prägende Rolle spielen: allenfalls Reform, kaum Revolution. Die großen Einschnitte der traditionellen Periodisierung werden dabei aber übernommen und bleiben wenig reflektiert. Im Gegenmodell werden Bündelungen von Wandlungen herausgehoben und zu historischen Perspektiven zusammengefasst, die dann auch die Periodisierung bestimmen. Dem liegen immer auch immanente Wertungen zu Grunde. So gehen Rosenstock-Huessy und Berman vor, nicht anders als einst Humanisten bei der Deklarierung eines Mittelalters.

Die Schwierigkeit, sich für eines der Modelle und Periodisierungen zu entscheiden, liegt darin, dass die Linien der Kontinuitäten wie der Wandlungen, um beweisbar zu sein, auch den Anspruch erheben müssen, Kausalitäten darzustellen. Solche Ketten von Verursachungen sind aber aus dem komplexen Geflecht historischer Prozesse schwerer herauszulösen als im naturwissenschaftlichen Experiment; sie bleiben also letztlich wissenschaftlich belegte Konstruktionen, sind Stiftungen des Historikers. Vor allem bei zeitlich weitgestreckten Zusammenhängen ist die Methode »dichter Beschreibung« keine Alternative. Vielmehr bedarf es letztlich der Wertentscheidungen, aus denen der Historiker seine Perspektive entwickelt. Diese Wertentscheidung begründet eine wissenschaftliche Fragestellung, die aus der jeweiligen Gegenwart stammt; sodann hat sie im Forschungsprozess die Folgerungen aus diesen Perspektiven zu entwickeln und wissenschaftlich zu belegen. In diesem Sinne geben Rosenstock und Berman religiösen Wertvorstellungen und entsprechenden (bei den späteren Revolutionen eventuell auch säkular begründeten) Weltdeutungen den Primat. Wie Uwe Wesel, selbst wohl eher materialistischen Ansätzen nahestehend, in seiner Rezension zu Berman richtig bemerkt,[35] ist die Letztentscheidung über den Primat ideeller oder materieller Wirkungskräfte selbst Glaubenssache.

Rosenstock und Berman bieten für den Schlüsselbegriff der Revolution, wie gesagt, ein genaues analytisches Instrumentarium; an ihm haben sich auch die Kritiker des Revolutionsbegriffs zu messen. Reine Verweise auf bestehende Kontinuitäten, etwa einer kirchlichen Zwei-Gewalten-Lehre vor dem Dictatus Papae, können aus den genannten Gründen keine Widerlegung der Revolutionsthese

bilden. Der gesamtgesellschaftliche Anspruch des Revolutionsbegriffs führt andererseits sowohl für die Voraussetzungen wie für die Wirkungsgeschichte nachdrücklich in soziale, wirtschaftliche und politische Verhältnisse. So wittern die Streiter und Vorläufer der gregorianischen Ideen als »Sturmvögel der Revolution« (Rosenstock) das nahende Gewitter in Politik und Gesellschaft, nämlich in der politischen Verflechtung des hohen Klerus und der sozialen Verstrickung der verheirateten Priester in eine sippen- und klientelhaft organisierte Gesellschaft. Um Ausblendung realer Verhältnisse handelt es sich bei Berman also keineswegs, wohl aber um die Wertegrundlage ihrer normativ gesteuerten Veränderung. Dies ist der eine Punkt, um den gestritten werden kann.

Der andere Punkt liegt in der langfristig prägenden Wirkung, die überdies, besonders bei Rosenstock, mit der Bildung der europäischen Nationen verbunden wird. Berman sieht dahinter die Metaphern der westlichen Tradition, die heute schwinden. Es überschreitet wahrscheinlich die Möglichkeiten historistisch-wissenschaftlicher Beweisführung, diese bis heute prägenden Wirkungen zu begründen. Dennoch lässt sich im vergleichenden Blick auf Regionen und Nationen des Westens dem Deutungsschema viel Plausibilität abgewinnen.

Akzeptiert man dies, so wird man auch weitergehen können auf der Spur der These, der Westen sei in seiner vor allem im Recht begründeten Tradition nicht nur durch Kontinuitäten, sondern durch eine innerlich miteinander verbundene Abfolge revolutionärer Änderungen geprägt. Dem schlösse sich dann die Frage an, ob und in wie weit andere Kulturen – der christlich-orthodoxe Osten, der Islam, die ostasiatischen Hochkulturen – Revolutionen dieser Art entbehren und dadurch stärker durch Kontinuitäten gekennzeichnet sind. Schon die Fragestellung bietet eine große Herausforderung, der wir uns aber vielleicht nicht entziehen dürfen, wenn wir die Welt von heute noch verstehen wollen.

Was bleibt für diese Überlegungen zu Bermans Erstem Band festzuhalten?

Berman hat die weitausgreifenden geschichtsphilosophischen Deutungen Rosenstock-Huessys in zwei klar aufgebaute, von analytischen Ansätzen ausgehende Studien umgesetzt. Auch wo die Ein-

---

35 WESEL (1991), am Ende.

zelergebnisse nicht mehr die neueste Forschung wiedergeben, ist der grundlegende Ansatz eher bestätigt worden. Dieser kann als Herausforderung dienen, eine kulturgeschichtlich begründete Rechtsgeschichte zu schreiben, die auf den Fragestellungen der Gegenwart fußt und dadurch zukunftsoffene Perspektiven entwirft. Der Einsatz dazu ist eine den Westen, den Okzident umfassende Konzeption, in der auch der common law-Bereich voll im Blick ist. Zu dieser Konzeption gehört für das Mittelalter ein Verständnis des Kirchenrechts einschließlich seiner religiösen und theologischen Grundlagen als politisch-kulturelle Leitlinie der Entwicklung eines schriftlichen, wissenschaftlich bearbeiteten »positiven« Rechts; von hier aus wäre dann das Verständnis der Renaissance des römisch-justinianischen Rechts und damit des ius commune zu entwickeln. Das ist nicht möglich ohne die Erfassung des Ausgangspunktes und des Hintergrundes der »Revolution«, nämlich des Volksrechts (so auch Berman), der oralen oder verschriftlichten Rechtsgewohnheit der europäischen Regionen und ihrer Bewohner. Berman nimmt dies sehr ernst, sind doch von hier als Ausgangspunkt und stetes Gegenüber das Ziel von Reform und Revolution wie auch die Widerstände und Unvollkommenheiten bei ihrer Umsetzung erst zu verstehen. Von hier aus bekommt auch der Ansatz des neuen wissenschaftlichen Denkens der Scholastik seine Bedeutung, der dialektischen »Zersetzung« nämlich eines archaischen Naturalismus in einem sehr langen Prozess,[36] aber auch der Trennung des westlichen, dialektischen und juristischen Denkens von der liturgischen Einheitlichkeit der Ostkirche (deren Ähnlichkeit mit dem frühmittelalterlichen Westen Berman betont). Akzeptiert man diese Voraussetzungen, so kann man mit Berman daraus die historische Logik der Entfaltung der weltlichen Rechtssysteme ableiten:[37] eines Systems des Feudalrechts (im Gegensatz zu entsprechenden älteren Gewohnheiten); einer Festigung des Rechts der Grundherrschaften (manorial law hier schlecht übersetzt als »Gutsrecht«); von Handelsrecht und Stadtrecht (die man enger als bei Berman zusammenrücken und stärker mit Max Webers »Stadt« und der neuen Stadtforschung als revolutionäre Modernisierung sehen sollte); schließlich der königlichen Rechtsetzung, die dann mit dem aus römischrechtlichen wie kirchenrechtlichen Theorieansätzen entwickelten Souveränitätsbegriff zur Gesetzgebung und zum »positiven Recht« des modernen Staates führt.

Dies alles ist bei Berman angelegt; es kann auf der Grundlage heutiger Erkenntnisse noch weit klarer und gedanklich schärfer ausgeführt werden. Dazu muss man allerdings auch das Theoriekonzept noch schärfen. Die Auseinandersetzung Bermans am Ende des ersten Bandes mit Marx und Weber, dazu mit anthropologisch-soziologischen Zugängen, überzeugt nicht durchweg; sie ist theoretisch zu schwach und nicht ausgereift. Wichtig bleibt aber seine Konzeption einer zentralen Rolle des Rechts innerhalb der Strukturen und des Wandels der Gesellschaft, für alle ihre Dimensionen von den Werten, dem Stil des Denkens bis zu den Tatsachen der Wirtschaft und des Soziallebens. Von hier aus hätte das Recht eine unentbehrliche Rolle in einer Kulturgeschichte und Kulturlehre. Die neuen Ansätze einer »Kulturgeschichte« sind hier herausgefordert. Ebenfalls eine Herausforderung bleibt der Schlüssel des Verständnisses der westlichen Tradition, statt aus Kontinuitäten vielmehr aus einer Abfolge eingreifender Revolutionen, die aber den Rahmen dieser Tradition nicht sprengen. Dies könnte, zusammen mit dem Rationalisierungsparadigma Weber'scher Prägung, den Ansatz zu einer vergleichenden Geschichte der Weltkulturen und der jeweiligen Rolle des Rechts in ihnen bilden. Bermans Werk stellt vor dem Hintergrund des Entwurfs von Rosenstock-Huessy große Fragen und bietet Hypothesen und Forschungsansätze zu ihrer Beantwortung. Es bleibt also viel zu tun.

■

36 Dazu eindringlich BELLOMO (2013).
37 Dem ist der zweite Teil: Die Entstehung weltlicher Rechtssysteme, BERMAN (1991) 439–789 gewidmet.

Bibliographie

- BELLOMO, MANLIO (2013), Signori territoriali, signori feudali e il coraggio di Irnerio, in: Recht – Geschichte – Geschichtsschreibung. Rechts- und Verfassungsgeschichte im deutsch-italienischen Diskurs, hg. v. SUSANNE LEPSIUS, BERND KANNOWSKI, REINER SCHULZE (im Druck)
- BERMAN, HAROLD J. (1983), Law and Revolution. The Formation of the Western Legal Tradition
- BERMAN, HAROLD J. (1991), Recht und Revolution, Die Bildung der westlichen Rechtstradition
- BERMAN, HAROLD J. (2003), Law and Revolution II. The Impact of the Protestant Reformations on the Western Legal Tradition
- CALASSO, FRANCESCO (1954), Medio Evo del diritto, vol. 1
- CUSHING, KATHLEEN G. (1998), Papacy and Law in the Gregorian Revolution. The Canonistic Work of Anselm of Lucca
- DILCHER, GERHARD (1964), Bischof und Stadtverfassung in Oberitalien, in: ZRG GA 81, 223–266
- DILCHER, GERHARD (1992), Mittelalterliche Rechtsgewohnheit als methodisch-theoretisches Problem, in: Gewohnheitsrecht und Rechtsgewohnheiten im Mittelalter, von GERHARD DILCHER u. a., 21–65
- DILCHER, GERHARD (1999), Warum mittelalterliche Rechtsgeschichte heute? (Abschiedsvorlesung vom 26.6.1998), in: ZRG GA 116, 1–22
- DILCHER, GERHARD (2003), Die staufische Renovatio im Spannungsfeld von traditionalem und neuem Denken. Rechtskonzeptionen als Handlungshorizont der Italienpolitik Friedrich Barbarossas, in: HZ, 613–646
- DILCHER, GERHARD (2009), Säkularisierung von Herrschaft durch Sakralisierung der Gerechtigkeit? Überlegungen zur Gerechtigkeitskonzeption bei Kaiser Friedrich II. und Ambrogio Lorenzetti, in: Recht – Religion – Verfassung. Festschrift für Hans-Jürgen Becker zum 70. Geburtstag, hg. v. INGE KROPPENBERG u. a., 9–47
- DILCHER, GERHARD (2010), Franz Wieacker als »Germanist«. Mit einigen Bemerkungen zu seiner Beziehung zu Marx, Nietzsche und Max Weber, in: Franz Wieacker. Historiker des modernen Privatrechts, hg. v. OKKO BEHRENDS und EVA SCHUMANN, 223–252
- DILCHER, GERHARD (2013), Das lombardische Lehnrecht der Libri Feudorum im europäischen Kontext, in: Ausbildung und Verbreitung des Lehnswesens im Reich und in Italien im 12. und 13. Jahrhundert, hg. v. KARL-HEINZ SPIESS, 41–91
- DILCHER, GERHARD, EVA-MARIE DISTLER (Hg.) (2006), Leges – Gentes – Regna. Zur Rolle von germanischen Rechtsgewohnheiten und lateinischer Schrifttradition bei der Ausbildung der frühmittelalterlichen Rechtskultur
- DILCHER, GERHARD, DIEGO QUAGLIONI (Hg.) (2007), Gli inizi del diritto pubblico. L'età di Frederico Barbarossa: legislazione e scienza del diritto. Die Anfänge des öffentlichen Rechts. Gesetzgebung im Zeitalter Friedrich Barbarossas und das Gelehrte Recht
- FAULENBACH, BERND (1982), Eugen Rosenstock-Huessy, in: Deutsche Historiker, Band IX, hg. v. HANS-ULRICH WEHLER, 102–126
- GAGNÉR, STEN (1960), Studien zur Ideengeschichte der Gesetzgebung
- GOETZ, HANS WERNER, JÖRG JARNUT, WERNER POHL (2003), Regna and Gentes. The Relationship between Late Antique and Early Medieval Peoples and Kingdoms in the Transformation of the Roman World
- GROSSI, PAOLO (2010), Das Recht in der europäischen Geschichte. Aus dem Italienischen übersetzt von Gerhard Cook (ital. Rom / Bari 2007)
- LANDAU, PETER (1984), Rez. Berman, Harold, Law and Revolution, in: The University of Chicago Law Review 51, 937–943 http://dx.doi.org/10.2307/1599490
- LANDAU, PETER (2013), Kritische Bemerkungen zu Thomas Simons Bestreitung der gesetzespositivistischen Umsetzung des hohen Mittelalters, in: Festschrift für Jan Schröder zum 70. Geburtstag, hg. v. ARNDT KIEHNLE u. a., 81–97
- MODZELEWSKI, KAROL (2011), Das barbarische Europa. Zur sozialen Ordnung von Germanen und Slawen im frühen Mittelalter
- OEXLE, OTTO GERHARD (2013), Die Gegenwart des Mittelalters. Das Mittelalterliche Jahrtausend, Bd. 1
- ROSENSTOCK, EUGEN (1912), Ostfalens Rechtsliteratur unter Friedrich II. Texte und Untersuchungen
- ROSENSTOCK, EUGEN (1914), Königshaus und Stämme in Deutschland zwischen 911 und 1250
- ROSENSTOCK-HUESSY, EUGEN (1951), Die europäischen Revolutionen und der Charakter der Nationen (zuerst 1931)
- ROSENSTOCK-HUESSY, EUGEN (1993), Out of Revolution, Autobiography of Western Man (zuerst 1938, 1966, 1969)
- SCHIEFFER, RUDOLF (1998), »The Papal Revolution in Law«?, Rückfragen an Harold J. Berman, in: Bulletin of Medieval Canon Law 22, 19–30
- SZUROMI, SZABOLCS ANZELM (2006), Anselm of Lucca as a Canonist
- THIEME, HANS (1989), Eugen Rosenstock-Huessy (1888–1973), in: ZRG GA 106, 1–11
- WESEL, UWE (1991), Die Revolution von 1075. Zu Harold J. Bermans bahnbrechender Studie, in: Die Zeit, Nr. 63, 46
- WIEACKER, FRANZ (1967), Privatrechtsgeschichte der Neuzeit, 2. Aufl.
- WOLF, ARMIN (1996), Gesetzgebung in Europa 1100–1500. Zur Entstehung der Territorialstaaten

Andreas Thier

Harold Berman's »Law and Revolution«:
A Necessary Challenge for Legal History Research

I. A Monumental Historical Perspective and its Problems

Harold Berman's two voluminous books on »Law and Revolution«[1] comprise all attributes of a truly inspiring contribution to historical and legal science. Both volumes do impress their readers with their concise style, their distinctive arguments and with Berman's courage to draw long lines through more than thousand years of European history. At the same time, Berman maintains a masterly combination of legal historical, legal philosophical and legal sociological perspectives,[2] which has become rare in a frequently highly specialized discourse tending sometimes towards a segmentation into different, unrelated subdiscourses. This approach finds its counterpart in the breadth of perspective in Berman's main arguments,[3] in his idea of the existence of a more or less uniform Western legal tradition, not based (as it might be assumed[4]), Roman law as permanent constant of changing legal cultures, but emanating from a »Papal revolution« starting with Gregory VII and having been shaped by a series of successive revolutions up to the 20th century. The foundation of these revolutions in changing religious beliefs with strong apocalyptic notions – be it biblical visions of a new Christian reign, be it »Deist versions of the same« as in the revolutions of the 18th century, or be it the belief »in the messianic mission of the Communist party to prepare the way to a classless society«[5] – links them among each other. They are also connected by the underlying evolution of a specific Western legal tradition, which »was renewed by such revolutions«.[6]

It is easy to understand that this monumental historiographical concept and its impressive literary realization has received much praise and attention.[7] That does not change the fact, however, that Berman's handling of historical detail is sometimes problematic and even frustrating for those of his readers who are used to work with the sources and on the topics Berman has covered in his books. Berman's argument, for instance, that Gregory VII »made known« the contents of the *Dictatus Papae* thus proclaiming his revolutionary program to the world[8] is questionable, to say the least: As far as we know today, this document had no adressee and, moreover, there were only very few (if any) contemporary reactions to it.[9] There are numerous other instances of superficial and thus highly imprecise dealing with sources and facts (not to mention the limited use of scholarly literature) in Berman's first book,[10] which has even been called »a keen disappointment«.[11] Similar objections have been raised towards Berman's second book criticizing that the religious dimensions of the English revolution »are in certain important re-

---

1 Berman (1983); Berman (2003). For a list of translations see Chappell (2011) 3 with numbers 21, 24.

2 See, e.g., Berman (1983) 4–5, 43–45, 538–558, and Berman (2003) 27–28, 379–382.

3 For a thorough survey of Berman's arguments, which can not be elaborated here in detail, see Aroney (2005) 355–362. For a short comprehensive outline see Helmholz (1993) 476–477.

4 For this kind of perspective see for example Koschaker (1947), Stein (1996/1999), Zimmermann (1990).

5 Berman (2003) 4.

6 Berman (1983) 10.

7 For the widespread reception of Berman's first book see the survey in Helmholz (1993) 478–488.

8 Berman (1983) 96.

9 Schieffer (1986) 56–62; as an overview Thier (2008) with further reference.

10 Landau (1984) 938–941; Pennington (1985) 548; Peters (1984–85) 692–695; Schieffer (1998) 20–23, 28–30.

11 Pennington (1985) 548.

spects neglected and obscured«. [12] Nevertheless, even Berman's fiercest critics do concede that his overall picture of the facts and figures is correct. [13] In the case of pope Gregory VII, for example, a new quality in the relationship between law and theological concepts with a rising importance of legal normativity is characteristic for the papal rule making since Gregory's pontificate, which would in fact set new standards of juridification for a more and more papally dominated church. [14] So, Berman provides his readers with a big impressive picture, whose details are not always correct and need further elaboration by those, who, as Berman presumably would put it, are »concentrating on bits and pieces of history«. [15] Nevertheless, not only for this type of researcher books like Berman's are indispensable as challenging and sometimes also provoking reference point.

II.   A Grand Narrative in the Period of Post-Narratives

Berman's narrative of the revolutions as decisive factors of historical change sets forth a tradition of the early 20th century, when several scholars like Berman's mentor Eugen Rosenstock-Huessy turned their attention to the historical importance of revolutions. [16] Moreover, Berman himself put his concept in the tradition of former historical meta-narratives as they were conceptualized in the works of Karl Marx and Max Weber. [17] In that regard, Berman's books represent a long standing tradition of historiography, which might be traced back to the early efforts of universal history. By now, however, it appears as if those »grand narratives« have gone, as Lyotard has stated it in his famous reflections on the conditions of knowledge in the

postmodern period. [18] This applies also to legal history (at least in its German speaking branch), where a certain kind of reluctance has occurred towards the great stories of the evolution of modernity. [19] Given these developments, which might be getting additional traction with the deconstruction of pre-modern legal normativity by the cultural sciences, [20] Berman's concept with its strong focus on the idea of law and legal systems may appear outdated. From a culture-historical point of view it might even be considered as a subject of necessary deconstruction, as an effort to provide the participants of the Western legal discourse with a collective identity founded in history. In fact, some of Berman's notions of »law« as, for instance, »an integrated system« [21] may be objectionable at least for the middle ages given the fact that the idea of a system came only to existence in the early modern period. [22]

But despite such problems in perspective and, as mentioned before, also in detail Berman's contribution is of lasting importance for legal history research: It presents a reference model, which is perfectly suited to stimulate further research – be it as confirmation, [23] be it as refutation of Berman's ideas. Moreover, in highlighting and elaborating the importance of revolutionary change for legal evolution, Berman points to a phenomenon which may be called »temporal structure of law and legal change«: His description of Western law »as moving forward in time« [24] with a »time dimension« as defining mark, [25] and his attraction to the dialectics and mechanisms of revolutionary change as opposed to evolutionary legal change points to an essential topic of history in general and legal history in particular: It is the notion that legal evolution does not happen as steady process with always the same speed. Instead, there are different

---

12 ARONEY (2005) 371, who calls Berman's attribution in the abstract of his paper an »ultimately attenuated … account of law and religion in seventeenth-century England« (ibd. 355).

13 LANDAU (1984) 943; PENNINGTON (1985) 548; PETERS (1984–85) 695–696; SCHIEFFER (1998) 25–30.

14 THIER (2011) 279–334 (on the period until the concordat of Worms 1122 and the rules on episcopal elections).

15 BERMAN (2003) 21 with regard to conventional periodizations.

16 For a short overview see KOSELLECK (1984/2004) 786–787. For Rosenstock-Huessy's concept and its influence on Berman see the outline in SCHIEFFER (1998) 21–24 with reference also to other similar concepts.

17 BERMAN (1983) 538–558; see also BERMAN (2003) 192–195, 379–380.

18 LYOTARD (1979/1986) 112 and passim.

19 Summarizing DUVE (2012) 26–29, and, for the history of private law, RÜCKERT (2010) 105–117.

20 For this kind of approach STOLLBERG-RILINGER (2010) 4–32.

21 BERMAN (1983) 9.

22 THIER (2011) 274 with further reference.

23 As example for this kind of use of Berman's work see the examples in HELMHOLZ (1993) 488–495.

24 BERMAN (1983) 203.

25 BERMAN (1983) 205.

evolutionary layers and, presumably, patterns with different speeds of historical time. Berman might be mistaken in his belief that only revolutions represent this kind of accelerated legal change, because there might be – depending from the changing cultural, social and economic contexts of legal normativity – other phenomena of such

acceleration. But his argument for a deeper research on the evolutionary mechanisms of the Western legal orders in comparison to other legal traditions is certainly right.

■

Bibliography

- Aroney, Nicholas (2005), Law, Revolution, and Religion: Harold Berman's Interpretation of the English Revolution, in: Journal of Markets & Morality 8,2, 355–385
- Berman, Harold J. (1983), Law and Revolution. The Formation of the Western Legal Tradition, Cambridge (Mass.), London
- Berman, Harold J. (2003), Law and Revolution, II. The Impact of the Protestant Reformations on the Western Legal Tradition, Cambridge (Mass.), London
- Chappell, Elizabeth (2011), Bibliography, Harold J. Berman, 1946 to 2008, Emory University, available online only, URL: http://pid.emory.edu/ark:/25593/8vj8r/PDF (retrieved: 24/06/13)
- Duve, Thomas (2012), Von der Europäischen Rechtsgeschichte zu einer Rechtsgeschichte Europas in globalhistorischer Perspektive, in: Rg 20, 18–71
- Helmholz, Richard H. (1993), Harold Berman's Accomplishment as a Legal Historian, in: Emory Law Journal 42, 475–496
- Koschaker, Paul (1947/1966), Europa und das römische Recht, München
- Koselleck, Reinhart (1984/2004), Revolution IV–VII, in: Brunner, Otto et al. (eds.), Geschichtliche Grundbegriffe. Historisches Lexikon zur politisch-sozialen Sprache in Deutschland, vol. 5, Stuttgart (repr.), 689–788
- Landau, Peter (1984), Review: Harold Berman, Law and Revolution (1983), in: University of Chicago Law Review 51, 937–943
- Lyotard, Jean-François (1979/1986), La condition postmoderne, Paris, German translation by Otto Pfersmann as: Das postmoderne Wissen, Graz, Wien
- Pennington, Kenneth (1985), Review: Harold Berman, Law and Revolution (1983), in: The American Journal of Comparative Law 33, 546–548
- Peters, Edward (1984–1985), Review: Harold Berman, Law and Revolution (1983), in: Harvard Law Review 98, 686–696
- Rückert, Joachim (2010), Privatrechtsgeschichte der Neuzeit: Genese und Zukunft eines Faches?, in: Behrends, Okko, Eva Schumann (eds.), Franz Wieacker. Historiker des modernen Privatrechts, Göttingen, 75–118
- Schieffer, Rudolf (1986), Rechtstexte des Reformpapsttums und ihre zeitgenössische Resonanz, in: Mordek, Hubert (ed.), Überlieferung und Geltung normativer Texte des frühen und hohen Mittelalters, Sigmaringen, 51–69
- Schieffer, Rudolf (1998), »The Papal Revolution in Law«? Rückfragen an Harold J. Berman, in: Bulletin of Medieval Canon Law, n.s. 22, 19–30
- Stein, Peter (1996/1999), Römisches Recht und Europa. Die Geschichte einer Rechtskultur, transl. by Klaus Luig, Frankfurt. English as: Roman Law in European History, Cambridge
- Stollberg-Rilinger, Barbara (2010), Verfassungsgeschichte als Kulturgeschichte, in: ZRG GA 127, 1–32
- Thier, Andreas (2008), Dictatus Papae, in: Cordes, Albrecht et al. (eds.), Handwörterbuch zur deutschen Rechtsgeschichte, vol. 1², Berlin, 1043–1045
- Thier, Andreas (2011), Hierarchie und Autonomie. Regelungstraditionen der Bischofsbestellung in der Geschichte des kirchlichen Wahlrechts bis 1140, Frankfurt
- Zimmermann, Reinhard (1990), The Law of Obligations. Roman Foundations of the Civilian Tradition, Cape Town

Thomas Vesting

Die Suche nach einem Zeichen

Anmerkungen zum Gebrauch der Worte Revolution, Verfassung und Christentum
bei Harold Berman

Alle historische Forschung basiert auf einer Selektion von Themen, die sich aus dem Kontext ergeben, in dem diese Selektion stattfindet. Historische Forschung ist selbst zeitgebunden, und das beeinflusst ihre Perspektiven und Fragestellungen, nicht aber ist die Geschichtswissenschaft in der Lage, eine zeitlose Wahrheit über *die* Vergangenheit zu erschließen. Eine Suche nach dem »wie es eigentlich gewesen ist« muss auch daran scheitern, dass historische Forschung immer mit Wissen und Nicht-Wissen zugleich konfrontiert wird. Auch die rechtshistorische Forschung ist stets ein Subjekt *ihrer* Zeit, und auch sie muss akzeptieren, dass historisches Wissen notwendigerweise unvollständig ist. Die Rechtsgeschichte kann immer nur Fragmente der Objektivität der Geschichte rekonstruieren, sie kann nur »die sichtbare Seite einer Gesellschaft – Institutionen, Denkmäler, Werke, Gegenstände« zugänglich machen, nicht aber ihre »verborgene, unsichtbare Seite: Vorstellungen, Wünsche, Ängste, Verdrängungen, Träume«.[1] Tradition, heißt es dazu bei Harold Berman auch, »ist mehr als historische Kontinuität. Eine Tradition ist eine Mischung aus bewußten und unbewußten Elementen.«[2]

Es ist sicher eine der Stärken von Harold Bermans Genealogie des westlichen Rechts, eine rein historistische Perspektive über den Sonderweg Europas und die Rolle des Rechts innerhalb dessen zu vermeiden. Stattdessen nimmt Berman das Moment der Ungleichzeitigkeit der Gegenwart, der unbewussten Präsenz tiefsitzender Vorstellungen, Orientierungen und Gefühle der Menschen jenseits einer einfachen Kontinuität der Geschichte, für sein Projekt in Anspruch. Ja, die beiden Bände von *Recht und Revolution* scheinen darauf hinauszulaufen, die gesamte westliche Rechtstradi-

tion von der Gregorianischen Reform her zu denken, von dem Ereignis, in dessen Folge es zu der für Berman so folgenreichen Entstehung einer ersten systematisierten Rechtskultur kommt. Und gerade weil es hier um nicht weniger geht als eine päpstliche *Revolution*,[3] glaubt Berman letztlich im Aufgang dieser Revolution eine elementare Struktur des westlichen Rechts gefunden zu haben; eine Tradition, die zugleich auf eine Gegenwartsaufgabe verweist, nämlich auf die »Suche nach neuen Gemeinschaftsformen im Weltmaßstab«.[4] Und gerade weil die Möglichkeit der Weiterentwicklung der westlichen Rechtstradition im globalen Rahmen alles andere als ausgemacht ist und der westlichen Tradition darüber hinaus das ihr »unterliegende Glaubenssystem« abhanden zu kommen droht,[5] richtet sich sein Blick zurück bis zum Investiturstreit. »Jedesmal, wenn sich eine Gesellschaft in der Krise befindet, richtet sie instinktiv ihre Augen auf ihre Ursprünge und sucht dort nach einem Zeichen.«[6]

Aber hat Berman seiner Genealogie der westlichen Rechtstradition den passenden Titel gegeben? Kann der Prozess der Bildung der westlichen Rechtstradition auf die Anstöße reduziert werden, die durch die »Wiederentdeckung« römischer Rechtstexte und ihre Verwendung für den mittelalterlichen Rechtsunterricht ausgelöst werden? Beginnen wir mit einigen Anmerkungen zum Begriff der Revolution. Bermans Bezeichnung der Gregorianischen Reform als »Revolution« ist insofern alles andere als unproblematisch, als der Revolutionsbegriff damit zu einem stumpfen Werkzeug wird: Revolutionen sind dann einerseits Ausdruck gesellschaftlicher Totalveränderungen und damit Manifestation des Umsturzes des »bisherigen *Rechts als Ordnung*«; darin gleichen sie

---

1 Berman (1991) 847 (beides sind Zitate von Oktavio Paz). Diese Differenz entspricht weitgehend der Unterscheidung von »Speichergedächtnis« und »Funktionsgedächtnis«, wie sie A. Assmann (2011) 181 ff., 188, entwickelt hat.

2 Berman (1991) 847.
3 Berman (1991) 148.
4 Berman (1991) 81; ähnlich Berman (2003) 23.
5 Berman (2003) 380.
6 Berman (1991) 847.

einer »rasche(n), sprunghafte(n), gewaltsame(n) Veränderung, die die Fesseln des Rechtssystems sprengt«.[7] Als Indikatoren eines raschen gesellschaftlichen Umbruchs sind sie andererseits und zugleich Umwandlung des Rechts, Zeugen eines Vorgangs, der mit der »Wiederaufrichtung eines grundlegenden *Rechts als Gerechtigkeit*« verbunden ist.[8]

Dieses Verständnis, das letztlich ein zeitüberdauerndes Spiel von (positivem) Recht und (natürlicher) Gerechtigkeit unterstellt, wird dem Bedeutungswandel, den der Begriff der Revolution im späten 18. Jahrhundert erfährt, nicht gerecht. Weil der Bruch mit der symbolischen und imaginären Ordnung des Ancien Régime so tief ist, sind der Behauptung, nichts Neues hervorzubringen, sondern lediglich alte Freiheiten wiederherzustellen, wie es Berman für den Fall der Gregorianischen Reformen durchaus zu Recht unterstellt,[9] hier die Grundlagen entzogen. Die bürgerlichen Revolutionen unterscheiden sich von allen ihren Vorläufern darin, dass das mit ihnen verbundene Moment des Umsturzes des »bisherigen Rechts als Ordnung« das Moment der »Wiederaufrichtung des Rechts als Gerechtigkeit« in einer nie gekannten Weise modifiziert. Das zeigt sich nicht zuletzt darin, dass der mit der revolutionären Neugründung der bürgerlichen Gesellschaft verbundene gesetzlose Akt der Rechtsgründung sowohl in Amerika wie in Frankreich mit der Schaffung einer gedruckten Verfassung verkoppelt wird: Die gedruckte Verfassung verbindet die Grundlosigkeit der liberalen Rechtsordnung, die notwendige Willkür ihres Anfangs,[10] mit dem Narrativ der Versprechungen von Freiheitsrechten und Demokratie. Individuelle Freiheitsrechte gibt es jetzt nicht mehr nur vor Gott (wie im Christentum), sondern auch auf Erden, und zwar in Form eines brüderlichen Sich-selbst-in-Geltung-Setzens, in der Form eines autologischen Textes, der sich selbst als »selbst-evidente« Wahrheit verkündet.

Dass der daraus resultierende Einschnitt für das Selbstverständnis der westlichen Rechtstradition von Berman so gut wie nicht registriert wird, hat zwei Gründe: Zum einen verschwimmen die Konturen des Verfassungsbegriffs bei Berman ähnlich wie die des Revolutionsbegriffs. Der Auftritt der Verfassung wird bis in das schreibende (aber nicht druckende) Mittelalter zurückprojiziert und als Begriff auf die Überordnung schriftlicher Urkunden über erlassene Gesetze reduziert, auf Urkunden, die, wie etwa mittelalterliche Stadtrechte, »die Organisation der Regierung wie auch bürgerliche Rechte und Freiheiten festlegten«.[11] Für Berman gibt es schon im Mittelalter subjektive Rechte, so wie dort bereits der moderne Staat, die moderne Wissenschaft und ein modernes Recht samt Verfassung existierten. Wie wenig die Bildung der westlichen Rechtstradition auf die Gregorianischen Reformen reduziert werden kann, zeigt aber nicht zuletzt die für den modernen Verfassungsbegriff in vielerlei Hinsicht zentrale Figur der selbstreflexiven Subjektivität. Das freie, rationale, unabhängige, reflexive, sich selbst bestimmende (autonome) Subjekt kann auf der Grundlage der Pergament-Handschriften keine stabile Form gewinnen, es kommt allenfalls zu einer sich in Ansätzen entwickelnden Selbst-Reflexivität im (späten) Mittelalter,[12] zum Aufstieg des außerweltlichen, nicht aber des innerweltlichen Individuums.[13]

Eine weitere Neujustierung müsste auch an Bermans Vorstellung des Christentums vorgenommen werden. Vor allem das frühe Christentum wird von Berman als eine mehr oder weniger homogene Diskursformation beschrieben, dessen Geschichte rein endogen erzählt wird. Damit werden jedoch auf eine folgenreiche Weise die altorientalischen, jüdischen und sonstigen Einflüsse und Gegnerschaften abgeschnitten, die für die Formierungsphase des Christentums in der Spätantike konstitutiv sind. Gegen Berman wäre heute mit Guy Stroumsa etwa die These stark zu machen, dass das Christentum ohne das jüdische Laboratorium nach der Zerstörung des Zweiten Tempels gar nicht möglich gewesen wäre und dass sich die religiösen Mutationen in der Spätantike zunächst

---

7 BERMAN (1991) 47, 46 (Hervorhebung von Harold Berman, T.V.).

8 BERMAN (1991) 47.

9 BERMAN (1991) 188, 189.

10 Vgl. nur KOSCHORKE (2007) 248 f.; LADEUR (2012) 292, 295; ŽIŽEK (1999) 141.

11 BERMAN (1991) 615.

12 HAIDU (2004) 118 (»Textual self-reflexivity is demonstrable; authorial intentionality never«), 261, 273, 357, 359; vgl. auch ROSEN (2006) 105 ff.; vgl. allg. PIPPIN (2005).

13 Vgl. nur DUMONT (1991).

in der jüdischen Religion vollziehen, bevor das Christentum nicht zuletzt über die Abgrenzung vom Judentum als Buchreligion zu sich selbst findet. [14] Man wird der Andersartigkeit des Christentums gegenüber dem Judentum deshalb kaum gerecht, wenn man etwa die Figur Christi sowie Paulus' Haltung zum Gesetz so darstellt, wie Berman es tut, nämlich als weitgehend kongruent mit der jüdischen Überlieferung. [15] Damit geht eine, für die westliche Rechtstradition zentrale Differenz verloren, die man – in Anlehnung an Aleida Assmann – den Unterschied von »inkarnierter« und »exkarnierter« Rechtskultur nennen kann; man könnte – mit Carl Schorske – auch von einer Verankerung des Rechts in einer »culture of grace« einerseits und einer »culture of the word« andererseits sprechen. [16] Das kanonische Recht, Bermans erstes modernes Rechtssystem par excellence, verkörpert, wenn überhaupt, nur ein Paradigma der westlichen Rechtstradition, nämlich das Recht einer inkarnierten Rechtskultur, einer *culture of grace*, dessen oberster Sprecher der Papst in seiner ganzen Leiblichkeit ist. [17]

Von der inkarnierten Rechtskultur der katholischen Kirche unterscheiden sich die exkarnierten Rechtskulturen von Protestantismus und Puritanismus grundsätzlich. Es ist mehr als ein Zufall, dass die moderne Verfassungsidee zunächst im puritanischen England und dann im puritanischen Amerika konkretere Formen annimmt, und es ist auch kein Zufall, dass der Aufstieg der gedruckten Verfassung in Amerika und Frankreich sehr unterschiedliche kulturelle Praktiken auslöst. Während es in Amerika gelingt, die mit der Neugründung der liberalen Gesellschaft einhergehende Grundlosigkeit auf den Text der Verfassung umzulenken (und damit einen Prozess in Gang zu setzen, über den man auch nach mehr als zwei Jahrhunderten noch sagen kann, dass ihre geschriebene Sprache nach einer kontinuierlichen

Neuinterpretation verlange), [18] bleibt der revolutionäre Diskurs in Frankreich der Suche nach einem (Gründungs-)Subjekt jenseits des Textes verhaftet, das die Rolle des Königs einzunehmen vermag. Daraus geht die Vorstellung der Nation als eines großen Subjekts jenseits der Irreversibilität und Unendlichkeit der Zeit hervor, die ähnlich wie das Verweilen Christi auf Erden zugleich von der Fülle der Zeit als auch von ihrer Auflösung zeugt. [19] Die Nation findet in einem Augenblick verdichteter, zusammengedrängter Zeit zu sich selbst, um in der Revolution das Erbe der christlichen Offenbarung als Aufbruch aus der bisherigen Geschichte zu realisieren, als Neuschöpfung der Welt und Übertritt in eine Ära, die sich aller diesseitigen zeitlichen Bestimmungen entzieht. [20]

Das moderne Recht betont also gerade den irreversiblen Bruch mit allem bislang Dagewesenen. Dieser Bruch läuft keineswegs auf eine Wiederherstellung oder Wiedererrichtung einer schon bestehenden Ordnung hinaus. Vielmehr erhält »das messianische Gerechtigkeitsideal«, von dem Berman einmal beiläufig spricht, hier einen ganz neuen und tendenziell gefährlichen, nämlich einen rein autoreferentiellen Sinn, der mit beliebigen Inhalten aufgeladen und gefüllt werden kann – und heute etwa in den poststrukturalistischen Gerechtigkeitsvorstellungen eines »Messianischen ohne Messias« (Derrida) weiterlebt. Diese, für die westliche Rechtstradition ganz grundlegende Offenheit und Unbestimmtheit, die aus ihrer inneren Gespaltenheit und Grundlosigkeit resultiert, aus der ihr immanenten Notwendigkeit mit Ungewissheit umgehen zu müssen, verdient heute alle Aufmerksamkeit, nicht aber ein vermeintlich ewig wiederkehrendes Spiel zwischen Recht und Gerechtigkeit, wie Harold Berman unterstellt.

■

14 Stroumsa (2011); vgl. auch Schröder (2011).

15 Vgl. Berman (1991) 274, 275; genauer Stroumsa (2011) 42, 48; vgl. auch Pornschlegel (2013) 17 ff.

16 Vgl. A. Assmann (2011) 116, 117.

17 Ferrari (2006) 53 ff., 61 (»The binding efficacy of the code of Canon Law does not depend on its authoritativeness, but on the fact that it has been promulgated by an authority endowed with the power to make binding laws for the community of believers: the code is the ›highest expression of the legislative monopoly‹ of the Pope.«)

18 Berman (2003) 382 (»requires continual reinterpretation over a period of centuries«).

19 Vgl. nur Agamben (2006) 76 (nicht »Zeit des Endes«, sondern »Ende der Zeit«), 81 (»Zeit, die die Zeit benötigt, um zu Ende zu gehen«).

20 In den Worten des französischen Revolutionshistorikers Jules Michelet: »Die Zeit existierte nicht mehr, sie war vernichtet«. Hier zitiert nach Ozouf (1996) 1289 ff., 1297.

Bibliographie

- AGAMBEN, GIORGIO (2006), Die Zeit, die bleibt. Ein Kommentar zum Römerbrief, Frankfurt am Main
- ASSMANN, ALEIDA (2011), Einführung in die Kulturwissenschaft. Grundbegriffe, Themen und Fragestellungen, Berlin
- BERMAN, HAROLD J. (1991), Recht und Revolution. Die Bildung der westlichen Rechtstradition (1983), Frankfurt am Main
- BERMAN, HAROLD J. (2003), Law and Revolution II. The Impact of the Protestant Reformation on Western Legal Tradition, Cambridge (Mass.)
- DUMONT, LOUIS (1991), Individualismus. Zur Ideologie der Moderne, Frankfurt, New York
- FERRARI, SILVIO (2006), Adapting Divine Law to Change. The Experience of the Roman Catholic Church (with some reference to Jewish and Islamic law), in: Cardozo Law Review 28, 53–65
- HAIDU, PETER (2004), The Subject Medieval/Modern. Text and Governance in the Middle Ages, Stanford Cal.
- KOSCHORKE, ALBRECHT, SUSANNE LÜDEMANN, THOMAS FRANK, ETHEL MATALA DE MAZZA (2007), Der fiktive Staat. Konstruktionen des politischen Körpers in der Geschichte Europas, Frankfurt am Main
- LADEUR, KARL-HEINZ (2012), Recht und Gerechtigkeit bei Derrida und Luhmann. Eine Krit auf systemtheoretischer Grundlage, in: Rechtstheorie 43, 271–323
- OZOUF, MONA (1996), Eintrag: Revolution, in: FURET, FRANÇOIS, DIES. (Hg.), Kritisches Wörterbuch der Französischen Revolution, Bd. 2. Institutionen und Neuerungen, Ideen, Deutungen und Darstellungen, Frankfurt am Main, 1289–1307
- PIPPIN, ROBERT B. (2005), The Persistence of Subjectivity. On the Kantian Aftermath, Cambridge
- PORNSCHLEGEL, CLEMENS (2013), Gesetzlose Gesetzgeber. Zum Begriff des christlichen Antijuridismus bei Legendre, in: LADEUR, KARL-HEINZ, INO AUGSBERG (Hg.), Talmudische Tradition und moderne Rechtstheorie, Tübingen, 17–29
- ROSEN, LAWRENCE (2006), Law as Culture. An Invitation, New York
- SCHRÖDER, WINFRIED (2011), Athen und Jerusalem. Die philosophische Kritik am Christentum in Antike und Neuzeit, Stuttgart-Bad Cannstatt
- STROUMSA, GUY G. (2011), Das Ende des Opferkults. Die religiösen Mutationen der Spätantike, Berlin
- ŽIŽEK, SLAVOJ (1999), Liebe deinen Nächsten? Nein, danke! Die Sackgasse des Sozialen in der Postmoderne, Berlin

Wim Decock

Capital Confidence

Updating Harold Berman's Views on Mercantile Law and Belief Systems

»Every time a society finds itself in crisis it instinctively turns its eyes towards its origins and looks there for a sign.« With this citation from Octavio Paz, the 1990 Nobel Prize winner in literature, Berman concluded his *Law and Revolution: The Formation of the Western Legal Tradition* in 1983. [1] There is a sense in which, thirty years later, this quote remains utterly appropriate, certainly at the beginning of a re-assessment of Berman's thoughts on the particular topic of the religious origins of modern commercial and financial institutions. Five years on from the start of the financial crisis, triggered by the collapse of Lehman Brothers on 15 September 2008, it is worthwhile recalling, perhaps, that the sign perceived by Berman in the history of mercantile law was a sign that pointed towards the fundamental interconnectedness of belief systems and business. Berman was profoundly convinced of the vital, historical link between religion, trust, and economic prosperity.

Indeed, some have diagnosed the causes of the current debt crisis in terms of a profound alienation of the Western economic system from its religious and moral moorings. Regardless of how we want to evaluate this rupture, a recent episode from the credit crunch may illustrate that there is at least some truth in that diagnosis. Since June 2012 the City of London has been hit by the so-called Libor-scandal. [2] Regulatory authorities revealed that the ›London interbank offered rate‹ (Libor), used for lending among banks and affecting the pricing of at least $300 trillion in securities, had been manipulated during the financial crisis. Immediately, Barclays, the pride of English finance, found itself in the eye of the storm. Bob Diamond,

its charismatic CEO, had to resign and on 4 July 2012 was called before Members of Parliament for a hearing. [3] Mr Diamond had an answer for every question they threw at him, except one. When John Mann MP, member of the Treasury Select Committee, asked Mr Diamond to remind him of the founding principles of the Quakers who set up Barclays, Bob Diamond remained speechless, and Mr Mann had to give the answer himself: honesty, integrity and plain dealing. [4]

Confronted with this embarrassing example of historical amnesia, suffered by one of the brightest minds of the modern banking industry, a melancholic spirit might be tempted to find comfort in Alexis de Tocqueville's idea that »when the past no longer illuminates the future, the spirit walks in darkness« – a quote Berman chose to conlude the second volume of his *Law and Revolution* with. It might be fairer to just say that the early history of Barclays' banking business adds further weight to Berman's assumptions about the religious origins of modern commercial and financial institutions. Originally, the Quakers, also knowns as the Religious Society of Friends, committed themselves to banking and other trades on a decidely Christian basis. John Freame, who was only 21 years old when he founded Barclays in London's Lombard Street in April 1690, is remembered for saying that the current generation has a duty to implant in young minds a sense of piety and virtue, since that would prove to be more advantagous to them than getting a great deal of riches. [5]

However, the aim of this contribution is not primarily to assess the prophetic nature of Berman's historical account nor to analyze the finan-

---

1 BERMAN (1983) 558.

2 For a chronology and detailed analysis of the Libor-scandal, see the expert coverage in the *Financial Times* http://www.ft.com/intl/indepth/libor-scandal (last accessed on June, 24, 2013). To get a sense of the dazzling litigation storm ensuing from the scandal, see The Libor scandal. Year of the Lawyer: Banks Face Another Punishing Year of Fines and Lawsuits,

The Economist, Jan 5th 2013 (http://www.economist.com/news/finance-and-economics/21569053-banks-face-another-punishing-year-fines-and-lawsuits-year-lawyer) (last accessed on 24 June 2013).

3 See http://www.parliament.uk/documents/commons-committees/treasury/TSCFormalMinutes12-13.pdf (last accessed on 24 June 2013).

4 PLENDER (2012) ponders the clash of cultures between the Quakers and the modern traders as witnessed in the Barclays affair.

5 ACKRILL / HANNAH (2001) 12 and SAVILLE (2002).

cial meltdown of Western economies over the last couple of years. Rather, acknowledging the merits of *Law and Revolution* as ›a great work of synthesizing scholarship‹,[6] it seeks to update some of the historical claims made in this seminal book by confronting them with the results of more recent research. Even if Berman's *Law and Revolution* has become the standard introduction to the history of Western law across the world, one should not infer from this that it has terminated the debate on many issues related to the historical origins of the Western legal tradition. In fact, Berman's *Law and Revolution* has contributed in no small measure to stimulating further investigation into the subject, particularly concerning the medieval origins of a universal law merchant and the religious roots of the capitalist spirit. The objective of the next paragraphs is to challenge some of Berman's assumptions regarding law, economics and religion precisely on the basis of research that has been undertaken subsequent to his great work.

For many jurists, including legal historians, Harold Berman has become associated with the popular idea that there really existed a universal *lex mercatoria*, a kind of self-regulated, customary and transnational mercantile law, which can boast a history of almost a millenium. Indeed, Berman is often quoted as one of the main authorities legitimizing that proposition,[7] since he argued that continental and overseas trade from the eleventh to the fifteenth centuries was governed by ›a general body of European law, the law merchant‹.[8] Apart from the *universal* character of the medieval law merchant, Berman stressed that it was the self-generated product of mercantile *custom*.[9] In addition, merchants settled their disputes in their *own courts* which were characterized by participatory adjudication.[10] Consequently, Berman has also become one of the favorite culprits for critique by those scholars who seek to deconstruct the myth of a universal and eternal law merchant.[11] It is

worthwhile giving a short outline of that critical revision, which has become widespread among legal historians across Western countries over the last decade or so.[12]

The universal character of the *lex mercatoria* is probably one of its supposed features which has been attacked most fiercely by contemporary scholars, for instance in the work of Albrecht Cordes.[13] Already back in 2001, Cordes demonstrated that merchants from different European regions did not share the same substantive law in the Middle Ages. There is also no evidence for a universal mercantile procedural law.[14] On the continent, a body of mercantile privileges referred to as *ius mercatorum* can be found as early as the beginning of the twelfth century, but it is not meant to represent a universal body of mercantile law.[15] In late thirteenth century England, *lex mercatoria* is merely a concept that indicates a number of procedural privileges for merchants, for instance less strict rules of evidence.[16] One wonders if it is possible to conceive of universal systems of law in the 11th, 12th and 13th centuries anyway. Even canon law, which Berman called the ›first modern Western legal system‹, remained much more local and particularist in nature in the wake of the Papal Revolution than Berman thought it was.[17] As Christopher Wickham concluded in his investigation on the church courts in twelfth-century Tuscan region, ›local differentiation in ecclesiastical practice did not by any means end with Gregory VII and Urban II, or even with Alexander III and Innocent III'.[18]

Law and Revolution's claims about the transboundary character of medieval mercantile law are in need of revision, then, since the *lex mercatoria* was much more particularist in nature than is often supposed. The decidedly local character of mercantile law persisted in the early modern period.[19] By the same token, assumptions about the fundamentally customary and self-regulatory nature of mer-

6 EWALD (2005) 161.
7 For two random examples from the overwhelming flood of publications on the law merchant, see MEYER (1994) 49 nt. 35, and MICHAELS (2007) 448.
8 BERMAN (1983) 334 and 342. Compare BERMAN (1988) and BERMAN / DASSER (1998).
9 BERMAN (1983) 340.
10 BERMAN (1983) 346.

11 E.g. CORDES (2001) 172; KADENS (2004) 39–41; SCHERNER (2001) 153–155.
12 E.g. BART (2000), DONAHUE (2004a), GIALDRONI (2008), DE RUYSSCHER (2012), KADENS (2012), MICHAELS (2012), and SACHS (2013).
13 CORDES (2001), CORDES (2003), CORDES (2013).
14 CORDES (2013) 49.
15 CORDES (2001) 178.

16 CORDES (2001) 173–174. For a discussion of the late medieval English Treatise *Lex mercatoria* which was included in the late 13th century Little Red Book of Bristol, see COQUILLETTE (1997) 143–205.
17 BERMAN (1983) 199–254.
18 WICKHAM (2003) 269.
19 E.g. WIJFFELS (2005) 264–266 and VAN HOFSTRAETEN (forthc.).

cantile law need to be qualified. In this regard, Charles Donahue Jr. once pointed out the absence of a general collection of customs of merchants in the medieval and early modern sources. [20] Both Emily Kadens and Stephen Sachs emphasize that merchant adjudication in the late Middle Ages was not necessarily separated from the ordinary court system and that private customs were certainly not the only source of normativity for merchants. Even when merchants did have their own customs and dispute settlement mechanisms, they used the courts of the local secular and ecclesiastical authorities as well. [21] For example, at the fair of St. Ives, one of the major trade happenings in 13th century England, merchants settled their disputes in the local court, which was run by the Abbot of Ramsey and sat in his hall. [22] Self-regulation and private ordering, then, were limited. Commercial norms themselves were shaped not only by mercantile customs, but also by statutory law – often at the explicit request of the merchants. [23] In fact, Berman was not unaware of this. He acknowledged that mercantile law had ›especially close connections with urban and ecclesiastical law‹. [24]

In short, when they should read Berman, future jurists will not ignore the presence of powerful ›foundation myths‹ in the debate on the *lex mercatoria*. [25] It would be unfair, however, to blame Harold Berman for not trying to deconstruct the conventional *lex mercatoria*-narrative. When Berman wrote his synthesis of the evolution of the Western legal tradition, the romantic tale about the medieval orgins of the law merchant was predominant. Incidentally, 1983 saw not only the birth of *Law and Revolution* but also witnessed the publication of Trakman's influential study on the

evolution of mercantile law, which has been called ›a somewhat rhapsodic celebration of the medieval Law Merchant‹. [26] Moreover, the myth about the medieval origins of a transnational law merchant prevailed in the two decades preceding his writing through the work of Clive M. Schmitthoff and Berthold Goldman, [27] even if, occasionally, critical voices were raised already at that time. [28] In fact, the revival of the discourse on *lex mercatoria* in the 60s and 70s turns out to have been just another episode in the cyclic recurrence of the myth since the early seventeenth century. [29] The tendentious use of the law merchant goes a long way back. [30]

Admittedly, the resistance against Berman's somewhat naïve picture of the law merchant is justified, but it does not detract from the brilliance of his overall message. *Law and revolution* is essentially a reminder that commercial law and economic institutions cannot be considered as merely depending on developments in the material or political sphere. It shows that the theoretical models for the explanation of legal and societal change offered by Karl Marx and Max Weber were too heavily indebted to cheap economic or political determinism, respectively. [31] Instead, Berman highlighted the connection between changing belief systems and socio-legal developments. He warned against ›the danger of viewing the law always as a consequence of social and economic change and never as a constituent part of such change‹. [32] Moreover, in Berman's view, the law embodied a typically Christian morality. Perhaps what Berman would have agreed with more than with conventional ideas about the *lex mercatoria*, is that a universal customary law among merchants did exist since the papal revolution, if we understand

20 Donahue (2004a) 28.

21 Kadens (2004) 64.

22 Sachs (2006) 720–728 and Sachs (2013) 22–23.

23 Kadens (2012) 1199. The combined forces of both customary and statutory law have also been singled out as the driving factor behind the development of medieval and early modern company law in Mehr (2009) 25–28. Accordingly, Mehr abandons the notion, adhered to by Berman (1983) 215 that the modern law of corporations is mainly the legacy of Roman and canon law.

24 Berman (1983) 341.

25 Michaels (2013) 268.

26 Epstein (2004) 5–6 and Trakman (1983).

27 Scherner (2001) 148, De Ruysscher (2012) 500.

28 For example, Baker (1979), also cited in Basile et al. (1998) 179.

29 The intellectual history of the myth of *lex mercatoria* has been accurately described in Basile et al. (1998) 123–188. The authors argue that in early seventeenth century England the concept of the law merchant was advanced strategically to protect the interests of the merchants against royal interference and the pervasiveness of the common-law courts (p. 124). It were actually those seven-

teenth-century advocates of merchants' privileges who first used medieval sources in an anachronistic manner to bolster their claims; compare Cordes (2001) 175–177. For further analysis of Gerald Malynes' role in this process, see Scherner (2001) 160–161 and Gialdroni (2009).

30 Donahue (2004a) 26.

31 Berman (1983) 247 and 538–558, Berman (1987, repr. 2000) 239–250, Berman (2003) 380.

32 Berman (1983) 336.

by this that merchants shared a common moral culture imbued with Christian values.[33] It is important that critics pay more attention to this aspect of Berman's exposition on the evolution of Western commercial law.

An intricate connection exists between the medieval law merchant, on the one hand, and the salvation of souls, on the other. Along with Last Judgment, purgatory and sin, the salvation of souls is a theological concept which Berman saw as the key to understand the history of the Western legal tradition. Concerning the origins of mercantile law, Berman claimed that ›law was a bridge between mercantile activity and the salvation of the soul‹.[34] According to him, ›the law developed by the merchants to regulate their own interrelationships, the *lex mercatoria*, was supposed to reflect, not contradict, the canon law‹.[35] At the same time, Berman recognized that the relationship between canon law and mercantile law was not always a smooth one. He also realized that the religious sources of the Western legal tradition had come to dry up in recent times. He found that the Christian foundations of Western law had almost totally been rejected in the twentieth century.[36] The result for our understanding of law and legal history was obvious to Berman: ›Western legal science is a secular theology, which often makes no sense because its theological presuppositions are no longer accepted.‹[37]

Recent scholarship affirms Berman's general intuition about the relationship between the origins of Western commercial law and developments in medieval canon law. In his outline of the history of Western commercial law, Laurent Waelkens explains why there is a direct relationship between the rise of ecclesiastical jurisdiction in the wake of the Concordate of Worms (1122) and the subsequent commercial revolution of the twelfth century.[38] Moreover, by considering merchants as a special category of *personae miserabiles*, the Church was able to claim jurisdiction over them.[39] Indeed, because of their frequent travelling through foreign regions, merchants were thought to deserve special protection, just as pilgrims.[40] Ecclesiastical courts have also been credited with playing a leading role in debt enforcement between merchants.[41] In addition, the prominent role accorded to principles of equity in both the canon law tradition and the merchant courts is no coincidence. By the sixteenth century the content of ›equity‹ may have derived from a secular morality of fair dealing rather than a specific Christian notion of equity.[42] But the late medieval emphasis on equity in commercial transactions is clearly associated with religious representations of good faith and equity.[43] Last but not least, several authors have confirmed Berman's criticism of the Weber thesis about the Protestant origins of the capitalistic spirit.[44] As Berman argued against historians such as Henri Pirenne, there is evidence going back to the 12th century which is incompatible with the widespread conviction that the Catholic Church opposed the profit motive.[45] In fact, the Church contributed to the emancipation of merchants.[46] The first systematic treatises on commercial law and contracts were written by canonists and theologians.[47]

Law and Revolution has been said to be a book as much about the present as about the past.[48] One could even maintain that is about the future. There have always been signs of prophecy in Harold Berman's writings. Ten years ago, when the second volume *Law and Revolution* appeared, he concluded that »it became necessary to explore not only the dependence of economic growth on law but also the dependence of law on the underlying belief system of the society whose law it is«.[49] Berman sensed that in the early twenty-first century the historical nature of the Western legal tradition became visible precisely because it was in decline.[50] In that sense, the financial crisis,

33 Petit (1997) and Petit (2008).
34 Berman (1983) 339.
35 Berman (1983) 339.
36 Berman (1983) 197.
37 Berman (1983) 165.
38 Waelkens (2011) 9–10.
39 C. 24 q. 3 c. 23; Duve (2008) 63 and 138–139.
40 Piergiovanni (1992) 630.
41 Nehlsen-von Stryk (2012) 90. See also the research project on excommunication for debt in late medieval France conducted by Tyler Lange, the results of which were presented at the LOEWE-Dialogue for Young Scholars (Frankfurt/M., March 2nd 2013).
42 Donahue (2004b) 33.
43 Piergiovanni (2005) 177–178, Piergiovanni (2006) 103–104.
44 There is an abundant literature on this subject. Please allow us to refer to Decock (2009) and (2012).
45 Berman (1983) 102, 248, 336–338, Berman (2003) 377–378.
46 Piergiovanni (1992) 617.
47 Savelli (1987), Clavero (1991), Prodi (2009).
48 Ibbetson (1986) 137.
49 Berman (2003) 380.
50 Berman (2003) 382.

which he could no longer witness, produced the perfect proof of his diagnosis. The vital interconnection between faith and finance, capital and confidence, has been crudely laid bare during the recent economic turmoil. Even if Berman's historical account of the medieval law merchant needs to be updated, his insight into the fundamental interplay between commerce, law and belief systems remains accurate today. One wonders, then, how Berman would have reacted to Bob Diamond's

amnesia about the religious values on which the foundation of Barclays' banking depended. Undoubtedly, he would have rehearsed the magic mantra that runs as a red thread through his intellectual legacy: »It is the thesis of this book that the evolution of the Western legal tradition is founded on an evolving Western belief system.«[51]

■

Bibliography

- ACKRILL, M. / L. HANNAH (2001), Barclays: the History of Banking (1690–1996), Cambridge
- BAKER, J. H. (1979), The Law Merchant and the Common Law Before 1700, in: Cambridge Law Journal 38, 295–322 http://dx.doi.org/10.1017/S0008197300094204
- BART, J. (2000), La lex mercatoria au Moyen Âge: mythe ou réalité, in: LEBEN, C. et al. (eds.), Souveraineté étatique et marchés internationaux à la fin du XXe siècle, Paris, 10–22
- BASILE, M. E. et al. (ed., trans., intr.) (1998), Lex mercatoria and Legal Pluralism: a Late Thirteenth-century Treatise and its Afterlife, Cambridge
- BERMAN, H. J. (1983), Law and Revolution: The Formation of the Western Legal Tradition, Cambridge Mass.
- BERMAN, H. J. (1987), Some False Premises of Max Weber's Sociology of Law, in: Washington University Law Quarterly 65, 758–770, reprinted in Faith and Order, The Reconciliation of law and Religion, (Emory University Studies in Law and Religion), Grand Rapids 2000² [= 1993], 239–250
- BERMAN, H. J. (1988), The Law of International Commercial Transactions (Lex Mercatoria), in: Emory Journal of International Dispute Resolution 2, 235–310
- BERMAN, H. J. (2003), Law and Revolution II, The Impact of the Protestant Reformations on the Western Legal Tradition, Cambridge Mass.
- BERMAN, H. J. / F. J. DASSER (1998), The »New« Law Merchant and the »Old«: Sources, Content, and Legitimacy, in: CARBONNEAU, TH. E. (ed.), Lex Mercatoria and Arbitration, JurisNet LLC
- CLAVERO, B. (1991), Antidora, Antropología católica de la economía moderna, Milan
- COQUILLETTE, D. R. (1997), Incipit lex mercatoria, que, quando, ubi, inter quos et de quibus sit, El tratado de lex mercatoria en el Little Red book de Bristól (ca. 1280 AD), in: PETIT, C. (ed.), Del ius mercatorum al derecho mercantil, Madrid, 143–228
- CORDES, A. (2001), Auf der Suche nach der Rechtswirklichkeit der mittelalterlichen lex mercatoria, in: Zeitschrift der Savigny-Stiftung für Rechtsgeschichte, Germ. Abt. 118, 168–184
- CORDES, A. (2003), À la recherche d'une lex mercatoria au Moyen Âge, in: MONNET, P. / O. G. OEXLE (eds.), Stadt und Recht im Mittelalter / La ville et le droit au Moyen Âge, Göttingen, 117–132
- CORDES, A. (2013), Die Erwartungen mittelalterlicher Kaufleute an Gerichtsverfahren: Hansische Privilegien als Indikator, in: CORDES / DAUCHY (2013) 39–64
- CORDES, A. / S. DAUCHY (eds.) (2013), Eine Grenze in Bewegung. Öffentliche und private Konfliktlösung im Handels- und Seerecht, München
- DECOCK, W. (2009), Lessius and the Breakdown of the Scholastic Paradigm, in: Journal of the History of Economic Thought 31, 57–78 http://dx.doi.org/10.1017/S1053837209090051
- DECOCK, W. (2012), In Defense of Commercial Capitalism: Lessius, Partnerships and the Contractus Trinus, in: Max Planck Institute for Legal History Research Paper Series 2012-04, 1–36
- DE RUYSSCHER, D. (2012), La lex mercatoria contextualisée: tracer son parcours intellectuel, in: Revue historique de droit français et étranger 90, 499–515
- DONAHUE JR., CH. (2004a), Medieval and Early Modern Lex mercatoria: An Attempt at the probatio diabolica, in: Chicago Journal of International Law 5, 21–36
- DONAHUE JR., CH. (2004b), Equity in the Courts of Merchants, in: Tijdschrift voor Rechtsgeschiedenis 72, 1–35
- DUVE, TH. (2008), Sonderrecht in der Frühen Neuzeit, Studien zum ius singulare und den privilegia miserabilium personarum, senum und indorum in Alter und Neuer Welt, Frankfurt am Main
- EPSTEIN, R. A. (2004), Reflections on the Historical Origins and Economic Structure of the Law Merchant, in: Chicago Journal of International Law 5, 1–20

---

51 BERMAN (2003) 373.

- Gialdroni, S. (2008), Il law merchant nella storiografia giuridica del novecento: una rassegna bibliografica, in: Forum Historiae iuris (2008), http://www.forhistiur.de/zitat/0808gialdroni.htm
- Gialdroni, S. (2009), Gerard Malynes e la questione della lex mercatoria, in: Zeitschrift der Savigny-Stiftung für Rechtsgeschichte, Germ. Abt. 126, 38–69
- Ibbetson, I. (1986), Law, Religion and Revolution in the Twelfth Century, in: Oxford Journal of Legal Studies 6, 137–144 http://dx.doi.org/10.1093/ojls/6.1.137
- Kadens, E. (2004), Order Within Law, Variety Within Custom: The Character of the Medieval Merchant Law, in: Chicago Journal of International Law 5, 39–65
- Kadens, E. (2012), The Myth of the Customary Law Merchant, in: Texas Law Review 90, 1153–1206
- Mehr, R. (2009), Societas und universitas. Römischrechtliche Institute im Unternehmungsgesellschaftsrecht vor 1800, Köln
- Meyer, R. (1994), Bona fides und lex mercatoria in der europäischen Rechtstradition, Göttingen
- Michaels, R. (2007), The True Lex Mercatoria: Law Beyond the State, in: Indiana Journal of Global Legal Studies 14, 447–468 http://dx.doi.org/10.2979/GLS.2007.14.2.447
- Michaels, R. (2012), Legal Medievalism in Lex Mercatoria Scholarship, in: Texas Law Review 90, 259–268
- Nehlsen-von Stryk, K. (2012), Der römisch-kanonische Zivilprozeß in der gesellschaftlichen Realität, in: Nehlsen-von Stryk, K., Rechtsnorm und Rechtspraxis in Mittelalter und früher Neuzeit: Ausgewählte Aufsätze, ed. by A. Cordes, B. Kannowski, Berlin, 89–100 http://dx.doi.org/10.3790/978-3-428-53360-2
- Petit, C. (1997), Mercatura y ius mercatorum: Materiales para una antropología del comerciante premoderno, in: Petit, C. (ed.), Del ius mercatorum al derecho mercantil, Madrid
- Petit, C. (2008), Del usus mercatorum al uso de comercio: Notas y textos sobre la costumbre mercantil, in: Revista da Faculdade de Direito Curitiba 48, 7–38
- Piergiovanni, V. (2005), La bona fides nel diritto dei mercanti e della Chiesa medievale, in: Zeitschrift der Savigny-Stiftung für Rechtsgeschichte, Kan. Abt. 122, 168–179
- Piergiovanni, V. (2006), Fides e bona fides: spunti dalla scienza e dalla pratica giuridica medievale, in: Piergiovanni, V. (ed.), Hinc publica fides: Il notaio e l'amministrazione della giustizia, Milan, 91–108
- Piergiovanni, V. (1991), Un trattatello sui mercanti di Baldo degli Ubaldi, in: Ascheri, M. (ed.), Scritti di storia del diritto offerti dagli allievi a Domenico Maffei, Padova, 235–254
- Plender, J. (2012), How Traders Trumped Quakers. Shedding Light on the Culture Shift that Led to the Libor Scandal, in: The Financial Times (6 July 2012) (http://www.ft.com/cms/s/0/5d9b913a-c74f-11e1-8865-00144feabdc0.html#axzz2WwrDmWgk)
- Sachs, S. E. (2006), From St. Ives to Cyberspace: The Modern Distortion of the Medieval »Law Merchant«, in: American University International Law Review 21, 686–812
- Sachs, S. E. (2013), Conflict Resolution at a Medieval English Fair, in: Cordes / Dauchy (2013) 19–38
- Savelli, R. (1987), Between Law and Morals: Interest in the Dispute on Exchanges During the 16th Century, in: Piergiovanni, V. (ed.), The Courts and the Development of Commercial Law, Berlin, 39–102
- Saville, R. (2002), Sober Set With Quaker Roots: Barclays, in: Times Higher Education (3 May 2002) (http://www.timeshighereducation.co.uk/168809.article)
- Scherner, K. O. (2001), Lex mercatoria – Realität, Geschichtsbild oder Vision?, in: Zeitschrift der Savigny-Stiftung für Rechtsgeschichte, Germ. Abt. 118, 148–167
- Trakman, L. E. (1983), The Law Merchant: The Evolution of Commercial Law, Littleton
- Van Hofstraeten, B. (forthc.), The Italian Nature of Antwerp Company Law About 1600, in: Van Hofstraeten, B. / W. Decock (eds.), History of Companies and Company Law in the Early Modern Period (tentative title), Brussels
- Waelkens, L. (2011), Geschiedenis van het handelsrecht, in: Tilleman, B. / E. Terryn (eds.), Handels- en economisch Recht, I, Ondernemingsrecht, Mechelen, 1–26
- Wickham, Ch. (2003), Courts and Conflict in Twelfth-Century Tuscany, Oxford
- Wijffels, A. (2005), Business Relations Between Merchants in Sixteenth-Century Belgian Practice-Orientated Civil Law Literature, in: Piergiovanni, V. (ed.), From lex mercatoria to commercial law, Berlin, 255–290

Pierre Monnet

Usages et réceptions médiévistes de Berman : un point de vue français

Comme on le sait depuis longtemps, la réception d'une œuvre importante d'un pays à l'autre, d'une aire culturelle à l'autre, dépend tout simplement et en grande partie de sa traduction. Pour être banale, cette remarque n'en perd pas pour autant de sa vérité.

L'un des exemples le plus souvent cité est celui de l'espace public (*Strukturwandel der Öffentlichkeit)* de Jürgen Habermas, dont le texte original date de 1962 mais n'est accessible en version française qu'en 1978.[1] Dans un autre registre, le célèbre Frédéric II de Ernst Kantorowicz, publié en 1927, n'est traduit en France que 60 ans plus tard.[2] Il existe encore, dans les sciences sociales et humaines, des trous incompréhensibles, pour ne citer par exemple que le maître ouvrage de Paolo Prodi sur le serment dans la culture juridique et constitutionnelle occidentale publié en 1992,[3] traduit dès 1997 en allemand,[4] mais toujours indisponible en français 20 ans plus tard.

La critique est certes aisée et longue est la liste, pour chaque spécialiste, de ce qu'il estime être le grand scandale du transfert linguistiquement empêché. D'aucuns rétorqueront à rebours que l'érudit doit connaître les langues en usage dans la communauté scientifique de son champ et n'a nul besoin de translation pour recevoir la thèse du voisin. Il n'empêche, le commerce de la traduction des grands ›classiques‹ contribue par capillarité à des inflexions notables dans tel ou tel segment des sciences, et particulièrement des sciences sociales et humaines qui se définissent en partie comme des sciences du discours et du langage. L'histoire reste d'ailleurs à faire des seuils de latence en deçà et au-delà desquels une œuvre marquante peut ou non demeurer non traduite avant d'exercer une influence décisive dans le champ disciplinaire d'une autre aire linguistique.

Un tel blocage n'a cependant pas opéré dans le cas de Harold Berman, dont le premier tome de son ›cycle‹ sur le droit et la révolution consacré à la formation de la tradition juridique occidentale (*The Formation of the Western Legal Tradition*) paru en 1983 n'aura attendu ›que‹ 19 ans pour être traduit en français (2002).[5] Quant au second volet de 2003 consacré à l'impact des réformes protestantes sur la tradition juridique occidentale (*The Impact of the Protestant Reformations on the Western Legal Tradition*), il est traduit 7 ans plus tard pour le public francophone (2010).[6] Il est vrai que l'école française d'une science historique, sociale et anthropologique du droit, incarnée tant par Pierre Legendre ou Alain Supiot, que par le regretté Yan Thomas ou bien encore par Jean-Louis Halpérin, a veillé à ne pas laisser sans réception ce qui fut reconnu d'emblée comme une œuvre majeure du XXe siècle consacrée à une interprétation de longue durée de la tradition juridique européenne.

Une œuvre majeure sans doute, comme les premières recensions françaises l'ont noté, au regard du brassage chronologique opéré. Une œuvre majeure également au regard du grand récit proposé par une analyse annoncée d'emblée en trois tableaux, celui d'une relation ‹ occidentale › singulière entre le droit et la religion, mais aussi celui d'une origine profondément chrétienne du changement des ordres juridiques et normatifs dans la tradition occidentale, autrement dit d'une interrelation dynamique entre système de croyance et système de droit.

Il importe tout d'abord de noter que, même si les médiévistes français n'ont pas encore inclus Berman dans le Panthéon des classiques anglo-saxons admis à bouleverser les grandes lignes de leur monde interprétatif, les thèses bermaniennes exercent une influence directe non seulement sur la place du Moyen Age, mais aussi sur la manière contemporaine de saisir le monde médiéval. En d'autres termes, le triptyque inachevé de Berman livre une métathèse bonne à penser pour les médiévistes car elle tente de retrouver une cohérence matricielle du droit et de la religion chez les

---

1 HABERMAS (1978).
2 KANTOROWICZ (1980).
3 PRODI (1992).
4 PRODI (1997).
5 BERMAN (2002).
6 BERMAN (2010).

médiévaux eux-mêmes. En premier lieu, la lecture médiévistique de Berman se conçoit du point de vue de son contenu, tant le premier tome de son *masternarrative* porte sur la ‹ révolution › des XIe–XIIe siècles. Or, cette charnière dont le gond capital (pour filer la métaphore du retable bermanien) s'incarne dans Grégoire VII, le pape de la réforme du même nom, des *Dictatus papae*, de Canossa et de la Querelle des Investitures, n'est elle-même que le résultat d'un ébranlement originel, théologique, signalant autour de l'an mil l'avènement de notions juridiques nouvelles: la personne, la responsabilité, l'état de droit, tous thèmes liés à une économie et à une liturgie (qui au Moyen Age signale toujours un changement socio-culturel de grande ampleur) de la rédemption, du rachat et du salut. L'interprétation d'ensemble proposée par *Droit et révolution* interpelle en second lieu les médiévistes au regard du large glissement de la périodisation au sein de laquelle se situe précisément le ‹ moment › Moyen Age. Le Moyen Age de Berman est une matrice ancrée sur son cœur des années 1000–1100, dont sont en vérité issues, chacune selon leur modalité propre, les deux révolutions anglaise et française (et au-delà on s'en doute américaine aussi, Berman écrivant depuis les Etats-Unis), non par rupture mais par continuité évolutive de la tradition chrétienne jetant des ponts entre la scolastique et la théologie ou le droit allemand post-luthériens, entre le droit d'assistance caritative et le capitalisme, et cela par un rejeu pluriséculaire et non pas par une simple transition de la fin du Moyen Age à l'époque moderne. Au fond, les révolutions, qu'elles soient religieuses (Réformes anglaise et allemande), politiques (Révolution française) ou économiques (capitalisme), ne s'inscrivent dans la durée qu'en incluant paradoxalement l'héritage du prétendu ennemi commun qu'elles étaient censées combattre, à savoir la tradition chrétienne telle qu'elle s'exprime dès le Moyen Age central et pas seulement dans sa version pré-réformée des XIVe et XVe siècles. C'est donc aussi en cela, du point de vue de la périodisation, que les thèses bermaniennes s'opposent aux découpages wébérien ou marxiste faisant du Moyen Age la gangue ‹ féodale › dont la bourgeoisie ou la rationalité ont dû se délivrer par extraction et sublimation. Sur le plan proprement juridique, explique Berman en s'opposant là

encore essentiellement à Weber[7] mais aussi partiellement à Marx, c'est bien parce que le droit médiéval chrétien avait déjà garanti la solidité des contrats, la solidarité des actionnaires et le développement de l'assurance, que le protestantisme a pu techniquement s'approprier le capitalisme. De ce point de vue, et cette considération constitue le troisième horizon d'attente médiévistique de la somme bermanienne, la relation singulière nouée entre droit et religion au cœur de la société ecclésiale grégorienne trace une frontière culturelle séparant Orient et Occident, et cela en amont ou tout au moins en accompagnement du grand ébranlement des croisades.

Pour toutes ces raisons, hier comme aujourd'hui, il reste impossible de lire le premier tome de 1983 sans son complément chronologique et logique que forme le deuxième volume de 2003 puisque c'est sur la base de la révolution du XIe siècle, signalant la triple invention des professionnels du droit, de la redécouverte du droit romain et du pouvoir législatif des grands royaumes d'Occident, que s'enkyste la deuxième révolution, allemande et anglaise celle-là, liée aux Réformes protestantes, avant les trois ultérieures, américaine, française et russe, donnant naissance à leur tour à de nouveaux systèmes juridiques. On l'aura bien compris, dans cette sorte d'histoire globale ou plutôt d'histoire transnationale des ruptures et des mutations juridiques qui prend en écharpe les continents et les siècles (il est vrai occidentaux), se déploie un système bermanien soucieux d'une part de découpler révolution juridique et révolution politique, cette coïncidence ne fonctionnant que pour les cas modernes américain (1786), français (1789) et russe (1917); et désireux de l'autre d'aligner conceptuellement une quadruple évolution, celle de la croyance religieuse, celle de la philosophie du droit, celle de la science du droit et celle de l'institution du droit. Il en résulte que la science, la philosophie et l'institution du droit peuvent survivre à l'absence ou à l'échec d'une révolution politique.

Il est certain que l'analyse des relations entre religion et droit menée et souhaitée par Berman appelle la prise en compte, désormais usuelle chez les historiens, non seulement des systèmes juridiques exprimés par le droit, la législation et la jurisprudence, mais également des normes, codes

---

7 Weber (1964).

et pratiques de comportement en adéquation ou en rupture avec ces mêmes systèmes, dont la genèse et la consolidation ne se limitent pas aux formes écrites du droit savant, romain, canonique ou coutumier. [8] De la sorte, une approche historique et anthropologique du droit considère comme inséparable l'étude intriquée des droits, de leurs principes et des sanctions, appliquées ou non, qu'ils entrainent afin de viser à une étude des effets conjoints, normatifs, législatifs et judiciaires, de pouvoir et de discipline. Même si la somme de Berman ne traite pas prioritairement des normes et surtout des sanctions multiples et graduelles qu'elles déclenchent, elle ne s'inscrit pas moins dans le champ d'un dialogue renouvelé entre l'histoire et le droit, un dialogue attentif à la prise en compte des discours juridiques et soucieux en même temps de poser à nouveaux frais la question du politique (l'obéissance s'obtenant mieux par la souplesse que par la dureté des normes et des sanctions issues du droit), la question du droit comme instrument codé, et donc rhétorique, le problème du droit comme arsenal classificatoire, et la question de la capacité normative du droit tant il est vrai qu'il existe des normativités que le droit ne qualifie pas et des normativités sanctionnées par le droit, devenant en quelque sorte juridiques par acculturation.

Surtout, l'œuvre de Berman, y compris avec ses travers anti-positivistes et anti-wébériens, ne cesse de réactualiser le débat sur la spécificité des constructions institutionnelles latines, un champ qui a le plus intéressé les historiens français de la prémodernité juridique derrière Pierre Legendre et Yan Thomas, interpellés par la capacité du droit à s'affirmer à l'égard du social et par son aptitude à

se reproduire tout en se transformant, au service d'une intériorisation des liens sociaux et des liens religieux tout ensemble, concourant finalement à une meilleure sujétion relayée par des entités nouvelles de médiation (et de négociation) que sont les paroisses, les villes, les principautés, les royaumes.

La lecture ou la relecture des livres de Berman aujourd'hui, particulièrement pour les médiévistes et les modernistes français, doit sans doute entrer davantage encore qu'au moment de leurs rédaction puis traduction en résonance avec une sensibilité accrue à la mise en regard des systèmes juridiques avec les structures normatives qui, les unes et les autres, ne peuvent au Moyen Age et au temps des Réformes que relever d'une rationalité chrétienne. Finalement, deux seuils de variation et de tolérance se dessinent: celui qui d'un côté sépare ou relie, par alignement ou par écart, le système juridique et le système normatif; celui qui de l'autre distingue l'énonciation du droit, du principe et de la norme et sa transcription ou son application concrètes aux diverses échelles territoriales et politiques. L'enjeu est de taille, car ce qu'éclairent en puissance ces deux seuils n'est rien moins que la nature et l'originalité du lien social ancien, lequel dit beaucoup de son devenir actuel: *Ubi societas ibi jus.* Telles sont aujourd'hui la validité et la qualité de l'invite formulée dès 1983 par Berman: nul doute que de ce point de vue les historiens puissent continuer à en faire leur miel.

■

Bibliographie

- BERMAN, HAROLD (2002), Droit et révolution. La formation de la tradition juridique occidentale, Aix-en-Provence
- BERMAN, HAROLD (2010), Droit et révolution. L'impact des Réformes protestantes sur la tradition juridique occidentale, Paris
- GAUVARD, CLAUDE, BOUREAU, ALAIN, JACOB, ROBERT (2002), « Les normes », dans: SCHMITT, JEAN-CLAUDE, OTTO GERHARD OEXLE (dir.), Les tendances actuelles de la recherche en histoire du Moyen Age en France et en Allemagne, Paris, 461–482
- HABERMAS, JÜRGEN (1978), L'Espace public: archéologie de la publicité comme dimension constitutive de la société bourgeoise, Paris
- KANTOROWICZ, ERNST (1980), L'empereur Frédéric II, Paris
- PRODI, PAOLO (1992), Il sacramento del potere. Il giuramento politico nella storia costituzionale dell'Occidente, Bologna
- PRODI, PAOLO (1997), Das Sakrament der Herrschaft. Der politische Eid in der Verfassungsgeschichte des Okzidents, Berlin
- WEBER, MAX (1964), Ethique protestante et esprit du capitalisme, Paris (il s'agit de la première traduction française de l'original paru en 1904–1905)

Diego Quaglioni

«The Outer and the Inner Aspects of Social Life»

Dieci anni fa, nel 2003, a venti anni dalla pubblicazione di *Law and Revolution. The Formation of the Western Legal Tradition*, Harold Berman volle intitolare il suo ultimo libro, ancora una volta e puntigliosamente, *Law and Revolution*. Nel sottotitolo, *The Impact of the Protestant Reformations on the Western Legal Tradition*, il nuovo volume sottolineava insieme l'unità della tradizione giuridica occidentale e ciò che in altra occasione Berman aveva chiamato «the radical jurisprudential break brought about by the Lutheran revolution against the Roman Catholic Church».[1]

Continuità e discontinuità: l'ultima riflessione di Berman riproponeva i tratti della "struttura basilare" della tradizione giuridica occidentale, col suo dualismo tra spirituale e secolare, tra norma morale-religiosa e norma giuridica, tra coscienza e legge. Il secondo volume interpretava il primo,[2] ancora una volta revocando in dubbio, in modo radicale e volutamente unilaterale, intiere categorie storiografiche e consolidate cronologie, nonché l'uso di schemi, come quelli correnti nella comparatistica di tradizione anglo-americana, tesi a negare l'unità della tradizione giuridica occidentale separando in modo del tutto antistorico i "grandi sistemi" di *civil law* da quelli di *common law*.[3]

Oggi, a trent'anni dal primo *Law and Revolution* e a dieci dal secondo, il lascito fondamentale di Berman alla storiografia giuridica occidentale e alla storia giuridica comparata può essere colto in un richiamo, allo stesso tempo scientifico e morale, a rivedere le linee convenzionali lungo le quali tanta parte della letteratura storico-giuridica del nostro tempo si è adagiata, compiacendosi talvolta di enfatizzare "tipicità" epocali ed epocali fratture e perdendo di vista il problema storico-attuale della tradizione giuridica occidentale e della sua unità.[4] Di tale unità Berman ha mostrato la natura internamente dialettica, articolata e intessuta di "Grandi Rivoluzioni", cioè la paradossale continuità di un carattere incessantemente discontinuo, e dunque il carattere evolutivo, progressivo di una tradizione capace di una continua rielaborazione nella conservazione della sua struttura basilare, almeno fino al dissolversi del comune patrimonio giuridico dell'Occidente nelle violenze dei nazionalismi del XX secolo. Si tratta di una concezione che risale a *Out of Revolution* di Eugen Rosenstock-Huessy (1938), e che in Berman assume il sembiante di un pensiero storico-giuridico (*historical jurisprudence*) in cui la storia svolge un ruolo risolutore delle tensioni tra etica e politica. La storia giuridica assume in Berman il ruolo di una *integrative jurisprudence*,[5] superando l'unilateralità sia del positivismo giuridico sia delle istanze neo-giusnaturalistiche e recuperando il *senso* della tradizione giuridica nel vincolo con i suoi *belief systems*.[6]

I venti anni che corrono dal primo *Diritto e rivoluzione*, il libro che Richard Helmholz e Reinhard Zimmermann hanno giudicato come uno dei massimi contributi della storiografia giuridica del nostro tempo,[7] sono anche, per Berman, lo spazio dell'ulteriore declino dell'Occidente e del progressivo venir meno della coscienza della sua tradizione giuridica. È da questo punto di vista che Berman volge lo sguardo alle conseguenze, sul piano della storia costituzionale d'Europa (e guardando agli Stati Uniti d'America), delle trasformazioni di quella stessa tradizione e delle sue basi etico-religiose nel grande sommovimento dei sistemi di valori della cristianità nelle Riforme luterana e calvinista dei secoli XVI e XVII. Berman avverte che tale "impatto" deve considerarsi «come parte di una storia ancora più ampia, in una "prospettiva millenaria", cioè come parte della tradizione giuridica occidentale e dei suoi istituti caratteristici, tanto nel diritto pubblico quanto in quello privato.

La prospettiva interpretativa indicata dallo storico americano esprime una linea di pensiero il cui significato non è limitato, come talvolta si è voluto credere, alla "scoperta" del carattere dirompente dell'istituzionalizzarsi, nei secoli XI–XII, di un dualismo permanente e di una tensione concorrenziale tra due poli, lo spirituale e il temporale,

---

1 BERMAN / REID (1992) 497f.

2 QUAGLIONI (2010) XII.

3 BERMAN (2003).

4 BIROCCHI / QUAGLIONI / MAZZACANE (2011).

5 HUNTER (ed.) (1996).

6 BERMAN (2003) 497.

7 HELMHOLZ (1993); ZIMMERMANN (2008).

ognuno dei quali tende ad assumere una posizione egemonica nella società e nella tradizione giuridica occidentale. Essa riguarda invece, ancora una volta, la sua "crisi" presente, dalla quale è possibile osservare gli snodi traumatici, i sommovimenti spirituali dai quali ha origine, lungo i secoli XVI e XVII, una nuova dimensione del potere e una nuova stagione del diritto e del pensiero giuridico: la "prima modernità" e la "secolarizzazione" secondo la storiografia convenzionale; la "seconda modernità" e la "spiritualizzazione del secolare" secondo Berman. [8]

Nella lunga tradizione giuridica occidentale quel *radical breack* non separa il "medievale" dal "moderno", ma divide in due la modernità stessa. Nulla che si avvicini al vecchio e anacronistico vizio dei "precorrimenti" e delle "anticipazioni" di concetti e istituti giuridici, nulla che sappia di antistorica proiezione all'indietro di categorie ed esperienze della "modernità". La storia delle rivoluzioni e del loro "impatto" sulla tradizione giuridica occidentale si svolge in un continuo intreccio con le principali correnti di pensiero e della storiografia del secolo scorso, in una stretta dialettica con la prospettiva interpretativa marxista e weberiana, che Berman respinge in nome di una concezione "integrale" del diritto come fatto spirituale e sociale, fino a smentire i giudizi recenti sul carattere "anti-romanistico" della tradizione del diritto inglese (che per Berman è storicamente e indissolubilmente parte della storia del *ius commune* e delle sue trasformazioni nella modernità, al di là di ogni mitologia giuridica ottocentesca) o a segnalare la debolezza di esercizi d'interpretazione della tradizione giusdottrinale in chiave sociologica.

Law and Revolution resta un documento tra i più interessanti della storiografia giuridica del nostro tempo, espressione di una proposta interpretativa ineludibile, se non altro perché essa si presenta esattamente come il rovesciamento dell'ormai stantia *fabula* dell'origine dei principali concetti del diritto pubblico europeo dalla "secolarizzazione" di concetti teologici. Penso ad una tempestiva e densa riflessione di Paolo Prodi, a cui si deve

la recezione in Italia del primo *Diritto e rivoluzione* e che in alcune delle sue opere maggiori ha in seguito costantemente e criticamente dialogato con Berman e con la sua visione della crisi del diritto in Occidente. [9]

L'opera di Berman è semplicemente insostituibile come espressione al massimo livello di un moto di affermazione della storicità del diritto e dell'esigenza di riscoprire la relazione storico-attuale tra il diritto e i suoi *belief systems*, ravvivatasi nella letteratura storica più recente. [10] Ne è testimone, nel 1993, a mezzo del cammino fra il primo e il secondo *Law and Revolution*, la raccolta di saggi intitolata *Faith and Order. The Reconciliation of Law and Religion*. Vi sono raccolti tutti i maggiori temi della storiografia bermaniana, sintetizzati in un'importante introduzione dedicata alla dimensione religiosa del diritto. Alcuni dei saggi che vi si trovano raccolti costituiscono sviluppi del primo *Law and Revolution* e anticipazioni del secondo, come Berman stesso riconosce nella breve prefazione alla raccolta, avvertendo il lettore contro ogni indebita semplificazione della relazione tra diritto e religione: [11]

> «There are, to be sure, some people in the academic world, and many in what may be called the real world, who connect law with religion by emphasizing the link which both have with morality. On the theoretical level, it is argued that law is based ultimately on certain moral principles (contracts should be kept, crimes should be punished, civil rights should be protected and civil wrongs should be remedied, trials should be fair, and, in general, justice should be done), and that morality, in turn, including legal morality, is based ultimately on religion. A related, though different, argument is made by some religious moralists, namely, that society has a duty to enact laws prohibiting conduct which violates their religious morality. I do not, however, address these themes, except indirectly, and must therefore warn those who see in morality the only connection, or the basic

---

8 Dilcher (2009).

9 Prodi (1988); Prodi (1992); Prodi (1993); Prodi (2000).

10 Strohm (2008); Strohm / de Wall (2009); cf. Stolleis (2009); Bianchin (2009).

11 Berman (1993) x.

connection, between law and religion that they may be disappointed by this book. It is not only, and not primarily, about legal and religious morality. It is primarily about what I have called the religious dimension of law and the legal dimension of religion. It is about the dynamics of the interaction between these two great forces, which may be said to constitute the outer and the inner aspects of social life».

«The outer and the inner aspects of social life». Questa sembra a me la chiave principale per una lettura del lascito dell'opera storiografica di Harold Berman, ed anche la ragione per cui lo stesso Berman, parafrasando Maitland, amava dire che la storia del diritto in Occidente non è stata ancora scritta. [12]

■

Bibliografia

- BERMAN, HAROLD J. (1984), Why the History of Western Law is not Written, in: University of Illinois Law Review, 511–520
- BERMAN, HAROLD J. (1993), Law and Order. The Reconciliation of Law and Religion, Grand Rapids (Michigan), Cambridge
- BERMAN, HAROLD J. (2003), Law and Revolution, 2. The Impact of the Protestant Reformations on the Western Legal Tradition, Cambridge (Mass.) and London
- BERMAN, HAROLD J., REID, CHARLES J. JR. (1993), Recensione di Kelly, John M. (1992), A Short History of Western Legal Theory, New York, in: The American Journal of Legal History 37, 497–499
- BIANCHIN, LUCIA (2009), Recensione di Strohm, Christoph (2008), Calvinismus und Recht. Weltanschaulich-konfessionelle Aspekte im Werk reformierter Juristen in der Frühen Neuzeit, Tübingen, in: Sehepunkte 9
- BIROCCHI, ITALO, DIEGO QUAGLIONI, ALDO MAZZACANE (2011), La tradizione giuridica occidentale nella prospettiva della sua crisi presente, in: Quaderni fiorentini per la storia del pensiero giuridico moderno 40, 1031–1059
- DILCHER, GERHARD (2009), Säkularisierung von Herrschaft durch Sakralisierung der Gerechtigkeit?, in: KROPPENBERG, INGE, MARTIN LÖHNIG, DIETER SCHWAB, Recht – Religion – Verfassung. Festschrift für Hans-Jürgen Becker zum 70. Geburtstag, Bielefeld, 9–47
- HELMHOLZ, RICHARD (1993), Harold Berman's Accomplishment as a Legal Historian, in: Emory Law Journal 42, 475–496
- HUNTER, HOWARD O. (ed.) (1996), The Integrative Jurisprudence of Harold J. Berman, Boulder (Col.), Oxford
- PRODI, PAOLO (1988), Suggestioni (da H. J. Berman) per lo studio del ruolo del diritto papale tra medio evo ed età moderna, in: Nuovi moti per la formazione del diritto, Padova, 93–103
- PRODI, PAOLO (1992), Il sacramento del potere. Il giuramento politico nella storia costituzionale dell'Occidente, Bologna
- PRODI, PAOLO (Hg.) (1993), Glaube und Eid. Treueformeln, Glaubensbekenntnisse und Sozialdisziplinierung zwischen Mittelalter und Neuzeit, München
- PRODI, PAOLO (2000), Una storia della giustizia. Dal pluralismo dei fori al moderno dualismo tra coscienza e diritto, Bologna
- QUAGLIONI, DIEGO (2010), Presentazione dell'edizione italiana, in: BERMAN, HAROLD J., Diritto e rivoluzione, II. L'impatto delle riforme protestanti sulla tradizione giuridica occidentale. Edizione italiana, QUAGLIONI, DIEGO (ed.), Bologna
- STOLLEIS, MICHAEL (2009), Genf, Heidelberg, Emden, in: Rechtsgeschichte 14, 196–199
- STROHM, CHRISTOPH (2008), Calvinismus und Recht. Weltanschaulich-konfessionelle Aspekte im Werk reformierter Juristen in der Frühen Neuzeit, Tübingen
- STROHM, CHRISTOPH, HEINRICH DE WALL (Hg.) (2009), Konfessionalität und Jurisprudenz in der frühen Neuzeit, Berlin
- ZIMMERMANN, REINHARD (2008), Harold Berman: Some Personal Reflections, in: Emory Law Journal 57, 1465–1469

---

12 BERMAN (1984); BERMAN (1993) 23f.

Tomasz Giaro

The East of the West.
Harold J. Berman and Eastern Europe

Preliminary remarks. According to recent studies in law and economics, »legal origins«, and in particular the influence of Roman law or the absence thereof, explain the difference between the state-centered capitalism of continental Europe and the market-focused Anglo-Saxon system:[1] a thousand years of path dependency. However, it was Harold Joseph Berman who anticipated the origins theory in his book »Law and Revolution«, published in 1983. Indeed, he considered the origins of Western legal tradition as indicative of its present features. He referred frequently to its »organic growth« (5–7, 318, 400, 536) which evidently amplifies the role of its »sources« (144, 165, 279, 290), »roots« (39, 42, 166, 538) etc.

During the late Middle Ages, the subject of Berman's focus, the West, equalled a Europe whose overseas expansion had not yet begun. This recalls the »Europe of legal historians« as their attempt, efficiently caricatured by Dieter Simon, to determine the borders of the continent on the basis of a medieval state of affairs.[2] Such a historical justification of geopolitical concepts is risky, but nonetheless common. In the Middle East, the borders of Biblical regions legitimize present or future frontiers. Berman shared the usual ideas of legal history as regards the modern being nothing else than a protraction or renewal of the old, when he identified the papal revolution of 1075 as the factor having durably impregnated western legal culture.

The difficulty of the origins-problem may arise principally from the anachronistic nature of the concepts involved. Isn't it rather nonsensical to ask a question about the borders of Europe, when Europe as such did not exist at that time? Of course, the concept of Europe was known from the times of the ancient historian Herodotus, but during the Middle Ages, and even later until the end of the 17th century, at the continent – besides the Holy Roman Empire – rather the religious community

called *Christianitas* or *republica Christiana* (*Christianorum*) had been invoked.[3] At that time, the concept of Europe did not yet play the pivotal role in political discourse which it acquired from the age of the Enlightenment.[4]

It was a moral revolution, unfortunately remained unknown to Berman, as the Polish lawyer and priest Paulus Vladimiri (1370–1435), rector of Cracow University, extended the legal community to the pagans of old Prussia, violently Christianized by the Teutonic Knights.[5] During the contest between the Knights and the Kingdom of Poland at the council of Konstanz (1414–1418) Vladimiri red his *Tractatus de potestate papae et imperatoris respectu infidelium* which granted the people of Prussia the natural right to live peacefully in their own state.[6] Over a century later, the Spanish neo-scholastics, Bartolomé de Las Casas (1474–1566) and Francesco de Vittoria (1483–1546), adopted the same attitude towards the Indians of the New World.

Before and after Berman. Berman's principal achievement seems to be the substitution of Roman law with canon law as the main factor of western legal tradition (204–205) which was then simply the European one. So Berman gained support of scholars who accepted canon law as its primary source and the first common law of Europe.[7] However, this reduction in the significance of Roman law – which had already been referred to by Maitland as the »Imperial Mother« of her »Papal Daughter«[8] – was also questioned.[9] And Zimmermann recently objected that »the medieval Popes could not have been successful in their creation of the canon law and in their reorganization of the world …, had they not been able to resort to Roman law«.[10]

In any case, Berman falsified the old Romanist doctrine, due to Paul Koschaker (1879–1951) who, in his book »Europa und das römische Recht«,

1 La Porta, López-de-Silanes, Shleifer (2008) 327.

2 Simon (1995) 24.

3 Schneidmüller (1997) 5–24.

4 Wesel (2005) 602.

5 Chollet (2012).

6 Pennington (2010) 849–850; Giaro (2011) 6–7.

7 Helmholz (1996) 38; Caenegem (2002) 14.

8 Giesen (1980) 441.

9 Funk (1984) 693–694; Landau (1984) 939–940.

10 Zimmermann (2008) 1465.

first published in 1947, identified Europe with the reception area of Roman private law. Koschaker interpreted Europe as a historical synthesis of Romanic and Germanic elements, even if he recognized its ethnic substrate as Germanic and only the culture as Roman-Christian. The idea of the Latin-Germanic Europe, which descended from the Prussian court historiographer Leopold von Ranke (1795–1886),[11] embraced self-evidently only the Western Europe cleansed of Slaves, Jews and some minor nations, such as Hungarians or Latvians.[12]

As a matter of fact, Koschaker restricted the concept of Europe to its western part alone. Accordingly, he never acknowledged Eastern Europe, which remained for him rather a contradiction in terms than an autonomous historical region. Koschaker prized intensely the First (Old) German Reich as the bearer of the political and cultural idea of Europe, whereas he – an Austrian by origin – was not so highly appreciative of the Second Reich, built by Bismarck to the exclusion of Austria. However, Koschaker deplored the formation of several peripheral states (*Randstaaten*) which emerged in 1918 at the former boarders of the Second Reich and the Habsburg Monarchy.

Consequently, Koschaker mourned the establishment of the European peace system of the interwar period 1918–1939, known as the system of Versailles, deploring this »political shrinkage of Europe«.[13] Moreover, at another place in his memorable book Koschaker placed the Slavic legal systems at an older, primitive stage of evolution, localizing them »at the peripheries of Europe, if not wholly outside it«.[14] Even the introduction of the Romanist civil codes of Prussia (ALR), Austria (ABGB) and Germany (BGB) into Central-European countries, accomplished during the 19th century, was in the eyes of Koschaker incapable of Europeanizing the backward region.

A similar Westernism is still represented by many renowned scholars. To cite only few examples, Olivia Robinson, David Fergus and William Gordon (*European legal history*, 3 ed. 2000), Peter Stein (*Roman law in European history*, 2000), Hans Hattenhauer (*Europäische Rechtsgeschichte*, 4th ed.

2004), Paolo Grossi (*L'Europa del diritto*, 2007) and Randal Lesaffer (*European Legal History*, 2009), say nothing as regards Eastern Europe. In their recent book on the foundations of European private law Guido Alpa and Mads Andenas reconfirm the Roman-Germanic model of Koschaker, even though this distinguished expert of cuneiform laws died half a century ago.[15]

As a laudable exception *Western European legal history* of Andrew D. E. Lewis, published by the University of London in 2007, may be mentioned, which is at least modestly entitled as Western. Other exceptional works include *Geschichte des Rechts* and *Geschichte des Rechts in Europa*, published respectively in 1997 and 2010 by the German legal historian Uwe Wesel. Not by chance Wesel, who also takes Eastern Europe into consideration and pays equal attention to private and to public law, is an admirer of Berman.[16] Personally, I expressed similar ideas in 2001, proposing that the historical boundaries of Europe should rather be drawn on the basis of public law criteria.[17]

The borders of Europe. Whereas Koschaker simply identified Europe with the western part of the continent, in which Roman private law remained in force throughout the Middle Ages, and lamented the shrinkage of Europe following World War I, Berman rightly switched his focus to European public law, which he considered heavily influenced by medieval canonists.[18] As a matter of fact, Berman was right to harbour doubts regarding the importance of Roman private law's reception in Europe, particularly in Germany, at least in the sense of its direct application, because this law »was not the positive law of any specific polity in the West« (204). In this respect Berman criticized Koschaker very explicitly (603–604).

Conversely, Berman never went so far as to question the traditional concept of the *ius commune* of medieval Europe as being a synthesis of Roman law and canon law put on equal footing. On the other hand, it is true that he accepted the double name »Romano-canonical legal system« only in a qualified sense (204). In particular Berman insisted

---

11 NURDIN (2003) 61–64.
12 GIARO (2001a) 174; GIARO (2001b) 59.
13 KOSCHAKER (1966) 350.
14 KOSCHAKER (1966) 146; a critique in GIARO (2001b) 59–61.

15 ALPA, ANDENAS (2010) 12–15.
16 WESEL (1991).
17 GIARO (2001c) 551, 556–557.
18 DAMASKA (1985) 1816.

that »there was never a body of law called Roman-canon«, [19] even if the concept was effectively used in this sense by many legal historians of outstanding merit, among others by Helmut Coing, [20] and still continues to be used today. [21] Of course, the historical existence of Roman-canonical court procedure is not subject to doubts.

Berman's ideas on the borders of Europe have undergone some evolution. In his early book »Justice in Russia«, first published in 1950, he excluded Russian law from western tradition, because the short occidental influence from the 1860s onwards was insufficient to build a western legal system there. [22] By contrast, in »Law and Revolution« Berman included Russia, at least from the 19th century onwards, as well as the Soviet Union, into western tradition (539). Subsequently, the Romanist and European character of Soviet civil law became widely recognized. Some continuity between the czarist and the Soviet era was also present in public law, where the communists retained the old structure of the government and ministries.

In the same context, Berman included Poland and Hungary into the European community of law (539). This inclusion of countries, always clearly distinct from the Orthodox East, has already been advocated by Coing as early as the late 1970s. [23] However, having mentioned these typical representatives of East Central Europe, Berman completely forgot the South-eastern one. Of course he mentions Byzantium in the sense of the Eastern Roman Empire (168, 409, 579) and its law (122, 204, 352), but he neglects the fact that the *ius gentium* as public international law embraced since the 13th century the Byzantine world. In this respect Berman stopped at the anti-Byzantine positions of »Europe of legal historians«, inspired by Koschaker.

Nonetheless, on the whole Berman is far more advanced than Koschaker. His larger criterion of area, wherein canon law was in force (205–215), better fits the reality of the late Middle Ages than Koschaker's Latin-Germanic Europe, defined by the reception of Roman private law. The universal

Roman Church, which heavily influenced European legal culture, [24] was the only organized factor of political and legal unity in Europe following the fall of the House of *Hohenstaufen*. Moreover, at the beginning of the 15th century the new *ius gentium* expanded even beyond the borders of Christian community, as Paulus Vladimiri claimed to respect the rights of the pagan Prussians, Christianized by sword and fire through the Teutonic Knights. [25]

The final Europeanization. However, Berman's thesis cannot be integrally upheld. It would have signified a resurrection not only of the medieval dispute between the Pope and the Emperor, but also of the »Europe of legal historians«, this time governed by the canonists. A serious study of the Europeanization process should not trace back to the first infiltrations of either Roman or canon law, or both, into regions transcending the Roman-Germanic core of medieval Europe. It should, rather, simply ask when the continental legal systems became structurally homogeneous. As the English example shows, this is not achieved solely by academic education in Roman law or by recognition of certain principles of canon, public or international law.

In conclusion, Berman's thesis of the unity of western legal tradition, based upon the continuity of the medieval common law of Christians, descending from canon law of the universal Church, is – unfortunately – unacceptable. [26] Already during the transition to early modern times in the 16th century, this legal unity vanished because of the Reformation and Counter-reformation. Europe divided sharply into a Protestant North and a Catholic South. [27] The northern economy of commerce, centred in London and Amsterdam, suppressed the religious orders and aristocratic hierarchies. In the South, by contrast, the ecclesiastical, noble and landowning world remained primarily intact.

The decline of both universal powers of the Middle Ages, the First German Reich and the Roman Papacy, caused a disintegration of the medieval *ius commune*. [28] In consequence, more national

19 BERMAN, REID JR. (1994) 989, 1008; BERMAN (2003) 126.
20 COING (1985) 7.
21 HEIRBAUT, STORME (2010) 24.
22 BERMAN (1963) 188, 191, 220.

23 COING (1978) 33; further citations in GIARO (1993) 331.
24 LANDAU (1991) 39–57; LANDAU (1996) 23–47.
25 BELCH (1965) 257 ff.; WYRWA (1978) 106 ff.; WOŚ (1979) 50 ff.

26 MONATERI, GIARO, SOMMA (2005) 133–134.
27 OSLER (1997) 407–410; OSLER (2007) 184–192; OSLER (2009) IX–XV.
28 CAENEGEM (1987) 90–91.

legislation and more written collections of customary law – hence more diversity – emerged. However, at the end of the 18th century in Eastern Europe, including East Central Europe, local customary law reigned, administered by lay judges and differentiated according to social strata and provinces. And if the reception of Roman law in the West consisted in an intellectualization (*Verwissenschaftlichung*) of local law,[29] it reached Eastern Europe with considerable delay.

Until the end of the 18th century, the diffusion of Roman law in East Central Europe was indeed greater than in South-eastern Europe and in Russia, but ultimately equally as narrow as in England. Despite the medieval origins of the somewhat spectral universities of Prague, Cracow and Pécs, it was only during the 19th century that modern law schools and legal professions emerged in East Central Europe, together with law journals and associations as well as a professional administration of justice.[30] To this century, unjustly accused of

being a time of decay of unitary legal tradition,[31] belongs the crucial significance for the actual legal map of Europe.

Berman's emphasis on canon law undermined the belief in the originality and importance of English common law which, following Berman, appears simply a part of western legal tradition.[32] This tradition, previously interpreted mainly in terms of the contrast between civil and common law, regains its plausible unity under the aegis of public law, which was significantly shaped by canon law. Contrary to Koschaker's opinion, Berman saw clearly that western legal tradition meant not only Roman and civil law, but also common law. Both systems were influenced by values of Christian morality, individualism and liberalism as well as by legal institutions of parliamentarism, self-government and personal rights.

■

Bibliography

- Alpa, Guido, Mads Andenas (2010), Grundlagen des europäischen Privatrechts, Heidelberg http://dx.doi.org/10.1007/978-3-540-79586-5
- Avenarius, Martin (2010), Verwissenschaftlichung als sinnhafter Kern der Rezeption, in: Behrends, Okko, Eva Schumann (eds.), Franz Wieacker. Historiker des modernen Privatrechts, Göttingen, 119–180
- Belch, Stanislaus F. (1965), Paulus Vladimiri and his Doctrine Concerning International Law and Politics, The Hague, London
- Berman, Harold J. (1950), Justice in Russia. An Interpretation of Soviet Law, Cambridge MA
- Berman, Harold J. (1963), Justice in the U.S.S.R. An Interpretation of Soviet Law, 2nd ed., Cambridge MA
- Berman, Harold J. (1983), Law and Revolution, vol. I. The Formation of the Western Legal Tradition, Cambridge MA, London
- Berman, Harold J. (2003), Law and Revolution, vol. II. The Impact of the Protestant Reformations on the Western Legal Tradition, Cambridge MA, London
- Berman, Harold J., Charles J. Reid Jr. (1994), Roman Law in Europe and the ius commune, in: Scintillae iuris. Studi in memoria di Gino Gorla, Milano, 979–1014
- Brundage James A. (1995), Medieval Canon Law, London, New York
- van Caenegem, Raoul (1987), Judges, Legislators, Professors. Chapters in European Legal History, Cambridge http://dx.doi.org/10.1017/CBO9780511599361
- van Caenegem, Raoul (2002), European Law in Past and Future, Cambridge
- Chollet, Loïc (2012), Paul Vladimir et le ius gentium polonais, Mémoires de la Société pour l'Histoire du Droit et des Institutions des anciens pays bourguignons, comtois et romands 69, 43–67
- Coing, Helmut (1978), European Common Law, in: Cappelletti, Mario (ed.), New Perspectives for a Common Law of Europe, Leyden, London, 31–44
- Coing, Helmut (1985), Europäisches Privatrecht, vol. I, München
- Damaska, Mirjan R. (1985), How Did It All Begin?, in: The Yale Law Journal 94, 1807–1824
- Funk, David A. (1984), Rezension zu Berman, Law and Revolution, in: Valparaiso University Law Review 18, 683–703

29 Wieacker (1995) 96–97, 106, 176;
Avenarius (2010) 119–180.
30 Giaro (2003) 126–128.
31 Zimmermann (1992) 10, 18–19.
32 Brundage (1995) 242.

- GIARO, TOMASZ (1993), Europa und das Pandektenrecht, in: Rechtshistorisches Journal 12, 326–345
- GIARO, TOMASZ (2001a), Paul Koschaker sotto il nazismo: un fiancheggiatore malgré soi, in: Studi in onore Mario Talamanca, vol. IV, Napoli, 159–187
- GIARO, TOMASZ (2001b), Der Troubadour des Abendlandes. Paul Koschakers geistige Radiographie, in: SCHRÖDER, HORST, DIETER SIMON (eds.), Rechtsgeschichtswissenschaft in Deutschland, Frankfurt a.M.
- GIARO, TOMASZ (2001c), Comparemus! Romanistica come fattore d'unificazione dei diritti europei, in: Rivista Critica del Diritto Privato 19, 539–567
- GIARO, TOMASZ (2003), Westen im Osten. Modernisierung osteuropäischer Rechte, in: Rechtsgeschichte 2 (2003) 123–139 http://dx.doi.org/10.12946/rg02/123-139
- GIARO, TOMASZ (2011), Legal Tradition of Eastern Europe. Its Rise and Demise, in: Comparative Law Review 2.1 (Special Issue: The Construction of Legal Traditions), 1–23
- GIESEN, DIETER (1980), The Imperial Mother and her Papal Daughter. Zum römischen und kanonischen Recht in England, in: De iustitia et iure. Festgabe Ulrich v. Lübtow, Berlin, 425–481
- GROSSI, PAOLO (2007), L'Europa del diritto, Roma, Bari
- HATTENHAUER, HANS (2004), Europäische Rechtsgeschichte, 4th ed., Heidelberg
- HEIRBAUT, DIRK, MATTHIAS STORME (2010), The Historical Evolution of European Private Law, in: TWIGG-FLESSNER, CHRISTIAN (ed.), The Cambridge Companion to European Union Private Law, Cambridge, 20–32
- HELMHOLZ, RICHARD H. (1996), The Character of the Western Legal Tradition, in: HUNTER, HOWARD O. (ed.), The Integrative Jurisprudence of Harold J. Berman, Boulder, 29–50
- KOSCHAKER, PAUL (1966), Europa und das römische Recht, 4th ed., München, Berlin
- LANDAU, PETER (1984), Rezension zu Berman, Law and Revolution, in: The University of Chicago Law Review 51, 937–943 http://dx.doi.org/10.2307/1599490
- LANDAU, PETER (1991), Der Einfluss des kanonischen Rechts auf die europäische Rechtskultur, in: SCHULZE, RAINER (ed.), Europäische Rechts- und Verfassungsgeschichte, Berlin, 39–57
- LANDAU, PETER (1996), Die Bedeutung des kanonischen Rechts für die Entwicklung einheitlicher Rechtsprinzipien, in: SCHOLLER, HEINRICH (ed.), Die Bedeutung des kanonischen Rechts für die Entwicklung einheitlicher Rechtsprinzipien, Baden-Baden, 23–47
- LESAFFER, RANDALL (2009), European Legal History. A Cultural and Political Perspective, Cambridge
- LEWIS, ANDREW D.E. (2007), Western European Legal History. Interactions of Roman and local law, London
- MONATERI, PIER GIUSEPPE, TOMASZ GIARO, ALESSANDRO SOMMA (2005), Le radici comuni del diritto europeo. Un cambiamento di prospettiva, Roma
- NURDIN, JEAN (2003), Le rêve européen des penseurs allemands: 1700–1950, Villeneuve d'Ascq
- OSLER, DOUGLAS (1997), The Myth of European Legal History, in: Rechtshistorisches Journal 16, 393–410
- OSLER, DOUGLAS (2007), The Fantasy Men, in: Rechtsgeschichte 10, 169–192
- OSLER, DOUGLAS (2009), The Jurisprudence of the Baroque. A Census of 17th Century Italian Legal Imprints A–G, Frankfurt a. M.
- PENNINGTON, KENNETH (2010), Between Naturalistic and Positivistic Concepts of Human Rights, in: Vetera novis augere. Studia Wacław Uruszczak, vol. II, Kraków, 845–851
- LA PORTA, RAFAEL, FLORENCIO LÓPEZ-DE-SILANES, ANDREI SHLEIFER (2008), The Economic Consequences of Legal Origins, in: Journal of Economic Literature 46.2, 285–332
- ROBINSON, OLIVIA, DAVID FERGUS, WILLIAM GORDON (2000), European legal history, 3 ed., London, Edinburgh, Dublin
- SCHNEIDMÜLLER, BERND (1997), Die mittelalterlichen Konstruktionen Europas, in: DUCHHARDT, HEINZ, ANDREAS KUNZ (eds.), Europäische Geschichte als historiographisches Problem, Mainz, 5–24
- SIMON, DIETER (1995), Wie weit reicht Europa?, in: TINNEFELD, MARIE-THERES et al. (eds.), Informationsgesellschaft und Rechtskultur in Europa, Baden-Baden, 23–36
- STEIN, PETER (2000), Roman Law in European History, Cambridge
- WESEL, UWE (1991), Die Revolution von 1075. Zu Harold J. Bermans bahnbrechender Studie, in: Die Zeit Nr. 36
- WESEL, UWE (1997), Geschichte des Rechts. Von den Frühformen bis zum Vertrag von Maastricht, München
- WESEL, UWE (2005), Der Wille zur Schachtel. Was ist Europa?, in: KIESOW, RAINER M. et al. (eds.), Summa. Dieter Simon zum 70. Geburtstag, Frankfurt a.M., 601–608
- WESEL, UWE (2010), Geschichte des Rechts in Europa. Von den Griechen bis zum Vertrag von Lissabon, München
- WIEACKER, FRANZ (1995), A History of Private Law in Europe, Oxford
- WOŚ, JAN W. (1979), Dispute giuridiche nella lotta tra la Polonia e l'Ordine Teutonico, Firenze
- WYRWA, TADEUSZ (1978), La pensée politique polonaise à l'époque de l'humanisme, Paris
- ZIMMERMANN, REINHARD (1992), Das römisch-kanonische ius commune als Grundlage europäischer Rechtseinheit, in: Juristen-Zeitung 47, 8–20
- ZIMMERMANN, REINHARD (2008), Harold Berman: Some Personal Reflections, in: Emory Law Journal 57, 1465–1469

Alessandro Somma

Diritto comparato e rivoluzione

1 Berman e la classificazione dei diritti nazionali

Fin dai suoi inizi come scienza autonoma, il diritto comparato si è cimentato con la classificazione dei diritti nazionali, il loro raggruppamento in famiglie o tradizioni giuridiche. Molte sono stati gli schemi proposti, con differenze talvolta fondamentali, eppure in tutti i principali si considera la distinzione tra ordinamenti di *common law* e di *civil law*, e si discute la possibilità di ricondurli entrambi a una comune matrice: ora accentuando i motivi di una naturale convergenza, ora enfatizzando i riscontri di una insopprimibile divergenza.

Le due opzioni si ritrovano in tutte le epoche, ricondotte alle finalità più disparate e sorrette dalle argomentazioni più varie. I giuristi che hanno coltivato un approccio giuspositivista, approccio risalente ma tutt'ora ben rappresentato in forma di legicentrismo, hanno incentrato le loro classificazioni sul sistema delle fonti, e identificato così una incolmabile differenza tra *common law* e *civil law*: il primo si fonda sul diritto giurisprudenziale, il secondo sul diritto codificato.

Più recentemente si sono sottolineate differenze circa le modalità con cui *common law* e *civil law* tipicamente regolano il mercato: nel primo caso limitandosi a tutelare i diritti patrimoniali soggettivi, nel secondo esercitando un esteso potere di controllo e indirizzo delle attività economiche. Questo è stato sostenuto dai fautori della Nuova economia comparata, i quali hanno così stabilito un nesso biunivoco tra regole e istituzioni giuridiche da un lato, e modelli di capitalismo dall'altro: regole e istituzioni di *common law* per le economie di mercato liberali e il capitalismo neoamericano, regole e istituzioni di *civil law* per le economie di mercato coordinate e il capitalismo renano.[1]

Più numerosi sono però i tentativi di gettare ponti tra *common law* e *civil law*. Al principio del Novecento le due famiglie venivano evoluzionisticamente ricondotte al gruppo dei Paesi capaci di esprimere il «diritto dell'umanità civilizzata», diritto idealtipico che la comparazione doveva identificare e ridurre a sistema, indicando così la via del «progresso giuridico».[2]

Sono nel tempo mutate le espressioni utilizzate, riformulate alla luce di quanto il politicamente corretto ha di volta in volta preteso, ma non anche la loro ispirazione di fondo. Anche ora le classificazioni che vanno per la maggiore rispecchiano la volontà di individuare un diritto idealtipico, di cui si forniscono rappresentazioni, o meglio autorappresentazioni, confezionate per esaltare quanto si reputano i pregi di quel diritto, al fine di renderlo un implicito punto di riferimento per lo sviluppo del diritto *tout court*.

E' questo il senso dei riferimenti alla tradizione giuridica occidentale, la tradizione di quella porzione di mondo che non a caso ha iniziato a delimitarsi, anche descrivendosi in termini letteralmente esclusivi, con l'inizio dell'espansione europea a partire dal Cinquecento.

Secondo un orientamento diffuso, i caratteri identificativi della tradizione giuridica occidentale non devono ricercarsi sul piano «tecnico», rispetto al quale si possono individuare differenze, bensì sul piano «ideologico»: quello concernente le «concezioni della giustizia», le «credenze religiose o filosofiche» e le «strutture politiche, economiche o sociali». Da un simile punto di vista, si osservava e si osserva, occorre relativizzare la distinzione tra *common law* e *civil law*, da considerare entrambi parti del «mondo occidentale fondato sui principi morali del cristianesimo, sui principi politici e sociali della democrazia liberale, e su una struttura economica capitalista».[3]

Peraltro il piano tecnico in quanto tale, pur evidenziando notevoli punti di frizione interni alla tradizione giuridica occidentale, costituisce un ulteriore terreno sul quale si esercita chi intende edificare ponti tra i suoi due poli. Giacché il vocabolario e lo stile dei giuristi occidentali potranno anche divergere, ma non così il ruolo di primo piano riconosciuto al diritto come strumento di

---

1 Cfr. Somma (2013a).
2 Saleilles (1900) 397.
3 David (1950) 215 ss.

governo della società. Sarebbe questo un ulteriore tratto fondativo della tradizione giuridica occidentale: il suo aver realizzato il divorzio tra il diritto da un lato, e la politica e la religione dall'altro, potendosi così rappresentare, o autorappresentare, come famiglia di ordinamenti a egemonia professionale.[4]

Il divorzio tra diritto e politica viene fatto risalire all'epoca e all'opera di Edward Coke, giurista e politico inglese che visse tra il Cinquecento e il Seicento. Quando questi fu al vertice della Corte di *common pleas*, ispirò due fondamentali decisioni che riguardarono i rapporti, diremmo oggi, tra poteri giudiziario, esecutivo e legislativo. Nella prima vennero circoscritte le prerogative regie, stabilendosi in particolare che le corti potevano accertarle e stabilirne l'estensione, tenendo nel merito conto delle indicazioni contenute nelle regole della *common law* e in quelle poste dal Parlamento (*Case of Proclamations*, 1610). Nella seconda decisione si fondò il potere di controllo delle corti sugli atti di quest'ultimo, che potevano essere dichiarati invalidi qualora avessero violato «il diritto e la ragione», se fossero stati «ripugnanti», o «impossibili da eseguire» (*Thomas Bonham v. College of Physicians*, 1610).

Le vicende che hanno condotto al divorzio tra diritto e religione, con riflessi anche sulla separazione tra il diritto e la politica, sono invece quelle ricavate dalle ricerche di Harold Berman sul significato della Riforma gregoriana: vera e propria rivoluzione papale, fondativa del modo tipicamente occidentale di concepire il diritto. Infatti, quella rivoluzione non mirava solo all'affermazione di un potere assoluto delle istituzioni ecclesiastiche sulle vicende che le riguardavano: come la nomina dei loro vertici, o l'opzione per il celibato dei sacerdoti. Essa riguardò anche il diritto canonico, che si decise di codificare ricorrendo a tecniche mutuate dal diritto romano, il cui studio venne riscoperto e promosso in particolare attraverso la fondazione dell'Università di Bologna: la più antica università del mondo sorta nella città che apparteneva a Matilde di Canossa, vassalla del Papa.

Nella ripcostruzione di Berman, la rivoluzione papale è stato l'atto costitutivo della tradizione giuridica occidentale in quanto ha posto le basi

per lo sviluppo di una specifica modalità di governo della società: quella cui allude la categoria degli ordinamenti a egemonia professionale. Una modalità che una letteratura risalente aveva invece ritenuto l'essenza degli ordinamenti giuridici in quanto tali, la cui sopravvivenza non poteva che dipendere dalla presenza di «un corpo di idee giuridiche», e a monte di «una classe professionale di pensatori e pratici del diritto».[5]

Più precisamente, tipica della tradizione giuridica occidentale, in quanto tradizione avviata dalla rivoluzione papale, è innanzi tutto la «distinzione piuttosto netta tra istituzioni giuridiche e altre istituzioni», oltre alla scelta di affidare l'amministrazione delle prime «a speciali gruppi di persone che si dedicano ad attività giuridiche su base professionale», e all'esistenza di un «corpo separato di studi superiori» destinato alla loro formazione. Da ciò un'ulteriore caratteristica della tradizione giuridica occidentale: la presenza di una scienza chiamata a dare sistema alle regole prodotte dalle istituzioni giuridiche e consentire così lo sviluppo del diritto come sistema, un corpo contenente «un meccanismo intrinseco di mutamento organico».[6] E questo schema, per Berman, non è stato sconvolto dalle altre vicende drammatiche che hanno segnato la storia occidentale: dalla Rivoluzione protestante luterana e calvinista, alle Rivoluzioni americana e francese, alla Rivoluzione d'ottobre: queste hanno tutte creato nuovi sistemi di diritto modellati sulle necessità delle diverse epoche, sistemi che non si sono però allontanati dal solco tracciato a partire dalla Riforma gregoriana.[7]

2 Berman e la mutazione giuridica

Assieme alla classificazione degli ordinamenti giuridici, l'analisi delle modalità attraverso cui il diritto cambia compone il nucleo principale dello studio giuscomparatistico. Anche questa analisi risente in modo fondamentale delle ricerche di Berman, più o meno esplicitamente richiamate da settori importanti della letteratura.

Agli albori della scienza comparatistica la mutazione giuridica veniva spiegata sulla scorta di schemi evoluzionistici. Si pensava infatti che il diritto

---

4 Mattei (1997) 5 ss. sulla scia di Schlesinger (1994) 80 ss.

5 Wigmor (1928) 1129.

6 Berman (1998) 24 ss.

7 Berman (2006) 5 ss.

cambiasse secondo «una concatenazione regolata, uniforme e inevitabile di fasi successive», di cui il diritto comparato doveva «tracciare la traiettoria», ricorrendo nel merito a «classificazioni naturali e quindi razionali». Il che apriva la strada alla ricerca del più «avanzato» tra i diversi «tipi giuridici», in quanto tale inevitabilmente destinato a indicare la direzione del progresso giuridico.[8]

Caduto in disgrazia il paradigma evoluzionista, la mutazione giuridica ha preso a essere spiegata ricorrendo all'approccio diffusionista: come un effetto del contatto tra culture e dunque dell'imitazione piuttosto che dell'innovazione originale, seppure naturalmente o inesorabilmente orientata in modo unidirezionale. Peraltro non basta invocare l'imitazione come motore della mutazione giuridica per evitare le forzature riconducibili all'adozione del credo evoluzionista. Mentre afferma che la creazione di un modello originale costituisce un fatto raro, infatti, il diffusionismo alimenta visioni della mutazione giuridica come essenzialmente dovuta alla mera recezione del modello esportato, senza apporto creativo da parte dell'ordinamento importatore. Si finisce cioè per costringere la mutazione giuridica entro un rapporto gerarchico tra un centro votato all'esportazione di modelli, e una periferia destinata, o meglio condannata, alla loro importazione.

Ma non è tutto. In letteratura si suole dire che la scelta del modello da imitare dipende prevalentemente da «una qualità che non sappiamo come chiamare, se non con il nome prestigio».[9] Il diffusionismo occulta cioè la recezione imposta di modelli, dettata da rapporti di potere come quelli originati dal colonialismo e dall'imperialismo, principali responsabili della circolazione del diritto occidentale. Si finisce anche così, inevitabilmente, per alimentare discorsi di matrice evoluzionista, espliciti nel rilievo per cui il prestigio di un modello deriva dal suo essersi accreditato come capace di edificare una «società più avanzata in termini di civiltà giuridica».[10]

L'influenza di Berman su questo modo di intendere il diffusionismo, per molti aspetti ancora egemone, si ricava esemplarmente dalla teoria dei trapianti giuridici enunciata da Alan Watson negli

anni settanta del secolo scorso, e messa a punto nei suoi aspetti generali in scritti successivi alla pubblicazione di *Diritto e rivoluzione*.

Per Watson la mutazione giuridica nel corso dei secoli è raffigurabile come catena di imitazioni più o meno fedeli di regole e istituzioni, tutte in massima parte modellate sul diritto romano. Simili imitazioni sarebbero raramente opera del potere politico, di norma «poco interessato a produrre diritto», bensì iniziativa autonoma della classe dei giuristi dell'ordinamento imitatore, in particolare dei giudici e degli studiosi. E questi ultimi opererebbero secondo criteri di ordine meramente tecnico, essendo condizionati unicamente dalla loro specifica «cultura giuridica»: a essa si deve tra l'altro il riconoscimento che un certo ordinamento è prestigioso e autorevole, motivo per cui viene individuato come ordinamento di riferimento per il trapianto. Di qui la constatazione che non vi è rapporto tra diritto e società, che il primo non rispecchia le vicenda della seconda.[11]

La conclusione di Watson, la negazione di un nesso tra diritto e società, riprende e approfondisce le implicazioni delle ricerche realizzate da Berman sull'essenza della tradizione giuridica occidentale. Entrambi discutono del giurista come protagonista di quella tradizione, ovvero come attore di primo piano nella produzione e autoriproduzione dei precetti chiamati a governare la società. E' questo del resto il senso della classificazione per cui si riconducono alla medesima famiglia gli ordinamenti a egemonia professionale, in ciò distinti dagli ordinamenti in cui la società viene ancora prevalentemente governata dalla politica o dalla religione: indicati rispettivamente come ordinamenti a egemonia politica o a egemonia tradizionale.

Peraltro in Watson, molto più che in Berman, si evidenzia come una simile comprensione del diritto occidentale sia intimamente collegata alle strategie di legittimazione del giurista occidentale, e soprattutto al suo tentativo di recuperare i fasti dell'epoca in cui era fonte formale di produzione del diritto. Epoca non a caso evocata anche per documentare antiche comunanze tra *common law* e *civil law* con riferimento alla produzione di diritto

---

8 TARDE (1900) 529 ss.
9 SACCO (1992) 147.
10 GRANDE (2000) 44 s. e 149.
11 WATSON (1993) 107 ss.

da parte delle corti, da tempo considerata un efficace rimedio contro l'«impotenza delle assemblee legislative a legiferare».[12]

3 Diritto, rivoluzione e società

Secondo i critici più accesi della teoria dei trapianti, essa indica una vicenda irrealistica, in quanto i modelli giuridici possiedono un patrimonio ermeneutico che non può essere importato senza alterazioni: i testi possono anche circolare, ma «il significato non si presta a essere trapiantato».[13]

A ben vedere, la teoria dei trapianti giuridici potrebbe essere salvata, e la critica riferita considerata poco pertinente, se solo si valorizzasse la circostanza che Watson intende l'indipendenza del diritto dalla società come inesistenza di una corrispondenza biunivoca tra costruzioni tecnico giuridiche e finalità del loro utilizzo. Ciò che peraltro non convince è il ruolo risicato che lo schema dei trapianti concede al potere politico, di cui non solo si dice che è in massima parte disinteressato a produrre diritto, ma persino che quando produce articolati destinati a durare nel tempo, come i codici, lo fa senza attribuire loro «specifici messaggi sociali». E siccome Watson riconosce che i trapianti non si risolvono in una fedele trasposizione di regole, le quali anzi subiscono «frequentemente se non sempre delle trasformazioni»,[14] ciò implica che il ruolo assunto dalla classe dei cultori del diritto si deve a una usurpazione di potere politico.

Intendiamoci: l'osservazione del fenomeno diritto tipica del comparatista, diversamente da quella caratteristica del giurista municipale, conduce a screditare le ricostruzioni inficiate da intenti precettivi, come in particolare quelle proposte per alimentare il legicentrismo. Peraltro l'usurpazione di potere politico che si appalesa nel momento in cui si rigettano i miti giuspositivisti non può essere limitata a una sola categoria di soggetti, ovvero ai giuristi.

Se è corretto negare la corrispondenza biunivoca tra tecniche giuridiche e finalità del loro utilizzo, allora ciò deve valere per chiunque ricorra a discorsi attorno al diritto per prendere parte al governo della società e ai relativi conflitti. Giacché chiunque, mentre afferma di interpretare i testi in cui sono formulati precetti, non risolve problemi di ordine filosofico, concernenti l'individuazione di un significato, assoluto o relativo che sia. L'interprete persegue più realisticamente disegni di tipo politico: attribuisce senso ai testi, e dunque formula nuovi discorsi giuridici, per ritualizzare ed edulcorare il conflitto sociale, magari assicurando posizioni di potere a chi conosce le tecniche attraverso cui ciò avviene. Solo in questo limitato senso possiamo discutere di un potere specifico del giurista il quale peraltro, come ci ricorda Tocqueville e come confermato da molte vicende accadute nel secolo breve, è tradizionalmente solito offrire i propri servigi per legalizzare e dare sistema alle volontà arbitrarie e incoerenti del «despota che comanda».[15]

Tutto questo porta a dire che il divorzio tra il diritto da un lato, e la politica e la religione dall'altro, rileva sul piano delle forme, piuttosto che su quello dei contenuti: rileva come strategia discorsiva, come retorica utile al governo di società sensibili ad argomentazioni che appaiano condotte sul piano della neutralità scientista. Il che porta a complicare, ma non certo ad azzerare, il nesso tra diritto e società, occultato invece dalle ricostruzioni di Berman così come amplificate a partire dalle analisi di Watson.

Tutto questo si evince considerando il profilo della mutazione giuridica. Se invece consideriamo la classificazione di ordinamenti nazionali in base agli strumenti di governo della società, anch'essa fondata sulle teorie di Berman, ricaviamo che il suo utilizzo da parte dei comparatisti ha condotto a formulare l'idea di una dissociazione tra diritto e società in termini evoluzionistici: a passare cioè dalla classificazione alla classifica.

Torniamo per un momento alla letteratura che qualifica gli ordinamenti occidentali come ordinamenti a egemonia professionale, distinti da quelli a egemonia politica o religiosa. La classificazione dei diritti nazionali a partire da queste categorie costituisce palesemente il tentativo di accreditare

---

12 Piola Caselli (1902) 845 s.
13 Legrand (2001) 55 ss.
14 Watson (1993) 116 s.
15 De Tocqueville (1836) 218.

quanto si reputa tipico del diritto occidentale come indicativo dello stadio di sviluppo dei diritti non occidentali. Questi ultimi sono infatti classificati a partire dalla prevalenza in essi di caratteri che il punto di vista occidentale considera indizio di arretratezza: a partire da autorappresentazioni oltretutto legate alle strategie di legittimazione del giurista, protagonista indiscusso della tradizione giuridica occidentale.[16]

Forse Watson non ha inteso trasformare una teoria sui caratteri fondativi della tradizione giuridica occidentale in una teoria sulla separazione del diritto dalla società, da presentare come punto di riferimento per misurare l'evoluzione delle tradizioni giuridiche non occidentali: per individuare il centro e le periferie dell'esperienza giuridica *tout court*. Proprio questo, tuttavia, ha rappresentato l'utilizzo delle ricerche di Watson da parte di molti cultori del diritto comparato, un campo del sapere giuridico che finisce così per non assolvere alla funzione, rivendicata anche dalla storia del diritto,[17] di coscienza critica dell'ortodossia teorica e del suo approccio etnocentrico.

Bibliografia

- Berman, H. J. (1998), Diritto e rivoluzione. Le origini della tradizione giuridica occidentale (1983), Bologna
- Berman H. J. (2006), Law and Revolution II. The Impact of the Protestant Reformations in the Western Legal Tradition, Cambridge Ma.
- David, R. (1950), Traité élémentaire de droit civil comparé, Paris
- Duve Th. (2012), Von der Europäischen Rechtsgeschichte zu einer Rechtsgeschichte Europas in globalhistorischer Perspektive, MPIER Res. Paper Series n. 2012/1
- Grande, E. (2000), Imitazione e diritto: ipotesi sulla circolazione dei modelli, Torino
- Legrand, P. (2001), What «Legal Transplants»?, in: D. Nelken, J. Feest (a cura di), Adapting Legal Cultures, Oxford e Portland, 55–70
- Mattei, U. (1997), Three Patterns of Law: Taxonomy and Change in the World's Legal Systems, in: The American Journal of Comparative Law 45, 5–44 http://dx.doi.org/10.2307/840958
- Piola Caselli, E. (1902), Voce Giurisprudenza, in: Digesto italiano, vol. 12, Torino, 831–853
- Sacco, R. (1992), Introduzione al diritto comparato, 5. ed., in: Trattato di diritto comparato, dir. da R. Sacco, Torino
- Saleilles, R. (1900), Conception et objet de la science du droit comparé, in: Bulletin mensuel de la Société de Législation Comparé 29, 383–405
- Schlesinger, R. B. (1993), Comparative Law. Cases Text Materials, 1994 Supplement, St. Paul Minn
- Somma, A. (2013a), Scontro tra capitalismi, crisi del debito e diritti fondamentali, in: Diritto pubblico comparato ed europeo 14, 451–466
- Somma, A. (2013b), Introduzione al diritto comparato, Roma e Bari, in corso di pubblicazione
- Tarde, G. (1900), Le droit comparé et la sociologie, in: Bulletin mensuel de la Société de législation comparée 29 (1900) 529–537
- De Tocqueville, A. (1836), L'assetto sociale e politico della Francia prima e dopo il 1789, in: Scritti politici, vol. 1, Torino 1969, 191–227
- Watson, A. (1993), Legal Transplants. An Approach to Comparative Law, 2. ed., Athens e London
- Wigmor, J. H. (1928), A Panorama of the World's Legal Systems, St. Paul Minn

---

16 Cfr. Somma (2013b).
17 Duve (2012) 54 s.

Wang Jing*

Law and Revolution in China

In memory of the 30th anniversary of Law and Revolution's publication

Introduction

2013 is the 30th anniversary of the publication of *Law and Revolution: The Formation of the Western Legal Tradition*, one of the most important works of Professor Harold J. Berman, and also the 20th anniversary of its Chinese translation.[1] During the past 20 years, *Law and Revolution* has exerted a great influence on Chinese legal studies, history and other humanities and social science, as it has done in the western academic community.

As a world-famous expert in socialist law, Prof. Berman once visited China in 1982.[2] But even when the Chinese translation of *Talks On American Law* edited by him was published in China mainland in 1988,[3] Chinese scholars were still unacquainted with Prof. Berman. The feeling of strangeness didn't disappear until the Chinese translation of *The Interaction of Law and Religion* was published in 1991.[4] The argument »Law has to be believed in or it will not work«[5] has become one of the most popular and controversial propositions in Chinese legal studies. As the Chinese translation of *Law and Revolution: The Formation of the Western Legal Tradition* was published in 1993, Prof. Berman became a scholar who couldn't be overlooked by those who studied western legal history in China. Before Prof. Berman, the only American jurist whose works could be translated constantly and influence China so greatly was his colleague – Roscoe Pound. I used to take advantage of the data of Literature Cited (1998–2011) in Chinese Social Sciences Citation Index[6] to conduct a statistical analysis. The result shows that *Law and Revolution* takes the 6[th][7] in the ranking of the most cited translation works and the citation number has exhibited a uniform distribution during the last 10 years – more than 40 per year from 2001 to 2011, which reveals the book's enduring influence. The influence of *Law and Revolution* was proved again with two reprints of its Chinese translation in 1996 and 2008. In 2008, the Chinese translation of *Law and Revolution, II: The Impact of the Protestant Reformations on the Western Legal Tradition*[8] was published by Law Press China, the best legal publication agency in China. The latest Chinese translation of Prof. Berman's works is *Faith and Order: The Reconciliation of Law and Religion*,[9] which was published in 2011.

The great influence of *Law and Revolution* in China is both accidental and inevitable. On the one hand, *Law and Revolution* studied western problems and followed the western academic tradition. Prof. Berman traced the origin of western legal tradition and modernity back to Papal Revolution. By reconstructing the history of Papal Revolution, Prof. Berman tried to find a solution to the integrity crisis that the western legal tradition had encountered in modern society. In this sense, the book had nothing to do with China, so the attention it had drawn in China was accidental. On the other hand, it's just because of focusing on a western problem that *Law and Revolution*'s popularity in China was inevitable. Since the First

---

* Assistant Research Fellow, East China University of Political Science and Law.

1 The translation was reprinted by China University of Political Science and Law Press in 1996 and Law Press China in 2008.

2 In 2006, Prof. Berman came to China again and visited Peking University, Shandong University and Zhejiang University etc.

3 It was first published by The World Today Press in Hong Kong in 1977. The book comprised lectures of 16 professors from Harvard University who briefed the American legal system on Voice of America.

4 BERMAN (1991).

5 BERMAN (2003) 3.

6 Chinese Social Sciences Citation Index, whose abbreviation is CSSCI, is the most authoritative database of citation in Chinese humanities and social science journals currently. The database use both quantitative and qualitative methods to select about 500 Chinese humanities and social science journals among more than 2700 ones. These selected journals are thought to be highly academic, standardized edited and covering a wide range of disciplines. Literature Cited refers to all literature cited in the articles of the selected journals.

7 *Law and Revolution* is cited in 711 articles. The leading five are Montesquieu's *The Spirit of Laws* (2521), Edgar Bernheimer's *Jurisprudence: The Philosophy and Method of the Law* (2139), Maine's *Ancient Law* (879), Beccaria's *On Crimes and Punishments* (838) and Richard Posner's *Economic Analysis of Law* (832).

8 BERMAN (2008).

9 BERMAN (2011).

Sino-British Opium War in 1840, western invasion had forced China to start modern transformation in all social systems including law. The western legal system, though totally different from the Chinese traditional law in concepts, rules and values, has been transplanted into China, and the transplant is proceeding today. By following the research approach used in *Law and Revolution*, which considered the problems of modernity and reconstructed history in order to cope with present problems, we can find some inspiration with respect to whether and how China can become a modernized nation-state.

The past 20 years witness the influence that *Law and Revolution* has exerted on Chinese legal studies and practice. Although it has also aroused controversy in Chinese academic circles, there is no doubt that *Law and Revolution* is one of the most influential western legal works in China in recent years. This article gives a brief summary and analysis of this influence.

1

Although there had been traditional legal interpretation and annotation theory in China since the Qin and Han Dynasty, modern Chinese jurisprudence was transplanted from the west. In the process of learning western jurisprudence, the translation of western law codes and legal works played an important role. *Law and Revolution*'s Chinese translation was published in 1993, when China was in a new climax of legal translation. The last climax has to be traced back to the late Qing Dynasty. Although nearly 100 years have passed between the two climaxes, the essential problem China faces – how to complete the transformation from a traditional empire to a modern nation-state – remains the same. This is the most important background when *Law and Revolution* was translated into Chinese.

China's modern transformation was not a process of evolution driven by the spontaneous factors of traditional society, but one of reform compelled by the pressure of invasion from the west. This special historical background required that legal translation in modern China serve the utilitarian aim of saving and enriching the nation-state, and the aim of enlightening people is set in second place.[10] During the process of transformation, the west turned out to be a target that China both opposed to and learned from. Just as the definition by Prof. Berman in *Law and Revolution*, the west mentioned here is not merely a concept of geography and politics, but one of history, culture and civilization. So International Law made up the majority of legal translation in early modern China. For example, the earliest legal translation was organized by Lin Zexu, the first Chinese who was going to look at the world in modern times. When he was suppressing opium in 1839, he invited Parker and Yuan Dehui to translate part of Emmerich De Vattel's *The Law of Nations, or Principles of the Law of Nature, Applied to the Conduct and Affairs of Nations and Sovereigns* into Chinese.[11] The first Chinese translation of a western legal book is Henry Wheaton's *Elements of International Law: With a Sketch of the History of the Science.*[12] The defeat in the First Sino-Japanese War forced Chinese literati and officialdom to learn from the west and Japan comprehensively. Montesquieu's *On The Spirit of the Laws*, Adam Smith's *The Wealth of Nations*, John Mill's *On Liberty*, Jhering's *The Struggle for Law* and other numerous foreign legal and political books were translated into Chinese. In order to carry out political reform, the Qing government set up the Law Revision Agency (修订法律馆, Xiu Ding Fa lu Guan) in 1903 and the Bureau of Constitutional Reform (宪政编查馆, Xian Zheng Bian Cha Guan) in 1907, both of which translated a great many foreign codes and legal books. All these translations helped to assure the continuity of the legal system when the Qing government fell and the Republic of China (RC) was founded. During the period of the RC, legal translation was promoted by the Chinese students who studied abroad. In the

10 LI ZEHOU (2004a) 1–43.

11 It was named by »各国律例 (Ge Guo Lu Li)«.

12 It was translated by William A. P. Martin in 1864 and was named by »万国公法 (Wan Guo Gong Fa)«.

1930s, the Chinese translation of main concepts and terms of western jurisprudence became fixed with the establishment of the Chinese modern legal system and jurisprudence.

After the foundation of the People's Republic of China (PRC) in 1949, the Republic of China's legal system was completely abandoned and legal books of capitalist countries were criticized. Considering socialist ideology and the international political situation, China learned its legal system and jurisprudence comprehensively from the Soviet Union. Professor Jiang Ping, the organizer of the translation of *Law and Revolution*, was among the students selected for the first time by the central government in 1951 to study law in the Soviet Union. From 1949 to 1978, 280 foreign legal books were translated in all, of which non-Russian ones were less than 20.[13] After 1965, under the slogan of »smash public security organs, procuratorates and people's courts« and »close political science and law colleges«, legal translation fell into stagnation. In the Third Plenary Session of the 11th Central Committee of the CPC in 1978, China rethought the lessons of the »Great Proletarian Cultural Revolution«, and began to implement reform and an opening-up policy, and decided to »develop socialist democracy and strengthen the socialist legal system«. Legal translation and legal education recovered. During this period, to establish academic autonomy and legitimacy, legal studies' main theoretical resources were the classic works of Marxist thinkers and the ones who were praised by Marxist thinkers, such as Aristotle, Rousseau, Montesquieu, and Locke etc.[14] The main legal translations were several books in the Commercial Press' Chinese translation of the world's top academic works[15] and some other individual works.[16]

It was not until the 1990s when Chinese legal translation truly flourished again. In 1993, China confirmed the legitimate status of the socialist market economy in the Constitution. The close relations between the market economy and the legal system drove the focus of legal studies to transfer to interpreting legal provisions and studying »law in action«,[17] whose theoretical resources couldn't be fully provided by Marxism and Chinese traditional legal interpretation and annotation theory. Legal translation therefore appeared an explosive development. There is a large increase in the number of the translated works, which covered more countries, languages and legal departments. Furthermore, legal translation was gradually conducted purposefully, systematically and in the form of programs.[18] *Law and Revolution* was the first published translation in the program of *Foreign Law Library*[19] which was one of the most influential legal translation programs in 1990s. In this sense *Law and Revolution*'s publication was pioneering for Chinese legal translation after 1978. Besides, *Law and Revolution* was thought to be the model which met the standard of »Faithfulness«, »Expressiveness« and »Elegance«.[20] The Chinese edition of *Law and Revolution* fixed the Chinese translation of some terms in western legal history, especially in the field of canon law and medieval history. A case in point is the translation of the names of internal organs of Roman Church after Papal Revolution. Moreover, the Chinese edition was edited in a standardized format, such as attach-

---

13 Liu Yi (2012).

14 Su Li (2004) 9–10.

15 Including *The Codes of Napoleon* (translated by Li Haopei, Wu Chuanyi and Sun Minggang, published in 1981), Montesquieu's *The Spirit of Laws* (translated by Zhang Yanshen, published in 1982), Rousseau's *The Social Contract* (translated by He Zhaowu, published in 1982), Maine's *Ancient Law* (translated by Shen Jingyi, published in 1985), Justinian's *The Institutes* (translated by Zhang Qitai, published in 1989), Lauterpacht's *Oppenheim's International Law* (translated by Wang Tieya and Chen Tiqiang, published in 1989).

16 Such as Roscoe Pound's *Social Control Through Law & The Task of Law* (translated by Shen Zongling and Dong Shizhong, published by Commercial Press in 1984), E. Bodenheimer's *Jurisprudence: The Philosophy and Method of the Law* (translated by Deng Zhenglai and Ji Jingwu, published by Hua Xia Publishing House in 1987) and B. Schwartz's *Administrative Law* (translated by Xu Bing, published by Qun Zhong Press in 1986.) etc.

17 Pound (1910).

18 Su Li (2004) 97–121, He Weifang (2007).

19 The program was chaired by Prof. Jiang Ping and sponsored by the Ford Foundation. By 2013, the program has published 31 (38 volumes) translations. The program is still in progress nowadays.

20 Yan Fu, late Qing Dynasty thinker, put forward the standard when he translated Huxley's *Evolution and Ethic*. Since then, the standard has been widely accepted for translation by Chinese academic circles. Generally speaking, the so-called »Faithfulness« means to express the meaning of the original text correctly; the so-called »Expressiveness« means fluent translation; the so-called »Elegance« means the translation is full of literary aesthetics, Liu Yunhong / Xu Jun (2010) 13–18.

ing notes, bibliography and an index to the Chinese translation, listing the corresponding page number of the original text in the margin, all of which facilitated Chinese readers of *Law and Revolution*.

2

Good timing of publication and high quality of Chinese translation contributed to *Law and Revolution*'s popularity, but the characteristics of its content are the requisite to exert such a widespread influence in China.

The first characteristic is to make up for some historical materials and literature that were once absent in China. With his excellent capability of synthesis and comparison, Prof. Berman figured out the process of formation and evolution of the western legal tradition from a large quantity of historical materials and literature, gave a detailed description of the factors which were key to forming the tradition, and presented in *Law and Revolution* a more vivid scene of the Middle Ages which helped to change Chinese traditional image of the Middle Ages, such as darkness, ignorance and fatuity. Therefore *Law and Revolution* provided much new information about western legal history for China and supplied an amount of 100 pages (in Chinese translation) of bibliography as an important index for further study. According to my statistics, in *Social Sciences in China*, the most authoritative journal in the field of Chinese humanities and social science, *Law and Revolution* was cited 16 times between 1998 and 2011, of which its historical materials[21] represented over 7 times. In the authoritative legal journals *China Legal Science* and *Chinese Journal of Law*, the ratio of citing *Law and Revolution* for historical materials to all citations is 50:97. In the authoritative historical journals *Historical Research* and *World History*, the ratio is 22:34.

It must be pointed out that *Law and Revolution*'s role in making up for the deficiency of historical materials in China demonstrated not only the

progress of Chinese academic research, but also the low research level of related disciplines. In fact, the problems concerning *Law and Revolution*'s historical materials were sharply criticized in the western academic community, which included not making use of original historical materials, errors in historical facts and citing dated research literature and paradigms etc.[22] We can tell that, with the development of Chinese academic research, *Law and Revolution*'s role in providing historical materials will and must be weakened. In fact, Chinese scholars have noticed that defects of historical materials and literature in *Law and Revolution* strengthened some errors which Chinese scholars inherited from the history research of the Soviet Union.[23] Nevertheless it has a long way to go for Chinese scholars to properly appraise Prof. Berman's status in western academic history.

The second characteristic is the approach of sociology of law. In *Law and Revolution*, Prof. Berman pointed out the importance of central political, social and economic, and spiritual events to the development of the western legal tradition between the 11th and 12th century. Besides, the work exhibited extensive research beyond the national and institutional boundaries which had confined the study of European legal history. What's more, with his clear sense of problem and theoretical self-consciousness, Prof. Berman tried to construct a theory of sociology »beyond Marx« and »beyond Weber«. Prof. Berman emphasized two points: one is an integrative and interacting perspective. In Prof. Berman's view, a sociological theory of law should emphasize the interaction between substance and spirit, idea and experience. At least, the sociological theory of law couldn't attribute the law in western history completely to the substantial conditions or idea and value system; it must regard law partly as an independent element in the development of society, politics, intellect, ethics and religions, which is not only one of the results, but one of the causes.[24] In this sense, law and its connections with other social elements were considered to be over-simplified in Marx's and Weber's theories. Legal positivism, the natural

---

21 Including citing other historical materials through *Law and Revolution*.

22 PETER (1985) 692–695, SWEENEY (1984) 197–205, JORDAN (1985) 676–679.

23 PENG XIAOYU (2006) 124–127.

24 BERMAN (1993) 51.

law school and the historical school of law should be synthesized into an integrated legal science.

The other point is to emphasize the role of religion in shaping the western legal system. Berman suggests that the western legal system originate in the Papal Revolution between the 11th and 12th century. It's vital for the western world to take an appropriate approach to compile legal history to understand the current legal system and to make up the future law.

Marxism has been taken as the dominating ideology in China for a long time, so Chinese scholars are familiar with Prof. Berman's way of paying close attention to the relationship between social conditions and a legal system. Compared with Marx, the difference of Prof. Berman's theory is

(1) The relationship between economic foundation and superstructure (including law) was not dominating but equal;

(2) Law could also be regarded as a decisive element for economic and political development. [25]

Berman's theory met Chinese demands of developing the market economy with the aid of the legal system in the 1990s. Furthermore, since 1978, a lot of foreign laws have been transplanted into China and the law's function of social control expanded greatly, so contradictions between modern law and inherent Chinese legal traditions emerged clearly. Legal studies were required not to dwell on political propaganda or only interpreting provisions, but to pay close attention to legal practice so as to turn »law in books« into »law in action«. Sociology of law in China consequently revived. [26] *Law and Revolution* followed the trend to some extent. Especially, *Law and Revolution* indicated that coexistence and competition of all kinds of autonomous legal systems and independent jurisdictions were helpful to forming the supremacy of law in a specified political community. Besides, Prof. Berman emphasized the role of an autonomous legal profession in systemizing laws and combining the law and ideas of justice with social life. Those ideas were inspiring for Chinese Scholars in 1990s.

Perhaps not coincidentally, several translators (including *The Interaction of Law and Religion*'s translator Liang Zhiping), all of whom are famous Chinese jurists now, followed the approach of sociology of law. Before translating *Law and Revolution*, several translators were already promising scholars in Chinese sociology of law. [27] *Law and Revolution* fitted into translators' academic interests – how to construct Chinese rule of law – and furthered their academic developments. In 1993, the same year *Law and Revolution* was published, four translators He Weifang, Gao Hongjun, Zhang Zhiming and Xia Yong started an investigation into Chinese society development and protection of civil rights, whose result *Toward an Age of Rights: A Research on the Development of Civil Rights in China* [28] became classic works of contemporary Chinese sociology of law.

3

»Law and Religion« was not only the consistent thread running through the planned three-volume *Law and Revolution*, but also the problem which Prof. Berman concentrated on during all his life. *The Interaction of Law and Religion* and *Law and Revolution* reflected Prof. Berman's theory of »law and religion« from different aspects: The former is a brief theoretical interpretation of the relationship between law and religion; the latter is its detailed historical justification. But in the face of Chinese legal practice, Prof. Berman's theory, especially the argument »Law has to be believed in or it will not work«, was entitled to different understandings, which embodied intensely the Chinese scholars' debate about »legal faith or legal belief« [29] in recent years.

In the view of Prof. Berman, the western legal tradition originated during Papal Revolution (1075–1122). Since then, the German Lutheran Reformation, English Protestant Reformation, American Revolution, French Revolution and Russian Revolution had changed the western legal tradition, but still remained in the tradition and became an opportunity to develop it. The western legal tradition includes:

25 Berman (1993) 50.

26 Ji Weidong (1989), Liu Sida (2010) 25–37.

27 He Weifang (1991), Liang Zhiping (1992).

28 Xia Yong (ed.) (1995).

29 In China, both terms could be translated by »法律信仰« despite that there are some differences between them. The following text would analyze the differences.

(1) The idea of coexistence of several »law bodies«;

(2) Scholastic technique, which is to coordinate contradictions among authoritative texts and deduce general concepts from rules and cases provided by those texts;

(3) Belief in the capability of law to develop in a few generations continuously and belief in the historicity of law;

(4) Belief in the capability of law to dispose of the conflicts among competing political authorities within a jurisdiction and belief in law's supremacy over political authorities. [30]

This tradition based on faith in Christianity. To be specific, the impact of Christianity on western legal tradition includes:

(1) Human ideas of time, which contains prophetic vision for the future and faith in eschatology; [31]

(2) The principle of reason, in which scholastic technique originated. Canon law jurists took use of scholastic technique to draw abstract conceptions from complicated categories and classifications to transform ancient Roman law;

(3) The principle of conscience, which means law can be found not only in the scholastic reasoning, but also from the lawmakers' or the judges' minds;

(4) The principle of legal growth, which means legal theories and legal systems should be consciously based on previous authorities and adapt to current and future needs. [32]

So Prof. Berman argued that the western legal tradition was closely related to Christian ideas. Even if the German Lutheran Reformation led to the emergence of legal secularization and legal positivism, the idea – individual could take advantage of his / her will to change nature and innovate the social relationships by virtue of the grace of God – was the key to modern contract law and property law. And Calvinism contributed the obligations of changing the world for Christians and put forward the belief that groups of believers were higher than political authorities and the idea of social contract. In the revolutions thereafter, the religious nature of the western legal tradition began to be removed with the rational process of disenchantment. The influence of Christianity was still retained in the law but no longer through the institutional church. If a developing country tries to ask Prof. Berman a Weberian problem, why the western world – and only the western world – formed a rule of law which had universal significance, the answer would be the faith in Christianity.

Some Chinese scholars who accept Berman's answer argue that legal faith / legal belief is the requisite of the rule of law. To construct a modern rule of law one must ensure people's faith in law in order to develop respect for law and enhance the authority of law. [33] Some scholars think legal faith in contemporary China should be based on rationalism and the Confucian belief if the Confucian belief could develop the useful and discard the useless. [34]

But others don't think Chinese people should have faith in law, because the concept of law in a Chinese context is different from Prof. Berman's. [35] The former is a positivist one, which refers to the rules formulated by the state and implemented by coercive power. So the concept of law in China doesn't contain transcendent religious values and has nothing to do with ultimate and transcendent *faith*. [36] The latter is so integrated and inclusive that

---

30 BERMAN (2008) 17. The citation is translated from Chinese because I can't get the original version of Berman's book. Thus it may be different from the original text.

31 BERMAN (1993) 30.

32 BERMAN (2003) 40–67.

33 DING YI (1999), XU JUAN (2009).

34 REN QIANG (2004).

35 Berman used to give several legal definitions. »Law is more than a whole set of rules. It is people's legislating, deciding, executing and bargaining activities. It is the live procedure which allocates rights and obliga-

tions, solves disputes and creates cooperation.« BERMAN (2003) 11. Here Berman stresses that law is both »law in books« and »law in action«. »Law is also humans' idea about justice.« BERMAN (2003) 36. Here Berman means law's aspect of natural law. »Law, I refer to the legal system which has originated in the ›west‹ countries since 12th century, including constitutional law, philosophy of law and legal science, the principles of criminal law, civil law and procedure law. Although they vary in time and space, they share the same historical basis,

concepts and methods.« BERMAN (2008) 2–3. Here Berman stresses the law's historicity.

36 FAN JINXUE (2012).

it could be connected with *faith*. Thus, to establish legal faith/legal belief in China would lead to some bad results. For example, all the problems are easily attributed to people's lack of faith in the law, exaggerating the role of law and over-interfering with individual's minds etc. [37]

The debate reflects the difference between Chinese scholars and their western colleagues when dealing with the relations between law and religion. [38] Christianity is one of the pillars of Western civilization. The reason why Prof. Berman reconstructed the historical development of the western legal tradition is to cope with the integrity crisis which western legal tradition and civilization encountered in the 20th Century. Prof. Berman thought the causes of the crisis were that western society lost legal faith and religious faith. [39] So Prof. Berman's solution is to reconstruct the dialectical interactive relations between law and religion. China has never had a nationwide religion. Indeed, people don't have enough belief in law and statutes sometimes can't work very well in Cina nowadays. The problem is not only because the rationalization process of modern society exiles human spiritual faith, [40] but also because of Chinese people's traditional »practical reason«. »Practical reason« stands for the main character of Chinese traditional thoughts and still has influence today. It isn't constrained by transcendent faith and seeks secular practical purpose. [41] This mode of thinking is easy to join in the rationalization process and looks on law as a means to achieve certain ends. To enhance people's respect for law or ensure belief in law in China nowadays, we need not only consider the problem of modernity, but also take our tradition seriously. In this sense, Prof. Berman's theory on interaction of law and religion can't fit into China, because it ignores the influence of Chinese traditional thoughts.

4

In 1840, China encountered »a catastrophe not seen in thousands of years« (by Li Hongzhang), which may attribute more meaning to the history about origin and prophesy about development in *Law and Revolution*. Comparing the interaction of law and religion, Prof. Berman's concept of historicity may be more inspiring. In Prof. Berman's theory, »History« is the most important dimension and was given a normative sense. »If there's no reintegration to the past, we can neither trace back our past track nor find guiding lines for the future«. [42] The so-called »historicity« is to use past experiences to meet changing needs. Just as Luther used to translate the *Holy Bible* into German, which inspired Germans to create a native language and develop national culture, Chinese modern transformation also needs to rethink and reconstruct Chinese history and tradition.

No matter how many inspirations we can get from *Law and Revolution*, our practice to pass through »Historical Three Gorges« (by Tang Degang) couldn't be replaced by foreigners. We can transplant laws by state authority. But without hard »struggle of freedom«, the transplanted laws which used to work well would degenerate into »rigid legalism«. [43] In this sense, legal faith or legal belief is not and needs no expression, but a person's or a state's life style which exhibits itself during the hard struggle and exploration.

■

---

37 Fan Yu (2008).

38 The difference was first reflected in the translation of »Law has to be believed in or it will not work«. In the sentence, »believed in« was translated as »信仰« in *The Interaction of Law and Religion*. Berman (2003) 3. It was translated as »信奉« in *Law and Revolution*. Berman (1993), Preface III. In Chinese, both »信仰« and »信奉« are closely related to religion, so they are nearer to »faith« in meaning. But

»believe in« is usually translated as »相信«, »确信« and »信任«, so they are nearer to »ascertain« and »confidence« in meaning and less related to religion. Using the translation related to religion can meet Berman's context, but is liable to cause confusion in China where there is not a nationwide religion. A more detailed analysis can refer to Zhang Yonghe (2006) 181–183.

39 Berman (2003) 8–11.

40 Weber (2010) 183.

41 Its Chinese translation is »实用理性«. Li Zehou (2004b) 288–290.

42 Berman (1993) Preface, V.

43 Berman (2003) Introduction.

Bibliography

- BERMAN, H. J. (ed.) (1988), Talks On American Law, translated by CHEN RUOHUAN, Shenghuo-Dushu-Xinzhi Joint Publishing Company, Beijing
- BERMAN, H. J. (1991), The Interaction of Law and Religion, translated by LIANG ZHIPING, Shenghuo-Dushu-Xinzhi Joint Publishing Company, Beijing
- BERMAN, H. J. (1993), Law and Revolution: The Formation of the Western Legal Tradition, translated by HE WEIFANG, GAO HONGJUN, ZHANG ZHIMING and XIA YONG, Encyclopedia of China Publishing House, Beijing
- BERMAN, H. J. (2003), The Interaction of Law and Religion, translated by LIANG ZHIPING, China University of Political Science and Law Press, Beijing
- BERMAN, H. J. (2008), Law and Revolution, II: The Impact of the Protestant Reformations on the Western Legal Tradition, translated by MIAO WENLONG and YUAN YUCHENG, Law Press China, Beijing
- BERMAN, H. J. (2011), Faith and Order: The Reconciliation of Law and Religion, translated by YAO JIANBO, Central Compilation & Translation Press, Beijing
- DING YI (1999), The Role of Legal Faith in the process of Rule of Law, in: Studies in Law and Business 6, 43–45
- FAN JINXUE (2012), »Legal belief«: A Over-misread Myth, in: Tribute of Political Science and Law 30, 161–172
- FAN YU (2008), A Criticism of »Belief in Law«, in: Modern Law Science, 10–17
- HE WEIFANG (1991), The Style and Spirit of Traditional Chinese Judicial Decisions: Based Mainly on the Song Dynasty and Comparing with that of England. in: Social Sciences in China 3, 74–95
- HE WEIFANG (2007), Legal Translation in China Since 1949, in: Journal of China University of Political Science and Law 1, 119–122
- JI WEIDONG (1989), The Sociology of Law in China: Overview and Trends, in: Law and Society Review 23, 903–914
- JORDAN, WILLIAM CHESTER (1985), The Crisis of the Western Legal Tradition, in: Michigan Law Review 83, 670–681
- LI ZEHOU (2004a), On Contemporary Chinese Thoughts, Tianjin Academy of Social Sciences, Tianjin
- LI ZEHOU (2004b), On Ancient Chinese Thoughts, Tianjin Academy of Social Sciences, Tianjin
- LIANG ZHIPING (1992), On Law: Chinese Law's Past, Present and Future, Guizhou Renmin Press, Guiyang
- LIU SIDA (2010), History and Reflection on Chinese Sociology of Law, in: Su Li (ed.), Law and Social Science, Law Press China, Beijing
- LIU YI (2012), Legal Translation and Modernization of Law, in: Journal of Beijing Institute of Technology (Social Sciences Edition) 14, 117–127
- LIU YUNHONG, XU JUN (2010), Theoretical Innovations and Practical Applicability: »Faithfulness«, »Expressiveness« and »Elegance« as Translation Criteria in Action, in: Chinese Translators Journal 5, 13–18
- PENG XIAOYU (2006), The Oriental Context of Misreadings of Western History: Legal Revolution, the Reformation and Monastic Life, in: Historical Research 1, 124–127
- PETERS, EDWARD (1985), The Origins of the Western Legal Tradition, in: Harvard Law Review 98, 686–696
- Pound, Roscoe (1910), Law in books and Law in Action, in: American Law Review 44, 12–36
- REN QIANG (2004), To make law sacred: Reflection on the belief foundation of Chinese and western legal idea, in: Law and Social Development 5, 46–54
- SU LI (2004), Perhaps Be Happening: Legal Studies in China's Transformation, Law Press China, Beijing
- SWEENEY, JAMES ROSS (1984), Book review, in: Journal of Law and Religion 2, 197–205
- WEBER, MAX (2010), The Protestant Ethic and The Spirit of Capitalism, translated by KANG LE and JIAN HUIMEI, Guangxi Normal University Press, Guilin
- XIA YONG (ed.) (1995), Toward an Age of Rights: A Research on the Development of Civil Rights in China, China University of Political Science and Law Press, Beijing
- XU JUAN (2009), How could law be believed in: to discuss with those who think law couldn't be believed in, in: Science of Law 5, 3–12
- ZHANG YONGHE (2006), Faith and Authority: A Comparison Study among Curse, Swear and Law, Law Press China, Beijing

Heikki Pihlajamäki

Berman's best pupils?
The reception of Law and Revolution in Finland

I.

It took years after 1983 before I first laid my hands on Harold Berman's *Law and Revolution* (1983). In 1982, I had started my law studies and taken my first legal history course. Back then, those courses in Finland were still mostly concentrated on national legal history. To be sure, some signs of beginning internationalization were in the air. My legal history teacher, Professor Heikki Ylikangas had just published his textbook *Miksi oikeus muuttuu* [1] [Why law changes], which was to make a deep impression on many generations of law students. Historian not jurist by training, Ylikangas was influenced by the German *Methodenstreit* of the seventies and, in somewhat reductionist terms, presented legal change first and foremost as a result of group interests. Law itself played a much lesser role for him than law's social context. However, his book also included a largish part describing legal history of other countries, such as England, Germany and Russia. Today this would be called comparative legal history. It was this part of *Why law changes* that made a deep impact on me, as I suspect on many others as well.

The picture of legal history as something fundamentally else than only a national enterprise was thus starting to take shape towards the end of the 1980s, and I went with the wave. When I had first started to get serious about legal history around 1990, one of the eye-opening works for me was Berman's book. I do not remember whether this happened accidentally or how, but I read the book. After reading *Law and Revolution*, I went through its notes trying to get a hold of several other classics, of the existence of which I had barely been aware, such as the works of Paul Koschaker, Franz Wieacker and Helmut Coing. Berman introduced to his ignorant reader an endless amount of pivotal legal historical themes and discussions, of which the reader had heard or read only passing, such the significance of religion in law, the *ius commune* and

the polycentric nature of medieval law. I do not know when my colleagues had first read Berman, but I suspect not much earlier, since not a single review was ever written about it. The group of us legal historians, feverishly interested in European legal history, at the Law Faculty of the University of Helsinki, consisted then of no more than three or four people, and we all read much of the same literature. The large context behind this interest was undoubtedly Europe's political integration, which was starting to invade Finnish discussions at all levels of society, law and legal studies included.

Curiously enough, it was thus an American legal historian, who among the first introduced European legal history in Finland. Whether he was *the* first in my case or in the case of my colleagues cannot be decided here, and it is not crucial. *Law and Revolution* was, in any case, one of the scholarly works which brought the European and international discussions to Finland's legal historical scene, not much more than two decades ago. Better late than never: *Law and Revolution* fell into fertile ground and amongst enthusiastic students. But what exactly did we learn? How did that learning alter our views? And, just as importantly, how did Berman's great book *distort* our views of European legal history?

II.

Berman highlighted the importance of what he called »the papal revolution« of the eleventh and twelfth centuries. Pope Gregory VII initiated this first of a whole series of legal revolutions: the Protestant Reformations, as well as the English, American, French and Russian revolutions, for Berman, all belonged to the same recurring pattern in Western legal history.

The papal revolution led to the creation of »the first modern state«, with secular states following

1 YLIKANGAS (1983).

only centuries later. A crucial instrument in the construction of the centralised church was ecclesiastical law, systematically developed by twelfth- and thirteenth-century canonists. They built their studies not only on traditional sources of canon law, such as the decisions of synods and the writings of the Church Fathers, but also on the steadily flowing mass of papal legislation from Rome. Canon law, needless to say, was not Berman's invention – not even his specialty – but he contributed greatly to linking church law with state formation and growth of other »bodies of law«, as he called feudal, manorial, mercantile, urban, and royal law. The close relationship of theology and law is fundamental for Berman, and it is also the theme that he continued in *Law and Revolution II* twenty years after (2003).

Berman saw all the other »bodies of law,« together with canon law, in the twelfth-century context of academic legal learning, »legal science«. All major bodies of law were, thus, also interconnected by legal scholarship. Some of this seems now – and seemed to experts already then – somewhat artificial. Berman's account of the growth of manorial law is based on narrow literature, and his views on the universal nature of *lex mercatoria* have now been shown outmoded. [2]

Being no expert on any of the areas he masterfully summarised in his book, Berman was indeed criticised for using predominantly secondary sources. In addition, he leaned primary on English-language sources, neglecting much of the newer literature in German, Spanish and Italian. [3] A compilation of huge masses of literature and an account of continent-wide developments in virtually all fields of law during many centuries, the book could hardly avoid being criticized here and there. However, many critics praised Berman's book precisely for bringing together large amounts of learning and for generally doing it, in general, accurately.

If Berman relied heavily on English-language secondary literature, he at the same time created a major presentation of European medieval legal history in the English language. The appearance of such a book was not only important for English-speaking countries, but also for countries such as Finland where the knowledge of the German language – a long time *lingua franca* of legal history – was already in sharp decline in the 1980s and 1990s. The situation was not alarming as professional legal historians were concerned, but one could certainly no longer give law students German materials to read at that time. *Law and Revolution* became an important tool with the help of which medieval European legal history could be brought to the students in a relatively compact and accessible form. Naturally, the book also directed its readers to the literature that they found in its footnotes, thus contributing to the Anglicization of legal history. [4]

Regardless of the language question, Berman's book helped to bring at least two important questions to the attention of the Finnish legal historians. First, *Law and Revolution* made us sensitive to a larger picture, the European legal history. [5] Indeed, legal history was in the avant-garde of Finnish legal science when it comes to opening its views other than predominantly national. It may be correct to say that *Law and Revolution* was one the books which gave a decisive impetus to a trend towards comparative legal history and towards caring less about national boundaries. This trend then led to what is now commonly called comparative legal history. Personally, I see comparative legal history the only meaningful way to look at legal history – at least when comparative legal history is understood in a permissive, non-categorical way. Comparative legal history, then, is not only about comparing A and B (although it may be that as well), but it is about describing and explaining phenomena of legal past in terms which are not primarily determined by the borders of the national states. Instead, although the research questions themselves may be local, they are always at least potentially seen as part of a larger picture. Just like Berman did.

Second, *Law and Revolution* greatly contributed to the sensitivity of the Finnish legal historians *vis-à-vis* questions concerning law and theology. Can-

---

2 See KADENS (2012).
3 See, for instance, the review by Professor Peter Landau; LANDAU (1984).
4 The Anglicization of legal history is not a bad thing, at least not *per se* any worse than the discipline's overly de-

pendence on the literature and discussions of the German language area. Looking at scholarly dependencies and traditions from a peripheral Scandinavian perspective, the best we can do is to know all the major lan-

guages and to follow as many international discussions as we can.
5 See LETTO-VANAMO (1995). Although well versed in German legal historiography, Letto-Vanamo used also *Law and Revolution* as well.

on law had, in the Protestant country, played hardly any role in the teaching of legal history nor in research. It was actually only towards the late 1990s that the role of religions, both Catholic and Protestant, was truly acknowledged. Again, it should be emphasized that Berman's book was not the only one bringing about these changes, but it was certainly one of the most important.

III.

How did Berman's magisterial *Law and Revolution*, then, distort the views of the Finnish legal historians (and, perhaps, other Nordic colleagues as well)? Distortion may be too strong a word. Berman's understanding of the essential features of legal development in the middle ages as predominantly a history of the core geographical areas of Europe is, however, slightly disturbing. If anything, *Law and Revolution* describes the legal developments in Western-Central Europe (Italy, France, Germany and England), leaving most of the fringe areas with much lesser attention. There is less than a page on Denmark; none on the other Nordic regions. Still Berman often tends to be read as a general work on European legal history.

And yet, just as it would an exaggeration to credit only Berman for opening our views towards literature and research questions on European and comparative law, or law and theology, it would be unfair to blame him alone for presenting legal history in a distorted way. Berman represented, more than anything, another version of European legal history, in which Europe is mainly seen in terms of its core geographical areas. Doing this, he only continued the tradition of Calasso, Wieacker and Coing.[6]

Another defence applies as well, and it is much better. In fact, Berman never set out to write a Western legal history; such a book yet remains to be written. Instead, as the subtitle of his book clearly states, he traced the origins of the Western legal tradition – a rough equivalent of modern law. Berman is really after the »big bang«, the birth of modern law, neither more nor less. It is then up to the historians of different areas to test his findings against the information of such parts of the »West« which have received lesser attention in his book. This is how comparative legal history, indeed, should work in general. This – a search for a Nordic legal identity – is precisely what has occupied many Nordic legal historians during the past couple of decades.

■

Bibliography

- KADENS, EMILY (2012), The Myth of the Customary Law Merchant, in: Texas Law Review 90, 1153–1206
- LANDAU, PETER (1984), Review of Harold Berman's Law and Revolution, in: The University of Chicago Law Review 51, 937–943 http://dx.doi.org/10.2307/1599490
- LETTO-VANAMO, PIA (1995), Oikeuden Eurooppa [Europe and the Law], Helsinki
- OSLER, DOUGLAS J. (1997), The Myth of European Legal History, in: Rechtshistorisches Journal 16, 393–410
- YLIKANGAS, HEIKKI (1983), Miksi oikeus muuttuu [Why law changes], Porvoo

6 See OSLER (1997).

Kristjan Oad

Berman and Livonia – Two Prodigious Strangers

Three decades after the first print of Harold J. Berman's *Law and Revolution* one might think it near impossible to find any relevant new subject matter, least of all primary sources, that might yield novel results when viewed in light of Berman's approaches and insights. After all, Berman's innovations have been widely discussed, his emphases noted and some of his theses woven into the very narrative against the background of which we view the legal reality and its transformations of the 11th as well as the 12th and the 13th centuries.

Yet odd as it may seem, Berman's views of the consequences of the Papal Revolution have in fact not been properly introduced to the study of the formation of Livonia (German *Alt-Livland*), the curious medieval conglomerate of polities on the territory of present-day Estonia and Latvia. Livonia, a loose confederation of the lands of the Teutonic Order, several Hanseatic towns and four bishoprics, all formally under the rule of the German emperor, developed and indeed blossomed from the 13th to the 16th century – only to be swallowed up by expanding empires on all sides.[1] Itself quite an oddity, Livonia grew out of an even stranger chain of events – the mission-turned-crusade-turned-conquest aimed at the native Estonians and Latvians, still unchristianised (!) in the first decades of the 13th century.[2]

These early events, a complex mesh of ambition, intrigue, rivalry and war, have offered rich symbols for a most diverse range of propagandist claims from the 19th century onwards. For the German-speaking Baltic nobility it was a »bringing of culture« to savages; for Estonian and Latvian nationalists, an »ancient struggle for freedom«; for the Soviet regime a »fight of the allied Estonian and Russian peoples against German invaders«.[3] Only recently have these events been resolutely demystified, albeit not wholly without controversy.[4]

Where does Berman come into all of this? The answer is – at the very core.

In a very brief summary, what happened in Estonia and Latvia in the last years of the 12th and the first years of the 13th century was the following. A priest from Germany arrived with some merchants visiting their well-established trading partners in what is now Latvia to preach Christianity among the still pagan peoples of the area. After some success (upon which he was consecrated a bishop), his small flock began to flounder; when he, an old man, died, his initial success had been rendered void. His successor was a man of short temper; having unsuccessfully demanded that the one-time converts return to Christian worship, he gathered in Germany a host of armed men, also securing from the pope the right to style this enterprise a crusade. This bishop died in battle. The third bishop now arrived, with armed pilgrims of his own, to a land where conflict was commonplace – between local nobles, as raids to and from further regions, and now also against Christians. Conflict between various groups of Christians – the clergy, the crusaders, members of a newly founded military order, to name some – was also quick to arise. All of this took place in the shade of a rising maritime empire of the king of Denmark, at first a looming threat, but by 1219 a reality of royal conquest in what is now Estonia.[5]

The interpretation of what took place in the first three decades of the 13th century has been determined, as referred above, first and foremost by the political needs of the scholar's own time. There was much fighting; eventually Western Christian warlords and ecclesiastical notables emerged as rulers of the previously pagan lands. If on anything, the

---

1 A systematic new compendium in Estonian on Livonia, SELART (2012), offers for the international scholar a comprehensive catalogue of (among others) English and German literature on Livonia.

2 A recent collection of English articles on this subject: TAMM et al. (2011).

3 For a more detailed account, see KALJUNDI, KĻAVIŅŠ (2011).

4 SELART (2012) 25–80.

5 For the depiction of these events in the main narrative source covering the formation of Livonia, the Chronicle of Henry of Livonia, see in English BRUNDAGE (2003) 25–38, 173–174; in German and the original Latin, BAUER (1959) 2–20; 230–233.

various conflicting narratives agree on the »fact« that what took place was a secular conquest.[6] In the view of some, the missionary aims of the bishops were indeed just an excuse, an ideological veneer covering true aims of subjugation.[7]

It is with regard to the aims of the early Livonian bishops, their »master plan«, that Berman may offer some highly valuable clues. When paying in mind Berman's theses concerning the Catholic Church and canon law after the Papal Revolution, single terms and phrases in the sparse written sources may reveal much more than they have been thought to do. In the following, two problems with such potential will be briefly introduced, as well as a third with a different, yet not in the least a less interesting premise.

Throughout historiography the term *iura christianitatis*, »laws of Christendom«, found in the chronicle of Henry of Livonia,[8] has been rightfully seen as the gist of the changes brought about in the formerly pagan lands by the formation of the bishoprics and other polities.[9] The prevailing view today is that the term was used by Henry to express the grave changes brought about by marauding Christian warlords-turned-overlords. Efforts have been made to sum up all burdens laid upon this or that pagan ruler or region by militarily superior Christians throughout a tumultuous period of several decades, and the sum has been straightforwardly claimed to comprise the factual essence of the term *iura christianitatis*.[10] For obvious reasons, the logic of such reasoning is dubious at best.

What might help understand the original meaning of *iura christianitatis* is Berman's trail of thought concerning the emergence of several distinct Western legal systems in the aftermath of the Papal Revolution.[11] It is Henry's curious use of the plural, »*laws* of Christendom«, that tempts one to ask whether his choice of words might be a first-hand piece of evidence, a witness report so to say, of this emergence and distinction. The whole affair of christianising Livonia was able to take off because German merchants had established contacts with their pagan colleagues from across the Baltic Sea.

Might it be that Henry's *iura* were canon law and the law merchant (the latter closely connected not to say entwined with urban law), systems of law now to be followed by the newly Christian local traders in active commerce with the West? Hanseatic towns were quick to be founded in Livonia and Lübeck's as well as other German towns' laws received already during the 13th century.[12] Or on the other hand, these *iura* were »laws of *Christendom*« and came to rule the lives of former pagans exclusively through the mediation of Roman Catholic clergy. Perhaps Henry the priest was referring to the two layers of canon law as distinguished by Gratian and underlined by Berman – the *ius antiquum* or the pre-Revolution customs of the Church as well as the new, sophisticated canon law already a strong century in the making by Henry's time.[13] A thorough analysis of primary sources with these options in mind is of course necessary before any certain conclusions may be drawn, but the perspective of Berman's work as a key to one of the central problems in the historiography of early Livonia seems most promising.

Secondly, some of Berman's emphases may offer a path to a paradigm of the formation of Livonia that does not imply an inherent urge of conquest in every German notable setting foot on the eastern shore of the Baltic in the early 13th century. The nationalist narrative of a struggle for freedom is based strongly on the fact that Henry as well as the unknown authors of some contemporary documents did indeed use words like »under the rule«, »obey« and so forth to describe the situation of the natives after receiving baptism from the bishops.[14] The idea in general is not his, of course, but Berman did make it a point throughout his work to hammer home the fact that the post-Revolution Catholic Church was without reservation a full-fledged public authority, a state – in Berman's words, the first modern state – in itself.[15] This emphasis must in the case of early Livonia come hand in hand with another, again not originally his but emphasised and expanded by Berman, namely that in post-Revolution medieval Europe power

---

6 Arbusow (1918) 25; Vahtre (1990) 128; Nielsen (2005) 221; Jensen (2011) 199; Selart (2012) 41.
7 Naan (1955) 117; Leimus (2011) 19.
8 E. g. Brundage (2003) 107; Bauer (1959) 126–127.
9 Leimus (2011) 9.

10 Leimus (2011) 12–17.
11 Berman (1983) 115–119.
12 Selart (2012) 123–140.
13 Berman (1983) 202.
14 E. g. Brundage (2003) 121; Bauer (1959) 150–151; Bunge (2006 [1853]) 134–135.

15 Berman (1983) 113–115.

held by public authorities came in two varieties, the ecclesiastical as well as the secular. [16] When a source speaks of, say, a local ruler's duty after baptism to »subject« himself to the laws of Christendom and convey annually to the clergy certain amounts of grain (as tithes), [17] there is no need to see a subjugation of the local peoples to foreign tyrants. Berman's perspective offers instead a narrative of the transformation of a society of commoners and lords into a more complex society of commoners, lords and clergy – a less ideological and, arguably, a more plausible frame of interpretation.

Last but definitely not least, some remarks Berman made rather in passing might in fact offer a solution to a problem that has puzzled Estonian historians and archaeologists for decades. Henry in his chronicle did not once call a pagan Estonian ruler a king, *rex*. He did, though, call a newly baptised Livic lord – from a people closely related to Estonians, the Livs, inhabiting in Henry's time what is now the central part of Latvia – a »quasi-king«, *quasi rex*. [18] Yet, for instance, the king of Denmark was a *rex* without question. [19] This difference in styling has been the foundation for a long-time dominant theory of a more »democratic« society of medieval Estonians as compared to their neighbours. Authority was said to have grown stricter the more south the society – thus the Livic *quasi rex*. [20] Archaeologists have, on the other hand, found the physical remains of the era's culture in Estonia incompatible with a presumed egalitarian freeholder-peasant society. There most certainly were lords and subjects, and the archaeological and the sparse written evidence in sum tell of a bloody history of battles for supremacy and several emerging pagan states by the early 13th century. [21] Why the difference in styling, then? In discussing post-Revolution royal law, Berman noted ecclesiastical recognition as one of the means for legitimising medieval Western kingship. [22] One might suppose that for the clergy this was not just one, but the preferred one, and when immortalising on parchment the great deeds of brave bishops and diligent priests in pagan Livonia, Henry knowingly differentiated a Christian ruler, *rex*, from the rest. And the Livic lord? He had just recently been baptised, and had started his kingship as a pagan. He was a king, but not quite a proper one – a sort-of-king, *quasi rex*.

The number of ways the Soviet occupation still aches in our minds is legion. Probably not least among them is the fact that such a seminal work as Harold J. Berman's *Law and Revolution*, originally excluded by regime and doctrine, is only now becoming to be truly known among Estonian scholars. Yet such a situation may also have its upside. What is used is not forgotten, and as these above pages have hopefully allowed to glimpse, the uses of Berman in Estonia might be legion as well.

■

Bibliography

- ARBUSOW, L. (1918), Grundriss der Geschichte Liv-, Est- und Kurlands, Riga
- BAUER, A. (transl.) (1959), Livländische Chronik, Würzburg
- BERMAN, H. J. (1983), Law and Revolution. The Formation of the Western Legal Tradition, Cambridge, Massachusetts and London
- BRUNDAGE, J. A. (transl.) (2003), The Chronicle of Henry of Livonia, New York
- BUNGE, F. G. VON (publ.) (2006 [1853]), Liv-, Est- und Kurländisches Urkundenbuch nebst Regesten. Band 1, 1093–1300, Reval
- JENSEN, C. S. (2011), ›Verbis non verberibus‹: The Representation of Sermons in the Chronicle of Henry of Livonia, in: TAMM (2011) 179–206

16 BERMAN (1983) 94 *et passim*.
17 BUNGE (2006 [1853]) 138.
18 BRUNDAGE (2003) 43; BAUER (1959) 28–29.
19 E.g. BRUNDAGE (2003) 64; BAUER (1959) 60–61.
20 TARVEL (1992) 120, 124–125.
21 LANG (2007) 284; OAD (2012).
22 BERMAN (1983) 412.

- KALJUNDI, L., K. KĻAVIŅŠ (2011) The Chronicler and the Modern World: Henry of Livonia and the Baltic Crusades in the Enlightenment and National Traditions, in: TAMM (2011) 409–456
- LANG, V. (2007), Baltimaade pronksi- ja rauaaeg [The Bronze and Iron Ages of the Baltic Countries], Tartu
- LEIMUS, I. (2011), Iura christianorum – Läti Henriku sõnakõlks või nõks paganate alistamiseks? [Iura christianorum – Hollow Words From Henry of Latvia or A Trick For Subjugating Pagans?], in: Tuna 1 (2011) 9–19
- NAAN, G. (ed.) (1955), Eesti NSV ajalugu. 1. köide. Kõige vanemast ajast XIX sajandi 50-ndate aastateni [History of the Estonian SSR. Volume 1. From the Oldest Times to the 1850s], Tallinn
- NIELSEN, T. K. (2005), Mission and Submission. Societal Change in the Baltic in the Thirteenth Century, in: LEHTONEN, T. M. S. et al. (eds.), Medieval History Writing and Crusading Ideology, Helsinki, 216–231
- OAD, K. (2012), Eestlaste lepingud üksteisega enne 13. sajandit [Treaties Among Estonians Before the 13th Century], in: Juridica 4 (2012) 151–158
- SELART, A. (ed.) (2012), Eesti ajalugu II: Eesti keskaeg [History of Estonia II: The Middle Ages in Estonia], Tartu
- TAMM, M. et al. (eds.) (2011), Crusading and Chronicle Writing on the Medieval Baltic Frontier, Farnham, Burlington
- TARVEL, E. (1992), Ühiskondlikud suhted II aastatuhande algul [Societal Relations in the Beginning of the II Millennium], in: KAHK, J. et al. (eds.), Eesti talurahva ajalugu. I köide [History of the Estonian Peasantry. Volume 1], Tallinn, 116–125
- VAHTRE, S. (1990), Muinasaja loojang Eestis [The Dusk of Estonian Prehistory], Tallinn

Charles J. Reid

Tradition in Revolution: Harold J. Berman and the Historical Understanding of the Papacy

Jaroslav Pelikan put it well: »Tradition,« he said, »is the living faith of the dead;« while »traditionalism is the dead faith of the living.«[1] Harold Berman taught me the significance of this quotation during our time together at Emory University School of Law. It was a favorite of his – he used it often in conversation and in published work.[2]

I am a Catholic myself and I am well aware of the normative force of tradition in my Church. The *Catechism of the Catholic Church* defines tradition as »the living transmission« of the message of the Gospel and the Apostolic Age from that founding moment of God's holy Church on earth to our own day.[3] Scripture and Tradition, »then, are bound closely together and communicate with one another.«[4] »Tradition transmits in its entirety the Word of God which has been entrusted to the Apostles by Christ the Lord and the Holy Spirit.«[5] »Both Scripture and Tradition must be accepted and honored with equal sentiments of devotion and reverence.«[6]

What we learn from this distillation of the faith is that tradition is central to the life of the faith. But the *Catechism* begs the most important question: What is tradition that we may learn from it? For it seems, as the Pelikan quotation suggests, capable of dual meanings.

One meaning, of course, is strict adherence to the ancient ways of doing things. Tradition understood in this sense is a rallying cry for a political program: We must return to the wisdom of the past. Our present age is polluted with new and unproven ways of doing things. Or, in the same vein, tradition might be a summons to rote repetition of ancient forms – liturgy, say, or ceremonial – with an insistence on doing things as they have always been done. The past is seen as authoritative and our world is judged, approvingly or disapprovingly, on the basis of how well (or poorly) we follow the tried and the true.[7]

On the other hand, of course, tradition might be seen as Jaroslav Pelikan understood the concept – as dynamic, as fluid, as the response of an historically-grounded but still vital community to fresh challenges. Tradition becomes, on this model, a source of guidance. It provides continuity in disruptive times, but it is not itself constraining. It recognizes that an awareness of the past is necessary to prevent the fragmentation of society, to keep us committed to our shared story, to stop us from looking at one another as strangers. Social amnesia, as much as personal amnesia, is life-destroying.

The professional historian is obliged, I think, to hold this latter view of tradition close to his or her heart. Without it, the historian might pledge blind allegiance to a fixed and static conception of the old ways. Or, worse still, he or she might yield to the temptation of Heraclitus and say with him, »Everything flows and nothing remains still … You can't step twice into the same river.«[8]

Harold Berman was able to capture that balance between fidelity to the past and the exigencies of the moment as well as academic historian I have ever known. There are many examples from his work that I could draw upon to illustrate this point, but I should like to focus on his treatment of the Papal Revolution and its implications for someone like myself, a Catholic with deep training in history but also, as a lawyer and law professor, keenly interested in contemporary affairs.

I must begin with the axiomatic statement that there is a strong tendency within the Catholic Church to view her history as the story of the preservation of a deposit of faith, entrusted by Christ to the Apostles, and kept safe and secure to the present. Innovation, on this account, is to be denounced if not actively despised as heresy, as heterodoxy, as hostile to faith and morals. Thus Hippolytus (c. 170–230) condemned innovations

---

1 Pelikan (1984) 64.
2 See, for example, Berman (1993) 243.
3 Catechism of the Catholic Church, para. 78 (1978).
4 Id. para. 80.
5 Id. para. 81.
6 Id. para. 82.
7 Feldman (2002) 135.
8 Dorter (2013) 44 (quoting Plato's Cratylus, which is the sole surviving source for Heraclitus' comments).

in his own day as heretical deviations from a pure and pristine apostolic age that must always be kept holy.[9]

Nearly two millenia later, one finds nearly identical language being used by ecclesial authority. Pope Benedict XV, whose witness for peace in the charnel house of World War I was truly heroic,[10] was nevertheless reactionary in his denunciation of modernism: »Let there be no innovation. Keep to what has been handed down.«[11] Benedict's Latin was almost exactly parallel to the language used by the fifth-century theologian and defender of the papacy Vincent of Lérins.[12] Thus we come full circle – ancient and modern writers concurring on the necessity to preserve a closed and unchanging deposit of faith.

This vision of an unchanging set of practices and institutions, this belief in a body of truths always and everywhere the same has been applied by at least some Catholic historians to the papal office itself. One might take as an example of this approach the work of Augustin Fliche (1884–1951). Fliche possessed massive, encyclopedia learning in the field of Church history.[13] The multi-volume history of the Church he co-edited with Victor Martin remains important today.[14] Scholars continue to recommend cite his work as foundational.[15]

Like Berman, Fliche also wrote extensively about the pontificate of Pope Gregory VII (1073–1085).[16] But Berman's and Fliche's respective starting points could not be more different. To be sure, in his edited history of the Church and in the books he authored about the medieval papacy, Fliche appreciated that there were discontinuities in the historical record and periods of rapid ideological and institutional change. But his sympathies were always for the »papal cause.«[17] An early reviewer observed that »although Fliche tells the truth, the papal truth is set forth with ›the enthusiasm of a convinced partisan.‹«[18]

This is nowhere truer than in Fliche's treatment of the pontificate of Pope Gregory VII (1073–1085). His brief pontificate, and the political and religious upheavals that accompanied it, remain controversial today. Was Gregory a revolutionary? A restorationist? Berman saw Gregory as the former. Gregory understood himself as the latter.[19] He was merely returning the papacy to its former glories, before the great decline in papal fortunes in the tenth century and the mid-eleventh-century »capture« of the papacy by German emperors. Fliche uncritically embraced Gregory's self-assessment. Gregory, in Fliche's view, was a conservative, a tragic figure who merely sought to restore to the Church ancient prerogatives that had fallen into temporary abeyance thanks to historical circumstance.[20]

Berman, however, looked at the evidence and concluded that Gregory represented a sharp break with the past. A former student and life-long admirer of Eugen Rosenstock-Huessy,[21] Berman deepened and developed Rosenstock-Huessy's historiography of western revolutions to make the case that Pope Gregory led the first great revolution of the modern era – the Papal Revolution of the late eleventh and early twelfth centuries.

The Papal Revolution, Berman convincingly argued, amounted to a total transformation of the western world. Politically, real power flowed to the Church, especially the papacy. The popes inspired, organized, urged on a series of Crusades to reconquer the Holy Land, which had been lost to Islam centuries before.[22] The papacy helped to drive and set the pace for cultural change – from style of worship, to church architecture, to the redefinition of the relationship between clergy and laity.[23] The papal revolution was accompanied

---

9 Easton (1934) 25.
10 Becker (2012) 202, 208–209.
11 Benedict XV (1914) para. 25.
12 Benedict XV wrote: »Nihil innovetur, nisi quod traditum est.« Id. Vincent wrote: »Nihil innovandum, nisi quod traditum.« Commonitorium, 6.6., as quoted in Guarino (2013).
13 Although Fliche certainly had an unsavory side too. He was Dean of the Faculty of Letters at the University of Montpellier in 1941, when that University was the first to invite Marshall

Philippe Pétain to speak after the Nazi occupation. Fink (1989) 264–265. A relentless anti-Semite, Fliche made life miserable for his Jewish colleague Marc Bloch, who eventually died a hero's death in the service of the French Resistance. Weber (1991) 253–254.
14 Fliche / Martin (1934–1951).
15 See, for instance, Stoller (1991) 259, 261 (recommending that students still have the »need to read Fliche«).

16 Fliche (1924), Fliche (1930), Fliche (1946).
17 McKinney (1932) 92, 93.
18 McKinney (1932) 92, 93.
19 Robinson (2004) 1.
20 Reid (1995) 433, 474.
21 Berman expresses his gratitude and his debt to Rosenstock-Huessy in Renewal and Continuity: Berman (1986) 19, 21. Cf., Rosenstock-Huessy (1938).
22 Berman (1983) 101.
23 Berman (1983) 103.

---

by violence – Gregory VII, after all, waged a sanguinary war against the Emperor Henry IV.[24] Similar struggles took place on a more localized level throughout Western Christendom – as in the contest of wills that was Henry II vs. Thomas Becket.[25]

But Berman also knew that while the transformation worked was total, it was a transformation that built upon foundations that had been laid long before. Berman did not succumb to the Heraclitan temptation to see only the headlong flow of waters while missing the well-hewn banks that channeled the coursing stream.

This appreciation for the deep origins of civilization led Berman to look at the legal order of Western Europe. And Berman traced this legal order far back into Western history. He recognized that Quintus Mucius Scaevola at the end of the second century BC employed a form of dialectical reasoning to arrange the components of the Roman law.[26] He notes that Scaevola's system provided the backbone for the work of later classical and post-classical jurists.[27] And he understood the significance of legal maxims as representing maximal statements of legal principles, reflecting the law's underlying jurisprudential commitments.[28]

But Berman also knew what was transformative in the law. Preeminently, this was the emergence of a body of canon law that relied somewhat on Romanist sources, that borrowed somewhat from older Romanist forms of reasoning, but that fundamentally differentiated itself in its ambition and its subject-matter. Gratian, the author of the famous *Concordance of Discordant Canons*, also known as the *Decretum*, was, for Berman, the hero of this story.[29] While we have learned much about Gratian since Berman wrote in 1983 – we know now that Gratian's *Decretum* went through two recensions in a span of some two decades and that »Gratian« himself was probably a composite figure[30] – Berman's bold assertion that the *Decretum* »was the first comprehensive and systematic legal

treatise in the history of the West« rings as true today as when it was penned.[31]

In a close and detailed review of Gratian's text, Berman considered both the ways in which Gratian adapted ancient sources and means of reasoning about the law and the great innovations he introduced, such as his ideas about constitutional law and the ways in which both Church and state were bound by the dictates of the natural and divine law.[32]

Berman's story of revolutionary change is therefore not nihilistic nor is it the complete supplanting of all that is old. It is rather the story of how at a time of extreme upheaval, social leaders – popes, bishops, kings, princes, and, above all, learned, active lawyers – created a new ensemble of ideals and principles borrowing from old sources and inventing new ones.

A Catholic can accept Berman's account of the papacy because it is a story of such borrowing and adaptation. Popes of the high middle ages stood at the apex of an international network of bureaucrats and legates and claimed powers that would have rendered speechless the popes of late antiquity or the early middle ages.[33] Still, these popes invoked the names of their predecessors and saw themselves as building on an edifice worthily constructed by Leo the Great, Gregory the Great, and other important medieval popes like Zachary and Nicholas I.

Berman's account of a papacy that is fixed and steadfast, yes, but also subject to adaptation in the light of historical contingency actually serves Catholics well. For the modern history of the papacy has experienced nothing less than a powerful dialectic between lines of continuity and grand historical shifts. Consider the gulf that separates Pope Pius IX (1846–1878) from his immediate successor Leo XIII (1878–1903).

Pope Pius IX was the crowned head of the Papal States. He commanded armies, he signed the death warrants of prisoners, he conveyed every appear-

---

24 BERMAN (1983) 103–105.
25 BERMAN (1983) 255–269.
26 BERMAN (1983) 136.
27 BERMAN (1983) 137.
28 BERMAN (1983) 139–140.
29 BERMAN (1983) 143.
30 Important recent work includes, but is not limited to: WINROTH (2004), WINROTH (2006) 1–29, LARSON (2006).

31 BERMAN (1983) 143
32 BERMAN (1983) 143–151.
33 BERMAN (1983) 203–215.

ance of being the worthy temporal and spiritual successor of Gregory VII. But all of that was taken away when the papal army gave way before the cannonades of Garibaldi's men and surrendered the City of Rome.[34]

Leo was forced to reconstruct papal authority shorn of all the trappings of earthly sovereignty. And he succeeded by carefully husbanding the diplomatic resources of the Holy See,[35] by commenting judiciously on church-state relations,[36] by promoting thomistic philosophy,[37] and, above all, by making the Holy See the defender of the voiceless poor, offering, in the encyclical *Rerum Novarum* a halfway house between revolutionary socialism and reactionary capital.[38]

The papacy is faced today with the need to transform itself once again. Battered by scandal and confronting a series of first-order questions of

the highest magnitude – is there a future for institutional religion? has scientific inquiry finally overthrown God? – a new Pope once again faces an uncertain future. Church leaders – Australian bishops, the theologian Hans Küng, and others – yearn for an »Arab Spring« to sweep from the Church its accumulated cobwebs and respond adaptively to the needs of the modern world.[39] Whatever direction the new Pope Francis chooses to lead the worldwide Catholic Church, he should know, if he chooses to read Harold Berman, that the Church has long had to face crises and that the Church fares best when it adapts itself to the temper of the times without losing the essentials of faith.

■

Bibliography

- BECKER, JEAN-JACQUES (2012), War Aims and Neutrality, in: HORNE, JOHN (ed.), A Companion to World War I, Oxford, 202–216
- BENEDICT XV (1914), Ad Beatissimi Apostolorum
- BERMAN, HAROLD J. (1983), Law and Revolution: The Formation of the Western Legal Tradition, Cambridge
- BERMAN, HAROLD J. (1986), The Great Revolutions and the Western Tradition, in: BRYANT, M. DARROL, HANS R. HUESSY (eds.), Eugen Rosenstock-Huessy: Studies in His Life and Thought, Lewiston, 19–30
- BERMAN, HAROLD J. (1993), Faith and Order: The Reconciliation of Law and Religion, Atlanta
- Catechism of the Catholic Church (1978).
- D'ANTONIO, MICHAEL (2013), A Catholic Spring?, Huffington Post (Religion), March 11, 2013
- DORTER, KENNETH (2013), The Problem of Evil in Heraclitus, in: MCCOY, JOE (ed.), Early Greek Philosophy, Washington, DC, 36–54
- EASTON, BURTON SCOTT (ed.) (1934), Hippolytus, The Apostolic Tradition of Hippolytus, New York
- FELDMAN, STEVEN PAUL (2002), Memory as Moral Decision: The Role of Ethics in Organizational Culture, New Brunswick
- FINK, CAROLE (1989), Marc Bloch: A Life in History, Cambridge
- FLICHE, AUGUSTIN, VICTOR MARTIN (eds.) (1934–1951), Histoire de l'Église, depuis les origines jusqu'à nos jours, 21 volumes, Paris
- FLICHE, AUGUSTIN (1924), La réforme grégorienne, Paris
- FLICHE, AUGUSTIN (1930), L'Europe occidentale de 888–1125, Paris
- FLICHE, AUGUSTIN (1946), La querelle des investitures, Paris
- FRAZER, SIMON (2013), Retired Bishops Call for Shake-Up of Catholic Church, Launch Worldwide Petition For Change, ABC News, June 5
- GUARINO, THOMAS (2013), Vincent of Lérins and the Development of Christian Doctrine, Grand Rapids
- HENNESEY, JAMES (1978), Leo XIII's Thomistic Revival: A Political and Philosophical Event, in: Journal of Religion 58 (supplement volume), 185–197
- KAVANAGH, JAMES (1992), Rerum Novarum: A Hundred Years On, in: The Furrow 43, 215–221
- KÜNG, HANS (2013), A Vatican Spring?, The New York Times, February 27

34 Although written from a partisan perspective, the old work by John Gilmary Shea on Pope Pius IX remains an enjoyable read: SHEA (1877).

35 WARD (1966) 47–61, WARD (1962) 392–414.

36 THOMAS (1980).

37 HENNESEY (1978) 185–197.

38 KAVANAGH (1992) 215–221 (a wonderful review of a century of papal social teaching).

39 FRAZER (2013) (reporting on the activities of Australian bishops); KÜNG (2013); and D'ANTONIO (2013).

- Larson, Atria (2006), The Evolution of Gratian's Tractatus De Penitentia, in: Bulletin of Medieval Canon Law 26, 59–123
- McKinney, Loren C. (1932), Book Review, Augustin Fliche, Histoire du Moyen Age. Tome II. L'Europe Occidentale de 888–1125, in: The American Historical Review 38, 92–93
- Pelikan, Jaroslav (1984), The Vindication of Tradition, New Haven
- Reid, Charles J. (1995), The Papacy, Theology, and Revolution: A Response to Joseph L. Soria's Critique of Harold J. Berman's Law and Revolution, in: Studia Canonica 29, 433–480
- Robinson, Ian (2004), The Papal Reform of the Eleventh Century: Lives of Pope Leo IX and Gregory VII, Manchester
- Rosenstock-Huessy, Eugen (1938), Out of Revolution: The Autobiography of Western Man, New York
- Shea, John Gilmary (1877), The Life of Pope Pius IX and the Great Events in the Church During His Pontificate, New York
- Stoller, Michael (1991), Book Review: Colin Morris, The Papal Monarchy: The Western Church From 1050–1250, in: The Journal of Religion 71
- Thomas, Samuel J. (1980), The American Press and the Church-State Pronouncements of Pope Leo XIII, in: U.S. Catholic Historian 17–36
- Ward, James E. (1962), Leo XIII and Bismarck: The Kaiser's Vatican Visit of 1888, in: Review of Politics 24, 392–414
- Ward, James E. (1966), Leo XIII: The ›Diplomat Pope,‹ in: Review of Politics 28, 47–61 http://dx.doi.org/10.1017/S0034670500005933
- Weber, Eugen (1991), My France: Politics, Culture, Myth, Cambridge
- Winroth, Anders (2004), The Making of Gratian's Decretum, Cambridge
- Winroth, Anders (2006), Recent Work on the Making of Gratian's Decretum, in: Bulletin of Medieval Canon Law 26, 1–29

John Witte, Jr.

Harold J. Berman as Historian and Prophet

In 1982, with an ailing Leonid Brezhnev still in power, Harold and Ruth Berman kindly invited me to dinner. As we toasted for dessert, Berman stood up and announced grandly: »I have a prophecy to make. I predict that, in a decade, the Soviet Union will be revolutionized, and the leader of the revolution will be a young man, I have been watching for a long time – Mikhail Gorbachev.« Within a decade, *glasnost, perestroika*, and *demokratizatsiia* had become the watchwords of a new Russian revolution led by Gorbachev.

This was vintage Harold Berman. It showed his brilliant command of Soviet law and legal revolutions. But even more, it revealed his remarkable ability to think above, beyond, and against convention. This typified his 60-year teaching career at Harvard and Emory. In the 1940s to 60s, the dominant Cold War logic taught that the Soviet Union was a lawless autocracy. Berman argued to the contrary that the Russians would always honor contracts and treaties that were fairly negotiated. His views prevailed and came to inform various nuclear treaties, trade agreements, and East-West accords. In the 1960s to 80s, the conventional belief persisted that the Middle Ages were the dark ages as the West waited impatiently for Enlightenment and modernization. Berman argued the contrary, that the medieval era was the first modern age of the West and the founding era of our Western legal tradition. This view is now standard lore. In the 1980s and 90s, jurists fought fiercely over whether legal positivism or natural law or some other perspective was the better legal philosophy. Berman called for an integrative jurisprudence that reconciled these views with each other and with historical and other perspectives on law. This view now prevails in a world dedicated to interdisciplinary legal study. And, in the 2000s, with the world hell-bent on waging »a clash of civilizations,« Berman called for a world law, grounded in global structures and processes, and universal customs and principles of peace and cooperation. This view holds so much more promise than the jingoism and jihadism of our day.

»First it was Russian law, then it was Western law, now it is world law. What's next, cosmic law?« This is how Berman's beloved wife Ruth once summarized (with a blend of exasperation and astonishment) the stages of Berman's legal thought. This is a keen insight. For Berman, every legal system – even the budding legal system of the world – must ultimately be founded upon cosmic commandments and contemplation, divine examples and exemplars. Berman has long prophesied that those legal systems that build on immanent and material foundations alone will fail. The spectacular fall of the Soviet legal system in the later twentieth century was ample vindication of his insight into the essential religious foundations of a just and enduring legal system.

Berman repeated this message in China, too, when in 2006, as a still energetic 88-year old, he gave a series of lectures on law to packed houses in a dozen universities. A Chinese respondent asked whether one needed to believe in God in order to have a just legal order. »It would certainly help!« Berman quipped immediately. »But no,« he went on diplomatically:

> You don't necessarily have to believe in God, but you have to believe in *something*. You have to believe in law at least. If you can't accept God, then just focus on the law that God has written on all of our hearts. Even children intuitively sense this law within us. Every child in the world will say, »That's *my* toy.« That's property law. Every child will say, »But you *promised* me.« That's contract law. Every child will say, »It's not my fault. He hit me first.« That's tort law. Every child will say, too, »Daddy said I could.« That's constitutional law. Law ultimately comes from our human nature, and our human nature is ultimately an image of God. [1]

Such views reflect, in part, Berman's life-long effort to integrate his religious faith with his legal learning. Berman contrasted »the wisdom of the world« with »the wisdom of God.« The wisdom of

---

1 *The Daily Report* 117 (Fulton County, Georgia) (June 1, 2006): 1.

the world, he declared, »assumes that God's existence is irrelevant to knowledge, and that truth is discoverable by the human mind unaided by the Spirit.« Both Jewish and Christian wisdom, wrote Berman (a Jewish convert to Christianity), »seeks God's guidance … in order to discover the relationship between what we know and what God intends for us.« Knowledge and intellect are »intimately connected with faith, with hope, and with love.« »God does not call us to be merely observers of life; rather he calls all of us – even the scholars in all that we do – to participate with him in the process of spiritual death and rebirth which is fundamental religious experience.«[2]

Dialogue was the key, in Berman's view, to teaching and reaching reconciliation, and for building community both locally and globally. Both Jewish and Christian theology, he argued, teach that persons must reconcile themselves to God, neighbor, and self. For Berman, building on St. Paul, this meant that there can be »no real division between Jew and Gentile, slave and free, male and female« – or, for that matter, black and white, straight and gay, old and young, rich and poor, citizen and sojourner. For every sin that destroys our relationships, there must be grace that reconciles them. For every Tower of Babel that divides our voices, there must be a Pentecost that unites them and makes them understandable to all.

Such spiritual sentiments could shackle the narrow-minded. They liberated Berman from conventional habits of mind and traditional divisions of knowledge. He challenged Max Weber, Karl Marx, and Jeremy Bentham for their separation of fact and value, is and ought. He criticized Alexander Solzhenitsyn for his contradistinction of law and morals, law and love. He fought against the divisions of the very world itself into East and West, old and new, developed and undeveloped. His favorite jurists were Gratian, Matthew Hale, and Joseph Story, who wrote concordances of discordant canons. His favorite philosophers were Peter Abelard, Philip Melanchthon, and Michael Polanyi, who developed integrative holistic philosophies. »The era of dualism is waning,« Berman wrote. »We are entering into a new age of integration and reconciliation. Everywhere synthesis,« the overcoming of false opposites, is »the key to this

new kind of thinking and living.« Either-or must give way to both-and. Not subject versus object, not fact versus value, not is versus ought, not soul versus body, not faith versus reason, not church versus state, not one versus many, »but the whole person and whole community thinking and feeling, learning and living together« – that is the common calling of humankind.[3]

Berman's talk of the death of dualism and the birth of an age of synthesis points to his further belief in a teleological, if not, providential view of history. Both Jewish and Christian theology, he stressed, teaches that time is continuous, not cyclical, that time moves forward from a sin-trampled garden to a golden city, from a fallen world to a perfect end time. Berman was convinced that slowly but surely all the peoples of the world would come into contact with each other, and ultimately, after revolutionary struggle and even apocalyptic explosion, would seek finally to be reconciled with each other forever.

Berman's grand account of evolution and revolution in Western history, set out in his *Law and Revolution* series, is rooted in this basic belief about the nature and pattern of time. There is a distinctive Western legal tradition, he argued, a continuity of legal ideas and institutions, which grow by accretion and adaptation. The exact shape of these ideas and institutions is determined, in part, by the underlying religious belief systems of the people ruling and being ruled. Six great revolutions, however, have punctuated this organic gradual development: the Papal Revolution of 1075, the German Lutheran Revolution of 1517, the English Puritan Revolution of 1640, the American Revolution of 1776, the French Revolution of 1789, and the Russian Revolution of 1917. These revolutions were, in part, rebellions against a legal and political order that had become outmoded and ossified, arbitrary and abusive. But, more fundamentally, these revolutions were the products of radical shifts in the religious belief-systems of the people – shifts from Catholicism to Protestantism to Deism to Marxist-Leninism. Each of these new belief-systems offered a new eschatology, a new apocalyptic vision of the perfect end-time, whether that be the second coming of Christ, the arrival of the heavenly city of the Enlightenment philosophers, or the withering

---

2 Berman (1996) 319–322.
3 Berman (1974) 110–114.

away of the state. Each of these revolutions, in its first radical phase, sought the death of an old legal order to bring forth a new order that would survive its understanding of the Last Judgment. Eventually, each of these revolutions settled down and introduced fundamental legal changes that were ultimately subsumed in and accommodated to the Western legal tradition. [4]

In this new millennium, Berman believed, the Western legal tradition is undergoing a profound integrity crisis, graver and greater than any faced in the past millennium. The old legal order of the West is under attack both from within and from without. From within, Western law is suffering from the critical and cynical attacks relentlessly issued by jurists and judges – a »form of lawyerly self-loathing,« hc once called it. These legal skeptics have dismissed legal doctrine as malleable, self-contradictory rhetoric. They have depicted the law as an instrument of oppression and exploitation of women, of minorities, of the poor, of the different. They have derided the legal system for its promotion of the political purposes of the powerful and the propertied. This assault from within the law, from within the legal academies and within the courts – devoid as it is of a positive agenda of reconstruction – reflects a cynical contempt for law and government, a deep loss of confidence in its integrity and efficacy. The »secular priests of the law,« its officials and its educators, no longer seem to believe in what they are doing.

From without, the radical transformation of economic life and the rapid acceptance of new social forms and customs, many born of Eastern, Southern, and new-age thinking, have stretched traditional Western legal doctrines to the breaking point. Each of the major branches of Western law – contracts, property, tort, family, criminal, commercial, and constitutional law – have been transformed several times over in the past two generations. Many of these changes may well be necessary to modernize the law, to conform it to contemporary social needs and ideals, to purge it of its obsolete ideas and institutions. But as a consequence, Western law – always something of a patchwork quilt – has become more of a collection of disjointed pieces, with no single thread, no single spirit holding it in place and giving it integrity and direction. This also has led to pro-

found disillusionment with and distrust of the law.

For Berman, these are signs of end times. We are reaching the end of an age and the end of the Western legal tradition, as we have known it. Western law is dying, he wrote, a new common law of all humanity is struggling to be born out of the counter-forces of violent balkanization, radical fundamentalism, and belligerent nationalism that now beset us all. Western law, rooted in the soils and souls of Christianity, Judaism, and their secular successors, will have a place in this new common law of humanity. But so will the laws of the East and the South, of the tribe and the jungle, of the country and the city, each with its own belief system. What needs to be forged in this new millennium, Berman challenged his readers, is a comprehensive new religious belief system, a new pattern of language and ritual, a new *eschaton*, that will give this common law of humanity its cohesion and direction. We need a new common law and a new common faith, a new *ius gentium* and *fides populorum* for the whole world. We need global structures and symbols, global processes and principles. These cannot be found only in world-wide science and commerce, or in global literature and language. They must also be sought in a new »world law« and a new »world religion.« For law and religion are the only two universal solvents of human living that can ultimately bring true peace, order, and justice to the world.

A bold streak of mystical millenarianism colors Berman's historical method – much of it already conceived while he was a young man witnessing the carnage of World War II and still brimming with the heady instruction of his Dartmouth mentor, Eugen Rosenstock-Huessy. Description and prescription run rather closely together in his account, occasionally stumbling over each other. Historical periods and patterns are rather readily equated with providential plans and purposes. But here we have one of the deepest sources of many of Berman's insights and ambitions as a legal scholar. He was, as he put in an April 17, 1966 letter to Rosenstock, on a scholarly »pilgrimage.«

It is a very long, slow, hard journey. It goes through law and language, history, comparison of legal systems and cultures, the Great Revolu-

---

4 Berman (1983); (2003).

tions, the communification of the nations, trade between planned and market economies, the hard struggle for peace, the reconciliation of man to his destiny and to God ... I have hope that I can make meaningful and important what you have taught me – and can possibly rescue a good deal of scholarship and make a contribution to peace – by showing, first, that American law is a human, creative response to the con-

tinued danger of disintegration and alienation, and that law altogether is a great hope for uniting mankind. But law, to fulfill this hope, must be felt to be Speech, and a response to God's Word. [5]

■

Bibliography

- BERMAN, HAROLD J. (1974), The Interaction of Law and Religion, Nashville: Abingdon Press
- BERMAN, HAROLD J. (1983), Law and Revolution: The Formation of the Western Legal Tradition, Cambridge (Mass.), London: Harvard University Press
- BERMAN, HAROLD J. (1996), Faith and Order: The Reconciliation of Law and Religion, Grand Rapids, MI: Wm. B. Eerdmans
- BERMAN, HAROLD J. (2003), Law and Revolution II: The Impact of the Protestant Reformations on the Western Legal Tradition, Cambridge (Mass.), London: Harvard University Press
- BERMAN, HAROLD J. (2013), Law and Language: Effective Symbols of Community, ed. JOHN WITTE, JR., Cambridge: Cambridge University Press

5 Quoted in BERMAN (2013) 12.

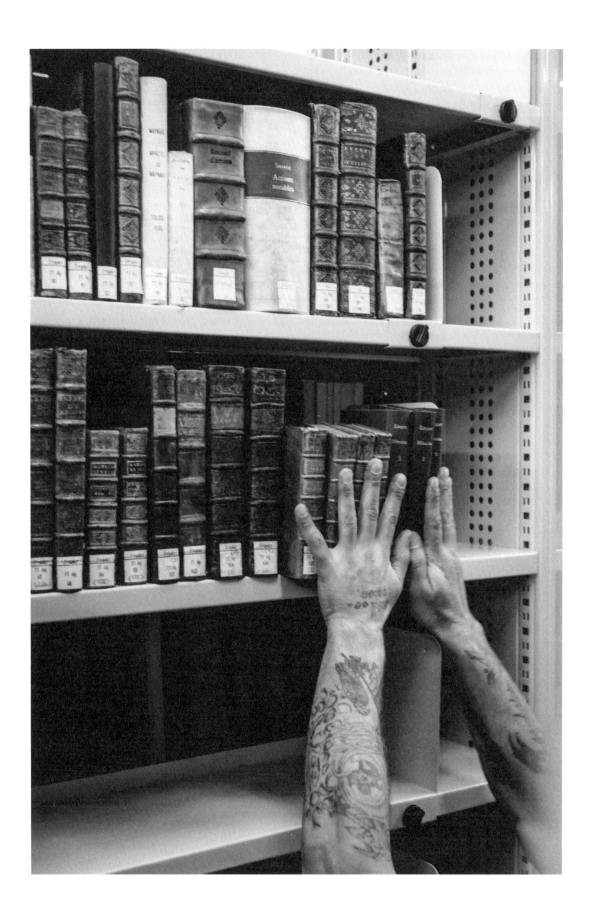

Kritik critique

Karl Härter

Gewaltgeschichten

Forschungen zur Geschichte der Gewalt bzw. Gewaltkriminalität – verstanden als interpersonale physische Gewalt zwischen »Privatpersonen« – haben in den letzten Jahren einen beachtlichen Aufschwung genommen. Die neuen Studien von *Francisca Loetz** und *Pieter Spierenburg*** markieren exemplarisch unterschiedliche methodische Ansätze und Forschungsergebnisse und sollen im Hinblick auf ihre Erträge für die Rechtsgeschichte befragt werden.

Spierenburg legt eine Synthese seiner Forschungen zu Gewaltverbrechen – definiert als »all forms of intentional encroachment upon the physical integrity of the body« (2) – und staatlicher Strafe (*judicial punishment*) vor, die aus einigen älteren, aber gründlich überarbeiteten Aufsätzen und neuen Texten besteht. Empirisch stützt sich Spierenburg in seinen früheren Texten auf niederländische Gerichtsakten bzw. Urteile bei (schweren) Gewaltverbrechen, zieht aber auch umfänglich und methodisch reflektiert die einschlägigen Forschungsergebnisse zu anderen europäischen Ländern heran. Im Zentrum seiner »Gewaltgeschichte« steht die langfristige Entwicklung der Tötungsdelikte (*homicide*) in Europa seit der Frühen Neuzeit, markiert durch die starke Abnahme der Tötungsrate (von 30–50 auf 100.000 Einwohner auf 0,5–1,5 im 20. Jahrhundert), und der Wandel des staatlichen Strafens von den »blutigen« Körper- und Todesstrafen zu den disziplinierenden Arbeits- und Freiheitsstrafen, manifestiert im »Zuchthaus« (*prison-workhouse*). Spierenburg deutet diese Entwicklungen als Prozess der Zivilisierung (Norbert Elias) und Disziplinierung (Michel Foucault) des (männlichen) Gewaltverhaltens einhergehend mit der bzw. ermöglicht durch die Etablierung des staatlichen Gewaltmonopols und eines Systems sozialer Kontrolle, das zur Reduktion gewaltsamer Strafen führte. Bezüglich der Rechtsentwicklung verweist er auf die Kriminalisierung und Pönalisierung von Gewaltdelikten wie Totschlag und schwerer Körperverletzung und ehemals »legitimer« Formen gewaltsamer Konfliktregulierung wie des Duells, wobei gleichzeitig auch die nichtgewaltsamen Mechanismen der »privaten« Regulierung von Gewalt (Kompensation, Vergeltung) verrechtlicht bzw. verdrängt wurden.

Diese auch von der Rechtsgeschichte gut erforschten Prozesse erweitert Spierenburg um sozial- und kulturgeschichtliche Analysen und die Frage nach dem Zusammenhang von »Gewalt und Kultur«: Zivilisierung und Disziplinierung von Umgangsformen und Festkultur, religiöse Kontexte (am Beispiel von »Tod und Paradies« thematisiert) und vor allem Ehre, Geschlecht und Körper als zentrale Untersuchungskonzepte einbeziehend konstatiert er zutreffend eine Abnahme ritueller, impulsiv-expressiver männlicher Gewaltformen als Manifestationen von Ehrkonflikten einerseits und einer zunehmenden Sensibilität bzw. Ablehnung der Eliten gegenüber solchen Gewaltformen andererseits. Dieser Wandel von impulsiver zu rationaler und ritueller zu instrumenteller Gewalt und deren Verdrängung aus dem öffentlichen sozialen Raum wird folglich nicht nur als Zivilisierung / Disziplinierung mittels legitimer staatlicher Strafgewalt, sondern auch als Ergebnis soziokultureller Veränderungen von Ehr- und Männlichkeitskonzepten (»greater spiritualization«), gesellschaftlichen Einstellungen (geringere Akzeptanz emotionalisierter Gewalt in den Eliten) und sozialen Formen der Konfliktregulierung gedeutet.

Diese Erweiterung des Deutungshorizonts nutzt Spierenburg allerdings nicht für eine genauere empirische Analyse der Rechtssysteme: Wie realisierten sich veränderte soziokulturelle Muster in der konkreten Entscheidungs- und Strafpraxis von Gerichten und den juristischen Diskursen? Wie veränderte sich innerhalb der Rechtssysteme Wahrnehmung, Konstruktion und Bearbeitung von

* Francisca Loetz, Sexualisierte Gewalt 1500–1850. Plädoyer für eine historische Gewaltforschung (Campus Historische Studien), Frankfurt am Main / New York: Campus Verlag 2012, 249 S., ISBN 978-3-593-39720-7

** Pieter Spierenburg, Violence and Punishment: Civilizing the Body Through Time, Cambridge / Malden: Polity Press 2013, 223 S., ISBN 978-0-7456-5349-5

Gewaltkonflikten bzw. Gewaltkriminalität einschließlich leichterer Formen unterhalb der Schwelle der Tötungsdelikte und jenseits der quantitativen Daten zu Urteilen und Strafen? Neuere Forschungen z. B. von Peter King für England bestätigen Spierenburgs Thesen auch für die Gerichtspraxis im Bereich der leichten Körperverletzungen und Schlägereien, zeigen aber auch, dass traditionale Vorstellungen der Regulierung von Gewalt auch im 19. Jahrhundert noch bestehen blieben und Vergeltung oder Kompensation neben staatlicher Strafe (und Disziplinierung) eine wichtige Rolle behielten.

Spierenburg erweitert seinen Fokus auch räumlich über (West-)Europa hinaus und vergleicht seine Ergebnisse mit dem Wandel von Gewaltkulturen und der Entwicklung der Justizsysteme in Nordamerika und Ostasien. Obwohl die Trends generell übereinstimmen, weicht vor allem die USA ab: Eine bis zum Ende des 20. Jahrhunderts höhere Tötungsrate korrespondiert mit der Persistenz traditioneller männlicher Ehrkonzepte, und auch hinsichtlich der Etablierung des staatlichen Gewaltmonopols und der Beibehaltung eines gewaltsameren Strafensystems (Todesstrafe) erscheint die USA historisch als »rückständiger«. Solche Vergleiche unterschiedlicher »Rechtskulturen« des staatlichen Strafens und der Regulierung von Gewalt können die Rechtsgeschichte durchaus anregen, fordern sie aber auch heraus: Spierenburgs Thesen der historischen Zivilisierung von Gewalt durch »gewaltfreieres« staatliches Strafen ist mehrfach als zu pauschal und teleologisch kritisiert worden. Zwar liefert seine reflektierte Analyse des interdependenten historischen Wandels von interpersonaler Gewaltkriminalität und staatlichem Strafen in soziokultureller wie globalgeschichtlicher Perspektive wichtige methodische Ansätze und durchaus überzeugende Deutungen. Ihr mangelt es jedoch noch an einer tiefer gehenden und vergleichenden rechtsgeschichtlichen Untersuchung der Rechtskulturen im Umgang mit Gewalt. Diese lassen sich nicht nur in großen historischen Längsschnitten und überwiegend quantitativ über Rechtsnormen, Justizstrukturen und Strafpraktiken fassen, sondern bedürfen genauerer exemplarischer Tiefenbohrungen, die vor allem die Transformation soziokultureller Vorstellungen und Muster in rechtliche Normierungs-, Entscheidungs- und Diskussionsprozesse näher aufhellt. Andernfalls erscheinen Recht und Justiz lediglich als bloße (staatlich-obrigkeitliche) Funk-

tionen der Zivilisierungs- und Disziplinierungsprozesse, während ihre systemische Eigenrationalität und Funktionalität und die jeweils spezifischen Ausprägungen von Rechtskulturen im Hinblick auf die Regulierung von Gewaltkonflikten bzw. Gewaltkriminalität eher obskur bleiben.

Die empirische Fallstudie von *Francisca Loetz* zur sexualisierten männlichen Gewalt gegen Frauen und Kinder im »Kommunalstaat« Zürich zwischen 1500 und 1850 erbringt gerade für diese Fragestellungen einen auch rechtshistorisch nutzbaren Erkenntnisgewinn. Wie Spierenburg untersucht sie interpersonale Gewalt zwischen »Privatpersonen«, die soziale und rechtliche Normen überschreiten und als sanktionswürdige Gewaltverbrechen von Gerichten bearbeitet wurden, deren Akten (insgesamt 51 Fälle) Loetz vorwiegend qualitativ und methodisch versiert auswertet. Untersucht werden die verschiedenen Formen sexueller Gewaltkriminalität (Vergewaltigung/»Notzucht« und Missbrauch), die Handlungsweisen und Motive der Akteure, die Gerichtsverfahren und die verhängten Strafen. Loetz erweitert das Untersuchungsfeld jedoch sowohl im Hinblick auf die soziokulturellen Kontexte als auch auf das Rechtssystem: Sie beleuchtet die jeweiligen Konstellationen von Gewalt, zugrundeliegende Konflikte und das soziale Umfeld von Tätern und Opfern, arbeitet Täter- und Opferprofile heraus, untersucht aber auch sehr genau Justiznutzung, Kommunikationsstrategien und Argumentationsmuster im Kontext der Gerichtspraxis und die Reaktionen und Intentionen der Gerichte im Hinblick auf die Bearbeitung des Konflikts bzw. Bestrafung des Verbrechens.

Aus diesen sich im Rechtssystem manifestierenden sozialen und rechtlichen Interaktionen gelingt es Loetz, die gesellschaftliche und kulturelle Wahrnehmung und Konstruktion sexualisierter Gewalt als abweichendes/kriminelles Verhalten und als soziale Interaktion abzuleiten: Prägend für sexuelle Gewaltkriminalität (in Zürich bis 1850) bleibt »die Sünde der Schändung bestimmter Körperteile, nicht die Verletzung des Körpers an sich«; der Körper der Opfer »wird auf eine moralische Zone geschlechtsspezifischer Ehre reduziert« (199 und 201). Das Rechtssystem erscheint dabei jedoch nicht als statische Größe, sondern Loetz stellt eine »lebendige« Rechtskultur dar, die geprägt ist von Nutzungsstrategien und Aushandlungsprozessen, aber auch eigenen juridischen Strukturen, Diskursen und Logiken. So verfolgten die Züricher

Gerichte sexuelle Gewaltverbrechen entschieden und überprüften konsequent die Schuld von Verdächtigen und Angeklagten, die auch fast ausnahmslos für schuldig befunden wurden. Nicht patriarchalische, frauenfeindliche Vorstellungen oder »blutige« Vergeltung, sondern Sünde, Wiederherstellung der Ehre, Ausgleich und Entschädigung prägten die Entscheidungen und die Strafzumessung. Trotz struktureller Veränderungen von Strafrecht und Strafjustiz folgten die Entscheidungsmuster der Gerichte auch nach 1800 eher solchen traditionalen Logiken, die sich weniger an der Durchsetzung staatlicher Strafe (und damit dem »Gewaltmonopol«) als vielmehr an einer dem Einzelfall »angemessenen« Konfliktregelung, einem »Täter-Opfer-Ausgleich« und Entschädigung und damit verbunden auch an einer den sozialen und ökonomischen Umständen der Täter angemessenen Strafe (und der Möglichkeit von Reintegration) orientierten. Letztere schloss sowohl präventiv sozialpolitische Interessen der Obrigkeit mit ein (Unterhaltszahlungen der Täter und in einem Fall sogar die Eheschließung mit dem Opfer), richtete sich bezüglich der Opfer aber weniger materiell am verletzten Körper als vielmehr an der Schädigung (oder dem »Wertverlust«) der Geschlechter- und Familienehre aus.

Loetz sieht davon ab, die dargestellten langfristigen und die »Sattelzeit« bis 1850 einschließenden Entwicklungen mittels theoretischer Modelle wie »Zivilisierung«, »Disziplinierung« oder »Gewaltmonopol« zu beschreiben, sondern plädiert für eine konsequente »Historisierung von Gewalt« (194 ff.). Allerdings fällt eine Einordnung Zürichs in die Geschichte der europäischen Gewaltkultur(en) ohne explizite Verwendung theoretischer Modelle oder Kategorien schwer bzw. bleibt bei empirischen Befunden und Appellen stehen, Erkenntnisse stärker komparativ in Beziehung zu setzen. Das abschließende Kapitel mit »programmatischen Schlussfolgerungen« zeigt

zwar Vergleichsmöglichkeiten auf und arbeitet Entwicklungslinien heraus, häuft aber auch eine Fülle an Fragestellungen und Themen für weitere Forschungen auf. Diese richten sich zwar primär auf die Wirkungen von Gewalt »jenseits politischer und juristischer Entwicklungen« (198), betonen aber auch die Bedeutung der Rechtspraxis für die historische Semantik der Gewalt. Leider wird diese nicht einmal für die Zürcher Gewaltdelikte jenseits sexualisierter Gewalt vergleichend aufgehellt (finden sich ähnliche Muster beispielsweise bei leichten Körperverletzungen und Schlägereien?).

Darüber hinaus wäre es durchaus möglich, die Ergebnisse und Thesen der Studie von Loetz kritisch zu einer »Gewaltgeschichte« in Bezug zu setzen, wie sie Spierenburg exemplarisch für eine Forschungsrichtung vorgelegt hat. Zeigt doch die Studie von Loetz – auf einer anderen Ebene – ebenfalls den engen historischen Entwicklungszusammenhang zwischen Gewaltkulturen und Rechtssystemen. Letzteres bedarf freilich ebenfalls der weiteren Historisierung: Über Rechtsnormen, Gerichte / Juristen, Verfahren und Strafen hinaus sollten Eigenlogiken, Auslegungs- und Interpretationsspielräume, Aushandeln und Konfliktregulierung, an Sünde, Vergeltung oder Ausgleich orientierte, traditionale (und ambivalente) Gerechtigkeitsvorstellungen, aber auch »außerrechtliche« bzw. außergerichtliche Normativitäten, Diskurse und Formen der Regelung von Gewalt konzeptionelle Berücksichtigung finden. Insofern können die »Gewaltgeschichten« von Spierenburg und Loetz die Rechtsgeschichte anregen (wenn nicht gar herausfordern), die jeweiligen historischen Rechtskulturen, die im Hinblick auf die Bearbeitung von Gewaltkonflikten und Gewaltkriminalität erkennbar werden, exemplarisch differenzierter, aber auch theoretisch informiert und globalvergleichend zu erforschen.

■

Alexandra Kohlhöfer

Die Inquisition und ihre Wahrnehmung im Alten Reich*

Beim Stichwort Inquisition fällt der Blick zumeist nach Spanien, Portugal oder Italien und nicht auf das Alte Reich, denn dort wurde die Inquisition im Gegensatz zum Süden Europas nie institutionalisiert. Die Frage, warum es im Alten Reich nicht zur Einführung von Tribunalen kam und in welchen anderen Formen die Inquisition dort agierte, stand im Herbst 2009 im Zentrum einer Tagung, deren Ergebnisse nun in einem Sammelband vorliegen. Die Aktivitäten der Inquisition werden nicht nur für den deutschen Sprachraum analysiert, sondern auch mit anderen Ländern in Bezug gesetzt und verglichen. Dies erscheint sinnvoll, da die Inquisition und ihre Rezeption im Alten Reich ohne den Einbezug ihres Wirkens in den romanischen Ländern nicht beurteilt werden kann. Trotz der internationalen Bezüge stammen alle Beiträge, bis auf eine Ausnahme, aus der Feder deutschsprachiger Autoren. Es fällt dann auch auf, dass die spanische Inquisition – abgesehen von den Tribunalen in den spanischen Niederlanden – im Gegensatz zur italienischen und portugiesischen nicht thematisiert wird. Auch in der Einführung wird so gut wie keine aktuelle spanische Literatur genannt. Hier zeigt sich, dass ihre Erforschung auf deutscher Seite bisher kaum betrieben noch rezipiert wurde. Auch die zentrale Frage, ob es Pläne zur Institutionalisierung einer Inquisition in einzelnen katholischen Territorien gab, ist nach wie vor ein Forschungsdesiderat. Auszuschließen ist diese Möglichkeit laut den Herausgebern nicht. Warum es nicht dazu kam, wird mit der Durchsetzung des landesherrlichen Kirchenregiments begründet sowie mit Vorbehalten der Fürsten, für die eine institutionalisierte

Inquisition eine Beschränkung ihrer Herrschaftsrechte bedeutet hätte.

Der Band gruppiert die Beiträge in fünf systematische Abschnitte: Der erste, historiographische Teil beginnt mit der Einführung der Herausgeber »Deutschland und die Inquisition in der Frühen Neuzeit – eine Standortbestimmung«. Hier werden die einzelnen Themenfelder sowie der Forschungsstand jeweils äußerst kenntnisreich anhand einer Fülle von Fallbeispielen umrissen. Thomas Scharff ergänzt diese Ausführungen mit den strukturellen Differenzen zwischen Deutschland und den romanischen Ländern in der Frühphase der Inquisition in Europa.

Im zweiten Teil geht es um »Mediale Repräsentationen der Inquisition im Reich«. Marie von Lüneburg beschäftigt sich in ihrem Dissertationsprojekt mit der Rezeption der Inquisition in deutschsprachigen Flugschriften und stellt erste Ergebnisse vor. Sie legt dar, dass nicht nur das inquisitorische Vorgehen in den spanischen Niederlanden als Bedrohung wahrgenommen wurde, sondern auch die römische Inquisition, was vor allem zu einer Negativbewertung des Papsttums führte. Monique Weis forscht ebenfalls zur Wahrnehmung der Inquisition im Alten Reich und zieht als Grundlage Quellen der deutsch-niederländischen Diplomatie heran. Auch hier verschob sich der Fokus: Während zur Zeit des niederländischen Aufstands vor allem die Furcht vor der Spanischen Inquisition dominiert habe, sei ab den ausgehenden 1560er Jahren die Angst vor einem übermächtigen Katholizismus gewachsen. Gerd Schwerhoff thematisiert den Aufbau antiinquisitorischer Publizistik exemplarisch am sogenannten

* Tribunal der Barbaren? Deutschland und die Inquisition in der Frühen Neuzeit, hg. von Albrecht Burckhardt und Gerd Schwerhoff unter Mitwirkung von Dieter R. Bauer (Konflikte und Kultur – Historische Perspektiven 25), Konstanz, München: UVK-Verl.-Ges. 2012, 450 S., ISBN 978-3-86764-371-9

»Montanus«-Traktat. Die Schrift gilt als einfluss-reichste Kritik an der frühneuzeitlichen Inquisition und erschien 1567 im reformierten Heidelberg. Schwerhoff führt anhand des Textes und seiner Rezeption pointiert alle Bestandteile der »Schwarzen Legende« der Inquisition zusammen und macht die Entstehung des Inquisitionsmythos nachvollziehbar.

Der dritte Teil »Kontrolle der Grenzgänger« fällt umfangreicher aus und bietet zunächst einzelne Fallbeispiele: Peter Schmidt widmet sich einem Lebensabschnitt von Justus Lipsius, der 1591 an der Universität Pisa lehren wollte, sich aber aus politisch-strategischen Gründen dagegen entschied, um zu keiner Konfession zu deutlich Stellung beziehen zu müssen. Rainer Decker folgt dem Münsteraner Asver Bispinck auf seiner Bildungsreise nach Italien, wo er 1615 der Häresie beschuldigt und von der Inquisition verhaftet wurde. Im Venedig des 17. Jahrhunderts stellte sich ein junger portugiesischer Jude – ursprünglich katholischer Herkunft – der Inquisition, um erneut zum Christentum zu konvertieren; sein Schicksal zeichnet Michael Studemund-Halévy nach. Die anderen drei Aufsätze bieten eher Überblicke: Im einzig englischsprachigen Beitrag stellt Isabel M. R. Mendes Drumond Braga das Verhältnis zwischen den Deutschen und der portugiesischen Inquisition im 16. und 17. Jahrhundert dar; Julia Zunckel untersucht die Versuche der römischen Inquisition, die Kaufleute zu kontrollieren; Ricarda Matheus lenkt den Blick schließlich auf den Hauptsitz der römischen Inquisition und thematisiert das Alltagsgeschäft des Heiligen Offiziums in Rom.

Der vierte Teil führt zurück in das frühneuzeitliche Alte Reich und fragt nach »Einflusssphären der Inquisition im Reich«. Cecilia Cristellon untersucht die Bearbeitung frühneuzeitlicher Mischehen durch die Römische Inquisition und zeigt, dass die Einflussnahme auf Eheschließungen innerhalb des Adels für die Inquisition von hoher politischer Relevanz war. Marco Cavarzere behandelt die römische Zensur und hilft mit seiner gelungenen Überblicksdarstellung eine Forschungslücke zu schließen, da es bisher an Gesamtdarstellungen mangelte.

Das Thema des fünften Teils »Sanktionierung religiöser Devianz jenseits der Inquisition« erstaunt zunächst. Die Herausgeber begründen die Aufnahme damit, dass es bisher an komparatistischen Arbeiten hierzu mangele. Diese Beobachtung trifft gewiss zu, doch es stellt sich die Frage, ob es nicht sinnvoller gewesen wäre, die internationale Inquisitionsforschung in direkte Beziehung zur Devianz zu setzen. Eine Verknüpfung zwischen Inquisitions- und Kriminalitätsforschung wäre wünschenswert und ließe aufschlussreiche Ergebnisse erwarten. Heinrich Richard Schmidt fragt nach der Übernahme inquisitorischer Häresiebekämpfung auf reformatorischer Seite am Beispiel des Vorgehens gegen Täufer und Pietisten in Bern. Rainer Beck umreißt in seinem Beitrag Aspekte der Freisinger Kinderhexenprozesse von 1721–23, die er bereits in seiner vielbeachteten Monographie ausführlicher analysiert hat. Da die Herausgeber selbst in der Einführung darauf hinweisen, dass Besessenheit und Hexerei für die Inquisition kaum eine Rolle spielten, ist es fraglich, warum diese – zweifelsohne spannende und aufschlussreiche Studie – in den Sammelband aufgenommen wurde.

Abgerundet wird der Band im sechsten Teil zu Inquisitionsbildern und Inquisitionspraxis durch die Einbeziehung des 18. Jahrhunderts, als die Inquisition bereits an Handlungsmacht eingebüßt hatte und zunehmend in die Kritik geraten war. Albrecht Burkardt behandelt in diesem Zusammenhang den Wallfahrtsort Ursberg. Der Ort war bekannt dafür, dass dort totgeborene oder kurz nach der Geburt gestorbene Kinder getauft wurden, was die römische Inquisition zu einem Verbot dieser Praxis veranlasste. Den letzten Beitrag steuert Andreas Gipper bei, der den aufklärerischen Inquisitionsdiskurs im Werk Friedrichs II. analysiert. Er kommt dabei zu dem Schluss, dass die grundsätzliche Kritik an der Inquisition im Zuge der Aufklärung zwar häufig wenig Bezug zu konkreten historischen Geschehnissen in Spanien oder Italien hatte, sich aber auch nicht auf Scheinrhetorik reduzieren lässt.

Insgesamt bietet der Band einen guten Überblick über die Perspektiven der Inquisitionsforschung für das Alte Reich und ihre Schwerpunkte. Es wird deutlich, dass die Beziehungen zur römischen Inquisition bevorzugt untersucht werden, während Untersuchungen zur spanischen Inquisition auf deutscher Seite immer noch rar sind. Die Hinwendung zur portugiesischen Inquisition lässt hoffen, dass der Iberischen Halbinsel als Untersuchungsraum in Zukunft mehr Beachtung geschenkt wird.

■

Petr Kreuz

Kriminalität und Strafgerichtsbarkeit in den Böhmischen Ländern*

Das rezensierte Werk stellt die zweite Publikation innerhalb einer jüngst gegründeten thematischen Reihe dar, die die gut eingeführte Editionsreihe des Verlags Paseka *Velké dějiny zemí Koruny české* (*Große Geschichte der Länder der Krone Böhmens*) ergänzt. Ihr Autor, der Historiker und Archivar Jindřich Francek (geb. 1943), ist ein ausgewiesener Forscher insbesondere auf dem Gebiet der Geschichte der frühneuzeitlichen Strafgerichtsbarkeit und der Kriminalität. Wir verdanken ihm eine Reihe von wissenschaftlichen und fachlichen Studien und Monographien vor allem zur Geschichte der Straf- und Halsgerichtsbarkeit, der Kriminalität, zur Geschichte der Henker, zur Geschichte der Hexenprozesse in den Böhmischen Ländern und zur Verfolgung der Andersgläubigen in Böhmen in der Zeit der Rekatholisierung. Er hat auch einige wissenschaftliche und populärwissenschaftliche Quelleneditionen zur Rechtsgeschichte Böhmens im Spätmittelalter und in der Frühneuzeit veröffentlicht. Obwohl der Schwerpunkt von Franceks bisherigem Werk in der Frühen Neuzeit (16.–18. Jahrhundert) liegt, hat er schon in einigen seiner Arbeiten diesen zeitlichen Rahmen überschritten, und zwar sowohl in die ältere Zeit hinein als auch in Richtung auf die neuere Geschichte.

Schon eingangs ist darauf hinzuweisen, dass die zu besprechende Monographie als ein verehrungswürdiges wissenschaftliches Werk zu würdigen ist. Dem Autor ist es gelungen eine umfangreiche und faktographisch verlässliche Synthese zu erarbeiten, die die Entwicklung des Strafrechts, der Strafgerichtsbarkeit und der Kriminalität in den Böhmischen Ländern bzw. auf dem Gebiet des Königreichs Böhmen erfasst. Die Darstellung setzt im frühen Mittelalter an und erstreckt sich bis in die 1990er Jahre hinein, wobei dieser Zeitrahmen zum Teil fast in die Gegenwart weitergespannt wird. Der Autor geht bei seiner Abhandlung von einem breiten Spektrum archivalischer und gedruckter Quellen sowie Quelleneditionen aus. Seine Hinweise auf die Fachliteratur belegen zudem, dass er sich vor allem auf die Ergebnisse der neueren bzw. neuesten heimischen (und in einigen Fällen auch ausländischen) Forschung stützt und gute Kenntnisse unter Beweis zu stellen vermag.

Von seiner Struktur her ist das Werk gut durchdacht. Es besteht faktisch aus zwei Teilen (das erste bis dritte bzw. das vierte und fünfte Kapitel), wobei die zeitliche Scheide das Jahr 1848 bildet. Die Wahl dieser Zäsur ist richtig und wird der damaligen Situation gerecht, weil gerade mit dem Jahre 1848 in den Böhmischen Ländern wie im gesamten Mitteleuropa grundlegende Änderungen sowohl in der Organisation des Gerichtswesens als auch in einer Reihe Rechtszweige einsetzten, beginnend mit dem Verfassungsrecht und endend mit dem Straf- oder Handelsrecht. Außerdem wird der Zeitraum um das Jahr 1848 zu Recht als die Zeit wahrgenommen, in der es in den Böhmischen Ländern zu einer Umwandlung der bisherigen ständischen Gesellschaft in eine bürgerliche Gesellschaft kam.

Im ersten Teil, der aus drei in eine Reihe von Unterkapiteln unterteilten Kapiteln besteht, behandelt der Autor stufenweise die Entwicklung des Strafrechts und der Strafgerichtsbarkeit, einschließlich der Problematik der Rechtsquellen und -formen, der Kodifikationen des Landes- und Stadtrechts, der Organisation des Gerichtswesens oder der Stellung der Henker (Kapitel eins). Es folgen (Kapitel zwei) eingehende, mit zahlreichen charakteristischen Details angereicherte Ausführungen über den Tatbestand und die Verfolgung aller bedeutsameren strafrechtlichen Delikte des mittelalterlichen und frühneuzeitlichen böhmischen Rechts. Unter dem Titel »Kriminalität bis zum Jahre 1848« (Kapitel drei) schildert Francek in chronologischer Folge bedeutende oder charakteristische Gerichts- und Kriminalfälle aus den Böh-

* Jindřich Francek, Zločinnost a bezpráví [Kriminalität und Unrecht], Praha, Litomyšl: Paseka 2011, 739 S., ISBN 978-80-7432-115-3, 978-80-7432-000-2

mischen Ländern seit der zweiten Hälfte des 9. Jahrhunderts.

Der zweite Teil der Monographie besteht bloß aus zwei Kapiteln, die wieder in eine Reihe von Unterkapiteln eingeteilt sind. Der Autor behandelt hier vor allem die Entwicklung des Strafrechts und der Gerichtsbarkeit in den Jahren 1848–1989 (Kapitel vier), um danach ausgewählte bedeutende oder typische Gerichts- und Kriminalfälle, die sich in den Jahren 1848–1989(–1990) abspielten, zu schildern (Kapitel fünf). Dabei schenkt er auch den Fällen politischer Verfolgung die gehörige Aufmerksamkeit, sowohl in der Zeit der Habsburger Monarchie (bis zum Jahre 1918) als auch unter der Naziokkupation (1939–1945) und in den Jahren 1848–1989. Im Unterschied zum ersten Teil wurde in den zweiten Teil des Werkes kein den Tatbeständen und der Verfolgung der strafrechtlichen Delikte gewidmetes Kapitel eingegliedert. Dieser scheinbare Disproporz ist aber wohl am Platze, weil es sich nach dem Jahre 1848 in der Regel um Delikte im Sinne des modernen Strafrechts handelt, die eher zum Forschungsgegenstand der Rechtswissenschaftler und Kriminologen (also Fachleuten des geltenden Rechts) als der Historiker, einschließlich der Rechtshistoriker, gehören.

Einen untrennbaren Gegenstand der Monographie bildet der Anmerkungsapparat, der noch eingehender sein könnte: Obwohl er mehr als ein Zehntel der Seiten des Buches umfasst (621–699), liegt er durch seine Parameter fast an der unteren Grenze des Angemessenen. Die folgende, eine Auswahl gedruckter Quellen und Literatur bietende Übersicht (703–722), die chronologisch in den Zeitraum vor 1848 und danach eigeteilt ist, umfasst annähernd 500 Titel. Den Abschluss der Publikation bilden ein Verzeichnis des beigefügten Bildmaterials und ein Auswahlregister von Personennamen.

In der Monographie, die sich ihrem Wesen nach nicht nur an den Fachmann, insbesondere an Historiker und Rechtswissenschaftler wendet, sondern auch für Universitätshörer dieser Fächer und den interessierten Nichtfachmann bestimmt ist, lösen sich in glücklicher Weise dicht gehaltene Partien, bei denen der Leser gezwungen ist, sich mit einer großen Zahl an faktographischen Angaben auseinanderzusetzen (insbesondere Kapitel eins und vier, in erheblichem Maße auch das Kapitel drei), mit mehr narrativen Passagen ab, die auch die Aufmerksamkeit des Nichtfachmanns zu fesseln vermögen. Den Text beleben hier relativ häufige Zitate aus Originalquellen und deren Übersetzungen ins Tschechische.

Die besprochene Monograhie macht erneut deutlich, wer auf dem Gebiet der heimischen Rechtsgeschichte den wesentlichen und unter dem Gesichtspunkt des wissenschaftlichen Ertrags gesehen markant größeren Teil der Forschung leistet: Spätestens seit den 1980er Jahren wird diese Aufgabe weniger von den »institutionalisierten« Rechtshistorikern aus den Reihen der Juristen wahrgenommen, die an den drei bzw. vier tschechischen Rechtswissenschaftlichen Fakultäten tätig sind, sondern von Archivaren und Forschern auf dem Gebiet der Historischen Hilfswissenschaften.

Zur Publikation lässt sich nur ein Minimum an prinzipiellen Vorbehalten und Erwähnungen äußern. Sofern doch einige vorgebracht werden, handelt es sich meist nur um eine abweichende Meinung des Rezensenten hinsichtlich einiger Teilerscheinungen oder Einzelheiten.

Es ist fraglich, ob Kriminalität in den Böhmischen Ländern im frühen Mittelalter und an der Schwelle des Hochmittelalters anders erfasst werden kann als im Gewande der Schilderung von Königsmord und anderer kriminell konnotierter Fälle, die sich größtenteils aus dem Machtkampf und politischen Konflikten innerhalb der höchststehenden herrschenden Schicht des Böhmischen Staates ergaben. Eine derartige andere Auffassung stellt aber offenbar nur ein *pium desiderium* des Rezensenten dar, weil die Quellen, die eingehender einige Gerichts- bzw. Kriminalfälle beleuchten, deren Akteure Angehörige der niedrigeren Schichten der Gesellschaft waren, bei uns (bis auf wenig bedeutende Ausnahmen) erst seit der zweiten Hälfte des 14. Jahrhunderts in Erscheinung treten.

Sehr zu schätzen ist, dass sich der Autor in den abschließenden Passagen seines Buches in angemessenem Umfang auch der politischen Verfolgung während der kommunistischen Ära widmet, wobei er u. a. eine Übersicht über die politischen Prozesse gibt, die in der Tschechoslowakei in den 1960er bis 1980er Jahren stattgefunden haben und denen in der Fachliteratur bisher nur wenig Aufmerksamkeit geschenkt wurde.

Noch einmal: Die besprochene Monographie ist ein imposantes, zugleich aber auch faktographisch verlässliches Werk, das ein Gesamtbild der Entwicklung des Strafrechts, der Strafgerichtsbarkeit und der Kriminalität in den Böhmischen Ländern bietet.

Petr Kreuz

Konflikte im frühneuzeitlichen Ostböhmen*

Tereza Siglovás Brünner Dissertation analysiert die von den Einwohnern der Städte und Marktflecken der Herrschaft Pardubice (Pardubitz) in Ostböhmen vom Anfang des 16. bis zum Anfang des 18. Jahrhundert geführten Gerichtsstreitigkeiten. 642 verschiedene Konflikte aus sechs Ortschaften hat die Autorin ausgewertet – aus dem Städtchen (seit 1580 Stadt) Přelouč und den Städtchen Týnec nad Labem (an der Elbe), Bohdaneč, Dašice, Sezemice und Holice.

Siglovás Arbeit ist sozialhistorisch ausgerichtet. Zum ersten Mal in der tschechischen Historiographie werden konsequent und in beträchtlichem Umfang Ergebnisse der gegenwärtigen europäischen »Konfliktforschung« verwertet, einschließlich der Paradigmen und methodischen Verfahren, die diese Forschungsrichtung anwendet. Einer der Hauptgegenstände: Mechanismen der Streitentstehung werden breiter aufgefasst als nur Gerichts- bzw. Rechtsstreitigkeiten.

Die Verfasserin wurde bei ihrer Heuristik in gewisser Weise durch den Umstand gehemmt, dass die strittige (Gerichts-)Agenda aller sechs untersuchten städtischen Lokalitäten nur unvollkommen und in verschiedenartigen Typen von Schriftgut vorwiegend gerichtlicher Provenienz überliefert ist. Die Autorin bietet daher Inhaltsanalysen und Charakteristika des Aussagewerts von einzelnen erhaltenen Quellen. Neben der uneinheitlichen Quellenbasis wurde die Bearbeitung auch dadurch erschwert, dass die untersuchten städtischen Siedlungen zu den patrimonialen Städten bzw. Städtchen gehörten, in deren Verwaltung und Gerichtswesen sich relativ autonome örtliche Einflüsse mit den Eingriffen seitens übergeordneter herrschaftlicher Institutionen vermengten.

Die einheimische Forschung nutzend stützt sich Siglová vor allem auf die von der jüngeren Krimi-

nalitätsgeschichte erzielten Ergebnisse. Dabei wurde sie insbesondere von der englischsprachigen »Konfliktforschung« beeinflusst. Sie berücksichtigte aber auch die Theorien M. Webers, M. Foucaults und N. Elias' sowie das Konzept der Sozialdisziplinierung von G. Oestreich, zudem finden einige konkreter ausgerichtete sozialhistorische Theorien und Konzepte Beachtung, beispielsweise die Auffassung von Gewalt des niederländischen Historikers P. Spierenburg oder die Theorie des Sozialkapitals.

In einem relativ umfangreichen Kapitel steckt die Verfasserin die Stellung der untersuchten Stadt- bzw. Städtchentypen im Rahmen Böhmens sowie in breiterem mitteleuropäischem Kontext ab. Erinnert wird daran, dass sich in der ersten Hälfte des 16. Jahrhunderts im Königreich Böhmen annähernd 420 bis 500 Ortschaften städtischen Typs befanden, unter ihnen aber nur annähernd 40 freie königliche Städte. Böhmen stellte eine höchst urbanisierte Region in Mittelosteuropa dar, die Stadtbevölkerung repräsentierte hier fast 25% der Population. Die Autorin bemüht sich, den Unterschied zwischen einer Patrimonialstadt und einem patrimonialen Städtchen im frühneuzeitlichen Böhmen herauszustellen, wobei sie sich der verbreiteten Meinung anschließt, dass sich dieser Unterschied im verschiedenen Ausmaß der dem Stadtrat gebührenden Rechte widerspiegelt. Die Herrschaft Pardubice, deren territoriale und Verwaltungsentwicklung seit ihrer Entstehung im Jahre 1490 im Überblick dargestellt wird, gehörte zunächst den Herren von Pernštejn (Pernstein). Im Jahre 1560 kaufte die königliche Kammer sie den verschuldeten Pernštejns ab, der König von Böhmen wurde zum direkten Inhaber des Pardubitzer Dominiums. Die Autorin erfasst die Meilensteine der historischen und verwaltungsmäßigen Ent-

* TEREZA SIGLOVÁ, Soudové zisku nenesou. Spory obyvatel městeček pardubického panství v 16. a 17. století [Gerichte bringen keinen Gewinn. Die Streitfälle der Bewohner der in der Herrschaft Pardubice / Pardubitz liegenden Städtchen], Brno: Matice moravská 2011, 386 S., ISBN 978-80-86488-80-6

wicklung der untersuchten Städte und legt einige Angaben zu ihrer sozialen Zusammensetzung vor. Leider ist ihre selbst gebildete Typologie von strafrechtlichen wie auch zivilrechtlichen Streitigkeiten wenig durchdacht und weist eine Reihe von ganz prinzipiellen Mängeln auf.

Im zweiten Teil ihrer Arbeit widmet sich Siglová verschiedenen Aspekten frühneuzeitlicher Konflikte, die sich aus ihrer Analyse des zusammengetragenen Quellenmaterials ergaben. Die Autorin unterteilt die Arten der Konfliktlösung in drei Gruppen, und zwar: a) Lösung auf dem Gerichtswege; b) einvernehmliche Lösung; c) Gewaltlösung. Die größte Aufmerksamkeit wird der gerichtlichen Lösung von Konflikten geschenkt, auch einige einvernehmliche Lösungen kamen durch eine Gerichtsvermittlung zustande. Weit häufiger kam es aber außergerichtlich zu einvernehmlicher Lösung von Streitigkeiten, entweder als ein von den Privaten abgeschlossener Vergleich oder in der Form einer Arbitrage, bei der ein Vermittler (*ubrman*), auf den sich die Parteien als Arbiter geeinigt hatten, den Schiedsspruch verkündete (*ubrmanská výpověď* [Aussage]) und durch dessen Vermittlung auch der Einvernehmensvertrag (sg. freundschaftlicher Vertrag) abgeschlossen zu werden pflegte. Die Autorin definiert dabei im Einklang mit der Ansicht der gegenwärtigen ausländischen Forschung (P. Wettmann-Jungblut) die Gewalt als »Fortsetzung der Kommunikation mit anderen Mitteln« oder als »Ergebnis des Scheiterns von Kommunikationsprozessen«. Ebenso unterteilt sie die Gewalt in unkontrollierte rasende Gewalt und in bewusst angewandte instrumentale (einem Zweck dienende) Gewalt.

Ferner beschäftigt sich Siglová mit der Stellung und der Rolle der Obrigkeitsvertreter und der Gemeinden in den laufenden Streitfällen und Konflikten. Konkret gilt ihre Aufmerksamkeit der Stellung und Tätigkeit von Stadträten, Stadtrichtern und übrigen Mitgliedern der städtischen (bürgerlichen) Gemeinden. Die größte Aufmerksamkeit schenkt sie aber der Obrigkeit und ihrer Beamtenschaft, insbesondere Interventionen des Hauptmanns der Herrschaft.

Ein eigenes Kapitel ist der Problematik des Nachbarstreits, vor allem den Eigentumsstreitigkeiten gewidmet. Eine bedeutsame Rolle bei Streitigkeiten unter Nachbarn spielten die Ehrenhändel. Die Verfasserin versucht in diesem Zusammenhang die Orte des häufigsten Vorkommens von Ehrenbeleidigungen zu erfassen, nimmt auch die Rolle des Alkohols bei den Beleidigungen wahr. Diese erstreckten sich von beleidigenden Gesten bis hin zu vulgären verbalen Beschimpfungen. Siglová gliedert sie (methodisch anregend) in sieben Gruppen und bietet eine Übersicht der wegen der Delikte gegen die Ehre am häufigsten auferlegten Strafen. Von Interesse ist auch die Analyse und Charakteristik von einzelnen Formen der gewalttätigen Handlungen – Siglová bemüht sich unter anderem um die Abgrenzung jener Körperteile, gegen die der physische Angriff am häufigsten gerichtet war (Kopf, Hals, Hände). Was die Beteiligung der Geschlechter an den mit Gewalt ausgetragenen Konflikten anbelangt, waren die Konflikte zweier Männer am häufigsten (fast zwei Drittel der festgestellten Fälle); als zweithäufigst vorkommender Konflikttyp folgt der Angriff eines Mannes auf eine Frau, wo in dem darauffolgenden Streit die Frau als Klägerin und der Mann als Beklagter auftraten.

Ein weiteres Kapitel widmet Siglová den Streitigkeiten, die sie als Partner- und Familienstreit bezeichnet. Unter solchen versteht sie vor allem Erbschaftsstreitigkeiten, die sie eingehend verfolgt. (In ihrer extensiven Auffassung handelt es sich sowohl um Erbschaftsstreitigkeiten als auch um mit der Nachlass- und Waiseneigentumsverwaltung zusammenhängende Streitfälle). Als Ehestreitigkeiten werden auch sachlich ziemlich verschiedenartige Zivil- und Strafprozesse zwischen Eheleuten eingeordnet.

Die Übersicht der Archivquellen und Quelleneditionen bezeugt die erhebliche Breite und Gründlichkeit, mit der die Autorin an die Erforschung der Quellen herangegangen ist. Das Verzeichnis der benutzten Literatur enthält mehr als 200 Titel. Es folgen Personennamen- und Ortsregister. Den Schluss bildet ein umfassendes englisches *Summary*.

Die Dissertation T. Siglovás kann zweifelsohne als ein wertvolles, bedeutendes und unbedingt zu beachtendes Werk betrachtet werden, weil es in der tschechischen Historiographie den ersten umfangreicheren und gründlich durchdachten Versuch darstellt, die Gerichtsagenda frühneuzeitlicher Städte und Städtchen als Quelle zur Konfliktgeschichte zu bearbeiten und die Paradigmen der Konfliktforschung geltend zu machen. Die Autorin musste sich mit einer Menge von in der heimischen Literatur nicht behandelter und ungelöster Probleme und Fragen auseinandersetzen, die im Laufe ihrer Forschungen auftauchten. Siglová setzte sich mit den meisten dieser Probleme und Fragen auf befriedigende Weise auseinander, manchmal sogar sehr gut und in einer gedanklich originellen Weise. Sehr hoch zu schätzen ist auch die Tatsache, dass die Arbeit auf einem unfangreichen, langen und sorgfältig durchgeführten Quellenstudium beruht. Die Quellen sind von der Autorin gründlich und allseitig bearbeitet und ausgewertet worden, was leider in der letzten Zeit bei den tschechischen Dissertationen aus einigen Fächern historischer Wissenschaften nicht immer die Regel ist.

Andererseits weist aber die Arbeit von T. Siglová einige kleinere Mängel auf, die hier nicht verschwiegen werden sollen. Die Autorin ist über die europäische Geschichtsforschung auf dem Gebiet der Konflikt- und Gewaltproblematik sowie der Sozialdisziplinierung im Allgemeinen gut unterrichtet. Dies betrifft vor allem in englischer Sprache veröffentlichte Werke. Hingegen ist ihr eine Reihe bedeutsamer deutschsprachiger Werke entgangen. Dieser Mangel tritt am spürbarsten im Falle Karl Härters zutage, von dessen sehr zahlreichen Arbeiten Siglová nur eine in Englisch veröffentlichte Studie aus dem Jahre 1999 zitiert. Ferner hat sich Siglová mit einigen rechtlichen bzw. rechtsgeschichtlichen Termini und Bezeichnungen schwer getan. Auch ist ihre Deutung des Rechtsinhalts einiger Streitfälle, mit denen sie sich eingehender befasst, sehr ungenau. Daneben verwendet die Autorin einige (für den untersuchten Zeitraum vollkommen inadäquate) moderne Begriffe, wie z. B. »Wiedereingliederung« in die Gesellschaft oder »erzieherische Wirkung« der Strafe. Ebenso für nicht ganz geeignet halte ich die ziemlich häufige Verwendung des stark modernisierenden Begriffs »Sozialfrieden«. Meiner Ansicht nach sollte Siglová bei ihren Feststellungen hinsichtlich der Zu- und Abnahme der Zahl der Gerichtsprozesse in verschiedenen Zeiträumen mehr Vorsicht walten lassen, weil nicht ganz klar ist, in welchem Maße diese Schwankungen durch den Zustand der Quellenbasis für die fragliche Zeit und inwieweit sie durch tatsächliche Änderungen im Umfang der Gerichtsagenda verursacht werden.

Ich befürchte, dass Siglová die (sonst zweifelsohne sehr tragfähige und weitgehend anwendbare) *theory of limited good* zu eng aufgefasst hat, die in der Mitte der 1960er Jahre durch den amerikanischen Ethnologen G. M. Foster formuliert wurde. Vielleicht vor allem deswegen, weil sie die genannte Theorie nur vermittels der zitierten Arbeit Rainer Walzes rezipiert hat. »Der Egoismus bei der Durchsetzung von eigenen Forderungen«, den die Autorin den Untertanen der Herrschaft Pardubice zuschreibt, stellt meiner Meinung nach eher eine allgemeine anthropologische und soziale Konstante dar, und den erwähnten »Eigentumsindividualismus« fasste Foster anders auf.

Auf der anderen Seite ist zu würdigen, dass es der Autorin gelungen ist, sich gut und von der Interpretation her fast fehlerlos mit einigen verhältnismäßig komplizierten zivilrechtlichen Instituten des böhmischen Stadtrechts des 16. Jahrhunderts auseinanderzusetzen. In ihrem Anmerkungsapparat macht Siglová Dutzende Seiten kürzerer oder ausgedehnterer Passagen aus dem Text der untersuchten Quellen editorisch zugänglich, insbesondere Ausschnitte der Klagen und Gerichtsurteile oder anderer Gerichtsentscheidungen. Die edierten Texte wurden sorgfältig bearbeitet, sie zeugen darüber hinaus von der großen und verlässlichen Kompetenz der Autorin auf dem Gebiet der Paläographie, die gegenwärtig bei den einheimischen Forschern nicht selbstverständlich vorausgesetzt werden kann.

Um es zusammenzufassen: Trotz der angedeuteten Unzulänglichkeiten stellt die Dissertation Siglovás im Kontext der gegenwärtigen tschechischen Forschung ein wertvolles, hervorzuhebendes und vielseitig nützliches Werk dar.

Petr Kreuz   239

Taisiya Belyakova

Letzter Wille und Seelenheil*

Diese Monographie widmet sich als erstmals den Testamenten in den dalmatinischen Städten. Sie fußt auf breiter archivalischer Basis, untersucht werden zahlreiche Dokumente aus den Stadtarchiven von Zadar, Trogir, Dubrovnik (Kroatien) und Kotor (Montenegro). Ladićs Buch besteht aus drei Teilen. Im ersten führt der Autor in die methodologischen Konzepte zur Untersuchung mittelalterlicher Testamente nach Form und Inhalt ein. Die Besonderheiten der Rechts- und Sozialstruktur der dalmatinischen Städte wird hier neben den Eigenheiten der Quellen (Testamente der Stadtbürger und Statuten) in Augenschein genommen. Ladić beschließt diesen ersten Abschnitt mit der Feststellung, dass die Testamente als Quellen für die Sozial- und Religionsgeschichte des Mittelalters noch immer nicht ausreichend von Historikern in ihre Forschungen eingebettet wurden. Der zweite Teil ist der quantitativen Analyse der Verteilung der Testamente pro Jahr und pro Monat in vergleichender Perspektive gewidmet. Besondere Aufmerksamkeit gilt den Erblassern und ihrer Motivation. Der dritte Teil beschäftigt sich mit dem Motiv *pro remedio animae*, d.h. mit der Manifestation mittelalterlicher Frömmigkeit in den Testamenten, den Formen der Spendentätigkeit und den Empfängern der frommen Legate. Dies wird in zwei Anhängen in tabellarischer Form veranschaulicht, nämlich einer Namensliste der Testatoren aus der Stadt Zadar und einer Übersicht der religiösen Institutionen, die als Empfänger der frommen Legate in den Testamenten der Bürger in den Küstenstädten begegnen.

Die Vergleichsanalyse der Fallbeispiele aus den vier Küstenstädten wird ausgehend von den Testamenten aus den Stadtarchiven durchgeführt. Die dalmatinische Stadt Zadar (Kroatien) erscheint als wichtigstes Exempel und Mittelpunkt der komparatistischen Untersuchung. In der Analyse der Fälle aus den Städten Dubrovnik und Kotor wird der Einfluss der orthodoxen Traditionen auf die religiösen Vorstellungen und Formen der Frömmigkeit beleuchtet. Dieser Einfluss ist ein gemischt-konfessioneller, der sich sowohl aus den byzantinischen als auch aus den serbischen religiösen Praktiken in den adriatischen Küstenstädten zusammensetzt.

Was die diplomatischen Eigenheiten der untersuchten Testamente betrifft, unterschieden sich die dalmatinischen Testamente laut Autor strukturell nicht von anderen von öffentlichen Notaren aufgesetzten Testamenten in Europa. Im Gegensatz zu den nordeuropäischen Regionen sei den öffentlichen Notare im kommunalen Leben der Mittelmeerstädte jedoch eine außerordentliche Rolle zugekommen, hätten sie doch großen Einfluss auf Form und Inhalt der meist in den öffentlichen Kanzleien oder in den Häusern der Testatoren verfassten mittelalterlichen Testamente der Bürger gehabt. Die Testamentsgebräuche lassen sich grundsätzlich auf die Normen und Praktiken des römischen Rechts, zudem auf Rechtsinstitutionen, die in den dalmatinischen Städten seit der Antike präsent waren, zurückführen. In den städtischen Statuten von Zadar, Trogir usw. wurde das Recht zur Erstellung eines Testament allen Einwohnern der Stadt zugestanden, die sich im Wesentlichen aus drei sozialen Gruppen zusammensetzten: Patriziat (*nobiles cives*), Bürger (*cives*) und Bewohner (*habitatores*). Ohne Rücksicht auf das Geschlecht oder den sozialen Status waren allein das Alter (nur Personen *legitima aetate*) und die psychische Konstitution des Testators (*sana mente et intelectu*) von Bedeutung für das Aufsetzen eines Testaments. Das Formular der mittelalterlichen Testamente entsprach den Regeln, die an den Rechtsschulen und Universitäten der italienischen Städte Padua und Bologna gelehrt wurden, wo beinahe alle Notare studiert hatten. Diese Regel sind in Notarlehrbüchern wie dem *Formularium tabellionum* des Irne-

* ZORAN LADIĆ, Last Will: Passport to Heaven. Urban last wills from late medieval Dalmatia with special attention to the legacies pro remedio animae and ad pias causas, Zagreb: Srednja Evropa 2012, 469 S., ISBN 978-953-6979-89-9

rius oder der *Ars notariae* des Rainer von Perugia verzeichnet.

Der Schwerpunkt der Untersuchung liegt im Bereich der sozialen und religiösen Geschichte der mittelalterlichen dalmatinischen Städte. Ein wesentlicher Aspekt sind die religiösen Absichten der Legate *pro remedio animae* und *ad pias causas*, der wichtigsten Komponente der mittelalterlichen Frömmigkeit. Sie ist verbunden mit der Sorge um das Seelenheil, die sich in der Unterstützung religiöser Einrichtungen und des Klerus in Form von Stiftungen, Spenden und Legaten manifestierte und die mit der privaten Initiative der mittelalterlichen Bürger verbunden war. Gleichermaßen im Fokus der Betrachtung stehen sozialkaritative Tätigkeiten der mittelalterlichen Bürger (im Rahmen der christlichen Lehre der *caritas* wurde das Phänomen in der Historiographie als »social Christianity« bezeichnet). Sie bestanden aus der Sorge für Arme, Waisen, Kranke, Diener und Sklaven auf der einen sowie aus der Unterstützung der Bettelorden auf der anderen Seite.

Der Autor stellt fest, dass nur wenige Testamente der adeligen und einflussreichsten Personen aus dem Frühmittelalter zur Verfügung stehen, woraus zu schließen sei, dass sich die Notariatspraxis wesentlich früher in den städtischen Gesellschaften Dalmatiens als in vielen anderen europäischen Regionen zu verbreiten begann. Eine Erklärung dafür böte die Verbundenheit mit Italien und die zahlreichen Einflüsse der italienischen Städte auf die dalmatinischen Kommunen im wirtschaftlichen, rechtlichen, sozialen und religiösen Bereich. Diese und andere qualitative Forschungsergebnisse sind mit der quantitativen Analyse der mittelalterlichen Testamente aus den dalmatinischen städtischen Gesellschaften verbunden: Die erste These läuft unter dem Titel der »Demokratisierung«, der den Prozess der Zunahme der Testamente, unabhängig vom sozialen Herkommen der städtischen Bürger, bis zu seinem Höhepunkt an der Wende

des 14. Jahrhunderts charakterisiert. Im Rahmen der Untersuchung der sozialen und religiösen Aspekte des Untersuchungszeitraums wird die Verbreitung der Notariatspraxis anhand äußerlicher Faktoren (wie z. B. der katholischen Lehre vom Purgatorium) sowie anhand innerer Veränderungen in den Städten erklärt, die mit dem zunehmenden Einfluss der Bettelorden verbunden war (die Bettelklöster erhielten ihrerseits meist fromme Legate und verschiedene Donationen von Testatoren, während die alten Benediktinerklöster auffallend seltener in den Testamenten genannt wurden). Interessant ist auch die Betrachtung der Korrelation zwischen der Anzahl der Testamente pro Monat in den verschiedenen Städten. Quantitative Veränderungen im Testamentsaufkommen verknüpft der Autor mit den klimatischen Bedingungen, die ebenso in Bezug auf das Pilgertum von Bedeutung gewesen seien.

Dieser Untersuchung ist es zu danken, dass nun die zahlreichen dort verarbeiteten narrativen Quellen künftigen Forschern leichter zugänglich sind. Neben dem ausgewerteten Archivmaterial aus den Küstenstädten des mittelalterlichen Dalmatien, das durch den Autor quantitativ und qualitativ in den Kontext der Sozial- und Religionsgeschichte eingebettet wurde, ist insbesondere die angehängte Liste der mittelalterlichen Testamente aus den Archiven ein nützliches Arbeitsinstrument. Von dieser Materialfülle werden nicht nur all jene profitieren können, die sich wissenschaftlich mit der mittelalterlichen Geschichte Kroatiens befassen, sondern ebenso die westeuropäisch orientierte mediaevistische Städteforschung, die mit einem komparatistischen Seitenblick auf das Datenmaterial und die Analyse Ladićs, die eigene Forschung in einen erweiterten Vergleichskontext stellen kann.

Anna Margarete Seelentag

Regeln und Prinzipien*

In seiner 2009 in Dresden und Paris (EPHE-Sorbonne) vorgelegten Dissertation zu »Regelkonflikten in der römischen Republik« widmet sich Christoph Lundgreen keiner geringeren Frage als derjenigen nach der Rolle und Funktionsweise von Rechtsnormen in der politischen Kultur Roms. Es handelt sich um eine ungemein dichte Untersuchung in einem Kernbereich althistorischer Forschung, in welchem die Differenzen mit einer von juristischer Seite aus betriebenen Rechtsgeschichte traditionell besonders groß sind. Lundgreen gelingt es hier, zwischen romanistischer und althistorischer Forschung zu vermitteln, indem er die Frage nach der Bedeutung rechtlicher Regelungen im Gefüge der römischen Verfassung mittels der Unterscheidung von Rechtsregeln und Rechtsprinzipien sowie unterschiedlichen Geltungssphären beantwortet. Er löst sich damit von fruchtlosen statischen Deutungen, die ein gleichsam monolithisches Normensystem ständigen Ausnahmefällen und Rechtsbrüchen ausgesetzt sahen und damit den Begriff des Staatsrechts generell fraglich werden ließen. An dessen Stelle setzt Lundgreen ein differenzierteres und dynamisches Modell, das besser geeignet ist, die Vielschichtigkeit des römischen Rechts zu erfassen.

In seiner Einleitung bestimmt Lundgreen den Gegenstand seiner Arbeit, den Regelkonflikt, in knappen Worten sehr weit als Fall, in dem sich die Parteien eines Konflikts jeweils auf bestimmte Normen berufen, ohne dass es zunächst auf die Qualität dieser Normen (etwa *mos* oder *lex*) ankommen soll (14). In der ansonsten überaus klaren und gut strukturierten Darstellung ist dies einer der wenigen Punkte, an dem der Leser nähere Ausführungen vermisst, zumal auch im Folgenden auf den Begriff des Regelkonflikts nur en passant (45 f.) eingegangen wird.

Danach gliedert sich die Untersuchung in drei Teile, deren erster (29–50) theoretischen Vorüberlegungen zum Begriff der Regel gewidmet ist. Diese wird als eine Handlungsanleitung, die Erwartbarkeit schafft, und damit als soziale Konstruktion bestimmt. Daher kommt der Sozialisation für die Normtradierung von Generation zu Generation nach Lundgreen entscheidende Bedeutung zu. In der Folge wendet er sich der Frage nach der Geltung von Normen zu, wobei er zwischen sozialer und juristischer Geltung trennt und im Hinblick auf letztere Modelle zur Ausbildung von Normenhierarchien erörtert. Schließlich entwickelt Lundgreen in Anlehnung an Dworkin und Alexy eine Unterscheidung zwischen Regeln und Prinzipien, wonach erstere nur entweder erfüllt oder nicht erfüllt werden können, während es bei letzteren als Optimierungsgeboten jeweils auf das Maß, in dem sie erfüllt werden, ankommt. Dementsprechend könne ein Regelkonflikt nur durch eine Ungültigkeitserklärung einer der beiden Regeln oder eine Ausnahmeklausel gelöst werden, eine Prinzipienkollision hingegen durch Abwägung. Ersterer betreffe die Geltung, letztere die Gewichtung von Normen. Im zweiten Teil (53–253), der den Hauptteil der Arbeit bildet, analysiert Lundgreen Regeln im Konflikt anhand von vier Konfliktfeldern der Republik. Die überlieferten Konflikte im Bereich der Wahlen, der Provinzvergaben, des Sakralrechts und der Triumphzüge werden zunächst jeweils kurz chronologisch dargestellt und anschließend umfassend systematisch ausgewertet. Diese Form der Darstellung schafft Übersicht und erleichtert dem Leser die Orientierung innerhalb der einzelnen Kapitel. Die Untersuchung zeichnet sich hier durch einen souveränen Umgang mit der Fülle des Quellenmaterials aus, wobei Lundgreen anschaulich histo-

* Christoph Lundgreen,
Regelkonflikte in der römischen
Republik. Geltung und Gewichtung
von Normen in politischen
Entscheidungsprozessen (Historia
Einzelschriften 221), Stuttgart:
Franz Steiner 2011, 375 S.,
ISBN 978-3-515-09901-1

rische Einzelfallstudien und systematische Analysen ineinander webt. Überzeugend geht er bei der Rekonstruktion der untersuchten Regeln nicht von den überlieferten Normen selbst aus, sondern von der Praxis des römischen Verfassungslebens und der Anwendung der Normen im Konflikt. Das Problem der dazu notwendigen wertenden Unterscheidung von Normalfall und Ausnahme löst Lundgreen mittels des Kriteriums des Regelbewusstseins. Aus diesem Grunde ist die Historizität der untersuchten Konflikte für ihn nicht maßgeblich, da es ihm gerade auf die Wahrnehmung und Bewertung von Regeln im Konflikt ankommt. Diese Vorgehensweise steht, wie Lundgreen selbst anmerkt (22, 286), in einem gewissen Spannungsverhältnis zu der abschließend unternommenen historischen Kontextualisierung der untersuchten Regelkonflikte. Lundgreen begegnet diesem Problem der Überlieferungslage zur frühen und mittleren Republik, indem er sich auf die Identifizierung von Konflikt- und Lösungsmustern sowie deren gehäufte Überlieferung in einer »Kernzeit« zurückzieht, welche sich unabhängig von der Authentizität des Einzelfalles beobachten lassen. Einen höheren Grad an Plausibilität als denjenigen, den die Untersuchung auf diese Weise erreicht, erlaubt die literarische Überlieferung nicht. Nichtsdestotrotz wären nähere Ausführungen zu diesem Kernproblem wünschenswert gewesen.

Inhaltlich überzeugen Lundgreens Analysen, die die untersuchten Episoden in das tagespolitische Geschehen einordnen, ohne dabei die Eigengesetzlichkeit des Rechts im Zusammenspiel der Institutionen aus den Augen zu verlieren. Wenn Lundgreen etwa zum Sakralrecht ausführt, dass die auf der *auctoritas* der Priester beruhende Geltung ihrer Gutachten einer »Übersetzung« durch einen Senatsbeschluss oder eine Entscheidung der Volksversammlung bedurfte, um im politischen Bereich wirksam zu werden (156), so stimmt dies mit Beobachtungen zur Koordination von Zivil- und Sakralrecht überein. Indem die Erscheinung des Sakralrechts in Form des Gutachtens in den Vordergrund der Betrachtung rückt, lässt sich sein Geltungsmodus präziser fassen als in der Differenzierung von sozialer und juristischer Geltung angelegt. Lundgreens Analyse leistet hier einen Beitrag zum Verständnis der Rechtsfortbildung im Sakralrecht. Auch seine Deutung der auguralen Obstruktion als Methode der Konsensfindung durch Widerspruchsschleifen ergänzt die Vorstellung vom Funktionswandel des Sakralrechts in privatrechtlichen Kontexten, wo es in quasi-zensorischer Weise der Einschärfung von Verhaltensstandards dient.

Im anschließenden dritten Teil seiner Arbeit (257–301) wertet Lundgreen seine Analysen systematisch im Hinblick auf erkennbare Muster im Umgang mit Regeln im Konflikt aus. Er kommt zu dem Ergebnis, dass Regelkonflikte ganz überwiegend nicht mittels einer Einordnung einzelner Regeln in eine feste Normenhierarchie, sondern durch flexible Abwägung im Einzelfall aufgelöst wurden. Zwar ließen die untersuchten Konfliktfelder das durchschlagende Gewicht der jeweils letzten Entscheidung einer Volksversammlung erkennen. Dennoch sei auch ein »Grundsatz der Geltung des jeweils letzten Volksbeschlusses« nicht als Grundnorm an der Spitze einer Normenhierarchie auszumachen, da zahlreiche Regelungsmaterien nicht zur Disposition der Volksversammlungen standen. In diesem Zusammenhang nennt Lundgreen vor allem die Geltungssphären des Sakralrechts und der *patria potestas*, welche derjenigen des »öffentlichen Rechts« nicht über- oder unter-, sondern nebengeordnet gewesen seien. Normen unterschiedlicher Geltungssphären hätten erst der wechselseitigen »Übersetzung« bedurft, um im jeweils anderen Geltungsbereich Wirkung zu entfalten. Auch aus einem weiteren Ergebnis seiner Fallanalysen, der zentralen Stellung des Senats bei der Diskussion und Entscheidung von Konfliktfällen, leitet Lundgreen keine »Meta-Regel« ab. Vielmehr hätte sich aufgrund der zahlreichen Blockademöglichkeiten zwischen Senat, Volksversammlungen und Magistratur bei Regelkonflikten eine Patt-Situation zwischen den Institutionen eingestellt, die nur durch überzeugende Argumentation im Einzelfall und eine generelle Disposition des Nachgebens aufgelöst werden konnte. Lundgreen betont hier die Rolle von *exempla* als Argumenten in Konflikten um die Anwendung von Rechtsprinzipien sowie die notwendige Ausrichtung eines Systems von Verhinderungsinstanzen darauf, Konsens im Sinne der Abwesenheit von Widerspruch zu erzeugen.

Abschließend bietet Lundgreen eine Interpretation der von ihm konstatierten auffallenden Häufung von Konfliktfällen auf den untersuchten Feldern in einer Kernzeit von 200 bis 180 v. Chr. Es handelt sich ihm zufolge hier um die Konsequenzen einer erschwerten Normtradierung aufgrund der Verluste innerhalb der senatorischen Oberschicht im zweiten Punischen Krieg. Die neue, nicht ebenso homogen wie zuvor sozialisierte Führungsschicht habe zur Lösung ihrer Konflikte den Prozess des Abwägens von Rechtsprinzipien zunehmend zugunsten der Schaffung klarer Rechtsregeln aufgegeben. Diese »Normverhärtung« habe zwar kurzfristig zu größerer Stabilität geführt, langfristig aber aufgrund des Flexibilitätsverlustes in der Normanwendung Instabilität bewirkt – nicht zuletzt sei damit eine Schwächung der Stellung des Senats einhergegangen. Die Ausformulierung von Rechtsregeln in Bereichen, die zuvor durch Rechtsprinzipien bestimmt wurden, habe mit der Sichtbarkeit der Regeln auch die Sichtbarkeit der Regelverstöße erhöht: Indem beides, sowohl die Schaffung als auch die Missachtung von Regeln, auf deren Kontingenz verwiesen habe, sei ihre Geltung untergraben worden. Angesichts der Quellenlage zwar verständlich, aus romanistischer Sicht aber dennoch bedauerlich ist allein die zeitliche Konzentration der Untersuchung auf die mittlere Republik: Gerade die als »Methodenwandel« beschriebene Entwicklung, welche die Quellen zum römischen Privatrecht der späten Republik und des frühen Prinzipats erkennen lassen, lädt dazu ein, nach ähnlichen Phänomenen im Bereich des Staatsrechts zu fragen.

Der Zugriff auf die Untersuchung wird durch Zusammenfassungen in deutscher, englischer und französischer Sprache, einer tabellarischen Über-

sicht zu den untersuchten Konflikten sowie einem Quellen-, Namens- und Sachregister erleichtert.

Lundgreens Untersuchung bestätigt im Bereich des republikanischen Staatsrechts den Erkenntnisgewinn, den die Kategorien von Regel, Prinzip und Geltungssphäre für das römische Recht ermöglichen. Diese Unterscheidungen werden für das römische Privatrecht der vorklassischen und klassischen Zeit bereits seit längerem fruchtbar gemacht und sind daher für die Romanistik unmittelbar anschlussfähig. Gerade diese Parallelen sind es, die zu einer Diskussion über die Unterschiede und Gemeinsamkeiten beider Rechtsbereiche ebenso einladen wie zu einem intensiveren Austausch zwischen den Disziplinen. Lundgreens Untersuchung bietet hier zahlreiche Ansatzpunkte, von denen hier nur der Regelbegriff der römischen Juristen, die Vorstellung von Rechtsschichten und die Funktionszusammenhänge von Normen genannt seien. Darüber hinaus benennt Lundgreen in seinen Überlegungen zum Sakralrecht und zur Sphäre der *patria potestas* wichtige weiterführende Fragen, deren Bearbeitung darauf angewiesen sein wird, juristische und historische Ansätze ebenso gekonnt zu verknüpfen wie das vorliegende Werk. Lundgreens gut lesbarer Studie ist daher weite Beachtung in der Rechtsgeschichte beiderlei Provenienz zu wünschen.

■

Daniel Damler

Roms Enteignung[*]

Nietzsche unterscheidet in seiner so unzeitgemäßen wie unvergleichlichen Schrift »Vom Nutzen und Nachtheil der Historie für das Leben« bekanntlich drei Arten von Historie, die, wenn sie

sich vereinigen, dem Lebendigen dienen, anstatt es zu Grunde zu richten. Zumindest zwei dieser drei Anforderungen (vielleicht auch alle drei) erfüllt Fleckners wegweisende, von Reinhard Zimmer-

[*] Andreas M. Fleckner, Antike Kapitalvereinigungen. Ein Beitrag zu den konzeptionellen und historischen Grundlagen der Aktiengesellschaft, (Forschungen zum Römischen Recht 55), Köln, Weimar, Wien: Böhlau 2010, XV, 778 S., ISBN 978-3-412-20474-7

mann betreute Regensburger Dissertation: Sie ist *dem Inhalt nach* »kritisch«, da sie die Kraft hat, »eine Vergangenheit zu zerbrechen und aufzulösen, um leben zu können«, und sie ist *der Form nach* »antiquarisch«, da sie durch Pietät gleichsam den Dank für ihr Dasein abträgt.[1]

Zum Inhalt: Fleckner widmet sich der Frage nach den zeitlosen Merkmalen von Kapitalvereinigungen und ihren geschichtlichen Erscheinungsformen – einem so grundlegenden Thema, dass es staunenswert ist, wie wenig wirklich Grundlegendes darüber geschrieben wird und geschrieben wurde. Um eine sichere, belastbare Basis für seine historische Untersuchung zu gewinnen, konturiert der Verfasser im ersten Teil seiner Arbeit (37–86) mit großer Umsicht »die Idee« der Kapitalvereinigung, aus der er vier Strukturmerkmale ableitet: (1) die Trennung von Inhaberschaft und Leistung, (2) den Schutz des individuellen (Privat-)Vermögens der Kapitalgeber, die in der Regel nicht über ihre Einlage hinaus haften, (3) den Schutz des gemeinsamen (Geschäfts-)Vermögens der Kapitalvereinigung, auf das die Kapitalgeber, ihre Rechtsnachfolger und ihre Gläubiger nicht zurückgreifen können, und (4) die Übertragbarkeit der Beteiligung oder der Anteile an der Kapitalvereinigung.

Dieses Vorgehen, so einfach und nahe liegend es ist, bedeutet einen Quantensprung im Verhältnis zu den vielen älteren und neueren Studien, deren Verfasser entweder die ihnen vertraute Aktiengesellschaft, Company, Société Anonyme usw. zum Maß aller Dinge erheben (und sich dann wundern, warum sie im Rom Ciceros nicht fündig werden) oder – ebenso gedankenlos – jede größere Unternehmung kurzerhand als Kapitalgesellschaft deklarieren (um dann festzustellen, dass zu allen Zeiten und bei allen Völkern das organisierte Kapital die Zügel lenkt). Über die von Fleckner herausgearbeiteten Kriterien kann man natürlich streiten, aber sie sind jedenfalls plausibel.

Der umfangreichere, historische Teil der Arbeit gliedert sich in drei Kapitel. Das erste handelt von den römischen Organisationsformen (117–237), die als Gegenstand der im zweiten Kapitel durch-

geführten Strukturanalyse (239–496) in Betracht kommen, nämlich die *societas*, die *societas publicanorum* (eine Abwandlung der *societas* zur Übernahme öffentlicher Aufträge) und das *peculium* (das einem Sklaven anvertraute Sondergut). Untersucht werden unter anderem die Quellenlage, die Entwicklungsgeschichte, die Unternehmensgegenstände und die Größe der jeweiligen Organisationsform. Der Abgleich der Organisationsformen mit den vier oben genannten Strukturmerkmalen ist das Herzstück der Arbeit und nimmt allein 250 Seiten in Anspruch. Die Darstellung fällt etwas schematisch aus, aber das war wohl angesichts der bestehenden Forschungslücken und methodischen Defizite nicht zu vermeiden. Erfreulicherweise belässt es Fleckner nicht bei dieser Prüfung – die freilich für sich genommen schon einen erheblichen Erkenntnisfortschritt bringt –, sondern nimmt abschließend noch die gesellschaftlichen Rahmenbedingungen von Kapitalinvestitionen in Rom in den Blick, erörtert ökonomische Parameter wie Kapitalnachfrage und -angebot, soziale Faktoren wie das Ansehen der Gewerbetreibenden, ferner die politischen Hindernisse für das Florieren von Kapitalvereinigungen (497–624).

Auch nur annähernd die Vielfalt an Einsichten und Gedanken abzubilden, mit denen der Leser konfrontiert wird, ist an dieser Stelle nicht möglich. Fleckner verliert zu keinem Zeitpunkt die Kontrolle über seine Quellen, navigiert souverän durch den weitläufigen Ozean der römischen Geschichte. Am Ende steht ein gut begründetes und überraschend eindeutiges Ergebnis: Weder für die *societas* noch für die *societas publicanorum* noch für das *peculium* lässt sich nachweisen, dass eine Vereinigung von Kapitalien einer größeren Anzahl von Personen stattgefunden hat. Die Existenz von Kapitalvereinigungen mit einer mehr als zweistelligen Mitgliederzahl ist so gut wie auszuschließen. Als Ursache für diese Abstinenz führt Fleckner soziale und politische Gründe an. Einen wirtschaftlichen Bedarf an Kapitalvereinigungen habe es in Rom durchaus gegeben, doch sei es der herrschenden Oberschicht, insbesondere den Senatoren,

---

1 Friedrich Nietzsche, Vom Nutzen und Nachtheil der Historie für das Leben, in: ders., Sämtliche Werke. Kritische Studienausgabe, hg. von Giorgio Colli, Mazzino Montinari, Bd. 1, 6. Aufl., München 2003, 243–334, 265, 269.

untersagt gewesen, sich an derartigen Unternehmungen zu beteiligen, umgekehrt wünschte diese Personengruppe aber auch nicht, dass andere sich dieses Instruments bedienten, weil dann die Gefahr einer Machterosion bestanden hätte.

Auch wenn Fleckner gelegentlich von »Konjunkturen« in der Geschichte der Kapitalvereinigung spricht und keiner »Fortschrittshistorie« das Wort reden möchte: Was er aufzeigt, ist doch nicht weniger als ein Fundamentalunterschied zwischen der Antike und der Moderne, ähnlich bedeutsam wie das Fehlen einer Industrialisierung im Altertum. Diese Differenz hat die moderne Rechtswissenschaft in Rechnung zu stellen, wenn sie auf antike Rechtsinstitute und Regelungskonzepte zurückgreift, um Probleme der Gegenwart, Probleme der »korporativen Moderne«, in den Griff zu bekommen.

Das ist allerdings nur die eine Seite der Medaille. Nicht weniger Aufmerksamkeit verdient die Frage, warum die These von der Macht römischer Kapitalvereinigungen sich bis heute einer so großen Beliebtheit erfreut. Allen voran der Altmeister des Faches, Theodor Mommsen, der es eigentlich besser wissen musste, hat in seiner »Römischen Geschichte« die »ungeheure Association des römischen Capitals« für zahlreiche gesellschaftliche Missstände verantwortlich gemacht. Sich auch dieses Themas angenommen zu haben, ist eine weitere Stärke von Fleckners Studie (634–654). Hinter den Angriffen des 19. Jahrhunderts auf die *societas publicanorum* und die *publicani* stehen vermutlich Vorbehalte eines für die »soziale Frage« sensibilisierten Bildungsbürgertums gegenüber einer »öffentlichen« Verwaltung und Aufsicht durch private Unternehmer, deren Mangel an sozialer Verantwortung im Manchester-Kapitalismus offen zu Tage getreten war. (Aus ähnlichen Gründen genießen die *asentistas* des 16. Jahrhunderts, private Unternehmer im Dienste der spanischen Krone, nach wie vor in der Geschichtswissenschaft einen schlechten Ruf.)

Zur Form: Seiner Studie stellt Fleckner eine siebenseitige »kulturgeschichtliche Vorbemerkung« voran, einen im Stil des 19. Jahrhunderts gehaltenen und sogar in Fraktur gesetzten fiktiona-

len Text. Auf diesem Wege möchte der Verfasser seine Anerkennung dafür zum Ausdruck bringen, »dass die Wissenschaft des neunzehnten Jahrhunderts fast alles entdeckt hat, was heute über die Geschichte der Kapitalvereinigung bekannt ist« (1). Obwohl Fleckner zugleich die – methodische wie inhaltliche – »Andersartigkeit« des Haupttextes hervorhebt, kann man sich doch des Eindrucks nicht erwehren, dass die Arbeit im Ganzen als eine Hommage an die deutsche Wissenschaftskultur des 19. Jahrhunderts konzipiert ist. Der Verfasser lässt den Leser in einem Ausmaß an seinen Quellenstudien teilhaben, dass Assoziationen zu der »goldenen Zeit« der historischen Textkritik gar nicht ausbleiben können. Eine überbordende Fülle an Belegen und Zitaten mag in anderen Fällen Ausdruck mangelnder Konzentration und Stoffbeherrschung sein, bei Fleckner ist das unvermittelte Zur-Schau-Stellen der Quellen und des Arbeitens an den Quellen eine kalkulierte, gleichsam programmatische Provokation, ein Plädoyer gegen eine gefällige Geschichtsschreibung, die erzählt anstatt zu analysieren und zu systematisieren.

Eine ganz andere Frage ist, ob man sich dieses Plädoyer zu Eigen machen möchte. Möglicherweise geht eben doch etwas sehr Wichtiges verloren, wenn der Leser – um ein Beispiel zu nennen – fünf Seiten lang nur Fußnoten zu Gesicht bekommt (90–94). Von Noel Coward stammt der Satz, eine Fußnote lesen zu müssen sei in etwa so, wie wenn man mitten im Liebesspiel dazu veranlasst werde, nach unten zu gehen, weil es an der Tür geklingelt hat.[2] Hätte Coward die eine oder andere Fleckner'sche Fußnote vor Augen gehabt, dann wären sie ihm vermutlich wie eine den Liebesakt unterbrechende Atlantikfahrt im Ruderboot erschienen.

Schwerer als die Unannehmlichkeiten, die eine derartige Lektüre bereitet, wiegt, dass Fleckner dem weit verbreiteten Vorurteil neue Nahrung gibt, die deutsche Geschichtswissenschaft des 19. Jahrhunderts verdanke ihr Ansehen einzig und allein einer so rigorosen wie elitären »Wissenschaftlichkeit«, einem Studium der Quellen ohne Rücksicht auf Verluste, insbesondere ohne Rücksicht auf die Lesbarkeit und literarische Qualität der Abhandlung. Symptomatisch für diese Hal-

---

2 ANTHONY GRAFTON, Die tragischen Ursprünge der deutschen Fußnote, übers. von H. Jochen Bußmann, Berlin 1995, 85.

tung ist die Art und Weise, wie Fleckner en passant versucht, Ranke gegen Mommsen auszuspielen, genauer: Ranke gegen den Romancier Mommsen, den Mommsen der unterhaltsamen, aber nachlässig recherchierten »Römischen Geschichte«. Die Überlänge seiner Fußnoten rechtfertigt Fleckner (632) mit einem Ranke-Zitat (»Strenge Darstellung der Thatsache, wie bedingt und unschön sie auch sey, ist ohne Zweifel das oberste Gesetz«). Ausgerechnet Ranke. Er, der etwa zur gleichen Zeit, als er den von Fleckner zitierten Satz formulierte, in einem Brief an seinen Verleger [3] »Citate« als einen »Übelstand« bezeichnete – notwendig zwar, aber nur in Maßen erträglich – und dem sein Rivale Heinrich Leo vorhielt, sich mit seinem Stil »gelehrten Weibern« anzudienen. [4]

In Wahrheit empfanden die Heroen der deutschen Geschichtswissenschaft des 19. Jahrhunderts (ähnlich wie noch heute viele angelsächsische Historiker) eher Scham als Stolz, wenn sie ihre Texte mit Anmerkungen, umständlichen Gebrauchsanweisungen und Überschriften versahen. Im Unterschied zu ihren Epigonen des 20. Jahrhunderts waren sie sich der Vorzüge der antiken Geschichtsschreibung bewusst, die ohne dergleichen auskam.

»Es war für mich«, schrieb Niebuhr 1830 dem preußischen Kronprinzen, »ein reizender Gedanke, wenn dies gelehrte Werk, wodurch der Stoff wieder geschaffen wird, vollendet seyn würde, eine ganz erzählende Geschichte der Römer zu schreiben, ohne Untersuchung, Erweis und Gelehrsamkeit; wie man sie vor 1800 Jahren geschrieben haben würde.« [5]

Fragen des Ausdrucks und der Darstellung sind keine Lappalien. Indem Fleckner den in der Rechtsgeschichte weit verbreiteten (vermeintlich deutschen) »Handbuch-Stil« auf die Spitze treibt, erzwingt er ein Nachdenken über die Vor- und Nachteile einer solchen Manier. Die noch größere Leistung ist freilich inhaltlicher Art: Fleckners »Antike Kapitalvereinigungen« setzt Maßstäbe, die von Dauer sein werden, stellt alles in den Schatten, was bisher über das Thema geschrieben wurde und eröffnet ganz neue Perspektiven auch für eine Geschichte der Kapitalvereinigung in Mittelalter und Neuzeit. Ein Meilenstein der rechtshistorischen Forschung.

■

Mathias Schmoeckel
Eine sehr zivilisierte Völkerrechtsgeschichte*

Gozzi bietet einen verlässlichen Überblick über die anerkannten Epochen der Völkerrechtsgeschichte seit der Schule von Salamanca. Es beginnt mit einer näheren Darstellung von Francisco de Vitoria, verweist auf Bartolomé de las Casas und Fernando Vasquez. Merkwürdig berührt hier nur das Fehlen von Suárez, der immerhin die Tren-

nung von überpositivem Natur- und positivem Völkerrecht erarbeitete. So anerkannt dieser Beginn in der Literatur auch ist, wird nicht ganz deutlich, dass auf diese Weise hier eher von einer moraltheologischen, naturrechtlich argumentierenden Rechtsphilosophie gehandelt wurde als von der Entwicklung einer neuen Rechtsordnung.

3 Ediert in GUY STANTON FORD, A Ranke Letter, in: Journal of Modern History 32 (1960) 142–144, 143.

4 GRAFTON (Fn. 2) 81.

5 BARTHOLD GEORG NIEBUHR, Briefe. Neue Folge. 1816–1830, Bd. 4: Briefe aus Bonn (Juli bis Dezember 1830), hg. von EDUARD VISCHER, Bern, München 1984, 117. Dazu GRAFTON (Fn. 2) 83.

* GUSTAVO GOZZI, Diritti e civiltà. Storia e filosofia del diritto internazionale, Bologna: Il Mulino 2010, 396 S., ISBN 978-88-15-14634-2

Die weiteren Kapitel gelten Grotius, Pufendorf und de Vattel, dann Kant, Tocqueville und spezifischen Lehren des 19. Jahrhunderts zum Begriff des zivilisierten Staates. Nachfolgend widmet Gozzi sich Hans Kelsen und darauf dem *Legal Realism*, wobei hier auch in verwirrender Weise Schmitts diskriminierender Kriegsbegriff behandelt wird. Das nächste Kapitel gilt der Hegemonie bzw. dem Gleichgewicht der Kräfte als Phänomen seit der Mitte des 19. Jahrhunderts. Anschließend geht er intensiv auf den Australier und Oxforder Professor Hedley Bull (1932–1985) ein, den er Benedict Kingsbury folgend in die Tradition des Grotius eingruppiert. Die Kapitel 9 bis 11 widmen sich schließlich der Kritik außereuropäischer Staaten am modernen Völkerrecht, insbesondere von islamischen Denkern und Staaten der Dritten Welt. Die nächsten beiden Kapitel führen diese Kritik bis in die Gegenwart weiter und verweisen auf einige andere zeitgenössische Diskussionsansätze.

Die Auswahl der Themen zeigt eine Konzentration auf Diskurse über das Völkerrecht zu seiner Begründung oder übergreifende Interpretationsansätze. Sie dienen stets der wissenschaftlichen Reflektion, die dem Völkerrecht sicherlich durchaus wohl tun kann. Dabei könnte man durchaus die Liste der interessanten historischen Metatheorien des Völkerrechts verlängern und die starke Präsenz aktueller Debatten hinterfragen. Doch scheint der Autor auf Leser innerhalb der Völkerrechtswissenschaft zu zielen, denen dieses kompakte Lehrbuch eine bekömmliche Fülle an Anregungen vermitteln soll. Ich vermag auch nicht, einzelne Autoren oder Theorien der Vergangenheit als unverzichtbar notwendig zu erklären. Andererseits wird vieles erklärt, was selbst (Völkerrechts-) Historikern wenig bekannt sein dürfte. Das Werk ist insofern durchaus anregend. Die einzelnen Kapitel sind nah an den Primärtexten geschrieben, dazu werden überwiegend die wichtigen Werke der Sekundärliteratur zitiert. Insoweit erhält der Leser ein gutes Bild von den hier vorgestellten Themen und Personen. Wegen dieser klaren didaktischen Hinführung an die Autoren kann man sich das Werk auch gut als Begleitung einer Vorlesung vorstellen.

Trotzdem ist mit dieser Auswahl eine gewisse thematische Engführung verbunden, die nicht verschwiegen werden kann. Das Werk behandelt nahezu keine Fragen des *ius ad bellum* oder gar *ius in bello*. Konkrete Fälle oder Auseinandersetzungen werden so ausgespart. Damit wird eine zivilisierte Metadiskussion präsentiert, in der es kaum um konkrete Probleme, geschweige denn um Recht oder erst recht menschliche Schicksale geht. Gerichtshöfe oder Schlachtfelder haben keine Bedeutung, dagegen scheint dieses Buch eher zum Zweck einer ruhigen Lektüre im akademischen Milieu geschrieben, zu der durchaus ein Sherry o. Ä. passen könnte.

Doch welches Bild wird damit vom Völkerrecht bzw. seiner Geschichte evoziert? Indem der Autor sich auf die Natur des Völkerrechts, Zentralisierung bzw. Dezentralisierung der Rechtsproduktion und das Recht der Völker gegenüber ihren Staaten konzentriert, scheint sich thematisch seit der Schule von Salamanca im Völkerrecht kaum etwas geändert zu haben: Der Bogen vom Einfluss des Papstes über den der Reformation zum Islam, die Behandlung der verschiedenen Hegemonie- und Freiheitsansprüche durch die Zeiten mit den jeweiligen Ansprüchen auf Festlegung des Rechts und die Diskussion der Souveränität und Schutzrechte für die Bevölkerung suggeriert die alte Erfahrung: »plus ça change, plus c'est la même chose«. Demgegenüber bleibt mit dem verwirrenden Mittelalter und der zeitgemäßen Darlegung des Kriegsrechts das außerhalb der Betrachtung, was dem heutigen Leser grundsätzlich unbekannt ist. Damit werden weder die wirklichen Probleme der verschiedenen Zeiten berührt noch die Möglichkeiten einer kritischen Historiographie ausgekostet.

■

Stefan Kroll

Visible and Invisible Civilization*

The study of civilization is one of the core subjects of international legal history. This is no recent development. Jörg Fisch published his seminal work »Die Europäische Expansion und das Völkerrecht« in 1984, the same year in which Gerrit W. Gong presented his renowned »Standard of Civilization«. Today, the more recent works by Martti Koskenniemi and Antony Anghie probably represent the most influential research in this field. What all these path breaking works have in common is that they discuss concepts of civilization in international law especially with regard to its function as providing justification narratives for the European/non-European unequal relations, in particular in the 19th century.

These studies on the function of civilizational discourses rather refrain from developing definitions of the meaning of civilization. The reason might simply be the diversity of historical legal discourses of civilization. In the absence of a shared understanding of civilization, it seems, its main function as a narrative to legitimate European expansion made any further systematization unnecessary. It follows from this that conceptual histories of civilization appeared comparatively rarely, even though with the important exception of Jörg Fisch's entry »Zivilisation und Kultur« in *Geschichtliche Grundbegriffe*.

Marc Pauka's research on civilization and culture in international law is introduced as conceptual history and studies the meaning of civilization in international legal theory from 16th to 20th centuries. The focal point of the study is, however, the development during the 19th century, »the heyday of the concept of a ›civilized state‹«. The book illustrates the transformation of the concept of civilization from a synonym of culture until the mid of the 19th century to its reverse at the beginning of the 20th century. While, then, culture described the sphere of art and intellectual life,

civilization was a term to determine the technical and economic stage of a society. Another merit of Pauka's study is that he identifies the claim of reciprocity to be one of the main aspects for the legal conception of the civilized state. Even though a major analytical part on reciprocity and civilization is missing in the book, Pauka presents enough evidence that reciprocity (positive and negative) constitutes a key element in the systematization of civilization in international legal literature.

»Kultur, Fortschritt und Reziprozität« presents a committed critique at legal historian works that trace the origin of civilizational concepts back to the time of the second scholasticism during the 16th century. For methodological reasons it seems appropriate to deny research strategies that apply *historical concepts* in contexts in which they obviously did not exist. However, it is an essential intellectual enterprise to carve out structural similarities and dissimilarities of legal thinking in different ages and cultures etc. In this sense, it is necessary to use *analytical concepts* to show that even though Francisco de Vitoria and his disciples did not write about »civilization« the affinity of their legal theory to 19th century civilizational discourse is actually striking.

The comparison illustrates that civilization and culture in the international legal writing of the 19th century were characterised by a renaissance of religious and natural legal elements which, in fact, was untypical in the context of 19th century positivism but had much in common with works of earlier periods, like, inter alia, the second scholasticism. A historical explanation of this similarity would have to take into account that in both cases European international lawyers struggled with integrating non-European diversity into their legal imagination. It is important, then, to discuss civilization as a European heuristic which arises from European countries' embeddedness into global

* MARC PAUKA, Kultur, Fortschritt und Reziprozität. Die Begriffsgeschichte des zivilisierten Staates im Völkerrecht (Rheinische Schriften zur Rechtsgeschichte 16), Baden-Baden: Nomos 2012, 268 S., ISBN 978-3-8329-7413-8

relations. In this sense, the meaning of civilization, as the glue of a specific collective group identity, becomes visible as a shifting social boundary which renews itself in the interaction with a respective other. This observation is best illustrated in 19th century civilizational concepts that develop hierarchies of different levels of civilization which were attributed to different societies and world regions.

Altogether, the book is based on the reading of eminent international legal theorists throughout four centuries. The second scholasticism I have already mentioned. What follows is a selection of many important authors on civilization from the 17th to the 20th century which cannot be appreciat-

ed in detail in the context of this review. However, it is the credit of the author to discuss all these works in a manner that does not lose link to the main research question. The book is well structured which makes it easy for the reader to follow the overall argument. In its final section, Pauka refers to the decay of civilizational discourses in the 20th century. However, even though the term of civilization more or less disappeared in international legal sources, it is debateable whether its heuristic for the justification of asymmetric international relations is indeed invisible today.

■

Stefan Kroll

Koloniales Kapital

Über Pfadabhängigkeiten rechtlicher und politischer Einflussnahme*

In der gegenwärtigen Forschung zu Recht und Kolonialismus zeigt sich ein interessanter Gegensatz: Während das Recht vor allem als ein Instrument kolonialer Machtausübung verstanden wird, erscheinen Juristen, die nach einer Ausbildung an europäischen oder amerikanischen Universitäten in ihre Herkunftsländer zurückkehrten, als zentrale Akteure lokaler Unabhängigkeitsbewegungen, aus denen heraus neue Nationalstaaten entstanden. Dieser Gegensatz wird beispielhaft illustriert durch aktuelle Arbeiten von Turan Kayaoglu zum *Legal Imperialism*[1] sowie Arnulf Becker-Lorca und seine Figur des *Semi-Peripheral Jurist*.[2] Das Buch *Asian Legal Revivals – Lawyers in the Shadow of Empire* erschien 2010 und geht daher nicht direkt auf diese Arbeiten ein, dennoch ist es ein Beitrag dazu, beide Beobachtungen miteinander zu verbinden. Die Rechtssoziologen Yves Dezalay und

Bryant G. Garth, die gemeinsam bereits sechs Bücher verfasst oder herausgegeben haben, untersuchen die Rolle von Juristen in der Herausbildung und Legitimation politischer Herrschaft in sieben asiatischen Ländern im 19. und 20. Jahrhundert.

Asian Legal Revivals vergleicht die Fallstudien dahingehend, wie sich Einfluss und Status von Juristen in den unterschiedlichen historischen Phasen äußerer Abhängigkeit und Unabhängigkeit der betrachteten Länder wandelten. Mit unterschiedlichen Akzenten zeigt sich dabei ein ähnliches Muster in allen beobachteten Fällen: Lokale Eliten werden zunächst an ausländischen Universitäten ausgebildet und dann in ihren Herkunftsländern als koloniale Sachwalter »kooptiert«. Dann aber setzen diese ihr »juristisches Kapital« – das analytische Vokabular der Autoren ist angelehnt an die

*   Yves Dezalay, Bryant G. Garth, Asian Legal Revivals. Lawyers in the Shadow of Empire. The University of Chicago Press: Chicago 2010, VI, 289 S., ISBN 978-0-226-14462-7

1   Turan Kayaoglu, Legal Imperialism: Sovereignty and Extraterritoriality in Japan, the Ottoman Empire, and China, Cambridge 2010.

2   Arnulf Becker Lorca, Universal international law: Nineteenth-century histories of imposition and appropriation, in: Harvard International Law Journal 51, 2 (2010) 475–552.

Terminologie Bourdieus – dazu ein, Unabhängigkeitsbestrebungen mit voranzutreiben: »[...] they reconverted from colonial agents into founding fathers«. In der Konsolidierungsphase der jungen Staaten kommt es zu einer Relativierung der Bedeutung der Juristen zu Gunsten von Ökonomen und Technokraten; dies insbesondere in autoritär regierten Ländern. Das »Revival« der Juristen in Asien zeigt sich schließlich vor allem in jüngerer Zeit und steht in Verbindung mit neuerlichen Globalisierungswellen des Rechts, welche aber den Globalisierungsprozessen im 19. Jahrhundert bisweilen recht ähnlich sind.

Insgesamt beschreibt das Buch eine Pfadabhängigkeit des Einflusses kolonialer Mächte, die bis in die Gegenwart hinein zu beobachten ist und die sich durch verschiedene Formen der »Investition« in die juristische Ausbildung lokaler Eliten nachvollziehen lässt. Darüber hinaus fällt auf, dass die Autoren in Hinblick auf die Phasen scheinbarer Abhängigkeit vor allem die Unabhängigkeit lokaler juristischer Eliten akzentuieren und im Zusammenhang der Phasen scheinbarer Unabhängigkeit deren Beeinflussung und Lenkung durch externe Faktoren hervorheben. Dieser Aspekt wird durch die Autoren nicht vertiefend diskutiert, scheint aber für die Charakterisierung der verschiedenen Phasen von Bedeutung zu sein.

Ein Thema, das in der völkerrechtshistorischen Literatur bisher wenig beachtet wurde, ist die Konkurrenz der kolonialen Mächte untereinander: der Vereinigten Staaten auf der einen und der europäischen Mächte auf der anderen Seite. Die Autoren beobachten, dass der Imperialismus der Vereinigten Staaten mit einem höheren eigenen moralischen Anspruch versehen war als derjenige der europäischen Länder. Zwar wurde auch hier der Begriff der Zivilisation zur Legitimation exterritorialer Regime entwickelt, die Praxis der Amerikaner allerdings, illustriert hier vor allem am Beispiel der Demokratisierung der Philippinen, wird unter der Überschrift eines »›Anti-Imperialist‹ Imperialism« diskutiert. Hieraus folgt die wichtige Frage, woher der Impuls zur Verbreitung kultureller Muster, hier auch bezeichnet als »colonial investment«, eigentlich kommt. Handelt es sich ausschließlich um die Initiative westlicher Länder, die danach streben, ihre Modelle zu verbreiten, wie es die Autoren nahelegen? Oder ist nicht vielmehr der Aspekt der lokal aktiv betriebenen Aneignung stärker zu betonen, der aus den Kolonien heraus als instrumentelle Strategie verfolgt wurde und der als den Interessen der Kolonialmächte zuwiderlaufend betrachtet werden muss – zumindest, wenn man die These des »Anti-Imperial Imperialism« nicht in vollem Umfang teilt? Dies sind Fragen, die durch die Autoren angedeutet, aber nicht weiter vertieft werden.

Der wiederkehrende Verweis auf die Bedeutung von Juristen als Eliten wirft die Frage auf, was diese Personengruppen eigentlich als Eliten qualifiziert: die Qualität ihrer Ausbildung, ihre Internationalität, ihre traditionelle Stellung im Herkunftsland? Angeführt wird auch eine »international hierarchy of expertise«, ohne zu prüfen, aus welchen Elementen genau sich diese eigentlich ergibt. Insgesamt erwecken die Ausführungen den Anschein einer eher unreflektierten Haltung gegenüber vor allem amerikanischen Bildungseinrichtungen. Namen allein – Harvard, Yale, Columbia – stehen hier für einen bestimmten Status, der aber selten auf seine Substanz hin hinterfragt wird. Was erzeugt diese geradezu mystische Verklärung eines bestimmten Universitätstypus und was bedeutet sie für die Rolle der Studenten als politische Akteure in ihren Herkunftsländern? Auch dies bleibt weitestgehend unerörtert, obgleich es die Fragestellung des Buches im Kern betrifft.

Asian Legal Revivals berührt insgesamt eine Reihe aktueller rechtshistorischer Forschungsfelder. Der analytische Rahmen orientiert sich an den feldtheoretischen Überlegungen Bourdieus und neueren Arbeiten innerhalb der amerikanischen *Law and Society*-Literatur zu Fragen der Globalisierung des Rechts. Handwerklich zeigen sich Unterschiede zu gängigen rechtshistorischen Forschungsdesigns, so ist die älteste zitierte Literatur in diesem Buch über das 19. und 20. Jahrhundert ein Werk aus dem Jahr 1959. Das Buch ist daher vermutlich nicht unentbehrlich für die rechtshistorische Forschung, aber für diejenigen, denen die Disziplinen übergreifende Rechtsforschung ein Anliegen ist, ist es dennoch eine interessante Lektüre.

■

Oliver Lepsius

Eine zu Recht vergessene Vergangenheit?*

Im Laufe des 19. Jahrhunderts nahmen sich die US-amerikanischen Universitäten mehr und mehr des Studiums des Rechts an. Man versuchte, die Juristenausbildung den Praktikern zu entreißen und an den Hochschulen zu professionalisieren. Mit der Institutionalisierung der Juristenausbildung an Universitäten entstand in den USA auch eine professionelle Rechtswissenschaft. David Rabban, Professor an der University of Texas School of Law, schildert, womit sich die erste Generation US-amerikanischer Rechtswissenschaftler, geboren zwischen 1820 und 1860, beschäftigt hat: Sie verfolgten historische Fragestellungen. Im Vordergrund der genuin rechtswissenschaftlichen Monographien im 19. Jahrhundert stand die geschichtliche Entwicklung des englischen Common Law: Woher kommen die Figuren, Begriffe, Verfahren des Common Law, wie haben sie sich im Laufe der Zeit entwickelt. Rabban berichtet also über die amerikanische Erforschung des englischen Rechts und er tut es im Wege einer beobachtenden Nacherzählung der Hauptschriften von einem Dutzend Autoren wie Henry Adams, Melville M. Bigelow, Thomas M. Cooley, James B. Thayer, Oliver W. Holmes, James B. Ames, Christopher Tiedeman und anderen. Das erspart die Lektüre der Originale. Man erfährt auch Biographisches, liest über die historische Entwicklungsforschung zu verschiedenen Aspekten des Common Law, zu Vertragsrecht, »consideration«, Beweisrecht, Familienrecht und vielem anderen. Viele Pionierstudien sind darunter. Der große Respekt, den der Verfasser vor der rechtshistorischen Leistung der amerikanischen Juristen im 19. Jahrhundert hat, überträgt sich auf den Leser.

Die bisweilen überaus langatmige Paraphrase dient eigentlich aber folgendem Zweck: Rabban will den schlechten Ruf, den die Phase vor 1900 in der amerikanischen Wissenschaftsgeschichtsschreibung hat, korrigieren. Im Gegenwartsdiskurs lassen viele amerikanische Juristen das moderne juristische Denken mit den Legal Realists in den späten 1920er Jahren beginnen. Erst die Rechtsrealisten deckten den interessengeleiteten, politischen Charakter des Rechts auf, analysierten den Eigenanteil und die Präferenzen der Richter, öffneten sich der soziologischen Rechtskritik, zerstörten den Glauben an eine inhärente normative Eigenlogik im Rechtsdenken. Vor dem Rechtsrealismus habe ein mehr oder weniger realitätsblinder und scheinkonstruktiver »classical legal thought« geherrscht, ist die weitverbreitete Auffassung. In der Tat kann man die bleibende Erschütterung des amerikanischen Rechtsdenkens durch die Legal Realists nicht unterschätzen. Seitdem sind im Grunde alle Versuche, die Rechtsentwicklung aus sich selbst heraus juristisch-normativ zu erklären, in den USA als formalistisch, doktrinär und verkappt politisch diskreditiert. Rabban nun möchte zeigen, dass die Wissenschaftler des 19. Jahrhunderts nicht so naiv waren, wie man sie heute einschätzt. Was man später mit den Mitteln der soziologisch und sozialpsychologisch orientierten Rechtskritik leistete, gelang den Autoren des 19. Jahrhunderts mit der historischen Entwicklungsforschung. Auch sie stellten den evolutionären Charakter des Rechts in den Mittelpunkt ihrer Analyse, waren nicht so begrifflich-formalistisch wie man meinte, sondern an der Erforschung des Common Law in langen Zeiträumen seit dem Mittelalter interessiert. Mit historischen Methoden, so ließe sich die Rehabilitationsthese des Verfassers auch formulieren, gelang im 19. Jahrhundert eine nicht minder aufgeklärte und auf der Höhe der Zeit befindliche reflektierte Rechtswissenschaft in den USA, die konzeptionelle Ziele verfolgte, nämlich die vom Recht aufgenommenen, evolvierenden Rechtsbräuche und Gewohnheiten aufzuarbeiten.

Daran knüpft sich eine zweite These an: Diese amerikanische Rechtswissenschaft teilte eine generelle transatlantische Orientierung an Geschichte. Für den transatlantischen Diskursraum verweist

* David M. Rabban, Law's History. American Legal Thought and the Transatlantic Turn to History, Cambridge: Cambridge University Press 2013, XVI, 564 S., ISBN 978-0-521-76191-8

Rabban ausgiebig auf die Historische Schule und zeitgenössische Studien zum Germanischen Recht, denen die Amerikaner, damals meistens in Deutschland ausgebildet und des Deutschen mächtig, viel verdankten. Umgekehrt konnte Frederic Maitland auf den amerikanischen Studien zur Entwicklung des Common Law aufbauen, was nun zur Rezeption der amerikanischen Studien in England führte. Rabban verdeutlicht auch durch das Auswerten der Korrespondenz der Beteiligten (aus sämtlich schon veröffentlichten Briefwechseln), wie die historische Perspektive auf das Recht den Amerikanern einen transatlantischen Rechtsdiskurs ermöglichte. Er bindet sogar Oliver W. Holmes als Zeugen ein: Selbst Holmes habe historisch gedacht, die Geschichte aber eher für seine Ansichten ausgebeutet. Auch Roscoe Pound, den man in den USA gleichfalls als Wegbereiter der Moderne sieht, habe historisch begonnen, bevor er sich soziologisch wendete, irrte dann aber in seiner einflussreichen Kritik am Historismus. Er habe Jherings Kritik an der Historischen Schule fälschlicherweise auf die USA übertragen. Der schlechte Ruf der historischen Rechtswissenschaft in den USA sei letztlich das Ergebnis eines Generationenkonflikts, einer Rebellion der Legal Realists gegen das seinerzeitige Establishment.

Es ist verdienstvoll, dass die Leistung der im 19. Jahrhundert an den neuen Law Schools entstehenden historisch orientierten Rechtswissenschaft hervorgehoben und auch im Kontext des damals wissenschaftlich Möglichen bewertet wird. Die Anleihen an der Historischen Schule sind freilich schon vor 20 Jahren von Mathias Reimann genauer herausgearbeitet worden.[1] Für die deutsche Wissenschaftsgeschichte begnügt sich Rabban mit englischen Übersetzungen (Savigny, Jhering, für die Bewertung vor allem dann Wieacker). Die nicht-englischsprachige Forschungsliteratur hat er nicht herangezogen, was bei einem Buch, das der transatlantischen Wissenschaftsgeschichte nachgehen will, nicht tolerabel ist. So entgeht dem amerikanischen Leser eine moderne, reflektierte Sicht

auf den Historismus am Beispiel der deutschen Rechtswissenschaft. Dass die historische Methode kein Selbstzweck war, sondern quasi-empirische, idealistische, instrumentelle, institutionelle und damit auch politische Zwecke verfolgen half, geht unter. Der Hintergrund eines politisch diffusen deutschen Volkes ohne Staat, die Kodifikationsbestrebungen und der Anspruch der Wissenschaft zur Rechtsfindung, im Grunde der gesamte gesellschaftliche und politische Kontext spielen keine Rolle, weder für die Lage in den deutschen Landen noch für Großbritannien oder die USA. So bleibt der »transatlantic turn to history« eher ein griffiges Schlagwort als das Ergebnis einer reflektierten Analyse. Hier wird Wissenschaftsgeschichte als Selbstzweck betrieben ohne die Interessen und Ziele der Wissenschaftler, deren Geschichte erzählt wird, zu hinterfragen. Auch die Forschungsliteratur wird eher referiert als verarbeitet, so dass die Rechtshistoriker des 20. Jahrhunderts genauso zum Objekt der Paraphrase werden wie die Common Law-Historiker des 19. Jahrhunderts. Insofern bleibt der methodische Umgang mit dem Thema unbefriedigend naiv. Rabban erzählt eine Wissenschaftsgeschichte des Rechts, in der es keine Richter, keine Gesetze, keine Interessen und keine Institutionen gibt, sondern Autoren und ihre Sicht auf Dogmen und Institute. Dass man heute in den USA die Zeit vor dem Legal Realism als vormodernen »classical legal thought« abwertet, hat sicher auch damit zu tun, dass Amerikaner nicht mehr an eine akteurslose Rechtsentwicklung glauben, die Dogmen, Instituten oder Volksbräuchen nachgeht ohne die individuellen Interessen oder die institutionellen Settings zu thematisieren.[2] Was man zur Geschichte des englischen Common Law im 19. Jahrhundert in den USA zu Tage förderte, war für die amerikanische Rechtswissenschaft im 20. Jahrhundert schlechterdings nicht mehr relevant. Man musste sich vielmehr mit der demokratisch erzeugten Rechtsordnung einer boomenden Einwanderergesellschaft beschäftigen. Insofern ignoriert die Rehabilitierung Rabbans den Wandel

1 Mathias Reimann, Historische Schule und Common Law. Die historische Rechtswissenschaft des 19. Jahrhunderts im amerikanischen Rechtsdenken, Berlin 1993; sowie ders. (Hg.), The Reception of Continental Ideas in the Common Law World 1820–1920, Berlin 1993; zu

beidem auch meine Besprechung in: Ius Commune XXI (1994) 482–487; sowie Michael H. Hoeflich, Roman and Civil Law and the Development of Anglo-American Jurisprudence in the Nineteenth Century, Athens/GA 1997.

2 Siehe z. B. William. M. Wiecek, The Lost World of Classical Legal Thought. Law and Ideology in America, 1886–1937, New York 1998; Kunal M. Parker, Common Law, History, and Democracy in America, 1790–1900. Legal Thought before Modernism, Cambridge 2011.

in den Erklärungszielen der US-amerikanischen Rechtswissenschaft. Die »Evolution« des Rechtsdenkens fand eben nicht mehr in den Bahnen einer vordemokratischen städtischen Gesellschaft vergangener Jahrhunderte statt. Über solche Zusammenhänge hätte man irgendwo doch ganz gerne etwas gelesen. Aber als wissenschaftsge-

schichtliches Nachschlagewerk zu zahlreichen Autoren des 19. Jahrhunderts und ihren Forschungen zur Geschichte des englischen Rechts ist das Buch nützlich, auch dank des ausführlichen Registers mit guten Schlagworten.

■

Thorsten Keiser

Von Proletariern und *Peones*: Liberales und soziales Arbeitsrecht im Laboratorium der mexikanischen Justiz*

Die Geschichte klingt bekannt: Ein Rechtssystem etabliert im 19. Jahrhundert eine liberale institutionelle Ordnung. Eine Verfassung garantiert mehr oder weniger verbindlich individuelle Rechte, flankiert von einer prinzipiell nach Vertragsfreiheit und Eigentumsfreiheit gestalteten Privatrechtskodifikation. Zu Beginn des 20. Jahrhunderts gerät das liberale Gleichgewicht jedoch ins Wanken. Arbeitende Menschen artikulieren ihre Interessen schärfer als zuvor, es entsteht revolutionärer Sprengstoff, die »soziale Frage« ist allgegenwärtig und das Privatrecht der alten Ordnung scheint keine Antworten darauf zu haben. Es beginnt ein Ringen zwischen neuen, zunehmend radikalen politischen Bekenntnissen, die den Gegensatz der Klassen entweder zugunsten einer Klasse – wenn nötig gewaltsam – entscheiden oder ihn beseitigen wollen, durch Harmonisierung widerstreitender Interessen. Die neuen politischen Richtungen beeinflussen entscheidend das Privatrecht. Das Arbeitsrecht, als neu entstehende Disziplin, gerät in das Spannungsfeld der politischen Glaubenskämpfe des neuen Jahrhunderts und gewinnt gerade durch sie an Relevanz.

Was eben skizziert wurde, könnte ohne weiteres Hintergrund für Rechtsgeschichten an der Schwelle zum 20. Jahrhundert in Deutschland, Italien, Spanien oder Frankreich sein – oder eben für Mexiko, wie in der Studie »The Making of the Law. The Supreme Court and Labor Legislation in Mexico, 1875–1931« von William Suarez-Potts.

In den Mittelpunkt gestellt wird dabei die Rechtsprechung des obersten mexikanischen Gerichts, die gleichzeitig Spiegelbild und Antriebskraft normativer Prägungen war. Somit geht es nicht nur um das Arbeitsrecht in Mexiko, sondern auch um die Justiz und deren Behauptung gegenüber anderen Staatsgewalten, unter den besonderen Bedingungen des seit dem Sturz des Diktators Porfirio Diaz (1911) von politischen Unruhen erschütterten Landes. Anders als in einigen westeuropäischen Ländern gingen diese vor allem von Landarbeitern und Bauern aus. Ihre zentralen Forderungen waren eine gerechtere Eigentumsverteilung und ein soziales, nicht nur repressives Arbeitsrecht. Suarez-Potts interessieren nicht nur Organisationspotential und politischer Protest der Arbeitnehmer und Arbeitgeber, sondern auch ihre

* WILLIAM SUAREZ-POTTS, The Making of the Law. The Supreme Court and Labor Legislation in Mexico, 1875–1931, Stanford, California: Stanford University Press 2012, X, 348 S., ISBN 978-080-477-551-9

Versuche der Durchsetzung individueller Ansprüche vor den Gerichten. Einbezogen wird damit eine wichtige Analyseebene jenseits der Geschichte von Klassenbildung und Klassenkampf.

Der Weg zum obersten Bundesgericht führte über den auch in Europa viel beachteten *juicio de amparo*, eine Klageart, mit der eine Verletzung individueller Rechte gegen Akte exekutiver und judikativer Staatsgewalt geltend gemacht werden konnte. Die in einer Fachzeitschrift publizierten Entscheidungen in solchen Verfahren sind ein für die Fragestellung ergiebiger Quellenkorpus. Beobachtet werden darüber hinaus weitere zentrale Kontexte der Arbeitsrechtsentwicklung wie die Geschichte sozialer Privatrechtsideen in Bezug auf das Arbeitsverhältnis, die rechtswissenschaftliche Debatte zur Rolle von Richterrecht und natürlich die Arbeitsgesetzgebung, die in Mexiko mit der postrevolutionären Verfassung von 1917 entscheidende Impulse erhielt. Ihr berühmter Art. 123 lässt sich als Keimzelle eines späteren Arbeitsgesetzes von 1931 (*Ley federal del trabajo*) beschreiben, das mit seiner Regelung von individuellen und kollektiven Arbeitsverträgen den chronologischen Schlusspunkt der Untersuchung bildet. Das auf Bundesebene zustande gekommene Arbeitsgesetz markiert deswegen eine entscheidende Zäsur, weil es ein spätestens seit 1917 sichtbares legislatives Machtvakuum füllte, das zuvor die Rechtsprechung für sich nutzen konnte. Die Entscheidungen des obersten Gerichts betrafen im Bereich der industriellen Beziehungen vor allem Schlichtungsstellen (in der Terminologie des Autors: *boards of conciliation and arbitration*), deren institutionelle Eigenschaften von der Rechtsprechung ausgebildet wurden. Dabei betonte das oberste Bundesgericht, nach Einschätzung von Suarez-Potts (260), die Eigenschaft der Schlichtungsstellen als öffentliche Autoritäten und ihre Verpflichtung auf das öffentliche Interesse. Hier zeigt sich eine mehr oder weniger staatsorientiert korporatistische Prägung der Rechtsprechung, die mit ihrer Vermischung von öffentlichem Recht und Privatrecht, ihrer Akzentuierung von Kollektivinteressen, also einem Mehr an Staat und Weniger an Tarifautonomie, viele Vergleichsperspektiven zu Europa eröffnet. Eine mexikanische Besonderheit war die Etablierung einer bundesstaatlichen Schiedsstelle für Arbeitskonflikte durch die Rechtsprechung des obersten Gerichts, die der Autor somit als Faktor zur Stärkung der Regulierungsmacht des Gesamtstaats in Bezug auf das Arbeitsverhältnis beschreibt. Ähnliche Konzepte sind auch aus anderen Ländern bekannt. Die Studie von Suarez-Potts lässt sich damit auch in den Zusammenhang internationaler Forschungsergebnisse über Recht und Korporatismus stellen. Das macht sie auch für Leser ohne spezifisches Interesse an der mexikanischen Rechtsgeschichte zu einem Gewinn.

Faszinierende Vergleichsmöglichkeiten bietet das Buch aber nicht nur für die Zeit des frühen 20. Jahrhunderts und seiner beginnenden Ära der antiliberalen Lösung von Arbeitskonflikten, die sich zu diesem Zeitpunkt bereits zu großen Teilen auf eine kollektive Ebene verlagert hatten. Die ersten Kapitel widmen sich einer ganz anderen Geschichte, vor dem Heraufziehen des in die Hand des Staates geratenen sozialen Arbeitsrechts, die viel weniger beachtet und deswegen besonders interessant ist. Was bei vielen Arbeitsrechtsgeschichten vernachlässigt, von Suarez-Potts aber eindrucksvoll herausgearbeitet wird, ist die Tatsache, dass vor der sozialen Orientierung des Arbeitsrechts seine Befreiung von obrigkeitlichen Zwangsnormen stattfand. Diese erfolgte in Mexiko etwa in der Zeit von 1875 bis 1910. Aus Sicht der Rechtsprechung kam es hier auf die Frage an, inwieweit klagende Arbeiter das Recht hatten, Vertragsfreiheit bei Abschluss und Durchführung des individuellen Arbeitsvertrages durchzusetzen. *Derecho al trabajo libre* war eine wichtige Formel im 19. Jahrhundert, eher noch als die Forderung nach Recht auf Arbeit oder gar nach sozialem Arbeitsrecht. Es ging im Sinne der arbeitenden Menschen zunächst darum, Zwangsarbeit oder die Erfüllung von Arbeitspflichten durch polizeiliche Repression zu verhindern. Dem obersten Bundesgericht oblag es, den Arbeitnehmer als freien Marktteilnehmer erst zu etablieren, bevor es zu einer sozialen Umgestaltung der Arbeitsverfassung gelangen konnte.

Die liberale Verfassung von 1857 enthielt einige Normen zu Arbeitsverhältnissen, wenn auch keine ausgeprägte Arbeitsverfassung. Geregelt war etwa die Abschaffung der Sklaverei (Art. 2); dann gab es naturrechtlich beeinflusste Artikel zur Freiheit der Arbeit und zur freien Nutznießung am Arbeitsprodukt (Art. 4) und ein Zwangsarbeitsverbot (Art. 5). Dass die Etablierung freier Arbeit mit der Etablierung einer freien Marktordnung in Wechselwirkung stehen musste, hatte der Gesetzgeber der neuen Verfassung ebenfalls erkannt. Sie enthielt ein Monopolverbot, setzte also auf Wettbewerb und die freien Kräfte des Marktes. Eine andere Verfassungsnorm (Art. 17) verbot darüber hinaus die Schuldknechtschaft, also die Inhaftierung für Schulden, die aus zivilrechtlichen Vertragsbindungen resultierten. Das war ein besonders wichtiges Instrument der Kontrolle von Arbeitskräften in größeren Agrarbetrieben. Arbeiter auf der *hacienda* erhielten oft einen Vorschuss, den sie lebenslang abarbeiten mussten, so dass sie in völlige Abhängigkeit zu einem Arbeitgeber gerieten. Diese Hinweise eröffnen aufschlussreiche Vergleichsperspektiven zu der von dem US-amerikanischen Historiker Robert Steinfeld eingehend beschriebenen Arbeitsordnung der »indentured servitude«, die gravierende Unfreiheit durch mehr oder weniger freiwillig abgeschlossene Langzeitverträge erzeugte. Parallelen zu diesem System hatte es im 19. Jahrhundert in Mexiko gegeben. Zumindest war, wie der Autor betont, eine strafrechtliche Durchsetzung von Arbeitspflichten möglich (27). Vor diesem Hintergrund stellt sich die Frage, wie die Freiheitsrechte mit der Klageart des *amparo* durchgesetzt worden sind. Hierzu bietet die Studie eine Aufarbeitung umfangreichen Materials, das eine Beobachtung der praktischen Umsetzung freiheitlicher Verfassungsartikel ermöglicht (44). Schaut man sich die hier beschriebenen Fälle aus Sicht der deutschen Rechtsgeschichte an, erkennt man gewisse Parallelen zu den Arbeitskonflikten auf den Gutshöfen der preußischen Großagrarier im gleichen Zeitraum, für die ebenfalls eine umfangreiche Rechtsprechung überliefert ist. Zumindest die Interessenkonflikte waren dieselben: Auf der einen Seite stand das Bedürfnis nach billigen, verlässlichen Arbeitskräften, auf der anderen Seite standen Individuen, die versuchten, für ihre Leistungen angemessene Gegenleistungen zu erhalten und bei Leistungsabfall seitens des Arbeitgebers zu einem Wechsel entschlossen waren. Die Flucht aus dem Dienstverhältnis war für den preußischen Gutsherrn ebenso wie für den mexikanischen *Haciendado* ein gleichermaßen großes Ärgernis. Und so gab es in beiden Ländern einen Kampf um den Erfüllungszwang im vertraglichen Arbeitsverhältnis, der in der justiziellen Arena nicht selten zugunsten der Arbeiter entschieden wurde, wobei in Mexiko für die Arbeiter günstigere normative Ausgangsbedingungen herrschten, zumindest sofern man Art. 17 der Verfassung von 1857 (*Nadie puede ser preso por deudas de un carácter puramente civil*) als Verbot einer Inhaftierung bei Bruch von Arbeitsverträgen interpretierte. Auch in der Untersuchung von Suarez-Potts erscheinen die Landarbeiter nicht als unterprivilegierte willfährige Instrumente der Großgrundbesitzer, sondern als zur individuellen Rechtsdurchsetzung fähige und entschlossene Personen.

Suarez-Potts gelingt es stets, die politischen Hintergründe und gesellschaftlichen Kontexte der neuen Verfassungsbestimmungen deutlich zu machen. Dabei war die liberale Forderung nach Befreiung der Arbeit zu einem guten Teil auf alte naturrechtliche Vorstellungen zum Nutzungsrecht am Arbeitsprodukt gestützt. Mexiko erscheint hier selbstverständlich eingebunden in einen politisch-juristischen Diskurs, der auf beiden Seiten des Atlantiks ähnliche Verläufe in unterschiedlichen Ausprägungen nahm. Solche Möglichkeiten zur Entdeckung des aus europäischer Sicht Vertrauten im ökonomisch, politisch und sozial eher Fremden bieten sich zahlreich. Stets ist die Schilderung der mexikanischen Gesetzgebung und Rechtsprechung entlang der Wende vom (neu etablierten) liberalen zum sozialen Arbeitsrecht fundiert und abgewogen, die Schlussfolgerungen des Autors sind nuanciert, aber dennoch klar, weshalb man dieses Buch uneingeschränkt empfehlen kann.

■

Alessandro Somma

Cultura giuridica e giuristi nella transizione dallo Stato liberale al fascismo[*]

Nella letteratura giuridica è diffuso l'espediente per cui, premesso l'intento di trattare un tema di ampio respiro, si finisce poi per dedicarsi a vicende specifiche, troppo circoscritte per ispirare conclusioni di carattere generale. Nel nuovo libro di Massimo Brutti, attuale Presidente della Società italiana di Storia del diritto, avviene il contrario: mentre il titolo preannuncia una ricerca dedicata a due protagonisti della prima metà del Novecento, Vittorio Scialoja (1856–1933) ed Emilio Betti (1890–1968), il risultato è una dotta e informata panoramica sulle vicende che hanno complessivamente interessato il diritto civile e la sua codificazione nella transizione dallo Stato liberale al regime fascista, con una breve ma efficace incursione negli anni della rinascita democratica.

Incominciamo da quest'ultima, cui Brutti si dedica per verificare la portata delle continuità e delle rotture tra fascismo e Repubblica, tema su cui si sono tradizionalmente confrontati due orientamenti, per molti aspetti ancora prevalenti.

Il primo orientamento è quello di ispirazione crociana, sviluppato da chi ha accreditato la dittatura come malattia che ha solo momentaneamente colpito un corpo sano senza lasciare tracce significative, motivo per cui non vi sono rilevanti continuità tra la dittatura e la fase storica successiva. Questo orientamento è stato alimentato in particolare dai cultori del diritto privato, i quali hanno sostenuto il carattere tecnico del Codice civile promulgato nella fase conclusiva della dittatura, appena alterato dalla presenza di riferimenti all'ordinamento corporativo: eliminando questi ultimi con una semplice opera emendativa si è potuto defascistizzare il diritto confezionato dalla dittatura. Brutti contesta radicalmente questa posizione, fornendo nel merito un'ampia e puntuale documentazione circa l'ingerenza del regime fascista nella redazione dell'articolato, così come della convinta collaborazione di non pochi giuristi, che

hanno così concorso a confezionare un testo espressivo di uno specifico modello di società (152 ss.).

Diffuso è stato anche il secondo orientamento, solo apparentemente alternativo a quello di matrice crociana, in un certo senso anticipatore di molte tematiche ricorrenti nella ricerca defeliciana. E' l'orientamento di chi non ha negato nessi tra l'opera codificatoria e i desiderata del regime, tuttavia solo per banalizzarli e renderli innocui: per affermare che hanno coinciso con tendenze ampiamente diffuse all'epoca, in quanto tali destinate a durare nel tempo e persino a ispirare la Costituzione italiana nata dal crollo della dittatura. Brutti evidenzia come anche questa posizione, come la precedente, sia da ritenere un espediente elaborato per celare l'adesione al fascismo dei molti studiosi che oltretutto, dopo aver ricoperto ruoli di primo piano nella dittatura, hanno poi dominato anche la scena democratica. Un espediente con cui si sacrificano le rotture che la Carta fondamentale nata dalla Resistenza ha determinato rispetto alla fase storica immediatamente precedente: conclusione verso cui le pagine di Brutti fanno trasparire una decisa irritazione.

E' vero che anche i Costituenti, come prima la dittatura, hanno inteso funzionalizzare in particolare i diritti economici, e tuttavia lo hanno fatto per ottenere un risultato opposto a quello cui mirava il fascismo. Quest'ultimo ha forse edificato lo Stato sociale, ma lo ha fatto per produrre pacificazione, o per degradare l'emancipazione a mera inclusione più o meno forzata nell'ordine. La Repubblica nata dalla sconfitta del fascismo ha invece riconosciuto i diritti sociali, per rendere l'intervento perequativo dei pubblici poteri uno strumento di emancipazione individuale e sociale, per completare cioè la democrazia economica con la democrazia politica. Negare questo aspetto, trascurare la radicale diversità del progetto repubblicano rispetto alla volontà

[*] Massimo Brutti, Vittorio Scialoja, Emilio Betti. Due visioni del diritto civile, Torino: G. Giappichelli 2013, pp. X + 194, ISBN / EAN 978-88-348-8814-8

del ventennio di imporre la collaborazione tra capitale e lavoro, e di piegarla ai disegni del nazionalismo economico, significa occultare «la frattura storica determinata dalla Liberazione» (190).

Ma torniamo a Scialoja e Betti, il cui pensiero e la cui azione sono ricostruiti, come si è detto, in termini idonei a descrivere e valutare le complessive vicende del diritto e dei suoi cultori nel ventennio fascista.

Brutti traccia la distinzione tra il pensiero dei due autori e descrive il loro diverso atteggiamento nei confronti del potere politico.

Scialoja, che fu attivo tra gli anni ottanta dell'Ottocento e i primi anni trenta del Novecento, quando morì, è il giurista rappresentativo di quelle tendenze conservatrici e autoritarie che per molti aspetti sono già presenti nell'Italia liberale. In questa veste, pur mostrandosi quantomeno accondiscendente con la dittatura, a cui del resto deve almeno in parte la carriera, Scialoja mantiene fede a quanto reputa essere la tradizione da difendere: quella, fondata sul diritto romano, che vede nella disciplina della proprietà e del contratto lo strumento principe attraverso cui affermare e tutelare la libertà individuale soprattutto nella sfera economica (1 ss.). Betti, invece, sviluppa il suo profilo di studioso a partire da una reazione a queste posizioni, criticate proprio perché in continuità con l'individualismo liberale. Paradigmatici sono i suoi studi sul diritto delle obbligazioni e dei contratti, che vuole permeato dal principio per cui la rilevanza giuridica delle condotte individuali è limitata ai casi in cui perseguono le finalità di ordine economico e sociale indicate, o almeno non ostacolate, dall'autorità statale (159 ss.).

Brutti ricostruisce la storia del confronto tra Scialoja e Betti e delle sue ricadute sulla politica legislativa del regime. Sino alla sua morte, Scialoja poté prevalere e ispirare così la redazione del noto progetto di codice comune italo francese delle obbligazioni e dei contratti (85 ss.), ritenuto da Betti un monumento all'individualismo borghese per i suoi legami con la cultura giuridica d'oltralpe. Nel corso degli anni Trenta finì invece per dominare la posizione di Betti, che militava a favore di un diritto garante della collaborazione di classe,

capace di produrre lo scioglimento dell'individuo nell'ordine per asservirlo ai propositi di riforma fascista del capitalismo (101 ss.).

Quanto sostenuto da Betti, oltre a riecheggiare i motivi del nazionalismo economico corradiniano, rinvia a ciò che all'epoca veniva prefigurato in area tedesca dai cosiddetti ordoliberali. Questi ultimi, nel tentativo di individuare una terza via tra liberalismo classico e socialismo, avevano inteso combinare le istanze liberatorie della tradizione borghese con le istanze ordinatorie di uno Stato forte, chiamato a tradurre in diritto le leggi del mercato: a utilizzare la concorrenza come strumento di dirigismo politico, combattendo a monte il pluralismo, per poi degradare i comportamenti individuali a mere reazioni automatiche agli stimoli del mercato.[1]

Il programma ordoliberale, fatto proprio dalla dittatura nazionalsocialista, riassume quanto già Karl Polanyi aveva ritenuto essere il nucleo dell'esperienza fascista nel suo complesso, che affossò le libertà politiche per imporre la riforma delle libertà economiche.[2] Certo, molte sono state le variabili rispetto a questo schema, in gran parte riconducibili alle modalità, diverse ma funzionalmente equivalenti, con cui si è identificato l'ordine entro cui sciogliere l'individuo: come popolo e dunque entità biologica, o come comunità statale fondata su valori identitari forti ed escludenti.

Se si muove da questa descrizione del fenomeno fascista, ovvero se lo si considera una modalità di razionalizzazione e pacificazione dell'ordine economico, allora il contrasto tra le posizioni di Scialoja e Betti può essere più sfumato. Il profilo politico e culturale del primo non è certo coincidente con quello del secondo, e tuttavia il liberalismo che esprime contiene non poche tracce e avvisaglie dell'anti-individualismo dei più accesi sostenitori del regime. Questo inducono del resto a ritenere le pagine in cui Brutti riferisce di come Scialoja abbia ad esempio sponsorizzato la tutela dell'affidamento del destinatario di dichiarazioni negoziali inerenti l'attività economica (65 ss.), o ammesso limiti al diritto di proprietà su beni di utilità sociale (30 ss.), o ancora coltivato forme di organicismo e mostrato così interesse, o almeno

---

1 Citazioni in SOMMA, A. (2005), I giuristi e l'Asse culturale Roma–Berlino, Frankfurt M.

2 POLANYI, K. (1974), La grande trasformazione (1944), Torino.

sensibilità, per il profilo della funzione delle costruzioni giuridiche (54 ss.).

Dal canto suo Betti, come abbiamo detto, non propugna un superamento del capitalismo, bensì una funzionalizzazione, in termini diremmo ora biopolitici, delle condotte individuali al suo mantenimento e sviluppo in quanto ordine: concetto che il capo del fascismo esprime discorrendo di «conoscenza intima del processo produttivo»,[3] e la letteratura ordoliberale accostando l'intervento pubblico in economia a una «psicologia di Stato»[4]

Tutto ciò si è ottenuto accentuando motivi presenti nella cultura liberale dell'epoca, da più parti definita in termini di «liberalismo autoritario»,[5] per alludere a tendenze diffuse anche nella Francia della Terza Repubblica: il Paese indicato da Betti come la patria dell'individualismo (101 ss.). Anzi, proprio guardando all'esperienza francese si ricavano spunti per leggere la transizione italiana dal liberalismo al fascismo, e con essi momenti anche notevoli di continuità tra il primo e il secondo.

Proprio in Francia incontriamo infatti due personaggi che per molti aspetti ricordano da vicino Scialoja e Betti, se non altro nel loro modo diverso ma complementare di preparare e accompagnare la transizione verso la dittatura.

Il primo personaggio è Joseph Barthélemy (1874–1945), tipico rappresentante della destra liberale francese, intenta a difendere la democrazia come sistema radicato nella natura delle società umane, ma anche ad affermare che essa necessitava di autorità e di argini al potere parlamentare.[6] Sulla scia di questa convinzione, maturata per consentire al potere politico di coordinare l'iniziativa economica individuale e reprimere il conflitto tra capitale e lavoro, aderirà al regime di Vichy, ricoprendo la carica di Ministro della giustizia. Il secondo personaggio è Georges Ripert (1880–1958), esponente del cattolicesimo conservatore che fu Ministro dell'educazione nazionale del regime di Vichy. Diversamente da Barthélemy, fu un aperto avversario della democrazia, denigrata come dittatura del numero, destinata a trasformare il parlamento in una macchina per fabbricare leggi condizionate da interessi di parte. Rifiutare, e non semplicemente arginare, il meccanismo democratico, era l'unica via per evitare che il conflitto tra capitale e lavoro ostacolasse il perseguimento del bene comune.[7]

Come si vede, l'attacco portato alla democrazia da Barthélemy non è della medesima intensità e virulenza di quello che ritroviamo nelle pagine di Ripert: se il primo prelude all'edificazione di un regime autoritario, come del resto il liberalismo di allora,[8] il secondo apre la strada al suo sviluppo come sistema totalitario. E il totalitarismo fascista, molto più dell'autoritarismo liberale, si fonda su visioni olistiche del vivere consociato, oltre che su retoriche identitarie sviluppate attorno a motivi premoderni, utili a prevenire o soffocare i conflitti prodotti dalla modernizzazione. Ciò nonostante, seppure la transizione dallo Stato liberale al regime fascista ha prodotto rotture, queste convivono con motivi di continuità che occorre mettere in luce, anche per poi meglio individuare i termini della rottura decisamente più netta prodotta dalla rinascita democratica al crollo della dittatura.

L'ambiguo intreccio tra istanze liberatorie e ordinatorie, che prepara prima e anima poi la transizione dallo Stato liberale alla dittatura, emerge in particolare nella letteratura in cui si traccia la distinzione tra diritto privato e diritto pubblico sulla scia di quanto già detto dal cultore del diritto romano allora più celebrato: che il primo concerne «l'uomo per se stesso» e il secondo lo Stato come «organica manifestazione del popolo» destinata a «compenetrare tutti gli individui».[9]

Lo stesso intreccio di libertà e costrizione è più sfumato ma non meno presente, almeno in potenza, nelle riflessioni incentrate sulle materie privatistiche, il che discende da una aspirazione di fondo della dogmatica pandettistica: poter costituire il fondamento tecnico giuridico per i più disparati modelli di convivenza sociale, come esemplificato dalla tradizionale definizione del diritto soggettivo come «potere o imperio della volontà conferito dall'ordinamento» (Windscheid). Il tutto in

3 Mussolini, B. (1958), Discorso agli operai di Milano del 6 ottobre 1934, in: Opera omnia 26, Firenze, 357.

4 Rüstow, A. (1932), Interessenpolitik oder Staatspolitik, in: Der deutsche Volkswirt, 171.

5 Heller, H. (1933), Autoritärer Liberalismus, in: Die Neue Rundschau, 296 s.

6 Barthélemy, J. (1931), La crise de la démocratie contemporaine, Paris.

7 Ripert, G. (1936), Le régime démocratique et le droit civil moderne, Paris.

8 Faber, R. (2000), Autoritärer Liberalismus, in: Id. (a cura di), Liberalismus in Geschichte und Gegenwart, Würzburg, 60 ss.

9 Savigny, F. C. von (1840), System des heutigen römischen Rechts, 1, Berlin, 21 ss.

piena sintonia con quanto si reputa essere l'essenza del liberalismo, pratica di governo produttrice e consumatrice di libertà insieme.[10]

Come si è detto, la commistione di motivi liberatori e ordinatori si riflette anche nelle retoriche utilizzate dai fautori della dittatura fascista, con formule capaci ora di accentuare la compromissione dei cultori del diritto con la dittatura, ora invece di celarla. Quest'ultima finalità è stata indubbiamente perseguita da chi ha invocato l'ispirazione autenticamente liberale delle costruzioni romanistiche confluite nel Codice civile. Anche se il riferimento al diritto romano non può in alcun modo aspirare a costituire indizio di avversione, o anche solo di indifferenza, nei confronti della dittatura fascista: è stato invocato anche come fondamento di uno Stato totalitario e imperialista, e persino come naturale ispiratore di politiche del diritto di matrice razzista.[11]

Insomma, Scialoja e Betti riassumono i termini di una transizione dallo Stato liberale al fascismo con modalità che portano a scorgere nel primo tracce consistenti del secondo, più di quanto faccia intendere la constatazione che il diritto privato ha subito modificazioni meno incisive di quelle riscontrabili in altri settori dell'ordinamento. Ma, come abbiamo detto, proprio qui risiede l'essenza del fascismo, affossatore di libertà politiche e solo riformatore di libertà economiche. E si badi che, valorizzando questa lettura, non si getta luce solo sulle continuità tra Stato liberale e fascismo, ma anche sulle involuzione che si stanno determinando nella corrente fase di ristrutturazione del debito sovrano imposta ai Paesi sudeuropei. Anche ora si sta realizzando una riforma del mercato a spese del meccanismo democratico, secondo schemi che per molti aspetti possono essere interpretati a partire dallo studio delle vicende che hanno interessato la prima metà del Novecento.

Purtroppo il libro di Brutti, per la ricchezza dei dati offerti al lettore e per la nettezza delle posizioni assunte, pur non costituendo certo un caso isolato,[12] rappresenta ancora una tendenza minoritaria nella cultura giuridica. E tuttavia costituisce un passo decisivo in quella direzione, e un imprescindibile punto di riferimento per chi intenda contribuire a consolidarla.

∎

---

10 FOUCAULT, M. (2005), Nascita della biopolitica (1978–79), Milano, 65 e 264 s.

11 Citazioni in SOMMA, A. (2005), Da Roma a Washington, in: MONATERI, P. G., T. GIARO, A. SOMMA, Le radici comuni del diritto europeo, Roma, 194 ss.

12 Cfr. CAPPELLINI, P. (1999), Il fascismo invisibile, in: Quaderni fiorentini, 175 ss. e ALPA, G. (2000), La cultura delle regole, Roma e Bari, 263 ss.

Marginalien marginalia

Wolfram Brandes

Die »Familie der Könige« im Mittelalter

Ein Diskussionsbeitrag zur Kritik eines vermeintlichen Erkenntnismodells

Im Kriegsjahre 1940 erschien Franz Dölgers (4.10.1891–5.11.1968) Artikel »Die ›Familie der Könige‹ im Mittelalter«.[1] Abgedruckt wurde er in einem Band seiner gesammelten Aufsätze (»Byzanz und die europäische Staatenwelt«, der insgesamt drei Auflagen erlebte.[2] Namentlich in der deutschsprachigen Wissenschaft erregte das von Dölger präsentierte Konzept große Aufmerksamkeit, scheint es doch die Möglichkeit zu bieten, die komplizierten zwischenstaatlichen Beziehungen im Mittelalter mit seinen gut 1000 Jahren Geschichte zu begreifen bzw. zu erklären.

Dölger selbst räumte im genannten Aufsatz ein,[3] dass die in dieser Zeitschrift an anderer Stelle kurz behandelten Vorstellungen von der durch Taufe konstituierten »geistigen Verwandtschaft«[4] auch einen erheblichen Einfluss auf das von ihm postulierte politische System gehabt hätten. Dieses habe seit der Zeit um 300 (!) die internationalen politischen Beziehungen strukturiert, und sei mithin ein gleichsam völkerrechtliches Institut gewesen.

Mit diesem Konzept versuchten zahlreiche Forscher (die hier aufzuzählen müßig wäre) alle möglichen historischen Phänomene zu erklären. Der Bezug zur Taufe in einem allgemeinen Sinne ist m. E. gegeben, so dass dieser Band der »Rechtsgeschichte« der Ort ist, an dem eine Diskussion der Vorstellung von der »Familie der Könige« und einigen Implikationen derselben begonnen werden kann.

Dölger wusste sehr wohl, dass bereits im alten Orient, im pharaonischen Ägypten und in den hellenistischen Diadochenstaaten die gegenseitige Anrede diverser Herrscher als »Brüder« usw. zum gängigen Usus der diplomatischen Sprache (auch noch in römischer Zeit) gehörte.[5] Hier soll dieser Umstand als bekannt vorausgesetzt werden. An

dieser Stelle sollen einige zentrale Thesen und die damit in Verbindung stehenden Quellen näher in Augenschein genommen werden, in der Hoffnung, so eine weitergehende Diskussion anzustoßen.

Im erwähnten Aufsatz ging Dölger so weit, von »der Rolle eines anspruchsvollen *Rechtstitels*« zu schreiben.[6] Es könne »keinem Zweifel unterliegen, daß während des ganzen Mittelalters nicht nur die Auffassung von einer Art mystischer Verwandtschaft aller regierenden Fürsten untereinander bestand, sondern daß dieser damals auch die Bedeutung einer politischen *Institution* zukam, an welche u. a. weittragende *staatsrechtliche* Folgerungen geknüpft wurden«.[7] Dem von ihm scheinbar entdeckten und beschriebenen System, nach dem die verschiedenen Staaten seit der Spätantike sich familienartig konstituierten, mit dem byzantinischen Kaiser als »Vater« an der Spitze und in abgestufter Rangfolge weitere Staaten als »Brüder«, »Söhne« usw., sollte also eine Allgemeingültigkeit für Spätantike und Mittelalter zukommen. Unklar bleibt bei Dölgers Ausführungen, was er unter »staatsrechtlich« versteht. Diese Formulierung insinuiert eine *rechtlich* verbindliche Ordnung. Es bleibt aber festzustellen, dass dies, bezogen auf Byzanz, zweifellos fehl am Platz ist. In den normativen Quellen, den Gesetzbüchern (*Corpus iuris*, *Ecloga*, *Basiliken*, *Eisagoge*, *Prochiron*, bei Blastares oder Harmenopulos oder in den verschiedenen *Nomokanones*) und Novellen der Kaiser der 1000jährigen byzantinischen Geschichte,[8] findet man von der »Familie der Könige« keine Spur! Und hier ein quasi-völkerrechtliches Institut zu sehen, verbietet schon die Begrifflichkeit, muss man doch davon ausgehen, dass es ein Völkerrecht *stricto sensu* bestenfalls seit dem ausgehenden Mittelalter gibt.[9]

---

1 Dölger (1953a).

2 Siehe die Nachdrucke der Wissenschaftlichen Buchgesellschaft, Darmstadt 1964 und 1976.

3 Dölger (1953a) 53–59.

4 Siehe Brandes (2013), hier besonders S. 82 f.

5 Dölger (1953a), besonders 34, 62–65.

6 Dölger (1953a) 36. Kursiv im Original.

7 Dölger (1953a) 35.

8 Zu den einzelnen Gesetzbüchern und den Novellen siehe Troianos (2011).

9 Siehe Ziegler (2009) und die da angegebene Literatur; ausführlicher Ziegler (2007).

Zahlreiche Gelehrte folgten ihm und verzichteten dabei darauf, die von Dölger angeführten selektiven(!) Belege [10] im Kontext der sonstigen Überlieferung zu sehen und kritisch zu überprüfen. Seine verwendeten Formulierungen legen ein rechtshistorisches Phänomen nahe, was – neben anderen Gründen – eine Behandlung der »Familie der Könige« in dieser Zeitschrift rechtfertigt. Hat die große Anzahl der Kaiser- oder Herrscherschreiben aus der Spätantike bzw. des frühen Mittelalters, in denen sich keine Spur von *pater*, *filius*, *frater* etc. findet, denn keinen Aussagewert?

Eine Quelle von zentraler Bedeutung und gleichsam ein beeindruckend erscheinender Ausgangspunkt für Dölgers Beweisführung ist die berühmte Adressliste im Zeremonienbuch Kaiser Konstantins VII. Porphyrogennetos. [11] Hier werden die in Familien üblichen Begriffe (»Vater«, »Kind«, »Bruder«) benutzt, um eine Hierarchie der mit dem Byzantinischen Reich in Beziehung stehenden Mächte zu schaffen (hinzu kommen die »Freunde«).

Datiert wird dieser Abschnitt ca. 920–922. In den Jahren 945–959 wurde er revidiert (nach den veränderten Beziehungen zum Bulgarenherrscher). [12] Als »geistlicher Vater« (πνευματικὸς πάτηρ) erscheint der Papst, was nicht weiter verwundern sollte. Als »geistliche Kinder« (τέκνα) erscheinen die Herrscher von Großarmenien, Alanien und Bulgarien. »Geistliche Brüder« (πνευματικοὶ ἀδελφοί) waren die Herrscher der Sachsen, Bayern, Italiens, Deutschlands überhaupt und Frankreichs. »Freunde« (φίλοι) waren die (nichtchristlichen) Fürsten von Indien und der Emir von Ägypten. Es folgt eine lange Liste von Staaten ohne eine nähere Kennzeichnung. [13] Darunter auch das (noch) nicht christianisierte Russland. Bleibt die Frage, ob wir es hier tatsächlich mit dem aktuellen Sprachgebrauch in der Kaiserkorrespondenz zu tun haben bzw. mit der Praxis der kaiserlichen Kanzlei. Mangels überlieferter Originalschreiben (oder doch wenigstens dem

Original nahe kommender Kopien) lässt sich diese Frage nicht mit der nötigen Sicherheit beantworten. Dölger bezieht sich ausdrücklich auf den Artikel von Otto Meyer »Εἰς τὸν ῥῆγα Σαζωνίας« aus dem Jahre 1931, der sich naturgemäß mit den Herrschaften in Lateineuropa befasste. [14]

Diese Liste, deren Quellenwert nicht zu bestreiten ist, bietet also für die Mitte des 10. Jahrhunderts eine ganz konkrete Sicht der Byzantiner auf die Welt in einer ganz bestimmten Zeit. Unklar – und das darf nicht vergessen werden – bleibt dabei, ob es sich hier tatsächlich um Aufzeichnungen aus der kaiserlichen Kanzlei handelt. Und selbst dann, wenn dies zuträfe, muss es unklar bleiben, ob diese Sicht auf die politische Welt auch eine allgemeinere Akzeptanz in den führenden Schichten Konstantinopels hatte. Vergessen wir nicht, dass in diesen Jahren Byzanz – trotz aller innenpolitischen Probleme und gelegentlichen Bürgerkriegen und Usurpationsversuchen – sich auf seinem Höhepunkt als politische und wirtschaftliche (kulturelle ohnehin) Macht seit dem 7. Jahrhundert befand. In dieser historischen Situation konnte man in Byzanz durchaus die Vorstellung pflegen, das Zentrum wenigstens der christlichen Staaten und Herrschaften darzustellen.

Aus dieser Adressliste entstand – in der Nachfolge des Aufsatzes von Dölger aus dem Jahre 1940 – die Ansicht, dass der Grad der Verwandtschaft, wie in *De cerimoniis* dargelegt, den westlichen Königen »als eigentlicher *Rechtstitel*« ihrer Herrschaft diente. [15] Nun ging man sicher davon aus, dass diese Liste eine Materialsammlung der kaiserlichen Kanzlei repräsentiere, was, wie eben gesagt, eine bloße Vermutung ist. [16] Man billigte ihre eine quasi-völkerrechtliche Bedeutung zu, was entschieden zu weit geht. Deutlich wird hier natürlich auch der laxe Umhang bestimmter Historiker mit juristischen Begriffen, was grundsätzlich bedenklich stimmt.

Unterstellt man den Byzantinern auch noch in späteren Jahrhunderten, insbesondere nach 1204

---

10 Bereits die von ihm benutzten Arbeiten von HELM (1932) und MEYER (1931) 123–136, auf die er sich ausdrücklich berief, wählten geschickt die ihnen passenden Belege aus und ignorierten entsprechend die vielen anderen.

11 De cer. II,48 (686–692 REISKE); dazu DÖLGER (1953a) bes. 37–42.

12 McCORMICK, in: ODB 597; grundlegend bleibt BURY (1907); DÖLGER (1953c); OHNSORGE (1952) bes. 326 ff. Zuletzt zum Zeremonienbuches FEATHERSTONE (2013) mit der neueren Literatur.

13 Siehe die bequeme Übersicht bei LILIE (2007) 144 f.; NERLICH (1999) 70 ff.

14 MEYER (1931). Vgl. aber auch bereits OSTROGORSKY (1936).

15 NERLICH (1999) 64. Hervorhebung von mir.

16 Ebenda.

bzw. nach 1261, eine derartige Sicht der Dinge, müsste man sie für größenwahnsinnig halten und ihnen den Verlust jeglichen Realitätssinnes bescheinigen. In der Dölgerschen Sicht der »Familie der Könige« aber ist dies so angelegt! Die »Familie der Könige« in seinem Sinne »funktioniert« ja nur, wenn alle beteiligten staatlichen Gebilde dieselbe anerkannten und akzeptierten – und dies bezogen (seit dem 14. Jahrhundert) auf einen ostmediterranen Staat mittlerer Größe (und bald auf einen Zwergstaat), der allerdings eine unvergleichliche Tradition und imperiale Kontinuität vorweisen konnte.

Die von ihm 1939/1940 entwickelte Vorstellung einer »hierarchischen Weltordnung«, die sich gemäß familiärer Verwandtschaftsbeziehungen konstituierte – mit dem byzantinischen Kaiser als Vater an der Spitze der Hierarchie und den diversen anderen Staaten in abgestufter Form als Söhne, Brüder, Freunde usw. –, erfreute sich zunächst großer Beliebtheit in der Forschung, schien sie doch die byzantinische Weltsicht im Kern zu beschreiben. Ausdrücklich spricht Dölger aber von einer *rechtlichen* Institution, die außerdem von den anderen Staaten der Oikumene akzeptiert worden sei, denn dies ist ja die Voraussetzung dafür, dass eine solche »Familie« tatsächlich existierte. Ansonsten hätte man es mit einem bloßen Produkt byzantinischer Nabelschau zu tun, was ja für das Selbstbild der Byzantiner oder ihre Kaiserideologie aussagekräftig sein mag, aber keineswegs in der Lage ist, das Zusammenspiel der wichtigsten Mächte über einen Zeitraum von gut 1000 Jahren zu erklären.

Eigentlich sollte bereits das Eingeständnis Dölgers, dass der Ursprung des Konzepts der »Familie der Könige« in einem Vertrag mit den Persern des Jahres 283 zu finden sei (»der wahre historische Ursprung der mittelalterlichen Familie der Könige«), Verdacht erregen. »Es [scil. das Konzept der »Familie der Könige« – W.B.] beruht zweifellos, wenn uns dies auch leider nirgends ausdrücklich überliefert ist, *rechtlich* auf einer vertraglichen Vereinbarung zwischen beiden Reichen.«[17] An anderer Stelle heißt es, dass es sich um ein »vermutlich vertraglich begründetes Bruderverhältnis« gehandelt habe.[18]

Es gibt also keinen Text, auf den sich der Schöpfer der »Familie der Könige« berufen könnte. »Zweifellos« sei es so gewesen. Gerade dieser Umstand sollte aber Zweifel wecken und zur Vorsicht gemahnen, obwohl Dölger »vom wahren historischen Ursprung der mittelalterlichen Familie der Könige« schrieb.[19]

Es kann hier nicht der Ort sein, um Dölgers Belege (einen nach dem anderen) erneut zu prüfen, ob sie tatsächlich seine weitgehenden Aussagen tragen. Außerdem wäre es notwendig, auch das weitere Quellenschrifttum (besonders Briefe usw.), das er nicht erwähnt, zu hinterfragen. Einige seiner zentralen Quellenstellen bzw. Quellenkomplexe sollen hier trotzdem angeführt und geprüft werden.

Der Ursprung der »Familie der Könige« läge also im »völkerrechtlichen« Verhältnis zum persischen Reich der Sassaniden im ausgehenden 3. Jahrhundert. Naturgemäß müsste man voraussetzen, dass auch die Perser sich diese Vorstellung zu eigen gemacht hätten. Ausdrücklich sei aber an dieser Stelle auf einen eben erschienenen Aufsatz von Payne (»Cosmology and the Expansion oft the Iranian Empire«) verwiesen, der mit aller nötigen Klarheit das persische Herrscherkonzept darstellt.[20] Hier wird das Selbstbild der iranischen Monarchie dargelegt, wobei deutlich wird, dass den sassanidischen Persern die Vorstellung einer »Familie der Könige« absolut fremd war. Aber gerade die Anerkennung dieses angeblichen grundlegenden Prinzips der mittelalterlichen Weltordnung durch alle(!) involvierten Staaten und Mächte setzt Dölger ja voraus. Und der angebliche Ursprung dieses Prinzips in den zwischenstaatlichen Beziehungen zwischen dem Römischen Reich z. Z. Diokletians und dem Sassaniden-

---

17 Dölger (1953a) 59 f., bes. Anm. 62 auf S. 60; vgl. dazu schon kritisch Chrysos (1976) bes. 18 ff.; Chrysos (1989) 14.

18 Dölger (1954) 642.

19 Dölger (1953a) 59.

20 Payne (2013); siehe aber schon Panaino (2004). Beide mit der älteren Literatur.

reich wird schon allein durch die zuletzt von Payne dargelegten Prinzipien der Herrschaft des persischen »Königs der Könige« (mit allen Implikationen, die der Zoastrismus bedingte) *ad absurdum* geführt.[21]

Weiter verwies Dölger auf Eusebs *Vita Constantini*, wo tatsächlich zum ersten Mal nachweislich ein römischer Kaiser einen Herrscher der Perser als »Bruder« anredete.[22] In einem langen Auszug aus einem Brief Konstantins des Großen an der Perserherrscher Šāpūr,[23] dem allerdings die *intitulatio* fehlt(!), benutzt der Kaiser an einer einzigen (isolierten) Stelle die Anrede »Bruder«.[24] Abgesehen davon, dass die Datierung dieses Schreibens nicht feststeht (und sogar seine Echtheit angezweifelt wurde),[25] besagt diese freundliche Anmerkung herzlich wenig; ein die Ökumene umfassendes Herrschaftskonzept wird hier nicht deutlich! Man kann hingegen von diplomatischer Höflichkeit sprechen, denn der Kaiser wollte die Lage der Christen im Perserreich verbessern, hatte also ein konkretes Anliegen, dessen Gewährung in den Händen des Perserherrschers lag.[26]

Dölger meinte weiter, dass der 298 zwischen Diokletian und dem Perserherrscher Narsē geschlossene Vertrag ein weiterer Fixpunkt dieser so wichtigen »völkerrechtlichen« Neuerung gewesen sei.[27] Ja, er erwog, wie schon gesagt, eventuell schon den Frieden von 283 als Ursprung (»Damals könnte man sich hinsichtlich der Prestigefragen auf der Basis der Gleichstellung geeinigt haben.«).[28] Dafür gibt es nicht die Spur eines Belegs (abgesehen davon, dass Dölger a.a.O. die

historischen Vorgänge völlig falsch darstellt).[29] Schon an diesem Punkt ist festzuhalten, das bereits die Vorstellungen Dölgers vom Ursprung des Konzepts der »Familie der Könige« auf tönernen Füßen stehen.

Es finden sich kaum verwertbare Spuren in den relevanten Quellen zu den römisch-persischen Beziehungen (von denen insbesondere Petros Patrikios zu nennen ist).[30] Man könnte an dieser Stelle diesen Einwand als *argumentum e silentio* abtun oder wenigstens zu relativieren versuchen, doch begibt man sich so auf den Weg zur kontrafaktischen Geschichtsschreibung.

Es bleibt also dabei, dass der eben angeführte Brief Konstantins des Großen an Šāpūr (falls er denn echt ist!) der früheste Beleg dafür ist, dass ein römischer Kaiser den Herrscher der sassanidischen Perser als »Bruder« bezeichnete, wenn auch eher beiläufig. Dies sollte in den folgenden Jahrhunderten bis zum Untergang des Perserreichs in der ersten Hälfte des 7. Jahrhunderts noch mehrfach der Fall sein, wenn auch mit bemerkenswerten Schwankungen. Dass allein das Perserreich von den spätantiken Römern als »gleichberechtigte« Macht angesehen wurde, der man auf gleicher Augenhöhe begegnete, war einfach ein Reflex der Tatsachen, der tatsächlichen militärischen Verhältnisse und mithin eher Ausdruck eines politischen Realismus.[31]

Was tatsächlich neu an diesem Vertrag von 298 ist, ist eine Formulierung, die die persische Sicht der Dinge verdeutlicht. Darüber berichtet Petros Patrikios im 6. Jahrhundert in seinem verlorenen

---

21 Das ist keine neue Erkenntnis! Siehe die von PAYNE (2013) zitierte ältere Literatur.

22 DÖLGER (1953a) 59 mit Anm. 61; vgl. schon CHRYSOS (1989) 14.

23 Immerhin ca. zwei und eine halbe Seiten der GCS-Ausgabe (Die griechischen christlichen Schriftsteller): Euseb, Vita Const. IV,9–13 (123–125 WINKELMANN); vgl. auch Euseb, Vita Const., übers. SCHNEIDER, 420–427; DODGEON / LIEU (1991) 150–152.

24 Euseb, Vita Const., ed. WINKELMANN, 124,12 (IV,11.1): »Ich glaube nicht fehlzugehen, mein Bruder, ...« (Vita Const., übers. SCHNEIDER, 425).

25 Datierung ins Jahr 324 oder 337. Siehe CAMERON / HALL (1999) 313 f.

26 Zu diesem Brief (vorausgesetzt, er ist wirklich echt) siehe DÖRRIES (1954)

125–127, der offensichtlich dieser isolierten Verwendung des Wortes »Bruder« keine Bedeutung beimaß. Siehe auch D. DE DECKER, Sur le destinataire de la lettre au roi des Perses (Eusébe de Césarée, Vita Const., IV,9–13) et la conversion de l'Arménie à la religion chrétienne, in: Persica 8 (1979) 99–116 (non vidi).

27 DÖLGER (1953a) 62 f.

28 DÖLGER (1953a) 60 mit Anm. 62.

29 Siehe jetzt dagegen MOSIG-WALBURG (2009) 55–57.

30 Zu diesem Vertrag siehe zuletzt MOSIG-WALBURG (2009) 85–88; DIGNAS / WINTER (2001) bes. 144–149 (siehe jetzt auch die englische Ausgabe: DIGNAS / WINTER [2007] 122–130), jeweils mit der älteren Literatur. Siehe schon WINTER (1988) 152 ff.

31 Zur frühen Entwicklung dieses Verständnisses der »Weltpolitik« (im 4. Jahrhundert) siehe schon STRAUB (1985) 37–40.

Geschichtswerk (das von Caesar bis Konstantios II. reichte):[32] »Es ist offensichtlich für alle Menschen, dass das römische und das persische Reich (βασιλεία) gleichsam zwei Lampen sind und es ist nötig, dass sie wie Augen durch den Glanz des jeweils anderen geschmückt werden und sich nicht gegenseitig zu ihrer Vernichtung schaden.« Nahezu wortwörtlich taucht dann dieses Bild in einem von Theophylaktos Simokates mitgeteilten Brief des Perserherrschers Ḫusrau II. (590–628) an Kaiser Maurikios (582–602) aus dem Jahre 590 wieder auf.[33] Ḫusrau bat in diesem Brief um Hilfe angesichts einer für ihn höchst gefährlichen Insurrektion. Man könnte meinen, gerade in dieser Situation müsste ein Appell an den römischen »Bruder« erfolgen; doch taucht gerade in diesem Schreiben derartiges nicht auf. Es ist allerdings zu beachten, dass Theophylaktos Simokates sein Geschichtswerk ca. 630 in Konstantinopel z. Z. des Kaisers Herakleios (610–640) schrieb und an vielen Stellen (vermutlich ist das auch hier der Fall) Ereignisse und Ansichten dieser Zeit in seine Darstellung vergangener Jahrzehnte einfließen lies.[34]

Kaiser Arkadios (383–408) habe Yazdgard I. (399–421)[35] gebeten, als Vormund für seinen Sohn Theodosios (II.) zu fungieren, berichtet gut ein und ein halbes Jahrhundert später Prokopios von Kaisareia in seiner Geschichte der Perserkriege.[36] Arkadios habe in seinem Testament (408) Theodosios zu seinem Nachfolger erklärt, den Perser-

herrscher jedoch zum ἐπίτροπος – ein in diesem Zusammenhang viel diskutierter Begriff, hier meist mit »Vormund« (vel sim.) übersetzt. Auch Prokopios' Fortsetzer Agathias berichtete von diesem Vorgang, äußert jedoch starke Kritik an der Darstellung der Politik des Arkadios durch Prokopios.[37] Dass keine zeitnähere Quelle davon berichtet, sollte zur Vorsicht gemahnen.[38] Mir erscheint die ganze Geschichte ein ahistorischer Reflex der tatsächlich ausgezeichneten zwischenstaatlichen Beziehungen zwischen Persien und dem oströmischen Reich z. Z. Theodosios' II. zu sein (bis zum Krieg von 420/422).[39] Die Forschung ist sich keineswegs einig, ob sich diese erstaunliche Geschichte wirklich so zutrug, wie Prokop sie berichtete.[40] Was aber wichtiger ist: Kann man aus dieser abstrusen Geschichte einen Beweis für eine »Familie der Könige« gewinnen? In meinen Augen kann man daraus höchstens auf einige spezielle (und wegen fehlender Informationen kaum rekonstruierbare) diplomatische »Verabredungen« schließen!

In der Regel wird dieses Vorkommnis mit einem ähnlichen in Verbindung gebracht, das sich während der Regierung Kaiser Justins I. (518–527) zutrug: Der Perserherrscher Khavad I. (488–531) fragte beim römischen Kaiser an (ca. 524/525),[41] ob dieser nicht seinen Sohn (Ḫusrau) adoptieren wollte. So jedenfalls berichten es verschiedene (gute) Quellen.[42] Der inzwischen über 70 Jahre

---

32 FHG IV, 188 (linke Spalte): Φανερόν ἐστι τῷ γένει τῶν ἀνθρώπων, ὅτι ὡσπερανεὶ δύο λαμπτῆρές εἰσιν ἥ τε Ῥωμαϊκὴ καὶ Περσικὴ βασιλεία· καὶ χρὴ καθάπερ ὀφθαλμοὺς τὴν ἑτέραν τῇ τῆς ἑτέρας κοσμεῖσθαι λαμπρότητι, καὶ μὴ πρὸς ἀναίρεσιν ἑαυτῶν ἀμοιβαδὸν μέχρι παντὸς χαλεπαίνειν; zu Petros Patrikios siehe bes. ANTONOPOULOS (1990); vgl. die Übersetzung bei DIGNAS/WINTER (2001) 145–147; siehe dazu auch SCHMALZBAUER (2004) 410.

33 Theophyl. Sim. IV,11,2 (169,19–25 DE BOOR); vgl. Theophyl. Sim. 128 SCHREINER mit den (sehr wichtigen) Anmerkungen dazu auf S. 298 f. Zu diesem Brief siehe auch gleich bei Anm. 72.

34 Siehe die diesbezüglichen Hinweise bei Theophyl. Sim. SCHREINER, Anm. 562 auf S. 298 f.

35 Siehe die PLRE II, 627 (Isdigerdes I).

36 Proc., Bell. Pers. I,2,6–10 (7,17–10,8 HAURY). Danach Theoph. 80,8–24 DE BOOR. Dass sich in dieser Geschichte diverse historische Ungereimtheiten finden, zeigten BARDILL/GREATREX (1996) 171–197, obwohl sie sie letztlich als glaubwürdig ansahen (was mich nicht überzeugt). Die Frage nach der Rolle des Eunuchen Antiochos wird hier übergangen. Siehe auch MAZZA (2004) 45–47.

37 Agathias 4,26,6–7 (157 KEYDELL); vgl. DIGNAS/WINTER (2001) 114–117 (mit weiterer Literatur) bzw. DIGNAS/WINTER (2007) 94–97; GREATREX/LIEU (2002) 32.

38 Vgl. BARDILL/GREATREX (1996) 177; CAMERON (1969/1970) 149 f. – hier die Darstellung der unterschiedlichen Positionen in der älteren Forschung.

39 DIGNAS/WINTER (2001) 54, 114–118; GREATREX/LIEU (2002) 36–43 zum Krieg ca. 420–422.

40 Siehe z. B. BARDILL/GREATREX (1996) passim; BLOCKLEY (1992) 46–53, bes. 51; PIELER (1972) 399–433, bes. 411–415; DIGNAS/WINTER (2001) a. a. O.

41 Zum Datum siehe GREATREX 1998, 137; PLRE II, 273 f. (Cavades 1).

42 Proc., Bell. Pers. I,11,22 (52,17 f. HAURY): ὅτι οὐ γράμμασιν οἱ βάρβαροι τοὺς παῖδας ἐσποιοῦνται, ἀλλ' ὅπλων σκευῇ; vgl. Euagr. IV,12 (474 HÜBNER) und Theoph. 167,24–168,6 DE BOOR.

---

alte Khavad wollte so – angesichts großer innenpolitischer Schwierigkeiten (u. a. ist auf den Mazdakismus zu verweisen) – die Nachfolge seines Sohnes sichern.[43] Nach Prokops Bericht verhinderte der *quaestor sacri palatii* Proklos[44] eine tatsächliche Adoption gemäß dem römischen Recht[45] und schlug stattdessen eine *adoptio per arma* vor, wie sie z. B. 476 von Kaiser Zenon an Theoderich dem Großen oder von Justin selbst am Ostgotenkönig Eutharich (519) vorgenommen wurde.[46] Eutharich wurde nicht nur zum Waffensohn adoptiert. Er wurde sogar – mit dem Namen Flavius Eutharicus Cilliga – zum Konsul erhoben.[47] Die Perser waren beleidigt; bald darauf brachen die schwelenden Konflikte wieder auf, und es kam zum Krieg.

Die große Rolle, die die *adoptio per arma*[48] im 6. Jahrhundert spielen konnte, beleuchtet eine eigenartige Szene im Jahre 568, als der awarische Gesandte Targites[49] die Forderungen der Awaren an den Kaiser Justin II.[50] vorbrachte. Nach dem Bericht des Menander Protektor erklärte der barbarische Gesandte: »Oh Kaiser, ich bin hier, gesandt von deinem Sohn (ὑπὸ τοῦ σοῦ παιδός) …«[51] Gemeint war der Awarenkhagan Baian.[52] »Denn tatsächlich bist du der Vater unseres Herrn Baian«,[53] fuhr Targites in seiner Rede fort. In der Forschung gab es verschiedene Deutungen. Claude z. B. ging von einer *adoptio per arma* noch unter Justinian († 565) aus,[54] während andere kompliziertere Erklärungsversuche vorbrachten.[55] Angesichts der Quellenarmut der letzten Jahre Justinians spricht nichts gegen Claudes Erklärung. Sie ist m. E. die unkomplizierteste und logischste Deutung der Ereignisse.

Ammianus Marcellinus teilt einen Brief des Perserkönigs Šāpūr II. (309–379) an Kaiser Konstantios (337–361) mit (aus dem Jahre 358). Er beginnt: *Rex regum Sapor, particeps siderum, frater Solis et Lunae,*[56] *Constantio Caesari fratri meo salutem plurimam dici. …«*[57] Während die ältere Forschung unreflektiert von der Echtheit des von Ammianus Marcellinus mitgeteilten Wortlautes ausging, bezweifelt die jüngste Untersuchung dies entschieden (»…, so dass der von ihm wiedergegebene Wortlaut nicht als authentisch anzusehen wäre«).[58] Das müsste dann auch für Konstantios' Antwort gelten, die so begonnen haben soll: *Victor terramarique Constantius semper Augustus fratri meo Sapori regi salutam plurimam dico.*[59]

Ioannes Malalas überliefert in seiner Weltgeschichte Passagen eines Briefes des Sassanidenherrscher Khavad[60] an Justinian[61] aus dem Jahre 529. Hintergrund ist eine sehr schwierige Lage für Byzanz, denn abgesehen von diversen militärischen Niederlagen kam es 528 zu einem außerordentlich verheerendem Erdbeben in Antiocheia; der Winter 528/529 war ungewöhnlich kalt.[62] Entsprechend war der Ton der Perser nicht sehr freundlich. »Koades, der König der Könige, der über den Sonnenaufgang gebietet, an Flavius Justinian, den Kaiser über den Sonnenuntergang.

---

43 Vgl. dazu Vasiliev (1950) 265 f.; Leppin (2011) 97; Graetrex (1998) 137 f.; Greatrex / Lieu (2002) 81; Dignas / Winter (2001) 122 f.; Dignas / Winter (2007) 104–106; Pieler (1972); Claude (1989) 32 f. (mit Kritik an Pieler [1972] 48 Anm. 81a); Stein (1949) 268; Rubin (1960) 259; Cameron (1969/1970) 149.

44 PLRE II, 924 f. (Proculus 5).

45 Dazu ausführlich Pieler (1972).

46 Zu Theoderich siehe ausführlicher bei Anm. 87–90.

47 Cass., Variae VIII,1,3 (299,19 f. Fridh): … *factus est per arma filius, …*; dazu vgl. Wolfram (2001) 328; PLRE II, 438 f. (Fl. Eutharicus Cilliga); Claude (1989) 29 f.

48 Zur *adoptio per arma* siehe auch bei den Anm. 54, bes. 88 f. und 105.

49 PLRE III, 1217 (Targitis).

50 Diese interessieren hier nicht. Siehe dazu Pohl (2000) 62; Claude (1989) 31 f.

51 Menander frgm. 12,6 (138,16 Blockley).

52 PLRE III, 167169 (Baianus).

53 Menander frgm. 12,6 (138,16 f. Blockley).

54 Claude (1989) 31.

55 Siehe insbes. Pohl (2002) 62 f.; Claude (1989) 31 f. führt die ältere Literatur zu dieser Stelle an.

56 Dazu gleich bei Anm. 63.

57 Amm. Marc. XVII.5.3 (I, 222,9 f. Seyfarth); vgl. jetzt Mosig-Walburg (2009) 153 f.; Dignas / Winter (2001) 108; Dignas / Winter (2007) 232.

58 Mosig-Walburg (2009) 154 – den sachlichen Inhalt mag Ammian richtig wiedergegeben haben; siehe schon Matthews (1989) 485 Anm. 12 mit ähnlicher Tendenz; siehe auch

Matthews (1986); de Jonge (1977) 134 f.

59 Amm. Marc. XVII.5.10 (224,1 f. Seyfarth); vgl. Dignas / Winter (2001) 108; Dignas / Winter (2007) 232; vgl. auch Straub (1985).

60 PLRE II, 273 f. (Cavades 1).

61 Dass er den tatsächlichen Wortlaut der diplomatischen Korrespondenz beider Großmächte mitteilt, ist keineswegs zweifelsfrei anzunehmen, auch wenn sich verschiedene Experten so äußerten. Siehe etwa Scott (1992) bes. 160; Lee (1993) 37 f.; vgl. noch Greatrex (1998) 162.

62 Greatrex (1998) 151–159.

Wir haben in unseren Archiven Schriftstücke vorgefunden, die besagen, wir seien verbrüdert. ...« [63] Letztlich wollte der Perserherrscher umfangreiche Geldzahlungen erpressen. [64] Auf welche Dokumente in den persischen Archiven hier Bezug genommen wird, ist nicht klar; vermutlich aber ging es um Korrespondenz mit den Kaisern der Vergangenheit (oder um ältere Verträge?).

Auch der Bericht über den Friedensvertrag des Jahres 532 des Ioannes Malalas bietet (angebliche) Auszüge aus dem Vertragstext. »Die beiden Herrscher kamen überein und nannten sich in den Verträgen Brüder, ganz nach altem Brauch; [65] und wenn einer den anderen brauche oder Bedarf an Geld oder Hilfstruppen habe, solle man sich ohne Eifersucht gegenseitig die Leistung erbringen.« [66] Prokop, der ebenfalls über diesen Vertrag berichtete, erwähnt nichts Derartiges. [67]

Im Jahre 562 kam es zu einem weiteren Friedensschluss zwischen Justinian und Ḫusrau I. Über diesen Vertrag sind wir (ausnahmsweise) gut informiert. Menander Protektor teilte in seinem Geschichtswerk, das die Jahre 558 bis 582 behandelt (leider nur fragmentarisch überliefert), [68] umfangreiches Textmaterial (das auf Petros Patrikios [69] zurückgeht) zu diesem Vertrag mit. Der Vertrag wurde durch einen Brief des Perserherrschers an Justinian sanktioniert. [70] Hier taucht am Ende der Präambel tatsächlich die Bezeichnung »Bruder« bezogen auf Justinian auf. Zu große Bedeutung sollte man dem nicht beimessen. Zwei souveräne Großmächte schlossen auf gleicher Augenhöhe einen wichtigen Vertrag. Entsprechend drückt die Bezeichnung »Bruder« in der Sprache der nahöstlichen Diplomatie eben diesen Umstand aus.

Ein oft ins Feld geführtes Ereignis betrifft das Verhältnis zwischen Kaiser Maurikios (582–602) und Ḫusrau II. Parwiz (590–628). Der populäre Feldherr Bahrām Čobin [71] begann einen Bürgerkrieg gegen Ḫusrau II. und wollte Maurikios große Zugeständnisse machen, falls dieser nicht zu Gunsten des Ḫusrau intervenieren würde. Maurikios entschied sich bekanntlich für den »legitimen« Herrscher, also für Ḫusrau. Er half diesem mit Soldaten und gemeinsam konnten byzantinische und persische Truppen Bahrām besiegen (591). In diesem Zusammenhang teilt Theophylaktos Simokates einige hier interessierende Briefe beider Herrscher mit. Es wurde bereits oben darauf hingewiesen, [72] dass Theophylaktos sein Geschichtswerk etwa 630 in Konstantinopel redigierte und davon auszugehen ist, dass die Sicht seiner Zeit (nach dem grandiosen Sieg über den Erbfeind der letzten Jahrhunderte) seine Formulierung erheblich beinflusste. In einem Schreiben des Ḫusrau, verfasst in höchster Bedrängnis (und bereits auf byzantinischem Boden) an den Kaiser – den er um Hilfe anfleht –, taucht die Formulierung auf: »Das tue ich, Chosroes, so wie ich hier in deinem Reiche bin, dir schriftlich kund, Ḫusrau, dein Sohn und Hilfesuchender ...« [73] Spricht hier ein selbstbewusstes Mitglied einer wie auch immer gearteten »Familie der Könige« oder ein Bittender (in verzweifelter Lage), der sich nun des Wortes »Sohn« bedient, um im Tenor seines Bettelbriefes (um einen solchen handelt es sich tatsächlich) zu schreiben? Dies übernahm Maurikios und nannte entsprechend Ḫusrau ebenfalls seinen »Sohn«. [74] Dass so die (zumindest in der [diplomatischen] Fiktion) jahrhundertelang praktizierte Gleichrangigkeit der

63 Malalas XVIII,44 (377,28–378,47 THURN); ... ἀδελφοὺς ἡμᾶς ἀλλήλων εἶναι, ...; siehe die deutsche Übersetzung in Malalas THURN / MEIER 468; vgl. auch RKOR Nr. 638 (S. 179); STEIN (1949) 287; RUBIN (1960) 280; GREATREX (1998) 160–163.

64 Vgl. BÖRM (2008).

65 κατὰ τὸ ἀρχαῖον ἔθος – a. a. O. 401,25 f. THURN.

66 Malalas XVIII,76 (401,24–28 THURN); siehe die deutsche Übersetzung in Malalas THURN / MEIER, 498; vgl. RKOR Nr. 964 (S. 243 f.); STEIN (1949) 294–296; RUBIN (1960) 297; GREATREX (1998) 213–224; DIGNAS / WINTER (2001) 58 f.

67 Proc., Bell. Pers. I,22,1–19 (114,19–118,4 HAURY).

68 Menander frg. 6,1 (54–87 BLOCKLEY); in den RKOR vergessen!; DIGNAS / WINTER (2001) 62, 164–177; GREATREX / LIEU (2002) 132–134; CHRYSOS (2011) 810–814.

69 Zu ihm siehe schon bei Anm. 32.

70 Menander frg. 6,1 (62 f. BLOCKLEY); dazu siehe bes. PANAINO (2004) 560 f.; DIGNAS / WINTER (2001) 167 (deutsche Übersetzung).

71 PLRE III, 306–308 (Bahram 2 [Chobin]).

72 Siehe oben bei Anm. 33.

73 Theoph. Sim. 4,11,11 (171,5 f. DE BOOR): ταῦτα Χοσρόης ἐγώ, ὡς παρών, γράφων προσφθέγγομαι, Χροσρόης ὁ σὸς υἱὸς καὶ ἱκέτης; Theoph. Sim. SCHREINER, 129 mit Anm. 571 auf S. 300; WHITBY (1988) 297.

74 Theophyl. Sim. 5,3,11 (194,6 DE BOOR); Theophyl. Sim. SCHREINER, 145; dazu Theoph. 266,13 DE BOOR, der Theoph. Sim. ausschreibt; siehe ČIČUROV (1973); vgl. auch Theoph. MANGO / SCOTT, 389; DIGNAS / WINTER (2001) 64 f.; WHITBY (1988) 292 ff.; GOUBERT (1951) 167 ff.; SCHMALZBAUER (2004) 411 f.

beiden nahöstlichen Großmächte aufgegeben wurde, ergab sich aus der konkreten politischen Situation. Und diese konnte sich rasch ändern, wie die Ereignisse der folgenden Jahrzehnte eindrucksvoll zeigten.

Nach dem Sturz und der grausamen Ermordung des Kaisers Maurikios durch den »Tyrannen« Phokas im Jahre 602 kam es zu einem mehr als zwanzig Jahre dauernden Krieg mit dem Perserreich, der Byzanz zeitweise in höchste Gefahr brachte. Bekanntlich gelang es schließlich Herakleios, der im Jahre 610 Phokas stürzte, bis 628 den Dauerkonkurrenten Persien vernichtend zu schlagen.[75] Im anonymen *Chronicon Paschale* (Osterchronik)[76] finden sich einige hier relevante Informationen, auf die auch Dölger hinwies.[77] Zum Jahre 615 (die militärische Lage des Byzantinischen Reiches war höchst prekär; persischen Truppen standen zeitweise in Chalkedon, in Sichtweite Konstantinopels[78]) schrieb der Senat an den Perserherrscher H̱usrau II. Dieser in der Chronik mitgeteilte Brief ist sehr lang und das Produkt einer ausgefeilten Rhetorik.[79] Hier findet sich dann das Versprechen, dass Herakleios, der neue Kaiser, der den Tyrannen[80] Phokas überwunden hat (und der um die Anerkennung durch die Perser bat), ihm in allen Dingen dienstfertig sein wolle, falls der Perserherrscher ihn als seinen »wahren Sohn« (γνήσιον τέκνον) akzeptieren würde.[81] Der Begriff »Vater« (πατήρ) taucht in diesem Schreiben nicht auf, obwohl die Verwendung des Sohnesbegriffs ihn natürlich impliziert.[82]

Die Verhältnisse hatten sich umgekehrt. 590 bat H̱usrau den Kaiser Maurikios um Hilfe und titulierte ihn als »Vater«.[83] Jetzt ließ Herakleios den Senat an denselben Perserherrscher schreiben (er selbst wurde ja von Persien nicht anerkannt[84]) und sich dabei als »Sohn« dem siegreichen H̱usrau gegenüber bezeichnen. Dies aber, was zu beachten ist, nur an einer einzigen Stelle in einem sehr langen Schreiben mit allen Raffinessen der spätantiken Diplomatensprache. Diese eine Stelle aus dem hochkomplexen Kontext zu reißen, ist methodisch fragwürdig und mithin abzulehnen.

Angesichts der zentralen Bedeutung, die Dölger dem römisch-persischen Verhältnis für die vermeintliche Entstehung der »Familie der Könige« beimaß, ist der Umstand, dass die persischen Könige der Könige die Anrede »Bruder« auch für armenische Könige und Prinzen verwendeten (in Abhängigkeit von der politischen Situation), verheerend.[85]

Dölger bezieht sich für die Spätantike und das früher Mittelalter meist auf die Dissertation von Rudolf Helm, dessen Ergebnisse, das sei in aller Bescheidenheit gesagt, keinesfalls in jeder Hinsicht stimmen (oft ist das der Kürze geschuldet).[86] So etwa, wenn er den Amaler Theoderich kommentarlos in seine Liste der Barbarenherrscher, die den Kaiser als *pater* anredeten, einreihte.[87] Dabei bezieht sich die fragliche Stelle des Fragments 17 des Malchos (= Frg. 18,4 Blockley), das Helm anführt, zweifellos auf die im Jahre 476 erfolgte *adoptio per arma* durch den Kaiser (neben der Ernennung zum *patricius* und *magister militum praesentalis*); er war mithin sein »Waffensohn«,[88] wodurch eine »künstliche Verwandtschaft« konstituiert wurde. Helm (und der ihm unbesehen

---

75 Zu den Ereignissen siehe Kaegi (2003) und Howard-Johnston (2006).

76 Zu dieser wichtigen Quelle siehe zuletzt Howard-Johnston (2010) 36–79.

77 Siehe etwa Dölger (1953a) 61 mit Anm. 63.

78 Siehe Brandes (1989) 49 f.; Greatrex/Lieu (2002) 193–195.

79 Chron. Pasch. 707,1–709,23 Dindorf; siehe auch Chron. Pasch. Whitby/Whitby, 160–162; siehe dazu besonders Howard-Johnston (2010) 45 zum Stil (»… every artifice of diplomatic language is used in attempt simultaneously to avoid giving offence to the triumphant *shahanshah* … and to prevent any further wea

kening of the Roman negotiating position«. etc.); siehe auch Kaegi (2003) 84 f.; Greatrex/Lieu (2002) 194 f.; Dölger/Müller (2009) Nr. 166 (S. 61 f.) mit weiterer Literatur.

80 Chron. Pasch. 708,5 Dindorf.

81 Chron. Pasch. 709,13–16 Dindorf: δεόμεθα δὲ τῆς ὑμετέρας ἡμερότητος καὶ Ἡράκλειον τὸν εὐσεβέστατον ἡμῶν βασιλέα γνήσιον ἔχειν τέκνον, προθύμως ἔχοντα ἐν θεραπείᾳ τῆς ὑμετέρας ποιεῖν γαλήνης.

82 Leider behaupten Dölger/Müller (2009) 61 dies: »… Herakleios wird in jeder Hinsicht seinen ›Vater‹ ehren.« Ähnlich dann im Kommentar (S. 62) mit Verweis auf Dölger.

83 Dölger/Müller (2009) 36 f. (Nr. 98); siehe auch oben bei Anm. 33.

84 Siehe die Ausführungen von Chron. Pasch. Whitby/Whitby, 162 Anm. 444.

85 Huyse (2006) 193 f. (mehrere Beispiele!).

86 Helm (1932).

87 Helm (1932) 386; vgl. Dölger (1953a) 43; Dölger (1954) 643.

88 Jordanes, Getica 289 (132 Mommsen = 119 Giunte/Grillone): …, *in armis sibi eum filium adoptavit*, … Auf diesen Umstand verwies schon Chrysos (1989) 15 f.; siehe auch Claude (1989) bes. 28 f.; Wolfram (2001) 271; Wolfram, in: RGA 30 (2005) 417; zuletzt zur Waffensohnschaft Wolfram, in: RGA 33 (2006) 50.

folgende Dölger) hätte noch weitere ähnliche Stellen anführen können, die sich alle auf die *adoptio per arma* beziehen und keineswegs eine Anerkennung des großen Theoderich einer wie auch immer gearteten »Familie der Könige« belegen![89] In den beiden Briefen des Theoderich an Kaiser Anastasios (aus den Jahren 508 und 511) ist nirgends eine Bezeichnung des Kaisers als *pater* oder des Ostgotenkönigs als *filius* zu finden.[90]

Ebenfalls unzutreffend ist der Verweis auf Athalarich (Ostgotenkönig 526–534),[91] denn an der angegebenen Stelle[92] ist von den *parentes* des Athalarich (seiner königlichen Vorgänger, die immer schon den Frieden mit dem Imperium wünschten!) die Rede.

Wir verfügen für die erste Hälfte des 6. Jahrhunderts über eine ausgezeichnete Quelle für die diplomatischen Verhältnisse, die eben schon zitiert wurde: Cassiodors *Variae*.[93] Wenn es im 6. Jahrhundert eine allgemein anerkannte und die internationalen Beziehungen strukturierende »Familie der Könige« gab, müsste man in dieser Sammlung von Briefen, die Cassiodor in seiner Eigenschaft als hochrangiger Staatsfunktionär des Ostgotenreiches (*praefectus praetorio Italiae, comes sacrarum largitionum* usw.)[94] verfasste, doch wenigstens Spuren derselben finden. Den in den *Variae* mitgeteilten Briefen fehlt natürlich die Intitulatio, so dass man sich bei der Analyse auf den eigentlichen Inhalt der Schreiben beschränken muss. Keinerlei Hinweise auf Dölgers Konstrukt findet man in folgenden Briefen: X,1 (S. 384) Amalasvintha an Justinian (a. 534); X,2 (S. 385) Theodahad an Justinian (hier [X,2,16 f.] ist allerdings die Rede von der *amicitia* der Amaler dem *imperium* gegenüber); X,8 (S. 392 f.) Amalasvintha an Justinian (534); X,9 (S. 393); X,15 (S. 398 f.); X,18 (S. 401 f.);

X,19 (S. 402 f.); X,20 (S. 402 f.); X,22 (S. 404 f.); X,23 (S. 405 f.); X,25 (S. 407); X,26 (S. 407 f.) alle Theodahad an Justinian (535); X,32 (S. 415 f.) Witigis an Justinian (536); XI,13 (S. 441 f.) römischer Senat an Justinian (535) und IV,1 (S. 143 f.) Theoderich an den Thüringerkönig Herminafrid (507/511).

Interessanter sind folgende Briefe: III,1 (S. 96 f.) Theoderich an den Westgotenkönig Alarich (507).[95] Hier ist an einer Stelle (III,1,27) zu lesen: *… fratrem nostrum Gundibadum …* Gemeint ist der *rex Burgundionum* Gundobad,[96] dessen Sohn Sigismund[97] Theoderichs Tochter Ostrogotho (Areagni)[98] geheiratete hatte. Diese verwandtschaftliche Verbindung reicht wohl, aus, dass beide sich als *fratres* bezeichnen konnten, ohne die ominöse »Familie der Könige« heranziehen zu müssen. Im Schreiben III,2 (S. 97), Theoderich an Gundobad (507), wird, ebenfalls eher *en passant*, der Westgotenkönig Alarich (II.) als *filius noster* bezeichnet (III,2,16).[99] Nach Dölger und seinen Anhängern wäre das ein erstklassiger Skandal, würde sich doch Theoderich der Große die Position des Kaisers (der *pater* aller sonstiger Herrscher) anmaßen. Natürlich trifft das nicht zu, und der Westgotenkönig Alarich war bekanntlich der Schwiegersohn des Theoderich (heiratete dessen Tochter Theodegotha[100]), was die Verwendung von *filius* hinreichend erklärt.[101] Im Brief III,3 (S. 98), Theoderich an die Könige der Heruler, Warnen und Thüringer (507) wird Gundobad erneut als »Bruder« bezeichnet (III,3,11), wie im eben behandelten Brief III,1.

Interessanter ist der Brief III,4 (S. 99) Theoderichs an den Merowingerkönig Chlodwig (507). An einer Stelle (III,4,24) bezeichnet sich Theoderich zwar selbst als *pater*, der dem aggressiven Frankenkönig verbietet, einen Krieg anzufangen

89 Brief 14 des Papstes Hormisdas (eigentlich *rescriptum senatus urbis Romae ad Anastasium Augustum*; auf Befehl des Theoderich verfasst) ed. THIEL 1868, 768: *… domini nostri invictissimi regis Theoderici filii vestri …* sowie Malchos fr. 20,190 f. (BLOCKLEY 1983, 444). Der Gesandte Adamantios (PLRE II, 6 f. [Adamantius 2]) erinnerte 479 Theoderich daran, dass er sich gegenüber Zeno wie einem Vater verhalten solle. Vgl. hingegen DÖLGER (1953a) 43; DÖLGER (1954) 643.

90 Cass., Variae FRIDH. Siehe I,1 (S. 9 f.); siehe auch II,1 (S. 55 f.) aus dem Jahre 511.

91 PLRE II, 175 f. (Athalaricus).

92 Cass., Variae VIII,1 (299,2 FRIDH): *… quam parentes meos …* (nach dem 30.8.526).

93 Siehe KAKRIDI (2005); MACPHERSON (1989); KRAUTSCHICK (1983) etc.

94 Siehe zu den Details PLRE II, 264 f. (Cassiodorus 3).

95 Im Vorfeld der Schlacht von Vouillé. Siehe dazu jetzt MATHISEN / SHANZER (2012).

96 PLRE II, 524 f. (Gundobadus 1).

97 PLRE II, 1009 f. (Sigismundus).

98 PLRE II, 138 f. (Ostrogotho Areagni).

99 PLRE II, 49 (Alaricus 3).

100 PLRE I, 1068 (Theodegotha).

101 Der Brief I,46 (51 f. FRIDH), ebenfalls an Gundobad (a. 506/507), weist keine hier interessierenden Anreden auf.

(*Iure patris vobis interminor et amantis*). Abgesehen davon, dass hier der Ostgotenkönig scheinbar wieder (wie in III,1) in die Rolle des Oberhauptes der (fiktiven) »Familie der Könige« schlüpft, wird die Aussagekraft auch durch den Umstand entwertet, dass es sich bei der fraglichen Formulierung um ein Vergilzitat (vgl. Aeneis VI,826–835) handelt![102] Nur wenige Zeilen weiter wird Chlodwig als *excellentia vestra* (III,4,27) bezeichnet, was der »üblichen« Anrede entsprach, die der Kaiser oder der Exarch von Ravenna (als dessen »Stellvertreter« im Westen) den verschiedenen Germanenherrschern gegenüber verwendeten.[103] Theoderichs Versuch, ein durch Heiraten und damit begründeter Verwandtschaft basiertes Sicherheitssystem zu schaffen, scheiterte zwar 507 (Schlacht bei Vouillée) am Verhalten Chlodwigs,[104] doch bis dahin existierte dieses System, das allerdings ganz und gar nichts mit der Dölgerschen »Familie der Könige« zu tun hatte.

Theoderich hatte den Herulerkönig Rodulf als Waffensohn (*adoptio per arma*) angenommen,[105] wie sein Brief IV,2 (S. 144) an den *rex Herulorum* verdeutlicht (IV,2,2: *Per arma fieri posse filium …*). Auch in diesem Fall ist eine Interpretation im Sinne der Dölgerschen »Familie der Könige« unmöglich.

Man kann also getrost davon ausgehen: Wenn ein Spitzenpolitiker des 6. Jahrhunderts wie Cassiodor nichts von einer »Familie der Könige« (gar im Sinne eines rechtlich relevanten Systems) wusste, dann gab es das auch nicht!

Besonders zu erwähnen sind die erhaltenen drei Briefe des Burgunderkönigs Sigismund (516–523)[106] (Briefe 78, 93 und 94 des Avitus von Vienne[107]) an Kaiser Anastasios.[108] Dölger führt ihn extra als Beispiel an.[109] Aber ein Blick in diese Briefe, die einen extremen panegyrischen Charakter aufweisen und kaum einen rhetorischen Topos auslassen, um den fernen Kaiser zu umschmeicheln, zeigt, dass an keiner Stelle der Begriff *pater* auftaucht! Sigismund trug immerhin den sehr wichtigen (westlichen) *patricius*-Titel sowie den des *magister militum per Gallias*. Mehr konnte man als »Barbarenherrscher« wohl kaum in die spätrömische Herrschaftsschicht einbezogen werden.

Weitere Briefe aus der Spätantike bzw. dem frühen Mittelalter enthält eine wohl in Metz entstandene Sammlung, die Schreiben der Jahre 460 und 590 enthält – die sog. *Epistolae Austrasicae*.[110] Es genügt hier eigentlich die berühmten Briefe (besonders Nr. 20) Theudeberts I. an den Kaiser Justinian zu lesen (534/547 bis ca. 550), um zu begreifen, dass von einer »Familie der Könige«, der sich auch alle sog. Barbarenstaaten zuordneten (bzw. dem »Vater« im fernen Konstantinopel unterordneten), keine Rede sein kann,[111] auch wenn Justinian (diplomatisch korrekt) als *pater* tituliert wird.[112] In Konstantinopel jedenfalls, so berichtete der byzantinische Historiker Agathias, hatte man große Sorge, er könne Südosteuropa (ja Konstantinopel selbst) angreifen.[113] Als Kandidat für die angebliche »Familie der Könige« ist er die denkbar schlechteste Wahl. Sein Sohn Theudebald verzichtete dann überhaupt auf die Verwendung der Anrede *pater* für Justinian (547).[114] Von Childebert II.[115] ist ein Brief aus dem Jahre 584 an Kaiser Maurikios erhalten, in dem der Kaiser tatsächlich als *pater* tituliert wird.[116] Das

---

102 Nachgewiesen bei Barnish (1992) 49 Anm. 4.

103 Siehe Helm (1932) 386.

104 Vgl. etwa Wolfram, in: RGA 30 (2005) 418; Wolfram (2001) 306 ff.

105 PLRE II, 946 (Rodulfus); Wolfram (2001) 328; siehe auch bei Anm. 48, 54 und 88 f. zur *adoptio per arma*.

106 PLRE II, 1009 f. (Sigismundus; Springer, in: RGA 28 (2005) 396–399 (mit der relevanten Literatur).

107 Avitus Vienn., 93 (Nr. 78), 100 f. (Nr. 93), 101 f. (Nr. 94) Peiper; siehe auch Shanzer / Wood (2002) 143–153 (mit wichtigen Erläuterungen). Zu Avitus siehe Kasper, in: LACL 104 sowie die CPL 993; zu vielen Details

siehe Burckhardt (1938) passim; zuletzt Heil (2011).

108 Zu diesem siehe jetzt grundlegend Meier (2009); siehe hier bes. S.235 f. zum Brief 78 und 93 (mit den Anm. auf S. 406 f.); vgl. Scheibelreiter (1989) bes. 206 ff.

109 Dölger (1953a) 43, mit Verweis auf Helm (1932) 386.

110 Epp. Austr.; siehe Windau, in: LACL 229 f.

111 Epp. Austr., Nr. 18–20 (S. 131–133). Zu Theodebert siehe Springer, in: RGA 30 (2005) 455–459 mit der relevanten Literatur.

112 Wenn auch nur in zweien der drei Briefe. Siehe Epp. Austr., Nr. 19 (S. 132,16 f.) und Nr. 20 (S. 133,1 f.).

Vgl. Rösch (1978) 154, der aber (leider) Dölger (1953a) 43 f. folgt und auf eine eingehende Diskussion verzichtet.

113 Agathias I,4,1–4 (13 f. Keydell).

114 Epp. Austr., 131 (Nr. 18); siehe auch Rösch (1978) 155.

115 Siehe zu ihm PLRE III, 287–291 (Childebertus 2).

116 Epp. Austr., Nr. 25 (S. 138,22); Rösch (1978) 155.

wird aber durch einen Brief aus demselben Jahr an den Patriarchen Ioannes IV. von Konstantinopel (582–595) relativiert, denn der Patriarch wird ebenfalls als *pater* angesprochen,[117] was ja nicht weiter verwunderlich ist und sicher dem (höflichen) diplomatischen Sprachgebrauch entsprach. Auch dieser Umstand passt in keiner Weise in die vermeintliche »Familie der Könige«! Im selben Jahr (584) schrieb Brunichilde, seine Mutter,[118] ebenfalls an Kaiser Maurikios. In diesem Brief wurde allerdings auf die Anrede *pater* verzichtet![119] Und dabei hatte Brunichilde ein konkretes Anliegen. Ihr *nepos* Athanagild[120] wurde in Konstantinopel festgehalten, und sie bemühte sich mehrfach um seine Freilassung.[121] In diesen Briefen (auch Childebert II. schrieb in dieser Sache) – so sollte man meinen – hätte besonders auf das »Protokoll« geachtet werden müssen; es findet sich aber keineswegs die ehrende (und sich dabei gleichsam auf die »Familie der Könige« berufende) Anrede *pater*. Aus dem Jahre 585 (oder 590) ist ein Brief des Kaisers an Childebert II. erhalten.[122] Der Kaiser bzw. die kaiserliche Kanzlei verwendeten hier keineswegs die Anrede *filius*. Dies war offensichtlich nicht notwendig.

Anders verhielt es sich in einem weiteren Brief Childeberts II. an Theodosios, Sohn des Maurikios, der allerdings zu diesem Zeitpunkt ein Baby war;[123] hier ist die Rede vom … *patrem nostrum, genitorem vestrum*, …;[124] es ging wieder um den in Konstantinopel festgehaltenen Athanagild.

Ganz kurios wird es dann aber im wichtigen Brief Nr. 42 (a. 582/85)[125] Kaiser Maurikios' an Childebert II. Es ging um den Abschluss eines Bündnisses gegen die Langobarden, wo gleich in der zweiten Zeile der schon reichlich betagte Kaiser von der *amicalis voluntas* und *paternus affectus* des Frankenkönigs ihm gegenüber, dem mächtigen Kaiser in Konstantinopel, sowie der *res publica* schreibt.[126] Im Eschatokoll des Briefes findet sich dann die erstaunliche Zeile: *Divinitas te servet per multos annos, parens christianissime atque amantissime.*[127] Der Kaiser schmeichelt also den barbarischen Merowingerkönig, indem er ihn *parens* nennt. Hier könnte man – ignorierte man die anderen eben behandelten Briefe – einen Hinweis auf die »Familie der Könige« sehen. Der Zweck des Briefes war wohl, den Merowingerkönig an seine Byzanz gegenüber eingegangenen Verpflichtungen, die Langobarden zu bekämpfen, zu erinnern. Der Kaiser wollte also etwas vom Frankenkönig und entsprechend variierte man den diplomatischen Stil. Von einer »Familie der Könige« ist nichts zu bemerken; hingegen von einer situationsbedingten diplomatischen Sprache – wahrlich keine Überraschung.

Einige Briefe Karls des Großen sind hier ebenfalls zu erwähnen. Anfang 811 schrieb Karl an den byzantinischen Kaiser Nikephoros I. (802–811) als Antwort eines Briefes aus Konstantinopel (ca. Juni 811).[128] Es ging um die Rückgabe Venetiens an Byzanz und letztlich um die Anerkennung der Kaiserwürde Karls. In diesem Brief (übrigens der erste Brief eines Westkaisers an den *basileus* in Konstantinopel), dem die *intitulatio* fehlt, ist die Rede vom byzantinischen Gesandten[129] *fraternitas tue*.[130] Nur kurze Zeit später schrieb Karl an den Kaiser Michael I. Rangabe (811–813) und nannte ihn in der diesmal überlieferten Adresse *frater* (… *dilecto et honorabili fratri Michaeli*).[131] Über die

---

117 Epp. Austr., Nr. 31 (S. 141,14).

118 Siehe PLRE III, 249–251 (Brunichildis).

119 Epp. Austr., Nr. 26 (S. 139,10 f.). Falsch bei RÖSCH (1978) 155 mit Anm. 84!; siehe auch DÖLGER / MÜLLER (2009) Nr. 78 (S. 28).

120 Enkel der Brunichilde; in Konstantinopel festgehalten; siehe PLRE III, 141 (Athanagildus 2).

121 Siehe Epp. Austr., Nr. 27 (S. 139,26) Brunichilde an Athanagild – als *nepos* angesprochen in der Intitulatio. Ebenso in Nr. 28 (S. 140,6): Childebert II. an Athanagild, Nr. 29 und 30 (S. 140 f.): Brunichilde an Kaiserin Anastasia (a. 584).

122 Epp. Austr., Nr. 42 (S. 148 f.); siehe DÖLGER / MÜLLER (2009) Nr. 79 und 79a (S. 28 f.).

123 PLRE III, 1293 (Theodosius 13).

124 Epp. Austr., Nr. 48 (S. 149,21); siehe DÖLGER / MÜLLER (2009) Nr. 76 (S. 28).

125 DÖLGER / MÜLLER (2009) Nr. 79 (S. 28 f.); REVERY (1913) 69 datiert 584/5.

126 Epp. Austr., Nr. 42 (S. 148,25–27): *Litterae vestrae gloriae … nobis directe amicalem quidem voluntatem et paternum affectum circa nos atque acratissimam rempublicam nostram conservare vos indicant …*; auf diese und die folgende Stelle machte bereits CHRYSOS (1989) 16 aufmerksam.

Zum historischen Hintergrund siehe BACHRACH (1994); ZUCKERMAN (1998); REVERY (1913) bes. 69 f. mit Anm. 5 zum Brief Nr. 42.

127 Epp. Austr., Nr. 42 (S. 149,8).

128 Erwähnt in MGH Epp. IV, Nr. 32 (S. 546,35); DÖLGER / MÜLLER (2009), Nr. 379b (S. 200).

129 Er hieß Arsaphios (ein armenischer Name) und war Protospatharios – siehe zu ihm die PmbZ 618.

130 A.a.O. 546,35. Siehe schon MEYER (1931) 135 und den ihm folgenden DÖLGER (1953a) 45; CLASSEN (1988) 93; NERLICH (1999) 74 f. u. a.

131 MGH Epp. IV, Nr. 37 (S. 556,3).

Gegengesandtschaft, die am 4.4.812 in Aachen empfangen wurde, [132] berichten die Reichsannalen (*Annales regni Francorum*), dass die Gesandten (Erzbischof Michael von Synnada, erneut Arsaphios und der Protospatharios Theognostes [133]) Karl auf Griechisch als *basileus* akklamierten. [134] Auch der byzantinische Chronist Theophanes (ein Zeitgenosse) erwähnt diese Gesandtschaft an den »Kaiser der Franken« (βασιλέα τῶν Φράγγων) – eine bis dahin undenkbare Formulierung! [135] Byzanz hatte also das Kaisertums Karls akzeptiert und man begegnete sich – zumindest in der Theorie (und in den Augen der Franken) – auf gleicher Augenhöhe. Verwiesen wird in dem Zusammenhang natürlich immer auf das berühmte und heftig diskutierte Kapitel 28 in Einhards *Vita Caroli Magni*, wo es heißt: »Den Haß der römischen Kaiser (scil. der byzantinischen), die ihm die Annahme des Kaisertitels sehr verübelten, trug er mit großer Gelassenheit, und mit der Hochsinnigkeit, in der er ohne alle Frage weit über ihnen stand, wußte er ihren Trotz zu besiegen, indem er häufig durch Gesandtschaften mit ihnen verkehrte und sie in seinen Briefen als Brüder anredete (*et in epistolis fratres eos appelando*).« [136] Es ist hier nicht der Platz, um Einhards Intentionen und seine Tendenz zu behandeln. [137]

Ob man aus diesen zwei Briefen und einem umstrittenen Statement Einhards auf eine von Karl dem Großen gesehene und akzeptierte »Familie der Könige« schließen darf, sei dahin gestellt. [138] Mir erscheint die Deutung z. B. von Karl Heldmann (1928) zutreffender zu sein: »Das Motiv dieser Anrede war natürlich ein anderes: die Betonung der Gleichheit des kaiserlichen Ranges und der dynastischen Verbundenheit nach Art des früheren Verkehrs zwischen den Nachkommen und Nachfolgern des Theodosius in Westen und Osten.« [139]

Und auch in dem berühmten Brief Kaiser Michaels II. (und seines Sohnes Theophilos) vom 10.4.820 wird Ludwig der Fromme als *frater* bezeichnet (… *Michahel et Theophilus, fideles in ipso Deo imperatores Romanorum, dilecto et honorabili fratri Hludowico*, …), auch wenn er »nur« als *gloriosus rex Francorum et Langobardorum et vocatus eorum imperator* bezeichnet wird. [140]

An dieser Stelle beende ich die Behandlung einzelner Belege aus der Spätantike bzw. dem frühen Mittelalter. Die folgenden Jahrhunderte (bis 1453) müssen einer späteren Untersuchung vorbehalten bleiben.

Es ist jedoch das auffällige Phänomen zu beobachten, dass in der internationalen Byzantinistik diese Vorstellung gar nicht auftaucht – und das seit Jahrzehnten. In Deutschland jedoch sieht das etwas anders aus. [141]

Selbstverständlich konnte hier nur an der Oberfläche gekratzt werden, und eine viel ausführlichere und intensivere Untersuchung aller Textbelege ist ein wissenschaftliches Desiderat. M.E. kann man dennoch mit gutem (wissenschaftlichem) Gewissen behaupten, dass die Vorstellung von einer »Familie der Könige« als einem völkerrechtlich verbindlichen System (und von allen involvierten Mächten anerkannt) in den hier traktierten Quellen keinen ausreichenden Rückhalt findet. Es handelt sich, wenigstens bezogen auf die Spätantike und das frühe Mittelalter, um ein Konstrukt, über dessen wirkliche Ursprünge nachgedacht werden muss.

Bereits seit 1972 äußerte Evangelos Chrysos in verschiedenen Aufsätzen und Beiträgen Zweifel an der Tragfähigkeit dieses Konzepts, was er später ausführlicher und mit guten Argumenten wiederholte. [142] Vorbehaltlos kann man m.E. Chrysos' schon 1976 formulierter grundlegender Einschätzung von der »Tragfähigkeit« des Konzepts der sog.

---

132 Dölger / Müller (2009) Nr. 385 (S. 202 f.) mit der relevanten Literatur.

133 Siehe die PmbZ 618, 5042 und 8011.

134 Ann. reg. Fr. ad a. 812 (136 Kurze).

135 Theoph. 494, 21 de Boor; dazu siehe Rochow (1991) 308.

136 Einhard, Vita Caroli, 200 f. Ich zitiere nach der Freiherr-vom-Stein-Gedächtnisausgabe.

137 Siehe die umfassende Untersuchung von Tischler (2001); demnächst ist die Biographie Karls des Großen von Johannes Fried zu konsultieren.

138 Leider scheint auch Classen (1988) 93 das so zu sehen, wohl unter dem Eindruck von Dölger (1953a); so auch z. B. Wolf (1991) 15 u.v.a.m.

139 Heldmann (1928) 383 mit Anm. 1 (von Meyer [1931] 135 abgelehnt).

140 MGH Conc. II/2, 475,30–32; siehe Dölger / Müller (2009) Nrr. 408 und 409 (S. 214 f.) mit der relevanten Literatur.

141 Siehe unten bei Anm. 146–149, 154–156 und oben bei Anm. 15.

142 Chrysos (2005) bes. 77 f.; Chrysos (1972) bes. 35–37; Chrysos (1976, 1987, 1989, 1994).

»Familie der Könige« zustimmen: »One should ask whether the Romans and the Byzantines, together with their neighbours, were really so schizophrenic as scholars usually make them to be!«[143] Aber er wies auch auf Defizite im Detail hin.

Eine seiner Schülerinnen untersuchte speziell die Richtigkeit der Dölgerschen Interpretationen von Quellen des 10. Jahrhunderts (bes. Konstanins VII. Porphyrogennetos' *De cerimoniis*) und kam zu einem explizit negativen Ergebnis.[144] Der griechische Historiker Telemachos Lounghis[145] postulierte das Konzept einer »eingeschränkten (begrenzten) Ökumene« als Leitideologie der Makedonenzeit (also des 9. – 11. Jahrhunderts), was den verfügbaren Quellen und den diese widerspiegelnden Herrschafts- und Weltkonzepten wesentlich näher kommt als die fast größenwahnsinnig zu bezeichnende Vorstellung einer »Familie der Könige«. Bedenklich stimmt eine gewisse Wirkung der Dölgerschen Vorstellung von der »Familie der Könige« bis heute bei einigen Vertretern der Mediävistik,[146] aber auch einiger anderer Fächer.[147] Leider fand Dölgers Vorstellung auch einen Widerhall in der renommierten »Encyclopedia of Public International Law«.[148]

Auch in der Byzantinistik taucht diese Vorstellung gelegentlich noch auf; leider auch in einer relativ neuen »Einführung in die byzantinische Geschichte«,[149] während Schreiner in der letzten Auflage seines gerade im universitären Unterricht sehr verbreiteten Byzanz-Bandes des Oldenbourg Grundrisses der Geschichte zwar die »fiktive ›Familie der Könige‹« erwähnt, jedoch auf die Relativierung dieses Konzepts durch Lounghis verwies.[150] Dieser hatte, wie eben schon erwähnt, insbesondere auf der Grundlage von Quellen des 9. und 10. Jahrhunderts eine Anpassung und Reduzierung der byzantinischen »Weltherrschaftsansprüche« bemerkt und von einer »begrenzten Ökumene« gesprochen; Byzanz sprach er besonders im 10. Jahrhundert (also während der Entstehungszeit

des Zeremonienbuches Konstantins VII. Prophyrogennetos, einer der wichtigsten Quellen des Dölgerschen Konzepts!) einen politischen Realismus zu, der auch das mittelalterliche Byzanz als »normal« erscheinen lässt.[151] An anderer Stelle – und da kann man ihm nur zustimmen – warnt Schreiner davor, den »Familienbegriff« zu sehr in die Praxis auszuweiten.[152] »Das Begriffsbild der Familie der Könige muss grundsätzlich neu überdacht werden …«[153]

Aber es gibt auch entgegengesetzte Meinungen in der neueren Forschung. Ein besonders drastisches Beispiel stellt ein kürzlich erschienener Band dar,[154] wo man lesen kann, dass die germanischen Herrscher »generell« vom Kaiser als *filius* angeredet wurden.[155] Immerhin konstatiert der Autor einen »Dissens« zwischen der oströmischen und der fränkischen Sicht. Schließlich stellt er gar fest: »Ein vorausgesetztes allgemeines hierarchisches Modell der ›Familie der Könige‹ lässt sich in Bezug auf die weltlichen Herrscher für die karolingischen Herrscher auch gegenüber nichtchristlichen Herrschern nicht belegen.« Dass er dann aber dennoch ein eigenes Kapitel zur »Familie der Könige« bietet, zeigt einmal mehr, wie sehr sich diese Vorstellung (von der im Laufe der Jahrzehnte Tausende Studenten in ihren Vorlesungen hörten) in den Vorstellungen heutiger Historiker verfestigt hat und oft eher subkutan – aber dennoch spürbar – wirkt.[156] In diesem Kontext ist z. B. auch der Umstand zu sehen, dass DIGNAS / WINTER 2007, 232–241 (die englische Ausgabe ihres deutschen Buches von 2001) nun ein eigenes Kapitel mit dem schönen Titel »Concepts of ›legitimate‹ rule and the ›family of kings‹« hinzufügten. Dölger wird nicht namentlich zitiert; sein einschlägiger Aufsatz taucht jedoch im Literaturverzeichnis (292) auf. Leider wird dieser Vorgang nicht begründet!

Dass die bei Dölger aufscheinende[157] Integration der vormogolischen Rus' in die imaginäre »Familie der Könige« mit den bekannten histori-

---

143 CHRYSOS (1976) 2.
144 MOUSIDOU (1994); MOYSIDOU (1995); BLYSSIDOU (1991); LETSIOS (1988); SYNELLI (1986).
145 LOUNGHIS (1993a, 1995). Allerdings ist die Einbeziehung der »Konstantinischen Schenkung« in seine Argumentation zurückzuweisen. Man kannte sie in Byzanz erst seit dem 11. Jahrhundert. Dazu siehe zuletzt FRIED (2007).

146 Siehe etwa ANGENENDT (1980); ANGENENDT (1982) bes. 111; ANGENENDT (1989); GEORGI (1991).
147 Siehe z. B. noch (es geht hier um Zufallsfunde und keineswegs um Ergebnisse einer systematischen Suche) AMERIESE (2008).
148 PREISER (1995).
149 LILIE (2007) 144–146.
150 SCHREINER (2011) 82 und 162.
151 Siehe eben bei Anm. 145.

152 SCHREINER (2011) 162 mit Bezug auf LOUNGHIS (1993b).
153 SCHREINER (2011a), 747 mit Anm. 50.
154 STEIGER (2010).
155 STEIGER (2010) 70.
156 STEIGER (2010) 574–576.
157 DÖLGER (1953a) 37.

schen Tatsachen kollidiert, zeigt die neuere Forschung. [158]

Ein weiterer Umstand ist für die Spätantike und das frühe Mittelalter besonders im Blick zu halten. Es war Alexander Demandt, der schon vor über 30 Jahren auf den Umstand hinwies, dass der sog. spätrömische Militäradel aus einem sehr dicht gestrickten genealogischen Netz bestand, das sowohl Kaiserfamilien, fast alle großen Familienclans der spätantiken Senatsaristokratie [159] wie auch fast alle Herrscherfamilien der germanischen Staaten umfasste. [160] Auf diese Weise entstand ein enges Geflecht gegenseitiger Verwandtschaft, das gelegentlich verblüffend ist. Auch wenn Demandts Schüler Stefan Krautschick an einigen Stellen übertrieb und zu weitgehende Schlussfolgerungen zog, [161] sind die von ihm erstellten genealogischen Tabellen höchst aufschlussreich. [162] »This ›family of kings‹ was a real one and had little in common with the fictious system anticipated by F. Dölger …«, meinte vor einigen Jahren Chrysos. [163] Auch dem kann man nur zustimmen.

Franz Dölger veröffentlichte 1924 den ersten Band der »Regesten der Kaiserurkunden des oströmischen Reiches«, dem bald weitere Bände folgten. [164] Dass die erstaunlich schnelle Fertigstellung dieses ersten Regestenbandes unter heute erstaunlichen Umständen geschah, wurde erst vor ca. 10 Jahren bekannt. Offenbar hat Paul Marc (als Angestellter der Bayerischen Akademie) [165] einen sehr großen Teil der grundlegenden und umfassenden Vorarbeiten geleistet, »… doch sieht es schon etwas danach aus, dass hier dankbar Früchte geerntet wurden, die lange Jahre auf fremden Bäumen gereift waren«. [166] Marc wird eher nebenbei im Vorwort – gut versteckt – erwähnt. [167] In der Darstellung der Geschichte der Byzantinistik in München aus dem Jahre 1958 [168] durch Dölger kommt er gar nicht vor!

Es kann hier natürlich nicht darum gehen, einen großen Gelehrten (Mitglied des Ordens Pour le mérite, Mitglied zahlreicher Akademien und Ehrendoktor vieler Universitäten, Träger höchster Auszeichnungen der Bundesrepublik Deutschland [169]) »am Zeug zu flicken«. Aber vielleicht beleuchten die erst seit wenigen Jahren bekannten Vorgänge um die Entstehung des höchst wichtigen byzantinischen Regestenwerkes, dem Dölger vermutlich (neben anderen wissenschaftlichen Leistungen selbstverständlich) seinen Münchener Lehrstuhl verdankte, einige Charakterzüge dieses Gelehrten.

Wenn also das Konzept der »Familie der Könige« – zumindest bis zum 9. Jahrhundert – im Widerspruch zu den vorhandenen Quellen steht und entsprechend abzulehnen ist, bleibt die Frage, wieso ein so bedeutender Gelehrter es in die Welt setzte. Man könnte natürlich mit Ernst Stein (in seiner kritischen Rezension zu Dölgers Habilitation über die byzantinische Finanzverwaltung [170]) annehmen »…, daß D. als echter Zögling der Münchener Byzantinistenschule zwar ein vortrefflicher Philolog, aber nicht eigentlich ein Historiker ist«. [171] Doch genügt diese – sicher übertriebene – Feststellung? Dölger war ohne Zweifel einer der bedeutendsten Byzantinisten des 20. Jahrhunderts. Wenn ein so eminenter Gelehrter viel Zeit und Mühe aufwandte, um ein nicht schlüssiges Konzept zu entwickeln und auch später (nach 1940) noch vertrat, [172] bleibt die Frage nach der Ursache.

An dieser Stelle drängt sich ein Verdacht auf, der vielleicht erklären könnte, wie es zur Entstehung des Konzepts von der »Familie der Könige« mit ihren rechtlichen und anderen Implikationen kam. Dölger arbeitete bekanntlich in diversen nationalsozialistischen Einrichtungen mit, die u. a. als Thinktanks für die Nazis dienten (bzw. die

158 Franklin (1983); vgl. Chrysos (1992); Čičurov (1990); siehe Brandes (2013) bei Anm. 105 und 113.

159 Siehe die bei Brandes (2014) zusammengestellte Literatur.

160 Demandt (1980) und Demandt (1989), genealogische Tabelle nach S. 504. Dazu Krautschick (1989).

161 Was eine kleine Kontroverse auslöste. Siehe Krautschick (1986); Brandes (1993); Krautschick (1995); Speck (1997).

162 Krautschick (1989); darin (nach S. 114) die sehr detaillierte und umfassende genealogische Tafel.

163 Chrysos (2003) 15 mit Anm. 5.

164 Siehe jetzt die überarbeitete Auflage Dölger / Müller (2009).

165 Müller (2003). Er war der Bruder des Malers Franz Marc.

166 So Müller (2004) 313.

167 Müller (2004) 309.

168 Chalikes (1958), hier: Dölger 121–135 und 137–159 zu Karl Krumbacher und August Heisenberg.

169 Vollständige Übersicht in Polychronion (1966) 6. Siehe bes. den Nachruf von Hunger (1970).

170 Zu dieser siehe auch kritisch Brandes (2002) 7, 18 und passim.

171 Stein (1928/1929) 158 bzw. Stein (1968) 436.

172 Siehe nur Dölger (1954).

Einsatzstab Reichsleiter Rosenberg
für die besetzten Gebiete

Berlin, 28.5.1943
IIc/Rf.

Die Stabsführung, Abtl. Erfassung u. Sichtung

An den
Einsatzstab Reichsleiter Rosenberg

R i g a

Dienstpostamt

K i e w

Rownoer Str. 8

M i n s k

Postfach 24

Ich bitte um Nachforschung, ob sich unter den dortigen Beständen
die nachstehend aufgeführten russischen Werke befinden. Diese Bücher
werden von Prof. Dölger, München, für das Mittel- und neugriechische
Seminar der Universität München angefordert.

Vizantijskij Sbornik I (1940) (mit byzantinischen Artikeln)
falls erschienen, sämtliche Bände

Trudy der Russ. Akademie der Wiss., Abt. Altruss. Literatur 1936,
(Beitrag Ainalov) und 1940 (Beitrag Sachmatov)

A. Sachmatov, Povest vremennych let i jeje istocniki, Moskau 1940

Falls dort vorhanden, bitte ich um Übersendung der Bücher nach hier.

Heil Hitler!

(Dr. Wunder)
Oberstabseinsatzführer.

gerne eine solche Funktion ausüben wollten). Bereits im Jahre 1998 wurde die Problematik der Verstrickung deutscher Historiker auch und besonders in die Entwicklung konzeptioneller Vorstellungen und theoretischer Herrschaftsmodelle der Nationalsozialisten ausführlich und mit großem öffentlichem Echo auf dem Frankfurter Historikertag behandelt. Leider spielte damals die sog. südosteuropäische Arbeitsgemeinschaft (mit enger Verbindung u. a. zu Heydrich) kaum eine Rolle. Man konzentrierte sich auf den Osten und den Westen – was auch dem damaligen Forschungsstand geschuldet war. Seitdem wurde in diese Richtung weitergeforscht. 1939, als sich Dölger mit der »Familie der Könige« befasste und an seinem Aufsatz schrieb, wurde man hier sehr aktiv (nach der Annexion von Tschechien und dem sog. Anschluss Österreichs). Der Balkan rückte damit ins Zentrum des Interesses. Und hier wurde Dölger (neben anderen, selbstverständlich) aktiv. Man diskutierte die zukünftige Gestaltung Südosteuropas. Gleichzeitig war Dölger Leiter der »Abteilung für deutsch-balkanische Beziehungen«, des sog. Südostausschusses,[173] der »Deutschen Akademie zur wissenschaftlichen Erforschung und Pflege des Deutschtums« (zeitweiliger Präsident war Haushofer, der enge Freund von Rudolf Hess). Hier arbeitete er u. a. eng mit dem hinlänglich bekannten Georg Stadtmüller zusammen. Besonders enge Beziehungen unterhielt er zum Amt Rosenberg, das ihm auch seine berühmt-berüchtigte Athos-Expedition des Jahres 1941 organisierte und finanzierte (organisiert vom Sonderkommando Griechenland des »Einsatzstabes Reichsleiter Rosenberg/ERR«[174]).[175] Ergebnis dieses Unternehmens, über das man schon den Studenten der Byzantinistik schaurige Details erzählte (zumindest in meiner Studentenzeit war das so), war der reich ausgestattete Band »Mönchland Athos« (mit der »berühmten« Abbildung 184: ein Hitlerportrait, gemalt von Athosmönchen).[176] Das Geleitwort

stammte vom Stabsführer des Einsatzstabes Reichsleiter Rosenberg Gerhard Utikal († 1982), der vermutlich die Finanzierung des Unternehmens gewährleistete. Utikal war einer der mächtigsten und einflussreichsten nationalsozialistischen Funktionäre (im Range eines Generalmajors), der u. a. für den Kunstraub in den besetzten Gebieten verantwortlich war.[177] Bekannt war sein unsägliches Machwerk »Der jüdische Ritualmord«, vor 1945 in mehreren Auflagen verbreitet. Dölgers Berichte über diese »Expedition« sind keineswegs frei von der zeitgenössischen NS-Diktion.[178] Seine Freude, nun »frei von den friedensmäßigen Schikanen« durch die ungebildeten Athos-Mönche zu sein, wird ausdrücklich betont.[179]

Aber Dölgers offenbar enge Beziehungen zum Einsatzstab Rosenberg beschränkten sich nicht allein auf die privilegierte Finanzierung seiner Athosexpedition. Ein vor einigen Jahren (eher zufällig) aufgetauchtes Aktenstück im Zentralnyi dershawnyj archiw wyschych organiw wladi ta uprawliniya Ukrainy (Kiiv) (F 3676 op. 4, spr. 326)[180] zeigt, dass Dölger auch von den Raubaktivitäten des Einsatzstabes Rosenberg in den besetzten Gebieten der Sowjetunion (und vielleicht auch der anderen okkupierten Staaten) profitierte. Es ist immerhin bemerkenswert, dass er die in diesem Dokument aufgelisteten Publikationen nicht erbitten musste, sondern dass er sich doch offensichtlich in einer Position befand, die es ihm ermöglichte, diese »anzufordern« und nicht zu »erbitten« – ein kleiner, aber bemerkenswerter semantischer Unterschied in der Bürokratensprache der NS-Funktionäre!

Ab 1941 war der Einsatzstab Reichsleiter Rosenberg in der Sowjetunion aktiv. Dafür wurde eine neue Hauptarbeitsgruppe für das Reichskommissariat Ostland (RKO) und Reichskommissariat Ukraine (RKU) gebildet.[181] Dieses hier veröffentlichte Dokument zeigt, dass die Mitarbeiter des Rosenbergschen Einsatzstabes auch noch im Mai

173 Hausmann (2001) 71; Schaller (2008) 312–336, bes. 319 ff.

174 Schaller (2008) 322 ff.; Hose (2009) 307–320, hier besonders 317 ff. zur »Athosexpedition«. Zum Amt Rosenberg siehe u. a. Bollmus (2006) 144 ff.

175 Zuletzt dazu Hose (2009) 317–319.

176 Dölger (1943).

177 Zellhuber (2006) 150.

178 Eine gute Zitatenauswahl bei Schaller (2008) und Hose (2009) a.a.O.; Dölger (1942a) und (1942b) (letztgenannter Artikel nicht in der angeblich vollständigen Dölger-Bibliographie in Polychronion 1966 erfasst!).

179 Dölger (1942b) 11.

180 Ich danke an dieser Stelle herzlichst Herrn Dr. W. Hedeler, der dieses

Dokument fand und mir zur Verfügung stellte.

181 Manasse (1997) bes. 109 ff. (zur Sowjetunion); zu den Praktiken der verschiedenen deutschen »Behörden« in den okkupierten Gebieten siehe etwa Lehr (2007); Piper (2005) 188 f.; Hartung (2000).

1943 keine Mühen scheuten, um den Wünschen des Münchener Ordinarius nachzukommen. Dölger war zweifellos nicht der einzige deutsche Professor, der diese einzigartige Möglichkeit nutzte, um die Bestände der jeweiligen Institutsbibliotheken zu mehren. [182] Ein aufmerksamer Blick in so manche Bibliothek altehrwürdiger Universitäten dürfte zu einigen »Überraschungen« führen.

Meines Erachtens tat Dölger 1939/1940 genau das, was noch im März 1944 (!) ein hochrangiger Vertreter des Ministeriums für die besetzten Ostgebiete nach einer großen Sitzung (mit hochrangigen SS-Vertretern) mit Südosteuropaexperten – darunter natürlich auch Franz Dölger – forderte: Die deutsche Südosteuropaforschung solle der politischen Führung neue Grundbegriffe vermitteln, im Interesse einer Neuordnung Europas. [183]

1939/1940 entwarf Dölger, so möchte man vermuten, ein Konzept für eine deutsche Suprematie für den Balkan – mit Adolf Hitler als »Vater«, befreundete Regime (Horty in Ungarn, Antonescu in Rumänien usw.) als »Brüder« und dann die übrigen Nationen in untergeordneter Position (nicht zuletzt Griechenland, Serbien oder Albanien). Der Verlauf des Krieges führte, wie bekannt, zu anderen Konstellationen.

Da Franz Dölger in seinem Aufsatz über die »Familie der Könige« an keiner Stelle *expressis verbis* auf zeitgenössische politische Vorgänge oder auf die NS-Ideologie eingeht oder auch nur anspielt, macht der Text einen objektiven Eindruck. In einem etwa zeitgleich (1940) erschienenen Aufsatz in einem Band der Deutschen Akademie sieht das schon anders aus. Hier pries er die zukünftige Südosteuropaforschung, die »mit der Rassenforschung und der Charakterologie ausgerüstet, zu weittragenden neuen Erkenntnissen« gelangen würde. [184] »Die Anteilnahme der deutschen Wissenschaft an balkanischen Dingen beruht auf Antrieben hauptsächlich zweierlei Art; sie ist bald getragen von den Interessen der Politik, [185] bald von der weitergreifenden Auswirkung großer geistiger Strömungen, und diese beiden Antriebe durchdringen sich gelegentlich gegenseitig in mannigfaltigster Weise.« [186] Weiter übt er Kritik am »bürgerlichen Liberalismus«, am »kritischen Historismus« und macht diese überhaupt für einen »geschichtlichen Skeptizismus« verantwortlich. All das lehnt er (natürlich) entschieden ab. [187] Diese »allgemeine wissenschaftliche Entwicklung« habe erst 1920 ein Ende gefunden. Wieso 1920, mag man sich fragen. Die Antwort ist eindeutig, auch wenn der Münchener Ordinarius sie nicht explizit ausspricht. In diesem Jahr wurde die Nationalsozialistische Deutsche Arbeiterpartei gegründet! In München war Dölger Zeitzeuge(!) und wusste also genau, welche Rolle diese verbrecherische Partei gerade in der »Hauptstadt der Bewegung« spielte. Und die Gründung dieser Partei war also das wichtigste Epochenjahr in der Entwicklung der deutschen Wissenschaft! »Sie (scil. die deutsche Wissenschaft – W.B.) verdankt jedoch hierbei einen entscheidenden neuen Anstoß der nationalsozialistischen Bewegung.« [188] Aus der »Verwirrung und Ratlosigkeit« der deutschen Wissenschaft nach dem Weltkrieg führte eben die NS-Bewegung durch die »Besinnung auf die blutmäßig gebundene und im Heimatboden wurzelnde Kraft des Volkes [189] heraus zu einer neuen, lebensbejahenden Geschichtsbetrachtung«. [190] Er propagiert weiter dafür, »den Sinn der Geschichte in dem segensreichen Walten dieser volksgebundenen Kräfte auf allen Gebieten des Lebens … und aus dieser fundamentalen Erkenntnis heraus die Neugestaltung der neuen Gemeinschaft aus dem Geiste uralter völkischer Anschauungen im eigenen Bereiche auch kraftvoll« zu verwirklichen. [191] Usw. usw. Es folgt dann das bereits zitierte Bekenntnis zur Rasseforschung.

Wir haben also zu konstatieren, dass in den Monaten, während Dölger sein Konzept der »Familie der Könige« zu Papier brachte und eben-

---

182 Siehe z. B. das Dokument I/72b (aus dem Oktober 1942) bei Hartung (2000) 171–173, wo u. a. das Slawische Institut und das Seminar für Osteuropäische Geschichte der Berliner Universität als Empfänger von Beutebüchern genannt werden. In der Mitte der 70er Jahre des letzten Jahrhunderts sah ich (damals studentische Hilfskraft an der Sektion Ge-

schichte der Humboldt-Universität) selbst noch diverse Kisten mit Büchern aus Kiew – allerdings versteckt und nicht katalogisiert.
183 Fahlbusch (1999) 766.
184 Dölger (1940) 165; dazu siehe insbesondere Töchterle (2004) 173.
185 Also der nationalsozialistischen Balkanpolitik!
186 Dölger (1940) 161.

187 Dölger (1940) 162 f.
188 Dölger (1940) 164.
189 Im Text hervorgehoben – Dölger (1940) 164: die klassische Blut- und Bodenideologie (BluBo).
190 Ebenda.
191 Ebenda.

falls im Jahre 1940 im Historischen Jahrbuch der (katholischen!) Görres-Gesellschaft publizierte, er gleichzeitig die Vorzüge der NS-Ideologie pries (und das auch noch im Ausland[192]), Rassismus als neuen wissenschaftlichen Ansatz ansah und die Gründung der NSDAP im Jahre 1920 als Epochenjahr der deutschen Geistesgeschichte feierte. Handelte es sich um den »normalen« Opportunismus, für den man zweifellos Millionen weitere Beispiele finden könnte?

In der jüngsten Würdigung Dölgers seitens der Bayerischen Akademie (aus dem Jahre 2009) liest man kurz und bündig: »Sein Verhältnis zum Nationalsozialismus war, so scheint es, distanziert.«[193] Der Verfasser dieser Würdigung bekannte in einer Fußnote: »Ich stütze mich … auf Dölgers Angaben im sog. Fragebogen des Office of Military Government for Germany, datiert auf den 2.2.1946, …«[194] Auch wenn Dölger offenbar nie Mitglied der NSDAP war, wurde er im November 1946 als Universitätslehrer suspendiert und als Klassensekretär der Bayerischen Akademie der Wissenschaften entlassen, wegen »Mangels an positiven erzieherischen Eigenschaften«.[195] Er zog sich ins Kloster Scheyern zurück.[196] 1947 jedenfalls wurde er nach dem damals üblichen Spruchkammerverfahren in der amerikanischen Besatzungszone (der »kalte Krieg« begann und entsprechend konnten zahlreiche große und kleine Nazis ihre alten Positionen wieder einnehmen) als »Minderbelasteter« eingestuft. Mit Hilfe »zahlreicher Ent-lastungsschreiben« (sog. Persilscheine) habe er sich »erfolgreich verteidigen« können. Anfang 1948 nahmen die Akademie und die Universität ihn wieder auf.[197]

Dölger war – nach allem, was wir wissen – kein wirklicher Nazi, aber ein erfolgreicher Ordinarius und Opportunist, der die Zeitumstände zu nutzen wusste – mithin ein weiteres Beispiel für die oft debattierte »Zeitgebundenheit« des Historikers.

Das Verhalten Dölgers in der Nazizeit ist die eine Sache (sie wirklich aufzuarbeiten, ist Sache der Ludwigs-Maximilians-Universität und der Bayerischen Akademie,[198] vielleicht auch des Ordens Pour le mérite), eine andere Sache ist die Frage nach einem eventuellen Einfluss seines Eingehens auf die Naziideologie, ganz unabhängig davon, ob er dieser nun »glaubte« oder auch nicht, auf sein wissenschaftliches Werk, zumindest auf sein (einer intensiven Kritik nicht standhaltendes) Konstrukt von der »Familie der Könige«. Vielleicht schaffen weitere Forschungen hier wirkliche Klarheit. Bis dahin sehe ich die »Familie der Könige« als ein Produkt der NS-Ideologie z. Z. des beginnenden Zweiten Weltkriegs. Mit den Realitäten in der Spätantike und im frühen Mittelalter hat sie in meiner Sicht jedenfalls kaum etwas zu tun.

◼

---

192 Der Aufsatz DÖLGER (1940) geht auf einen Vortrag in Belgrad zurück.
193 HOSE (2009) 319.
194 HOSE (2009) 395 Anm. 24.
195 HOSE (2009) 317.
196 Er selbst bemerkte dazu, dass er »von der Besatzungsmacht aus nicht bekannt gegebenen Gründen aus seinem Amte entfernt und mit Beschäftigungsverbot belegt, im Byzantinischen Institut der Abtei Scheyern als Hilfsarbeiter Zuflucht und Brot für sich und seine Familie« gefunden habe. Siehe DÖLGER (1953b) VII.

Der damalige Abt (Hoeck [1902–1995]) hatte im Jahre 1939 bei Dölger promoviert. Man geht wohl nicht zu weit, wenn man die Athos-Expedition des Jahres 1943, finanziert vom Amt Rosenberg, als die (oder eine der?) Ursache(n) für die vorübergehende Amtsenthebung ansieht. Vgl. auch HOSE (2009) 319 f.
197 HOSE (2009) 319.
198 Insbesondere sollten die Veröffentlichungen Dölgers, die vor 1945 erschienen sind (und die nicht in seiner »offiziellen« Bibliographie [in Poly-

chronion (1966) 13–33] erfasst wurden), systematisch gesichtet und ausgewertet werden. Vermutlich könnte man so sein Verhältnis zum Nationalsozialismus näher beleuchten.

Bibliographie

- Agathiae Myrinaei Historiarum libri quinque, rec. R. Keydell, Berlin 1967
- Ameriese, M. (2008), Spirituelle Verwandtschaft als Legitimationskriterium byzantinischer Kaiser in den Briefen des Nikolaos Mystikos, in: Baier, Th., M. Ameriese (Hg.), Legitimation der Einzelherrschaft im Kontext der Generationenthematik, Berlin / New York, 309–317
- Ammianus Marcellinus, Römische Geschichte. Lateinisch und deutsch und mit einem Kommentar versehen von W. Seyfarth, I–IV, 3. Aufl., Berlin 1975
- Angenendt, A. (1980), Das geistliche Bündnis der Päpste mit den Karolingern (754–796), in: Historisches Jahrbuch 100, 1–94
- Angenendt, A. (1982), Rex et sacerdos. Zur Genese der Königssalbung, in: Kamp, N., J. Wollasch (Hg.), Tradition als historische Kraft. Interdisziplinäre Forschungen zur Geschichte des früheren Mittelalters, Berlin / New York, 100–118
- Angenendt, A. (1989), Die Karolinger und die »Familie der Könige«, in: Zeitschrift des Aachener Geschichtsvereins 96, 5–33
- Ann. reg. Fr. Kurze: Annales regni Francorum, rec. F. Kurze, Hannover 1895
- Antonopoulos, P. (1990), Πέτρος Πατρίκιος. Ο Βυζαντινός διπλωμάτης, αξιωματούχος και συγγραφέας, Athen
- Avitus Vienn. Peiper: Alcimi Ecdicii Aviti Viennensis episcopi Opera quae supersunt, rec. R. Peiper, MGH Auctores antiquissimi VI/2, Berlin 1883
- Bachrach, B. S. (1994), The Anatomy of a Little War. A Diplomatic and Military History of the Gundovald Affair (568–586), Oxford
- Bardill J., G. Greatrex (1996), Antiochos the Praepositus: A Persian Eunuch at the Court of Theodosius II, in: Dumbarton Oaks Papers 50, 171–197 http://dx.doi.org/10.2307/1291743
- Blockley, R. C. (1983), The Fragmentary Classicising Historians of the Later Roman Empire. Eunapius, Olympiodorus, Priscus and Malchus, II: Text, translation and historiographical notes, Liverpool
- Blockley, R. C. (1992), East Roman Foreign Policy, Leeds
- Blyssidou, B. (1991), Ἐξωτερικὴ πολιτικὴ καὶ ἐσωτερικὲς ἀντιδράσεις τὴν ἐποχὴ τοῦ Βασιλείου Α', Athen
- Bollmus, R. (2006), Das Amt Rosenberg und seine Gegner, München http://dx.doi.org/10.1524/9783486595543
- Börm, H. (2008), »Es war allerdings nicht so, dass sie es im Sinne eines Tributes erhielten, wie viele meinten …« Anlässe und Funktion der persischen Geldforderungen an die Römer (3. bis 6. Jh.), in: Historia 57, 327–346
- Brandes, W. (1989), Die Städte Kleinasiens im 7. und 8. Jahrhundert, Berlin
- Brandes, W. (1993), Familienbande? Odoaker, Basiliskos und Harmatios, in: Klio 75, 407–436
- Brandes, W. (2002), Finanzverwaltung in Krisenzeiten. Untersuchungen zur byzantinischen Administration im 6.–9. Jahrhundert, Frankfurt am Main
- Brandes, W. (2013), Taufe und soziale / politische Inklusion und Exklusion in Byzanz, in: Rechtsgeschichte 21, 75–88
- Brandes, W. (2014), Der Nika-Aufstand, Senatorenfamilien und Justinians Bauprogramm, in: Meier, M. / St. Patzold (Hg.), Chlodwigs Welt. Organisation von Herrschaft um 500, Stuttgart (im Druck)
- Burckhardt, M. (1938), Die Briefsammlung des Bischofs Avitus von Vienne, Basel
- Bury, J. B. (1907), The Ceremonial Book of Constantine Porphyrogennetos, in: English Historical Review 22, 209–227, 417–439 http://dx.doi.org/10.1093/ehr/XXII.LXXXVI.209
- Cameron, Av. (1969/1970), Agathias on the Sassanians, in: Dumbarton Oaks Papers 23/24, 67–183
- Cameron, Av. / St. Hall (ed.) (1999), Eusebius, Life of Constantine. Introduction, Translation, and Commentary, Oxford
- Cass., Variae Fridh: Magni Aurelii Cassiodori Variarum libri XII, cura et studio Å. J. Fridh, Turnhout 1973
- Cassiodorus, Variae, translated with notes and introduction by S. J. B. Barnish, Liverpool 1992
- Chalikes 1958: Chalikes. Festgabe für die Teilnehmer am XI. Internationalen Byzantinistenkongreß München 15.–20. September 1958, hg. von H.-G. Beck, München
- Chron. Pasch. Dindorf: Chronicon Paschale, rec. L. Dindorf, Bonn 1832
- Chron. Pasch. Whitby / Whitby: Chronicon Paschale 284–628 AD. Translated with notes and introduction by Mi. Whitby, Ma. Whitby, Liverpool 1989
- Chrysos, E. (1972), Τὸ Βυζάντιον καὶ οἱ Γότθοι. Συμβολὴ εἰς τὴν ἐξωτερικὴν πολιτικὴν τοῦ Βυζαντίου κατὰ τὸν Δ' αἰῶνα. Thessaloniki
- Chrysos, E. (1976), Some Aspects of Roman-Persian Legal Relations, in: Κληρονομία 8, 1–48
- Chrysos, E. (1987), Τὸ Βυζάντιο καὶ ἡ διαμόρφωση τῆς μεσαιωνικῆς Εὐρώπης, in: Byzantium and Europe, Athen, 75–84
- Chrysos, E. (1989), Legal Concepts and Patterns for the Barbarians' Settlement on Roman Soil, in: Chrysos E., A. Schwarcz (Hg.), Das Reich und die Barbaren, Wien, 13–23
- Chrysos, E. (1992), Was Old Russia a Vassal State of Byzantium?, in: Tachiaos, A.-A. N. (ed.), The Legacy of Saints Cyril and Methodius to Kiev and Moscow, Thessaloniki, 233–245
- Chrysos, E. (1994), Perceptions of the International Community of States During the Middle Ages, in: Brunner, K., B. Merta (Hg.), Ethnogenese und Überlieferung. Angewandte Methoden der Frühmittelalterforschung, Wien, 293–307
- Chrysos, E. (2003), The Empire, the gentes and the regna, in: Goetz, H.-W. et al. (ed.), Regna and Gentes. The Relationship between Late Antique and Early Medieval Peoples and Kingdoms in the Transformation of the Roman Worls, Leiden, 13–19
- Chrysos, E. (2005), Το Βυζάντιο και η διεθνής κοινωνία του μεσαίωνα, in: Chrysos, E. (ed.), Byzantium as Oecumene, Athen, 59–78
- Chrysos, E. (2011), Byzantium and Persia, in: Le relazioni internazionali nell'alto medioevo, Spoleto, 803–815
- Čičurov, I. (1973), Feofan – kompiljator Feofilakta Simokatty, in: Antičnaja drevnost' i srednie veka 10, 203–205
- Čičurov, I. (1990), Političeskaja ideologija srednevekov'ja Vizantija I Rus', Moskva
- Classen, P. (1988), Karl der Große, das Papsttum und Byzanz, Sigmaringen

- Claude, D. (1989), Zur Begründung familiärer Beziehungen zwischen dem Kaiser und barbarischen Herrschern, in: Chrysos, E., A. Schwarcz (Hg.), Das Reich und die Barbaren, Wien, 25–56
- CPL: Dekkers, E., Clavis patrum Latinorum, Steenbrugge 1995
- De cer. Reiske: Constantini Porphyroheniti imperatoris De cerimoniss aulae Byzantinae, e rec. I. I. Reiskii. Bonn 1829
- de Jonge, P. (1977), Philological and Historical Commentary on Ammianus Marcellinus XVII., Groningen
- Demandt, A. (1980), Der spätrömische Militäradel, in: Chiron 10 (1980), 609–636
- Demandt, A. (1989), Die Spätantike. Römische Geschichte von Diocletian bis Justinian 284–565 n. Chr., München
- Dignas, B., E. Winter (2001), Rom und das Perserreich. Zwei Weltmächte zwischen Konfrontation und Koexistenz, Berlin
- Dignas, B., E. Winter (2007), Rome and Persia in Late Antiquity, Cambridge http://dx.doi.org/10.1017/CBO9780511619182
- Dodgeon, M. H., S. N. C. Lieu (1991), The Roman Eastern Frontier and the Persian Wars AD 226–363, London
- Dölger, F. (1927), Beiträge zur Geschichte der byzantinischen Finanzverwaltung besonders des 10. und 11. Jahrhunderts, München
- Dölger, F. (1940), Deutsche Kultur im Leben der Völker, in: Mitteilungen der Akademie zur wissenschaftlichen Erforschung und zur Pflege des Deutschtums / Deutsche Akademie 15, H. 2, 161–176
- Dölger, F. (1942a), Deutscher Gelehrtenbesuch im bulgarischen Athoskloster Zographu im Kriegsjahr 1941, in: Bulgaria, 392–396
- Dölger, F. (1942b), Deutsche Forschung auf dem Athos im Kriegsjahr 1941, in: Europäischer Wissenschaftsdienst, 2. Jg., Nr. 16, 11 f.
- Dölger, F. (Hg.) (1943), Mönchsland Athos, München
- Dölger, F. (1953a), Die »Familie der Könige« im Mittealter, in: Ders., Byzanz und die europäische Staatenwelt, Ettal, 34–69 (ursprünglich in: Historisches Jahrbuch 60 [1940] 397–420 = Festgabe für R. von Heckel)
- Dölger, F. (1953b), Der griechische Barlaam-Roman ein Werk des h. Johannes von Damaskos, Ettal
- Dölger, F. (1953c), Der Bulgarenherrscher als geistlicher Sohn des byzantinischen Kaisers, in: Ders., Byzanz und die europäische Staatenwelt. Ettal, 183–196
- Dölger, F. (1954), Brüderlichkeit der Fürsten, in: RAC 2, 641–646
- Dölger, F., A. E. Müller (2009), Regesten der Kaiserurkunden des oströmischen Reiches von 565–1453, bearbeitet von F. Dölger, 1. Teil, 1. Halbband: Regesten 565–867, 2. Aufl. unter Mitarbeit von J. Preiser-Kapeller und A. Riehle besorgt von A. E. Müller, München
- Dörries, H. (1954), Das Selbstzeugnis Kaiser Konstantins, Göttingen
- Einhard, Vita Caroli: Rau. R. (1993), Quellen zur karolingischen Reichsgeschichte, I, Darmstadt, 163–211
- Epp. Austr.: Epistolae Austrasicae, ed. W. Gundlach, in: MGH Epp. III (= Epistolae Merowingici et Karolini aevi, I). Berlin (Nachdruck München 1978), 110–153
- Euagr. Hübner: Euagrius Scholasticus, Historia ecclesiastica – Kirchengeschichte, übersetzt und eingeleitet von A. Hübner, I–II, Turnhout 2007
- Euseb, Vita Const., übers. Schneider: Eusebius von Caesarea, De vita Constantini, eingeleitet von B. Bleckmann, übersetzt und kommentiert von H. Schneider, Turnhout 2007
- Euseb, Vita Const., ed. Winkelmann: Eusebius Werke, I/1: Über das Leben des Kaisers Konstantin, hg. von F. Winkelmann, 2. Aufl., Berlin 1991
- Fahlbusch, M. (1999), Wissenschaft im Dienste der nationalsozialistischen Politik? Die »volksdeutschen Forschungsgemeinschaften« von 1931–1945, Baden-Baden
- Featherstone, M. (2013), Der Grosse Palast von Konstantinopel: Tradition oder Erfindung?, in: Byzantinische Zeitschrift 106, 19–38 http://dx.doi.org/10.1515/bz-2013-0004
- FHG IV: Fragmenta Historicorum Graecorum, ed. C. Müller, IV, Paris 1851
- Franklin, S. (1983), The Empire of the Rhomaioi as Viewed from Kievan Russia: Aspects of Byzantino-Russian Cultural Relations, in: Byzantion 53, 507–537
- Fried, J. (2007), Donation of Constantine and Constitutum Constantini. The Misinterpretation of a Fiction, its Original Meaning, Berlin
- Georgi, W. (1991), Ottonianum und Heiratsurkunde 962/972, in: von Euw, A., P. Schreiner (Hg.), Kaiserin Theophanu. Begegnung des Ostens und Westens um die Wende des ersten Jahrtausends. Gedenkschrift des Kölner Schnütgen-Museums zum 1000. Todesjahr der Kaiserin, Köln, 135–160
- Goubert, P. (1951), Byzance avant l'Islam, I: Byzance et l'Orient sous les successeurs de Justinien, l'empereur Maurice, Paris
- Greatrex, G. (1998), Rome and Persia at War, 503–532, Liverpool
- Greatrex, G., S. N. C. Lieu (2002), The Roman Eastern Frontier and the Persian Wars, part II: AD 363–630, London
- Hartung, U. (2000), Verschleppt und verschollen. Eine Dokumentation deutscher, sowjetischer und amerikanischer Akten zum Kunstraub in der Sowjetunion (1941–1948), Bremen
- Hausmann, F.-R. (2001), »Auch im Krieg schweigen die Musen nicht«. Die deutschen Wissenschaftlichen Institute im Zweiten Weltkrieg, Göttingen
- Heil, U. (2011), Avitus von Vienne und die homöische Kirche der Burgunder, Berlin http://dx.doi.org/10.1515/9783110251555
- Heldmann, K. (1928), Das Kaisertum Karls des Großen. Theorien und Wirklichkeit, Weimar
- Helm, R. (1932), Untersuchungen über den auswärtigen diplomatischen Verkehr des römischen Reiches im Zeitalter der Spätantike, in: Archiv für Urkundenforschung 12, 375–436
- Hose, M. (2009), Franz Dölger (1891–1968). Ein Leben für die byzantinische Diplomatik, in: Willoweit, D. (Hg.), Denker, Forscher und Entdecker. Eine Geschichte der Bayerischen Akademie der Wissenschaften in historischen Portraits, München, 307–320

- HOWARD-JOHNSTON, J. (2006), East Rome, Sasanian Persia and the End of Antiquity. Historiographical and Historical Studies, Aldershot
- HOWARD-JOHNSTON, J. (2010), Witnesses to a World Crisis. Historians and Histories of the Middle East in the Seventh Century, Oxford http://dx.doi.org/10.1093/acprof:oso/9780199208593.001.0001
- HUNGER, H. (1970), Nachruf auf Franz Dölger, in: Almanach der Österreichischen Akademie der Wissenschaften 119, Wien, 391–407
- HUYSE, PH. (2006), Die sasanidische Königstitulatur. Eine Gegenüberstellung der Quellen, in: WIESEHÖFER, J., PH. HUYSE (ed.), Ērān ud Anērān. Studien zu den Beziehungen zwischen dem Sasanidenreich und der Mittelmeerwelt, Stuttgart, 181–201
- Jordanes, Getica MOMMSEN: Iordanes, De origine actibusque Getarum, ed. TH. MOMMSEN, MGH Auctores antiquissimi V/1. Berlin 1882, 1–52
- Jordanes, Getica GIUNTE / GRILLONE: Iordanis De origine actibusque Getarum, a cura di F. GIUNTE, A. GRILLONE. Rom 1991
- KAEGI, W. E. (2003), Heraclius, Emporer of Byzantium, Cambridge
- KAKRIDI, CHR. (2005), Literatur und Politik im ostgotischen Italien, München
- KRAUTSCHICK, ST. (1983), Cassiodor und die Politik seiner Zeit, Bonn
- KRAUTSCHICK, ST. (1986), Zwei Aspekte des Jahres 476, in: Historia 35, 344–371
- KRAUTSCHICK, ST. (1989), Die Familie der Könige in Spätantike und Frühmittelalter, in: CHRYSOS, E., A. SCHWARCZ (Hg.), Das Reich und die Barbaren, Wien, 109–142
- KRAUTSCHICK, ST. (1995), Die unmögliche Tatsache. Argumente gegen Johannes Antiochenus, in: Klio 77, 332–338
- LACL: Lexikon der antiken christlichen Literatur, hg. von S. DÖPP, W. GEERLINGS, 3. Aufl. Freiburg / Basel / Wien 2002
- LEE, A. D. (1993), Information and Frontiers: Roman Foreign Relations in Late Antiquity, Cambridge
- LEHR, ST. (2007), Ein fast vergessener »Osteinsatz«. Deutsche Archivare im Generalgouvernement und im Reichskommissariat Ukraine, Düsseldorf
- LEPPIN, H. (2011), Justinian. Das christliche Experiment, Stuttgart
- LETSIOS, D. (1988), Βυζάντιο καὶ Ἐρυθρὰ Θάλασσα. Σχέσεις μὲ τὴ Νουβία, Αἰθιοπία καὶ Νότια Ἀραβία ὡς τὴν ἀραβικὴ κατάκτηση, Athen
- LILIE, R.-J. (2007), Einführung in die byzantinische Geschichte, Stuttgart
- LOUNGHIS, T. (1993a), Die Slawen und Ungarn innerhalb der »begrenzten Ökumene« der Makedonenkaiser, in: Byzantinoslavica 54 (1993), 65–74
- LOUNGHIS, T. (1993b), Η ιδεολογία της βυζαντινής ιστοριογραφίας, Athen
- LOUNGHIS, T. (1995), Die byzantinische Ideologie der »begrenzten Ökumene« und die römische Frage im ausgehenden 10. Jahrhundert, in: Byzantinoslavica 56, 49–67
- LOUNGHIS, T. (2011), East Roman Diplomacy towards Frankish States and Relevant Medieval Theoretical Approaches, in: Le relazioni internazionali nell'alto medioevo, Spoleto, 781–798
- MACPHERSON, R. (1989), Cassiodorus' Variae in Their Literary and Historical Setting, Poznań
- Malalas THURN / MEIER: Johannes Malalas, Weltchronik, übersetzt von I. THURN, M. MEIER, Stuttgart 2009
- Malalas THURN: Ioannis Malalae Chronographia, rec. I. THURN, Berlin / New York 2000 http://dx.doi.org/10.1515/9783110876017
- Malchos BLOCKLEY: R. C. BLOCKLEY, The Fragmentary Classicising Historians of the Later Roman Empire. Eunapius, Olympiodorus, Priscus and Malchus, II: Text, translation and historiographical notes. Liverpool 1983, 402–462
- MANASSE, P. M. (1997), Verschleppte Archive und Bibliotheken. Die Tätigkeiten des Einsatzstabes Rosenberg während des Zweiten Weltkrieges, St. Ingbert
- MATHISEN, R., D. SHANZER (ed.) (2012), The Battle of Vouillé, Berlin
- MATTHEWS, J. (1986), Ammianus and the Eastern Frontier: a Participant's View, in: FREEMAN PH., D. KENNEDY (ed.), The Defence of the Roman and Byzantine East, Oxford, 549–564
- MATTHEWS, J. (1989), The Roman Empire of Ammianus, London
- MAZZA, M. (2004), Bisanzio e Persia nella tarda antichità. Guerra e diplomazia da Arcadio a Zenone, in: La Persia e Bisanzio, Rom, 39–76
- MEIER, M. (2009), Anastasios I. Die Entstehung des Byzantinischen Reiches, Stuttgart
- Menander BLOCKLEY: R. C. BLOCKLEY, The History of Menander the Guardsman. Introductory essay, text, translation, and historiographical notes, Liverpool 1985
- MEYER, O. (1931), Εἰς τὸν ῥῆγα Σαξωνίας, in: SANTIFALLER, L. (Hg.), Festschrift Albert Brackmann, Weimar, 123–136
- MGH: Monumenta Germaniae Historica
- MGH Conc. II/2: MGH Legum sectio III, Concilia II/2, rec. A. WERMINGHOFF, Hannover/Leipzig 1908
- MGH Epp. IV: MGH Epistolae IV (Epistolae Karolini aevi, II), rec. K. DÜMMLER, Berlin 1895
- MOSIG-WALBURG, K. (2009), Römer und Perser. Vom 3. Jahrhundert bis zum Jahre 363 n. Chr, Gutenberg
- MOUSIDOU, P. (1994), Ἡ διεθνὴς κοινωνία τῶν κρατῶν στὰ ἔργα τοῦ Κωνσταντίνου Πορφυρογεννήτου, Athen
- MOUSIDOU, P. (1995), Το Βυζάντιο και οι βόρειοι γείτονές του τον 10ο αιώνα, Athen
- MÜLLER, A. E. (2003), August Heisenberg, Paul Marc und die Suche nach einem geeigneten Syndikus für die Bayerische Akademie der Wissenschaften, in: Römische Historische Mitteilungen 45, 191–197
- MÜLLER, A. E. (2004), Vom Verschwinden einer unbekannten Größe: der Byzantinist Paul Marc, in: HÖRANDNER, W. u. a. (Hg.), Wiener Byzantinistik und Neogräzistik, Wien, 308–314
- NERI, V. (2013), L'imperatore e gli ebrei in età tardoantica: le testimonianze della storiografia pagana e cristiana, in: Polidoro. Studi offerti ad Antonio Carile, I, Spoleto, 37–57
- NERLICH, D. (1999), Diplomatische Gesandtschaften zwischen Ost- und Westkaisern 756–1002, Bern
- ODB: Oxford Dictionary of Byzantium, ed. by A. KAZHDAN et alii, New York 1991

- OHNSORGE, W. (1952), Drei Depertida der byzantinischen Kaiserkanzlei und die Frankenadresse im Zeremonienbuch des Konstantinos Porphyrogennetos, in: Byzantinische Zeitschrift 45, 320–339 http://dx.doi.org/10.1515/byzs.1952.45.1.320
- OSTROGORSKY, G. (1927/1928), Die ländliche Steuergemeinde des byzantinischen Reiches im X. Jahrhundert, in: Vierteljahrschrift für Sozial- und Wirtschaftsgeschichte 20, 1–108 (Nachdruck Amsterdam 1969)
- OSTROGORSKY, G. (1936), Die byzantinische Staatenhierarchie, in: Seminarium Kondakovianum 8, 41–61 (auch in: OSTROGORSKY [1973] 119–141)
- OSTROGORSKY, G. (1956), The Byzantine Emperor and the Hierarchical World Order, in: The Slavonic and East European Review 35, 1–14
- OSTROGORSKY, G. (1973), Zur byzantinischen Geschichte. Ausgewählte kleine Schriften, Darmstadt
- PANAINO, A. (2004), Astral Characters of Kingship in the Sassanian and Byzantine Worlds, in: La Persia e Bisanzio, Rom, 555–594
- PAYNE, R. (2013), Cosmology and the Expansion of the Iranien Empire, 502–628 CR, in: Past & Present 220, 3–33 http://dx.doi.org/10.1093/pastj/gtt008
- PIELER, P. E. (1972), L'aspect politique et juridique de l'adoption de Chosroès proposée par les Perses à Justin, in: Revue internationale des droits de l'antiquité 19, 399–433
- PIPER, E. (2005), Alfred Rosenberg. Hitlers Chefideologe, München/Zürich
- PLRE II: MARTINDALE, J. R. (1980), The Prosopography of the Later Roman Empire, II, Cambridge
- PLRE III: MARTINDALE, J. R. (1992), The Prosopography of the Later Roman Empire, III, Cambridge
- POHL, W. (2002), Die Awaren. Ein Steppenvolk in Mitteleuropa 567–822 n. Chr., München
- Polychronion (1966): Polychronion. Festschrift F. Dölger zum 75. Geburtstag, hg. von P. WIRTH, Heidelberg
- PREISER, W. (1995), History of the Law of Nations. Ancient Times to 1648, in: Encyclopedia of Public International Law, II, Amsterdam 1995, 722–749
- Proc., Bell. Pers. HAURY: Procopii Caesariensis opera omnia, I: De bellis libri I–IV, rec. J. HAURY, Berlin 1962
- REVERY, G. (1913), Les relations de Childebert II avec Byzance, in: Revue historique 114, 61–86
- RGA: Reallexikon der germanischen Altertumskunde
- RKOR: Regesten der Kaiserurkunden des Oströmischen Reiches von 476 bis 565, bearbeitet von T. C. LOUNGHIS, B. BLYSIDOU, St. LAMPAKES, Nikosia 2005
- ROCHOW, I. (1991), Byzanz im 8. Jahrhundert in der Sicht des Theophanes, Berlin
- RÖSCH, G. (1978), Ὄνομα βασιλείας. Studien zum offiziellen Gebrauch der Kaisertitel in spätantiker und frühbyzantinischer Zeit, Wien
- RUBIN, B. (1960), Das Zeitalter Justinians, I, Berlin
- SCHALLER, H. W. (2008), Südosteuropaforschung, in: ELVERT, J., J. NIELSEN-SIKORA (Hg.), Kulturwissenschaften und Nationalsozialismus, Stuttgart, 312–336
- SCHEIBELREITER, G. (1989), Vester est populus meus. Byzantinische Reichsideologie und germanisches Selbstverständnis, in: CHRYSOS, E., A. SCHWARCZ (Hg.), Das Reich und die Barbaren, Wien, 203–220
- SCHMALZBAUER, G. (2004), Überlegungen zur Idee der Oikumene in Byzanz, in: HÖRANDNER, W. u. a. (Hg.), Wiener Byzaninistik und Neogräzistik, Wien, 408–419
- SCHREINER, P. (2011a), Byzanz 565–1453, München
- SCHREINER, P. (2011b), Die kaiserliche Familie: Ideologie und Praxis im Rahmen der internationalen Beziehungen in Byzanz, in: Le relazioni internazionali nell'alto medioevo, Spoleto, 735–773
- SCOTT, R. (1992), Diplomacy in the Sixth Century: The Evidence of John Malalas, in: SHEPARD, J., S. FRANKLIN (ed.), Byzantine Diplomacy, Aldershot
- SHANZER, D., I. WOOD (2002), Letters and Selected Prose. Translated with an introduction and notes, Liverpool
- SPECK, P. (1997), Der Disput um Fragment 209,1 des Johannes von Antiocheia, in: Klio 79, 479–483
- STEIGER, H. (2010), Die Ordnung der Welt. Eine Völkerrechtsgeschichte des karolingischen Zeitalters (741–840), Köln
- STEIN, E. (1928/1929), Rezension zu DÖLGER 1927 und OSTROGORSKY 1927/1928, in: Vierteljahrschrift für Sozial- und Wirtschaftsgeschichte 21, 158–170 (auch in: STEIN [1968] 436–448)
- STEIN, E. (1949), Histoire du Bas-Empie, II, Paris/Brügge (Nachdruck Amsterdam 1968)
- STEIN, E. (1968), Opera minora selecta, Amsterdam
- STRAUB, J. (1985), Die Sassaniden als aemuli imperii im Urteil des Ammianus Marcellinus, in: VAVŘÍNEK, V. (ed.), From Late Antiquity to Early Byzantium, Prag, 37–40
- SYNELLI, K. (1986), Οἱ διπλωματικές σχέσεις Βυζαντίου καὶ Περσίας ἕως τὸν ς' αἰῶνα, Athen
- Theoph. DE BOOR: Theophanis Chronographia, rec. C. DE BOOR, I, Leipzig 1883
- Theoph. MANGO/SCOTT: The Chronicle of Theophanes Confessor. Byzantine and Near Eastern History AD 284–813, translated with Introduction and Commentary by C. MANGO, R. SCOTT, Oxford 1997
- Theophyl. Sim. DE BOOR: Theophylacti Simocattae Historiae, ed. C. DE BOOR, Stuttgart 1972
- Theophyl. Sim. SCHREINER: Theophylaktos Simokates, Geschichte, übersetzt und erläutert von P. SCHREINER, Stuttgart 1985
- THIEL, A. (1868), Epistulae Romanorum pontificum genuinae, Braunsberg
- TISCHLER, M. M. (2001), Einharts »Vita Karoli«, I–II, Hannover
- TÖCHTERLE, CHR. (2004), Wir und die »Dinarier« – Der europäische Südosten in den rassentheoretischen Abhandlungen vor und im Dritten Reich, in: BEER, M., G. SEEWANN (Hg.), Südostforschung im Schatten des Dritten Reiches. Institutionen – Inhalte – Personen, München, 159–174
- TROIANOS, SP. (2011), Οι πηγές του Βυζαντινύ δικαίου, Athen
- VASILIEV, A. (1950), Justin the First, Cambridge/Mass
- WHITBY, M. (1988), The Emperor Maurice and his Historian: Theophylact Simocatta in Persian and Balkan Warfare, Oxford

- WINTER, E. (1988), Die sāsānidisch-römischen Friedensverträge des 3. Jahrhunderts n. Chr. Ein Beitrag zum Verständnis der außenpolitischen Beziehungen zwischen den beiden Großmächten, Frankfurt a. M.
- WOLF, G. (1991), Die byzantinisch-abendländischen Heirats- und Verlobungspläne zwischen 750 und 1250, in: Archiv für Diplomatik 37, 15–32
- WOLFRAM, H. (2001), Die Goten. Von den Anfängen bis zur Mitte des sechsten Jahrhunderts. Entwurf einer historischen Ethnographie, München
- ZELLHUBER, A. (2006), »Unsere Verwaltung treibt einer Katastrophe zu …« Das Reichsministerium für die besetzten Ostgebiete und die deutsche Besatzungsherrschaft in der Sowjetunion 1941–1945, München
- ZIEGLER, K.-H. (2007), Völkerrechtsgeschichte, München
- ZIEGLER, K.-H. (2009), Roman Law, in: KATZ, ST. N. (ed.), The Oxford International Encyclopedia of Legal History, Oxford, 282–284
- ZUCKERMAN, C. (1998), Qui a rappelé en Gaule le Ballomer Gundovald, in: Francia 25/1, 1–18

**Caspar Ehlers,
Holger Grewe,
Sebastian Ristow**

Eine archäologisch entdeckte, bisher unbekannte Taufpiscina in Ingelheim

Perspektiven zur Erforschung der Dualität königlicher und bischöflicher Siedlungtätigkeit im Frühmittelalter

Die Erforschung der spätantik-frühmittelalterlichen Taufpraxis stützt sich in großem Maß auf schriftliche Quellen, vor allem wenn es um die im weitesten Sinne rechtshistorischen Aspekte des Themas geht. Aber die Heranziehung von Sachquellen, den »Überresten« im Sinne der geschichtswissenschaftlichen Methodik, ist ebenso wichtig für das Verständnis beispielsweise von Normen und Wirklichkeiten. Der am Max-Planck-Institut für europäische Rechtsgeschichte eingerichtete Forschungsschwerpunkt »Rechtsräume« versucht daher, diese beiden Quellengruppen zusammenzuführen. Insofern ist der hier vorzustellende archäologische Befund von besonderer Bedeutung, nicht nur wegen seiner unmittelbaren Nähe zum Tagungsort der in diesem Band dokumentierten Sektion des Mainzer Historikertages. Im Folgenden werden Holger Grewe, der in Ingelheim tätige Grabungsleiter, und Sebastian Ristow, der archäologische Experte für Baptisterien des ersten Jahrtausends, sowie Caspar Ehlers, der Leiter des Forschungsschwerpunktes am MPIeR, einen Aufsehen erregenden Fund aus Ingelheim, der eng mit dem Thema »Taufe« verbunden ist, vorstellen und kurz kommentieren.

Ingelheim, Saalgebiet. Die Reste der Kaiserpfalz (Bildmitte) und die 450 m entfernte St. Remigiuskirche (oben links), Fundort der Taufpiscina.

Ingelheim, St. Remigius. Senkrecht aufgenommene Übersicht zum Befund der Taufpiscina zwischen den Fundamenten des Kirchturms. Die verlorene Westhälfte wurde beim Bau einer Grube des 11. Jh.s zerstört.

Fragen zur Kontinuität und damit verbunden der Entstehung und Institutionalisierung des frühen Christentums mit den bedeutenden Befunden steinerner Kirchenbauten gehören zu den Kernproblemen archäologischer und historischer Forschung zum 1. Jahrtausend. Wann Kirchen entstehen, aber auch weshalb und wo, also welche Funktion sie im Siedlungsgefüge erfüllen, sind dabei Fragen, die die Zusammenarbeit von Historikern und Archäologen geradezu herausfordern. Ähnlich wichtig ist unter denselben Aspekten die Herrschaftsarchitektur zu bewerten. Diesen Themenstellungen widmet sich das hier vorgestellte Projekt.

Von archäologischer Seite gilt es, neben der Klärung der Befundchronologie, die nur über die Auswertung der Funde und die Bewertung naturwissenschaftlicher Daten herzustellen ist, auch die formale Einordnung der Baubefunde vorzunehmen. Wichtigste Quellen dazu sind Form und Ausstattung erhaltener Gebäudereste. Nicht jede Apsis gehört zu einer christlichen Kirche, nicht jede Basilika ist christlich. Gerade in der Spätantike können diese Unterschiede fließend sein, aber auch

im weiteren Verlauf des Frühmittelalters gibt es Repräsentationsarchitektur, Memorialbauten und so fort, deren Befunde oft falsch eingeordnet wurden, weil sie nur stark fragmentiert erfasst werden konnten. Hier ist archäologische Basisarbeit notwendig. Besonders gilt dies auch für die Stadt Mainz – ein zentraler Ort mit reger Bautätigkeit im Frühmittelalter –, die archäologisch für diese Zeit bisher nur ungenügend dokumentiert ist. So erscheinen Fragen zur Deutung eines neben dem bischöflichen auch möglicherweise vorhandenen weltlichen Zentrums zu früh gestellt.

Nun eröffnet der Neufund eines möglicherweise als frühmittelalterliche Taufpiscina zu deutenden runden Beckens in der Kirche St. Remigius, 450 m von der karolingerzeitlichen Pfalzanlage in Ingelheim, auch hier ganz neue Deutungsperspektiven zu den hier formulierten Fragen.

Bei archäologischen Ausgrabungen wurden 2012 mutmaßlich die Reste einer Piscina freigelegt, die nach Ausweis der stratifizierten Keramikfunde in das 6./7. Jahrhundert datiert. Der Befund wird von einer Grablege des 11. Jahrhunderts geschnitten, deren Sarkophaggruben etwa die Hälfte des kreisrunden Mauerwerks und den größten Teil der Beckensohle vernichtet haben. Allerdings sind die erhaltenen Reste nach der Form und Bauart aussagekräftig: Sie sind mit frühchristlichen Taufbecken gut vergleichbar, zumal ihre Lage zwischen den Fundamenten von Vorgängerbauten der stehenden Remigiuskirche eine plausible Kontextualisierung nach Funktion, Raum und Zeit ermöglicht.

Das lehmgebundene Mauerwerk des Rundbeckens mit einem Innendurchmesser von 1,3 m wurde in die älteste Kulturschicht am Ort, eine 0,6 m starke humose Auffüllung, eingetieft. Die Kalkbruchsteine sind gegen die Erdschalung gemauert und auf der Beckeninnenseite mit einem zweilagigen, fein geglätteten Lehmputz überzogen. Ein Wulst ähnlich einem Viertelstab bildet in antiker Tradition den Übergang zur Beckensohle, die zur Mitte hin ein Gefälle aufweist. Vermutlich diente hier ein Abfluss zur Beckenentwässerung, der allerdings nicht erhalten ist. Die Beckensohle lag ca. 0,4 m unter dem zugehörigen

Fußboden, einem über einer Steinstickung ausgebrachten Mörtelestrich. Es ist demnach gut vorstellbar, dass im zerstörten Westteil des Beckens zwei bis drei Stufen in die Piscina hinab führten.

Von der obertägigen Beckenwand hat sich ebenfalls ein Teilabschnitt erhalten. Diese Wandung war 0,3 m breit und zusätzlich auf der Außenseite verputzt. Der Putz war ebenfalls zweilagig, wobei die untere Schicht aus Lehm, die obere jedoch aus Kalkmörtel bestand. Künftige Laboruntersuchungen sollen klären helfen, ob sich hierin Ein- oder Zweiphasigkeit dokumentiert.

Ebenfalls an den Fortgang der laufenden Untersuchung ist die Frage adressiert, ob eine dicht neben dem Beckenrand gelegene Pfostengrube womöglich mit einem hölzernen Ziborium in Verbindung zu bringen ist. Konstruktionen dieser Art, die etwa beim Typus der Piscinen mit Vorsätzen am Beckenrand als Standlöcher im Mauerwerk eindeutig nachweisbar sind, zeichneten den Taufort architektonisch aus und könnten zudem für die Befestigung eines textilen Sichtschutzes

Im Zentrum der spätantik-frühmittelalterlichen Trierer Doppelkirchenanlage, die wohl aus Herrschaftsarchitektur hervorging, befand sich über einer Heizung ein rundes Becken. Vielleicht das frühchristliche Baptisterium der Bischofskirche.

In der frühmittelalterlichen Pfarrkirche St. Severus in Boppard wurde ein siebenseitiges und innen rundes Taufbecken mit einschwingenden Seiten und Fundamentvorsätzen für ein hölzernes Ziborum im Westen des Kirchenraums installiert.

genutzt worden sein.[1] Der Gesamtbefund weist Übereinstimmungen mit dem als Taufpiscina interpretierten Rundbecken der frühchristlichen Kirchengruppe unter dem Trierer Dom auf. Am Mittel- und Niederrhein sind ähnliche frühchristliche Taufbecken in St. Severus zu Boppard und im Baptisterium des Kölner Domes überliefert.[2]

Spätantike und frühmittelalterliche Schriftquellen vermitteln eine Vorstellung von der Taufliturgie, die an diesen Taufbecken mit regionalen und zeitlichen Differenzierungen praktiziert wurde, aber auch eine kleine Zahl bildlicher Darstellungen. Weitgehend in Übereinstimmung wird der zentrale Taufakt als ein Übergießen des im Becken stehenden Täuflings mittels Schale, Krug oder Ähnlichem dargestellt (*infusio*). Die in den Schriftquellen bezeichneten Nebenräume, die in direkter Nachbarschaft zur Piscina gelegen gewesen sein müssen, sind im archäologischen Befund nur selten mit zweifelsfreier Funktionsdeutung zu belegen.

Auch in der St. Remigiuskirche zu Ingelheim ist die Verortung des Taufbeckens noch nicht abgeschlossen, da die Ausgrabungen eben erst auf sein räumliches Umfeld ausgreifen. Es hat den Anschein, dass die heute vom spätromanischen Glockenturm eingehauste Piscina im Winkel von zwei Mauerwerken im Südteil der frühmittelalterlichen Kirche gelegen war. Die frühesten Gräber im heutigen Kirchhof und Keramikfunde datieren diese älteste bislang gefasste Vorgängerkirche in die zweite Hälfte des 7. Jahrhunderts oder um 700.[3]

Während die Ausgrabungen im zeitlichen Vorlauf einer Turmsanierung und Kirchhof-Neugestaltung noch bis Ende 2013 fortdauern, geben die bisher erzielten Zwischenergebnisse bereits zu einer Neubewertung der frühen Geschichte Ingelheims bis zum Pfalzbau in der Zeit Karls des

1 Zum Erscheinungsbild der Becken mit Ziborium vgl. die Rekonstruktionsvorschläge für entsprechende Befunde in Boppard und Köln: RISTOW (2010).

2 Zusammenfassend bei RISTOW (2007).

3 In den Schriftquellen wird die Kirche erstmals zu 741/742 erwähnt, vgl. SCHMITZ (1974), bes. 308–311.

Großen Anlass.[4] Mehrere merowingerzeitliche Gräberfelder zwischen den frühmittelalterlichen Kirchen St. Remigius und St. Wigbert, darunter eines mit über 200 Bestattungen, und die Existenz eines Pfarrzentrums mit Tauffunktion bereits im 7. Jahrhundert lassen auf eine vergleichsweise komplexe Siedlung im Vorgelände des einstigen *Mogontiacum* schließen, die nach heutiger Kenntnis an einem Platz ohne eine größere römische Vorbesiedlung entstanden ist. Mit dem Bau der Pfalz am Ende des 8. Jahrhunderts etabliert sich hier dauerhaft ein königlicher Pfalzort neben der Bischofsstadt Mainz, in dem die Remigiuskirche neben ihrer Pfarrfunktion für zwei Jahrhunderte als Pfalzkirche genutzt wurde.[5]

Welche strukturellen Voraussetzungen besaß die kaiserliche Pfalz in Ingelheim? Wie waren christliches Leben und geistliche Ämter strukturiert? Besteht zwischen der bischöflichen Stadt Mainz und dem königlichen Zentrum Ingelheim ein direkter Zusammenhang mit Wechselwirkungen? Fragen dieser Art drängen sich nicht nur zu den Ingelheimer Befunden auf, sondern lassen sich auch auf andere Beispiele übertragen.

Die jüngst begonnene archäologische Klärung etwa zu den Pfalzbefunden in Aachen ermöglicht jetzt ein besseres Verständnis der über ein Jahrhundert entwickelten Palastanlage. Sie zeichnet sich durch das Alleinstellungsmerkmal der hochrepräsentativen Anlage der Marienkirche aus, des heutigen Domes. Einiges deutet darauf hin, dass die Geschichte der Pfalz Aachen genauso wie die kirchliche Baugeschichte schon unter Pippin, dem Vater Karls des Großen, begann. Wurden hier Erfahrungen gemacht und Strukturen angelegt, auf die man in Ingelheim zurückgriff? Oder sind klare Unterschiede zwischen beiden Konzeptionen festzustellen?

So wie der bischöfliche Zentralort Mainz im 9. Jahrhundert zu großer Blüte gelangte, wurde auch die Bischofsstadt Köln in dieser Zeit nochmals aufgewertet. Archäologische Untersuchungen jüngster Zeit zur bischöflichen Pfalz müssen noch ausgewertet und publiziert werden. Eine weltliche Residenz zeichnet sich aber für die Zeit Karls des Großen in Köln nicht ab.[6]

Während in Köln die Erforschung der frühchristlichen Traditionen nicht nur für die Bischofskirche und ihr Baptisterium weit gediehen ist und nur wenige Lücken wie z.B. für St. Kunibert und St. Cäcilien, wohl Kirchenbauten der jüngeren Merowingerzeit, zu schließen sind, gilt dies nicht für Mainz. Hier harren die Kirchengrabungen St. Alban und Dom / St. Johannis sowie verschiedene kleinere Untersuchungen an anderen Bauten der Aufarbeitung. Alle Kirchen besitzen auch Bau- und Ausstattungsphasen in der Karolingerzeit. Für Aachen zeichnet sich ab, dass unter dem Dom die Reste der Kirchenanlage des 8. Jahrhunderts bereits aufgefunden worden sind. Untersuchungsbedarf besteht dort vor allem hinsichtlich der Siedlungssituation des 9. Jahrhunderts und eines sich scheinbar abzeichnenden Bruchs in der Besiedlung zum folgenden Jahrhundert. Die archäologische Fundlage steht konträr zu der fortgesetzt feststellbaren historischen Bedeutung Aachens in ottonischer Zeit.

Sollte sich in Ingelheim neben der Existenz des – zumindest im Vergleich zur Pfalz Aachen – relativ kleinen Kirchenbaus im Pfalzareal nun eine weitere Kirche, diese mit älteren Traditionen, aus dem Grabungsbefund bestimmen lassen, wäre hier eine Art Dichotomie gegeben, zu der in Aachen noch jeder Kenntnisstand fehlt. Das Rundbecken von St. Remigius und die merowingerzeitlichen Gräber würden das Seelsorgezentrum eines Siedlungsplatzes fassbar machen. Man taufte also nicht nur im bischöflichen Zentrum, sondern erschloss auch das Land. Und vor dieser Grundlage ist auch die Wahl des Pfalzplatzes zu sehen. Hier ergeben sich Bezüge zu einem anderen Platz dieser Art nur wenige Kilometer rheinaufwärts, der Severuskirche in Boppard.

Für den Räume erforschenden Historiker ist besonders die Lage des Taufbeckens in Ingelheim und seinem Umland bemerkenswert. Wenige Kilometer entfernt von Mainz gelegen und bei der späteren Anlage der karolingischen Königspfalz zu Ingelheim nicht in deren Areal einbezogen, erscheint eine gewisse gewollte räumliche Distanz dieser Piscina zu erkennen zu sein. Wer wies diesem Ort die spezielle Funktion zu, wie lange

---

4 Zum älteren Forschungsstand vgl. BÖHNER (1964).

5 Zusammenfassende Darstellung zur Sakraltopographie der Pfalz Ingel-

heim nach dem Kenntnisstand von 2004 bei GREWE (2007).

6 Vgl. einstweilen HILLEN/TRIER (2012).

diente er für Taufen, war er schon vergessen, als Karl der Große vor der Mainzer Civitas sein *palatium* errichten ließ? Vor allem für die Erforschung der Christianisierung der Rhein-Main-Region ist der Fund höchst bedeutend. Wirkte der Ort auch über den Rhein hinaus in die fränkischen Gebiete östlich des Stromes, wo die ersten Zeugnisse der Mission überwiegend in die Zeit seit Bonifatius datieren? Der heute hessische Raum östlich des Rheins und nördlich des Mains ist zwar seit dem

6. Jahrhundert dem Frankenreich angegliedert, wird aber erst seit dem letzten Drittel des 8. Jahrhunderts – im Zuge der sogenannten ›Sachsenkriege‹ Karls des Großen – integriert, als er für die Aufmärsche nach Norden mit der notwendigen Infrastruktur ausgestattet wurde.

■

Bibliographie

- BÖHNER, KURT (1964), Aus der Vor- und Frühgeschichte des Ingelheimer Landes, in: AUTENRIETH, JOHANNE, Ingelheim am Rhein, Ingelheim, 9–64
- GREWE, HOLGER (2007), Die bauliche Entwicklung der Pfalz Ingelheim im Hochmittelalter am Beispiel der Sakralarchitektur, in: EHLERS, CASPAR et al. (Hgg.), Zentren herrschaftlicher Repräsentation im Hochmittelalter. Geschichte, Architektur und Zeremoniell, Göttingen, 101–120
- HILLEN, CHRISTIAN, MARCUS TRIER (2012), Zur Geschichte der Kölner Königspfalz, in: Geschichte in Köln 59, 5–42
- RISTOW, SEBASTIAN (2007), Frühes Christentum im Rheinland. Die Zeugnisse der archäologischen und historischen Quellen an Rhein, Maas und Mosel. Münster
- RISTOW, SEBASTIAN (2010), Frühchristliche Kirchenarchäologie im Rhein-Mosel-Raum, in: KROHN, NIKLOT (Hg.), Kirchenarchäologie heute. Fragestellungen – Methoden – Ergebnisse, Darmstadt, 61–90
- SCHMITZ, HANS (1974), Pfalz und Fiskus Ingelheim, Marburg

Milan Kuhli

Power and Law in Enlightened Absolutism – Carl Gottlieb Svarez' Theoretical and Practical Approach

The term Enlightened Absolutism reflects a certain tension between its two components. This tension is in a way a continuation of the dichotomy between power on one hand and law on the other. The present paper shall provide an analysis of these two concepts from the perspective of Carl Gottlieb Svarez, who, in his position as a high-ranking Prussian civil servant and legal reformist, had unparalleled influence on the legislative history of the Prussian states towards the end of the 18th century. Working side-by-side with Johann Heinrich Casimir von Carmer, who held the post of Prussian minister of justice from 1779 to 1798, Svarez was able to make use of his talent for reforming and legislating. From 1780 to 1794 he was primarily responsible for the elaboration of the codification of the Prussian private law – the »Allgemeines Landrecht für die Preußischen Staaten« in 1794. In the present paper, Svarez' approach to the relation between law and power shall be analysed on two different levels. Firstly, on a theoretical level, the reformist's thoughts and reflections as laid down in his numerous works, papers and memorandums, shall be discussed. Secondly, on a practical level, the question of the extent to which he implemented his ideas in Prussian legal reality shall be explored.

■

Thorsten Keiser

Between Status and Contract?

Coercion in Contractual Labour Relationships in Germany from the 16th to the 20th century

This contribution deals with unfree labour in Germany from the early modern age until the beginning of the 20th century. It presents the main conclusions of a book published in 2013 on this subject in German. Unfree labour is not identified in the first place with slavery or any other labour relationship based on status. Instead, this study aims at an analysis of freedom and coercion in contractual labour relationships. It will be argued that in Germany contractual labour relationships before 1800 were embedded in a legal system that strongly restricted contractual autonomy and aimed at the suppression of free labour markets. The scope of this legislation was to guarantee efficient labour performance, which was not only perceived as being in the personal interest of an employer, but as a fundamental element of the common good. After 1800 the system changed to more incentive-based legislation that established freedom of contract for labour relations. Nevertheless, coercion in order to perform the contractual duties of a work contract remained important for many groups of workers, especially farmhands and industrial workers. The last criminal sanctions for breaches of labour contracts were only abolished in the revolution of 1919. This development shows the difficulties German law had in extending the principles of private law to workers. When a system of free labour was fully established, the issue of unemployment and economic problems, especially in the Weimar Republic, required a new system of protective rules. The history of free market based labour contracts in Germany was therefore very short, with state intervention shifting from control and coercion to social assistance.

■

Ignacio de la Rasilla del Moral
El estudio del Derecho internacional en el corto siglo XIX español

Oriented to provide a broad backdrop image of the cultivation of ius-internationalist studies in the Nineteenth Century Spain, the first part of this work revisits the suppression of studies of the Law of Peoples during the last part of the Eighteenth century and hints at some of its developments during the first third of the Nineteenth century before examining the establishment in the early 1840s of the first chairs of international law in Europe against the background of the independence of the Latin-American Republics and relates the development of Spanish international law production during the first half of the nineteenth century. The second part follows the character of the evolution of international legal studies in Spain until the year 1883 when chairs in Public International Law and Private International Law outside Madrid were established in seven other Spanish universities. The third part reviews the – albeit short-lived – first specialized international law journal ever established in Spain, and examines how Spanish production in the field was fostered by the professionalization reform of 1883. This part also deals with the Salamanca School's parallel rediscovery in both Spain and Europe in the last third of the short Spanish nineteenth century. The impact that the revival of interest in Francisco de Vitoria had in providing Spanish international law academia with a quasi-national identity leads to some conclusions on its lasting legacy to the study of international law in the cradle of the first Empire in history on which the sun never set.

■

Wolfram Brandes
Taufe und soziale/politische Inklusion und Exklusion in Byzanz

The focus of the present article is not the development of the sacrament of baptism; this is the object of research of scholars of the history of liturgy. This article concerns some central aspects of the political and religious changes which are the result of regulation through norms of the canon and the civil law. Forced baptism (of the so-called heathens and of Jews) is of special interest. It is obvious that the oppression of the heathens (till the end of the 6th century) depended also on important social and political conflicts, which constitute the real background to this religious (but state organized) struggle. The fundamental changes in the Byzantine state and its church beginning in the 7th century with the expansion of the Islamic Arabs and the immigration of the Slavs in the Balkans (especially Greece) and of Armenians in Asia Minor, created the need to develop measures to integrate these peoples into the Byzantine state and society. Special rules and formulas for the abjuration of the former creed as a conditio sine qua non for conversion to Christianity (which required baptism) were created. Another problem discussed in the article is the role of missionary work inside and outside the Byzantine state as an instrument of foreign policy. The Christianization of Bulgaria and the Kievian Rus' (the »baptism of Russia«) are remarkable achievements of Byzantine policy.

■

Christoph H. F. Meyer
Taufe und Person im ersten Jahrtausend

Beobachtungen zu den christlichen Wurzeln einer Grundkategorie europäischen Rechtsdenkens

This article deals with a particular aspect of the relation between baptism and law in the early middle ages, a topic that has hardly been explored by historical research. The main focus of the paper is on the role of baptism at the beginning of a long development which led to the modern notion that every human being as a natural person is a subject of rights and obligations. The article approaches its subject from two different directions. First, on a theoretical and abstract level it raises the question to what extent there were points of departure towards the concept of a person in medieval Christian thinking. From this perspective inter alia two phenomena come into view: the character (indelebilis) as the basis for an inalienable status as a Christian and the role the soul as well as salvation played in law. The second part of this paper consists of particular historical evidence. After some brief observations as regards the relation between Roman citizenship and Christian baptism in late Antiquity the article focuses on the legal status of the newborn infant in the secular law of the early Middle Ages. In this context one has to distinguish between a pre-Christian ›barbarian‹ legal tradition and norms of later Christian origin. In both traditions formal acts like the acceptance of the child and baptism played a major role. However, there are also differences which indicate general changes in the comprehension of what constitutes a human being from a legal point of view.

Richard Helmholz
Baptism in the Medieval Canon Law

The classical statements of the medieval canon law, Gratian's Decretum (ca. 1140) and the Gregorian Decretals (1234) both dealt with baptism. Although a 'theological' subject, baptism had worldly consequences and its correct performance was thought to require regulation. This article seeks to bring to light the character of the canon law's treatment of baptism by comparing its treatment with that it applied within the law of marriage, also a sacrament of the medieval church. It surveys and compares the verbal formulas used for both, the standards of legal finality applied to choices made by and for children, the effect of coercion upon the validity of both, the role of parents and the clergy in arranging for and performing the two sacraments, and the common problem of dealing with legal uncertainty about each sacrament's performance and validity. It states the basic rules applied in each case. In all of these areas, the canonists sought to arrive at objective and workable standards, but they turn out to have been more willing to bend somewhat to the subjective expectations of the men and women involved in dealing with marriage than with baptism. The explanation for the differences seems to lie in the unequal value accorded to the two sacraments by the medieval church. Baptism lay at the centre of the church's mission in the world. Marriage did not.

Christiane Birr

Titulus ad regnum coelorum: Zur Taufe und ihren Wirkungen in der theologisch-juristischen Argumentation der Schule von Salamanca

In the Early Modern Period, Spain was arguably the European country with the widest experience of incorporating large groups of newly converted Christians into an all-Christian society, looking back on thousands of adult baptisms, brought about with and without coercion. The baptisms of Spanish Jews in the 15th century as well as those of muslims in the 16th century had given rise to many political, legal, religious, and theological questions. The Reformation in Europe and the mission experience in America added further dimensions to the problems of baptism, orthodoxy, and church membership.

This paper gives an overview over questions concerning adult baptism which Spanish theologians and canonists discussed against this rich historical background in the 16th century: the necessity or rather the extent of pre-baptismal indoctrination, the voluntariness of baptism, and the roles baptism and faith played in defining who belonged to the church, and who was subjected to its jurisdiction. Consistently, the understanding of baptism as the »gate to the church« or »gate to the sacraments« was underlined. A valid baptism invested the individuum with the undetachable status of belonging to the church which meant being subjected to Christian morals and ecclesiastical jurisdiction. Individual rights and full church membership, however, derived not from mere baptism, but required a combination of baptism, faith, and obedience.

■

Michael Sievernich

»Baptismus barbarorum« oder christliche Initiation in der Neuen Welt Amerika (16. Jahrhundert)

The contribution raises the question of baptism as Christian initiation in the context of early modern European expansion and mission of the New World America. Based on narrative reports as well as legally, canonistically and theologically normative sources of the 16th Century, with emphasis on the contemporary synods and scholarly disputes, the article unfolds three perspectives: A first discusses the ritual inclusion through baptism based on the different baptismal practices of the time and the controversies around the theological and canonistical minimum requirements; the second perspective focuses on the cognitive instruction of the neophytes, based on the pre-and postbaptismal instruction and the linguistic tools such as catechisms in indigenous languages; the third perspective, finanally, treats the multiple participation on the basis of the rights and obligations resulting from the acceptance of Christian faith. The multi-perspective view of the theory and practice of baptism in early modern Spanish America shows a complex context of a ritual, cognitive and participatory level, which was reflected in prescriptive and argumentative tracts. The multifaceted aim of baptism was the voluntary change of religion, associated with the theological, anthropological and legal recognition of the indigenous individual, even if the participation rights in the new status had to be obtained.

■

Wolfram Brandes

Die »Familie der Könige« im Mittelalter

Ein Diskussionsbeitrag zur Kritik eines vermeintlichen Erkenntnismodells

The concept of »family of kings« was created by Franz Dölger and was intended to explain the relations between states and powers during Late Antiquity and the Middle Ages in the sense of a juridical institution. This conception has been heavily criticized. First of all, the sources (of Late Antiquity and the Early Middle Ages) mentioned by Dölger in his famous article of 1940 have been the object of a new analysis – with a negative result. There is no real proof for Dölger's »family of kings«. In the second part of the present article the circumstances of the creation of Dölger's article – the beginning of World War II, Nazi rule in Germany – and the involvement of Dölger himself in Nazi ideology and his connection to important Nazi institutions (like the »Amt Rosenberg«) are brought together. Dölger's »family of kings«, according to the present author, is dependent on discussions about future German rule in South-East Europe. Accordingly, this concept should not be used to explain developments in Late Antiquity and the Middle Ages.

■

Autoren contributors

Taisiya Belyakova	Frankfurt a. M.
Christiane Birr	Frankfurt a. M.
Wolfram Brandes	Frankfurt a. M.
Daniel Damler	Frankfurt a. M.
Wim Decock	Frankfurt a. M.
Ignacio De la Rasilla del Moral	London
Gerhard Dilcher	Frankfurt a. M.
Thomas Duve	Frankfurt a. M.
Caspar Ehlers	Frankfurt a. M.
Tomasz Giaro	Warschau
Holger Grewe	Mainz
Karl Härter	Frankfurt a. M.
Richard Helmholz	Chicago, IL
Thorsten Keiser	Frankfurt a. M.
Alexandra Kohlhöfer	Frankfurt a. M.
Petr Kreuz	Prag
Stefan Kroll	Frankfurt a. M.
Milan Kuhli	Frankfurt a. M.
Oliver Lepsius	Bayreuth
Christoph H. F. Meyer	Frankfurt a. M.
Pierre Monnet	Frankfurt a. M.
Kristjan Oad	Tartu
Heikki Pihlajamäki	Helsinki
Diego Quaglioni	Trient
Charles J. Reid	St. Paul, MN
Sebastian Ristow	Köln
Mathias Schmoeckel	Bonn
Anna Margarete Seelentag	Frankfurt a. M.
Michael Sievernich	Frankfurt a. M.
Alessandro Somma	Ferrara
Andreas Thier	Zürich
Thomas Vesting	Frankfurt a. M.
Wang Jing	Shanghai
Michael Welker	Heidelberg
John Witte, Jr.	Atlanta, GA